DIE ZEIT

60 Jahre Bundesrepublik im Spiegel der ZEIT

Sechzig prägende Kontroversen

60
Jahre Bundesrepublik im Spiegel der ZEIT

Sechzig prägende Kontroversen

Impressum

Herausgegeben vom Zeitverlag Gerd Bucerius GmbH & Co. KG
Herausgeber: Dr. Theo Sommer

VERLAG:

Zeitverlag Gerd Bucerius GmbH & Co. KG
Pressehaus, Buceriusstraße, Eingang Speersort 1, 20095 Hamburg

wissenmedia GmbH, Gütersloh/München, Geschäftsbereich Verlag
Avenwedder Straße 55, 33311 Gütersloh

Bibliografische Information der Deutschen Nationalbibliothek
Die Deutsche Nationalbibliothek verzeichnet diese Publikation in
der Deutschen Nationalbibliografie; detaillierte bibliografische
Daten sind im Internet über http://dnb.d-nb.de abrufbar.

© 2009 Zeitverlag Gerd Bucerius GmbH & Co. KG

Das Werk einschließlich aller seiner Teile ist urheberrechtlich
geschützt. Jede Verwertung außerhalb der engen Grenzen
des Urheberrechtsgesetzes ist ohne Zustimmung des
Verlages unzulässig und strafbar. Das gilt insbesondere für
Vervielfältigungen, Übersetzungen, Mikroverfilmungen und die
Einspeicherung und Verarbeitung in elektronischen Systemen.

Printed in Germany
ISBN: 978-3-577-14650-0

ZEITVERLAG:
Projektleitung: Beatrice Kemner
Kontroverseneinleitungen und Zeitleisten: Christian Staas
Einbandgestaltung: Ingrid Nündel, Mike Kandelhardt

WISSENMEDIA (Produktion):
Projektleitung: Felix Wenzel
Bildunterschriften/Schlussredaktion:
Andrea Rocha-Lieder, Kunigunde Wannow
Bildredaktion: Svenja Schumann
Layout und Satz: Christiane Sander (SATZART, Bochum)
Herstellung: Joachim Weintz

Druck und Bindung: Firmengruppe APPL, aprinta druck, Wemding

60 Jahre Bundesrepublik im Spiegel der ZEIT

Sechzig prägende Kontroversen

In diesem Jahr blicken wir auf sechs Jahrzehnte deutscher Nachkriegsgeschichte zurück. In diesen sechs Jahrzehnten hat unser Volk vieles erlitten, am schmerzhaftesten die vierzig Jahre seiner Spaltung. Es hat vieles überlebt: Berlin-Krisen und Mauerbau, Revolten der Arbeiter im Osten sowie der Studenten im Westen, ökonomische Blütezeiten und Zeiten der Stagnation, ja: Rezession, RAF-Terror und Stasi-Brutalität. Und es hat vieles geschafft: den Aufstieg aus den Trümmern des Dritten Reiches, die Konsolidierung des demokratischen Gemeinwesens im Westen und die Überwindung des kommunistischen Systems im Osten; nicht zuletzt die Aufnahme ganz Deutschlands in die Gemeinschaft der freien Völker, zumal in die Europäische Union. Am Ende war uns das Glück der Wiedervereinigung vergönnt. Zwanzig Jahre nach dem Fall der Mauer können wir stolz darauf sein, in dem freiesten, anständigsten und wohlhabendsten Gemeinwesen zu leben, das die deutsche Geschichte je gekannt hat.

Was wir heute sind, hat sich nicht von selbst ergeben – es war das Resultat unzähliger tief greifender, zuweilen langwieriger und oft genug bitterer Kontroversen. Die 1946 gegründete Hamburger Wochenzeitung *DIE ZEIT* hat in all diesen Kontroversen engagiert Stellung bezogen. Nicht immer hat sie recht gehabt, nicht immer recht behalten. Aber in ihren Spalten spiegelten sich die Auseinandersetzungen der Zeit. Stets war das Blatt ein großes Forum der Nation, waren *ZEIT*-Geschichte und deutsche Zeitgeschichte eng miteinander verwoben.

In diesem Band werden die Nöte und die Dringlichkeiten, die Denkfiguren und Argumentationsmuster, die Optionen und Obsessionen der *ZEIT* und der Zeit wieder lebendig. Er präsentiert Artikel zu den sechzig prägenden Kontroversen der zurückliegenden sechs Jahrzehnte. In einleitenden Essays zu den vier großen Epochen bundesrepublikanischer Geschichte überwölben dabei Norbert Frei, Edgar Wolfrum, Paul Nolte und Werner Perger den notgedrungen immer der Aktualität verhafteten Wochenjournalismus mit der tiefenscharfen Sicht dessen, dem der Zeitablauf ein klareres Urteil als dem Sofortkommentator erlaubt. Auf diese Weise ist ein Zeitdokument entstanden, das die Frische der Unmittelbarkeit mit dem gereiften Befund des Historikers verbindet.

Ich wünsche viel Lesevergnügen und Erkenntnisgewinn!

Theo Sommer
Herausgeber

HINWEISE FÜR DEN LESER:

Das Buch »60 Jahre Bundesrepublik im Spiegel der ZEIT« ist in vier Epochen deutscher Nachkriegsgeschichte gegliedert. Jede Epoche wird durch einen Überblicksessay eingeleitet, der die großen politischen und gesellschaftlichen Entwicklungslinien aus heutiger Sicht aufzeigt und von einer Zeitleiste begleitet wird. Anschließend werden je Epoche die prägenden in Deutschland und der ZEIT geführten Kontroversen anhand der besten ZEIT-Originalartikel renommierter Autoren vorgestellt. Ein kurzer Einleitungstext je Kontroverse führt ins Thema und den Hintergrund der ausgewählten Artikel ein.

Um den Charakter der ZEIT-Artikel als Originaldokumente ihrer Erscheinungszeit beizubehalten, sind sie ungekürzt und in der damals gültigen Rechtschreibung mit den zu jener Zeit üblichen Schreibweisen abgedruckt. Sie wurden zur besseren Anschaulichkeit mit Fotomaterial neu illustriert.

Die übrigen Bestandteile des Buches liegen in aktueller Rechtschreibung vor, daher kann es dazu kommen, dass innerhalb des Buches unterschiedliche Schreibweisen verwendet werden.

1949–1966
Die langen Fünfziger 12

1966–1982
Aufruhr und Zuversicht 118

DIE ZEIT KONTROVERSEN

1949	Das Grundgesetz	35
1949–1955	Westintegration	41
1949–1955	Wiederbewaffnung	49
1950–1966	Wirtschaftswunder	53
1953	Arbeiter-Aufstand in der DDR	60
1954	WM-Sieg in Bern	64
1955	Heimkehr der letzten Kriegsgefangenen	69
1957	Atomare Aufrüstung	78
1957	Gründung der EWG	85
1959	Kanzlerkrise Adenauer	92
1961	Bau der Berliner Mauer	99
1962	Spiegel-Affäre	103
1963–1965	Frankfurter Auschwitz-Prozess	111

DIE ZEIT KONTROVERSEN

1966–1969	Erste Große Koalition	145
1967–1968	Studentenbewegung	152
1968	Notstandsgesetze	161
1968	Sexuelle Revolution	167
1969	Willy Brandt wird Kanzler	172
1970	Moskauer Vertrag	176
1970	Kniefall von Warschau	183
1971–1976	Paragraf 218	190
1972	Geiselnahme bei den Olympischen Spielen	197
1972–1976	Club of Rome: »Grenzen des Wachstums«	203
1973	Erste Ölkrise	210
1974	Guillaume-Affäre	214
1977	Deutscher Herbst	222
1978	Filbinger-Affäre	230
1979	Fernsehserie »Holocaust«	237
1979	Nato-Doppelbeschluss	241
1980	Gründung der Grünen	248

1982–1998
Die doppelte Wende 256

1998–2009
Turbulenzen und Epochenbruch 376

DIE ZEIT KONTROVERSEN

1982	Misstrauensvotum gegen Helmut Schmidt	283
1983	Waldsterben	290
1983–1987	Flick-Affäre	294
1984	35-Stunden-Woche	298
1986	Tschernobyl	308
1986	Historikerstreit	315
1989	Fall der Berliner Mauer	320
1990	Deutsche Wiedervereinigung	330
1991	Beschluss zum Regierungsumzug	342
1991–1993	Rechtsradikale Gewalt	347
1992	EU-Vertrag von Maastricht	351
1993	Solidarpakt	355
1994	Auslandseinsätze der Bundeswehr	363
1996	Goldhagens »Hitlers willige Vollstrecker«	367

DIE ZEIT KONTROVERSEN

1998–2005	Rot-grüne Koalition	403
1998–2003	Kopftuchstreit	412
1999	Krieg im Kosovo	416
2000	Entschädigung der Zwangsarbeiter	419
2000–2001	Riester-Rente	427
2000–2004	Zuwanderungsgesetz	433
2001	Pisa-Studie	440
2001–2002	Antiterror-Gesetzgebung	444
2002	Euro im Portemonnaie	451
2002	Stammzellgesetz	458
2003	»Nein« zum Irak-Krieg	466
2004	Hartz IV	475
2005	VW-Affäre	481
2006	Debatte um die Unterschicht	488
2007	Gründung »Die Linke«	493
2008	Finanzkrise	498
	Register	505
	Abbildungsnachweis	520

1949–1966

Die langen Fünfziger   12

DIE ZEIT KONTROVERSEN

1949	Das Grundgesetz	35
1949–1955	Westintegration	41
1949–1955	Wiederbewaffnung	49
1950–1966	Wirtschaftswunder	53
1953	Arbeiter-Aufstand in der DDR	60
1954	WM-Sieg in Bern	64
1955	Heimkehr der letzten Kriegsgefangenen	69
1957	Atomare Aufrüstung	78
1957	Gründung der EWG	85
1959	Kanzlerkrise Adenauer	92
1961	Bau der Berliner Mauer	99
1962	Spiegel-Affäre	103
1963–1965	Frankfurter Auschwitz-Prozess	111

1953 Ohnmächtige Wut schlägt den sowjetischen Panzern entgegen, die am 17. Juni auf den Potsdamer Platz rollen

1949–1966 Die langen Fünfziger 13

1957 Konrad Adenauer im Garten seines Urlaubsdomizils in Cadenabbia am Comer See mit seiner Tochter Libeth Werhahn-Adenauer

16 Überblick

1964 In Essen eröffnet das erste »Tanzkino« der Bundesrepublik

Chronik der Ereignisse

Die langen Fünfziger

Wirtschaftliche Dynamik und biedermeierliche Restauration, materielle Modernisierung und Kontinuität nationalsozialistischer Funktionseliten: Die Ära Adenauer war eine Zeit voller Widersprüche. Ein Essay **VON NORBERT FREI**

Die frühen Jahre der Bundesrepublik markieren einen Abschnitt deutscher Geschichte, der aufregender kaum hätte sein können: Dem Transitorium der Besatzungsherrschaft folgte die Gründung der beiden deutschen Staaten, die Herausbildung der Demokratie im Westen und die Befestigung einer neuen Diktatur im Osten, der Bau der Mauer und damit schließlich, auf unabsehbare Dauer, die Zementierung der Ordnungslogik des Kalten Krieges. Aus der Perspektive der Westdeutschen flossen die Erfahrungen der beiden ersten Nachkriegsjahrzehnte zu einem Lebensgefühl zusammen, das die Historiker nicht erst seit gestern als den Optimismus der »langen fünfziger Jahre« beschreiben. Es ist die damalige Zuversicht, die gegenwärtig neu zu faszinieren scheint.

Tatsächlich bildeten die Jahre, die sich im Westen im Wesentlichen als die »Ära Adenauer« darstellen, eine Phase dramatisch beschleunigter wirtschaftlicher Dynamik und materieller Modernisierung. Ähnliches erlebten die Deutschen im 20. Jahrhundert kein zweites Mal, auch nicht die Ostdeutschen nach 1990. Denn was mit der Währungsreform von 1948 einsetzte, war eine Erfolgsgeschichte fast ohne Beigeschmack. Anders als in manchen früheren Phasen konjunkturellen Aufschwungs – im Unterschied etwa zu den viel zitierten »Goldenen Zwanzigern«, die der Misere der Weimarer Republik für kaum eine halbe Dekade etwas Glanz verliehen, im Unterschied aber auch zur mittleren Hitler-Zeit, die eine Mehrheit der vormaligen Volksgenossen noch lange nach 1945 als die »guten Jahre vor dem Krieg« in Erinnerung behalten wollte – wies nun auch die gesamte politische Entwicklung, jedenfalls für die Westdeutschen, in eine positive Richtung.

Aber heißt das, all die zeitgenössischen Kritiker der »herrschenden Verhältnisse«, die nicht erst gegen Ende der Kanzlerschaft des »Alten« ihre Stimme erhoben, seien im Unrecht gewesen? Waren die fünfziger Jahre etwa kein Zeitalter der »Restauration«, wie Eugen Kogon und Walter Dirks schon früh in ihren *Frankfurter Heften* beklagten? Lebte man nicht, wie Erich Kästner meinte, in einem »motorisierten Biedermeier«? Gab es nicht an allen Ecken und Enden der neuen Republik reichlich Anlass zum Protest: erst gegen die Remilitarisierung, dann gegen eine atomare Bewaffnung der Bundeswehr, gegen Alt- und Neonazis, gegen reaktio-

1949–1966 Die langen Fünfziger

8. MAI 1949

Der Parlamentarische Rat verabschiedet das Grundgesetz. Am 23. Mai verkündet, tritt es am 24. in Kraft – mit Zustimmung aller westlichen Landtage bis auf den Bayerischen. Die Bundesrepublik ist gegründet (das Foto zeigt Konrad Adenauer bei der Verkündigung des Grundgesetzes im Parlamentarischen Rat am 23. Mai)

14. AUGUST 1949

Die ersten Bundestagswahlen gewinnt die CDU mit 139 Mandaten knapp vor der SPD (131 Mandate). 78 Prozent der Bevölkerung beteiligen sich an der Wahl. Erster Kanzler der Bundesrepublik wird am 15. September Konrad Adenauer, zum Präsidenten wählt die Bundesversammlung Theodor Heuss (FDP)

7. OKTOBER 1949

Unter Führung der SED proklamiert der Deutsche Volksrat in Berlin (Foto) die DDR. Otto Grotewohl wird am 12. Oktober erster Ministerpräsident des neu gegründeten Staates

näre Frauen- und Familienpolitik, gegen Prüderie und Spießermoral?

Die westdeutschen Gründerjahre, so viel ist klar, lassen sich in mehr als einer Richtung deuten, und offensichtlich ist es von Bedeutung, wer erzählt – und wann.

Am frühesten im Umlauf war die Rede von der Not und dem Aufbauwillen der »Gebrannten«; die Funktionsgeneration des »Dritten Reiches« fand in dieser Selbstbeschreibung neuen Sinn. Politisch eingerahmt von der zwar kleinen, aber zur Demokratie entschlossenen Gruppe der Weimarer Alten einerseits und den sich jetzt als Skeptiker erfindenden vormaligen HJ-Führern und Flakhelfern andererseits, begriffen sich diese um 1905 geborenen Jahrgänge als die wahre Trägergruppe jenes »Wirtschaftswunders«, das auch schon in den späten Vierzigern schneller propagiert als durchgesetzt war.

Um »68« erhielt dann eine Interpretation Auftrieb, die manche altlinke, zum Teil auch »nationale« Kritik an und aus den Fünfzigern mit den kurrenten sozialistischen Utopien zu verbinden wusste und den Bonner Neubeginn als eine Geschichte der »versäumten Chancen« las. Seit den achtziger Jahren allerdings hat eine breit entfaltete zeitgeschichtliche Forschung so viel Stoff für nüchterne Betrachtung geliefert, dass es für Legendenstrickereien schwer geworden ist. Zunehmend durchgesetzt hat sich seitdem ein Deutungsmuster, das die Schattenseiten der zweiten Demokratiegründung in Deutschland nicht überblendet, ihr das Gelingen im Ganzen aber auch nicht länger abspricht. Die *success story*, von der die ersten historischen Bilanzen bereits nach 25 Jahren kündeten, wird inzwischen zu jedem runden Geburtstag der Republik gefeiert. Deutschland sei, so heißt es, »im

ZITATE DES JAHRES

1956

Eine Presse, die Mitleid hat, ist eine schlechte Presse.

Konrad Adenauer

| 22. NOVEMBER 1949 | 25. JUNI 1950 | 8. JULI 1950 |

Der Korea-Krieg bricht aus. Schon bald geht die Angst vor einem dritten Weltkrieg und atomarer Vernichtung um. In der Bundesrepublik beginnt vor diesem Hintergrund die Debatte über die Wiederbewaffnung (das Foto zeigt US-amerikanische Soldaten auf dem Weg zur Front und Südkoreaner auf der Flucht aus dem Kampfgebiet im August 1950)

Das Petersberger Abkommen – benannt nach dem Petersberg bei Bonn – markiert den ersten Schritt auf Adenauers Weg gen Westen. Es berechtigt die Bundesrepublik Deutschland, konsularische Beziehungen zu westlichen Staaten aufzunehmen und internationalen Institutionen beizutreten

Hans Globke (Foto), der vor 1945 Referent für »Judenfragen« im Reichsinnenministerium war und zusammen mit Staatssekretär Wilhelm Stuckart einen Kommentar zu den Nürnberger Rassegesetzen (1935) verfasst hat, wird Kanzleramtschef und Berater Konrad Adenauers

1958

Unter einem Kompromiss versteht man die Kunst, eine Torte so aufzuteilen, dass jeder glaubt, er hätte das größte Stück.

Ludwig Erhard, Bundeswirtschaftsminister

Westen angekommen« – und die Weichen dafür habe Konrad Adenauer gestellt.

Die Erhebung des Gründungskanzlers zum zwar nicht größten, aber »besten Deutschen« (vor Martin Luther und Karl Marx), die das Zweite Deutsche Fernsehen vor einigen Jahren als multimediale Volksabstimmung inszenierte, bestätigte insofern nur den Trend, dem immer wieder neue massenkommunikative Aufbereitungen folgen. Die fünfziger Jahre sind attraktiv geworden: als Sujet der Unterhaltungsindustrie, als »Stil«, aber auch als alltagsweltlicher Vorraum unserer Gegenwart und als gesellschaftliches Orientierungsprogramm. Die Frage ist, welcher Vorstellungen und Bilder sich solche Rückgriffe bedienen – und wie es sich mit ihrer historischen Plausibilität verhält.

»Kanzler der Alliierten« Zu den Urszenen in einem an Tumulten nicht armen ersten Deutschen Bundestag gehört die Bonner Nacht vom 24. auf den 25. November 1949, in der Kurt Schumacher seinem Kontrahenten das böse Wort vom »Bundeskanzler der Alliierten!« entgegenschleuderte. Nach einem groben und für die Sozialdemokratie am Ende enttäuschenden Wahlkampf auf die Oppositionsbank gezwun-

gen, kam es den SPD-Vorsitzenden hart an, zu sehen, mit welcher Abgebrühtheit Adenauer das neue Amt bereits nach seinen Vorstellungen geformt hatte. In nur zwei Monaten war eine Praxis etabliert, die darauf hinauslief, dass sich der Regierungschef alles Wichtige vorbehielt und das Parlament, wo möglich, vor vollendete Tatsachen stellte. So auch beim sogenannten Petersberger Abkommen, einer ersten Modifikation des Besatzungsstatuts, die der Kanzler faktisch im Alleingang mit den drei Hohen Kommissaren der Alliierten verhandelt hatte und die jetzt zur Debatte – nicht zur Abstimmung – stand.

Ausgangspunkt für Adenauers »Abmachungen« mit den Vertretern der Besatzungsmächte, die in den Ausläufern des Siebengebirges hoch über dem Rhein Wachposten genommen hatten, war der Wunsch nach einem Ende der alliierten Demontagepolitik. Vor deren Weiterführung grauste es nicht nur der deutschen Industrie, sondern auch den Gewerkschaften. Letztere hatten, aus Sorge um die Arbeitsplätze, in die laufende Bundestagssitzung hinein Zustimmung zu Adenauers Verhandlungsergebnis signalisiert.

Schumacher, dem der als Gegenleistung für den Verzicht auf etliche weitere Werkszerstö-

1949–1966 Die langen Fünfziger 21

Auf einer Tagung des Europarates schlägt Winston Churchill (Foto) am 11. August eine europäische Armee mit deutschen Kontingenten vor. Adenauer fordert eine ähnliche Lösung – als Gegengewicht gegen die Volkspolizei der DDR. Die SPD protestiert heftig gegen diese Pläne

Die drei Westmächte erklären den Kriegszustand mit Deutschland formell für beendet. Das Foto zeigt Adenauer (rechts) mit dem französischen Hohen Kommissar für Deutschland, André François-Poncet, im April 1951 in Paris

AUGUST bis OKTOBER 1950   **7. SEPTEMBER 1950**   **9. JULI 1951**

Der erste deutsche Farbfilm seit Kriegsende kommt in die Kinos: Hans Deppes *Schwarzwaldmädel*, der Prototyp des deutschen Heimatfilms. Im Januar 1951 wird der Film *Die Sünderin* mit Hildegard Knef (Szenenfoto) zum Skandal – wegen einer (sehr dezenten) Nacktszene

rungen vereinbarte Preis eines deutschen Beitritts zur Internationalen Ruhrbehörde zu hoch erschien (er wurde bald schon durch die viel bessere Idee der Montanunion abgelöst), stand plötzlich als der aus den eigenen Reihen Blamierte da. Das umso mehr, als sich auch die weiteren Zugeständnisse, die Adenauer ausgehandelt hatte, sehen lassen konnten: Genehmigung zum Aufbau von Konsular- und Handelsvertretungen, Teilnahme an allen internationalen Organisationen, »in denen deutsche Sachkenntnis und Mitarbeit zum allgemeinen Wohl beitragen können« – und das »Ziel, die Bundesrepublik als friedliebendes Mitglied in die europäische Gemeinschaft einzugliedern«.

Sowenig sich, bei Lichte betrachtet, gegen solche Verheißungen einwenden ließ, die überdies erstmals nicht als alliierter Oktroi, sondern als eine Art Vertrag daherkamen, so unbeeindruckt gab Kurt Schumacher seit seinem nächtlichen Ausfall gegen Adenauer die Rolle des charismatischen Fundamentalkritikers, der den Anspruch verkörperte, als Einziger die »nationalen Interessen« im Blick zu haben. Ob Schumacher dies wirklich glaubte, mag dahingestellt bleiben; in ihrer prinzipiellen außenpolitischen Orientierung unterschieden sich der Kanzler und sein Konkurrent jedenfalls viel weniger, als ihr konfrontativer Umgang miteinander vermuten ließ. Eine Alternative zur freiheitlichen Demokratie, mithin zur Orientierung nach Westen, kannte keiner von beiden. Denn für beide galt: Sie waren antikommunistisch und antitotalitär – autoritäre Knochen, hart geworden über der Zerstörung der Weimarer Republik und den am eigenen Leib erfahrenen Prüfungen der NS-Zeit.

Aber Schumachers Tragik wurde Adenauers Glück: Dass der versehrte Führer der deutschen Sozialdemokratie, von seinen Genossen verehrt, vom bürgerlichen Lager wahrgenommen als ein verbitterter Mann, einen ebenso entschiedenen wie aussichtslosen, streckenweise geradezu intransigent nationalen Kurs segelte, dürfte dem Kanzler auf seiner unbeirrten Fahrt gen Westen manchen Ärger mit der eigenen Partei erspart haben. Und vergegenwärtigt man sich gar, wie zusammengebastelt dessen Regierungsflotte anfangs war, dann fällt es nicht schwer, sich vorzustellen, was auf den deutschnationalen Beibooten losgewesen wäre – in jeder anderen als dieser historisch beispiellosen Konstellation: der Entnationalisierung von rechts bei anhaltendem Widerstand von links.

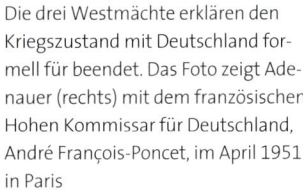

1959

Ich vertraue darauf, dass eines Tages die rote Fahne der Arbeiterklasse siegreich über ganz Deutschland wehen wird.

Otto Grotewohl, Ministerpräsident der DDR

1951 Kundschaft an »Hamburgs erstem Drive-in-Kiosk«

In einer diplomatischen Note schlägt Stalin den Westmächten und Adenauer einen Friedensvertrag mit einer – noch zu bildenden – gesamtdeutschen Regierung vor. Deutschland, so Stalins Vorschlag, solle nach Abzug sämtlicher ausländischer Truppen neutralisiert werden. Die Westmächte lehnen das Angebot ab

10. MÄRZ 1952

9. bis 12. JULI 1952

Die SED beschließt, sämtliche privaten Bauernwirtschaften zu kollektivieren und in landwirtschaftliche Produktionsgenossenschaften (LPGs) zu überführen. 1960 gibt die SED den Abschluss der Kollektivierungen bekannt (Foto um 1960)

Wiedergutmachungsabkommen: Die Bundesrepublik verpflichtet sich, Israel Waren und Dienstleistungen im Wert von drei Milliarden D-Mark zu liefern. Es folgen Wiedergutmachungsverträge mit zwölf weiteren europäischen Staaten

10. SEPTEMBER 1952

Konservative Revolution Wer nicht verlernt hat, darüber zu staunen, wie überraschend schnell (de facto nämlich bereits mit der dritten Bundestagswahl 1957) sich ein stabiles Dreiparteiensystem herausgebildet hatte, das die Bundesrepublik dann für Jahrzehnte prägte (bis zum Durchbruch der Grünen 1983), der lässt sich vom sensationellen Siegeszug der Adenauer-Union und dem ewigen Verliererschicksal der sozialdemokratischen Opposition auch nicht den Blick verstellen auf weitere Fragen: Was eigentlich war das Neue in der parteipolitischen Landschaft, die in der zweiten Hälfte der Vierziger im Westen Deutschlands entstand? Was lief anders als 30 Jahre zuvor? Was begünstigte diesmal den Startversuch in die Demokratie? Und wer waren die Stützen?

Einfache Antworten sind selten erschöpfend, im Unterschied zu breitwandigen Historiengemälden helfen sie aber, den Blick für die Hauptsachen zu schärfen. In diesem Fall genügen zwei Worte und deren Kombination: Adenauer und die Alliierten. Konrad Adenauer als Revolutionär zu begreifen fällt auch im Abstand vieler Jahrzehnte nicht leicht. Aber er war einer – und zwar nicht nur, wie schon so oft hervorgehoben worden ist, in seiner Politik des unbedingten Anschlusses an den Westen. Mindestens auf einem weiteren Feld verdient sein Handeln revolutionär genannt zu werden, nämlich auf jenem der Parteipolitik.

Mit seinem Beitritt zur Neugründung CDU und seiner Distanzierung von der wiederbelebten Zentrumspartei trug der Bürger und Katholik Adenauer maßgeblich dazu bei, dass es im bürgerlichen Lager nach 1945 zu keiner erneuten parteipolitischen Aufspaltung entlang der Konfessionslinie kam. Im römisch-katholischen Westen Deutschlands wurden damit die Grundlagen dafür gelegt – und das war die eigentliche konservative Revolution –, dass rechts von CDU und CSU nichts Nennenswertes mehr gedeihen konnte. Alle Versuche, gegen die Unionsparteien eine rechtsnationale Sammlungsbewegung auf die Beine zu stellen, scheiterten an Adenauers Erfolg. Und an den Alliierten.

Denn was bis heute gerne vergessen wird und die demokratischen Parteien auch lange genierte: An ihrer aller Anfang stand im nachnationalsozialistischen Deutschland keineswegs der freie politische Vereinigungswille des Souveräns, sondern das alliierte Lizenzsystem. Die Gründung einer Partei bedurfte, wie die von Zeitungen und Zeitschriften, der Genehmi-

1959

Bundeskanzler Adenauer will und wird am 1. Juli als Bundespräsident kandidieren – es sei denn, der Himmel stürzte ein.

Will Rasner, Geschäftsführer der CDU-Fraktion

25. DEZEMBER 1952

Die erste Fernsehsendung der Bundesrepublik flimmert über die Bildschirme, eine Stunde und 58 Minuten lang. Etwa 4 000 Familien haben einen Fernseher. Am 26. Dezember ist erstmals die *Tagesschau* zu sehen, von Oktober 1954 an wird sie täglich ausgestrahlt. Das Fernsehen der DDR startete sein „öffentliches Versuchsprogramm" bereits am 21. Dezember

14. JANUAR 1953

Einer von der amerikanischen Besatzung durchgeführten Meinungsumfrage zufolge finden 44 Prozent der befragten Deutschen, der Nationalsozialismus habe mehr Gutes als Schlechtes gebracht

17. JUNI 1953

Der Protest gegen erhöhte Arbeitsnormen in der DDR weitet sich in mehr als 300 Städten zum Generalstreik und schließlich zum Volksaufstand aus. Am 17. Juni schlagen ihn sowjetische Truppen nieder

1961

Ein Bundeskanzler hat nicht die Wahrheit für sich gepachtet, ich bin Zeuge dafür, dass es so ist.

Konrad Adenauer

gung durch die jeweilige Besatzungsmacht. Dadurch war der radikalen Rechten bis 1948/49 die politische Reorganisation verwehrt. Anders gesagt: In der frühen Phase ihres Übergangs von der Diktatur zur Demokratie waren die Deutschen auf die »Lizenzparteien« verwiesen. Wer sich, weil politisch »nicht belastet« oder ohne Auflagen entnazifiziert, als Wähler üben durfte und mochte, dem blieb eigentlich nur die Dokumentation seiner Abkehr von Hitler.

Gewiss, im nachwirkenden Schock der Niederlage wollte ohnehin niemand ein Nazi gewesen sein. Doch diese Kollektivdistanzierung war nicht von Dauer. Kaum dass die Lizenzpflicht entfallen war, tauchten die ersten Gruppierungen der »alten Kameraden« auf.

Bereits im Herbst 1949 taten sich ehemalige Apparatschiks der NSDAP zu einer Sozialistischen Reichspartei zusammen. In ihren Emblemen und in ihrem Programm gerierte sich die Partei der brotlos gewordenen Braunen derart eindeutig – und erfolgreich – als nationalsozialistische Nachfolgeorganisation, dass man in Bonn (und mehr noch oberhalb der Hauptstadt) ins Grübeln kam. Als die SRP im Mai 1951 dann mit elf Prozent der Stimmen in den Niedersächsischen Landtag einzog und die internationale Presse entsetzt berichtete, war die Geduld der drei Herren auf dem Petersberg zu Ende. John McCloy, der amerikanische Hohe Kommissar, drängte Adenauer zum Handeln. Im Herbst 1951 stellte die Bundesregierung einen Verbotsantrag – zum Zwecke symbolischen Ausgleichs und zur Bekräftigung ihrer antitotalitären Äquidistanz aber nicht nur gegen die SRP, sondern auch gegen die bereits im Bedeutungsverlust begriffenen Kommunisten. Während die Auseinandersetzung mit der KPD, in Ermangelung einer prozessfesten Beweisdokumentation, noch jahrelang als administrativer Kleinkrieg weiterging, erklärte das Bundesverfassungsgericht die SRP im Oktober 1952 für grundgesetzwidrig.

Wie sehr die Westmächte, bis tief in die Adenauer-Zeit hinein, die Entwicklung des Parteiensystems in der Bundesrepublik mitbestimmten, demonstrierte schließlich 1953 das Vorgehen der Briten gegen den sogenannten Gauleiter-Kreis. Eine Gruppe einst ranghoher Nationalsozialisten hatte begonnen, die nordrhein-westfälische FDP zu unterwandern, in der es an Sympathisanten für eine solche Machtübernahme nicht fehlte. Indem die britische Militärpolizei die Hauptmatadoren dieser Aktion kurzerhand aus

1949–1966 Die langen Fünfziger

Seit Kriegsende sind in Deutschland 2,2 Millionen Wohnungen gebaut worden, gibt das Wohnungsbauministerium bekannt. Die Autoproduktion hat sich seit 1949 verachtfacht. Das Foto zeigt eine Isetta (»Knutschkugel«)

In einem feierlichen Akt erklären Vertreter der Alliierten die Bundesrepublik für souverän. Die Pariser Verträge, im Oktober 1954 unterzeichnet, treten nun in Kraft. Die alliierten Dienststellen werden geschlossen, die Hohen Kommissare der alliierten Verwaltung werden Botschafter

18. SEPTEMBER 1953 — **4. JULI 1954** — **5. MAI 1955**

Die deutsche Nationalelf wird Fußballweltmeister in Bern – mit einem 3:2-Sieg gegen Ungarn. Das Foto zeigt den 1:2-Anschlusstreffer durch Max Morlock

dem Verkehr zog, war ein unübersehbares Signal gesetzt: Jeder Versuch einer Radikalisierung von rechts würde auch künftig gestoppt.

Adenauer wusste diese Einmischung zu schätzen. Im Unterschied zu manchen Mitgliedern seines Kabinetts, die sich über eine Verletzung der (vermeintlichen) Souveränität der Bundesrepublik ereiferten, begriff der Kanzler sogleich, dass eine harte Hand gegen die »Ewiggestrigen« nur von Vorteil sein konnte. Tatsächlich waren es die Unionsparteien, die von der Stigmatisierung des Rechtsradikalismus am meisten profitierten. Seit der Bundestagswahl im Herbst 1953 war wirklich klar, wer den Krieg verloren hatte: der deutsche Nationalismus in allen seinen Schattierungen.

Im Zusammenspiel mit dem Gründungskanzler hatten Deutschlands vormalige Kriegsgegner damit ein weiteres ihrer Ziele erreicht, zum Wohle Europas und der Deutschen selbst. Und auch wenn es seinerzeit wohl nicht allzu viele so zu sehen vermochten – in einem tieferen Sinne waren die Beziehungen, die Adenauer zu den Besatzungsmächten pflegte, mit Schumachers Wort eigentlich richtig bedacht: Deutschlands erster Kanzler nach Hitler war ein Kanzler der Alliierten. Anders konnte es gar nicht sein.

Ankunft im »Wirtschaftswunder« Die rasche Zustimmung, die Adenauers Westkurs an den Wahlurnen fand, sagt wenig darüber aus, wie sich die Nachkriegsdeutschen damals selbst sahen. Wollten sie so »westlich« werden, wie sie es seitdem geworden sind? Und was überhaupt trieb diese »Verwestlichung« voran? Ganz sicher wird man sagen können, dass es nicht in erster Linie die den meisten eher unvertrauten Vorzüge des Parlamentarismus waren, welche die Westdeutschen in ihrer übergroßen Mehrheit zur Demokratie bekehrten. Mochten die Alliierten, die Amerikaner voran, im Rahmen der *re-education* auch eine Menge dafür tun, dass Demokratie und demokratische Spielregeln in Schulen, Gemeindeversammlungen und innerhalb der Parteien eingeübt wurden und dass eine aufklärerische Presse entstand: Auf mittlere Sicht noch wichtiger war, dass der politische Aufbruch einherging mit einem wirtschaftlichen Aufschwung.

Ein Aufschwung, der am Ende jeden erfasste. Die Ökonomie stabilisierte das politische System, nicht umgekehrt. Und mit der anspringenden Konjunktur wuchs Vertrauen in das, wofür der »Westen« als Chiffre stand: in den Markt und in den Kapitalismus.

1962

Ich bleibe Verteidigungsminister. Eine andere Entwicklung kann ich mir nicht vorstellen.

Franz Josef Strauß, eine Woche vor seiner Entlassung

Die Bundesrepublik wird Mitglied der 1949 gegründeten Nato. Am 14. Mai schließen sich daraufhin Albanien, Bulgarien, die DDR, Polen, Rumänien, die Sowjetunion, die Tschechoslowakei und Ungarn zum Warschauer Pakt zusammen

In Kassel beginnt die erste documenta – die große internationale Ausstellung für zeitgenössische Kunst, initiiert von dem in Kassel geborenen Maler Arnold Bode (Foto)

9. MAI 1955 | **JUNI 1955 bis APRIL 1957** | **16. JULI 1955**

Die Bundeswehr nimmt Gestalt an: Am 7. Juni 1955 ernennt Adenauer Theodor Blank zum ersten Verteidigungsminister der Bundesrepublik. Im November wird die Bundeswehr gegründet (das Foto zeigt das Inspizieren der ersten Einheit im Januar 1956 in Andernach). Im April 1957 werden die ersten Wehrpflichtigen eingezogen

1962

In einer Zeit so ernster internationaler Vorgänge können wir uns den Luxus einer Krise einfach nicht leisten.

Konrad Adenauer

Gemessen an dem, was hinter ihnen lag – drei harte Hungerwinter, die alle Entbehrungen der Kriegszeit in den Schatten stellten, strengste Lebensmittelrationierung erzwangen und Sozialisierung als das Gebot der Stunde erscheinen ließen –, wirkte auf viele Westdeutsche die karge Freiheit der neuen D-Mark im Sommer 1948 schon ein bisschen wie Amerika.

Fast so, wie man es aus dem Land der unbegrenzten Möglichkeiten gehört hatte, taten sich plötzlich vor der eigenen Haustür Gründerchancen auf. Die Marshallplan-Gelder und andere Hilfen machten es möglich, beileibe nicht nur für die Neckermänner und die Grundigs, sondern auch für viele Flüchtlinge aus den Ostgebieten, die sich, oft auf dem platten Land, neue Existenzen aufbauten. Hinzu kam die Tatkraft einer gut ausgebildeten Facharbeiterschaft, die aus Krieg und Kriegsgefangenschaft an ihre Werkbänke zurückgekehrt war und feststellte, dass sich die Bombenschäden noch in Grenzen hielten. Und hinzu kam schließlich die wirtschaftlich belebende Wirkung des Krieges in Fernost: der Korea-Boom.

Der rasante wirtschaftliche Aufstieg, der das Gesicht der Bundesrepublik in den fünfziger Jahren dramatisch veränderte – und die Gesichter rundete –, war mithin weniger mirakulös, als es seine Interpreten schon damals behaupteten. Ludwig Erhard war zweifellos eine ziemlich ideale Verkörperung dieses Erfolgs, zumal seine Formel von der »sozialen Marktwirtschaft« im Laufe der Zeit an innerer Überzeugungskraft gewann. Aber entgegen dem Eindruck, den eine neoliberale »Initiative Neue Soziale Marktwirtschaft« seit einiger Zeit zu erwecken versucht, konnte auch Erhard nicht zaubern. Was als »Wirtschaftswunder« Eingang in die Schulbücher fand, war einer ebenso ungewöhnlichen wie unwiederholbaren Konstellation geschuldet: einer lang anhaltenden, fast die gesamte westliche Welt erfassenden Rekonstruktionsperiode, von der die exportorientierte Volkswirtschaft der Bundesrepublik jedoch in ganz besonderer Weise profitierte.

Über ihre damalige Fähigkeit, die »Ärmel hochzukrempeln«, den Wiederaufbau zu schultern und stur nach vorn zu blicken, haben die Deutschen im Laufe der Jahrzehnte recht unterschiedlich gedacht. Was ihnen anfangs als schiere Notwendigkeit, dann als eine mit Stolz zu betrachtende Leistung erschien, geriet in den sechziger Jahren unter Verdacht. Spätestens in dem Moment, da die Mitscherlichs die *Unfä-*

Die ersten »Gastarbeiter« kommen aus Italien in die Bundesrepublik

7. OKTOBER 1955

Nachdem die Sowjetunion am 25. Januar den Kriegszustand mit Deutschland beendet hat, kehren nach Adenauers Verhandlungen in Moskau die letzten 10 000 deutschen Kriegsgefangenen (»Plennies«) aus der Sowjetunion zurück. Das Foto zeigt die wartenden Menschen bei der Ankunft der Rückkehrer in Friedland

DEZEMBER 1955

17. AUGUST 1956

Das Bundesverfassungsgericht in Karlsruhe verbietet die KPD

higkeit zu trauern entdeckten (1967), galt die kompensatorische Funktion der bundesdeutschen Leistungswut als ausgemacht. Doch die von einem Teil der Jugend in den siebziger und achtziger Jahren praktizierte Gegentherapie der »Leistungsverweigerung« erwies sich als ein Durchgangsstadium.

Inzwischen wird die wirtschaftliche Dynamik der fünfziger Jahre idealisiert. Vergessen scheinen die Zumutungen für den Einzelnen und die gesellschaftlichen Kosten, die damit verbunden waren – von der 48-Stunden- und 6-Tage-Woche über den Raubbau an der Umwelt bis hin zur »zweiten Zerstörung« der Städte. Angesichts der Erfahrungen, wie zäh sich seit 1990 der »Aufbau Ost« gestaltete und immer noch gestaltet, herrscht derzeit eine geradezu naive Bewunderung für das Tempo, mit dem zwei Generationen zuvor blühende Industrielandschaften entstanden, propere Vorstadtsiedlungen aus dem Boden schossen und die (Auto-)Mobilisierung einer ganzen Gesellschaft gelang.

Über die sozialpsychischen Prozesse, die der ungeheuren Energieentfaltung zugrunde lagen, ist viel spekuliert worden. Aber so plausibel die Diagnose einer kollektiven »Verdrängung« der NS-Zeit auf den ersten Blick auch erscheint,

1957 Ludwig Erhard mit dem von ihm herausgegebenen Buch *Wohlstand für Alle*

25. MÄRZ 1957

Unterzeichnung der Römischen Verträge über die europäische Wirtschaftsgemeinschaft (EWG). Die sechs Montanunion-Staaten, die 1951 einen gemeinsamen europäischen Markt für Kohle und Stahl gegründet haben, schließen sich noch enger zusammen. Am 1. Januar 1958 treten die Verträge in Kraft

MÄRZ 1958

Die Aktion »Kampf dem Atomtod« organisiert Kundgebungen in zahlreichen deutschen Städten gegen das Vorhaben der Regierung, die Bundeswehr mit Atomwaffen auszustatten. Bereits 1957 haben 18 deutsche Physiker, unter ihnen Carl Friedrich von Weizsäcker, dafür plädiert, auf Kernwaffen zu verzichten

1. JULI 1958

Die Gleichberechtigung von Mann und Frau wird im bürgerlichen Recht der Bundesrepublik verankert. Das Alleinentscheidungsrecht des Mannes in der Ehe ist nun eingeschränkt, und Frauen dürfen ihren Geburtsnamen an den Namen des Gatten anhängen. Doch es bleibt einstweilen bei der klassischen Rollenverteilung

1962
Rindviehbestand in Bonn nimmt zu.
Überschrift der *FAZ*

1962
Das deutsche Volk besteht nicht nur aus Tarifpartnern.
Ludwig Erhard, Bundeswirtschaftsminister

und sosehr sie Eingang gefunden hat in die allgemeine Deutung der fünfziger Jahre – die Vorstellung, dass die Vergangenheit damals erfolgreich »beschwiegen« worden wäre, führt in die Irre. Tatsächlich waren die ersten Jahrzehnte der Bundesrepublik gespickt mit komplizierten vergangenheitspolitischen Auseinandersetzungen und Skandalen. Der Name von Hans Globke, Adenauers langjährigem Kanzleramtschef, steht dafür bis heute als Symbol.

Die Gesellschaft der Fünfziger Entgegen dem Klischee des »Wir sind noch einmal davongekommen« war das Lebensgefühl der postnationalsozialistischen Deutschen voller Widersprüche. Die Gesellschaft des fröhlich-freudigen Konsums – erst der »Fress-«, dann der »Reisewelle« –, der biederen Unterhaltung und der gemütlich dekorierten Wohnzimmer war zugleich die Gesellschaft der einstigen Verfolgten und ihrer Verfolger, der untergetauchten NS-Verbrecher und der Überlebenden der Lager. Ob in der Politik oder in der Wirtschaft, im öffentlichen Leben oder im privaten Bereich – allenthalben begegnete einem die Gleichzeitigkeit des scheinbar Unvereinbaren. Das Bemühen um »Wiedergutmachung« für die Opfer des Nationalsozialismus, von Adenauer nur mithilfe der Sozialdemokratie gegen beträchtliche Teile des Regierungslagers auf den Weg gebracht, kontrastierte mit größter Bereitschaft zur Nachsicht mit den Tätern. Die massenhafte Reintegration der zunächst als Nationalsozialisten entlassenen Beamten erfolgte parallel zur harten Ausgrenzung der Kommunisten. Die Wiederverwendung der NS-Richter bedeutete mitnichten, dass diese sich auf eine Entschuldigung bei ihren vormaligen Opfern besannen. An den Universitäten lehrten die wenigen, die aus der Emigration den Weg zurück in ihre Heimat gewagt hatten, in prekärer Nachbarschaft zu dem Heer der einstmals Überzeugten oder – damals wie jetzt wieder – Angepassten. »Arisierer« stritten vor Gericht mit den von ihnen Bestohlenen; Generäle schrieben schamlos über »verlorene Siege« und kämpften für die Freilassung ihrer »kriegsverurteilten« Kameraden; einstige Euthanasieärzte bewegten sich unerkannt in den Hilfs- und Netzwerken der »Ehemaligen«, derweil die Angehörigen ihrer Opfer um ein wenig Entschädigung rangen.

Trotz aller Begeisterung für Europa und aller Bekundungen des Wiedereintritts in den Kreis der zivilisierten Nationen des »Abendlands«

1949–1966 Die langen Fünfziger   29

APRIL bis JULI 1959

Konrad Adenauer kandidiert für das Amt des Bundespräsidenten, zieht seine Kandidatur dann jedoch überraschend wieder zurück (»Kanzlerkrise«). Stattdessen wird am 1. Juli Bundeslandwirtschaftsminister Heinrich Lübke (Foto) zum Präsidenten gewählt

13. bis 15. NOVEMBER 1959

In Bad Godesberg beschließt die SPD ihr neues Grundsatzprogramm und definiert sich fortan als »Volkspartei«

DEZEMBER 1959

Günter Grass' Roman *Die Blechtrommel* spaltet das Publikum. Aufgrund der »freizügigen Sexszenen« wird Grass (Foto) der von der Jury zuerkannte Literaturpreis der Stadt Bremen verweigert. Im selben Jahr erscheint Heinrich Bölls großer Roman *Billard um halbzehn*

wirkten die Muster sozialer Ächtung und gesellschaftlicher Vorurteile, zu denen die Deutschen zwölf Jahre lang so gläubig sich bekannt hatten, noch lange nach. »Asoziale«, »Zigeuner«, Homosexuelle, uneheliche Kinder und »leichte Mädchen« passten nicht in das rasch wieder aufpolierte, aber offenkundig verlogene Bild bürgerlicher Wohlanständigkeit. Und doch galten die alten Regeln nur noch bedingt; dieselbe Regierung, die in ihrer Familienpolitik strikt christlich-konservativen Leitbildern folgte und zu diesem Behufe zum Beispiel eine inquisitorische »Aktion saubere Leinwand« förderte, ging über ihre Bundeszentrale für Heimatdienst (später: für politische Bildung) die Diskriminierung der schwarzen GI-Kinder an: *Maxi, unser Negerbub* hieß die Broschüre, die für Toleranz in Kindergärten und Schulen warb.

Die ungeheuren sozialen Verwirbelungsprozesse, die der Zweite Weltkrieg und seine Folgen über die Deutschen gebracht hatten, schlossen ein simples Anknüpfen an die gesellschaftlichen Verhältnisse der Vorkriegszeit a priori aus. Wie sehr sich der Westen Deutschlands nach 1945 veränderte, hing in erheblichem Maße allerdings auch damit zusammen, dass ihm im Osten ein Konkurrenzmodell entstanden war.

Abgrenzung und Konkurrenz Lässt man den alten Streit beiseite, ob Adenauer und die westlichen Alliierten die Einheit Deutschlands verhindert haben – was nicht dasselbe ist wie die Frage, ob sie mehr hätten tun können, die Auseinanderentwicklung zu bremsen –, so bleibt die Feststellung, dass die beiden ersten Nachkriegsdekaden einen geschichtlichen Abschnitt bilden, in dem der Begriff »Gesamtdeutschland« noch einen politisch und psychologisch fassbaren Inhalt hatte. Im Unterschied zu den Jahrzehnten danach waren die Gesellschaften der beiden Teilstaaten damals noch in hohem Maße aufeinander bezogen. Das galt sogar noch eine ganze Weile nach dem Mauerbau, wenngleich das Zusammengehörigkeitsgefühl schneller nachließ, als es auf Emotion und Spannung angelegte Spielfilmgeschichten über auseinandergerissene Familien und mutige Fluchthelfer inzwischen suggerieren.

Der begreifliche Umstand, dass die Deutschen in Ost und West nach 1989/90 das Bedürfnis verspürten, sich hinsichtlich der Kontinuität ihrer Einheitssehnsucht wechselseitig ein wenig anzuflunkern, hat nicht nur zu politischen Fehlentscheidungen beigetragen, sondern auch zu Verzerrungen in der historischen

1963

Sie küsse ich nicht – noch nicht.

Charles de Gaulle zu Bundesaußenminister Gerhard Schröder (CDU), nach Unterzeichnung des deutsch-französischen Vertrages und nachdem er Bundeskanzler Adenauer geküsst hatte

Überblick

In Jerusalem beginnt der Prozess gegen den ehemaligen SS-Obersturmbannführer Adolf Eichmann (Foto), der maßgeblich mitverantwortlich für die Ermordung der europäischen Juden war. Er wird zum Tode verurteilt und 1962 hingerichtet

18. AUGUST 1960

In den USA kommt die Antibabypille auf den Markt. In Deutschland wird sie 1962 eingeführt – zunächst aber nur verheirateten Frauen verschrieben, die bereits Kinder haben

11. APRIL 1961

13. AUGUST 1961

Nachdem in den Wochen zuvor Tag für Tag mehrere Hundert Menschen aus dem Osten in die Bundesrepublik Deutschland geflohen sind, beginnt in Berlin der Mauerbau

1961 Entsetzte West-Berliner beobachten den Mauerbau

Love me do – im Hamburger Starclub startet die Karriere der Beatles

Die Kuba-Krise beginnt, nachdem Nikita Chruschtschow angekündigt hatte, er wolle auf der Karibikinsel sowjetische Raketen stationieren. Die Welt entgeht nur knapp einem Umschlagen des Kalten Krieges in einen heißen

FRÜHJAHR 1962 — **22. OKTOBER 1962** — **OKTOBER/ NOVEMBER 1962**

Polizeibeamte durchsuchen die *Spiegel*-Redaktion in Hamburg und verhaften die Chefredakteure sowie den Herausgeber Rudolf Augstein (Foto) – was heftige Proteste auslöst. Grund war ein Artikel über ein Nato-Manöver, der angeblich den Tatbestand des Landesverrats erfüllte. Verteidigungsminister Strauß (CSU), Drahtzieher der Affäre, verliert sein Amt

Forschung und Darstellung. Die Geschichte der deutsch-deutschen Entfremdung im Kalten Krieg ist noch nicht geschrieben – obwohl die Propaganda der fünfziger und sechziger Jahre voll ist von Stoffen, in denen sich die Deutschen im jeweils anderen Systemzusammenhang beäugen wie gefährliches Getier.

Umgekehrt führte die ebenso erbitterte wie anfangs ja noch ziemlich offene Konkurrenz der ideologisch-politischen Ordnungsmodelle zu einem eigentümlichen Wettstreit um die besten sozialen »Errungenschaften«. Auch wenn das seinerzeit niemand wahrhaben wollte: Die von jenseits der Elbe zu hörenden Schalmeienklänge des Sozialismus trugen dazu bei, den rheinischen Kapitalismus zu zivilisieren. Dass dieser ohnehin sehr auf korporative Strukturen setzte und mehr staatliche Intervention bedeutete, als mit der freiwirtschaftlichen Ikone Erhard gemeinhin verbunden wird, steht auf einem historisch anderen Blatt.

Was nun den Part der DDR in diesem bitteren Spiel um Abgrenzung und Anziehung betraf – das zeitgenössische Schlagwort dafür lautete »Magnettheorie« –, so war rasch klar, dass der kleinere Teilstaat angesichts sehr begrenzter Ressourcen und deren beträchtlicher Beanspruchung durch die Sowjetunion auf ökonomischem Gebiet den Wettstreit nicht würde gewinnen können. Auch vor diesem Hintergrund verlegte sich Ost-Berlin immer stärker auf die agitatorische Auseinandersetzung mit der »Bonner Republik« (wobei schon diese Adressierung damals pejorativ gemeint war und im Westen auch so verstanden wurde). Der Trumpf, auf den Politbüro und Stasi setzten, hieß NS-Vergangenheit. In unzähligen Kampagnen entstand ein tiefbraunes Bild der Bundesrepublik, die als eine nur schlecht getarnte Fortsetzung der Hitler-Herrschaft, als »Hort des Klerikalfaschismus« und des »terroristischen Adenauer-Regimes« gezeichnet wurde.

Hinzu kamen zielgenaue Aktionen wie jene gegen Globke, den die DDR-Propaganda nach der Verhaftung von Adolf Eichmann in Argentinien im Sommer 1960 zu dessen geistigem Komplizen stilisierte und gegen den das Oberste Gericht der DDR drei Jahre später »in Abwesenheit« ein lebenslängliches Urteil verhängte. Während der Staatssekretär das Kanzleramt erst mit Adenauers eigenem Abgang verließ, musste der vormalige »Volkstumsexperte« Theodor Oberländer nach Vorwürfen aus »Pankow« als Bundesvertriebenenminister ebenso zurücktre-

1963

Die Mauer gefällt mir außerordentlich.
Nikita Chruschtschow

1963

Ich bin ein Berliner.
John F. Kennedy

US-Präsident John F. Kennedy besucht Berlin und wird für sein öffentliches Bekenntnis »Ich bin ein Berliner« frenetisch gefeiert. Das Foto zeigt Kennedy im offenen Wagen neben Willy Brandt, damals Regierender Bürgermeister von West-Berlin, und Konrad Adenauer (von links nach rechts). Wenige Monate nach seiner Deutschlandreise fällt Kennedy einem Attentat zum Opfer

| 22. JANUAR 1963 | 26. JUNI 1963 | 5. AUGUST 1963 |

Nach mehr als einem Jahrhundert der »Erbfeindschaft« unterzeichnen Konrad Adenauer und Charles de Gaulle in Paris einen deutsch- französischen Freundschaftsvertrag

18 Jahre nach dem Abwurf der Atombombe über Hiroshima verpflichten sich die USA, Großbritannien und die Sowjetunion in einem Abkommen, sämtliche Atomversuche einzustellen. In den Jahren zuvor hatten sie sich mit der Testzündung immer mächtigerer Nuklearwaffen gegenseitig überboten

1964

Wem es hier nicht passt, kann rausgehen aus Deutschland.
Franz Josef Strauß

ten wie, im Sommer 1962, der frisch gekürte Generalbundesanwalt Wolfgang Fränkel.

Seit 1965 hatte Ost-Berlin sogar den Bundespräsidenten im Visier, den die Stasi als »KZ-Baumeister« denunzierte; lange verborgen blieb ihr hingegen, dass Heinrich Lübke als Bauleiter in Peenemünde tatsächlich Konzentrationslagerhäftlinge eingesetzt hatte. Das *Braunbuch* schließlich, das die hochgradige Kontinuität der Funktionseliten in der westdeutschen Justiz, Wirtschaft, Wissenschaft, bei der Bundeswehr und nicht zuletzt in der Bonner Ministerialbürokratie dokumentierte, entpuppte sich, im wörtlichen wie im übertragenen Sinne, als ein ausgesprochener Exportschlager der DDR. Denn der Dokumentation – sie war im Faktischen übrigens weitgehend korrekt – lag die These zugrunde, durch den Aufbau des Sozialismus im Osten sei die Bewältigung des Nationalsozialismus zum alleinigen Problem des Westens geworden. Dass dies nicht zutraf, überdeckten die Rituale des »Antifaschismus« bis in die letzten Tage der DDR, zumal die Gegenkritik aus der Bundesrepublik dort selbst nun zunehmend als Apologie verstanden wurde. Den Intellektuellen und den Jungen im Westen nämlich, die seit Ende der fünfziger Jahre sich immer stärker an der »unbewältigten Vergangenheit« zu reiben begannen, war es einerlei, woher die Argumente kamen. Die Hauptsache war, sie belegten die Notwendigkeit gesellschaftlicher und politischer Reformen.

Nicht erst die *Spiegel*-Affäre im Herbst 1962 demonstrierte, dass sich die Zeiten änderten. Schon im Jahr zuvor, passgenau zur Bundestagswahl, erschien bei Rowohlt ein schmales Taschenbuch, das als Vorläufer der bald berühmten Reihe *rororo aktuell* Verlagsgeschichte machte und publizistische Aufmerksamkeit erregte wie kaum eine Streitschrift zuvor: *Die Alternative oder Brauchen wir eine neue Regierung?* Erfrischend an dem Bändchen waren nicht allein der respektlose Ton und die Tatsache, dass als Herausgeber ein erfolgreicher Jungdichter fungierte; ungewöhnlich war auch, dass sich um Martin Walser 19 weitere Schriftsteller scharten: solche, die, wie es im Klappentext hieß, »Hitlers Feldzüge mitmachen mussten«, und solche, »deren Erfahrung sich auf die Nachkriegszeit begrenzt«.

Das kollektive Plädoyer für ein Ende der scheinbar ewigen Regentschaft des »Alten« blieb zwar einstweilen unerhört, aber mit einem auf Kennedy getrimmten jugendlichen Willy

1949–1966 Die langen Fünfziger 33

Konrad Adenauer tritt nach 14 Jahren Amtszeit als Bundeskanzler zurück. Sein Nachfolger wird, am 16. Oktober, der bisherige Vizekanzler und Bundeswirtschaftsminister Ludwig Erhard

Hans Magnus Enzensberger gründet das *Kursbuch* – eine neue Zeitschrift, die sich in den Folgejahren als Sprachrohr der bundesrepublikanischen Intelligenz etabliert

15. OKTOBER 1963 — **SOMMER 1964** — **JUNI 1965**

Der Minirock, entworfen von der britischen Designerin Mary Quant, kommt in Mode (das Foto zeigt eine Pressekonferenz mit Mary Quant in Rom)

1965

Nackt duschen widerspricht katholischer Moral.

Generalkirchenvikariat Köln

1963 »Ich bin ein Berliner« – John F. Kennedy spricht vor dem Schöneberger Rathaus in Berlin

Brandt holte eine seit ihrem Godesberger Parteitag auch programmatisch erneuerte SPD im September 1961 zwei Fünftel der Mandate. Politisch bedeutsamer als dieser Erfolg der Sozialdemokratie war das Ende der absoluten Unionsmehrheit, die der »Keine Experimente«-Kanzler vier Jahre zuvor eingefahren hatte. Nun war nicht mehr schönzureden, was sich seit dem Frühjahr 1959 abzeichnete, als Adenauer seine »lieben Landsleute« eine Zeit lang im Glauben hielt, er mache den nächsten Bundespräsidenten, und was unübersehbar wurde, als nach dem 13. August 1961 volle neun Tage vergingen, ehe der Bundeskanzler das eingemauerte West-Berlin besuchte: Dem mittlerweile 85-Jährigen kam doch langsam sein politischer Instinkt abhanden.

Fortan dämmerte die »Kanzlerdemokratie«, unter wachsender Kritik von allen Seiten, ihrem Ende entgegen, und in der Union entbrannte

Im Frankfurter Auschwitz-Prozess werden die Urteile verkündet. Auf der Anklagebank saßen seit dem 20. Dezember 1963 insgesamt 22 Mitglieder der SS-Wachmannschaft des Vernichtungslagers Auschwitz. Es war der größte Massenmordprozess der deutschen Rechtsgeschichte

19. AUGUST 1965　　　　　**30. NOVEMBER 1966**

Infolge der ersten Wirtschaftskrise der Bundesrepublik – es gibt fast eine halbe Million Arbeitslose – tritt Bundeskanzler Ludwig Erhard zurück. Die FDP beendet die Koalition mit der Union. Am 1. Dezember wird Kurt Georg Kiesinger (CDU, auf dem Foto links) Kanzler in einer Großen Koalition mit dem SPD-Vorsitzenden Willy Brandt als Vizekanzler und Außenminister

1965

Da hört der Dichter auf, da fängt der ganz kleine Pinscher an.

Ludwig Erhard über das Plädoyer von 25 Autoren für einen Regierungswechsel

die Nachfolgedebatte. Eineinhalb Jahre lang investierte Adenauer noch einmal unerhörte Energien, um den zu verhindern, der es dann wurde – und der so glücklos blieb, wie der Patriarch es vorausgesagt hatte: Ludwig Erhard.

Im Rückblick erscheinen die drei Jahre unter dem Wirtschaftsprofessor, der »Volkskanzler« sein wollte, als ein Nachspiel zur langen »Ära Adenauer«, als Zwischenzeit auf dem Weg zur Großen Koalition. Die Erwartungen jedenfalls, Erhard möge sich als Motor einer neuen Epoche der Reform und sozialen Modernisierung erweisen, erfüllten sich nicht. Das »Ende der Nachkriegszeit«, das der zweite Regierungschef der Republik 1965 für gekommen hielt – wie übrigens noch jeder seiner männlichen Nachfolger –, stellte sich allenfalls in ökonomischer Hinsicht ein: als das Ende des Nachkriegsbooms.

In dem Bewusstsein, dass den Bundesbürgern die bis dahin ausgebliebene Erfahrung einer Rezession in Bälde drohte, hatte Erhard schon seit Jahren »Maßhalten« gepredigt. Nun suchte er, von dem Schmittianer Rüdiger Altmann beraten, seinen Appell als Sozialtheorie unter die Leute zu bringen. Doch die altbackene Idee einer »formierten Gesellschaft« war das genaue Gegenteil von dem, wonach es die Westdeutschen – und zwar nicht bloß die auf Pop und Pille programmierten Teens und Twens – nach zwei Jahrzehnten ungestümen Wachstums gelüstete.

Nicht nur die immer störrischer werdende Jugend und die Intellektuellen, von einem zusehends entnervten Kanzler in unvergessener Weise als »Pinscher« beleidigt, versagten Erhard die Gefolgschaft. Als die Koalition mit den Freidemokraten Ende Oktober 1966 im Streit über die Konsolidierung der Staatsfinanzen zerbrach – zur Entscheidung stand die ewig junge Alternative Steuererhöhung oder Subventionsabbau –, eröffneten sich neue Perspektiven für die politische Kultur der Republik. Und seit dem Dienstantritt der Großen Koalition durfte das bis dahin stets »bürgerlich« geführte Land sogar auf die Möglichkeit eines Machtwechsels hoffen.

Die zweite Demokratie hatte ein Stückchen mehr von dem gewonnen, wonach die Deutschen seit 1945 nicht müde werden, sich zu sehnen: Normalität.

Norbert Frei, 1955 in Frankfurt am Main geboren, lehrt Neuere und Neueste Geschichte an der Friedrich-Schiller-Universität Jena und leitet das Jena Center Geschichte des 20. Jahrhunderts.

1949 DAS GRUNDGESETZ

1949

KONTROVERSEN

Das Grundgesetz

Am 23. Mai 1949 beginnt mit der Verkündung und Unterzeichnung des Grundgesetzes in Bonn die Geschichte der Bundesrepublik. Dass es eine Erfolgsgeschichte werden würde, erwarten damals die wenigsten. Mit mehr Skepsis als Begeisterung kommentiert auch Ernst Friedlaender in der ZEIT die neue Verfassung – und das nicht nur, weil mit ihr Deutschland de facto geteilt wird. Den Autor treibt auch die Sorge um, ob das Grundgesetz tatsächlich gewährleisten kann, was der Parlamentarische Rat sich bei der Ausarbeitung zum Ziel gesetzt hat: ein zweites 1933, ein erneutes Scheitern der Demokratie zu verhindern.

"Und neues Leben blüht aus den Ruinen"

VON ERNST FRIEDLAENDER

DIE ZEIT, 19. Mai 1949

Deutschland hat sich ein Grundgesetz gegeben, dessen geographischer Geltungsbereich durch die Macht des Ostens, dessen Souveränitätsrechte durch die Mächte des Westens beschränkt werden. Wir haben auch westlich des Eisernen Vorhangs keine volle politische Freiheit. Drei Hypotheken belasten hier in Zukunft unsere staatliche Souveränität: das Besatzungsstatut, das Ruhrstatut und das Statut der alliierten Sicherheitsbehörde. Insoweit das Grundgesetz diese drei Hypotheken mit keinem Wort erwähnt, ist es eine Verfassung des Als-Ob. Dies war natürlich dem Parlamentarischen Rat bekannt. Er lieferte, genau gesagt, den deutschen Beitrag zu einer Verfassung, die in Wirklichkeit aus dem deutschen Grundgesetz und den drei alliierten Dokumenten besteht. Schon haben die Militärgouverneure eine Reihe von Vorbehalten zum Grundgesetz, wenn auch in verbindlichen Formen, angemeldet. Nicht zum ersten Male haben sie den Parlamentarischen Rat daran erinnert, daß wir kein wirklich freies Volk sind, wie wohltuend sich auch unser Dasein von dem der Ostzone unterscheiden mag. Und deshalb gilt allerdings: diese Verfassung ist vorläufig. Jedes Volk unter militärischer Besetzung muß seinen staatlichen Zustand als vorläufig betrachten, auch dann, wenn die Besatzungsmächte Demokratien sind. Eine „Besatzungsdemokratie" ist ein widerspruchsvolles Gebilde, dem keine ewige Dauer beschieden sein kann. Dennoch war es gut, daß uns der Parlamentarische Rat mit dem Datum des 8. Mai an die bedingungslose Kapitulation erinnerte. Er lenkte damit unsere Aufmerksamkeit fort von dem, was vielleicht einmal sein wird, und hin zu dem, was war. Es ist besser und heilsamer, wenn man politisch Erreichtes mit einem tatsächlichen Nichts der Vergangenheit vergleicht und nicht mit einem möglichen Alles der Zukunft.

Allerdings, eine geschriebene Verfassung haben, das heißt noch

1949–1966 Die langen Fünfziger

1949 DAS GRUNDGESETZ

1949 Konrad Adenauer, der Präsident des Parlamentarischen Rates, unterzeichnet das Grundgesetz

nicht: in wirklicher politischer Verfassung sein. Aber wenn wir überhaupt in Verfassung kommen wollen, so muß das damit beginnen, daß wir uns für das nunmehr verkündete Grundgesetz wirklich interessieren, obwohl wir darüber nicht abstimmen dürfen. Man kann dieses Grundgesetz nicht damit abtun, daß man ihm das Zeugnis der Langatmigkeit und dem Parlamentarischen Rat das Zeugnis der Langweiligkeit ausstellt. Auch nicht damit, daß man resigniert erklärt, die staatsrechtlichen Sachverständigen der Parteien, aus denen der Parlamentarische Rat bestand, seien ohnehin keine echten Repräsentanten des deutschen Volkes gewesen. Und am unsachlichsten ist das Urteil des berühmten „Mannes auf der Straße", der Wohnungsbau, Flüchtlingshilfe und Lastenausgleich für wichtiger hält als jede Verfassung. Gerade die notleidendsten deutschen Probleme können erst dann wirklich gefördert werden, wenn es bei uns wieder zentrale Instanzen gibt, und ohne ein Grundgesetz können wir dahin nicht gelangen. Worin sie bestehen, wie sie zusammenarbeiten, das geht jeden einzelnen von uns an.

Das Bonner Grundgesetz begründet den parlamentarischen Bundesstaat. Das heißt: dieser Staat ist weder extrem zentralistisch noch extrem föderalistisch, er ist vielmehr sowohl zentral wie föderativ. In einem zentralistischen Einheitsstaat, der nicht diktatorisch ist, geht die gesamte Staatsgewalt vom einheitlichen Staatsvolke aus. In einem föderalistischen Staatenbund liegt die letzte Staatsgewalt in der Hand politischer Teilgebilde, das wären im deutschen Falle die Länder. Der deutsche Bundesstaat dagegen kennt beides: ein deutsches Volk und seine Gliederung in Länder. Die Staatsgewalt teilt sich nicht nur nach Funktionen, also nach Legislative, Exekutive und Rechtsprechung, sondern auch innerhalb dieser Funktionen nach Zentralgewalt und Ländergewalt. Es ist bezeichnend, daß die Tatsache des Bundesstaats im Grundgesetz selbst für unabänderlich erklärt wird.

1949 Geburtsstunde der Bundesrepublik Deutschland: das unterschriebene Grundgesetz

1949 DAS GRUNDGESETZ

Der neue Staat ist parlamentarisch, insofern als die vollziehende Gewalt an das Gesetz und somit an die gesetzgebende Gewalt gebunden ist. Dieses Vorrecht der Legislative vor der Exekutive ist das Kennzeichen eines parlamentarischen Staates. Die Mitwirkung der Länder an der Gesetzgebung besteht zunächst darin, daß ihnen alle Gesetzgebungsbefugnisse vorbehalten bleiben, die nicht im Grundgesetz ausdrücklich dem Bunde, also der Zentralinstanz, zugesprochen werden. Der Bund hat auf einigen Gebieten die ausschließliche, auf anderen die „konkurrierende" Gesetzgebungsgewalt. Im konkurrierenden Sektor kann der Bund Gesetze erlassen, wenn dies im Interesse der Länder selbst oder der Gesamtheit, insbesondere der Rechts-, Wirtschafts- und Sozialeinheit erforderlich ist. Soweit hier der Bund von seinem Gesetzgebungsrecht keinen Gebrauch macht, haben die Länder die Befugnis zur Gesetzgebung.

Die Länder sind aber an der Gesetzgebung außerdem dadurch beteiligt, daß sie bei Bundesgesetzen durch den Bundesrat mitwirken, der sich aus Vertretern der Länderregierungen zusammensetzt. Die Länderexekutive ist also an der Bundeslegislative beteiligt. In den Fällen, in denen wesentliche Länderrechte berührt werden – das Grundgesetz bestimmt sie im einzelnen –, sind Bundesgesetze an die Zustimmung des Bundesrats gebunden. In allen anderen Fällen freilich hat der Bundesrat nur die Möglichkeit eines Einspruchs mit aufschiebender Wirkung gegen vom Bundestag beschlossene Gesetze. Der Bundestag, gewählt in allgemeiner, unmittelbarer, gleicher, freier und geheimer Wahl, wie seinerzeit der Reichstag, ist die eigentlich beschlußfassende Instanz. Immerhin begründet das Zustimmungsrecht des Bundesrats ein Zweikammersystem. Vor allem bedarf jede Änderung des Grundgesetzes einer Zweidrittelmehrheit von Bundestag und Bundesrat. Berücksichtigt man ferner, daß die Länder durch die Landtage auch die Hälfte der Mitglieder der Bundesversammlung stellen, die den Bundespräsidenten zu wählen hat, und daß bei Verschiebungen von Ländergrenzen eine Volksbefragung in den betreffenden Gebieten, beziehungsweise eine Zustimmung des Bundesrats erforderlich ist, so läßt sich sagen, daß der föderative Charakter des neuen Staates erheblich stärker ausgeprägt ist, als er es in der Weimarer Republik war. Das gilt auch auf dem langumstrittenen Gebiet des Finanzwesens. Im ganzen werden wir einen Staat mit knapp ausreichenden zentralen Befugnissen bei stark betonten föderativen Sicherungen haben. Trotzdem bezeichnet die Bayernpartei das Grundgesetz als Schundgesetz.

Aber wird unser Staat demokratisch sein? Sicherlich in dem Sinne, daß das Grundgesetz die klassischen Grundrechte garantiert und sogar zu unmittelbar geltendem Recht erklärt. Auch folgt im normalen Geschäftsgang das Zusammenspiel von Bundestag, Bundesrat, Bundespräsident und Bundesregierung der demokratischen Tradition. Der Bundespräsident hat sogar geringere Befugnisse als seinerzeit der Reichspräsident. Der Bruch mit der überlieferten Demokratie beginnt dort, wo Sicherungen gegen eine neue „Machtergreifung" eingebaut worden sind. Gebranntes Kind scheut das Feuer, und viele Mitglieder des Parlamentarischen Rats sind „gebrannte Kinder". Der Volkswille in der Form des Mehrheitswillens ist nicht der höchste Souverän dieses Grundgesetzes. Dies zeigt sich schon darin, daß die beiden Artikel, in denen die Menschenrechte und der Charakter des Staates umschrieben und garantiert werden, überhaupt unabänderlich bleiben sollen. Hier werden also bestimmte Inhalte und Werte über den formalen Volkswillen gestellt, und das allein begründet einen neuen, bisher nicht eindeutig definierten Begriff der Demokratie. Des weiteren wird eine positive Minderheit im Bundestag ausdrücklich gegen eine negative Mehrheit geschützt. Die Bundesregierung kann nicht gestürzt werden, sofern nicht die Opposition zugleich einen neuen Bundeskanzler ernennt. Die in sich uneinige oppositionelle Mehrheit bleibt also machtlos. Das geht so weit, daß gegenüber einer solchen widerstrebenden Mehrheit sogar der Gesetzgebungsnotstand erklärt werden kann, bei dem schließlich durch Zusammenwirken von Bundespräsident, Bundesregierung und Bundesrat der Bundestag, also die eigentliche Volksvertretung, aus der Gesetzgebung völlig ausgeschaltet wird. Es gibt also den Fall, daß Instanzen der Bundesexekutive und die im Bundesrat vertretenen Mitglieder der Länderexekutive allein über die Bundeslegislative zu bestimmen haben.

Die praktischen Konsequenzen einer solchen Regelung sind noch nicht erprobt. Sie können brauchbar sein, solange sich eine gesunde Mitte gegen zwei extreme Flügel

1949 Die 14 Mitglieder der ersten bundesdeutschen Regierung nach ihrer Vereidigung

verteidigt. Aber wie wird es, wenn nur ein extremer Flügel als Zünglein an der Waage vorhanden ist und daneben zwei gleichstarke verfassungstreue Parteien, die keine Koalition miteinander einzugehen bereit sind, obwohl sie nur zusammen die Mehrheit besitzen? Darf dann eine dieser beiden Parteien auf dem Wege über den Gesetzgebungsnotstand praktisch diktatorische Vollmachten erhalten? Man kann auch den Teufel mit Beelzebub austreiben. Und weiter: „Die Lehre ist frei", sagt das Grundgesetz. Aber es fügt hinzu: „Die Freiheit der Lehre entbindet nicht von der Treue zur Verfassung." Das ist ein sehr problematischer Satz. Denn wer bestimmt, was „Treue zur Verfassung" bedeutet? Und was bleibt von der Unabhängigkeit der Richter übrig, wenn das Bundesverfassungsgericht, das in seiner Mehrheit aus nichtrichterlichen, also politischen, Mitgliedern bestehen kann, Bundesrichter vorzeitig pensionieren und sogar entlassen darf, falls sie „innerhalb oder außerhalb des Amts gegen die Grundsätze des Grundgesetzes" verstoßen. Das sind politische Kautschukbegriffe von bedenklicher Dehnbarkeit. Das Grundgesetz geht offenbar von dem Dogma aus, daß diktatorisch soviel bedeutet wie extremistisch, daß also linientreue Verfassungsparteien gegen alle diktatorischen und intoleranten Gelüste gefeit sind. Man muß die Gültigkeit dieses Dogmas bezweifeln.

Fraglos haben unsere Parteien einiges aus der Weimarer Erfahrung gelernt. Aber daß möglicherweise die Freiheit auch gegen sogenannte demokratische Parteien geschützt werden müßte, das ist für diese Parteien unvorstellbar. Das Grundgesetz festigt ihr politisches Monopol. Das deutsche Volk kann zunächst nur abwarten, ob die Parteien ihre Chance mit mehr Sachlichkeit, Toleranz und politischem Weitblick nutzen werden als bisher. Die Wahl Bonns zur vorläufigen Bundeshauptstadt nebst näheren Begleitumständen war kein Heldenstück der CDU. Die Rede Schumachers in Hamburg war kein Heldenstück der SPD. Bald wird der eigentliche Wahlkampf beginnen. Wir wollen in seinem Verlauf nicht hören, daß jeweils die gegnerische Partei besatzungshörig ist. Wir wollen nicht hören, daß irgendeine Partei sich im Streben nach der Einheit Deutschlands, im Gefühl der Verbundenheit mit der Ostzone allein auf weiter Flur befindet. Und wir wünschen wirklich einmal zu erleben, daß Abgeordnete nichts anderes sind als „Vertreter des ganzen Volkes, an Aufträge und Weisungen nicht gebunden und nur ihrem Gewissen unterworfen". So nämlich übernahm es das Bonner Grundgesetz aus der Weimarer Verfassung.

Papier ist geduldig. Es kommt weit mehr auf den Geist an, der das politische Leben erfüllt, als auf die Paragraphen, die es beschreiben. Das Bonner Grundgesetz ist kein Werk schöpferischer Phantasie. Aber geben wir diesem Gesetz und denen, die es handhaben werden, zunächst einmal eine Bewährungsfrist! Es stehen so gute Dinge darin wie die Abschaffung der Todesstrafe und die Bereitschaft zu Europa, zur kollektiven Sicherheit und zum Verzicht auf nationale Hoheitsrechte zugunsten einer übernationalen Ordnung. Das Grundgesetz tastet sich in die Zukunft. Das gleiche gilt für Deutschland. Nach vielen Irrtümern und Enttäuschungen stehen wir wieder an einem Anfang. Wieviel neues Leben aus den Ruinen blühen kann, das liegt vor allem jetzt an uns selbst.

1949–1955 WESTINTEGRATION

1949–1955
Westintegration

KONTROVERSEN

Der Weg zur Souveränität führt gen Westen: Mit dieser Überzeugung machte sich Bundeskanzler Adenauer nicht nur Freunde. Als »Kanzler der Alliierten« beschimpft ihn Kurt Schumacher (SPD), denn Adenauer ist zu weitreichenden Zugeständnissen bereit, um die Bundesrepublik in das westliche Bündnis zu integrieren. Das hier ausgewählte Interview mit ihm zum deutsch-französischen Verhältnis erregt großes Aufsehen – wobei die wenigsten wissen, dass ZEIT-Redakteur Ernst Friedlaender die Antworten des Kanzlers selbst formulierte und nur noch absegnen ließ. Den gesamteuropäischen Aspekt der Westorientierung beschreibt Marion Gräfin Dönhoff in ihrem Beitrag von 1950.

ZEIT-Kontroversen

Deutschland und Frankreich

Ein Gespräch der „Zeit" mit Bundeskanzler Dr. Adenauer

VON ERNST FRIEDLAENDER

DIE ZEIT, 3. November 1949

Zu einem Zeitpunkt, in dem in Paris der Ministerausschuß des Europa-Rats zusammentritt, erklärte Bundeskanzler Dr. Adenauer unserem Redaktionsmitglied Ernst Friedlaender die Grundzüge seiner Frankreich-Politik.

Die Zeit: Welche Bedeutung messen Sie, Herr Bundeskanzler, innerhalb der gesamteuropäischen Politik dem deutsch-französischen Verhältnis zu?

Bundeskanzler: Die allergrößte Bedeutung. Ich bin, wie Sie wissen, Rheinländer, und ich habe meine engere Heimat immer als eine natürliche Brücke zwischen Frankreich und Deutschland erlebt. Wohl weiß ich, daß viel historisches Gestrüpp den beiden Völkern die Aussicht versperrt und den Weg zueinander erschwert. Aber im heutigen Stadium Europas sind „Erbfeindschaften" völlig unzeitgemäß geworden. Ich bin daher entschlossen, die deutsch-französischen Beziehungen zu einem Angelpunkt meiner Politik zu machen. Ein Bundeskanzler muß zugleich guter Deutscher und guter Europäer sein. Weil ich beides zu sein wünsche, muß ich eine deutsch-französische Verständigung anstreben. Eine solche Politik darf nicht dahin mißdeutet werden, daß sie profranzösisch und womöglich antibritisch wäre. Es handelt sich für uns keinesfalls darum, eine ausländische Macht gegen die andere auszuspielen. Die Freundschaft mit England ist ebenso wesentlich wie die mit Frankreich. Aber eine Freundschaft mit Frankreich bedarf größerer Anstrengungen, weil sie bisher stärker gehemmt war. Sie wird zu einem Angelpunkt unserer Politik, weil sie der wunde Punkt unserer Politik ist.

Die Zeit: Glauben Sie, daß eine solche Politik die volle Unterstützung des deutschen Volkes finden wird?

Bundeskanzler: Das deutsche Volk besteht aus sehr verschiedenen Menschen. Man kann niemals auf die Zustimmung aller

1949–1955 WESTINTEGRATION

rechnen. Aber ich glaube sagen zu dürfen, daß die Verständigung mit Frankreich heute in Deutschland populärer ist als zu irgendeinem Zeitpunkt vor 1945. Sie war vielleicht unmittelbar nach dem Zusammenbruch noch volkstümlicher als heute. In den letzten viereinhalb Jahren ist manches geschehen, was zu erneuten Hemmungen, zu erneuten Mißverständnissen Anlaß geben konnte. Aber die Grundtendenz ist in Deutschland gleichgeblieben. Und besonders die jüngere Generation bei uns, wie übrigens auch bei anderen Völkern, hat die Notwendigkeit einer europäischen Einigung mit erfreulicher Klarheit erfaßt. Gerade die jungen Deutschen wissen, daß diese Einigung unmöglich ist, wenn Frankreich und Deutschland sich nicht verstehen. Ich bin daher davon überzeugt, daß eine konstruktive Frankreichpolitik der Bundesregierung auf eine günstige Resonanz im deutschen Volk rechnen kann.

Die Zeit: Welche konkreten Hindernisse erschweren, Ihrer Auffassung nach, eine deutsch-französische Verständigung?

Bundeskanzler: Da ist natürlich die Saar. Aber lassen Sie mich zunächst einmal von dieser Frage ganz absehen. Denn auch das Saarproblem wird erst verständlich, wenn man es im Zusammenhang mit dem französischen Sicherheitsbedürfnis betrachtet, und das gleiche gilt etwa für die Demontagen. Die Sicherheitsfrage ist tatsächlich die Kernfrage des deutsch-französischen Verhältnisses. In ihr sind auch die wirklichen, die konkreten Hindernisse für eine Verständigung enthalten. Und das ist im wesentlichen eine Sache des Maßes, mit der Gefahr der Maßlosigkeit auf beiden Seiten. Wenn Frankreich zuviel Sicherheit fordert, ohne dabei auf die dringendsten deutschen Erfordernisse zu achten, so wird sich unsere Haltung verhärten. Wenn umgekehrt wir zuwenig Sicherheit zu bieten bereit sind, so wird Frankreich zu keiner Verständigung mit uns gelangen. Es kommt also darauf an, das richtige Maß der Sicherheit zu finden.

Die Zeit: Was könnte von unserer Seite getan werden, um dieses richtige Maß zu finden?

Bundeskanzler: Zunächst einmal dies: daß wir die Sicherheitsfrage weder rundweg leugnen noch bagatellisieren. Es nützt nichts, daß wir tatsächlich ungefährlich sind, sondern es kommt darauf an, ob Frankreich uns für gefährlich hält. Die Psychologie hinkt immer hinter der realen geschichtlichen Entwicklung her. Ob uns das heutige französische Sicherheitsbedürfnis überholt vorkommt, ob es tatsächlich überholt ist, dies alles ist nicht entscheidend. Auch wenn Frankreich sich im Irrtum befindet, so ist sein Verlangen nach Sicherheit doch psychologisch vorhanden und also eine politische Tatsache, mit der wir zu rechnen haben. Wir tun daher gut daran, wenn wir auch uns überflüssig erscheinende Sicherheiten in Kauf nehmen, sofern unsere Existenz hierdurch nicht ernstlich gefährdet wird. Wir müssen nicht überall ein „kaudinisches Joch" wittern. Je weniger wir dies tun, je weniger wir in unseren Reaktionen eine nationale Überempfindlichkeit zeigen, um so eher wird Frankreich sich dazu verstehen, seinerseits seine Forderungen nicht zu überspannen. Unsere Politik muß nicht starr, sondern elastisch sein. Es gibt hierfür wohl kaum ein besseres Beispiel als die Möglichkeiten, die sich für uns aus dem Ruhrstatut ergeben.

Die Zeit: Welchen Zusammenhang sehen Sie zwischen dem Ruhrstatut und der deutsch-französischen Verständigung?

Bundeskanzler: Der Zusammenhang ist recht eng. Von uns aus gesehen, ist eine internationale Ruhrkontrollbehörde in Deutschland entweder ein „kaudinisches Joch", oder aber sie ist der erste Schritt zu einer Kontrolle der gesamten westeuropäischen Schwerindustrie. Ich glaube, daß die zweite Auffassung sinnvoller und zukunftsreicher ist. Ich bin zudem der Ansicht, daß die Ruhrbehörde als eine politische Realität zu gelten hat, auf die man nicht nur mit Gefühlen reagieren darf, Schmollwinkel sind nicht die richtigen Antworten auf politische Realitäten. Wenn wir uns zu Ruhrstatut und Ruhrbehörde einfach negativ verhalten, so wird Frankreich dies als Zeichen eines deutschen Nationalismus bewerten, als einen Trotz, der alle Kontrollen ablehnt. Diese Haltung würde wie eine passive Resistenz gegen die Sicherheit überhaupt wirken. Gerade das muß vermieden werden.

Die Zeit: Sind Sie der Meinung, daß wir durch einen vollberechtigten Delegierten in der Ruhrbehörde vertreten sein sollten?

Bundeskanzler: Unbedingt. Unser Eintritt in die Ruhrbehörde wird, wie ich glaube, sowohl von dieser selbst wie von den Hohen Kommissaren aufrichtig gewünscht. Und wir selbst können unsere Position nur verbessern, wenn wir in der Ruhrbehörde vertreten sind. Unsere lebenswichtigen Interessen an der Ruhr können wir wirksam nur innerhalb der Behörde zur Geltung bringen, und zwar erst dann, wenn wir dort einen stimmberechtigten Vertreter haben und nicht nur einen Beobachter, wie dies jetzt der Fall ist. Wir müssen gar nicht von vornherein annehmen, daß unser Delegierter mit seinen drei von insgesamt fünfzehn Stimmen doch nur immer überstimmt würde. Es wäre geradezu töricht, die Arbeit in der Ruhrbehörde als eine Front aller gegen einen anzusehen. Unsere Bereitschaft zur Mitarbeit dort wird wahrscheinlich zu einem Prüfstein unseres guten Willens in der Sicherheitsfrage werden. Frankreich weiß dies sehr wohl. Aber ich kann Ihnen versichern, daß auch die Bundesregierung sich hierüber im klaren ist und entsprechend handeln wird.

Die Zeit: Sie erwähnten vorhin das Saargebiet. Würden Sie eine Mitgliedschaft Deutschlands im Europa-Rat ablehnen, falls das Saargebiet dort Mitglied würde?

Bundeskanzler: Ich halte es für bedauerlich, daß die Saarfrage überhaupt mit der Europafrage verknüpft worden ist. Das ist nicht von uns aus geschehen. Es erscheint mir wesentlich, daß diese beiden Fragen in Zukunft getrennt gehalten werden. Ich würde es nicht für eine weise Politik halten, wenn Frankreich die Aufnahme Deutschlands in den Europa-Rat von einer gleichzeitigen Aufnahme des Saargebiets abhängig machen sollte. Aber ebensowenig weise wäre es, wenn wir erklärten, daß eine Mitgliedschaft des Saargebietes die deutsche Mitgliedschaft ausschlösse. Man sollte aus diesen Mitgliedschaften kein Handelsgeschäft mit Bedingungen machen. Die Saarfrage kann endgültig erst in einem Friedensvertrag mit Deutschland geklärt werden, und der Europa-Rat ist ohnehin nicht befugt, einer solchen Regelung vorzugreifen. Ich könnte mir sehr viel eher denken, daß eine unmittelbare deutsch-französische Fühlungnahme das Saarproblem einer Lösung näher bringen könnte.

Die Zeit: Sehen Sie eine Parallele zwischen unserer Mitgliedschaft im Europa-Rat und unserer Vertretung in der Ruhrbehörde?

Bundeskanzler: Diese Parallele ist fraglos vorhanden. Jedenfalls insoweit, als ich der Meinung bin, daß Deutschland im eigenen und im europäischen Interesse vorbehaltlos bereit sein muß, im Europa-Rat mitzuarbeiten. Sollte Deutschland eingeladen werden, dem Europa-Rat beizutreten, so besteht kein Zweifel daran, daß die Bundesregierung eine solche Einladung annehmen würde. Ich bin der Überzeugung, daß dies ganz im gleichen Sinne wie die Mitarbeit an der Ruhrbehörde dem deutsch-französischen Verhältnis förderlich sein müßte. Und ich halte gerade Straßburg für ein besonders hoffnungsvolles Symbol der Verständigung unserer beiden Völker.

Die Zeit: Wie steht es mit der Frage der Gleichberechtigung für den Fall einer deutschen Mitgliedschaft im Europa-Rat?

Bundeskanzler: Ob wir, solange wir keine eigene Außenpolitik und keinen eigenen Außenminister haben, im Ministerausschuß des Europa-Rats nicht vertreten sein können, ist nicht unbedingt sicher. In der Beratenden Versammlung wären wir gleichberechtigt. Im Gesamt-Europa-Rat würden wir aber als „assoziiertes Mitglied" gelten, solange wir am Ministerausschuß nicht beteiligt wären. Ich halte diesen Unterschied um so weniger für entscheidend, als das Schwergewicht eines echten europäischen Föderalismus in der Beratenden Versammlung liegt. Zu nationaler Empfindlichkeit bietet die „assoziierte Mitgliedschaft" keinerlei Anlaß. Und je weniger wir uns empfindlich zeigen, desto weniger Sicherheitsbefürchtungen werden wir hervorrufen. Wir sind nicht gefährlich. Warum sollen wir, um der lieben Eitelkeit willen, so tun, als ob wir es wären?

Die Zeit: Was ließe sich auf kulturellem Gebiet tun, um ein besseres wechselseitiges Verständnis der beiden Völker herbeizuführen?

Bundeskanzler: Es kann gar nicht genug deutsch-französische Begegnungen, gar nicht genug deutsch-französischen Kulturaustausch geben. Ich meine damit nicht eine Kulturpropaganda, wie Frankreich sie während der ersten Jahre nach Kriegsende in der französischen Zone Deutschlands betrieben hat. Hier war der politische Einschlag zu deutlich und die Beziehung zu einseitig. Auch müßte sich eine wirkliche Kulturfreundschaft Frankreichs für uns auf das ganze Bundesgebiet erstrecken. Ich werde jede Bestrebung in dieser Richtung von ganzem Herzen unterstützen. Hierbei denke ich natürlich zunächst an den Austausch von Hochschullehrern und Studenten, an Konzerte und Vorträge, an Erleichterungen privater Reisen. Aber man darf das Wort „Kultur" nicht zu eng fassen. Ich könnte mir auch einen „Arbeiteraustausch" in gewissem Umfange denken, der mittelbar für die Kultur beider Länder von

1949–1966 Die langen Fünfziger

1949–1955 WESTINTEGRATION

großem Vorteil wäre. Auf all diesen Gebieten ist bisher viel zuwenig geschehen. Und ich hätte auch keine Einwendungen, wenn amerikanisches Kapital auf dem Umweg über Frankreich nach Deutschland flösse. Auch eine solche Beteiligung Frankreichs an deutschen Wirtschaftsunternehmungen würde beide Völker einander näher bringen und so manche Sicherheitsbefürchtungen entkräften.

Die Zeit: Stimmen Sie uns zu, wenn wir Ihre Gesamteinstellung zum deutsch-französischen Verhältnis als optimistisch deuten?

Bundeskanzler: Ich bin Realpolitiker. Gerade deshalb bin ich überzeugt, daß der Schwung der gesamten Europäischen Bewegung auch die deutsch-französische Verständigung vorwärtstreiben wird. Im übrigen habe ich, als alter Mann, die Tugend der Geduld gelernt. Man darf nicht zuviel von heute auf morgen erwarten, nicht zu schnell enttäuscht werden. Ich glaube fest daran, daß in der Sicherheitsfrage, bei gutem Willen auf beiden Seiten, das rechte Maß gefunden werden kann. Und sobald es gefunden ist, wird für die Beziehungen beider Völker zueinander eine neue und bessere Epoche beginnen. Da haben Sie meinen Optimismus.

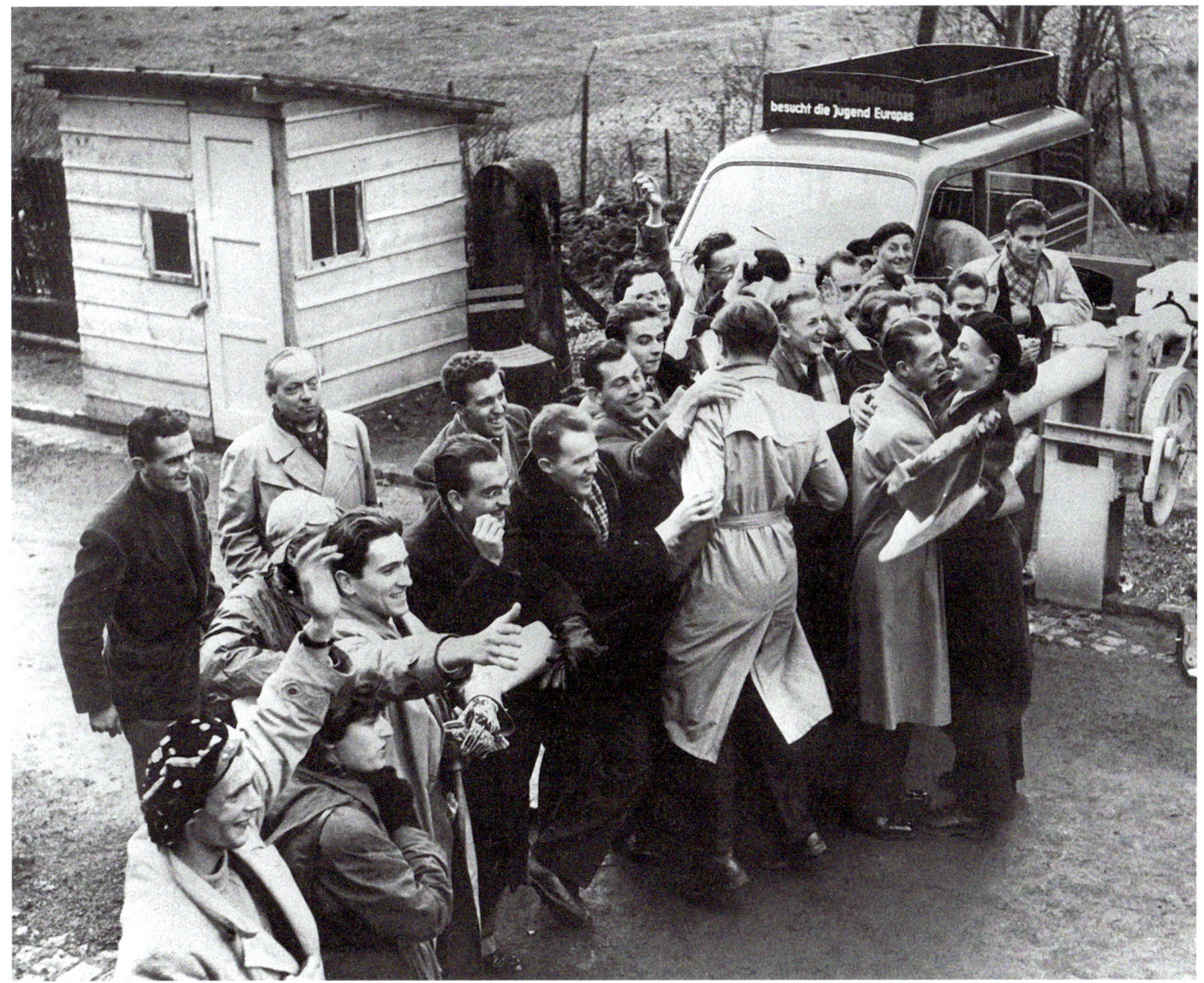

1950 Friedliche Kundgebungen an der deutsch-französischen Grenze für die Aussöhnung beider Länder

Europa kommt durch den Lieferanten-Eingang

VON MARION GRÄFIN DÖNHOFF

DIE ZEIT, 14. September 1950

Wenn heute einer jener berühmten Wahrsager, von denen man immer nur weiß, daß sie bis zum gestrigen Tage alles schon vor Jahren vorausgesehen haben, mit der notwendigen Dreistigkeit prophezeite, daß am 30. Februar 1951 der dritte Weltkrieg begänne, würden sehr viele Leute dies glauben und ihr Leben ganz darauf einrichten. Wenn hingegen ein Beobachter der Schuman-Plan-Verhandlungen aus Paris mitteilte, daß wahrscheinlich in einigen Monaten die sechs beteiligten Länder von einem Tag auf den anderen untereinander alle Zölle und Mengenbeschränkungen für Kohle und Stahl aufheben würden, so dürfte dies nur von sehr wenigen Menschen für möglich gehalten werden. Es ist merkwürdig, daß in unserem technischen, dem Metaphysischen so fernen Zeitalter alles Mystisch-Irrationale sehr wahrscheinlich und alles Vernünftige und Notwendige äußerst unglaubwürdig erscheint.

In der Tat aber ist der Tag, an dem Frankreich, Italien, Westdeutschland und die drei Beneluxländer ihre Kohle- und Stahlindustrie zu einem einheitlichen Marktgebiet zusammenschließen und einer übergeordneten Behörde unterstellen werden, wohl nicht mehr fern. Während alle Augen auf die Straßburger Kulisse gerichtet waren, ist in Paris still und leise eine Hintertür geöffnet worden, durch die Europa nun endlich die Bühne wirklich betreten kann. In etwa sechs Wochen sollen die Verhandlungen über den Schuman-Plan abgeschlossen sein. Dann müssen die dort getroffenen Vereinbarungen von den nationalen Parlamenten ratifiziert werden; natürlich kann sich dabei noch manch eine Klippe ergeben, im ganzen aber hat man Grund, optimistisch zu sein. Zu groß ist das politische Interesse an dem engeren Zusammenschluß der westeuropäischen Kontinentalstaaten, als daß man dieses Projekt an einzelnen wirtschaftlichen oder technischen Schwierigkeiten schei-

1949–1955 WESTINTEGRATION

tern lassen würde. Außerdem sind die wirtschaftlichen Bedenken und Einwendungen angesichts des allgemeinen Konjunkturaufschwungs sehr viel geringer geworden.

Als Schuman im Mai dieses Jahres seinen Plan verkündete, drohte das Gespenst der Überproduktion, vor allem in der Stahlindustrie. Damals wäre es noch das Hauptproblem der geplanten Montanunion gewesen, in einer national und sozial erträglichen Weise in den einzelnen Ländern sofortige Produktionsbeschränkungen und die Stillegung einzelner nicht leistungsfähiger Werke durchzuführen. Die erste Reaktion war daher die, daß die Gewerkschaften von einem internationalen Kartell sprachen, das nur dazu dienen werde, die Gewinnspanne der Unternehmer konstant zu halten. Tatsächlich steht einwandfrei fest, daß die italienische Stahlindustrie und ein Teil der belgischen Kohlengruben nur dank staatlicher Subventionen und nationaler Zollsysteme am Leben erhalten werden können. Wenn sie ohne diesen Schutz der freien Konkurrenz der anderen Unionspartner preisgegeben werden, muß sich zeigen, daß ein Teil von ihnen wirtschaftlich nicht lebensfähig ist. Inzwischen hat sich nun aber herausgestellt, daß angesichts des europäischen Rüstungsprogramms der Stahlbedarf so riesig ist, daß voraussichtlich in der ersten Phase alle Gruben und Hochöfen, auch wenn sie unrationell arbeiten, mithelfen müssen, die Nachfrage zu decken. Damit entfällt, wenigstens für den Anfang, eine sehr schwere Hypothek, mit der die oberste Behörde, die *Haute Autorité* des Schuman-Planes belastet ist.

Eigentlich trifft die Übersetzung „Hohe Behörde" nicht den Begriff der *Haute Autorité*. Denn es handelt sich um mehr als eine Behörde, es handelt sich um eine wirkliche Autorität. Um eine Institution nämlich, an die die beteiligten Staaten gewisse Hoheitsrechte abtreten müssen und die dann kraft dieser Autorisierung Entscheidungen treffen kann, die unter Umständen gegen die nationalen Interessen der einzelnen Länder verstoßen. Man könnte eher von einem europäischen Ministerium für Kohle und Eisen sprechen, und doch gehen die Kompetenzen weit über die eines Ministeriums hinaus. Es handelt sich nämlich nicht nur um Administration, sondern darum, eine neue Ordnung der Produktionsstätten, des Arbeitseinsatzes und der Preise zu schaffen – es kommt also in gewisser Weise zur Exekutive auch noch die Legislative hinzu.

Die *Haute Autorité* soll aus sechs bis neun Mitgliedern bestehen, aus deren Mitte ein Präsident als Geschäftsführer gewählt wird, und zwar gemeinsam von allen beteiligten Regierungen. Auch die anderen Mitglieder sollen gemeinsam, gewissermaßen als Europäer und nicht als Exponenten ihrer Nationalregierungen, ernannt werden; man wird sie daher aus dem Kreis der Männer wählen, die sich als Vorkämpfer für den europäischen Gedanken bereits bewährt haben. Daß dies keine Phrase, sondern wirklich die Grundkonzeption des Statuts ist, geht daraus hervor, daß die *Haute Autorité* nicht erweitert werden soll, wenn andere Länder sich der Union anschließen, eben weil man ihre Mitglieder nicht als Vertreter der einzelnen Staaten ansieht.

Bei der Geburt des Schuman-Planes haben die UNO und der Europa-Rat gewissermaßen als Schreckgespenster Pate gestanden. Man hat an ihnen gesehen, was man auf alle Fälle vermeiden muß: das Veto und eine Spitzenbehörde, die nichts weiter ist als eine Vereinigung der Außenminister. Darum kämpft Schuman auch so verzweifelt für die ungeschmälerte Autorität seiner übernationalen *Haute Autorité*. Zunächst einmal hat man um des demokratischen Dekors willen noch eine „gemeinsame Versammlung" als Kontrollorgan vorgesehen, in der etwa fünfzig Parlamentarier der verschiedenen Mitgliedsstaaten einmal im Jahr zusammenkommen. Diese Versammlung kann mit Majorität die Absetzung der Mitglieder der *Autorité* erwirken. Wichtiger aber ist das dritte Organ des Schuman-Planes, auf dessen Errichtung vor allem die Beneluxländer gedrängt haben: der Ministerausschuß, in den jedes Land einen Minister entsendet. Er soll gewissermaßen das Bindeglied darstellen zwischen dem europäischen *Braintrust*, der *Haute Autorité*, und den Wirtschaftsressorts der Mitgliedsstaaten. Und schließlich wird es noch ein oberstes Gericht geben, das die Wahrung des Statuts überwacht.

Dem Schuman-Plan liegt eine politische und eine wirtschaftliche Konzeption zugrunde. Wirtschaftlich will er durch die Vereinheitlichung des Marktes mit Hilfe von Rationalisierung, notfalls durch Ausschaltung der nichtleistungsfähigen Betriebe und Umschulung der betroffenen Arbeiter, eine höhere Produktivität erreichen. Man glaubt auf diese Weise mehr und billiger produzieren zu können, so daß der Lebensstandard steigt. Politisch könnte auf diese Weise endlich der Beginn einer Integration Europas, von der soviel geredet wird, erreicht werden. Wenn heute die Aufgaben zunächst in Lenkung der Produktion, der Investitionen und des Handels liegen und in einer manipulierten Preisgestaltung, so zeichnen sich für die Zukunft sehr viel größere Perspektiven ab: Vereinheitlichung der Löhne, der sozialen Gesetzgebung, Freizügigkeit, Konvertibilität der Währungen. Solange es sich nur um einen Zusammenschluß von Kohle und Stahl handelt, ist dies freilich noch nicht möglich, aber ist erst der erste Schritt vollzogen, kann man hoffen, daß die anderen automatisch folgen. Schon heute wird hier und da von einem Zusammenschluß der Landwirtschaft, der Energiewirtschaft und des Transportwesens gesprochen.

Einstweilen ist es allerdings noch nicht soweit. Zunächst handelt es sich darum, daß es der *Haute Autorité* gelingt, für die sechs Staaten, die nach außen einen einheitlichen Zollbezirk bilden sollen, einheitliche Marktverhältnisse für Kohle, Stahl und Eisenerzeugnisse durchzusetzen. Um einheitliche Preise festzulegen, ist für die Übergangszeit ein gewisser Gebietsschutz vorgesehen und außerdem ein System von Ausgleichskassen, das es ermöglichen soll, einen Ausgleich zwischen den viel verdienenden Unternehmen und den unter ungünstigen Bedingungen produzierenden vorzunehmen. Es wäre sehr zu wünschen, daß in gewissen Fällen auch Marshall-Plan-Gelder für diesen Verschmelzungsprozeß zur Verfügung gestellt würden. Waren es doch vielfach gerade Marshall-Plan-Gelder, mit deren Hilfe nationale Industrien aufgebaut wurden, die von einem größeren Gesichtspunkt aus nur als Fehlinvestitionen bezeichnet werden können.

Zweifellos wird man noch ungezählte Schwierigkeiten zu überwinden haben, aber zum erstenmal erscheint ein sachlicher Optimismus, jenseits von aller Begeisterung für Europa, gerechtfertigt. Und noch etwas: Zum erstenmal wird die ausweglose Alternative der Wirtschaftsideologen durchbrochen. Hier heißt es nicht Planwirtschaft oder freie Wirtschaft, denn hier ist man nicht von irgendeiner weltverbessernden unduldsamen Wirtschaftsphilosophie ausgegangen, sondern vielmehr von der Wirklichkeit und ihren Notwendigkeiten. Und wenn man das, was dabei herauskommt, unbedingt etikettieren will, so könnte man vielleicht von einer gelenkten Konkurrenz sprechen.

1950 Deutsch-französische Kohle- und Stahlproduktion als Auftakt zur Montanunion: hier eine Essener Zeche

1949–1955 WIEDERBEWAFFNUNG

1949–1955
Wiederbewaffnung

DIE ZEIT

KONTROVERSEN

Am 25. Juni 1950 bricht der Korea-Krieg aus – der Kalte Krieg droht sich in einen heißen zu verwandeln. Die westlichen Alliierten fordern deshalb eine Wiederbewaffnung der unmittelbar an den Ostblock angrenzenden Bundesrepublik. Über das Für und Wider, das Ob und Wie entbrennt eine hitzige Debatte, bis 1955 schließlich die Bundeswehr gegründet wird. Der Beitrag von Richard Tüngel – eines äußerst rechts stehenden Konservativen, der von 1946 bis 1955 die ZEIT als Chefredakteur leitete – greift die Diskussion bereits im Dezember 1949 auf und wägt die Argumente für und gegen die Bewaffnung ab.

Deutsche Aufrüstung – ja oder nein?

VON RICHARD TÜNGEL

DIE ZEIT, 15. Dezember 1949

Soll die Deutsche Bundesrepublik im Rahmen einer europäischen Armee Truppen oder gar ein eigenes Kontingent aufstellen? Soll also Westdeutschland in naher oder absehbarer Zukunft mit Genehmigung oder auf Wunsch der westlichen Alliierten ganz oder teilweise aufrüsten oder besser gesagt: sich aufrüsten lassen? Darüber ist im Ausland seit einem Monat lebhaft diskutiert worden, und deutsche Politiker haben sich hierdurch, gefragt und ungefragt, zu Feststellungen verleiten lassen, die nicht immer glücklich formuliert waren. Dabei sollte doch kein Zweifel darüber herrschen, daß diese so plötzlich aufgetauchte Frage für Deutschland schicksalhaft und äußerst gefahrvoll ist. Eine falsche Entscheidung – auch wenn sie im Augenblick noch theoretisch sein mag – könnte unkontrollierbare Folgen haben. Um so nötiger ist es, alle möglichen Konsequenzen und alle übersehbaren Aspekte sachlich, genau und leidenschaftslos zu prüfen.

Die Begründung, mit der man insbesondere in den Vereinigten Staaten mehr oder minder offiziell eine deutsche Aufrüstung fordert, lautet: Deutschland muß zur Verteidigung Europas beitragen. Die deutschen Politiker ihrerseits verlangen: Sicherheit. Man habe, so argumentieren sie, der Deutschen Bundesrepublik jede Möglichkeit genommen, sich zu verteidigen. So müßten also die vereinigten Streitkräfte der Atlantikpaktstaaten verpflichtet sein, unseren Staat gegen den Osten zu schützen. Was schiene naheliegender, als beide Forderungen zu kombinieren, Westdeutschland also die Aufstellung von Kontingenten innerhalb einer gesamteuropäischen Streitmacht zu erlauben, um auf diese Weise Westeuropa und die Deutsche Bundesrepublik gemeinsam zu verteidigen? Doch so einfach dieser Schluß scheint, so kompliziert dürfte das sein, was sich aus ihm entwickeln kann.

Wir wollen einmal von allen psychologischen Momenten ab-

1949–1955 WIEDERBEWAFFNUNG

sehen und die Frage nicht stellen, ob es heute überhaupt schon möglich wäre, das Mißtrauen zu überwinden, das bei unseren ehemaligen Feinden, insbesondere in Frankreich, immer noch gegen uns herrscht. Wir wollen also annehmen, daß wir aufgefordert würden, deutsche Kontingente innerhalb einer – im übrigen noch gar nicht vorhandenen – europäischen Armee aufzustellen. Was hätten wir Deutschen damit gewonnen? Sicherheit? Gegen wen? Gegen einen sowjetrussischen Gegner, der Europa angreift?

Man redet heute, daß die russische Armee 20 000 einsatzbereite Panzer hat und 16 000 schwere Bomber. Wo eigentlich glaubt man, einen Angriff dieser Streitkräfte in Europa aufhalten zu können? Sicherlich nicht diesseits des Rheins, das haben, die diesjährigen Herbstmanöver der Alliierten eindeutig bewiesen. Schon durch Rückzugsgefechte aber würde in einem solchen Angriffskriege ein großer Teil Westdeutschlands zerstört werden. Den Rest würden Bombenangriffe vernichten. Deutsche Kontingente würden vielleicht als „Exiltruppen" weiter in den westlichen Armeen kämpfen dürfen, aber Friedensschlüsse nach dem letzten Kriege haben erwiesen, daß Exiltruppen nicht immer ihre Heimat wiedersehen. Welche „Sicherheit" könnten also deutsche Kontingente in einer europäischen Armee im Falle eines sowjetischen Angriffskrieges für uns bedeuten?

Man könnte einwenden, daß gut bewaffnete deutsche Truppen in genügender Anzahl zusammen mit der übrigen Streitmacht Europas die sowjetische Armee nicht nur aufzuhalten, sondern zurückzuschlagen vermöchten. Aber wer eigentlich soll sie bewaffnen? Die Vereinigten Staaten sind kaum in der Lage, die anderen Armeen Europas notdürftig zu versorgen. Das Kriegspotential der deutschen Fabriken ist restlos demontiert. Was uns an industriellen Werken geblieben ist, brauchen wir, um durch Herstellung von Exportgütern Devisen für unsere Nahrungsmittel- und Rohstoffeinfuhr zu verdienen. Wir hätten auch gar nicht das Geld, uns eine Aufrüstung zu leisten. Man erklärt uns zwar im Ausland, es sei ungerecht, daß wir durch unsere Abrüstung so große Summen sparten, aber man vergißt, wieviel wir – von den Besatzungskosten ganz abgesehen – für den Wiederaufbau unserer Städte und eine notdürftige Hilfe für unsere Flüchtlinge ausgeben müssen. Eine Armee auszurüsten, könnten wir uns überhaupt nicht gestatten, selbst wenn man dies von uns verlangte. Eine mangelhaft ausgerüstete und womöglich noch zahlenmäßig schwache Truppe jedoch würde nichts anderes vermögen, als uns zu schaden, indem sie uns in Kämpfe verwickelt, durch die wir zugrunde gehen.

Noch sehr viel ernstere Bedenken werden sich einstellen, sobald man die Frage der Aufrüstung unter dem Gesichtspunkt Gesamtdeutschlands betrachtet. Eine Teilnahme der Deutschen Bundesrepublik an einer europäischen Streit-

1951 Protestaktion in London gegen die Wiederbewaffnung der Bundesrepublik

macht könnte den Kreml berechtigen, entsprechende Truppen der Sowjetzone in eine östliche Armee einzugliedern. Damit wäre für eine absehbare Zukunft kaum noch eine Möglichkeit vorhanden, eine Einigung Deutschlands herbeizuführen. Allerdings hat der Kreml bisher andere Ansichten über die Lösung des deutschen Problems bekanntgegeben. Und auch diese Pläne sollten bei einer eventuellen Entscheidung des Bundesparlaments und der Bundesregierung sehr wohl berücksichtigt werden.

Bei seiner Rede zum letzten Jahrestag der russischen Revolution hat Malenkow ein einziges außenpolitisches Ziel genannt. Er sagte, die kommunistische Revolution müsse vor allem in Deutschland durchgeführt werden, denn dies bedeute die Herrschaft über Europa. Über die Art, wie dies geschehen soll, haben weder der sowjetische General, der an den Verhandlungen der Rote-Kreuz-Konferenz in Genf teilnahm, noch Wyschinski in der UNO irgendwelche Zweifel gelassen. Beide haben verlangt, den Bürgerkrieg für legal zu erklären. Nun haben die Sowjets schon mehrfach darauf gedrängt, daß die Besatzungsmächte Deutschland räumen sollen. Wenn dann aber nach russischem Plan von der SED ein Bürgerkrieg inszeniert wird, müßten westdeutsche Truppen zweifellos eingreifen. Dadurch würde die europäische Armee, zu der die deutschen Kontingente ja gehören sollen, in den Kampf verwickelt werden. Das wiederum würde den Beginn eines neuen Weltbrandes bedeuten.

Der deutsche Bundespräsident Dr. Heuß hat zwar erklärt, eine solche Hypothese sei absurd, Deutsche seien nicht dazu geschaffen, einen Bürgerkrieg zu führen. Wir widersprechen dem deutschen Bundespräsidenten gewiß nicht gern, aber man möge uns erlauben, bescheiden anzumerken, daß es im Laufe der deutschen Geschichte nur wenige Perioden gegeben hat, in denen Deutsche nicht auf Deutsche geschossen haben.

Es spricht also nicht nur eine verständliche Sehnsucht des deutschen Volkes nach einem friedlichen Dasein, sondern Vernunft selbst dagegen, heute eine Aufrüstung Westdeutschlands zu erwägen oder gar zu erörtern. „Ein amerikanisches Bataillon in Berlin ist dem Weltfrieden heute dienlicher als eine ganze deutsche Division", sagte kürzlich ein offizieller amerikanischer Sprecher in Frankfurt, und Hamburgs Bürgermeister Brauer hat aus dem gleichen Gesichtspunkt heraus in einer Rede in den Vereinigten Staaten erklärt, es wäre gut, wenn amerikanische Truppen noch lange in Deutschland blieben. Wir wollen ergänzen: Die USA werden nicht an Elbe und Rhein, sondern Elbe und Rhein werden in den USA verteidigt. Je stärker die militärische Macht der Vereinigten Staaten wird, je bessere Waffen sie an die Mächte des Atlantikpaktes abgeben können, desto größer wird die Sicherheit Westdeutschlands sein, desto eher wird auch ganz Deutschland zu einem Frieden kommen.

1956 Bundeskanzler Konrad Adenauer besucht die ersten 1500 freiwilligen Soldaten der Bundeswehr in Andernach

1950–1966 WIRTSCHAFTSWUNDER

1950–1966
Wirtschaftswunder

DIE ZEIT
KONTROVERSEN

Schon im Juni 1948, nach der Währungsreform, sind die Schaufenster westdeutscher Geschäfte wieder gefüllt. Das sogenannte Wirtschaftswunder aber kommt erst 1952/53 nach einer krisenhaften Übergangszeit richtig in Fahrt. Der Boom hatte dabei im Wesentlichen drei Ursachen: den amerikanischen Marshallplan zur Förderung der europäischen Wirtschaft, die weltweit anziehende Konjunktur und die Leistungsbereitschaft der Bundesbürger. *ZEIT*-Wirtschaftsredakteur Wolfgang Krüger reflektiert 1954 darüber, was die Deutschen in ihrem Arbeitseifer vernachlässigen. Marion Gräfin Dönhoff lenkt den Blick auf den oft vergessenen revolutionären Wandel der Landwirtschaft, der mit dem Aufschwung einherging.

"Die Arbeitszeit muß kürzer werden"

Zur Maiparole der Gewerkschaften

VON WOLFGANG KRÜGER

DIE ZEIT, 29. April 1954

Die in den Jahren nach der Währungsreform zur Mode gewordene Rede vom „deutschen Wirtschaftswunder" ist uns allmählich selbst unheimlich geworden. In der Tat ist dieser Slogan nicht nur höchst mißverständlich – etwa in dem Sinne, als ob wir nun schon für alle Zeiten über den Berg wären –, sondern auch sachlich falsch. Der allerdings überraschend schnelle Aufstieg der deutschen Wirtschaft aus Schutt und Asche, der sich von Jahr zu Jahr in ruckartigen Steigerungen der Produktionszahlen und der Masseneinkommen auswies und nun auch in nahezu beängstigenden Zahlungsbilanzüberschüssen sichtbar wird, ist ja alles andere als ein Wunder, sondern die Folge der höchst realen Tatsache, daß wir *arbeiten* können. Es mehren sich sogar die Stimmen, die behaupten, daß wir in den letzten Jahren in dieser Hinsicht des Guten zuviel getan und über dem hastigen Wiederaufbau unserer äußeren Fassade anderes vergessen hätten, was *auch* zum Lebensglück gehört – daß uns also dieses Wirtschaftswunder, auf lange Sicht gesehen, doch recht teuer zu stehen gekommen ist.

Hierzu ist zu bemerken – und auch gegenüber unseren kritischen westlichen Nachbarn, denen unser Arbeitseifer und unser so rasches *„come back"* auf den Weltmärkten unliebsam in die Glieder gefahren ist –, daß wir ja in der Situation nach 1945 nichts anderes tun konnten, als zuzupacken, wo immer sich Gelegenheit dazu ergab, ohne Rücksicht auf Gesundheit, Familienleben und das andere, von dem man sagt, daß es ebenfalls zu einem erfüllten Leben gehört. Und gewiß soll weiterhin der Mann unseres Lobes sicher sein, der keine Anstrengungen scheut, sein Glück auf dem Fundament der eigenen Leistung statt fremder Hilfe aufzubauen. Aber auch das ist nun eine Tatsache: die Arbeit ist uns über das erträgliche Maß hinaus zum Mittel- und Angelpunkt geworden und in Bereiche eingedrungen, die einst

1950–1966 WIRTSCHAFTSWUNDER

ganz dem privaten Leben vorbehalten waren. Die Arbeit und die Erfordernisse der Produktion bestimmen unseren Daseinsrhythmus, während die Muße nur noch den Sinn der „Freizeit" hat, in der Körper und Geist mit den Energien wieder aufgeladen werden, die für die Fortführung der Arbeit notwendig sind.

Diese Stunden der Muße hatten einst einen anderen Inhalt. Den Griechen und Römern war sie Mittelpunkt des Daseins und der Raum der eigentlichen Lebenserfüllung, in dem Kampf und Spiel, musische und geistige Betätigung, frei von allen Zwecken des Alltags, miteinander wechselten, während die Arbeit, als eines freien Mannes unwürdig, den Sklaven überlassen blieb. Erst im Laufe des Mittelalters wurde die Arbeit als ein *Teil* der sittlichen Lebensführung anerkannt, bis sie dann mit der Emanzipation des Bürgertums in der Neuzeit mehr und mehr zu einem zentralen *Eigenwert* wurde, dem die Muße nur noch als eine die Kräfte wieder sammelnde Arbeitspause zugeordnet war. Protestantismus und Calvinismus gaben der Arbeit eine Art religiöser Weihe. Im Leistungserfolg des einzelnen sah man den sichtbaren Ausdruck des auf der Arbeit ruhenden göttlichen Segens. Der berufliche Erfolg, der sich in barer Münze auszahlte, wurde zum Maßstab der gesellschaftlichen Stellung wie des Lebensglücks ...

Am Vorabend einer Maidemonstration, auf deren Programm nach alter Tradition, in diesem Jahre aber mit besonderem Nachdruck, die Forderung nach einer Verkürzung der Arbeitszeit steht, dürfte es nützlich sein, sich dieser geschichtlichen Zusammenhänge zu erinnern. Denn nur aus der verhängnisvollen *Einseitigkeit* der historischen Entwicklung, die den Menschen (nicht allein den Arbeiter) wieder auf den Stand eines – mutatis mutandis – Sklaven der Arbeit zurückwarf, ist die Schärfe der Sprache zu verstehen, die seit Jahr und Tag den Festreden zum „Feiertag der Arbeit" ihr Gepräge gibt. Hinter den Massenaufmärschen am 1. Mai mit ihren Forderungen nach humanen Arbeitsbedingungen und kürzeren Arbeitszeiten steht ein echtes Anliegen des Menschen unserer Zeit, der sich noch immer nicht ganz aus den arbeits- und produktionswütigen Traditionen des 19. Jahrhunderts frei gemacht hat – aber wirksam sind auch noch die alten Ressentiments, die sich in den Tagen von Marx und Engels, als es noch Arbeitszeiten von 14 und 16 Stunden gab, als politischer Explosivstoff in den Massen angesammelt hatten.

1954 Auf dem 3. Bundeskongress des DGB ist die Arbeitszeitverkürzung ein dominierendes Thema

Auch der in der vergangenen Woche in der „Welt der Arbeit" veröffentlichte Leitartikel von Walter Freitag, mit dem der erste DGB-Vorsitzende die diesjährigen Maifeierlichkeiten einleutete, ist nicht frei von grollenden Erinnerungen an diese Zeiten – ganz abgesehen davon, daß die hinter uns liegenden Roboterexzesse ja nicht die persönliche Schuld einzelner oder einer Gruppe waren, sondern historisches *Schicksal,* mit dem die Generationen vor uns nicht fertig wurden. Besser und der Sache, um die es geht, dienlicher wäre es, wenn man nun endlich wenigstens in diesem Jahr in den Maiaufrufen auch anderes gelesen hätte, was den Zeichen der Zeit mehr entspricht, etwa davon, daß sich auch die Einstellung der Unternehmer zu den traditionellen Maiforderungen erheblich gewandelt hat. Denn wenn der DGB in diesem Jahr die Parole der Arbeitszeitverkürzung besonders unterstreicht und dabei auf die guten Erfahrungen hinweist, die in vielen Betrieben mit der Fünftagewoche gemacht worden sind, dann ist das ein klarer Beweis *auch* für die Bereitschaft der Arbeitgeber, aus freiem Entschluß die Arbeitsbedingungen zugunsten der Arbeitnehmer zu ändern und die Arbeitszeiten zu kürzen, wo immer es sich machen läßt. Gewiß sind es nicht nur und überall soziale Rücksichten, die zur Einführung der Fünftagewoche geführt haben. Produktionstechnische Gründe haben dabei oft sogar eine entscheidende Rolle gespielt. Aber gerade das ist doch wohl auch ein Zeichen dafür, daß die Möglichkeiten für die Einführung des „langen Wochenendes" von Betrieb zu Betrieb verschieden sind und sich damit dieses Faktum einer allgemeinen gesetzlichen Regelung im Augenblick noch entzieht.

Aber die Fünftagewoche (in der baden-württembergischen Industrie, die allerdings in dieser Hinsicht anderen Gebieten Westdeutschlands weit voraus ist und für die genauere Zahlenangaben vorliegen, haben sie 30 v. H. der Betriebe eingeführt, von denen aber nur etwa die Hälfte 45 Wochenstunden und weniger arbeiten) ist nicht gleichbedeutend mit der Vierzigstundenwoche. Das ist es, worauf es dem DGB ankommt, und zwar bei *vollem Lohnausgleich.*

Es ist erfreulich, daß die Forderung nach der Vierzigstundenwoche nicht nur mit dem Hinweis auf die immer stärker werdenden Anspannungen im arbeitsteiligen modernen Produktionsprozeß begründet werden – daß wir mehr Zeit für den Menschen in uns frei machen müssen und daß die Rationalisierung erst damit ihre Krönung erfahren wird, darüber sind wir uns einig –, sondern sogar einen neuen Zungenschlag erkennen läßt. Jedenfalls ist in dem Maiartikel des DGB-Vorsitzenden zu lesen, daß „die sozialen Forderungen der Arbeitnehmer sich der wirtschaftlichen Entwicklung anpassen müssen". Wenn sich also hier nun auch so etwas wie ein Wandel der Einstellung andeutet, der Wille, nun auch die *ökonomischen Realitäten* in den Blick zu bekommen, so ist doch das Ergebnis dieser Bemühungen enttäuschend. Denn wenn man sich über die Konjunktur und die auf sie gerichteten Maßnahmen noch streiten kann, so dürfte doch *das* ein *nicht* zu praktizierender Vorschlag sein, auftretende Absatzschwierigkeiten, die ja immer zugleich wohl Liquiditätsschwierigkeiten sind, dadurch zu beseitigen, daß man in den Betrieben die Arbeitszeiten zurücksetzt, aber die Lohnkosten auf der gleichen Höhe läßt. Auch der Hinweis, daß wir in der Bundesrepublik gegenüber allen anderen vergleichbaren westlichen Industriestaaten die längsten Arbeitszeiten haben und daß in den USA und Kanada – Ländern also mit uns weit überlegener Boden- und Kapitalausstattung – das „große Wochenende" seit langem Tatsache ist, ist kein schlüssiger Beweis dafür, daß wir uns das nun ebenfalls schon leisten können.

Aber wir werden uns dieser Entwicklung nicht entziehen können. Der deutsche Arbeiter wird gut tun, am kommenden 1. Mai, wenn von den Rednertribünen herab vielleicht wieder die alten Vokabeln von der „Ausbeutung" und der „Unterdrückung" zu hören sind, daran zu denken, daß heute dergleichen niemand will. Aber in einer Volkswirtschaft, die unter dem Druck der internationalen Konkurrenz noch immer um ihre Konsolidierung und ihr Gleichgewicht ringt, stoßen sich die Dinge hart im Raume. Der Zeitpunkt für die Einführung der Vierzigstundenwoche wird im übrigen weniger von der Konjunktur als von der weiteren Aufwärtsentwicklung der *Produktivität* abhängen. Allerdings können wir eines Tages vor der Alternative stehen: entweder höhere Löhne oder kürzere Arbeitszeiten. Auf jeden Fall werden die Gewerkschaften in ihrer Lohnpolitik etwas kürzer treten müssen, um den Raum für die Verwirklichung ihres großen Maianliegens frei zu machen.

1950–1966 WIRTSCHAFTSWUNDER

Das vergessene Wunder

Was die Landwirtschaft leistete –

Das neue Agrarprogramm

VON MARION GRÄFIN DÖNHOFF

DIE ZEIT, 3. Dezember 1953

Wer über das deutsche Wirtschaftswunder staunt, tut dies im allgemeinen wegen der vielen neu aufgebauten Fabriken und der hohen Exportzahlen der Industrie – an die ebenso staunenswerten Leistungen der Landwirtschaft denken nur sehr wenige. Überhaupt fällt die Landwirtschaft den meisten Menschen immer nur dann auf, wenn sie einmal nicht genügend Nahrungsmittel liefert. In normalen Zeiten vergißt man ganz, daß sie existiert und gibt sich jedenfalls nicht Rechenschaft über die Größenordnung dieses Teiles der Grundproduktion. Wer beispielsweise ist sich klar darüber, daß die Zahl der in der Landwirtschaft Erwerbstätigen mit 4,5 Millionen fast genau so groß ist wie die Zahl der Industriearbeiter? Oder daß der Wert der Erzeugung von Eiern etwa ebenso groß ist wie der Produktionswert der Schuhindustrie und die Milchproduktion wertmäßig nahezu der Kohlenproduktion entspricht? Und schließlich, wer bedenkt, daß die Verkaufserlöse der deutschen Landwirtschaft 1952/53 über 12 Milliarden DM betrugen und die Landwirtschaft aus diesem Grund ein entscheidend wichtiger Käufer am Markt ist – wie ja auch umgekehrt fast die Hälfte der meisten Einkommen für die Ernährung ausgegeben wird.

Zur Zeit der Währungsreform wurde jeder zweite Deutsche vom Ausland ernährt. Eine baldige Besserung erschien damals angesichts der um Millionen gewachsenen Bevölkerung kaum möglich. Und doch ist nun der Landwirtschaft in wenigen Jahren das „Wunder" gelungen, nicht nur die Höhe der normalen Friedensernten wieder zu erreichen, sondern die Produktion je Hektar in fast unglaublicher Weise zu steigern. Heute werden schon wieder Dreiviertel der Bevölkerung der Bundesrepublik aus eigener Scholle ernährt. (1947/48 erzeugte die Bundesrepublik 19 Mill. Tonnen Getreidewert, 1952/53: 37 Mill. Tonnen.)

Lübkes Zehnjahresplan

Inzwischen ist eine gewisse Zäsur eingetreten. Es beginnt sich nämlich wieder einmal ein Zustand herauszubilden, den man als die Preisschere der Landwirtschaft bezeichnet. Mitte 1953 betrug der Index der landwirtschaftlichen Produktionsmittelpreise 210, während der Preisindex der landwirtschaftlichen Erzeugnisse auf 194 stand. Dies ist mit ein Grund, warum die Forderung nach Preisparität, die immer wieder vom Bauernverband aufgestellt wurde, lange Zeit mit magischer Faszination das Denken vieler Landwirte beherrschte. Im Grunde durchaus verständlich, weil mit diesem Schlagwort scheinbar auch das Problem der Lohndifferenz zwischen Landwirtschaft und Industrie zu lösen war. Doch, wie gesagt, nur scheinbar, denn niemand kann im Ernst annehmen, daß es möglich wäre, die Preise für landwirtschaftliche Produkte heraufzusetzen, ohne damit gleichzeitig die Preis-Lohn-Schraube in Bewegung zu bringen. Insofern ist es sehr zu begrüßen, daß der neue Ernährungsminister diesen Schlachtruf abgewandelt hat und statt einer Parität der Preise die Parität der Kosten fordert.

Ernährungsminister Lübke hat, und auch das ist sehr verdienstvoll, ein langfristiges Programm entworfen, nämlich einen Zehnjahresplan. Innerhalb dieser Frist soll die Landwirtschaft auf höchste Rentabilität und Produktionsleistung gebracht werden. Als wichtigste Punkte hat er genannt: Flurbereinigung, Verbilligung des Agrarkredites, Mechanisierung der bäuerlichen Betriebe, Typenbeschränkung und Normung der landwirtschaftlichen Maschinen. Gewiß ist dieses Programm keineswegs neu. Typenbeschränkung beispielsweise ist seit den Zeiten des Reichsnährstandes immer wieder gefordert worden, trotzdem gibt es heute noch 146 verschiedene Schleppertypen. Und Flurbereinigung steht seit vielen Jahrzehnten als einer der wichtigsten Punkte auf dem Agrarprogramm jedes neuen Ernährungsministers und wird dort wahrscheinlich noch lange stehen, denn es kommt häufig vor, daß Flächen, die gestern mit Mühe „bereinigt" wurden, beim nächsten Erbfall von neuem realgeteilt und also aufgesplittert werden. Ob die 7 Mill. Hektar Land, die umlegungsbedürftig sind, tatsächlich in zehn Jahren bewältigt werden können, scheint mehr als fraglich, aber es ist gut, daß dieses Problem endlich einmal mit aller Energie angepackt wird.

Lübke hat ferner betont, es müßten die Zwergbetriebe, die als landwirtschaftliche Nebenstellen schlecht bewirtschaftet werden, weil man eben Landwirtschaft nicht im Nebenfach erfolgreich betreiben könne, nach Möglichkeit aufgestockt, zusammengelegt oder verpachtet werden. Diese Forderung wird manchen überraschen, denn bisher war gerade die Schaffung landwirtschaftlicher Nebenerwerbsstellen Trumpf. Man muß nur hoffen, daß nicht zur Aufstockung unrentabler Zwergbetriebe rentable, größere Betriebe weiter zerschlagen werden. Die 650 000 Kleinstbetriebe (das ist ein Drittel aller landwirtschaftlichen Betriebe der Bundesrepublik) in der Größenordnung bis zu zwei Hektar werfen natürlich zum Teil ein so minimales Einkommen ab, daß oft entweder die Besitzer verelenden oder, wenn sie anderweitige Beschäftigung haben, die Betriebe verkommen. Mit Recht schreibt das wirtschaftswissenschaftliche Institut der Gewerkschaften: „Solche Kleinstbetriebe bilden, wo sie massiert vorhanden sind, die *slums* der westdeutschen Agrarwirtschaft."

Man muß sich darüber klar sein, daß bei dem derzeitigen Stand der Technik und in unserer Phase der Zivilisation nicht der zu große, sondern der zu kleine Betrieb das Problem ist. Die Vollmechanisierung eines bäuerlichen Betriebes kostet heute etwa 40 000,– DM. Diesen Maschinenpark braucht man für einen 15 Hektar großen Hof, er reicht aber zur Not auch noch für einen Betrieb von 50 Hektar. Während aber die Last der Verzinsung und Amortisation und die Aufwendungen für Reparaturen etwa 500,– DM je Hektar für den kleineren Hof beträgt, ist der größere Hof noch nicht einmal mit dem dritten Teil belastet.

Eine Parität zwischen Landwirtschaft und Industrie wird im Grunde nie herzustellen sein, weder auf der Preis- noch auf der Kostenseite, dazu sind die Voraussetzungen einfach zu verschiedenartig. Die Landwirtschaft, die nur einen Atemzug im Jahr tut und die daher keine Möglichkeit hat, sich rasch umzustellen, die außerdem große Kapitalbeträge in Gebäuden und Maschinen investiert hat, die oft nur wenige Wochen im Jahr in Gebrauch sind, ist fast allen industriellen Unternehmen gegenüber (ganz abgesehen von dem Unsicherheitsfaktor des Wetters) sehr im Nachteil. Es gibt eigentlich nur eine Möglichkeit, nämlich durch steuerliche Begünstigung einen Ausgleich zu schaffen. Minister

1950–1966 WIRTSCHAFTSWUNDER

1953 Grüne Woche in Berlin: Die Mechanisierung der Agrarbetriebe geht voran, und die Ausstellungshalle für Landmaschinen ist gut besucht

Lübke hat sich beispielsweise gegen den Widersinn gewandt, der darin liegt, daß Obst und Gemüse, wenn es sortiert und verpackt ist, zum zweitenmal mit der Umsatzsteuer belegt wird. Es gibt aber noch andere Widersinnigkeiten.

Wie beim Kaffee ...

Eine Schlepperfirma hat kürzlich eine umfassende und detaillierte Untersuchung angestellt über den Anteil der Steuern und Zölle an dem Preis eines 22-PS-Treckers, der rund 9000,– DM kostet. Dabei sind sämtliche Steuern, nicht nur im eigenen Werk, sondern auch die entsprechenden Aufwendungen bei den Vorlieferanten in den verschiedenen Produktionsstufen erfaßt worden. Die mehrere Meter lange Papierrolle, auf der diese Analyse verzeichnet ist, kommt zu dem Ergebnis, daß der Anteil, den der Staat im voraus einkassiert, 37 Prozent vom Verkaufspreis beträgt. Hat der Landwirt schließlich diesen Schlepper gekauft, dann darf er nur ein Zehntel, also 900,– DM, abschreiben.

Unter diesen Umständen kann es nicht wunder nehmen, daß, nachdem der erste Nachholbedarf gedeckt ist, der bis 1952 zum Teil voll, zum Teil zur Hälfte von der Steuer abgesetzt werden konnte, die landwirtschaftlichen Maschinenkäufe jetzt zurückgegangen sind, was der Absicht des Ernährungsministers, die Mechanisierung der Landwirtschaft voranzutreiben, nicht gerade entgegenkommt. Wenn die Landwirtschaft zu verstärkten Maschinenkäufen angeregt werden soll, dann müssen diese Maschinen billiger werden. Durch Typenbeschränkung allein ist das aber nicht zu erreichen. Es muß vielmehr eine Möglichkeit über die Steuer geschaffen werden. Der Finanzminister würde dann wahrscheinlich auf die Dauer, wie beim Kaffee, durch wachsenden Umsatz entschädigt werden.

1953

Arbeiter-Aufstand in der DDR

DIE ZEIT
KONTROVERSEN

Die Demonstrationen gegen die von der SED-Führung auferlegten erhöhten Arbeitsnormen weiten sich im Juni 1953 in rund 300 Städten der DDR zu einer Volkserhebung aus – zu einem Aufstand für ein besseres Leben, für mehr Mitbestimmung und Demokratie. Sowjetische Panzer walzen die Proteste am 17. Juni blutig nieder; 55 Menschen verlieren ihr Leben, mehrere Tausend werden verhaftet. In ihrem legendären Artikel »Die Flammenzeichen rauchen« beschreibt Marion Gräfin Dönhoff die Ursachen und Folgen der revolutionären Erhebung.

1953 ARBEITER-AUFSTAND IN DER DDR

Die Flammenzeichen rauchen

VON MARION GRÄFIN DÖNHOFF

DIE ZEIT, 25. Juni 1953

Als die Pariser am 14. Juli 1789 die Bastille stürmten, wobei sie 98 Tote zu beklagen hatten und 7 Gefangene befreiten, ahnten sie nicht, daß dieser Tag zum Symbol für die Französische Revolution werden würde. Er wurde es, obgleich alle wesentlichen Ereignisse: die Erklärung der Menschenrechte, die Ausarbeitung der neuen Verfassung, die Abschaffung der Monarchie zum Teil erst Jahre später erfolgten. – Der 17. Juni 1953 wird einst und vielleicht nicht nur in die deutsche Geschichte eingehen als ein großer, ein symbolischer Tag. Er sollte bei uns jetzt schon zum Nationaltag des wiedervereinten Deutschland proklamiert werden. Denn an diesem 17. Juni hat sich etwas vollzogen, was wir alle für unmöglich hielten.

Hatte nicht schon Nietzsche gesagt: „Wer aber erst gelernt hat, vor der Macht der Geschichte den Rücken zu krümmen und den Kopf zu beugen, der nickt zuletzt chinesenhaft-mechanisch sein ‚Ja' zu jeder Macht … und bewegt seine Glieder in dem Takt, in dem irgendeine Macht am Faden zieht." Hatten wir nicht längst resigniert vor der Macht des totalitären Apparates, gegen den jede Auflehnung zwecklos sei? Hatten nicht viele jene Jugend für verloren angesehen, die im totalen Staat Hitlers geboren und im totalen Staat der SED herangewachsen war? Und nun?

Nun kam der 17. Juni. Am Morgen hatten ein paar Bauarbeiter in der Stalinallee in Berlin gegen die Erhöhung der Arbeitsnorm revoltiert. Spontan kam ein Protestmarsch zustande, ohne eigentliches Ziel zunächst und ohne jegliche Organisation. Hunderte stießen dazu, bald waren es Tausende, Zehntausende und mehr. Nach 24 Stunden stand Ost-Berlin im offenen Aufruhr, ohne Waffen, mit Steinen und Stangen gingen die Arbeiter gegen die russischen Panzer vor. In Leipzig brannten die Leuna-Werke, in Magdeburg wurde das Zuchthaus gestürmt … Streik auf den Werften, Streik bei Zeiß-Jena, auf allen Bahnstrecken, in den Kohlen- und Uranbergwerken. Staatseigene Läden, Polizeistationen und Propagandabüros standen in Flammen. Die Volkspolizei ließ sich teilweise widerstandslos entwaffnen. Eine aus Magdeburg geflüchtete Arbeiterin berichtete über den Sturm der Magdeburger auf das Volkspolizeipräsidium. Die Volkspolizisten hätten die Tore geöffnet, ihre Waffen übergeben und die Uniformröcke ausgezogen. „Ich sah, wie Offiziere der Volkspolizei, die dem Vordringen der Arbeiter Widerstand entgegensetzten, aus den Fenstern des ersten Stocks geworfen und verprügelt wurden."

Als Demonstration begann's und ist eine Revolution geworden! Die erste wirkliche deutsche Revolution, ausgetragen von Arbeitern, die sich gegen das kommunistische Arbeiterparadies empörten, die unbewaffnet, mit bloßen Händen, der Volkspolizei und der Roten Armee gegenüberstanden und die jetzt den sowjetischen Funktionären ausgeliefert sind. Straße für Straße und Haus für Haus wird jetzt durchsucht nach Provokateuren und Personen, die sich nicht dort aufhalten, wo sie gemeldet sind. Allein in Ostberlin befanden sich nach dem Aufstand mehrere tausend Personen in Haft, zum Teil in Schulen, die provisorisch in Gefängnisse umgewandelt worden sind. Sehr viele ganz junge sind dabei. In einer Liste von „überführten Provokateuren", die das SED-Organ veröffentlichte, gehört die Mehrzahl den Jahrgängen von 1933 bis 1936 an. Das ist die Jugend, von der man uns glauben machen wollte, sie habe den Sinn für die Freiheit verloren.

Es ist Blut geflossen – vielleicht sehr viel Blut. Der Ausnahmezustand wurde verhängt, und dort, wo bisher die kommunistischen Bürgermeister herrschten, regieren wieder wie 1945 die Rotarmisten. Der Ostberliner Bürgermeister Ebert stellte fest: „Unsere sowjetischen Freunde haben durch ihr energisches und mit großer Umsicht geführtes Eingreifen uns und der Sache des Friedens einen großen Dienst geleistet." Das ist die einzige Stimme aus dem Kreise der „deutschen" Regierungsfunktionäre, gegen die der Aufstand sich in erster Linie richtete. Also eine Revolution, die zu nichts geführt hat?

Nein, so ist es nicht. Diese Revolution hat im Gegenteil ein sehr wichtiges Ergebnis gehabt. Das, was der britischen Diplomatie und den amerikanischen Bemühungen nicht gelungen war, das haben die Berliner Arbeiter fertiggebracht: Sie haben am Vorabend der Vierer-Verhandlungen im Angesicht der ganzen Welt offenbar werden lassen, auf wie schwachen Füßen die Macht des Kreml und seiner Werkzeuge in Ostdeutschland (und vermutlich in allen Volksdemokratien) steht. Es ist deutlich geworden, daß dieses Gebiet, zu dessen Fürsprecher und Schutzpatron jene sich so gern aufwerfen, sie aus ganzem Herzen haßt und verachtet, ja, daß sie sich nicht einmal auf die Volkspolizei verlassen können. Es ist ferner offenbar geworden, daß mit dem richtigen Instinkt für die Schwächemomente des totalitären Regimes man selbst diesem schwere Schläge versetzen kann – ganz zu schweigen davon, daß dieses System in vollem Umfang: politisch, wirtschaftlich und psychologisch Schiffbruch erlitten hat. Und schließlich ist für alle noch eines ganz eindeutig klargeworden, daß nämlich jetzt die Einheit Deutschlands die wichtigste Etappe in der weiteren politischen Entwicklung sein muß.

Jener 17. Juni hat ein Bild enthüllt, das nicht mehr wegzuwischen ist: die strahlenden Gesichter jener Deutschen, die seit Jahren in Sorge und Knechtschaft lebten und die plötzlich, wie in einem Rausch, aufstanden, die fremden Plakate heruntergerissen, die roten Fahnen verbrannten, freie Wahlen zur Wiedervereinigung forderten ... Und die nun wieder schweigend, von neuen Sorgen erfüllt, an ihre Arbeitsstätten wandern. Manch einem in der Bundesrepublik mag erst in diesen Tagen klargeworden sein, daß das, was dort drüben geschieht, uns alle angeht und nicht nur jene, die die Verhandlungen führen. Der 17. Juni hat unwiderlegbar bewiesen, daß die Einheit Deutschlands eine historische Notwendigkeit ist. Wir wissen jetzt, daß der Tag kommen wird, an dem Berlin wieder die deutsche Hauptstadt ist. Die ostdeutschen Arbeiter haben uns diesen Glauben wiedergegeben, und Glauben ist der höchste Grad der Gewißheit.

Einen Moment lang bestand die Frage, was wird die sowjetische Antwort sein, Fortsetzung des Kurswechsels oder verschärfter Terror? Die Entscheidung ist zugunsten des Kurswechsels gefallen. Hören wir die Erklärungen des Zentralorgans der SED nach jenen Ereignissen: Das „Neue Deutschland" schreibt am 18. Juni, „natürlich muß uns, der Partei der Arbeiterklasse, die gewichtige Frage zu denken geben, wie konnte es geschehen, daß nen-

1953 ARBEITER-AUFSTAND IN DER DDR

nenswerte Teile der Berliner Arbeiterschaft, der Berliner Werktätigen, unzweifelhaft ehrliche und gutwillige Menschen, von einer solchen Mißstimmung erfüllt waren, daß sie nicht bemerkten, wie sie von faschistischen Kräften ausgenutzt wurden? Hier liegen zweifellos schwerwiegende Versäumnisse unserer Partei vor. Sie wird viel besser lernen müssen, die Massen zu achten, auf ihr Wort zu hören, um ihr tägliches Leben besorgt zu sein."

Am 22. Juni stellt das SED-Zentralkomitee abschließend eindeutig fest, „wenn Massen von Arbeitern die Partei mißverstehen, *ist die Partei schuld*, nicht der Arbeiter." Unter dem Vorsitz von Ministerpräsident Grotewohl wurden im weiteren Verfolg der Politik des „neuen Kurses" der Bevölkerung eine Reihe von Zugeständnissen gemacht. Der Kreml will also weiter die Ostzone „anschlußfähig" machen, weil er sie für die Neutralisierung Gesamtdeutschlands vertauschen will. Reimann hat dies in seiner Pressekonferenz in Bonn am 18. Juni – am Tage danach – sehr deutlich gesagt, indem er noch einmal, fast wörtlich, jenen Passus zitierte, der sich wie ein roter Faden als Hauptforderung durch die vier sowjetischen Noten des vorigen Jahres hindurchzog. Grundsatz des Friedensvertrages müsse sein, so sagte er, „Deutschland wird keinerlei Militärbündnisse oder Koalitionen eingehen, die sich gegen Staaten richten, die im Krieg gegen Deutschland standen".

Es muß schlecht um Moskau bestellt sein, wenn es um der potentiellen EVG willen die Berliner Schlappe – die nicht ohne Rückwirkungen auf die Satellitenstaaten bleiben dürfte – einzustecken bereit ist. Wir aber wissen, wie rasch in der vorigen Woche die sowjetischen Nachschubdivisionen über die Oder geworfen wurden. Das wird uns eine Warnung sein. Gesamtdeutschland soll nicht, wie die Deutschen der Ostzone, eines Tages genötigt sein, sich mit Steinen gegen die roten Panzer zu verteidigen.

1953 West-Berliner gedenken der Opfer des gescheiterten antikommunistischen Aufstands in Ost-Berlin

1954
WM-Sieg in Bern

DIE ZEIT
KONTROVERSEN

3:2 im Finale gegen Ungarn – als das »Wunder von Bern« ist dieser Sieg der deutschen Nationalelf bei der Fußballweltmeisterschaft in Bern 1954 ins kollektive Gedächtnis eingegangen. Dem selbstbewussten »Wir sind wieder wer« auf deutscher Seite standen damals allerdings auch zahlreiche kritische, ja besorgte Stimmen aus dem Ausland gegenüber – Grund für Friedrich Sieburg, in seinem Artikel »Natürlich schon wieder einmal die Deutschen!« einmal ganz grundsätzlich der Frage nachzugehen, welches Bild seine Landsleute im Ausland hinterlassen.

1954 WM-SIEG IN BERN

Natürlich schon wieder einmal die Deutschen!

Ist es wirklich nur schlechtes Benehmen, das uns im Ausland unbeliebt macht?

VON FRIEDRICH SIEBURG

DIE ZEIT, 22. Juli 1954

Für einen kleinen Augenblick schien es, daß ein neuer Völkerfrühling angebrochen sei, als die Grenzen geöffnet wurden und die Menschen in diesem engen Europa ungehindert hin und her zu fluten begannen. Mit einem Schlage waren die bürokratischen Hindernisse wie weggewischt, die Menschenschlangen, die vor den fremden Konsulaten um ein Visum anstanden, verschwanden über Nacht. Im nächsten Sommer, so hieß es, werden nicht einmal mehr Pässe notwendig sein, damit werden wir in einen Zustand eintreten, der freiheitlicher und liberaler ist als alles, was seit dem ersten Weltkrieg zur Schaffung eines gemeinsamen Raumes unternommen wurde. In diesem freudigen Erstaunen lag und liegt viel Selbsttäuschung. Versuche doch einmal einer, der hierzulande kein Glück hat, in der Schweiz oder in England sein Brot zu finden! Er wird schnell erfahren, daß sich die berauschende Liberalität nur auf Menschen bezieht, die Geld mitbringen und somit, genau besehen, nur Funktionen der Handelsverträge sind. Die Grenzen fallen? Gemach, sie öffnen sich nur den Touristen, einer Menschensorte also, die – wirtschaftlich gesprochen – die Exporte, die das Gastland zu machen wünscht, am Ort der Erzeugung verbraucht. Nun sind Menschen, die zur Erholung oder Erbauung reisen, in einer Verfassung, die über den Alltag hinausdrängt. Sie haben eine Welt der Einförmigkeit und des Zwanges hinter sich gelassen und gehen, wie der bezeichnende Ausdruck lautet, aus sich heraus. Die Ferienreise ist ein Ausnahmezustand, in dem der Mensch sich stärker entfaltet, als das strenge Arbeitsjahr ihm erlaubt. Der deutsche Tourist macht davon keine Ausnahme, seine Entfaltung scheint aber den meisten Leuten nicht zu gefallen.

In der Tat, über das Verhalten der Deutschen im Ausland werden Klagen laut, die so heftig sind und so viel Grundsätzliches aufwühlen, daß sie den visumfreien Völkerfrühling mit Spätfrost überfallen. Haben wir uns zu früh gefreut und hat die so herzlich begrüßte Bewegungsfreiheit nur zur Folge, daß in der Welt eine neue Stimmungsrevolte gegen die Deutschen beginnt? Die Frage ist ernst genug, um geprüft zu werden. Aber von wem soll sie geprüft werden? „Bundestag und Bundesregierung", so meldet dpa aus Bonn, „sind über das schlechte Benehmen vieler deutscher Reisenden im Ausland beunruhigt." Ich bekenne offen, daß mich auch die gröbsten Ausschreitungen deutscher Ferienreisender am Comersee oder in Delft – falls solche wirklich vorgekommen sind – nicht im entferntesten so beunruhigen, wie mich die Unruhe unserer höchsten politischen Organe beunruhigt. In was mischen sich diese Stellen, aus welchem Gesetzestext, aus welchen Verfassungsparagraphen leiten sie das Recht ab, jene „Erziehungsarbeit" zu leisten, die bereits angekündigt wird! Gewiß, die Kritik des Auslandes an den deutschen Reisenden ist ein Krisensymptom, das einige Aufmerksamkeit verdient. Aber es würde die Reizbarkeit des Auslandes heute vermutlich überhaupt nicht geben, wenn der Staat in Deutschland nicht zu allen Zeiten diese verhängnisvolle Neigung gezeigt hätte, seinen Bürgern gegenüber den Schulmeister zu spielen.

Das Auswärtige Amt und das Bundesinnenministerium sind laut der erwähnten Meldung von der größten Regierungspartei „beauftragt" worden, „das Problem mit aller Energie anzupacken". Nun ja, der Traum des Innenministeriums, allen Staatsbürgern vorgesetzt zu sein, wird ja von dem, zwar diskreter gehegten, aber dafür noch penetranteren Traum des Auswärtigen Amtes übertroffen, der Vorgesetzte aller Deutschen im Ausland zu sein. Das war zu allen Zeiten so, die Behörden und politischen Einrichtungen unseres Volkes lechzen seit je nach Untertanen, welche Staatsform auch gerade gelten mag. Die Lustvorstellung des Staates, „Reisende, die sich im Ausland nicht benehmen können, drakonisch anzupacken" (schon wieder angepackt!), verrät deutlich, wie das Regieren in unserem Lande verstanden wird. Der Himmel mag wissen, aus welchen geheimnisvollen Quellen diese Minister, Beamten und Abgeordneten die Überzeugung schöpfen, daß sie imstande und qualifiziert seien, ihren Landsleuten Benehmen beizubringen. Offenbar rumort in diesen Köpfen das Mißverständnis, daß sie zur Elite gehörten, weil sie die Macht haben. Anstandsunterricht, von rüstigen Polizeibeamten erteilt – so stellt man sich bei uns die Förderung der *belles manières* vor. Besäße die Welt mehr politische Vernunft, so wäre sie durch die Staatsgesinnung, die aus dieser Libido des drakonischen Anpackens spricht, tiefer beunruhigt als durch das Gegröle zweier Deutscher vor dem Mailänder Dom, die den Chianti nicht vertragen konnten.

Weil es uns gibt

Was ist denn eigentlich geschehen, daß die Gefahr besteht, Deutschland könne „durch das skandalöse Benehmen einiger weniger Reisender im Ausland mühsam zurückgewonnene Sympathien verlieren"? Man erinnert sich der Zwischenfälle, die im Frühjahr aus Holland gemeldet wurden. Eine authentische Darstellung dessen, was dort deutschen Reisenden zur Last gelegt wurde, ist nie zu unserer Kenntnis gelangt. Man hatte damals den Eindruck, daß das schlechte Benehmen eher auf seiten einiger Holländer war. Was in diesen verregneten Sommerwochen anderswo Anstößiges geschehen ist, mag der Himmel wissen. Ich zweifle nicht daran, daß der eine oder andere unserer Landsleute den Ausflug in die Freiheit fremder Verhältnisse schlecht verträgt und draußen jene Eigenschaften entfaltet hat, die auch den Sonntag zu Hause nachgerade zu einer Plage machen. Der Drang ins Ausland ist gewaltig, vom Nordkap bis Palermo sieht man in diesen Monaten die Bundesdeutschen zu Fuß, auf Motorrädern zusammengeballt, im wimpelgeschmückten Volkswagen und in riesenhaften Luxusgefährten. Blickt man von oben auf die Serpentinen der Alpenpässe, so hat man den Eindruck, daß es nur noch deutsche Fahrzeuge gibt. Erst bei näherem Hinsehen erkennt man, daß auch ein guter Teil holländische unter sie gemischt ist.

Die deutschen Reisenden sind an bestimmten – und nicht den häßlichsten – Punkten Europas so zahlreich, daß man den Eindruck gewinnt, die Bundesrepublik habe sich in Form eines gigantischen Betriebsausfluges bis auf den letzten Mann auf die Strümpfe gemacht. Aber man kann doch wirklich nicht behaupten, daß alle diese Menschen an ihrem schlechten Benehmen als Deutsche zu erkennen seien. Das trifft nur in einem Punkte zu: Wir Deutschen fahren, soweit wir am Steuer eines Autos sitzen, im Ausland genau so unfair und flegel-

1954 WM-SIEG IN BERN

haft, wie wir dies zu Hause tun. Aber sonst? Es heißt ja auch ausdrücklich, daß nur „einige wenige Reisende" sich übel aufführen. Warum also so viel Aufhebens von einer Sache machen, deren politische und psychologische Bedeutung begrenzt ist? Aber ist die Bedeutung wirklich begrenzt? Ist es nicht vielmehr so, daß von Ferienreisenden die Rede ist, während in Wirklichkeit unser gesamtes Verhältnis zur Außenwelt gemeint ist?

Die Reaktionen der Welt auf den deutschen Fußballsieg können bis zu einem gewissen Grade die Schwierigkeiten erklären, die mit jedem Wiederauftreten Deutscher auf dem internationalen Felde verbunden sind. Diese Regungen waren nicht sehr erfreulich, sie durchliefen alle Schattierungen von mühsam bewahrter Sportlichkeit bis zum gellenden Haßausbruch. Was war denn geschehen, war der deutsche Sporterfolg etwa nicht redlich errungen? O gewiß, aber es war doch wohl mehr als eine sportliche Veranstaltung und ist denn auch von der Mehrzahl der Deutschen als eine Art von Erlösung aus dem internationalen Bann aufgefaßt worden. Ein schreckliches Mißverständnis – als ob die Meisterleistung einer Fußballmannschaft, an der das „deutsche Volk" als Gesamtheit nicht im geringsten beteiligt war, geschichtliche Erfahrungen außer Kraft setzen könnte! Daß hier „bestes Deutschtum" im Ausland triumphiert habe, ist grober Unfug. Gesiegt hat bestes Fußballtum und sonst nichts. Dieser Sporterfolg hat keinen Stein auf dem politischen Felde verrückt – und auf dem moralischen erst recht nicht! Was einige Franzosen zu dem Vorgang geschrieben haben, war höchst albern, aber es enthüllte die tieferen Zusammenhänge. Wenn es in einer Pariser Sportzeitung hieß: „Die letzten deutschen Zuschauer sind abgereist, voll mit Bier bis zum Hals, ihr Tiroler Ränzel vollgestopft mit Delikatessen", so muß man wissen, daß die Franzosen seit 1870 diesen Satz fast wörtlich schreiben, wenn die Deutschen irgendwo in Massen auftreten, sei es bei den Bayreuther Festspielen, sei es bei einem Zeppelinaufstieg in Friedrichshafen, sei es in der Reisezeit. Es ist ein fertig gestanztes Schema, das von Maurice Barrès literaturfähig gemacht worden ist und heute noch Dienste tut, wenn es gilt, der Antipathie gegen den Störenfried Ausdruck zu verleihen. Es nützt nichts, haarscharf zu beweisen, daß jedes Wort an diesem Satz falsch ist; der französische Leser weiß schon, was gemeint ist: „Da sind sie wieder!"

Es ist nämlich durchaus nicht richtig, daß die deutschen Reisenden Anstoß erregen, weil sie sich

1954 Mit wachsendem Wohlstand zieht es immer mehr Deutsche als Touristen ins Ausland

schlecht aufführen. Nein, sie erregen Anstoß, weil sie da sind, weil sie neun Jahre nach ihrer angeblichen Vernichtung ihre Vitalität und ihren Wohlstand durch massenhaftes Auftreten an den Tag legen, weil sie die systematische Zerstörung ihrer Wirtschaft so beängstigend schnell überwunden haben, weil sie schon längst den Lebensstandard der meisten Sieger überflügelt haben, weil ihre Kleider neu, ihre Autos prächtig und ihre Gesichter gut gepolstert sind, weil sie – mit einem Wort – nicht unterzukriegen sind. Der Tourist repräsentiert ja eine einseitige Auswahl unserer Bevölkerung. Obwohl allmählich jeder Lehrjunge auf dem Motorrad nach Sorrent fährt, gibt es doch noch genug dunkle Flecke auf dem sozialen Bild der Bundesrepublik, die dem Ausland nicht sichtbar werden. Aber es ist unbestreitbar, daß die Bundesrepublik den Anschein einer Normalisierung des Lebens gewährt, wie kein geschlagenes, verstümmeltes und besetztes Land sie je so schnell erreicht hat. Wieviel Selbstbetrug und Illusion in dieser „Normalisierung" verborgen sind, ahnt das Ausland nicht, will es nicht ahnen, da ohne Übertreibung des „deutschen Wunders" das Ressentiment gegen diesen von Amerika hochgelobten Musterknaben der freien Welt allmählich verdunsten würde.

Schon halber Irrsinn
Selbst wenn wir uns auf unseren Ferienreisen diskret und milde wie englische Bischöfe aufführten, empfände die Welt an uns kein reines Vergnügen. Zu viele unserer heutigen Reiseziele waren noch vor zehn Jahren von uns militärisch (und polizeilich!) besetzt. Die Tatsache, daß diese Länder unsere Devisen dringend für ihre Zahlungsbilanz brauchen, beweist noch nicht, daß wir willkommen sind. Warum reisen wir nach Dänemark und Holland, wenn wir wissen, daß wir dort nicht gern gesehen sind? Es ist freilich richtig, daß wir seit vielen Jahrzehnten das Volk der intensiven Ferienreisen sind und daß Fernweh und Wißbegierde heute, nach langer Absperrung, geradezu elementar aus uns hervorbrechen. Der Lerneifer und die Erfahrungslust sind dabei wohl stärker und sollten höher bewertet werden als die gelegentlichen Entgleisungen, die ja auch dem Amerikaner unterlaufen. Ich streite nicht ab, daß die Auslandsreise in diesem Augenblick bei uns die Gewalt einer Wahnvorstellung hat und daß die gehetzten Massenreisen und Betriebsausflüge nach Venedig das Produkt einer widernatürlichen Demagogie geworden sind, gegen die in unserem Lande niemand mehr die Stimme zu erheben wagt. Den Bundestagsabgeordneten möchte ich sehen, der auszurufen wagt: „Die Leute sollen lieber in den Odenwald wandern!" Vieles, was dem Ausland an unserem Leben unverdient normalisiert erscheint, ist in Wirklichkeit schon halber Irrsinn. Aber das ist es ja nicht, was das Ausland stört. Der Deutsche wird an sich als störend empfunden, weil die Welt überzeugt ist, daß er nicht Maß halten kann, daß er zur politischen Gewaltanwendung neigt und daß er immer versucht sein wird, von seiner ständig wachsenden Macht schlechten Gebrauch zu machen.

Es ist ja nicht schwer, den Landsmann auf fremdem Boden sogleich zu erkennen. Eine dichte Aura von Befangenheit umgibt ihn, unablässig führt er einen stummen Dialog mit der Umwelt über das, was in den letzten zwanzig Jahren geschehen ist. Er hat das Bedürfnis, entweder innerlich aufzutrumpfen oder sich zu rechtfertigen. Daher geht von seiner Erscheinung eine geheime Erregung aus, die Aufmerksamkeit hervorruft. Er ist mit sich selbst nicht im Einklang und erschüttert daher die Luft, die ihn umgibt. Zu viele stumme Fragen fühlt er auf sich gerichtet. Wenn er dumm ist, glaubt er an den Neid der Umwelt. Aber es kommt auch vor, daß er zu klug ist und Verstrickungen erklären will, für die es keine Erklärung gibt. Daß er überall auffällt, ist nicht nur auf die lauten Gutturallaute seiner Sprache zurückzuführen, sondern auch auf die geringe Durchschnittlichkeit seiner Existenz. Der Mangel an Harmonie, der zu seinem Wesen gehört, erregt Unruhe; er hat von allem zu viel oder zu wenig. Es geht von ihm eine Störung aus, die von seinem Benehmen ganz unabhängig ist und tieferen Quellen entspringt, als selbst den historischen Erinnerungen, die den Ausländer bei seinem Anblick plagen mögen. Erst wenn er in Harmonie mit sich selbst sein wird, wird er auch mit der Welt im Einklang leben. Bis dahin muß er sich damit abfinden, daß seine Person Störungen verbreitet, die ihn in ständiger Spannung zu leben zwingen. Mit „Erziehungsarbeit" vom Staate her ist da nichts auszurichten. Solange in unserem Lande der eine den anderen erziehen und der Staat uns alle schulmeistern will, werden die Welt und wir aneinander nicht froh.

1955 HEIMKEHR DER LETZTEN KRIEGSGEFANGENEN

1955

Heimkehr der letzten Kriegsgefangenen

KONTROVERSEN

1955 befinden sich noch rund 10 000 ehemalige Wehrmachtssoldaten und Waffen-SS-Angehörige in sowjetischer Kriegsgefangenschaft. Im September des Jahres reist Adenauer nach Moskau und verabredet die Aufnahme diplomatischer Beziehungen zwischen den beiden Ländern; die Sowjetführung lässt die verbliebenen Kriegsgefangenen frei. Marion Gräfin Dönhoffs Leitartikel »Das Moskauer Ja-Wort« beleuchtet das diplomatische Hintergrundgeschehen, während der spätere ZEIT-Chefredakteur Josef Müller-Marein (hier unter dem Pseudonym Jan Molitor) in seiner Reportage »Die letzten Soldaten des großen Krieges« ein eindringliches Bild von der Ankunft im Grenzdurchgangslager zeichnet.

Das Moskauer Ja-Wort

VON MARION GRÄFIN DÖNHOFF

DIE ZEIT, 22. September 1955

Die Engländer haben ein Sprichwort: *You can't unscramble eggs;* wenn man einmal Rührei gemacht hat, dann kann man nicht mehr ganze Eier daraus machen. Mit anderen Worten: Man muß sich klar darüber sein, was man will, ehe man anfängt zu braten.

Waren wir uns denn eigentlich im klaren darüber, was wir wollten und zu gewähren bereit waren, als unsere Delegation nach Moskau abreiste? Die Herstellung diplomatischer Beziehungen ist doch das einzige, was wir zu vergeben haben und was den Sowjets wirklich ungemein wichtig ist. Mußte man diese Konzession nur im Austausch gegen das, was uns am wichtigsten ist, gegen einen Terminkalender für die Wiedervereinigung? War man aber dieser Ansicht, durfte man dann überhaupt fahren, wenn man sich nicht stark genug fühlte, durchzuhalten oder notfalls abzureisen? Warum ist der Kanzler, der sich doch nicht gescheut hatte, starke Worte mit starken Worten zu erwidern, gegen den Rat seiner diplomatischen Experten am letzten Nachmittag umgefallen? Bis dahin hatte er doch stets gesagt, die Rückgabe der Gefangenen sei keine Vorbedingung, sondern gehöre zu der Normalisierung selbst! Und wieso heißt es eigentlich in dem abschließenden Briefwechsel: „Ich habe die Ehre, Ihnen zu bestätigen, daß die *Bundesregierung* den Beschluß gefaßt hat ..., vorbehaltlich der Zustimmung des Bundeskabinetts und des Bundesrates." Was heißt Bundesregierung? Ist der Kanzler die Bundesregierung? Im zweiten Absatz heißt es noch einmal: „Die *Bundesregierung* bringt die Überzeugung zum Ausdruck ..." Im dritten Absatz: „Die *Bundesregierung* geht hierbei davon aus ..." Nochmals: Wer ist die Bundesregierung?

„Wir wären ja dumm...!"

Wir zweifeln daran, daß man das Ergebnis von Moskau einen Erfolg nennen kann. Natürlich ist je-

1949–1966 Die langen Fünfziger

1955 HEIMKEHR DER LETZTEN KRIEGSGEFANGENEN

dermann glücklich, daß die Kriegsgefangenen endlich zurückkehren, selbstverständlich wird sich niemand *ad infinitum* gegen diplomatische Beziehungen zu dem großen Nachbarn im Osten wenden. Die Frage ist nur: Sind die gegenseitigen Konzessionen wirklich gleichwertig? Und: Ist der Zeitpunkt jetzt, wenige Wochen vor der Genfer Konferenz, wirklich mit Bedacht gewählt?

Die Sowjetunion hatte den Kanzler eingeladen, um die Aufnahme der diplomatischen Beziehungen zu besprechen. Der Kanzler hatte darauf geantwortet, er wolle *auch* über die Wiedervereinigung und die Kriegsgefangenen verhandeln. Aber in Moskau wurde die Frage der Wiedervereinigung von den Russen als völlig abwegig abgetan: „Wir wären ja dumm", sagte Chruschtschow, „wenn wir dazu beitrügen, daß *Gesamt*deutschland zur *NATO* beitritt und dadurch die Kräfte verstärkt würden, die gegen uns gerichtet sind." Und an anderer Stelle: „Warum sollten wir gegen die DDR sein? ... Nach unserer Meinung ist die DDR die Zukunft." Schon vorher, auf der Rückreise von Genf, hatten Bulganin und Chruschtschow in Pankow erklärt, nie würden sie zulassen, daß die „Fortschritte und Errungenschaften" in ihrer Zone „preisgegeben" würden. Die Sowjets also werden nicht müde, immer von neuem zu erklären, daß sie die DDR unter allen Umständen als kommunistisches Regime und souveränen Staat erhalten möchten. Das aber heißt: Keine Wiedervereinigung, es sei denn unter östlichen Vorzeichen.

Ein Angebot beim Sekt

Nachdem auf diese Weise der *eine* deutsche Programmpunkt in der Versenkung verschwunden war, konzentrierten sich die Verhandlungen auf die Rückgabe der Kriegsgefangenen. Die Sowjets verstanden es meisterhaft, diese ihre Konzession immer höher zu hängen und immer teurer werden zu lassen, bis schließlich am Montagabend bei dem großen Empfang im Kreml zwischen dem achten und dem zehnten Glas Sekt Bulganin den neben ihm sit-

1955 Bundeskanzler Adenauer wird bei seinem ersten Moskaubesuch vom sowjetischen Ministerpräsidenten Nikolai A. Bulganin auf dem Flughafen empfangen

zenden Kanzler plötzlich erklärte, er könne die Kriegsgefangenen haben, wenn diplomatische Beziehungen hergestellt würden. Wer zugegen war, konnte aus der Anspielung des Kanzlers in seiner offiziellen Rede diesen Zusammenhang kaum entnehmen. Und viele machten sich einen falschen Vers darauf. Noch immer – kurz vor Schluß der Konferenz – war kein Ergebnis in Sicht. Das Treffen schien gescheitert. Wir wissen, daß bei den folgenden Verhandlungen die Ansichten innerhalb der deutschen Delegation geteilt waren: Außenminister von Brentano, Staatssekretär Hallstein und Botschafter Blankenhorn waren *gegen* das Abkommen, das der Kanzler am Dienstagabend unterschrieb, wobei die Russen dafür sorgten, daß in den offiziellen Dokumenten – dem Kommuniqué und dem Briefwechsel – nur die deutsche Bereitwilligkeit, Botschafter auszutauschen, aufgenommen wurde, nicht dagegen das sowjetische Zugeständnis hinsichtlich der Kriegsgefangenen und auch nicht die deutschen Vorbehalte.

Und die 17 Millionen?

Was also ist geschehen? Wir haben im Austausch für diplomatische Beziehungen die Rückkehr der Kriegsgefangenen erwirkt. Annähernd zehntausend Menschen werden nach mindestens zehnjähriger Leidenszeit endlich Freiheit und Heimat wiedersehen. Und vielleicht wird es sogar noch gelingen, auch die Zivilverschleppten frei zu bekommen! Ohne Zweifel eine große Sache, eine ganz große Sache. Aber die Freude ist nicht ungetrübt, denn die Gegenleistung: Aufnahme diplomatischer Beziehungen mit Moskau bedeutet (darum haben die Sowjets ja so hart dafür und wir solange dagegen gekämpft) wenigstens im Augenblick Hinnahme der Zweiteilung Deutschlands.

Bisher hatten wir alles daran gesetzt, dies zu vermeiden. Die Bundesrepublik ist in den Londoner Protokollen und dem Deutschlandvertrag als die einzig legitimierte deutsche Regierung anerkannt worden. Die Bundesrepublik hat ferner sowohl im Londoner Schuldenabkommen wie auch im Israel-Vertrag für ganz Deutschland gezahlt. Die Existenz *zweier* deutscher Botschaften in Moskau ist die erste Abweichung von dieser bisher streng durchgehaltenen Linie. Der Vertrag: Diplomatische Beziehungen gegen Rückgabe der Kriegsgefangenen, bedeutet also, wenn man sich der Methode bedient, lebende Menschen (nicht tote Seelen) zu bilanzieren, daß die Freiheit der Zehntausend die Knechtschaft der siebzehn Millionen besiegelt.

Aber darf die Kritik wirklich so weit gehen? Ist die Chance für die Wiedervereinigung *nach* Moskau geringer als *vor* Moskau? – Es steht fest, daß es den Sowjets in erster Linie um Sicherheit geht, um das Verbot der Atomwaffen, um Neutralisierung der NATO, um Abrüstung – natürlich auch um die Erhaltung der kommunistischen DDR, aber das ist nur ein Teil des übergeordneten Sicherheitsgedankens. Die einzigen, die der Sowjetunion Sicherheit gewähren oder aber bei Nichterfüllung der Voraussetzungen verweigern können, sind die Westmächte. Unsere große Stärke war, daß die drei Westmächte in Genf, und nach Genf jeder noch einmal einzeln, uns zugesagt haben, sie würden sich auf das von Rußland gewünschte kollektive Sicherheitssystem nur einlassen, wenn die Russen ihrerseits der deutschen Wiedervereinigung zustimmten.

Inkonsequente Politik

Hier also sitzt der einzig wirksame Hebel für die deutsche Wiedervereinigung; hier die einzige Hoffnung, die es für uns gibt. Wie aber können wir vom Westen erwarten, daß er sich unter bestimmten Voraussetzungen mit den Russen nicht an den Tisch setzt, um über Sicherheit zu verhandeln (an der er ja doch auch interessiert ist), wenn wir mit den Russen in Moskau Freundschaftsbeteuerungen austauschen? Die Pariser *Monde* hat schon geschrieben: Wenn die beiden sich so gut verstehen, dann sollen sie doch die Frage der Wiedervereinigung untereinander regeln.

Unsere Außenpolitik ist nicht geschmeidig, sie ist nur inkonsequent: Wir haben die Pariser Verträge unterzeichnet und uns damit in eine einmütige Westfront eingeordnet, wobei wir das Risiko in Kauf nahmen, daß die Russen ernst machen würden mit ihrer Drohung, nach Abschluß der Verträge nicht mehr über die Wiedervereinigung zu sprechen. Jetzt nun, nachdem es soweit ist, jetzt, da von russischer Seite mehrfach und in aller Deutlichkeit gesagt wurde, daß sie alles tun werden, um die Wiedervereinigung unter westlichen Vorzeichen zu verhindern, jetzt, wo feststeht, daß die Wiedervereinigung, wenn überhaupt, nur mit Hilfe der Westmächte zu erreichen ist, werden in Moskau freundschaftliche Beteuerungen ausgetauscht, die uns im Osten nichts nützen und die den

1955 HEIMKEHR DER LETZTEN KRIEGSGEFANGENEN

Westen verschnupfen. Wir haben einen falschen außenpolitischen Zug getan; und wir haben es merkwürdig eilig, ihn durch den Bundestag bestätigen zu lassen.

Eine tragische Situation

Ein falscher Zug? Vielleicht auch die unausweichliche Entscheidung in einer tragischen Situation, nachdem das Angebot – Kriegsgefangene gegen diplomatische Beziehungen – erst einmal ausgesprochen war. Es ist leicht, im eigenen Namen zu handeln, wie Friedrich der Große, der während des Siebenjährigen Krieges in seinem Testament bestimmte, wenn er in Gefangenschaft gerate, sei er nicht mehr Preußens König, weil sonst seine Freilassung nur zu Erpressungen verwandt werden würde. Nein, die Situation, in der Konrad Adenauer stand, war ohnegleichen.

Ein falscher Zug außenpolitisch und ein gefährlicher Zug innenpolitisch. Denn was bedeutet die Errichtung einer sowjetischen Botschaft in Bonn? Bei der Pressekonferenz, die Adenauer am Morgen seiner Abreise in Moskau hielt, lautete eine der ersten Fragen (die ein Ostzonen-Journalist stellte): „Was wird aus der Deutsch-Sowjetischen Friedensgesellschaft?" Die Deutsch-Sowjetische Friedensgesellschaft ist eine jener Organisationen, die das „fortschrittliche Gedankengut" der DDR – der ja angeblich die Zukunft gehört – in der Bundesrepublik verbreiten möchte. Jene Frage machte also sehr deutlich, was uns bevorsteht: eine Vielfalt von Vereinigungen, Gesellschaften, Veranstaltungen, Freundschaftsreisen und Friedensbotschaften. Und dies nicht nur im politischen und kulturellen Bereich – auch die Wirtschaftler werden einer solchen Offensive ausgesetzt sein.

Auf eine rhetorische Frage des Kanzlers in Moskau, wie wohl die Welt in hundert Jahren aussehen werde, hat Chruschtschow geantwortet: „Das kann ich Ihnen genau sagen, denn das hat Karl Marx alles schon geschrieben." In sowjetischer Sicht ist alles, auch das soeben geschlossene Abkommen, nur ein Meilenstein auf dem Weg, den Marx der Menschheit vorgezeichnet hat. Darüber sollten wir uns klar sein.

1955 In Moskau einigt sich Adenauer (M.) mit Chruschtschow (l.) und Bulganin (r.) auf die Aufnahme diplomatischer Beziehungen und die Freilassung deutscher Kriegsgefangener

Die letzten Soldaten des Großen Krieges

Aus der Barbarei über die Bürokratie in die Freiheit – Bei den Heimkehrern in Friedland

VON JAN MOLITOR

DIE ZEIT, 13. Oktober 1955

Hatten wir geglaubt, es sei Frieden? Schon seit zehn Jahren Frieden? Jetzt erst kehren die letzten Soldaten des Großen Krieges zurück in ihre Heimat.

Als am Sonntagmittag im Lager Friedland plötzlich Tausende von wartenden Menschen die Blicke auf die ferne Landstraße am Hang richteten, sah man dort siebzehn schwere Omnibusse langsam näherfahren, gefolgt von einer langen Kette Privatautos. Im Lager begann die Glocke zu läuten. Die Wartenden rührten sich nicht. Über manches Gesicht rollten Tränen. Schließlich näherten sich die Omnibusse, einer nach dem anderen, dem „Begrüßungsplatz", kurvten dort, und jetzt konnte man die Insassen deutlich sehen. Sie blickten durch die Wagenfenster mit ernsten Mienen zu uns hinunter, junge und alte Männer; einige hatten Blumen in der Hand; alle winkten mit kleinen, engen, hilflosen Bewegungen, hielten den Unterarm steif und drehten die Hand im Gelenk. Man hörte den Schrei einer alten Frau, die ihren Sohn wiedererkannte ...

War es dies, was einem die Kehle zuschnürte? Plötzlich stand da ein Mann in abgetragenem Fliegerblau und wandte einem den Blick zu, sagte auch ein Wort, irgendein nichtssagendes Soldatenwort. Man hätte ihm antworten müssen! Aber die Kehle war zugeschnürt. Er wandte sich ab. Ich sah an meinem Anzug hinunter ... nein, nicht, daß ich mich der Bügelfalten schämte, aber ... Als ich den Mann im Fliegerblau eingeholt hatte, traten inmitten des Gedränges andere Heimkehrer hinzu, und wir schoben uns durch die Menge nach vorn; irgendeiner würde jetzt eine Begrüßungsrede halten. Schließlich standen die Männer ziemlich geschlossen. Auf einmal löste sich auch der Krampf in der Kehle, weil man endlich begriff, was so unfaßbar schien, daß man beim Anblick dieser Männer stumm blieb: Sie alle standen noch unterm Gesetz ihrer Soldatengewohnheit: zehn Jahre nach dem

1955 HEIMKEHR DER LETZTEN KRIEGSGEFANGENEN

Kriege. „In dieser Kluft", sagte ich höchst überflüssigerweise zum Fliegerblauen, „bin ich auch jahrelang herumgelaufen und herumgeflogen. Komisch, daß das Zeug so lange hält!" – „Hat irgendwo in 'ner Kiste gelegen; bin kein Flieger, bin Panzermann …"

Er hörte aufmerksam die Grußworte des niedersächsischen Ministerpräsidenten Hellwege, faltete die Hände, als Bischof Lilje das „Vaterunser" beten ließ, nickte zu den Worten der Bundestags-Alterspräsidentin Frau Lüders, als sie sagte: „Seid nicht ungeduldig gegenüber euren Angehörigen", und klatschte aufgeregt in die Hände und rief „Bravo" und „Jawohl", als Vizekanzler Blücher von ihrer Pflicht sprach, dem Kanzler zu danken. „Wir sind die letzten Soldaten des Großen Krieges", sagte der Sprecher der Heimkehrer. „Wir weinen und schämen uns der Tränen nicht …" und sprach von den vielen, vielen Gräbern, in die sie ihre Toten gelegt, und sagte, daß sie selbst, die wenigen Überlebenden, von der Liebe der Deutschen daheim seien aufrechtgehalten worden. Als die Nationalhymne gesungen wurde, hub mein Nebenmann mit kräftiger Stimme an: „Deutschland, Deutschland über alles", schwieg dann jäh, als ein junges Mädchen mit kräftigem Sopran sang: „Einigkeit und Recht und Freiheit". Er sah sich um und drehte seine alte Soldatenmütze in der Hand. Ihm fehlten zehn Jahre …

Der fliegerblaue Panzermann, aber auch alle anderen bemühten sich, mit jedem, der in der Nähe stand, ins Gespräch zu kommen. Es waren nichtssagende Gespräche. „Schön, daß die Sonne scheint. Fein warm habt ihr's hier … Als wir vor zehn Tagen in Swerdlowsk abfuhren, hatte es da 20 Grad Kälte …" Dergleichen waren die Gespräche. Man sprach vom Wetter. Landser unterhielten sich über den Kasernenzaun mit den Zivilisten draußen: So war es. Es gingen Frauen und Kinder, aber auch Männer mit selbstgemalten Schildern, die sie an Stangen trugen, durch das Gedränge: „Wer weiß etwas über …"; dann folgte Name, Dienstgrad, Feldpostnummer. Manchmal traten Frauen an die letzten Soldaten heran: „Bitte, bitte, ist Karl Müller dabei?" – „Kann nicht dabei sein, liebe Frau. Wir sind die Buchstaben A und B und W und H-G." Man hat die

1943/44 Deutsche Soldaten auf dem Weg in russische Kriegsgefangenschaft, Tausende warten bis 1955 auf ihre Heimkehr

letzten Soldaten nach dem Alphabet, dem russischen, entlassen; und da die Russen kein H haben, statt dessen stets ein G nehmen, kam die Kombination H-G zustande.

Der allerletzte Kern der deutschen Osttruppen, zehn Jahre zurückgehalten, meist wider jedes menschliche Recht, oft zusammengewürfelt in Straflagern mit Menschen aller Völker der russischen Erde, in einem Durcheinander, das niemand, nicht einmal die sowjetischen Kerkermeister, durchschauen konnte, und dann nach dem Alphabet entlassen: So vermählte sich Barbarei mit Bürokratie.

Zwei Szenen vom „Begrüßungsplatz" seien noch verzeichnet: „Mensch, Jupp, alter Kumpel – daß du auch mit diesem Transport gekommen bist!" – „Mensch, Paul, oller Dussel, bin ja schon seit zwei Jahren hier." – Der andere, der eine blaue Steppjacke trägt, schlägt sich vor die Stirn. „Stimmt, Jupp! Ich wurde ja vor zwei Jahren aus dem Transport wieder rausgeholt. Na, wie is' es denn so hier? Bist ja mächtig fein in Schale, Jupp." – „Wie es so is', Paul. Und wenn du nach Bochum kommst, haste bei mir immer 'ne Bleibe …" Neben dem Omnibus Nummer 15 steht ein älterer Mann, weißhaarig und in einer Wolljacke; hat einen Feldblumenstrauß in der rissigen Hand, trägt die Blumen aufrecht, und es sieht aus, als hielte er sich daran fest. Angestarrt von den Umstehenden, heult er hemmungslos und stöhnt vor sich hin: „Wir sind durch meine Heimat gefahren, und nun bin ich hier." – „Warum auch nich", tröstet Paul. „Hast doch deine Familie im Westen! Mann, du warst doch unterwegs ganz vernünftig. Und jetzt drehste durch?" – „Ich hatte das nich überlegt", sagt der weinende Soldat, „ich bin durch unsere Kreisstadt gefahren. Ich dachte immer: Zu Hause is zu Hause …" „Ja, denken mußte nich!"

Allmählich verlor sich der Kontakt zwischen „Soldaten" und „Zivilisten". Die Heimkehrer standen in Gruppen beieinander. Sie nahmen gruppenweise ihre Habseligkeit aus den abgestellten Autobussen, gingen gruppenweise zu den Baracken hinüber. Für sie ist der Krieg jetzt gerade erst zu Ende gegangen. Wir anderen sahen ihnen zu. Ihre Bewegungen, ihre Haltung, ihr gruppenhaftes Beieinandersein war uns vertraut und fremd zugleich. Wir sahen noch einmal die letzte Station des Großen Krieges.

„Jungens, ihr habt's gut", rief eine forsche Stimme. „Kriegt 6000 Mark und einen Kulturbeutel." – Einer der Männer in blauer Wattejacke blieb stehen, sah den Rufenden an und tippte sich an die Stirn … (Die 6000 Mark, von denen die zum Empfang der Heimkehrer Gekommenen ziemlich oft redeten, sind die staatlichen Beihilfen. Der „Kulturbeutel" muß ein Begriff sein, der aus dem Russischen nach Friedland gekommen ist: er enthält Seife, Schwamm, Rasierzeug, Zahnpaste und ähnliches, und das Wort erinnert mich daran, daß die Russen einen Park mit Denkmälern und Limonadebuden einen „Kulturpark" und daß sie ein Klosett mit Wasserspülung ein „Kultur-Klo" nennen.)

Zwischen den Baracken hinter dem Lagerzaun gingen ältere, schüchterne Herren umher, die nicht Wolljacken, nicht Steppdecken, nicht verblichene Uniformröcke, sondern blaue und dunkelblaue „Sonntagsanzüge" mit Hüten trugen: daran erkannte man die Heimkehrer der Generaltransporte aus dem Lager Woikowo. Derartig bürgerlich verkleidet, hatten sie auf der Durchgangsstation Moskau eine Stadtrundfahrt machen und erleben dürfen, daß Vertreter der Sowjetbehörde geschwind versuchten, sich mit ihnen anzubiedern. Nicht nur, daß im klassenlosen Staat die Ränge der Generäle durch bürgerliche Anzüge und ein Kaviarpaket ausgezeichnet wurden – einige, für prominenter gehaltene Männer wurden sogar gebeten, sich in ein Gästebuch einzutragen. Einer der Generäle erwiderte: „Seit wann bitten Henker ihre Delinquenten, sich ins Gästebuch einzutragen?"

Nur Seydlitz hat den Sowjets für ihre Wohltaten gedankt, Seydlitz, vor dem man zur Zeit des „Dritten Reiches" in Gesellschaften gewarnt wurde: „Kein Wort gegen Hitler, wenn Seydlitz kommt: er ist hitlertreu!" und der dann in der Gefangenschaft die schwarz-weiß-rot umränderten Flugzettel unterzeichnete, in denen die Truppe aufgefordert wurde, zu den Sowjets überzulaufen. Im Lager Friedland eingetroffen, hat er dann die inzwischen sattsam bekannten Reden geführt vom „Deutschen Reich" und der sowjetdeutschen Freundschaft, die er ein Jahrzehnt früher als Adenauer entdeckt habe, und daß seine Farben Schwarz-Weiß-Rot seien. Insgesamt Tiraden, die er, in seiner Heimatstadt Verden angekommen, prompt widerrief. In Friedland hieß es: „Ich will Politiker werden", in Verden: „Ich denke nicht daran, Politiker zu werden." – Aber einer der Heimkehrer, ein früherer Oberst, sagte

1955 HEIMKEHR DER LETZTEN KRIEGSGEFANGENEN

1955 Vier Wochen nach dem Moskau-Besuch Adenauers begrüßt Bundespräsident Heuss Spätheimkehrer aus sowjetischer Gefangenschaft

zu alledem: „Es gibt derlei Herren mehr, die einmal Schwarz-Weiß-Rot mit dem Hakenkreuz trugen und heute Schwarz-Weiß-Rot mit dem Hammer und Sichel für ein zukunftsträchtiges Banner halten. Die reden dann von Rapallo und der Seeckt-Tradition. O, mein Freund, da brät noch allerhand heran, was interessanter ist als die müßige Frage, warum wir – gerade wir zehn Jahre lang in Straf- und Schweigelagern zurückgehalten wurden. Übrigens: Haben Sie gesehen, wer hier die Matadoren sind?"

Die Matadoren unter den ersten Transporten waren Baur, weil er der Pilot des „Führers" war, und ein harmlos-ärmlich aussehendes Männlein, der Hitlers Kammerdiener gewesen war und jetzt den ausländischen Journalisten versprach, er werde bald seine Memoiren schreiben. Und schon notierte er eifrig Adressen, an die er sich wenden wolle, habe er erst sein Werk beendet …

Übrigens: Die Sowjets halten Wort. Rund zweitausend Heimkehrer sind bisher in Deutschland angekommen; die Mehrzahl kam in den Westen; viele, die nach Mitteldeutschland gehörten, fuhren gleich weiter westwärts, als sie sahen, daß die Volkspolizisten es der Bevölkerung verboten, ihre letzten Soldaten des Großen Krieges zu begrüßen. Einer sagte: „Dem Vopomann, der mich in Fürstenwalde festhalten wollte, erzählte ich ganz ruhig: ‚Hier hängen zwanzig Ohrfeigen in der Luft. Wie viele soll ich dir pflücken?' Da machte er ‚Pühh' und verduftete … Aber jetzt? Was machen wir jetzt? Ich kenne hier im Westen keinen Hund, keine Katz'." – „Es ist Arbeit genug vorhanden." – „Gut, dann werden wir sehen", sagte der Landser und schenkte seine Soldatenmütze einem Kind: „Willst du 'n Andenken? Bitte …"

1957

Atomare Aufrüstung

DIE ZEIT

KONTROVERSEN

1957 unterzeichnen 18 deutsche Physiker und Chemiker – unter ihnen Carl Friedrich von Weizsäcker – ein Manifest gegen die geplante Aufrüstung der Bundeswehr mit Atomwaffen. Die Demonstrationen gegen den »Atomtod« entwickeln sich in den folgenden Monaten zur ersten großen zivilgesellschaftlichen Protestbewegung in der Geschichte der Bundesrepublik. Die *ZEIT* widmete der Atom-Debatte eine ganze Reihe von Beiträgen. Die hier ausgewählten Artikel von Josef Müller-Marein und Marion Gräfin Dönhoff spiegeln die Bandbreite der damaligen Diskussion, in der sicherheitspolitische Erwägungen ebenso eine Rolle spielten wie Fragen der Wissenschaftsethik.

1957 ATOMARE AUFRÜSTUNG

Der zweite Sündenfall

Professoren protestieren gegen Atom-Politik

VON MARION GRÄFIN DÖNHOFF

DIE ZEIT, 18. April 1957

Wie sagte der Kanzler bei seiner ersten Stellungnahme zu dem Aufruf der Atomwissenschaftler?: Die Feststellung, ein kleines Land wie die Bundesrepublik schütze sich am besten, wenn es freiwillig auf Atomwaffen verzichtet, sei „rein außenpolitischer Natur". Er knüpfte daran die Schlußfolgerung: „Zu ihrer Beurteilung muß man Kenntnisse haben, die diese Herren nicht besitzen. Denn sie sind nicht zu mir gekommen." Merkwürdig, wir dachten, in einer Demokratie könne jeder seine Meinung sagen, sogar zu außenpolitischen Fragen – sogar, wenn er nicht zuvor beim Regierungschef war.

Und wie sagte Minister Balke, der zuständige Atomminister?: „Die Atomwaffen sind der Politik von den Wissenschaftlern angeboten worden"; daher seien *sie* die Verantwortlichen. Mit anderen Worten, Robert Koch ist *posthum* für den Bakterienkrieg zur Rechenschaft zu ziehen und der Erfinder des Messers für alle Morde, die mit diesem Werkzeug begangen wurden.

Das sind nun wirklich eigenartige Antworten und Reaktionen. Offenbar sind Politiker heute so sehr hineingeflochten in einen unpersönlichen Mechanismus, in dieses ganze Gestrüpp von kollektiven Belangen und objektiven Zuständigkeiten, daß sie einer ganz einfachen menschlichen Aussage fassungslos gegenüberstehen. Denn wie kam es zu der öffentlichen Stellungnahme dieser Gelehrten, die sonst stets ängstlich darauf bedacht sind, nicht aus ihrem wissenschaftlichen Raum herauszutreten? Eigentlich genügt ein Blick in das Gesicht Professor Hahns, um zu wissen, wie tragisch das Schicksal jenem Menschen mitgespielt hat, den es dazu auserseh, mit der Erfindung der Uranspaltung gewissermaßen den zweiten Sündenfall der Menschheit vorzubereiten; eine Beobachtung die jene Kollegen, die mit Otto Hahn zusammen waren, als ihn die Nachricht von Hiroshima erreichte, in bewegten Worten bestätigen.

Wer kann es diesen Forschern verargen, wenn sie, von der Last der Verantwortung bedrängt, ihrem Herzen Luft machen? Ob freilich solche Stimmen im Bereich der Politik gehört werden und beherzigt werden können, ist eine andere Frage. Und es bleibt auch zweifelhaft, ob jene Wissenschaftler sich von der Verantwortung, in die sie schuldlos hineingestellt wurden, freikaufen können, indem sie sagen: „Ich weiß zwar, daß in diesem Hause ein Mord begangen wird, aber ich gehe ins Nebenzimmer und will mit der ganzen Sache nichts zu tun haben" – denn einer solchen Stellungnahme kommt doch wohl der Wunsch gleich, die Ausrüstung der Bundeswehr mit taktischen Atomwaffen verhindern zu wollen, sich im übrigen aber mit den Gegebenheiten abzufinden und festzustellen: „Wir leugnen nicht, daß die gegenseitige Angst vor den Wasserstoffbomben heute einen wesentlichen Beitrag zur Erhaltung des Friedens in der ganzen Welt und der Freiheit in einem Teil der Welt leistet."

Darauf in der Tat kommt es an, auf die Verhinderung des dritten Weltkrieges! Auf die Dauer wird das nur durch Abrüstung möglich sein. Die Bereitschaft zur Abrüstung, also der Zustand, der diesem Entschluß vorausgehen muß, hängt aber ganz zweifellos von dem Grad der Angst ab, der die Beteiligten erfüllt. Eben aus diesem Grunde – und das geben ja auch die Wissenschaftler zu – spielen die Atomwaffen als Abschreckungsmittel eine entscheidende Rolle für die Erhaltung des Friedens. Augenblicklich versucht der Kreml wieder einmal, durch individuelle Einschüchterung der westeuropäischen Staaten von Norwegen bis zur Bundesrepublik, die Ausweitung des US-amerikanischen Atompotentials zu verhindern. Nur, wenn diese billigen Versuche nicht von Erfolg gekrönt werden, wird man die Sowjetunion zu ernsthaften Verhandlungen über die Abrüstung bringen können, das heißt, dazu: selber einen Preis zu zahlen. So gesehen, erscheint der menschlich so begreifliche Appell der Atomwissenschaftler sachlich nicht ganz folgerichtig, denn in der globalen Auseinandersetzung bedeutet ja jede geographische Einengung des amerikanischen Atompotentials eine Schwächung der Voraussetzungen für die Abrüstung, und also für den Frieden. Für den Kriegsfall hingegen, den es unter allen Umständen zu verhindern gilt, spielt es militärisch gesehen vermutlich überhaupt keine Rolle, ob die Bundeswehr mit taktischen Atomwaffen ausgestattet ist oder nicht, weil es bei der Natur der Waffen gleichgültig ist, ob sie links oder rechts des Rheins stehen.

1958 US-Atomraketen vom Typ »Matador« werden an Deutschland geliefert, bleiben aber unter Verfügungsgewalt der USA

1957 ATOMARE AUFRÜSTUNG

Im Atomdunst

Der schmale Grat zwischen Furcht und Vertrauen

VON JOSEF MÜLLER–MAREIN

DIE ZEIT, 16. Mai 1957

Das „Manifest der Achtzehn" hat zweierlei Früchte getragen: gute und ungute. Soweit die deutschen Kernphysiker, denen niemand die Tugenden hohen Verantwortungsgefühles und demokratischen Freimuts absprechen kann, dafür sorgten, daß die Gefahr des Umgangs mit Atomwaffen ins allgemeine Bewußtsein gerückt wurde, war ihre Aktion von Nutzen. Denn wir wissen jetzt, was wir zu erwarten haben, wenn die Politiker der Welt versagen: den Massentod des „kalten Lichts", unsagbare Vernichtung und Krankheit auf Generationen hinaus. Fortan gilt kein „Bagatellisieren" mehr, kein „Hineinschlittern". Uns allen ist spätestens seit der „Göttinger Erklärung" ein klares, kaltes Licht über die Wirkungen der Kern-Energie in einem Krieg aufgegangen, und das ist gut.

Doch ungut ist, daß die Warnung der deutschen Professoren – sehr zum Unterschied zu der nur wenig später gegebenen Erklärung Albert Schweitzers und offenbar entgegen der Absicht der meisten Gelehrten unter den Achtzehn – eine innenpolitische Wirkung hatte: Die bare Angst wurde in Westdeutschland die Mutter der Gedanken, und jeder weiß, wie leicht wir Menschen durch Angst und Panik zu gedanklichen „Kurzschlüssen" verleitet werden.

Kurzschluß durch Angst

Ist es denn erwiesen, daß Politiker, die unter bestimmten Umständen eine Beteiligung der Wehrmacht ihres Landes an Atomwaffen für notwendig halten, schlechte oder gar bösartige Politiker sind? Ist es denn erwiesen, daß einer, der sich entschließt, nie und nimmer Atomwaffen anzurühren, allein dadurch schon davor geschützt ist, Ziel von Atomwaffen zu werden? Es mag ein Mensch, koste es, was es wolle, niemals eine Pistole zur Hand nehmen, ja, er mag nicht einmal dulden, daß ein revolverbewaffneter Freund sein Haus betritt – kann er deshalb sicher sein, daß es niemandem einfällt, auf ihn zu schießen?

Und bei alledem ist es *ein* Ding, ob einer aus Philosophie dem Prinzip der Waffenlosigkeit sich verschreibt, und ein *anderes,* ob er aus Angst waffenlos bleibt. Im ersten Falle haben wir das Beispiel eines Verhaltens, das Bewunderung verdient; im zweiten Fall jedoch haben wir ein Exempel jener Kopflosigkeit, die den Vogel Strauß berühmt gemacht hat: Steckt er den Kopf in den Sand, kann er ihn – so lautet sein „Kurzschluß" – nicht verlieren.

Übrigens mögen diese Beispiele hier deshalb gestattet sein, weil sie vielleicht auf einfache Weise zeigen, wie weit von einem Extrem zum anderen die gefühlsgesättigten und temperamentbestimmten Auffassungen all derer auseinanderliegen, denen der „Göttinger Appell" das Herz klopfen machte. Gerade weil viele Menschen in ihrer – fürwahr begründeten – Angst anfällig für Simplifizierungen sind, wäre es das allerschlechteste Ergebnis der „Achtzehner Manifestation", wenn sie im Jahre der Wahl dafür herhalten sollte, das Material für nebel- und dunstreiche Wahlpropaganda zu liefern.

Vorerst freilich hat das „Göttinger Manifest" eine andere *gute* Frucht getragen: sie war offenbar der Anlaß zu jener „Großen Anfrage" der SPD, die – mag sie getrost auch nicht völlig ohne Spekulation auf die Wählerschaft zustande gekommen sein – am Ende der vorigen Woche zu einer der erfreulichsten Bundestagsdebatten der letzten Zeit geführt hat: Erfreulich deshalb, weil die Parteien – vertreten jeweils durch ihre besten Redner – voller Verantwortung für den bitteren Ernst des Themas bereit waren, Schlagworte zu vermeiden, und sich bemühten, statt dessen den Atom-Dunst zu zerstreuen, der die Köpfe vernebelt.

Dieser Dunst hat sich tatsächlich gelichtet. Zwar gelang es wiederum nicht, in der Praxis der Politik jene Kluft zu überbrücken, die unsere beiden großen demokratischen Parteien und ihre Trabanten voneinander trennt, auch konnte niemand erwarten, daß ausgerechnet aus diesem Anlaß die Gegner zu Partnern wurden, aber es wurde dem Beobachter der Debatte im Bonner Parlamentssaal deutlich (und fast ebenso deutlich mag dies auch den Teilnehmern der Funk- und Fernsehübertragungen geworden sein), daß diesmal kein Redner sich anschickte, Parteidoktrin als ein „Wort zur Sache" zu verkaufen. Jeder fühlte: Die Sache war zu ernst, so daß *Gerstenmaier,* Sprecher der CDU/CSU, wie er offenherzig sagte, nicht in jedem Passus seiner meisterhaft formulierten Rede sicher war, ob die Mehrzahl seiner Parteifreunde ihm in seinen Überlegungen folgen würde oder nicht. Natürlich wurde ihm darauf der Respekt des Parlaments um so mehr zuteil, als er ehrlich willens war, auch die gegensätzliche Meinung, wie sie die SPD vertrat, wenigstens vom Impuls aus zu respektieren.

Und wie sehr nun wiederum die Nuancen auch innerhalb der Partei seiner Gegner betont wurden, tritt im Vergleich der prominenten SPD-Redner zutage: *Carlo Schmid,* nach seiner Krankheit besorgniserregend schlank und fern seiner barocken, vitalen Fülle, fand erregende Bilder von den apokalyptischen Reitern, die durch den Bundestag ritten. Er, der seit dem gemeinsamen Besuch mit Adenauer in Moskau die sowjetischen Machthaber kennt, ist in dieser Stunde, da wir alle auf dem schmalen Grat zwischen Vertrauen und Furcht gehen müssen, bereit, auf sowjetische Vereinbarungen der Vernunft zu hoffen.

Er gleicht in dieser Situation dem Manne, der sein Schwert über eine Hürde wirft, und der, verliert er's, waffenlos bleibt – aus Prinzip. Er gleicht dem Manne, der nicht leben will, wenn er nicht vertrauen kann – ganz anders als *Adenauer,* der energisch, zielsicher und skeptisch wie eh und je aus dem gleichen Moskaubesuch offenbar den Entschluß äußerster Vorsicht heimgebracht hat: Seine Mahnung an das Parlament, nichts zu tun, was die Position der Sowjets im psychologischen Atomkrieg von heute verbessern könnte, wurde von allen verstanden.

Dem zugleich mit Carlo Schmid und *Erich Ollenbauer* aufgebotenen SPD-Sprecher *Erler* hingegen liefen Formulierungen unter, wie man sie wohl nur in Augenblicken vollständiger Selbstaufgabe äußert: Was man denn noch mit Atomwaffen verteidigen solle – so fragte er –, wenn die gleichen Waffen ohnehin dafür sorgen, daß es nichts mehr zu verteidigen gibt ... Dieser Ansicht setzte *Strauß* den Satz entgegen: „Es gibt keine isolierte deutsche Sicherheitspolitik."

In welchen Gesichtspunkten inmitten aller Differenzen dennoch Einigkeit besteht, ist heute klar; und man darf sagen, daß die Einigkeit immerhin größer ist als es außerhalb des Bundestags – nämlich dort, wo man um der Wahlen willen die Differenzen betont – den

1949–1966 Die langen Fünfziger

1957 ATOMARE AUFRÜSTUNG

Anschein hat. Daß es an der Zeit sei, die Atombombenversuche einzustellen, die schon im Frieden (wie schon Schweitzer nachgewiesen hat) Unheil stiften, darüber herrscht volle Einmütigkeit. Und ganz bewußt hat wohl auch die CDU/CSU bei ihrem Antrag eines Appells an die Großmächte den Passus, daß die Aussetzung der Bombenversuche auf befristete Zeit geschehen möge, dem Antrag der SPD entnommen. Womit nicht bloß eine gewisse Höflichkeit bewiesen wäre, sondern auch die Tatsache, daß bestimmte Argumente der SPD-Redner auch auf der Gegenseite einen Eindruck hinterließen.

Daß der Atomkrieg verhindert werden muß – darüber sind sich natürlich alle einig. Auch darüber, daß es das *größere* Projekt ist, nicht nur den Atomkrieg, sondern den Krieg überhaupt zu verhindern. Es blieb aber die Frage offen, ob der Frieden besser durch *Atomabschreckung* oder durch *Atomverzicht* erhalten bleiben könne. Ist diese Frage zuletzt auch nur durch die Geschichte selbst beantwortbar (das „Risiko des Irrtums", vom dem Erler sprach, bedroht ja auch seine These: die des Atomwaffenverzichtes), so gibt es doch eine Anzahl logischer Schlüsse, die denn auch in den ruhigen, konzentrierten Augenblicken der Parlamentsdebatte in Erscheinung traten.

Vor zehn Jahren sagten sich die westlichen Alliierten: „Der Krieg ist aus" und rüsteten ab. Die Sowjets aber rüsteten auf; und wenn sie sich auch hüteten, ausdrücklich zu sagen: „Der Krieg fängt an", so verhielten sie sich doch entsprechend. Was hätte sonst den sowjetischen Vormarsch über ihre neu-

1957 Chemiker F. Straßmann, Mitglied der »Göttinger 18« gegen die atomare Aufrüstung der Bundeswehr

en Satellitengebiete hinaus ins Herz von Westeuropa aufhalten können, wenn den Russen nicht das Übergewicht der Amerikaner in den nuklearen Waffen vor Augen gestanden hätte? Einmal also ist der Friede durch Atomabschreckung gerettet worden. Es spricht vieles dafür, daß dies auch in Zukunft der Fall sein könnte.

Kein „Amy go home"!
Wenn es aber der Fall ist, daß die Existenz der Atombombe und die Anwesenheit der amerikanischen Truppen Westdeutschland gerettet haben, dann besteht kein Grund, fortan zu sagen: „Schenkt uns weiter eure Anwesenheit, aber lagert eure Atomwaffen anderswo, nur nicht bei uns." Es ist gegenüber diesem SPD-Vorschlag im Bundestag klipp und klar gesagt worden, daß man den befreundeten Soldaten aus fremdem Lande, die herübergekommen sind, um uns zu beschützen, nicht vorschreiben darf: „Beschützt uns fernerhin, aber bitte mit Pfeil und Bogen." Man muß ihnen dann zugestehen, daß sie sich mit jenen Waffen ausrüsten dürfen, die ihnen die stärksten zu sein scheinen. Wer also „Atomwaffen raus!" fordert, müßte schon, wenn er logisch handelt, auch „Amy go home!" rufen. Aber daß die Wiederholung dieses sowjetischen Propagandarufes Wahnsinn wäre – darüber sind sich die Parteien nun wieder einig.

Generelle Abrüstung – das ist die einzige, gottlob von allen geteilte Hoffnung. Und da im Bundestag mit energischer Deutlichkeit gesagt wurde, daß die Bundesregierung – getreu den Pariser Verträgen – weder Atomwaffen produzieren werde noch sich nach Ausrüstung mit nuklearen Waffen durch die NATO dränge und daß, sollte dennoch eine solche Bewaffnung notwendig sein, dies nicht vor zwei Jahren geschehen könne, haben wir also mindestens diese zwei Jahre Zeit, einen Ausweg aus unserer bedrängten Situation zu finden: einen Weg, der zum Frieden führt und uns nicht wegleitet von unserem Bündnis mit den Westalliierten. Und welche westdeutsche Regierung – es könnte selbst eine SPD-Regierung sein – hätte den Mut, dies Bündnis zu gefährden, das doch schließlich – ob mit oder ob ohne Atomwaffen – unsere ganze Sicherheit garantiert!

Wir haben zwei Jahre Zeit, ehe die Ausrüstung mit nuklearen Waffen für unsere Bundeswehr „aktuell" wird, wie Adenauer erklärte. Wir *müssen* warten; wir *können* warten – auch darauf, daß die Sowjets zu der Einsicht kommen, daß Angst, durch Drohungen hervorgerufen, zwar im Augenblick des „Nervenkriegs" lähmt, doch nicht auf längere Zeit ihre Wirkung tut. Fest steht, daß den Sowjets ähnliche nukleare Waffen zur Verfügung stehen wie den Amerikanern und der NATO. Werden sie ihre Satelliten damit ausrüsten, so daß dann spätestens der Augenblick käme, da *für uns* die Atombewaffnung „aktuell" wird? Nun, wir können warten und sollten es ohne Angst tun.

1957 Bundesweite Unterschriftenaktionen werden zur Protestbewegung gegen die atomare Aufrüstung

1957 GRÜNDUNG DER EWG

1957
Gründung der EWG

KONTROVERSEN

Am 25. März 1957 unterzeichnen Frankreich, Italien, die Bundesrepublik, die Niederlande, Luxemburg und Belgien die sogenannten »Römischen Verträge« über die Gründung der Europäischen Wirtschaftsgemeinschaft (EWG) und der Europäischen Atomgemeinschaft (EURATOM). Bereits 1951 hatten sich die sechs Staaten zur Montanunion zusammengeschlossen und damit einen europäischen Markt für Stahl und Kohle geschaffen. Welche Perspektiven ein weiteres wirtschaftliches Zusammenwachsen Europas bietet, erläutert in der ZEIT der Ökonom Wilhelm Röpke – überaus hellsichtig denkt er dabei auch über ein politisches Zusammenwachsen nach und erwägt die Einführung einer gesamteuropäischen Währung.

Gemeinsamer Markt: ja – aber ohne Dirigismus

Volle Konvertibilität der Währungen wäre die beste europäische Wirtschaftsintegration

VON WILHELM RÖPKE

DIE ZEIT, 12. Dezember 1957

Auszüge aus einem Vortrag auf der Arbeitstagung „Aktionsgemeinschaft Soziale Marktwirtschaft" unter dem Motto: „Welche Wirtschaftspolitik kann das Vertrauen des Wählers rechtfertigen?"

Die Länder des Gemeinsamen Marktes – und noch mehr alle die Länder der Freihandelszone – sind von außerordentlicher Mannigfaltigkeit in allen Dingen: Mannigfaltigkeit in ihrer politisch-wirtschaftlichen Struktur, in ihren politischen Strömungen, in ihren wirtschaftspolitischen Kräften, in ihrem Lebens- und Arbeitsstil. *Alle diese Länder sollen nun einen gemeinsamen Haushalt führen.* Die einen dieser Länder sind hier, die anderen sind dort weitergekommen: in der Politik, in der Wirtschaftspolitik, in allen ihren Zweigen. Die einen sind glücklicher hier, die anderen glücklicher dort gewesen; die einen haben sich weit auf die Äste des Dirigismus, des Wohlfahrtsstaats und der Inflation hinausgewagt – die anderen sind vorsichtiger gewesen. Hier muß nun sehr deutlich *eine Scheidelinie* gesehen werden, die quer durch ganz Europa geht. Auf der einen Seite dieser Linie sind die Länder, denen es einigermaßen gelungen ist, die gefährlichen Zeitkräfte der Inflation und des Wohlfahrtsstaates und des Dirigismus in Schach zu halten, und denen es einigermaßen gelungen ist, *mit der Marktwirtschaft auch monetäre Disziplin zu verbinden.* Und auf der anderen Seite steht die überwiegende Mehrheit der anderen Länder, denen dies nicht gelungen ist ...

Das ist eine Feststellung nüchterner Art, die uns nicht zu irgendwelchem Pharisäertum verleiten soll – auch nicht dazu, die ungeheuren Schwierigkeiten etwa Frankreichs zu übersehen. Aber all das ändert nichts an der Tatsache, daß jene Scheidelinie in der Wirtschafts- und der Währungspolitik besteht. Auf der einen Seite haben wir also jene wenigen Länder, die

1957 GRÜNDUNG DER EWG

dank der Verbindung von Marktwirtschaft und monetärer Disziplin ein äußeres Gleichgewicht und eine de-facto-Konvertibilität ihrer Währungen erreicht haben – Deutschland, Schweiz, Belgien (wenigstens bis vor kurzem), Italien –, und auf der anderen Seite die Länder mit chronischen oder immer wiederkehrenden Zahlungsbilanz- und Devisennöten, mit Devisenzwangswirtschaft, mit Störungen des volkswirtschaftlichen Gleichgewichts trotz hohem Produktionsniveau: wie heute Frankreich.

Das Problem der europäischen Wirtschaftsintegration wäre ja so gut wie gelöst – so, wie es in der Vergangenheit schon einmal gelöst war –, wenn die Länder der zweiten Gruppe, d. h. die überwiegende Mehrzahl der Länder Europas, dem Beispiel der wenigen Länder der ersten Gruppe folgen würden: wenn sich die freie Konvertibilität der Währungen und die Beseitigung der Zahlungsbilanzstörungen ergäbe. Wenn das nicht geschieht, so ist es unwahrscheinlich, daß irgendein anderer Plan Erfolg hat.

Also sind alle diese Pläne, in die so viel Geist, Scharfsinn, Kompromißbereitschaft investiert worden ist, überflüssig – oder von vornherein zum Mißerfolg verurteilt? Dagegen höre ich immer wieder folgenden Einwand. Man sagt: es sei gerade die große Aufgabe des Gemeinsamen Marktes, einen „heilsamen Druck" auf die „weniger Tugendhaften" auszuüben ... Man sagt: werden nicht die Völker gerade das Gute unter sich austauschen, wenn sie jetzt den gemeinsamen Haushalt führen, und werden nicht die schlechten Gewohnheiten der Wirtschaftspolitik, die es

ja leider in so vielen Ländern gibt, in der veredelnden Gesellschaft mit den wohlerzogenen Mitgliedern des Gemeinsamen Marktes abgelegt werden? – Viele unter den Rhapsoden des Gemeinsamen Marktes scheinen sich das so vorzustellen. Und tatsächlich habe ich *einen französischen Freund und Kollegen, der – allen Ernstes – auf den Druck Deutschlands innerhalb des Gemeinsamen Marktes hofft, damit sein Land endlich wieder auf den Pfad der Tugend* – der wirtschafts- und währungspolitischen Tugend – *geführt werde und lerne, nicht mehr über seine Verhältnisse zu leben ...*

Welche Illusionen und welche Hoffnungen, die jedem gesunden Menschenverstand widerstreiten! Was ist ansteckender, Gesundheit oder Krankheit? Wo liegt die Linie des geringsten politisch-sozialen Widerstandes: in Inflation oder in monetärer Disziplin? Wie ist das natürliche Gefälle: zum Wohlfahrtsstaat hin oder vom Wohlfahrtsstaat ab? Was ist in unserer Zeit leichter durchzusetzen: Marktwirtschaft oder Dirigismus?

Das alles ist schon nicht ohne Gewicht für die Freihandelszone; aber es ist natürlich besonders zu beherzigen im Falle des Gemeinsamen Marktes, d. h. im Falle jenes Projektes, in dem die gesamte Wirtschaftspolitik zusammengespannt werden soll. *Ganz Unentwegte denken sogar an Währungsverschmelzung,* obwohl es doch handgreiflich sein sollte, daß das heute angesichts der Bedeutung der Geld- und Kreditpolitik für die gesamte Wirtschafts-, Sozial- und Finanzpolitik nur möglich wäre, wenn wir eine gemeinsame Politik aller dieser Länder hätten – was bedeutet,

daß wir einen gemeinsamen europäischen Staat aus jenen sechs Staaten bilden.

Will man nun den Weg gehen, den man sich vorgenommen hat, so ist es sicherlich von größtem Nutzen, ganz klar im voraus zu wissen, welches die Hauptprobleme, die Hauptgefahrenpunkte sind. Ich glaube, daß wir *drei solcher Hauptprobleme* unterscheiden können.

Das erste ist das Problem, das sich immer stellt, wenn Freihandel auf nur regionaler Basis zwischen einzelnen Ländern verwirklicht wird: ein Problem, das den Nationalökonomen ja aufs beste bekannt ist. Wenn wir dieses Problem analysieren wollen, dann unterscheiden wir wieder am besten zwischen dem *Endzustand* und der *Übergangsperiode.*

Gemeinsamer Zolltarif als Crux

Betrachten wir zunächst also dieses *Problem des regionalen Freihandels unter dem Gesichtspunkt des bereits erreichten Zieles,* des Endzustandes! Wir haben dann gewiß im Innern eine bessere Arbeitsteilung mit dem Effekt einer Steigerung der durchschnittlichen Produktivität und des Gesamtrealeinkommens. Aber natürlich ist dieser Effekt *erkauft* – da wir es ja nur mit regionalem Freihandel zu tun haben – *mit der Abschließung nach außen.* Der Saldo des günstigen Effektes, des *Befreiungseffektes,* wird um so größer sein, je größer der Raum ist, auf den sich der Freihandel erstreckt, woraus sich selbstverständlich die Überlegenheit der Freihandelszone über den Gemeinsamen Markt ergibt. Aber der Saldo dieses günstigen Befreiungseffektes wird auch dann um so größer sein, je weniger sich die Länder durch ihre ge-

1957 Die Regierungschefs von sechs europäischen Ländern unterzeichnen in Rom die Römischen Verträge

meinsame Handelspolitik nach außen abschließen, je niedriger also die bestehen bleibende Zollmauer gegenüber dritten Staaten ist. Hier liegt *eine gar nicht zu verhüllende Schwäche des Gemeinsamen Marktes deshalb, weil der Gemeinsame Markt im Gegensatz zur Freihandelszone einen gemeinsamen Zolltarif haben wird,* so daß sich die Länder auf einen solchen einigen müssen.

Das „Gesetz des Geleitzuges"

Da bewährt sich nun jene allgemeine Philosophie, (...) ich will es einmal *„das Gesetz des Geleitzuges"* nennen, oder *„das Gesetz der Fußkranken".* Das heißt, bei einer solchen Einigung *wird man sich nicht auf den niedrigsten Zolltarif einigen,* der in irgendeinem der sich zusammenschließenden Länder besteht; man wird sich vielleicht nicht auf das höchste Niveau einigen, aber man wird sich *auf ein Niveau einigen, das höher liegt als dasjenige der Länder, die bisher niedrigere Zölle hatten.* Das ist eine selbstverständliche Folge des Gesetzes vom geringsten Widerstand. Außerdem, da sich hier Länder mit so verschiedener Produktionsstruktur zusammenschließen, wird sich auch eine Vermehrung der Schutzinteressen ergeben. *Nunmehr treten im Gemeinsamen Markt ganz neue protektionistische Interessen auf,* eben z. B. jener, die interessiert sind am Kaffeezoll als einem Schutzzoll und nicht als einem Finanzzoll ...

Nun: das, was man erwarten mußte, ist ja eingetreten. Der gemeinsame Zolltarif bringt für den Gemeinsamen Markt durchschnittlich höhere Zölle gegenüber dritten Ländern mit sich, zum Teil sogar erheblich höhere Zölle. *Daher steht dem Gemeinsamen Markt nach innen der weniger Gemeinsame Markt nach außen sogar innerhalb unseres heutigen Resteuropas gegenüber.* (...)

Hier tritt die Überlegenheit der Freihandelszone gegenüber der Idee des Gemeinsamen Marktes hervor, weil da keine Einigung nach dem Gesetz des Geleitzuges auf den gemeinsamen Zolltarif notwendig wäre. Aber ich brauche nicht zu sagen, wie unerprobt der Gedanke der Freihandelszone, wie groß die Schwierigkeiten praktischer Art sind, die hier zu lösen wären und die offenbar nur mit einem beunruhigenden Maß eines Bürokratismus zolltechnischer Art – Ursprungszeugnisse und dergleichen – gelöst werden könnten.

Noch ein weiterer Gedanke, der einen Sachverhalt zum Ausdruck

1957 GRÜNDUNG DER EWG

bringt, der scheinbar paradox ist. Auch wenn nämlich keine Abschirmung nach außen, von der eben geschilderten Art stattfindet, *kann regionaler Freihandel eine Störung des freien internationalen Handels bedeuten,* statt einer Förderung. Wir müssen uns erinnern, daß regionaler Freihandel, wie der Gemeinsame Markt, ein Doppelgesicht hat: *Befreiung nach innen, aber Verdrängung nach außen,* und das selbst dann, wenn keine Zollerhöhung stattfindet. *Eine Tür öffnet sich, eine andere schließt sich.*

Also kommt alles darauf an, daß *der Befreiungseffekt den Verdrängungseffekt überwiegt.* Das wird um so mehr der Fall sein, je mehr wir damit rechnen können, daß sich in zwei Ländern A und B Produzenten befinden, die miteinander konkurrieren. Mit anderen Worten: der Befreiungseffekt wird um so größer sein, der Freihandelsblock wird um so günstiger für alle wirken, je mehr die sich zusammenschließenden Länder dank ähnlicher Struktur miteinander konkurrieren.

Natürlich ist der Fall des Gemeinsamen Marktes im ganzen nicht ungünstig zu beurteilen. Denn in der Tat ist die Aussicht auf eine Konkurrenzierung von Produzenten innerhalb des sich zusammenschließenden Gebietes recht groß. Aber wir dürfen nicht die große Zahl von Produzenten vergessen, bei denen *keine rationale Standortverschiebung* innerhalb des Gemeinsamen Marktes stattfindet – eine Wanderung zu dem günstigsten Produktionsstandort –, *sondern eine unrationelle Verdrängung eines Produzenten außerhalb dieser Ländermaße.* Nehmen Sie den Fall der italienischen Orangen, nehmen Sie den Fall der italienischen Rohseide, die nunmehr innerhalb des Gemeinsamen Marktes die japanische Rohseide verdrängen wird, obwohl diese heute, wie ich weiß, durchaus konkurrenzüberlegen ist. Das alles würde selbstverständlich *noch mehr der Fall sein bei dem Einschluß der afrikanischen Gebiete* mit ihren Tropenkulturen!

Wenn wir die *Übergangsperiode* betrachten, dann ergeben sich die Probleme gerade aus der eben angestellten Betrachtung. Denn *die günstig zu beurteilenden, befreienden, rationalisierenden, handelvermehrenden Zollherabsetzungen* richten sich ja *gegen die Produzenten innerhalb* des Gebietes, die *handelverdrängenden* richten sich *gegen die Produzenten außerhalb des Gebietes.* Das heißt, die ersten tun den Produzenten innerhalb des Gebietes wehe ... die zweiten tun ihnen nicht wehe.

Warum soll man nicht, so könnte man meinen, den Zoll auf italienische Orangen sofort zum 1. Januar 1958 abschaffen? Denn dieser Zoll wird ja nur die Spanier treffen. Daher, scheint mir, besteht eine gefährliche Tendenz, bei einer schrittweisen Herstellung des regionalen Freihandels – und das ist das einzig mögliche – die handelverdrängenden Herabsetzungen oder Zollbefreiungen zu bevorzugen, mit ihnen zu beginnen. Damit sind wir in jenem Übergangsstadium, (...) und damit erkennen wir *die Tendenz des regionalen Freihandels, handelverdrängender und daher weltwirtschaftlich störender im Übergangsstadium als im Endstadium zu sein.* Der Freihandelsblock, ob Gemeinsamer Markt oder Freihandelszone, kann aber sein Ziel nur erreichen, wenn er weh tut. Das ist nicht nur politisch-psychologisch schwer durchzusetzen, sondern – und das ist das, was den Nationalökonomen quält – es ist auch aus wirtschaftlichen Gründen nicht durchaus empfehlenswert, das Tempo zu überstürzen, aus Sorge vor einer Roßkur gegenüber den betroffenen schwächeren Produzenten innerhalb des gemeinsamen Gebiets. Geht man aber langsam vor, so schadet man wieder dem handelbefreienden Effekt. Mir scheint, wir haben es hier *mit einem echten Dilemma jeder regionalen Zollbefreiung gegenüber einer universellen Zollbefreiung zu tun:* denn bei der universellen Zollbefreiung kann man graduell vorgehen, ohne Handelsverdrängungen und Handelsverzerrungen.

Dieses Opfer wäre zu groß

Das *zweite Problem* ist das der *Gefahr eines internationalen Dirigismus.* Das ist schon keine Gefahr mehr, sondern leider Gewißheit, wenn man die römischen Verträge liest. Diese Gefahr wird nur dann nicht zur Gewißheit, wenn die Regierungen die Weisheit aufbringen, *in den planwirtschaftlichen Wein des römischen Vertrages viel Wasser zu schütten.*

Ich darf das, was ich hier aussprechen möchte in den Satz kleiden: Europa darf nicht zu einem Altar werden, auf dem die Marktwirtschaft geopfert wird. Wir müssen dafür sorgen, daß der Gemeinsame Markt nicht zu einer gemeinsamen Kommandowirtschaft wird. Damit ist gleichzeitig die Gefahr verbunden, daß, je mehr sich ein europäischer Dirigismus breitmachen wird, um so stärker auch autarkische Tendenzen gesamteuropäischer Art hervortreten werden. Denn je mehr die Organisation des Gemeinsamen Marktes die Verantwortung für Investitionslenkungen übernimmt, um so größer wird für sie die Versuchung sein, mit ihren Instrumenten der gemeinsamen Außenwirtschaftspolitik dafür zu sorgen, daß die Fehlleitung von Kapital nicht offensichtlich wird.

Auch deshalb besteht die größte Notwendigkeit, maßzuhalten in bezug auf diese planwirtschaftlichen Tendenzen, *weil eine internationale Planwirtschaft ein besonders hohes Maß an bereits bestehender politisch-moralischer Integration der Länder voraussetzt.* Das heißt, je mehr man sich auf diesen Weg begibt, um so mehr riskiert man eine Zerreißprobe politisch-moralischer Art, und ich habe den Eindruck, als ob man *mit dieser Zerreißprobe in der Montan-Union bereits an die äußerste Grenze gelangt sei.*

Die *dritte* Problemgruppe betrifft *das monetäre Gleichgewicht der Länder untereinander,* die sich hier – sei es zum Gemeinsamen Markt, sei es zur Freihandelszone – zusammenschließen. Dieses Problem erscheint mir als das entscheidende und es ist zugleich das allerschwierigste. Es war von jeher das Zentralproblem aller Bestrebungen, die auf die europäische Wirtschaftsintegration gerichtet waren. Ein höchst unbequemes Problem ... ein Problem, das man immer wieder gern beiseite schieben oder durch eine Politik des Als-ob (wie im Falle der Montan-Union) überdecken möchte. Es ist ein Problem, das die ganze Geschichte der europäischen Integrationspolitik nach dem Kriege begleitet hat ... Ich brauche nicht zu sagen, daß dieses Problem *auch durch die Europäische Zahlungs-Union nicht gelöst worden ist.* Jetzt aber, da man sich auf ein so umfassendes Projekt wie das des Gemeinsamen Marktes und der Freihandelszone einrichtet, ist endgültig der Augenblick gekommen, wo man mit Fiktionen nicht mehr weiterkommt.

Lassen Sie mich das Problem so scharf wie möglich fassen: Wie ist freier Handel möglich zwischen Ländern, die ihre wirtschaftliche Souveränität behalten und damit, daß sie verschiedene Währungen, verschiedene Kurse der Währungspolitik betreiben, Störungen der internationalen Zahlungen, des internationalen Zahlungsgleichgewichts hervorrufen? Dieses Problem wird durch den Gemeinsamen Markt, durch den römischen Vertrag nicht gelöst, sondern seine Lösung vorausgesetzt – muß vorausgesetzt werden, wenn überhaupt etwas Ersprießliches von diesem Projekt erwartet werden soll.

Die Wahl des kleinsten Übels

Vielleicht darf ich zugespitzt sagen, daß es *unmöglich ist, drei Dinge miteinander zu vereinen: nämlich freien Handel, stabile Wechselkurse und Unterschiede der monetären Diszplin.*

Wenn das richtig ist, dann ergeben sich damit zur gleichen Zeit drei Wege, die man gehen kann, indem man das eine oder das andere von diesen drei Dingen opfert. Man kann *erstens den freien Handel opfern.* Immer, wenn die Dinge schiefgehen, kann man nach dem Muster der „Liberalisierungsschaukel" der Europäischen Zahlungs-Union den Gemeinsamen Markt (oder später die Freihandelszone) *suspendieren* – immer, wenn ein Land in Zahlungsbilanznöte gerät ... so, wie das heute von Frankreich vorgeführt wird. Aber es kann eben

1958 Tausende Deutsche nutzen den Gemeinsamen Markt zum Kauf preiswerter Butter in Venlo (Niederlande)

1957 GRÜNDUNG DER EWG

ernstlich nicht als ein normaler Ausweg in Betracht gezogen werden, da dann der Gemeinsame Markt und die Freihandelszone zum Gespött werden würden ...

Zweite Möglichkeit: die Preisgabe der stabilen Wechselkurse. Ich möchte sagen, daß ich mir – als eine praktische Lösung – *kein System frei schwankender Wechselkurse innerhalb Europas, innerhalb des Gemeinsamen Marktes, schon gar nicht innerhalb der Freihandelszone vorstellen kann.* Ich glaube, daß die Schweiz eher eine Monarchie werden würde, als daß sie die Stabilität des Frankenkurses preisgäbe und zu frei schwankenden Wechselkursen überginge ... Gerade die unendlichen Schwierigkeiten, die sich heute zeigen – in einer Situation, in der nun wirklich eine Wechselkurskorrektur aufs eindeutigste und zwingendste notwendig erscheinen müßte – sollten entmutigend wirken für die (von mir sehr geachteten) Vertreter der Meinung, daß die Lösung in schwankenden Wechselkursen gesucht werden könnte ...

Maximale monetäre Disziplin
Setzen wir voraus, daß *die Lösung nicht in einem System federnder Wechselkurse gefunden werden kann: dann bleibt nur eine gemeinsame monetäre Disziplin.*

Aber sofort schließt sich die schicksalsschwere Frage an: Welche Art Disziplin, auf welchem Niveau? Auf dem niedrigsten oder auf dem höchsten, d. h. demjenigen Niveau, das zugleich das Gleichgewicht mit den frei konvertiblen Währungen und damit den Übergang zur freien Konvertibilität selbst erlauben würde? Natürlich müssen wir das wünschen. Aber müssen wir hier nicht wieder aufs neue mit dem Gesetz des Geleitzuges rechnen und uns klarmachen, daß wir zumindest alle Hände voll zu tun haben werden, um das zu erreichen? Die Wahrscheinlichkeit einer „Integration nach unten" ist auch hier sehr groß: der Weg des geringsten Widerstandes! Man erkennt es ja schon heute an dem steigenden Druck, der auf Deutschland ausgeübt wird, in eben dieser Richtung zu gehen ...

Wenn aber die Länder des Gemeinsamen Marktes sich nicht auf jenes Höchstmaß der monetären Disziplin einigen können, das wir voraussetzen und wünschen müssen, wenn sie dem Gesetz des geringsten Widerstandes folgen, wenn sie der Ansteckung erliegen, dann besteht die immense Gefahr, daß Gesamteuropa zu einem weltwirtschaftlichen Krankheitsherd wird – Gesamteuropa und nicht nur dies oder jenes einzelne Land, das es bereits jetzt ist! Ich sage das alles nur, um mit äußerster Kraft die Forderung zu unterstreichen, daß *alle Länder einschwenken müssen auf die Linie* nicht nur einer gleichmäßigen, sondern *einer maximalen monetären Disziplin:* so, daß wirklich die Voraussetzung einer Konvertibilität sich in Zukunft einstellt.

Wenn das richtig ist, dann folgt daraus gleichzeitig, daß der Gedanke, das Ideal der Rückkehr zur Konvertibilität durch den Gemeinsamen Markt ersetzen zu wollen, als eine Art von billigem „Ersatz" eben grundfalsch ist!

Eines sollte unter allen Umständen klar sein für die Freunde wie für die Kritiker des Gemeinsamen Marktes: *daß es ein Unglück wäre für alle,* wenn es bei dem Gemeinsamen Markt dieses römischen Sextetts bliebe, und *wenn keine Erweiterung durch die Freihandelszone erfolgte.* Ich meine, alle sollten ein Gefühl dafür haben, was es bedeutet, Europa noch weiter aufzuspalten, nachdem es durch den Vormarsch des kommunistischen Imperialismus bereits so reduziert worden ist wie das byzantinische Reich im 15. Jahrhundert unter dem Ansturm der Osmanen. Die Urheber des Gemeinsamen Markts, deren Arbeit und Scharfsinn ich bewundere, sollten doch auch gleichzeitig die ganze Schwere der Verantwortung empfinden, die sie übernommen haben. Statt sich hinter dem römischen Vertrag zu verschanzen, sollten sie sich Rechenschaft davon geben, daß diese Last der Verantwortung nur getragen werden kann, wenn gleichzeitig alles getan wird, um die Freihandelszone zustande zu bringen. Dafür sollten keine unerfüllbaren Bedingungen gestellt werden, sondern dafür sollten auch Opfer gebracht werden. Und es sollte alles getan werden, *um den Gemeinsamen Markt und die Freihandelszone eben auch gleichzeitig zu verwirklichen.*

Erweist sich das alles als unmöglich, und können wir auch Frankreich nicht zu einer Nachfrist überreden, um ihm Zeit zu geben, zunächst das eigene Haus in Ordnung zu bringen –, dann sollten die verantwortlichen Staatsmänner die Größe haben, die Idee des Gemeinsamen Marktes zu opfern, und sollten um so kräftiger den Weg der fortschreitenden Liberalisierung und Konvertibilisierung gehen, den die europäischen Länder in der OEEC bisher gegangen sind. Damit würden sie von zwei Übeln das geringere wählen.

1959

Kanzlerkrise Adenauer

DIE ZEIT

KONTROVERSEN

Im Frühjahr 1959 kandidiert Bundeskanzler Konrad Adenauer für das Amt des Bundespräsidenten – und zieht seine Kandidatur dann nach kurzer Zeit überraschend wieder zurück. Wollte Adenauer elegant aus dem Kanzleramt ausscheiden und sich stattdessen als Bundespräsident zu einer Art »Oberkanzler« aufschwingen, wie der Politikwissenschaftler und Publizist Theodor Eschenburg in seiner Analyse vermutet? Die Ereignisse weiten sich zu einer Krise aus, in der es um nichts Geringeres geht als die Frage, ob die Regierenden zehn Jahre nach Gründung der Bundesrepublik die Grundregeln der parlamentarischen Demokratie wirklich verinnerlicht haben.

1959 KANZLERKRISE ADENAUER

Warum es zur Kanzler-Krise kam

Die verschiedenen Impulse Adenauers und seiner Parlamentsfraktion

VON THEODOR ESCHENBURG

DIE ZEIT, 12. Juni 1959

Adenauer hat am 7. April die *Präsidentschaftskandidatur* angenommen, ohne sich vorher mit seiner Fraktion über seinen *Nachfolger* geeinigt zu haben. Das hat sich als ein schwerer Fehler erwiesen, der bei der virtuosen taktischen Begabung dieses geistesgegenwärtigen Mannes nur aus einem Fehler in seinem institutionellen Denken heraus zu erklären ist: Adenauer hatte eine falsche Vorstellung von der *verfassungspolitischen Position des Bundespräsidenten*. Nachträglich hat er seinen Fehler zu korrigieren versucht, während die Fraktion danach trachtete, ihn gegen Adenauer auszunutzen.

Der Kanzler und seine Bundestagsfraktion hatten beide ihre Rechnung ohne *den Wirt* gemacht. Der Streit ging darum: *Wer* ist der Wirt? Nach der Verfassung ist's keiner allein; aber dies wollten beide nicht einsehen.

Die *Fraktion* kümmerte die Frage wenig, ob der zehn Jahre lang amtierende, mächtige alte Kanzler sich für das Amt des Staatsoberhauptes, das in Distanz zur Regierung und zu den Parteien stehen sollte, überhaupt eignen würde. Sie sah in Adenauers Präsidentschaftskandidatur nur die Gelegenheit, ihm das Kanzleramt in ehrenvollster Form abzunehmen und ihn als Schutzpatron einer CDU-Regierung zu behalten.

Als Adenauer die Kandidatur Erhards zum Bundespräsidenten kurz vorher betrieben hatte, hat auch ihn dessen Eignung für dieses Amt nicht sonderlich interessiert. Ihm war es vielmehr darum gegangen, Erhard als Kanzlernachfolger *auszuschalten.* Das eigentliche Problem, nämlich eine Persönlichkeit zu finden, die den Funktionen der ranghöchsten bundesrepublikanischen Institution entspreche, wurde weder von der Fraktion noch von Adenauer ernsthaft beachtet. Eine Institutionsmißachtung! Sie lag bei beiden darin, daß jeder von ihnen einen Präsidentschaftskandidaten vorschlug aus dem Motiv heraus, daß *dieser* nicht Kanzler bleiben oder *jener* nicht Kanzler werden sollte.

Als der listige *Adenauer,* von der Fraktion überlistet, die Präsidentschaftskandidatur annahm, glaubte er durch seine Persönlichkeit das Amt des Staatsoberhauptes abweichend von der Konstruktion des Grundgesetzes so verwandeln zu können, daß er selbst in der *Villa Hammerschmidt* als eine Art *Oberkanzler* wirken würde. Die Funktionen von Bundespräsident und Bundeskanzler hoffte er gleichsam ineinanderschieben zu können. Dazu wäre aber notwendig gewesen, daß er als Bundespräsident dank seiner Autorität den neuen Bundeskanzler faktisch allein ernennen und entscheidend dessen Regierungsbildung beeinflussen konnte. Er wollte also auch die vom Grundgesetz im Verfahren der Kanzlerbestimmung bewußt getrennten Funktionen von Bundespräsident und Bundestag in seiner Hand als Staatsoberhaupt vereinigen.

Geht es um Ersatz?

Gerade das aber wünschte die *Fraktion* nicht. Sie wollte den Präsidentschaftskandidaten Adenauer, bevor er noch gewählt und bevor er sein Amt angetreten hatte, zwingen, ihren Kandidaten, der nicht der seine war, zu akzeptieren. Es ging ihr um eine Wahlkapitulation ihres Präsidentschaftskandidaten. Sie wollte die Funktionen von Bundespräsident und Bundestag ebenfalls ineinanderschieben – nur in umgekehrter Richtung.

In diesem Streit wurden von beiden Seiten Kompromisse erwogen. Jede von beiden hielt zwar an ihrem Kanzlerkandidaten fest, war aber zur Umbesetzung im Kabinett zugunsten von Ministerkandidaten der Gegenseite bereit. Vor allem ging es um den Posten des *Vizekanzlers,* aus dem man einen *Nebenkanzler* machen wollte.

Man scheint sogar an eine *Erweiterung der Kompetenzen des Vizekanzlers* gedacht zu haben; doch dessen Kompetenzen hat nach dem Grundgesetz und der Geschäftsordnung der Bundesregierung allein der Bundeskanzler zu bestimmen. Man wollte dem Bundeskanzler also die ihm in erster Linie zustehende Regierungsbildung aus der Hand nehmen, um auf diese Weise seine Richtlinienbefugnisse einzuschränken. Und weder Adenauer noch die Fraktion hatte die Stilwidrigkeit gekümmert, die damit entstand, daß der zum Bundespräsidenten Gewählte als Kanzler zunächst mehr als zwei Monate weiter amtieren würde. Bedenkenlos war man bereit, Verfassungswandlungen hinzunehmen – nicht etwa, weil für diese ein institutionelles Bedürfnis bestand, sondern weil sie den augenblicklichen taktischen Zwecken entsprach. *Die Institutionen waren zum Objekt der Taktik Adenauers und seiner Fraktion geworden.*

In der *Methode* der Kandidatenbeurteilung besteht allerdings zwischen Adenauer und der Fraktionsmehrheit ein sehr erheblicher Unterschied. Adenauer sieht, wie ich glaube, unvergleichlich viel schärfer die *Funktionseignung der Kandidaten* für den Kanzlerposten als die Fraktionsmajorität. Für diese ergibt sich schlechthin aus der Popularität Erhards dessen Eignung zum Kanzler. Sie blickt wie fasziniert auf den Werbungswert des „Ersatz-Adenauers" für die nächsten Wahlen und scheint die entscheidende Frage nach der Eignung dieses großen Spezialisten für die Regierungsführung nicht ernstlich gestellt zu haben.

Die Listigen und ihr Meister

Was mich betrifft: ich neige dazu, Adenauers Bedenken anzuerkennen und zu glauben, daß Adenauer in der *Personenfrage* wohl recht habe. Ihm *persönliche* Motive bei der Bewertung des Kandidaten zu unterschieben, ist allzu billig. Die patriarchalische Sorge darum, wie sein Amt *nach* ihm geführt wird, ist wohl echt und ernst. *Aber dies ändert nichts daran, daß er nach der Verfassung kein Recht hat, darüber allein zu entscheiden.*

Ebensowenig hat aber die Fraktion ein Recht, dem künftigen Bundespräsidenten ihren Kandidaten aufzuzwingen. Beide – Adenauer *und* die Fraktion – haben ihre *Machtposition* auszunutzen versucht, um durch eine Verfassungswandlung ihre Zwecke zu erreichen. Beide scheiterten aneinander.

Als Adenauer merkte, daß er praktisch gar nicht in der Lage war, die Alleinentscheidung über die Kanzlerbestellung zu treffen, warf er die Kandidatur zum höchsten Amt der Bundesrepublik weg. Der Listige hatte die Überlistung der Fraktion durchschaut und wollte die Fraktion jetzt überspielen. Er verzichtete nicht deshalb, weil er sich dem Amt nicht gewachsen fühlte, sondern weil es seinen Machtansprüchen nicht genügte. Sein Verzicht richtete sich zwar gegen Erhards Nachfolge *im Kanzleramt,* traf aber auch die *Autorität der Institution des Bundespräsiden-*

1959 KANZLERKRISE ADENAUER

1959 Im Streit um die Kanzlerkandidatur setzt sich Konrad Adenauer durch, Ludwig Erhard zieht seine erwogene Kandidatur zurück

ten. Adenauers Motive mögen noch so berechtigt gewesen sein, seine Mittel – eben die des Widerrufens seiner Kandidaturannahme – haben eine *Autoritätskrise* hervorgerufen, die höchst beklagenswert ist: *eine Krise seiner eigenen Autorität.*

Adenauer hat durch seinen letzten Schritt seine an sich schon bekannte, so häufig beklagte *Institutionsgeringschätzung* auf die Spitze getrieben, er hat sie so übertrieben, daß er seine eigene Autorität – und diesmal vielleicht nicht nur für den Augenblick – in Frage gestellt hat. Die Fraktion aber wehrte sich nicht wegen seiner Institutionsmißachtung gegen Adenauer, sondern weil sie sich von ihm politisch überspielt sah.

Ein mangelndes Institutionsbewußtsein sowohl Adenauers als auch der Fraktion haben diese Krise heraufbeschworen. Was ist zu tun? *Es kommt jetzt sehr auf die Persönlichkeit des neuen Bundespräsidenten an.* Nur wer selbst nicht an dem Prozeß, der zur Institutionskrise geführt hat, beteiligt war, sollte eine Chance erhalten, dieses Amt zu bekleiden.

DIE ZEIT, 12. Juni 1959

Mit dem Volke spielt man nicht

Nach Untertanengeist und Nibelungentreue:

Großer Mann – was nun?

VON MARION GRÄFIN DÖNHOFF

Bundeskanzler *Adenauer* hat den Beschluß, nun doch nicht für das ehrenvolle Amt des Bundespräsidenten zu kandidieren, mit der *außenpolitischen* Situation Deutschlands begründet: Es sei angesichts der sich verschlechternden außenpolitischen Lage besser, so sagte er, wenn er bleibe. Besser? Er müßte außenpolitische Wunder vollbringen, wenn der Schaden, den dieser wankelmütige Entschluß auf *innenpolitischem* Gebiet angerichtet hat, vergessen oder gar wettgemacht werden sollte.

Denn wie sieht schließlich die Bilanz der letzten Tage und Wochen aus?

Außenpolitisch:
Der Kanzler hat dem Ausland ganz eindeutig vor Augen geführt, daß alle Deutschen, bis auf einen, unzuverlässig sind. Er, dem seit Jahren das Vertrauen des Auslands sicher ist, hat nicht versucht, den Personalkredit „Konrad Adenauer" in einen Realkredit „Bundesrepublik Deutschland" umzuwandeln. Er hat es nicht versucht, schlimmer noch: er hat diesen notwendigen (und möglichen) Prozeß nun sogar verhindert.

Innenpolitisch:
1. Der *Kanzler* hat „sich selbst angeschossen", und es ist fraglich, ob er je wieder der alte sein wird.
2. Der *Vizekanzler* ist schwer lädiert – Ausgang noch ungewiß.
3. Der *Bundespräsident* leidet still, aber darum nicht weniger ernsthaft. Sein Amt wurde in dem vielfältigen Hin und Her entscheidend abgewertet.
4. Die *Fraktion* ist – von ein paar Ausnahmen abgesehen – zu zwar zornigen, aber doch zu Ja-Sagern abgestempelt worden.
5. Der Ruf aller denkbaren *Nachfolger* für die beiden höchsten Ämter im Staat wurde schwer geschädigt.
6. Das Gefühl, in der *Demokratie* sei der einzelne und sein freier Wille gut geborgen, weil die Institutionen und die Spielregeln ausschlaggebend seien und nicht die Willkür

des Regierenden, scheint in Frage gestellt.

7. Jetzt wird das alte Vorurteil und die mühsam überkommene Skepsis, *Politik sei ein schmutziges Geschäft,* wieder in alter Frische erstehen: „Da sieht man es wieder, daß keiner wegfahren kann, ohne daß der andere ihn betrügt."

8. Der Begriff der *Autorität,* im „tausendjährigen Reich" bis auf den Grund verschlissen und seither mit unendlicher Mühe, Hege und Pflege wenigstens in den Grundlagen wiederhergestellt, ist achtlos zertreten worden.

Dies ist die erschreckende Bilanz weniger Wochen. Das Erstaunlichste aber ist, daß der große Trümmerhaufen nicht etwa von den Widersachern der Demokratie angerichtet wurde oder von den neidischen Gegnern derer, die unseren Staat in den harten Jahren nach dem Zusammenbruch aufgebaut haben, sondern gerade von denen, die all dies vollbrachten: *von ihnen selbst.*

Aber selten nur werden die Starken von ihren Gegnern erledigt. Gewöhnlich gehen sie an ihren eigenen Fehlern zugrunde.

Konrad Adenauer ist oft mit *Bismarck* verglichen worden. Und manchem erschien dieser Vergleich zwischen dem Recken aus dem Sachsenwald und dem Reineke Fuchs aus dem Rhöndorfer Rosengarten ein wenig gewagt. Dennoch, vieles sprach dafür.

Die „geschichtliche Logik"

Zwar: Die Menschen sind vergeßlich – das Erreichte erscheint immer selbstverständlich. Aber die historischen Akten registrieren es, daß *Konrad Adenauer Deutschland aus einem verachteten, rauchenden Trümmerhaufen zu einem geachteten Staat zusammengeschmiedet hat,* dessen politische Wünsche und Notwendigkeiten innerhalb der westlichen Koalition eine wesentliche Rolle spielen. Unter seiner Regierung wurde aus einem zusammengetriebenen Haufen zerlumpter, geflüchteter, ausgebombter, hungernder, verängstigter Menschen eine zufriedene (vielleicht allzu zufriedene) bürgerliche Gesellschaft ohne schwere soziale Spannungen.

Soweit die Geschichtsbücher bis zur Jahreswende 1959 ... Aber die Fortsetzung? Wer wird in Zukunft noch das Wort eines demokratischen Regierungschefs ernst nehmen können, der erst das Grundgesetz ändern wollte, um die Amtszeit des Bundespräsidenten um zwei Jahre zu verlängern ... der dann seinen Vizekanzler auf diesen Posten kaltzustellen trachtete ... der am 7. April seinen Beschluß verkündete, selber Bundespräsident werden zu wollen (wegen der „Kontinuität" ...), schließlich aber (zwei Monate später!) erklärte, daß er wegen der gleichen Kontinuität Bundeskanzler bleiben müßte? *„Die geschichtliche Logik ist noch genauer als die preußische Oberrechnungskammer",* sagte Bismarck.

Hamlet und Polonius

Heute ist der Kanzler ein Opfer seiner Menschenverachtung geworden. Er glaubte dem Volk und den Mitgliedern seiner Fraktion ohne jede Rücksicht alles zumuten zu können. Die Fraktion aber, die ihren Chef schon erhöht und – gebändigt sah, erhielt die Quittung für ihr vorzeitiges Frohlocken. Hätte sie sich nicht soviel zugute getan auf ihre künftige Selbstherrlichkeit und die fortan geringen Kompetenzen ihres bisher mächtigen Chefs – es wäre diese *Staatskrise* vielleicht an uns vorübergegangen.

Aber was kann man erwarten von Abgeordneten, die vor zwei Monaten *einstimmig* den damaligen Beschluß des Kanzlers bejubelten und von denen jetzt, da er ihn widerrief, kaum einer aufbegehrte? ‚Konrad Adenauer Bundespräsident? Ja, Bundespräsident!' ... Konrad Adenauer Bundeskanzler? Ja, Bundeskanzler!

Wer dächte da nicht an Hamlets Phantasien und Polonius Echo: *Hamlet:* „Seht ihr die Wolke dort, beinahe in Gestalt eines Kamels?" – *Polonius:* „Beim Himmel, sie sieht auch wirklich aus wie ein Kamel!" – *Hamlet:* „Mich dünkt, sie sieht aus wie ein Wiesel." – *Polonius:* „Sie hat einen Rücken wie ein Wiesel." – *Hamlet:* „Oder wie ein Walfisch." – *Polonius:* „Ganz wie ein Walfisch!"

Auch aus ministeriellem Munde war keine Empörung zu vernehmen. Nur *ein* denkwürdiger Ausspruch bleibt zu verzeichnen: Bundesverkehrsminister *Seebohm,* so berichtet die WELT, stellte fest, der Bundeskanzler habe sein Mandat vom Volk erhalten ... „bis Gott ihm das Ruder aus der Hand nimmt". Ein Minister, der seit der Gründung der Bundesrepublik amtiert und der das Einmaleins der Demokratie trotzdem noch nicht erfaßt hat, nämlich das Alternieren verschiedener Regierungen! – „Ihr seid mir scheene Demokraten."

Die Fronde ...

Nein, wenn *Eugen Gerstenmaier* nicht wäre wie auch ein paar Unabhängige, die vergeblich nach Gesinnungsgenossen auspähen, könnte man verzweifeln an so viel Untertanengeist, der obendrein mit Nibelungentreue verbrämt ist: „Und im Unglück nun erst recht."

Was *soll,* was *kann* in dieser Situation geschehen? Die Antwort lautet kurz und bündig: Nichts, was die Verhältnisse grundsätzlich verändern könnte. Eine Rebellion des Parlaments – beispielsweise ein *konstruktives Mißtrauensvotum,* das den Sturz des Kanzlers herbeiführt – ist in Anbetracht von Genf und Berlin nicht möglich; es würde unsere außenpolitische Stellung ja entscheidend schwächen.

Einer Fronde *innerhalb* der CDU/CSU aber könnte nur *ein* Mann Wirkung verleihen: *Ludwig Erhard;* dann nämlich, wenn er erklärte, angesichts der Behandlung, die der Kanzler ihm zuteil werden ließ, sei er nicht bereit, weiter im Kabinett zu verbleiben. *Ein Rücktritt Erhards würde zweifellos zum Aufruhr der Fraktion und zu einer Kabinettskrise führen.* Es ist freilich kaum anzunehmen, daß ein so loyaler Geist wie Erhard seine Hebelstellung zu solchem Druck benutzt, zumal in einem Augenblick, in dem Böswillige meinen könnten, er täte es nur, um selber Kanzler zu werden. Was Erhard aber verlangen kann, das ist eine Rehabilitierung durch den Kanzler, der ihm (seinem Vizekanzler) das Zeugnis ausstellte, er habe in der Außenpolitik das Ziel der Klasse noch nicht erreicht und müsse noch zwei Jahre nachsitzen.

Und was die Fraktion anlangt, so wäre es wirklich eine Schande, wenn sie die Nichtachtung der Demokratie, der hier so sichtbar Ausdruck verliehen wurde, schweigend erduldete – und ohne Protest vor der Öffentlichkeit einzulegen. Die Staatsraison der Demokratie verlangt nicht, daß die Repräsentanten des Volkes durch dick und dünn zum Regierungschef stehen, sondern daß sie dort rebellieren, wo sich Ansätze von Willkür zeigen und die Institutionen der Republik nicht respektiert werden.

1959 Nach Adenauers plötzlichem Rückzug von der Kandidatur für das Bundespräsidentenamt wird Heinrich Lübke (CDU) zum Bundespräsidenten gewählt

1961 BAU DER BERLINER MAUER

1961

Bau der Berliner Mauer

DIE ZEIT

KONTROVERSEN

13. August 1961: In Berlin beginnt auf Anordnung der SED-Führung der Bau der Mauer. Tag für Tag sind in den Wochen zuvor Hunderte DDR-Bürger in den Westen geflohen. Insgesamt haben zwischen 1949 und 1961 rund 2,6 Millionen Menschen dem »Arbeiter- und Bauernstaat« den Rücken gekehrt. In ihrem Leitartikel »Quittung für den langen Schlaf« geißelt Marion Gräfin Dönhoff, Politikchefin und seit 1957 stellvertretende Chefredakteurin der ZEIT, nicht nur das SED-Regime, sondern wirft auch den Alliierten Versäumnisse in der Deutschlandpolitik vor.

ZEIT-Kontroversen

Quittung für den langen Schlaf

Die Politik des Nichtstuns kommt uns teuer zu stehen

VON MARION GRÄFIN DÖNHOFF

DIE ZEIT, 18. August 1961

Diese Generation kann nicht mehr geistig, sondern nur noch durch Ereignisse geführt werden.

Winston Churchill, 1939 nach Kündigung des Flottenabkommens.

Diesen 13. August wird man so bald nicht vergessen. Auch wer an diesem Tage nicht in Berlin war, wird diesen Sonntag vor Augen behalten, denn im Fernsehen konnte man ja miterleben, wie die Panzer am Potsdamer Platz und am Brandenburger Tor auffuhren, die Kampfgruppen ausschwärmten, die Volkspolizei Betonpfeiler einrammte, Stacheldraht quer durch Berlin spannte und den Asphalt aufriß.

Ich weiß nicht, ob je zuvor eine Nation am Bildschirm zuschauen konnte, wie für einen Teil ihrer Bevölkerung das Kreuz zurechtgezimmert wurde. Für einen Teil oder vielleicht doch für alle? Es heißt immer, der Frieden sei unteilbar und die Freiheit – „aber" wahrscheinlich ist auch das Kreuz unteilbar. Die Leute haben es nur noch nicht gemerkt.

Der Regierende Bürgermeister von Berlin sagte in einer sehr bewegenden Sitzung des Abgeordnetenhauses: „Dies ist die Stunde der Bewährung für das ganze Volk." Er hat recht, es geht uns alle an. Es ist nur ein Zufall, daß dieser Stacheldraht quer durch Berlin geht – im Grunde schneidet er dem deutschen Volk mitten durchs Herz.

Wenn's denn wirklich so schwer vorzustellen ist: Es könnte ja auch sein, daß Köln von Deutz auf diese Weise getrennt wäre, daß auf der einen Seite der Königsallee in Düsseldorf, des Mains in Frankfurt, der Alster in Hamburg, der Maximilianstraße in München Panzer und Maschinengewehre aufgefahren wären und kein Bürger lebend die andere Seite erreichte. Wirklich: Berlin ist kein isolierter Fall, Berlin geht uns alle an. Wenn wir hier versagen, dann geschieht es uns recht, wenn auch wir uns eines Tages innerhalb und nicht mehr außerhalb jenes KZs befinden, das an

1961 BAU DER BERLINER MAUER

diesem 13. August mit Stacheldraht seine letzten Ausgänge verbarrikadiert hat.

Besonders verwunderlich allerdings wäre dies nicht. Die Politik der letzten Wochen und Monate ist schlechterdings unverständlich. Zunächst war doch die Antwort auf Chruschtschows Drohungen mit dem Separatfrieden: „Verhandlungen kommen nicht in Frage." Dann hielt Kennedy jene glänzende Rede, in der er deutlich machte, worauf es ankommt, nämlich darauf, zweigleisig zu fahren: vermehrt zu rüsten und gleichzeitig zu verhandeln. Es folgte die Pariser Außenministerkonferenz, die diese Richtlinien im Detail ausarbeiten wollte.

Ihr Ergebnis: ein Katalog militärischer und wirtschaftspolitischer Maßnahmen und nebenbei gewisse Andeutungen, wenn Chruschtschow schön brav sei und sich ganz gesittet benähme, werde man vielleicht einmal – noch könne man nicht sagen, wann – mit ihm reden. Ob dieses angesichts der Kennedy-Rede und ihrer Richtlinien wirklich kuriose Ergebnis durch Bonner und Pariser Wünsche beeinflußt wurde oder ob es, wie die Dementis aus beiden Städten behaupten, dem Wunsch aller Teilnehmer entsprach, ist schwer festzustellen.

Verwunderlich freilich wäre es nicht, wenn sich das Gerücht bestätigte, Washington und London hätten einen festen Termin nennen wollen, doch hätten de Gaulle und Adenauer sich widersetzt. Das Weltbild jener beiden alten Herren, das vom 19. Jahrhundert geprägt wurde, mag ihnen die Vorstellung eingeben, es sei ihr erstgeborenes und angestammtes Recht, zu bestimmen, wann Gespräche mit dem mächtigen Emporkömmling stattfinden: natürlich nur als Belohnung, nicht unter Druck! De Gaulle hielt es ja auch jahrelang für unter seiner Würde, mit Bourgiba oder dem FLN zu verhandeln.

Komisch ist allerdings – doch dies nur nebenbei: Wenn wir gerade mal nicht unter Druck stehen (wie zum Beispiel damals, als die ZEIT vorschlug, ganz Berlin zum Sitz der UN zu machen), wird auch nicht verhandelt, „weil ja gar keine Veranlassung dazu besteht".

Die Außenminister waren also übereingekommen, „äußerste Entschlossenheit" zu zeigen. Chruschtschow will keinen Krieg, so hieß es, und wenn wir ihm klarmachen, daß wir vor nichts zurückscheuen, dann wird er es nicht wagen, irgendwelche Verletzungen zu begehen. Das ist eine Politik, die unter bestimmten Umständen, und folgerichtig vertreten, durchaus Sinn haben kann. Sie wird aber gänzlich unsinnig, wenn schon zwei Tage später *Kennedy, Rusk* und auch *Adenauer,* jeder vor seinem entsprechenden Publikum, munter darüber plaudern, daß man sich demnächst mit dem Sowjetchef zu Verhandlungen zusammensetzen werde. Was übrigens die in Paris kundgetane Bereitschaft zu militärischen Maßnahmen anbetrifft, so äußerte Bundeskanzler Adenauer in Kiel: *„Es ist müßig, zur Zeit von einer Verlängerung der Wehrpflicht und von einer Einberufung von Reservisten in der Bundesrepublik zu sprechen."*

Also weder das eine noch das andere? Für beide Alternativen bringt man keinerlei Konsequenz auf: Die Kriegsdrohung, von vielen, nicht zuletzt von Strauß als Allheilmittel gepriesen, ist einfach eine unglaubwürdige Abschreckung und darum nichts wert. (Zumal man nie wirklich eine Politik der Stärke getrieben hat.) Und Verhandlungsangebote, die genau darum um so wichtiger wären, sind nur dann etwas wert, wenn sie präzis mit Terminangaben ausgesprochen werden. Wäre auf der Pariser Außenministerkonferenz oder auch vorher ein fester Terminkalender beschlossen worden, dann hätte Chruschtschow jetzt wahrscheinlich nicht das Risiko auf sich genommen, den Viermächte-Status von Berlin mit brutaler Gewalt einseitig zu brechen. (Daß in der Zwischenzeit sicherlich noch einmal 60 000 Menschen die Flucht ergriffen hätten, wäre ihm unter solchen Umständen wahrscheinlich auch egal gewesen.)

Aber so? So hat Chruschtschow sich dazu entschlossen, das Risiko zu laufen und das Kernstück aus dem Separatfriedensvertrag vorwegzunehmen. Und siehe da, außer wortreichen Protesten und gewissen wirtschaftlichen Drohungen passierte nichts. „Ja, wenn ich gewußt hätte, daß das so leicht ist ...", mag er heute denken.

Man fragt sich wirklich, wozu eigentlich die vielen westlichen Beratungen – bei denen, wie zuletzt in Paris, weit über hundert Sachverständige zusammenkamen –, wozu sie eigentlich dienten, wenn nicht dazu, einen Katalog *automatischer* Reaktionen auf sowjetische Verletzungen aufzustellen. Seit Monaten hat Chruschtschow angekündigt, daß er den Viermächte-Status außer Kraft setzen werde, und jetzt, nachdem er es getan hat, fangen die westlichen Alliierten an zu beraten, wie man diesen Rechtsbruch beantworten soll. Offenbar sind sie ganz verloren, wenn der Gegner nicht alles genauso macht, wie sie sich das vorgestellt haben. Wenn er mit Punkt drei beginnt statt mit Punkt eins, dann ergreift sie vollständige Ratlosigkeit.

Was da am 13. August in Berlin geschehen ist, das ist ein Markstein in der Nachkriegsgeschichte – so wie es 1948 der Fenstersturz in Prag war oder der Auszug der Sowjets aus der Kommandantur. Etwas Entscheidendes hat sich geändert. Jetzt beginnt eine neue Phase. Wir sind dem Abgrund ein gut Stück nähergerückt.

Und was tun wir? Antwort: gar nichts! Und was sagen wir? Ein Sprecher des Auswärtigen Amtes sagte am Tage danach, die Vorgänge in Berlin seien so ungeheuerlich, daß es genüge, das Ausland darüber zu *informieren*. Die NATO fand, die Impulse für ihre Haltung müßten von den drei westlichen Großmächten ausgehen, und in Washington versuchte man sich darauf „herauszureden", daß die sowjetzonalen Schritte ja nicht den freien Zugang von Westdeutschland nach West-Berlin beträfen, für den allein sie aufzukommen hätten.

Die Alliierten müssen jetzt ihre Beschlüsse fassen – und wir? Wir sollten sofort diesen gespenstischen Wahlkampf einstellen: Die Parteien müssen jetzt gemeinsam nachdenken und sich nicht gegenseitig bekämpfen. Zwei Minuten Arbeitsruhe ist nicht genug. Protestmärsche der Gewerkschaften müßten in Hamburg, im Ruhrgebiet, in der Pfalz stattfinden, Demonstrationen der Bevölkerung, Unterschriftensammlungen in der Arbeiterschaft. Warum fährt Minister Lemmer nicht nach Moskau? Diese an sich natürliche Reaktion für den zuständigen Minister liegt so außerhalb des bei uns Üblichen, daß sie ganz abwegig erscheint.

Warum wird die UN nicht angerufen? Selten noch gab es einen Fall, der so geeignet war für dieses Gremium wie die Schande des Ulbricht-Staates. Ist nicht das simpelste, das letzte aller Menschenrechte das Recht auf ungehinderte Flucht? Gewiß, man kann gegen jeden dieser Schritte einwenden, daß er einen siegestrunkenen Diktator nicht entscheidend beeindrucken werde. Aber das Schlimmste, was ein Staatsmann in einer solchen Situation tun kann, ist doch, nichts zu tun, denn das kommt einer Bankrotterklärung gleich.

Ist es wirklich so leicht bei uns, das Recht und die Menschlichkeit aus den Angeln zu heben, ohne daß etwas passiert? Ist das heute noch so einfach, wie es schon einmal war?

1961 Absperrungsmaßnahmen am Brandenburger Tor, das am 13. August zum Symbol für die deutsche Teilung wird

1962 SPIEGEL-AFFÄRE

1962
Spiegel-Affäre

KONTROVERSEN

Oktober 1962: Polizeibeamte durchsuchen die *Spiegel*-Redaktion in Hamburg und verhaften die Chefredakteure sowie den Herausgeber. Auslöser ist ein im *Spiegel* erschienener Artikel über ein Manöver der Nato. Angeblich, so die Begründung, erfülle er den Tatbestand des Verrats von Staatsgeheimnissen. In zahlreichen Städten kommt es zu Protesten und Demonstrationen für die Presse- und Meinungsfreiheit. Die *Spiegel*-Affäre weitet sich zur Staatsaffäre aus. Am Ende verliert Bundesverteidigungsminister Franz Josef Strauß (CSU), der Drahtzieher der Verhaftungen, sein Amt. In der ZEIT schildert Hans Gresmann die Ereignisse, Marion Gräfin Dönhoff kritisiert die Selbstherrlichkeit der Bonner Regierung.

Spiegel-Affäre, Staats-Affäre

Wie immer sie ausgeht: der Sieger wird nicht Franz-Josef Strauß heißen

VON HANS GRESMANN

DIE ZEIT, 2. November 1962

Kein Zweifel, daß während der vergangenen Woche in erregten und besorgten Diskussionen die Namen *Chruschtschow* und *Kennedy* hierzulande so häufig genannt worden sind wie niemals zuvor. Kein Zweifel aber auch, daß in dieser Woche in erregten und besorgten Diskussionen die Namen *Augstein* und *Strauß* womöglich noch häufiger fielen. Kaum hatte sich die Kuba-Krise, die die Welt in ihren Grundfesten zu erschüttern drohte, ein wenig beruhigt, da brach unversehens die *Spiegel*-Affäre über uns herein. Und sie hat in der Tat unser Land auf das heftigste erschüttert.

Dies der Sachverhalt: In einer nächtlichen Aktion wurden von einem polizeilichen Großaufgebot die Arbeitsräume des *Spiegel* in der Hamburger Zentralredaktion und im Bonner Büro durchsucht und versiegelt, wurde Material sichergestellt, wurde der Herausgeber *Rudolf Augstein* samt einigen Redakteuren festgenommen. Nach Angaben der Bundesanwaltschaft bestand der Verdacht des Landesverrats, der landesverräterischen Fälschung und der aktiven Bestechung – und zwar „auf Grund von Veröffentlichungen, die sich mit wichtigen Fragen der Landesverteidigung in einer Art und Weise befaßten, die den Bestand der Bundesrepublik sowie die Sicherheit und Freiheit des deutschen Volkes gefährdet". Weiterhin hat die Bundesanwaltschaft erklärt, Feststellungen hätten den Verdacht gerechtfertigt, daß die Redaktion des *Spiegel* in den Besitz zahlreicher und bedeutungsvoller Informationen aus dem Bereich der Landesverteidigung gelangt sei, und zwar durch Verrat, für den nach Lage der Dinge namentlich Angehörige der Bundeswehr in Betracht kämen.

Schon in dieser Stellungnahme wurde deutlich, daß in das Verfahren, das von Karlsruhe eingeleitet wurde, ganz offenbar nicht nur *Spiegel*-Leute verwickelt waren. Präzise Informationen darüber liegen noch nicht vor – wie denn über-

1962 SPIEGEL-AFFÄRE

haupt jeder Außenstehende, der gegenwärtig zur Sache selbst, also zum Tatverdacht, der gegen *Spiegel*-Redakteure und andere Personen erhoben wird, Stellung nehmen will, Gefahr läuft, sich in einem undurchsichtigen Dschungel hoffnungslos zu verirren. Darstellungen und Gegendarstellungen, Widersprüche allerorten, Spekulationen, Anschuldigungen, Dementis. Die Sache ist wahrhaft und auf höchst verdächtige Weise verworren.

Nun gut: Das Verfahren ist in der Schwebe. Der Bundesgerichtshof, an dessen Integrität zu zweifeln niemand einen berechtigten Anlaß hat, wird feststellen müssen, wieweit die Anschuldigungen zutreffen. Die Aufmerksamkeit einer überaus skeptischen und leidenschaftlich ergriffenen Öffentlichkeit richtet sich auf diesen Rechtsvorgang wie nie zuvor auf ein Verfahren in der Geschichte der Bundesrepublik. Hier wird sich nichts vertuschen lassen.

Zum ersten Aspekt dieser Affäre, zum Inhaltlichen, sei also noch kein Wort gesagt. Zum zweiten aber, zur Frage der *Methode,* nach der hier vorgegangen wurde, lassen sich auch heute schon sehr kritische Vorbehalte anmelden. Der dreiwöchige Zeitverzug zwischen dem Erscheinen des inkriminierten Artikels und dem polizeilichen „Eingreifen" wird in Karlsruhe und Bonn mit der Notwendigkeit begründet, daß alles sorgfältig geprüft und vorbereitet werden mußte. Bei der polizeilichen, spektakulär aufgezogenen Aktion im Hamburger Pressehaus war indes von sorgfältiger Vorbereitung nicht viel zu spüren. Schließlich ging es darum, in schnellem Zugriff belastendes Material sicherzustellen – und das in einem kompliziert konstruierten Zeitungsunternehmen. Die Planung war aber offenbar so angelegt, als handele es sich etwa um eine Bäckerei. Nur ein einziger Staatsanwalt war zur Stelle, der (überanstrengt und schier verzweifelt) die Fülle des Materials zu prüfen hatte.

So zog sich die Aktion schleppend hin, aus der Durchsuchung ist eine Behinderung geworden. Die Räume des *Spiegel* (auch Archiv, auch Feuilletonzimmer) blieben über Gebühr lange unter Verschluß. Hätten nicht andere Hamburger Redaktionen den Kollegen vom *Spiegel* gleichsam Asyl gegeben, so wäre es fraglich gewesen, ob die nächste Nummer hätte erscheinen können.

Vielleicht hängt diese Verschleppung kein bißchen mit bösem Willen zusammen, sondern allein mit Tolpatschigkeit, mangelnder Überlegung, ja, Unfähigkeit. Aber die Handlungsweise der Ermittlungsbehörde hat dem Verdacht Nahrung gegeben, es sollte hier ein mißliebiges Presseorgan unter legalem Vorwand auch wirtschaftlich geschädigt werden. Dieser schwere Verdacht muß geprüft werden.

Die „Affäre *Spiegel*" hat aber noch einen dritten, einen enthül-

1962 Rudolf Augstein auf dem Weg zum Verhör durch die Bundesanwaltschaft

lenden, einen beklemmenden Aspekt. Die Menschen in der Bundesrepublik, sofern sie nur irgend und sei es auf die simpelste Weise Anteil nehmen an politischen Dingen, haben auf die Verhaftungen und auf die Beschlagnahme fast einhellig so reagiert: „Da hat der Strauß nun endlich Rache genommen!" Wohlgemerkt, es gab da nicht nur die vielen, die *für* den *Spiegel* und *gegen* Strauß Partei ergriffen, es gab auch solche, die frohlockend meinten, der Minister habe es den Burschen aber ganz schön gegeben.

Der Minister habe es den Burschen gegeben ... Diese Meinung konnte sich bilden, obgleich doch ein jeder erfuhr, daß eine institutionell unabhängige Institution, ein oberstes Bundesgericht, zwischen dem „Rächer" und seinem „Opfer" stand.

Es ist, als habe ein greller Blitz das Dämmerlicht unserer politischen Landschaft erhellt. Plötzlich wurde deutlich, wie wenig ins demokratische Bewußtsein dieses Volkes die rechtsstaatlichen Normen eingedrungen sind. Muß es nicht erscheinen, als sei für den Bürger dies nicht ein Staat, in dem das klare Recht herrscht, sondern in dem allerwegen „gemuschelt" wird? Woran liegt das? Wer trägt die Schuld daran?

Was den Bundesverteidigungsminister anlangt, so verhält es sich doch ganz offenbar so, daß seine Bewunderer und Gegner ihm alles zutrauen. Haben sie nicht damit schon – auch seine Bewunderer – gegen ihn votiert? Denn ein Mann, dem man *alles* zutraut, auch Handlungen, die das Recht und die Verfassung verletzen, kann doch wohl nicht mit rechten Dingen als ein demokratischer Minister gelten. So ist diese Affäre über ihren Anlaß hinausgewachsen.

Über die Redakteure des *Spiegel* werden die Gerichte befinden. Wo sich Schuld beweisen läßt, wird sie gesühnt werden müssen – auch dann, wenn die Beschuldigten im Konflikt zwischen den Sicherheitsforderungen des Staates und dem Informationsanspruch der Öffentlichkeit nur irrenden Gewissens die Grenze des gesetzten Rechtes überschritten haben.

Franz-Josef Strauß aber wird vor keinem Gericht stehen. Bei ihm geht es nicht um ein kriminelles Delikt. Bei ihm geht es um die moralische Amtseignung, um die Vertrauenswürdigkeit eines Mannes, auf dem nach so vielen (oft nur unzureichend entkräfteten) Beschuldigungen ein Makel blieb – eines Mannes, dem man „einfach alles zutraut".

Freilich: Wer kennt nicht das Argument, dies sei ein tüchtiger und kompetenter Minister, den man um keinen Preis entbehren möchte? Was aber soll man von einem Verteidigungsminister – also dem obersten Geheimnisträger – halten, der sich am vergangenen Mittwoch bei einem Empfang des Bundespräsidenten auf Schloß Brühl seiner Umgebung in einem Zustand präsentierte, dessen Schilderung – wie die *Frankfurter Rundschau* schrieb – die Verletzung der Intimsphäre bedeuten könnte? Einem Verteidigungsminister, der nicht den Eindruck erweckte, als sei er noch nüchternen, klaren Sinnes und zu Entscheidungen fähig – zu Entscheidungen, die während jener kritischen Abendstunden, da die Kuba-Krise in einen ernsten Konflikt zu münden drohte, in jedem Augenblick von ihm hätten verlangt werden können.

1962 Die *Spiegel*-Affäre löst bundesweit Streiks aus und entwickelt sich zur innenpolitischen Krise

1962 SPIEGEL-AFFÄRE

Wer denkt noch an den Staat?

Hinter der Bonner Nebelwand: Verfall der politischen Moral

VON MARION GRÄFIN DÖNHOFF

DIE ZEIT, 16. November 1962

Nein und abermals nein: So haben wir uns das neue Deutschland nicht vorgestellt. Dieses neue Deutschland, von dem man doch annehmen konnte, daß es mit mehr Ernst, größerer Integrität und geschärftem Bewußtsein für Verantwortung und geschichtliche Perspektiven aufgebaut und geleitet werden würde. So nicht.

Erschreckend ist das Bild, das die letzten Tage und Wochen enthüllten. Für wen gibt es eigentlich noch Dinge, die höher stehen als die eigenen Gesichtspunkte, Ziele, Triebe oder Wünsche? Je weiter oben in der Hierarchie, desto seltener scheinen solche Leute zu werden.

Dem *Kanzler* geht die Erhaltung der Koalition, die sein Regiment garantiert, über alles andere, denn er glaubt ja, daß nur er in der Lage sei, die Bundesrepublik sicher durch die Wirren der Zeit zu steuern. Und angesichts dieses „geheiligten" Zweckes scheint ihm dann jedes Mittel recht zu sein.

Kein Sinn für Institutionen

Der *Justizminister,* der mit seiner Rücktrittsdrohung die Koalitionskrise heraufbeschworen hatte, stellte für sein Verbleiben vier Bedingungen. Nur eine davon wurde ihm erfüllt. Sie war die objektiv belangloseste, für ihn aber subjektiv die wichtigste: seine persönliche Genugtuung durch Maßregelung der beiden Staatssekretäre. Und also blieb er und jene gingen. Ein Minister, der vor einem Jahr das Justizministerium übernahm, das Adenauer der FDP als Koalitionsköder angetragen hatte, obgleich die Freien Demokraten mit keinem geeigneten Mann aufwarten konnten, ein Minister also, der so unbedeutend ist, daß er schon aus diesem Grunde gelegentlich nicht informiert wird – er bleibt, während ein bewährter Staatssekretär gehen muß.

Und der *Verteidigungsminister*? Vierzehn Tage lang ließ er alle Welt darüber rätseln, wer wohl die Verhaftung von Conrad Ahlers in Spanien veranlaßt haben könnte, und blieb bei seiner Behauptung: „Ich habe mit der Sache (also mit der Spiegel-Affäre) nichts zu tun, im wahrsten Sinne des Wortes nichts zu tun." Dann aber, im Parlament in die Enge getrieben, mußte er zugeben, daß er persönlich das entscheidende Telephongespräch mit Oberst Oster in Madrid geführt hatte. Doch auch er ließ seinen Staatssekretär die Sache ausbaden.

Zwar hat Franz-Josef Strauß auf der offenen Bühne des Parlaments mit großer Geste erklärt, er trage die volle politische und parlamentarische Verantwortung für alles, was in seinem Ministerium geschehen ist. Aber er selber weiß am besten, daß dies eine hohle Phrase ist, denn es gibt in der Bundesrepublik keine parlamentarische Verantwortung der Minister. Man kann ja keinen einzelnen Minister aus dem Kabinett herausbrechen und stürzen, man kann nur versuchen, ihn zum Rücktritt zu veranlassen, aber das bringt in diesem Fall offenbar niemand fertig. Und darum blieb Minister Strauß, und Staatssekretär Hopf wurde beurlaubt. Man muß sich das einmal vorstellen, da bleibt ein Minister und läßt den Staatssekretär, der sich schützend vor ihn stellte, über die Klinge springen. In was für Zuständen leben wir eigentlich? Wie war es überhaupt möglich, daß ein solcher Stil sich ausbreiten konnte?

Ein hoher Beamter im alten Preußen, so heißt es, sei einmal auf dem Sterbebett gefragt worden, woran er denke. Die bei vollem Bewußtsein gegebene Antwort habe gelautet: „An den Staat." An den Staat, der nach damaliger Auffassung nicht eine aus Notwendigkeit und Nützlichkeitserwägungen geschaffene Einrichtung war, sondern ein seltsames Zusammenwirken göttlicher Offenbarung und menschlicher Konzeptionen. Wer aber denkt heute noch an den Staat? Wem sind die Institutionen noch wichtig in einer Zeit, in der sich alles um individuelle Sicherheit, Wohlstand und persönliches Glück dreht? In einer Zeit, in der der Lebensstandard zum Angelpunkt aller Dinge geworden ist?

Da hat man staatsbürgerlichen Unterricht an den Schulen eingeführt, aber an höchster Stelle in Bonn ist von Staatsbewußtsein wenig zu spüren. Als der Innenminister, der doch zugleich der *Verfassungsminister* ist, vom Parlament in die Enge getrieben wurde, meinte er begütigend, die Bundesdienststellen hätten bei der Festnahme von Ahlers in Spanien wohl „etwas außerhalb der Legalität" gehandelt – womit nur noch einmal *ex cathedra* jener widerwärtige Stil bestätigt wurde, von dem zuvor die Rede war. Jene Auffassung nämlich, die demokratischen Spielregeln und der formal vorgezeichnete Weg möchten wohl für die Untertanen ganz gut sein, die Führenden aber brauchten sich nicht daran zu halten, weil sie die Richtung auch ohne den vorgeschriebenen Weg fänden. Wenn man einen Freund hat, der gute Beziehungen zur spanischen Polizei besitzt, dann ruft man den eben an; das ist doch viel einfacher als der umständliche bürokratische Weg.

„*Je mehr Macht einer in den Händen hat, desto stärker ist er verpflichtet, die Grenzen zu wahren*", belehrte der Bundeskanzler den *Spiegel*. Er selber jedoch ist sich in schöner Unschuld der Macht, die er in Händen hält, und der Verantwortung, der er verpflichtet ist, offenbar gar nicht bewußt: „*Leute, die dem* Spiegel *so viel Anzeigen geben, stehen nicht hoch in meiner Achtung.*" Protesttelegramm einer Firma: „Soll die Freiheit der Werbung beschränkt werden?" Erklärung einer anderen: „Wir lassen uns durch Adenauers Ausführungen nicht einschüchtern."

Und weiter: Im staatsbürgerlichen Unterricht wird dem Volk klargemacht, daß jemand, der sich in Untersuchungshaft befindet, bis zu dem Moment, da seine Schuld vor Gericht bewiesen ist, für unschuldig gilt. Der Kanzler aber, der es besser wissen sollte, sprach vor dem Bundestag von einem Blatt, das „*systematisch, um Geld zu verdienen, Landesverrat treibt*". Womit er suggestiv unterstellt, daß Rudolf Augstein des Landesverrats und der Bestechung überführt und rechtskräftig verurteilt sei. Und auch die Bemerkung, „*Wenn Ahlers zufällig in Deutschland gewesen wäre, hätte ihn dasselbe Mißgeschick getroffen, es ist daher unerheblich, ob er in Malaga oder in Hamburg verhaftet wurde – darüber rege ich mich nicht auf*", zeugt nicht gerade davon, daß rechtsstaatliche Bedenken des Kanzlers Schlaf beschatten. Ob legitim in Hamburg oder „etwas außerhalb der Legalität" in Spanien – verhaftet ist verhaftet, punktum. Diese lapidare Art zu denken, ist typisch für ihn und sein Regime.

Bestimmt er, was Landesverrat ist?

Strauß ist zwar intellektuell viel differenzierter, aber in der Anlage genauso autoritär. Und bei ihm, der

1962 SPIEGEL-AFFÄRE

aus einer jüngeren Generation stammt, ist dies nun wirklich unverzeihlich. Die unabhängige englische Wochenzeitung *Spectator* schrieb vor ein paar Tagen: „*Mehrfach ist der Verteidigungsminister persönlich von der NATO zur Ordnung gerufen worden, weil er Geheimmaterial in öffentlichen Reden und Aufsätzen verwandte, wenn es darum ging, seine Forderung nach atomarer Artillerie zu unterstützen.*"

In der Tat kann sich niemand so ganz des Gefühls erwehren, daß der Verrat militärischer Geheimnisse, dessen die *Spiegel*-Leute angeklagt sind, vielleicht nicht beanstandet worden wäre, wenn der Verrat im Sinne der Straußschen Thesen positiv gewirkt hätte. Mit anderen Worten, daß ein solcher Verrat nur dann verfolgt wird, wenn er den Konzeptionen des Verteidigungsministers zuwiderläuft.

Das ist ein schwerer Vorwurf, ein sehr schwerer Vorwurf. Daß er erhoben wird, hat Strauß sich selbst zuzuschreiben. Immer wieder werden Klagen laut über seine autoritäre Amtsführung. Mit dem Argument „Feind hört mit", werden in der Bundesrepublik alle militärpolitischen Diskussionen unterdrückt, an denen die angelsächsischen Länder so reich sind. Dabei könnte man sehr wohl geltend machen, daß „der Feind" noch nie so eindeutigen Aufschluß bekam wie neulich, als das, was im *Spiegel* stand, von höchster Stelle mit dem Etikett „*militärisches Geheimnis*" versehen wurde. In USA, wo militärische Probleme von bekannten Fachleuten in vielen Details diskutiert werden, ist es jedenfalls für „den Feind" viel schwerer, ein zutreffendes Bild zu gewinnen, denn dort gibt es kaum eine

1962 Verteidigungsminister Franz Josef Strauß gerät durch die *Spiegel*-Affäre innenpolitisch in Bedrängnis

Theorie, die nicht öffentlich vertreten wird.

Es kann sehr wohl sein, daß eines Tages, wenn der Staub sich gelegt hat, den die *Spiegel*-Affäre aufwirbelte, herauskommen wird, daß der ganzen Geschichte sehr viel weniger kriminelle Sensationen und sehr viel mehr ernsthafte militärpolitische Kontroversen zugrunde liegen, als man im Augenblick glaubt. Seit Strauß' Presseoberst, der Berufsdementierer *Schmückle,* im Januar dieses Jahres in einem Artikel, der viel Ärgernis verursachte, schrieb: *„Die Idee vom konventionellen Krieg in Europa ist militärische Alchemie"* und die einzige Realität sei der atomare Krieg, seither weiß man, daß es unter den hohen Offizieren der Bundeswehr unversöhnliche Gegensätze gibt. Diejenigen, deren Anschauungen den Auffassungen von Strauß und Schmückle zuwiderlaufen – hinsichtlich der atomaren Bewaffnung und wohl auch hinsichtlich der Berlin-*Planung* –, sind zum Schweigen verdammt, denn in Bonn wird nicht diskutiert.

Gar nicht geschwiegen hat in den letzten Wochen die deutsche Öffentlichkeit. Noch nie gingen die Wogen staatsbürgerlicher Erregung bei uns so hoch wie jetzt während der *Spiegel*-Affäre. Noch nie wurden so viele protestierende Resolutionen verfaßt, so viele Diskussionen abgehalten.

In Bonn war man zornig, weil der erste Gedanke fast aller Bundesbürger der Sorge um die Pressefreiheit galt und nicht dem Abscheu gegen einen möglichen Landesverrat des *Spiegels.* Aber das hat Bonn sich selbst zuzuschreiben. Wenn eine Regierung einen Minister in ihren Reihen duldet, der keine moralische Glaubwürdigkeit mehr besitzt, einen Minister, der das Parlament an der Nase herumführt und seine Untergebenen nicht schützt; wenn die Fälle sich häufen, in denen Bonner Skandale von *Schmeisser* bis *Kilb* vertuscht werden; wenn es möglich ist, daß in einem Staat Leute wie Dusenschön frei herumlaufen und in Koblenz ein Kriminaldirektor wegen Verbrechen gegen die Menschlichkeit angeklagt ist – dann darf niemand sich wundern, wenn das Volk die Autoren eines Nachrichtenmagazins, die dazu neigen, alles in der Schlüssellochperspektive zu sehen, für Helden und Märtyrer der Freiheit hält.

1962 Entlassung des wegen Landesverrats verhafteten *Spiegel*-Redakteurs Claus Jacobi aus der Haft am 13. November

1963–1965 FRANKFURTER AUSCHWITZ-PROZESS

1963–1965
Frankfurter Auschwitz-Prozess

DIE ZEIT

KONTROVERSEN

Am 20. Dezember 1963 beginnt in Frankfurt der größte Massenmordprozess in der deutschen Rechtsgeschichte: Auf der Anklagebank sitzen zu Beginn 22 Mitglieder der SS-Wachmannschaft des Konzentrations- und Vernichtungslagers Auschwitz, zwei von ihnen scheiden während des Verfahrens krankheitsbedingt aus. Der Prozess dauert mehr als eineinhalb Jahre; am 19. August 1965 werden die – milden – Urteile verkündet: Sechsmal »lebenslang«, zehn Zuchthausstrafen zwischen dreieinhalb und vierzehn Jahren sowie eine zehnjährige Jugendstrafe werden verhängt. Drei Angeklagte erreichen einen Freispruch. In der ZEIT zieht Dietrich Strothmann nach 165 Verhandlungstagen eine erste Zwischenbilanz.

DIE ZEIT, 11. Juni 1965

Auch die Gerechtigkeit braucht ihre Zeit

Nach 165 Tagen: Zwischenbilanz im Frankfurter Auschwitz-Prozeß

VON DIETRICH STROTHMANN

Die Zahlen sprechen für sich. Die Zahlen jener vier Jahre, in denen das Feuer in den Krematorien nicht erlosch, in denen die Gaskammern niemals leer blieben. Über zwei Millionen Menschen starben in Auschwitz, wurden vergast, erschossen, erschlagen, zertreten, ausgehungert. Vierzig Quadratkilometer groß war das Gelände der Massenmordmaschinerie, mit seinen Lagern, Baracken, Krematorien und Gaskammern. 6000 SS-Männer hielten die Todesfabrik in Gang, Offiziere, Ärzte, Sanitäter, Gestapomänner, Bewacher.

Auschwitz und kein Ende? Der Prozeß begann vor 18 Monaten, zum Weihnachtsfest 1963. Er dauert nun schon über 165 Verhandlungstage, das ist zusammengerechnet fast ein halbes Jahr Tag für Tag Auschwitz-Prozeß, von früh morgens bis zum späten Nachmittag: 165mal mehr als sechs Stunden. Als das Schwurgericht „gegen Mulka und andere" damals nahe der Paulskirche im Sitzungssaal des Frankfurter Stadtparlamentes zusammentrat, waren es noch 22 Angeklagte; einer starb unterdessen, ein anderer wurde schwer krank. Damals befanden sich noch 13 Angeklagte auf freiem Fuß, nun sind es nur noch drei. Der Schwurgerichtsvorsitzende Hans Hofmeyer führte damals den Titel eines Landgerichtsdirektors, heute ist er Senatspräsident.

Boger im Theater

Auch der Prozeß um Auschwitz ist ein Prozeß der Zahlen. 359 Zeugen traten vor die Schranken des Gerichtes; sie kamen aus 19 Ländern; ihre Aussagen sind in zwanzig Aktenordnern und Tonbändern festgehalten. Seit zehn Verhandlungstagen plädieren die vier Staatsanwälte, die drei Nebenkläger, die 18 Verteidiger. Im Juli sollen die Urteilssprüche gefällt werden, im provisorisch hergerichteten Theatersaal des Bürgerhauses im Frankfurter Gallusviertel, im Schatten des Hügels, auf dem früher einmal der Galgen

1963–1965 FRANKFURTER AUSCHWITZ-PROZESS

stand. Und es wird nicht der letzte Prozeß um Auschwitz sein; andere werden bereits vorbereitet.

Auschwitz und kein Ende? Die Tageszeitungen berichten regelmäßig aus dem Gerichtssaal, deutsche und ausländische, dreimal pro Woche. Die Rundfunkanstalten senden in Abständen große Übersichten über den Stand des Verfahrens. Und vom 19. Oktober ab werden auf den Drehbühnen vieler deutscher Theater Wachtürme, Stacheldrahtverhaue und flammenspeiende Schlote stehen, werden Kaduk und Boger schreien und töten. „Die Ermittlung", das Auschwitz-Requiem von Peter Weiß, wird an diesem Tag uraufgeführt.

Die Zuhörerbänke haben sich gelichtet, die Spannung hat nachgelassen, die Szene des Tribunals hat sich gewandelt. Keine Zeugen mehr, die den Tränen nahe sind, die unter der Erinnerung fast zusammenbrechen. Auch kein lärmender Auftritt mehr zwischen Kaul, dem Staranwalt aus Ostberlin, und seinem Widerpart Laternser, der schon in Nürnberg verteidigte. Keine zornige Unterbrechung der Sitzung durch den Vorsitzenden. Es ist ruhig geworden im Auschwitz-

1964 Mitglieder des Frankfurter Schwurgerichts und Journalisten während einer Ortsbesichtigung in Auschwitz

Prozeß. Das Schrecken verschwindet hinter Paragraphen, Verordnungen, Befehlen. Es wird zu einer Sache nüchterner Interpretation. Leer ist der Zeugenstuhl vor der Richterrampe, auf dem jene saßen, gebeugt, zitternd, die wie durch ein Wunder davongekommen waren. In den mit stahlblauen Vorhängen drapierten, von der Junisonne hell erleuchteten Verhandlungssaal ist die Sachlichkeit eingezogen. Zu Ende das Frage- und Antwortspiel über das Entsetzliche, zu Ende der Streit um Aussagen und Meinungen. Die Erinnerung trat von der Szene ab.

Die Advokaten haben nun das Wort. Erst die Ankläger und Nebenkläger, die noch einmal, in wohlgesetzten Worten, das Grauen beschwören, die untilgbare Schuld der Schuldigen, die vor ihnen sitzen, flankiert von jungen Polizeibeamten. Dann die Verteidiger, redegewandt die einen, stockend die anderen, die für ihre Mandanten den „Befehlsnotstand" oder das fehlende „Unrechtsbewußtsein" beanspruchen. Hitler, Himmler, Heydrich, so plädieren sie, waren die Übeltäter, aber – die „Kleinen hängt man, die Großen läßt man laufen".

Nur eine Reckstange
Juristische Argumente werden von denen vorgebracht, die es auf sich genommen haben, diese Angeklagten zu verteidigen, spitzfindige Argumente sind darunter, zuweilen auch haltlose: Schon vor 1933 habe es auch bei den Polen einen Antisemitismus gegeben, der sich „hinter NS-Vorstellungen nicht zu verbergen brauchte". Deutsche Standgerichte und Wehrmachtstribunale hätten selber 26 000 Todesurteile gefällt. Welcher Richter, welcher Staatsanwalt, welcher Kommandeur habe den Massenmord an Juden, Zigeunern, russischen Kriegsgefangenen angeprangert? Die berüchtigte „Schaukel", das Folterinstrument Bogers, sei „zuerst nichts anderes als eine Reckstange" gewesen, das „einzig wirksame Mittel der körperlichen Einwirkung, das einzige, worauf die Menschen reagierten". Aus dem Evangelium des Johannes wird zitiert: „Es kommt sogar die Stunde, daß jemand, der Euch tötet, meint, Gott einen Dienst zu erweisen." Und der Appell an das Gericht fehlt auch nicht, die Mahnung: „Möge die Gefahr vorübergehen, daß aus einer unbewältigten Vergangenheit eine unbewältigte Zukunft wird."

Der Prozeß, so sagen viele, dauert zu lange, viel zu lange. Ein halbes Jahr wäre vollauf genug gewesen. Warum die vielen Zeugen aus aller Herren Länder, warum die zahllosen Beweisanträge? Warum die Ortsbesichtigung in Auschwitz, das endlose, quälende Ausfragen nach Details, nach dem Aussehen des SS-Offiziers etwa, der an der Birkenauer Rampe stand, nach seiner Uniform, seiner Sprechweise? Warum all die Protokolle, die verlesen, die Gutachter, die vorgeladen wurden? Warum solch ein Mammutprozeß? meinen selbst Gutwillige. Warum dieses Monsterverfahren? ereifern sich jene, die vom „Nestbeschmutzen" reden und vom „Schlußstrichziehen".

Die Richter sind nicht dazu da, Geschichte zu schreiben. Der Prozeß um Auschwitz wurde nicht für die Nachwelt angestrengt, Vergessenes unvergessen zu machen, das Gewissen einer Nation aufzurütteln. Es geht um den Nachweis von Schuld und um die Strafe für Schuld – um die Schuld von zwanzig Menschen, von zwanzig einzelnen. Und es geht darum, ihnen dennoch Gerechtigkeit widerfahren zu lassen. Dem, der am Schreibtisch saß und Anweisungen unterschrieb, für die Lieferung luftdichter Gaskammertüren zum Beispiel. Dem, der 30 000 ungarische Juden aus den Viehwaggons für den Tod auswählte, mit einem Stock, um sich nicht schmutzig zu machen. Dem, der die Phenolspritze in das Herz des abgemagerten Häftlings stieß, in viele hundert Herzen. Dem, der betete, ehe er einen erschlug, der sich weiße Handschuhe überstreifte, bevor er seinen Exekutionskarabiner mit zur „Schwarzen Wand" nahm, der den Zigeunerkindern einen Spielplatz bauen ließ, bis sie dann doch liquidiert wurden.

Sie alle mordeten mit, auf diese oder jene Weise, mit einem Telephonanruf, mit einer Handbewegung, einem Gewehr, einer Nadel, einem Fußtritt, einem Schlag mit der Eisenstange. Sie alle mordeten anders, sie alle töteten verschieden viele Menschen. Wer von ihnen ist da schuldiger? Der, der einen zu Tode trampelte, der einen ertränkte, oder der, der mit einem einzigen Fingerzeig Tausende in die Gaskammer schickte, der das Zyklon B bestellte? Der Arzt, der wissen mußte, daß er Menschen umbrachte, statt ihnen zu helfen, wie er geschworen hatte? Der 19jährige SS-Mann, dem eingebläut worden war, Juden seien Läuse, und die müsse man tottreten? Der gedungene ehemalige Häftling, der sein Leben retten wollte, indem er das Leben anderer vernichtete?

1963–1965 FRANKFURTER AUSCHWITZ-PROZESS

Die zwanzig Angeklagten können nicht alle über einen Leisten geschlagen werden. Was sie taten, wie sie es taten und ob sie es taten – dies alles mußte untersucht, geprüft, bewertet werden. Zwanzig von den Sechstausend, die sich in Auschwitz schuldig machten, sitzen in Frankfurt auf der Anklagebank, Biedermänner sie alle, jeder ein Jedermann. Die Schuld eines jeden muß nachgewiesen, jede ihrer Taten muß bezeugt, im Zweifelsfall in Frage gestellt werden. Jeder von ihnen muß angeklagt und verteidigt werden. Auschwitz dauerte rund 1500 Tage. Wieviel zählen da die 165 Tage des Auschwitz-Prozesses? Und die weiteren zwanzig bis zur Verkündung des Urteils?

Wo die Sprache versagt

Schon ist das meiste wieder vergessen, was in den letzten Monaten zur Sprache kam, das, wofür es keine Sprache zu geben scheint: „abspritzen", „Sport machen", „Muselmänner", „Eine Laus – Dein Tod", „Jedem das Seine", „Boger-Schaukel", „Schwarze Wand", „Bunker". Nun, da die Verteidiger das Wort im Theatersaal des Frankfurter „Gallus"-Hauses haben, erinnert sich schon niemand mehr an die Zeugen, die der Hölle entrannen – an den alten Mann, der seine Familie in der Gaskammer verlor, während er am Leben blieb, an die Frau, die von ihrer Mutter fortgerissen wurde, an den Häftling, der die Leichen der Erstickten mit Haken in die Verbrennungsöfen zog. Geblieben sind nur der leere Stuhl vor der Richterbank und die unzähligen schwarzen Punkte auf dem Treppenabsatz vor der Gerichtsbühne, die Kratzer ihrer Schuhe, letzte Spuren.

Wie lange noch dieser Prozeß, dieses „Gerichtsmonstrum", dieses Mammutverfahren? 120 Seiten lang war das Manuskript des Boger-Verteidigers Aschenauer, 140 Seiten umfaßt das Plädoyer des Anwalts Laternser. Und viele werden ihnen noch folgen. Auch die Gerechtigkeit braucht ihre Zeit, nicht nur die Schuld.

Es war in einer der letzten Sitzungen. Stundenlang schon plädierte ein Verteidiger für seinen Mandanten, schilderte Zeitumstände, Lebenslauf, Verstrickungen. Eine der drei Frauen, die als Geschworene seit dem 20. Dezember 1963 neben den Richtern sitzen, übermannte die Müdigkeit. Immer wieder sank ihr Kopf auf die Hände, die regungslos auf der Tischplatte lagen. Senatspräsident Hofmeyer unterbrach die Rede des Anwalts: „Wie lange werden Sie noch sprechen, Herr Verteidiger? Eine der Geschworenen kann der Verhandlung nicht mehr folgen. Sie ist erschöpft." Die Frau schreckte hoch. „Ich bin in fünf Minuten zu Ende, Herr Vorsitzender." Hofmeyer blickte fragend nach links, zu der Geschworenen hinüber. Die Frau nickte mit dem Kopf: Es geht schon noch ...

Der Prozeß wird fortgesetzt.

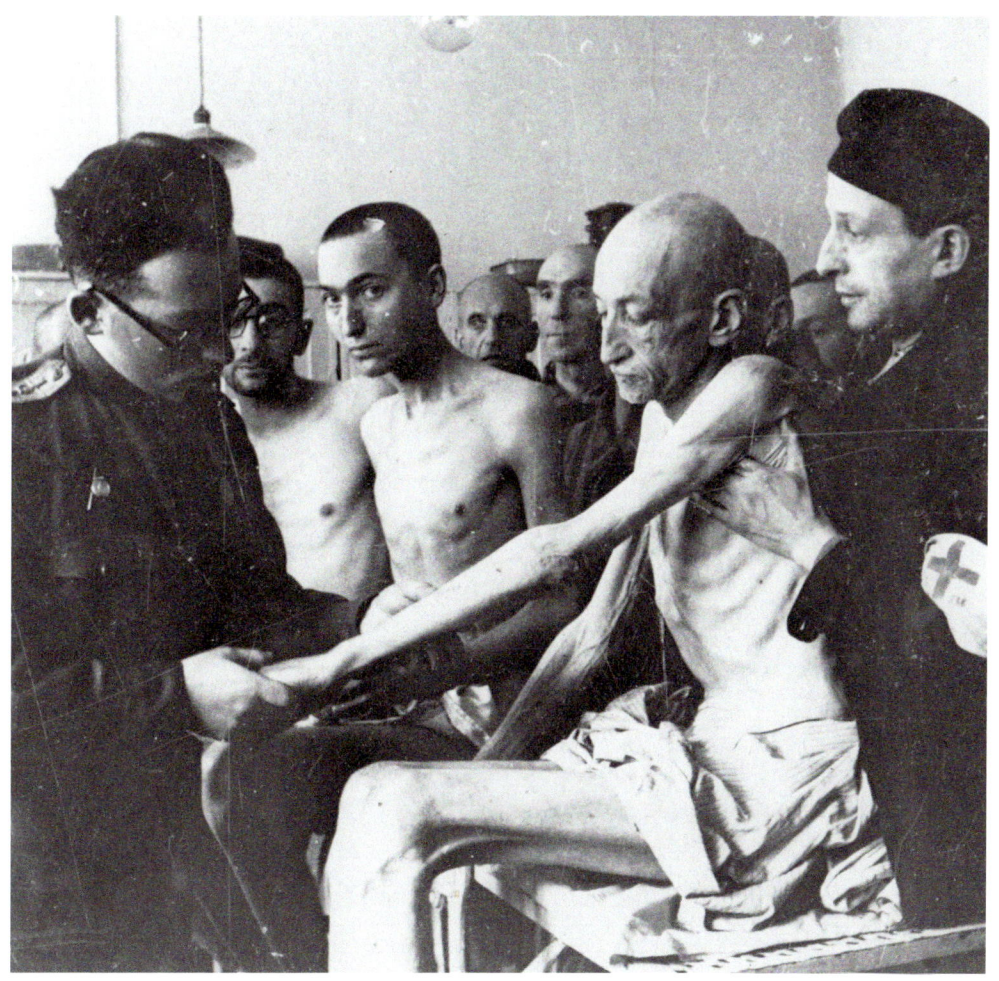

1945 Nach der Befreiung durch die Rote Armee am 26. Januar betreut ein Arzt Überlebende des KZ Auschwitz

1966–1982

Aufruhr und Zuversicht — 118

DIE ZEIT KONTROVERSEN

1966–1969	Erste Große Koalition	145
1967–1968	Studentenbewegung	152
1968	Notstandsgesetze	161
1968	Sexuelle Revolution	167
1969	Willy Brandt wird Kanzler	172
1970	Moskauer Vertrag	176
1970	Kniefall von Warschau	183
1971–1976	Paragraf 218	190
1972	Geiselnahme bei den Olympischen Spielen	197
1972–1976	Club of Rome: »Grenzen des Wachstums«	203
1973	Erste Ölkrise	210
1974	Guillaume-Affäre	214
1977	Deutscher Herbst	222
1978	Filbinger-Affäre	230
1979	Fernsehserie »Holocaust«	237
1979	Nato-Doppelbeschluss	241
1980	Gründung der Grünen	248

1970 Willy Brandt kniet vor dem Ghetto-Mahnmal in Warschau

1966–1982 Aufruhr und Zuversicht

1973 Eine Musikgruppe *(Wir)* tritt bei den X. Weltfestspielen der Jugend und Studenten in Ost-Berlin auf.

1966–1982 Aufruhr und Zuversicht **121**

Aus West-Berlin und der Bundesrepublik sind rund 800 Jugendliche angereist

1977 Die RAF entführt Hanns Martin Schleyer in Köln. Sein Fahrer und drei Polizisten sterben im Kugelhagel

Chronik der Ereignisse

Aufruhr und Zuversicht

In den Jahren von 1966 bis 1983 stellten Studentenproteste und RAF-Terror die noch junge Demokratie der Bundesrepublik auf eine harte Bewährungsprobe. In der Außenpolitik hingegen begann eine Ära der Entspannung. Ein Essay **VON EDGAR WOLFRUM**

Der Sturz des Kanzlers Ludwig Erhard war brutal. Die eigene Fraktion erzwang seinen Rücktritt und nominierte am 10. November 1966 den Ministerpräsidenten von Baden-Württemberg, Kurt Georg Kiesinger, als neuen Kanzlerkandidaten. Nachdem die FDP vom Regierungszug abgesprungen war, verfügte die Union jedoch über keine Mehrheit. Im Prinzip war alles denkbar: Neuwahlen, CDU/FDP-Koalition, SPD/FDP-Koalition, Große Koalition. Aber eben nur im Prinzip. Vorgezogene Neuwahlen stießen bei der Union auf Ablehnung, denn nach dem innerparteilichen Gezänk war ein auch nur annähernd so gutes Wahlergebnis wie 1965 kaum vorstellbar, man hätte die Macht wohl verspielt. An eine Neuauflage der Koalition mit den Liberalen aber dachten die meisten Christdemokraten nur mit Schrecken. War es nicht an der Zeit, die FDP, die sich eine maßlose Selbstüberschätzung angewöhnt hatte, endlich in die Wüste zu schicken?

Eine »Elefantenhochzeit«, eine Große Koalition also? War die Bundesrepublik wirklich in so großer Gefahr, dass eine solche Notlösung, eine Ausnahmekoalition, gerechtfertigt werden konnte? Die Rezession, eine neue Erfahrung für die Bundesbürger, verursachte Angst, gesellschaftliche Unruhe war entstanden; der Bundeshaushalt musste saniert werden, und innenpolitische Reformen harrten dringend der Erledigung, außenpolitisch galt es, den erhardschen Schlingerkurs zu beenden. Aber von einem wirklichen Notstand war man weit entfernt. So spielten strategische Gesichtspunkte die Hauptrolle: Die Union wollte weiterregieren, und die SPD wollte mitregieren. Seit Jahren hatte besonders Herbert Wehner, SPD-Fraktionsvorsitzender, auf eine Große Koalition hingearbeitet, er war ihr maßgeblicher Architekt. Die Umarmungsstrategie gegenüber der Union sollte die SPD aus der seit 1949 bestehenden Daueropposition herausführen.

Die Kanzlerwahl am 1. Dezember 1966 fiel nicht gerade eindrucksvoll aus: Kiesinger erhielt 340 Stimmen, die Koalition verfügte indes über 447 Mandate. Kiesinger hatte sich in den vergangenen Jahren aus den leidigen Bonner Unionsquerelen herausgehalten und galt seinen Parteifreunden als frischer Retter aus der Provinz. In Bonn kam der elegante, gebildete, aber auch redselige Schwabe nun manchen wie ein Paradiesvogel vor; Kiesinger

In Berlin gründen Fritz Teufel, Dieter Kunzelmann und andere Protagonisten der Protestszene die Kommune 1, der später auch Rainer Langhans und Uschi Obermaier (Foto) angehören

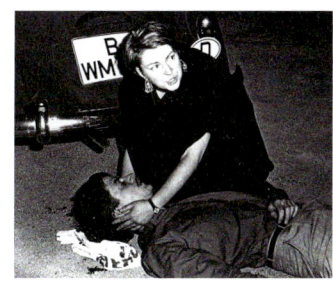

1. DEZEMBER 1966 — **1. JANUAR 1967** — **2. JUNI 1967**

Kurt Georg Kiesinger (CDU) wird Kanzler in einer Großen Koalition mit dem SPD-Vorsitzenden Willy Brandt als Vizekanzler und Außenminister

Bei einer Demonstration gegen den Besuch des persischen Schahs Mohammed Reza Pahlevi erschießt der Berliner Kriminalobermeister Karl-Heinz Kurras den Studenten Benno Ohnesorg (Foto). Der studentische Protest formiert sich daraufhin zur außerparlamentarischen Opposition (Apo)

---

trage, so eine begeisterte Journalistin, sein Amt »wie ein Hermelin«. Auf seiner eigenen Weste befand sich jedoch ein dunkler Fleck: Kiesinger war Mitglied der NSDAP gewesen, ein »Märzgefallener« des Jahres 1933. Auch Karl Schiller und Lauritz Lauritzen, beide SPD-Minister, hatten der NSDAP angehört, Gerhard Schröder (CDU) war SA-Mann gewesen. Dagegen: Willy Brandt, Vizekanzler und Außenminister, hatte als Aktivist der Sozialistischen Arbeiterpartei das NS-Regime bekämpft, Herbert Wehner war KPD-Funktionär gewesen. Die Große Koalition – das war auch eine Allianz deutscher Aussöhnungen.

Nachdem sie 1969 im Streit beendet wurde, wollte lange niemand mehr etwas von ihr wissen: eine vergessene Regierung. Der Union erschien die Große Koalition bald nur als Geburtshelferin der sozial-liberalen Regierung; und die SPD verband allein mit dem Machtwechsel von 1969 den eigentlichen Aufbruch zum modernen Deutschland. Dabei war die Große Koalition eine der erfolgreichsten Regierungen, die die Bundesrepublik kannte. Kiesingers Regierungskunst bestand im Vermitteln, den Ton gaben Primadonnen an: Wirtschaftsminister Karl Schiller und Finanzminister Franz Josef Strauß wirkten nahezu kongenial zusammen und wurden frei nach Wilhelm Busch bald »Plisch und Plum« genannt.

Planung als Reformprinzip – begrifflich modern verpackt: Vorausschauende Arbeitsmarktpolitik, Mittelfristige Finanzplanung (MiFriFi), Konzertierte Aktion, Globalsteuerung, alles lief auf eine antizyklische Konjunkturpolitik im Sinne von Keynes und den New Economics hinaus. Eine zweite Phase der bundesdeutschen sozialen Marktwirtschaft wurde eingeläutet.

ZITATE DES JAHRES

1966

Strauß, das ist eine der Kröten, die man schlucken musste, wenn man die Große Koalition wollte.

Helmut Schmidt

8. JUNI 1967

Um die Wirtschaftskrise zu überwinden, erlässt die Regierung das sogenannte Stabilitätsgesetz. Sie wendet sich damit vom Glauben an eine Selbstregulierung des Marktes ab. Das Foto zeigt Kurt Schmücker (CDU), der 1966 als Bundeswirtschaftsminister des Kabinetts Erhard das Stabilitätsgesetz im Bundestag ausführlich begründet

1. JULI 1967

Gründung der Europäischen Gemeinschaft (EG). Die Entscheidungsgremien der bestehenden europäischen Institutionen wie der Europäischen Wirtschaftsgemeinschaft und der Euratom (European Atomic Energy Community) werden zusammengefasst

FEBRUAR und OKTOBER 1968

Bei den Olympischen Spielen – im Winter in Grenoble, im Herbst in Mexiko – treten erstmals zwei deutsche Mannschaften an. Bereits 1965 hatte das Internationale Olympische Komitee dem Antrag der DDR auf eine eigene Olympiamannschaft stattgegeben. Das Foto zeigt die bundesdeutschen Sportler bei der Eröffnungsfeier in Mexiko

1966

Ich möchte Herbert Wehner nicht mit Muhammad Ali Clay vergleichen. Ich möchte ihm aber zubilligen, dass er der Größte ist in der SPD.

Franz Josef Strauß

Durch Schillers verbale Brillanz und sein progressiv-modisches Outfit umgab die staatliche Planung ein Flair des Fortschrittlichen. Wenn er davon sprach, man befinde sich »auf der Talsohle der Konjunktur«, begriff jeder und jede, dass es bald wieder aufwärtsgehen würde. Strauß sekundierte tatkräftig, indem er vom Sparsamkeitseifer früherer Finanzminister abging und eine dosierte Staatsverschuldung für vertretbar hielt, wenn damit die Konjunktur angekurbelt werden konnte. Das geschah tatsächlich.

Regionale Raumordnungspläne hatten ebenso Hochkonjunktur wie die moderne Großforschung mit ihrem Herzstück, dem atomaren Schnellen Brüter. Gigantische verkehrspolitische Pläne sahen in Ballungsgebieten Straßen mit bis zu 18 Spuren vor. Justizminister Gustav Heinemann reformierte das 1871 geschaffene Strafgesetz, ja selbst die sozialpolitische Bilanz der Großen Koalition konnte sich sehen lassen. Und eine Finanzreform regelte 1969 die Rechte und Pflichten des Bundes und der Länder neu. Sie mutete dem bisherigen föderalen Prinzip einiges zu, indem sie durch einen neu gefassten Finanzausgleich zwischen Bund und Ländern sowie zwischen »armen« und »reichen« Ländern auf einen »kooperativen Föderalismus« setzte.

Was die Koalitionäre damals als Planungsverbund der Zukunft priesen, ist später jedoch kritisch gesehen worden, denn die viel gerühmte »Politikverflechtung« wirkt bis heute als Bremse, ja Blockade.

Das umstrittenste Kapitel der Großen Koalition stellte die Verabschiedung der Notstandsgesetze dar, die allerdings wegen ihrer Bedeutungsschwere überhaupt nur in einer solchen Konstellation möglich war. Mit dem Inkrafttreten der Gesetze am 28. Juni 1968 erloschen die alliierten Sicherheitsvorbehalte aus dem Deutschlandvertrag von 1952. Der Ausnahmezustand ist die Stunde der Exekutive, und Verfassungsbestimmungen zu einem Notstand sind etwas Normales für Demokratien.

Die NPD-Wahlerfolge ließen daran zweifeln, dass die Deutschen aus ihrer Geschichte gelernt haben

Deutschland aber war aufgrund seiner Geschichte nicht normal. Sahen die Kritiker die Demokratie dadurch in Gefahr, dass für einen eventuellen Notstand geplant wurde, so hielten es die Befürworter für Demokratie gefährdend, wenn keine Vorsorge für den Krisenfall getroffen werde. Die Apo diffamierte die Gesetze maßlos als »NS-Gesetze«. Aber es wäre un-

1966–1982 Aufruhr und Zuversicht

In einem Volksentscheid stimmen, nach offiziellen Angaben, 94,5 Prozent der DDR-Bürger für die neue DDR-Verfassung, die erstmals die Führungsrolle der SED und ihre Ideologie verfassungsrechtlich festschreibt. Das Bild zeigt »Demonstranten« in Ost-Berlin, die für die Verfassung werben

Der Bundestag verabschiedet die sogenannte Notstandsverfassung. Sie tritt am 28. Juni in Kraft und erweitert die militärischen Entscheidungsbefugnisse der Regierung in Krisensituationen wie dem Verteidigungsfall, bei einem »inneren Notstand« oder bei Naturkatastrophen

6. APRIL 1968 — **11. bis 17. APRIL 1968** — **30. MAI 1968**

Nach einem Attentat auf den Studentenführer Rudi Dutschke (Foto) gehen Tausende Menschen auf die Straße. An manchen Orten eskalieren die Demonstrationen zu Straßenschlachten mit der Polizei. Am 24. Dezember 1979 stirbt Dutschke an den Spätfolgen seiner Verletzungen

---

angebracht, sämtliche Kritiker als weltfremde Warner zu verunglimpfen; den meisten ging es vor dem Hintergrund der jüngsten Vergangenheit mit allem Ernst darum, die Demokratie nicht zu beschneiden. Der autoritäre Zungenschlag mancher Befürworter der Notstandsgesetzgebung verschärfte nicht völlig zu Unrecht die Gegenstimmen.

Weder die Große Koalition an sich noch die Notstandsgesetze führten zum Untergang Deutschlands; die Horrorszenarien vieler im Dezember 1966 entsetzter Intellektueller wie Karl Jaspers oder Günter Grass bewahrheiteten sich nicht, die Bundesrepublik befand sich nicht auf einem verhängnisvollen Weg in den Einparteienstaat. Allerdings hinterließ die Große Koalition auf dem rechten wie dem linken Spektrum erhebliche Manövrierräume. Die Wahlerfolge der NPD ließen daran zweifeln, dass die Deutschen aus ihrer Geschichte gelernt hatten, und auf der linken Seite glaubten viele rebellische Studenten, das »System« sei nicht reformierbar.

Bis zum 2. Juni 1967 waren die studentischen Proteste, die seit einiger Zeit im Bundesgebiet und Berlin auf der Tagesordnung standen, gewaltfrei verlaufen. Doch an diesem Tag war der persische Schah Reza Pahlevi, einer der übelsten Diktatoren, auf Staatsbesuch in Berlin. Abends vor der Oper, wo der Gast Mozarts *Zauberflöte* sah, schwollen die Demonstrationen an. Plötzlich brach Panik aus, Menschen stürzten, ein Schuss war zu hören. Der 26-jährige Student Benno Ohnesorg wurde aus einer Polizeipistole tödlich getroffen. Sein Tod wirkte wie ein Fanal für die Studentenrevolte, die jetzt massenhaft Zulauf erhielt und sich radikalisierte.

Als dann am Gründonnerstag 1968 ein rechtsradikalen Kreisen nahestehender Gelegenheitsarbeiter einen Mordanschlag auf Rudi Dutschke verübte, den Teile der Medien als »Staatsfeind« verteufelten, und ihn dabei so erheblich verletzte, dass er 1979 an den Spätfolgen starb, kam es zu den schwersten Straßenschlachten in Deutschland seit dem Ende der Weimarer Republik. In 27 Großstädten gingen mehrere Hunderttausend Menschen auf die Straße, es kam zu massiven Ausschreitungen mit insgesamt über 400 Verletzten; in München wurden ein Fotograf und ein Student getötet.

Was waren »die 68er«? In Wirklichkeit eine recht heterogene Bewegung, »die« Ideen von 1968 hat es nicht gegeben, bestenfalls ein Konglomerat verschiedenster Gedanken(splitter) aus Marxismus, Kapitalismuskritik, Klassen- und

1967

Knüppel frei!

Berliner Polizeibefehl

1968

Mit der Anwendung der Pille wird die Grenze zwischen Gut und Böse überschritten.

Alois Hundhammer, bayerischer Landwirtschaftsminister

| AUGUST 1968 | OKTOBER 1968 | 14. OKTOBER 1968 |

Truppen des Warschauer Paktes marschieren in die Tschechoslowakei ein und beenden gewaltsam die Reformpolitik unter Alexander Dubček (»Prager Frühling«). Die brutale Intervention wirkt wie ein Schock

Nach Brandanschlägen auf zwei Frankfurter Kaufhäuser im April müssen sich vier Beschuldigte, darunter die späteren RAF-Terroristen Andreas Baader und Gudrun Ensslin, vor Gericht verantworten. Das Foto zeigt einen Frankfurter Feuerwehrmann bei der Begutachtung des entstandenen Schadens am 3. April

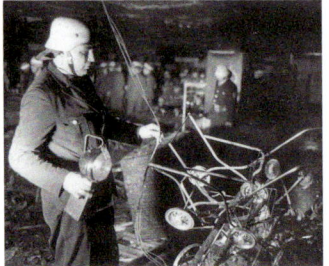

Bundespräsident Heinrich Lübke kündigt seinen vorzeitigen Rücktritt an. Am 5. März des folgenden Jahres wählt die Bundesversammlung den Sozialdemokraten Gustav Heinemann zu seinem Nachfolger

1968

Berlin braucht mich dringender denn je.
Fritz Teufel, Kommune 1

1969

Ein kleiner Schritt nur für einen Menschen, ein riesenhafter Sprung für die Menschheit.
Neil Armstrong beim Betreten des Mondes

Imperialismustheorie sowie aus der Sozialpsychologie. Daneben zeichnete die »Kinder von Karl Marx und Coca-Cola« (Jean-Luc Godard) zwar viel Idealismus aus, aber auch ein weltfremder Dogmatismus. Neue Einsichten und gesellschaftliche Gegenentwürfe verbanden sich mit Absurditäten und erstaunlichen Blindstellen etwa mit Blick auf die Frauenemanzipation.

Der immer brutaler werdende Vietnamkrieg war Katalysator der Proteste, synchronisierte sie über die nationalen Grenzen hinweg. Kolonialismus galt vielen 68ern als grausamste Form der Ausbeutung, eine Identifizierung mit der Dritten Welt, ihren Befreiungsbewegungen und Guerillakämpfern beziehungsweise den neuen Staatsführern nahm fast religiöse Züge an: Er-

1966 Rudi Dutschke und Ehefrau Gretchen (links, mit Mütze) auf einer Demonstration

1966–1982 Aufruhr und Zuversicht

24. OKTOBER 1968

Das Hippie-Musical Hair (Szenenfoto) hat ein Jahr nach der Uraufführung in New York in München Deutschlandpremiere

Theodor W. Adorno stirbt an den Folgen eines Herzinfarkts. Seine und die Schriften anderer Philosophen der Frankfurter Schule – vor allem die Herbert Marcuses – übten einen beträchtlichen Einfluss auf die Studentenbewegung aus. Das Foto zeigt Adorno 1968 bei einer Versammlung gegen die Notstandsgesetze

9. AUGUST 1969

28. SEPTEMBER 1969

Bei der Bundestagswahl erhält die SPD 42,7 Prozent der Zweitstimmen, die CDU 36,6. Die Große Koalition ist damit beendet. SPD und FDP bilden unter Willy Brandt und Walter Scheel eine sozialliberale Koalition

nesto Che Guevara, Fidel Castro, Ho Chi Minh und Mao Tse-tung avancierten zu »Vorbildern« in Theorie und Praxis, mit deren Hilfe man den Widerstand in der Dritten Welt idealisierte und ihn in die entwickelten Industriegesellschaften transferieren wollte.

Mit der Wahl Gustav Heinemanns zum Bundespräsidenten begann eine neue Ära

Überall war 1968 das Jahr der Radikalisierung: In Frankreich, wo Daniel Cohn-Bendit zum Star der Studentenrevolte aufstieg, erreichten die Proteste ein Ausmaß, das andere Länder nicht kannten. Hier kam es im Mai zu einer Verbindung zwischen Studenten und Arbeiterschaft, die ihrerseits mehr Mitbestimmung forderte, und zu einem Generalstreik, an dem sich bis zu neun Millionen Menschen beteiligten und von dem die deutsche Studentenbewegung nur träumen konnte. Frankreich glitt in eine Staatskrise ab, Präsident de Gaulle verließ Paris und zog sich in das Hauptquartier der französischen Truppen in Deutschland, nach Baden-Baden, zurück.

In den USA erlag die Symbolfigur der gewaltlosen Bürgerrechtsbewegung, Martin Luther King, im April einem Attentat, in 76 Ghettos der schwarzen Bevölkerung brachen gewaltsame Aufstände aus; und vier Monate später fiel auch Senator Robert Kennedy, auf dem die Hoffnungen der Demokraten ruhten, er werde nach gewonnener Präsidentschaftswahl den Krieg im Fernen Osten beenden, einem Mordanschlag zum Opfer. Im Osten Europas stürzte der Prager Frühling das kommunistische System in eine tiefe Krise, die Rote Armee warf Ende August die Erhebung nieder, was innerhalb der westlichen 68er-Bewegung auf erstaunlich wenig Erschrecken stieß.

Die 68er-Revolte in der Bundesrepublik speiste sich vor allem aus drei Wurzeln: 1. der Kritik an der Ordinarienuniversität, 2. dem Protest gegen die Große Koalition und ihre Notstandsgesetzgebung sowie 3. dem Vorwurf einer unzulänglichen Auseinandersetzung mit der NS-Vergangenheit. Entgegen ihrer Selbstmythisierung waren die deutschen 68er indessen nicht die Vorkämpfer von Emanzipation und Partizipation. Vor ihnen hatten die 45er die innere Demokratisierung vorangebracht.

Wo aber liegt vor diesem Hintergrund die Bedeutung der 68er? Zuerst: In den Unruhen bestand die bundesdeutsche Demokratie ihre Feuertaufe, und es gab einen Schub hin zu einer

1969

Wer ein guter Deutscher ist, kann kein Nationalist sein.

Willy Brandt

Willy Brandt wird zum ersten SPD-Bundeskanzler in der Geschichte der Bundesrepublik gewählt. In seiner berühmten Regierungserklärung vom 28. Oktober 1969 kündigt er an, er wolle »mehr Demokratie wagen«

Andreas Baader (Fahndungsfoto), der in Berlin seine Gefängnisstrafe wegen der Kaufhausbrandstiftung von 1968 absitzt, wird von Komplizen gewaltsam befreit. Von Juni bis August lassen sich er, Gudrun Ensslin, Ulrike Meinhof, Horst Mahler und andere von der radikalen Palästinenserorganisation Fatah militärisch ausbilden

21. OKTOBER 1969 — **19. MÄRZ 1970** — **14. MAI 1970**

In Erfurt treffen sich erstmals Regierungschefs beider deutscher Staaten – Bundeskanzler Willy Brandt und der DDR-Ministerratsvorsitzende Willi Stoph (auf dem Foto rechts). Brandt besteht auf besonderen innerdeutschen Beziehungen, da die deutsche Nation trotz Teilung fortbestehe. Am 21. Mai findet in Kassel ein zweites Gipfeltreffen statt

1971

Die Gläubigen sollen sich gegen den Ansturm des Sexuellen, der von allen Seiten kommt, immunisieren.

Papst Paul VI.

langfristigen Verwestlichung. Aber man kann 68 schwer auf einen einzigen Nenner bringen, es war unendlich vieles zugleich: Protestbewegung, Generationenkonflikt, Kulturrevolution, Renaissance marxistischen Denkens, Auseinandersetzung mit dem Nationalsozialismus, Durchbruch einer liberalen Sexualmoral, Verharmlosung und Legitimation von Gewalt bis hin zum Terrorismus.

Auf Konrad Adenauers gelungene Versöhnung mit dem Westen folgte in der Ära von Willy Brandt und Walter Scheel der Ausgleich mit dem Osten. Er war nicht ein Ersatz, vielmehr notwendige Ergänzung der Westbindung; mit beidem gewann Bonn an Gewicht und Einfluss, und erst mit Westintegration und neuer Ostpolitik zusammen war die Staatsräson der Bundesrepublik komplett. Die Geburt der neuen Ostpolitik liegt in der Zeit nach dem Bau der Berliner Mauer; sie begann dort, wo die Wunde der nationalen Spaltung besonders schmerzte, in Berlin. Nur durch direkte Gespräche und zähe Verhandlungen mit dem DDR-Regime, nicht aber durch seine rituelle Verdammung wie bisher, die kostenlos zu haben war, aber den Menschen nichts brachte, konnten menschliche Erleichterungen für Ostdeutsche erreicht werden.

Ein Zusammenhalt der deutschen Nation – und das bedeutete: der Menschen – war nicht durch große Worte, sondern nur durch kleine Schritte möglich.

Der Machtwechsel nach den Bundestagswahlen vom 28. September 1969 gründete sich auf die außen- und deutschlandpolitischen Übereinstimmungen zwischen der SPD und der FDP. Der Wahl zum Bundespräsidenten, die ein halbes Jahr zuvor stattgefunden hatte, kam dabei ein seismografischer Charakter zu. »Die Konstellation«, so Willy Brandt, »sprach für Gustav Heinemann.« Der Justizminister der Großen Koalition war in der SPD mittlerweile ebenso beliebt, wie er in der Union seit einem deutschlandpolitischen Bruch mit Adenauer und dem Austritt aus der CDU verhasst war. Heinemann bedeutete für die Union eine Zumutung. Ein wichtiges Pfund für Heinemann war: Ihm eilte der Ruf voraus, Verständnis für die rebellierende Jugend zu haben, seine Wahl konnte versöhnend wirken. Er war geradlinig, unbeirrt, hielt den Staat nicht für ein höheres Wesen mit Anspruch auf unterwürfigen Gehorsam, lehnte Untertanengesinnung ab, schätzte freiheitliche Traditionen und staatsbürgerliches Selbstbewusstsein, wollte »Bürgerpräsident« sein, nicht

1966–1982 Aufruhr und Zuversicht 131

12. AUGUST 1970

Bundesrepublik und Sowjetunion verpflichten sich zu einem Verzicht auf Gewalt und erkennen wechselseitig die territorialen Veränderungen des Zweiten Weltkriegs an. Der Moskauer Vertrag ist der erste der Ostverträge und leitet die Entspannungspolitik der Ära Brandt (Foto bei der Unterzeichnung) ein, für die Willy Brandt 1971 den Friedensnobelpreis erhält

7. DEZEMBER 1970

Willy Brandt kniet vor dem Ghetto-Mahnmal in Warschau. Die Bundesrepublik und die Volksrepublik Polen verzichten im Warschauer Vertrag, dem zweiten der Ostverträge, auf jegliche Gebietsansprüche. Ende 1973 folgt der Prager Vertrag, der das Münchner Abkommen von 1938 (Abtretung des Sudetenlandes an das Deutsche Reich) für »nichtig« erklärt

18. APRIL 1971

Wim Wenders (Foto), Rainer Werner Fassbinder und 13 weitere Regisseure gründen den Filmverlag der Autoren. Sie wollen Produktion, Rechteverwertung und Vertrieb der eigenen Filme gemeinsam und unabhängig organisieren

»Staatsoberhaupt«. Diese Haltung kam auch bei den Liberalen an.

Wenige Tage nach seiner Wahl sprach Heinemann in einem aufsehenerregenden Interview von einem »Stück Machtwechsel«. Für jede normale, festgefügte Demokratie ist ein politischer Machtwechsel eine Routineangelegenheit. Der Bundesrepublik aber stand die entscheidende Bewährungsprobe eines friedlichen Wechsels zwischen Regierung und Opposition noch bevor. Die Union ritt auf der Popularität Kiesingers, wurde wiederum stärkste Partei, und Kiesinger, der sich auch weiterhin als Kanzler wähnte, nahm am Wahlabend bereits Glückwunschtelegramme aus aller Welt entgegen. Indes: SPD und FDP hatten geringfügig mehr Mandate als CDU und CSU. Nie zuvor in der Geschichte der Bundesrepublik wurde ein Regierungsbündnis in so atemberaubender Geschwindigkeit unter Dach und Fach gebracht.

Willy Brandt war Kanzler nicht mehr eines besiegten, sondern eines befreiten Deutschland

Ihre Oppositionszeit hatte die FDP zu einer Erneuerung genutzt, die ihr nur wenige zugetraut hatten – eine wahre Rosskur. Auf dem Freiburger Parteitag vom April 1968 wurde Walter Scheel zum neuen Parteivorsitzenden gewählt. Die drei Jahre später verfassten »Freiburger Thesen« versinnbildlichten den programmatischen und personellen Wandel von einem nationalkonservativen zu einem sozialen Liberalismus. 1969 gelangte die neue FDP aber nur mit Müh und Not über die 5-Prozent-Hürde. Es hat sich eingebürgert, den Beginn der Regierung Brandt/Scheel als Wegscheide der Bundesrepublik zu interpretieren. Die Stilisierung als Anbruch einer neuen Epoche ging nicht zuletzt auf die damals Handelnden zurück: Brandt, der zur sozialdemokratischen Jahrhundertgestalt aufstieg, verkörperte das »andere Deutschland«, das aus Emigration und Widerstand gegen den Nationalsozialismus kam, er verstand sich »als Kanzler nicht mehr eines besiegten, sondern eines befreiten Deutschland«; Hitler habe nun endgültig den Krieg verloren.

Die Koalition ist hauptsächlich um der Deutschland- und Ostpolitik willen geschlossen worden. Wenn man den Vertrag mit der Tschechoslowakei, den Prager Vertrag, einmal beiseitelässt, dessen Unterzeichnung sich bis Ende 1973 hinzog, weil besonders komplizierte und strittige Fragen zu klären waren, die sich aus dem Münchner Abkommen von 1938 ergaben,

1972

Revolutionäre Politik ist immer kriminell.

Horst Mahler, Rechtsanwalt von RAF-Terroristen

1972

Jeder Strauß ist ein Vogel, aber jeder Vogel noch lange kein Strauß.

Hans-Jochen Vogel, SPD-Vorsitzender in Bayern

Der Extremistenbeschluss (»Radikalenerlass«) schreibt vor, dass Bewerber für den öffentlichen Dienst und Beamte keinen extremistischen Organisationen angehören dürfen. Die Regierung zählt dazu auch die Deutsche Kommunistische Partei (das Foto zeigt ein Wahlplakat von 1972). Kritiker des Beschlusses sprechen von Berufsverboten

3. MAI 1971

Walter Ulbricht (Foto) tritt als erster Sekretär des Zentralkomitees der SED zurück. Zu seinem Nachfolger wird Erich Honecker ernannt

3. SEPTEMBER 1971

Die Botschafter der Westmächte und der sowjetische Botschafter in der DDR unterzeichnen das Viermächte-Abkommen über Berlin. Das Abkommen erleichtert unter anderem den zivilen Verkehr zwischen West-Berlin und der Bundesrepublik. Der Sonderstatus Berlins aber bleibt gewahrt: Der Westteil der Stadt darf auch weiterhin nicht aus Bonn regiert werden

28. JANUAR 1972

1973

Mein Volk lebt in zwei Staaten und hört doch nicht auf, sich als eine Nation zu verstehen.

Willy Brandt vor den Vereinten Nationen

dann waren die Ostverträge nach drei Jahren intensiver Verhandlungen in Kraft getreten. Angesichts der schwierigen Materie eine atemberaubend kurze Zeit! Alle Verträge hingen auf sehr diffizile Weise zusammen. Die einen Deutschen wollten den Status quo langfristig verändern, die anderen wollten ihn festschreiben und zielten auf eine völkerrechtliche Anerkennung ihres Staates, der DDR. Die westlichen Siegermächte verbanden Entspannung und Stabilität mit einer Eindämmung der Sowjetunion; dieser wiederum lag an Entspannung und Status-quo-Bewahrung in Europa auch deshalb, weil sie ihre Aktivitäten auf die Dritte Welt richten wollte.

Den Kern der Ostverträge mit Moskau, Warschau und Prag bildeten jeweils Gewaltverzichts- und Grenzanerkennungsverträge von wenigen Artikeln; die äußerst belasteten Beziehungen zu diesen drei Staaten sollten so endlich normalisiert werden. Der Kniefall des Bundeskanzlers Willy Brandt vor dem Denkmal für die Opfer des Warschauer Ghettos verdichtete die moralische Dimension, die angesichts der schweren Hypotheken aus der NS-Vergangenheit und der deutschen Verbrechen nicht gering geachtet werden darf. Eine solche Aussöhnung diente letztlich einer künftigen deutschen Wiedervereinigung, denn gegen den Willen der anderen Mächte und ohne ihr Vertrauen war eine solche überhaupt nicht denkbar. Diese Einsicht war seit Konrad Adenauer ein zentrales Element bundesdeutscher Außenpolitik – in der damaligen Zeit allerdings nur mit Blick auf den Westen.

Das Viermächteabkommen über Berlin, das 1971 getroffen worden war, band West-Berlin an die Bundesrepublik. Und der Grundlagenvertrag mit der DDR, der notwendigerweise am Ende des Verhandlungsmarathons stand, stellte das Verhältnis zwischen der Bundesrepublik und der DDR auf eine neue Basis. Bereits am 19. März 1970 war Willy Brandt mit einem Sonderzug nach Erfurt gefahren, wo er sich mit dem DDR-Ministerpräsidenten Willi Stoph traf. Seit der gescheiterten Münchner Ministerpräsidentenkonferenz des Jahres 1947 war dies der erste Versuch, auf höchster Ebene einen deutsch-deutschen Dialog zu führen. Brandts Deutschlandpolitik wollte die Einheit der Nation wahren. Sein Credo lautete: »Auch wenn zwei Staaten in Deutschland existieren, sind sie doch füreinander nicht Ausland; ihre Beziehungen zueinander können nur besonderer Art sein.«

1966–1982 Aufruhr und Zuversicht

Bei den Olympischen Spielen in München überfällt die palästinensische Terrorgruppe Schwarzer September die israelische Mannschaft. Elf israelische Sportler werden ermordet. Beim Versuch, die Terroristen zu stellen, kommen außerdem mehrere Attentäter und ein Polizist ums Leben. Das Foto zeigt die olympische Flagge auf Halbmast

27. APRIL 1972 — **JUNI 1972** — **5. SEPTEMBER 1972**

Die CDU/CSU bringt das erste konstruktive Misstrauensvotum in der Geschichte der Bundesrepublik ein. Es verfehlt die notwendige absolute Mehrheit um zwei Stimmen: Willy Brandt bleibt Bundeskanzler. Nach erbitterten innenpolitischen Auseinandersetzungen treten wenig später (im Juni) die Ostverträge in Kraft

In Frankfurt und Hamburg werden führende RAF-Mitglieder verhaftet: Andreas Baader, Holger Meins, Ulrike Meinhof, Jan-Carl Raspe und Gudrun Ensslin. Das Foto zeigt ein Fahndungsplakat von 1972

Man glaubte, Wirtschaftswachstum und Vollbeschäftigung seien eine Art von Naturgesetz

Der Grundlagenvertrag vom Dezember 1972, dem im September 1973 die Aufnahme beider deutscher Staaten in die UN folgte, bescherte der DDR zwar die lang ersehnte weltweite Anerkennungswelle. Doch das nationale Verdienst des Grundlagenvertrags ist groß: Er schrieb die nationale Frage offiziell fest – und zwar im letzten Augenblick, kurz vor der Eliminierung der »deutschen Nation« in der DDR-Verfassung. Aus diesem Vertrag kam die DDR nicht heraus, und er konnte nicht, wie die Verfassung, geändert werden.

Schwierig ist es, den Anteil zu ermessen, den die neue Ostpolitik an der überraschenden deutschen Vereinigung des Jahres 1989/90 hatte. Wem gebührt der Lorbeer der deutschen Einheit? War das Konzept eines »Wandels durch Annäherung« eine subversive Tat gegen die kommunistische Diktatur in der DDR? In dieser Deutung hing das Regime – nachdem die neue Ostpolitik die Bundesrepublik aus der Sackgasse christdemokratischer Deutschlandpolitik herausgeführt hatte – am »goldenen Angelhaken«, den die bundesdeutsche Politik ausgelegt hatte und der die DDR in einen ruinösen Wandel trieb, an dem sie schließlich zugrunde ging. Oder hat die neue Ostpolitik die östlichen Machtstrukturen und Repressionssysteme im Zeichen einer Status-quo-Anerkennung konsolidiert und ihr Leben verlängert? Aber welche Alternative hätte bestanden?

Die neue Ostpolitik entfachte in der Bundesrepublik einen noch viel dramatischeren innenpolitischen Streit als Adenauers Westbindung zwanzig Jahre zuvor. Damals hatten

1972 München: Ein Terrorist auf dem Balkon des israelischen Quartiers im olympischen Dorf

1974

Wenn ich einmal aufhöre, will ich mehr sein als nur Fußballer.

Franz Beckenbauer

| HERBST 1972 | 10. DEZEMBER 1972 | 21. DEZEMBER 1972 |

In einem Bericht des Wirtschaftsrates Club of Rome zur Zukunft der Weltwirtschaft weisen der Ökonom Dennis L. Meadows und seine Mitarbeiter auf die ökonomischen, sozialen und ökologischen »Grenzen des Wachstums« hin. Das Buch mit dem gleichnamigen Titel wird zum Bestseller

Heinrich Böll (Foto rechts) erhält den Literaturnobelpreis

Im sogenannten Grundlagenvertrag einigen sich Bundesrepublik und DDR auf »gutnachbarschaftliche Beziehungen« sowie auf einen wechselseitigen Verzicht auf Gewalt und Gewaltandrohung und beschließen, ständige Vertretungen einzurichten. Das Foto zeigt vorne links Staatssekretär Egon Bahr und vorne rechts den DDR-Diplomaten Dr. Michael Kohl

1974

Ein Arbeitsloser ist schon zu viel, über 600 000 sind nicht mehr zu vertreten.
Heinz-Oskar Vetter, DGB-Vorsitzender

1975

Der Herr Strauß ist geistig ein Terrorist.
Herbert Wehner, Vorsitzender der SPD-Fraktion

Sozialdemokraten dem Gründungskanzler vorgeworfen, »Erfüllungspolitiker« zu sein, der die Nation auf dem Altar der Westbindung opfere. Nun scholl es aus den Reihen der Union in Richtung Brandt und Scheel: »Preisgabe nationaler Besitzstände« und »nationale Verräter«. Doch ebenso wie es später eine post-adenauersche Linke gab, die seine Politik anerkannte, so sollte es bald auch eine post-brandtsche Rechte geben. Bereits zeitgenössisch war die Union gespalten, enthielt sich bei Abstimmungen über die Verträge und nannte diese Strategie verlegen »Annahme trotz Ablehnung«.

1972 wurden die Mehrheitsverhältnisse für die Koalition äußerst prekär. Oppositionsführer Rainer Barzel wagte den Schritt zum Kanzlersturz mithilfe des konstruktiven Misstrauensvotums – ein in der Geschichte der Bundesrepublik bis dahin einmaliger Vorgang. Alle Kräfte wurden aufgeboten, auch illegale: Bestechungsgelder an mindestens einen CDU-Abgeordneten flossen, und zwar vonseiten der Sozialdemokraten und vonseiten der DDR. Das Misstrauensvotum scheiterte, Brandt blieb Kanzler, Barzel war am Boden zerstört. Einen Wahlkampf wie den zu den vorgezogenen Bundestagswahlen vom 19. November 1972 hatte die Bundesrepublik bis dahin noch nicht erlebt. Die Politisierung nahm ungeahnte Ausmaße an. Willy Brandt ritt auf einer Welle der Sympathie: Ihm war im Oktober 1971 in Oslo der Friedensnobelpreis verliehen worden. Er stand weltweit in hohem Ansehen, seine Ostpolitik gewann den Nimbus einer Friedenstat, und die Mehrheit der Deutschen war stolz auf diese Auszeichnung. Rainer Barzel hatte keine Chance gegen einen Kanzler, der Politik und Moral zur Deckung zu bringen schien, denn viele sahen in ihm nur einen kläglich gescheiterten »Königsmörder«. Bei einer Rekordwahlbeteiligung von 91,1 Prozent wurde die SPD erstmals in der Geschichte der Bundesrepublik stärkste Partei im Deutschen Bundestag.

Der Triumph zerrann rasch. Anders als die Außen- und Deutschlandpolitik war Brandts Politik der »inneren Reformen« nicht aus einem Guss, konnte es nicht sein. Die sozial-liberale Koalition hatte 1969 ein ganzes Füllhorn an Versprechungen ausgeschüttet. An die Stelle von Adenauers Slogan »Keine Experimente« setzte der neue Kanzler »Keine Angst vor Experimenten«, gegen Ludwig Erhards »Formierte Gesellschaft« wartete er mit »Mehr Demokratie wagen« auf. Die sozialpolitische Akti-

1966–1982 Aufruhr und Zuversicht 135

Bundesrepublik und DDR werden Mitglieder der Vereinten Nationen

15. JANUAR 1973 **18. SEPTEMBER 1973** **OKTOBER/NOVEMBER 1973**

Die ARD zeigt erstmalig Rosa von Praunheims 1970 gedrehten Spielfilm *Nicht der Homosexuelle ist pervers, sondern die Gesellschaft, in der er lebt*. Der Bayerische Rundfunk blendete sich bei der Ausstrahlung aus dem gemeinsamen Programm aus. Das Foto zeigt Rosa von Praunheim umringt von Schauspielerinnen (1975)

Erster Ölpreisschock: Während des vierten arabisch-israelischen Krieges (Jom-Kippur-Krieg) haben die arabischen Staaten im Oktober 1973 ihre Erdöllieferungen an den Westen gedrosselt. Am 25. November herrscht auf deutschen Autobahnen das erste Sonntagsfahrverbot (das Foto zeigt eine Polizeikontrolle zur Einhaltung des Fahrverbots)

vität wurde ruckartig gesteigert, insgesamt stieg das Sozialbudget zwischen 1970 und 1975 um mehr als ein Drittel. Bei der Rentenreform von 1972 überboten sich die Parteien gegenseitig, es herrschte Wahlkampf. Damals nahm die schädliche Abkoppelung der sozialen Leistungsansprüche von der finanziellen Leistungskraft ihren Anfang. Man glaubte, Wirtschaftswachstum und Vollbeschäftigung seien eine Art von Naturgesetz. Der erstarkte linke Flügel der SPD sah einen »antikapitalistischen Frühling« anbrechen und wollte die Grenzen der Belastbarkeit der Wirtschaft testen.

In der Ära Brandt war bereits ein Drittel der westdeutschen Gesamtbevölkerung nach 1950 sozialisiert worden, eine Entwicklung, die sich angesichts des »Babybooms« der sechziger Jahre künftig noch beschleunigen sollte. Dies war äußerst wichtig: Denn damit gewann die Bundesrepublik eine Eigenständigkeit gegenüber dem untergegangenen Deutschen Reich, die nicht allein aus ihrer neuen politischen Ordnung entsprang, sondern auch daraus, dass für einen wachsenden Bevölkerungsteil die Republik selbst der soziale und politische Erfahrungsraum wurde, der Orientierungen und Wertvorstellungen bestimmte.

Werbung war zu einer Bühne für die Popularkultur geworden

In soziokultureller Hinsicht beeinflussten sich die stille Revolution des Wertewandels und schrille Aufbrüche gegenseitig. Zum ersten Mal zeigte die Fernsehwerbung für die Seife Fa eine nackte Frau – die Suggestion von »wilder Frische und Abenteuer«. Ohne »sexuelle Revolution« wäre dies unvorstellbar gewesen. Der Schriftsteller und »Familienberater« Oswalt Kolle hatte sich zum Aufklärer der Nation erklärt und kämpfte mit Filmen wie *Deine Frau, das unbekannte Wesen* gegen die seiner Meinung nach spießige und verlogene Sexualmoral. Der Deutsche Charles Wilp entwarf 1968 die heutzutage in den Kultstatus gehobenen Werbespots für Afri-Cola, die unter anderem aufreizend geschminkte junge Nonnen im ekstatischen Afri-Cola-Rausch zeigten. Wilp fing mit der »Sexy-Mini-Super-Flower-Pop-Op-Cola ›Alles ist in Afri-Cola‹«-Werbung die Zeitstimmung ein und wurde zum ersten Star der Branche. Werbung war zur Bühne der Popularkultur geworden, und Flower-Power, Sinnlichkeit und Sexualität, aber auch Psychedelik und Drogen wurden instrumentell eingesetzt, weil man sich davon Verkaufserfolg versprach.

1976

Er ist total unfähig, ihm fehlen die charakterlichen, die geistigen und die politischen Voraussetzungen.

Franz Josef Strauß über Helmut Kohl

Bundeskanzler Willy Brandt tritt zurück, nachdem im April sein enger Mitarbeiter Günter Guillaume als DDR-Spion enttarnt worden ist. Am 16. Mai wählt der Bundestag Helmut Schmidt (Foto) zu Brandts Nachfolger. Neuer Bundespräsident wird am 15. Mai Walter Scheel

22. bis 23. NOVEMBER 1973 — **6. MAI 1974** — **21. MAI 1975**

Aufgrund des Ölpreisschocks und der schlechten konjunkturellen Lage beschließt die Regierung, keine weiteren ausländischen Arbeiter mehr anzuwerben. Seit 1955 sind rund 14 Millionen »Gastarbeiter« in die Bundesrepublik gekommen – die meisten kehrten nach einiger Zeit in ihre Heimatländer zurück

In Stuttgart beginnt der Prozess gegen die mutmaßlichen Terroristen Andreas Baader und Ulrike Meinhof. Der Hochsicherheitstrakt in der neu errichteten Strafvollzugsanstalt Stuttgart-Stammheim (Foto) ist dafür festungsartig ausgebaut worden

1976

Das Ausbürgern könnte sich einbürgern.

Stefan Heym, Schriftsteller in der DDR, zur Ausbürgerung Wolf Biermanns

1977

Die seelische Temperatur in unserem Lande sinkt.

Walter Scheel

Keine andere Entwicklung hat die bundesdeutsche Sozialstruktur so stark verändert wie die Bildungsexpansion in den sechziger und frühen siebziger Jahren. »Bildung ist Bürgerrecht« – auf diesen Begriff brachte es der junge Soziologe Ralf Dahrendorf. Das hieß: Schluss mit einer bedarfsorientierten Bildungspolitik; die Bildungsexpansion rechtfertigte sich aus eigenem Recht, unabhängig von den Entwicklungen des Beschäftigungssystems. Anfang der siebziger Jahre gelangte der parteiübergreifende reformerische Optimismus an sein Ende. Es setzte eine Repolitisierung der Bildungspolitik ein, und sie geriet vor allem in den ideologisch aufgeladenen Streit um die Gesamtschule: Königsweg für die einen, Weg in den Abgrund für die anderen.

Von der Bildungsexpansion profitierten die Kinder mittlerer Angestelltenschichten am meisten – und vor allem Frauen. Der Frauenanteil unter Studierenden an Universitäten lag 1960 bei 28 Prozent, 1975 bei 36 Prozent und 1989 bei 41 Prozent.

Von demokratiegeschichtlich geradezu fundamentaler Bedeutung erwies sich die explosionsartige Steigerung des Lebensstandards. Nie zuvor hat es auf der Welt eine Periode solch rasch steigender Prosperität gegeben. In der Bundesrepublik hielten Arbeitsmigranten, angeworbene Gastarbeiter, das Wirtschaftswunder am Laufen: Zwischen 1964 und 1973 wuchs die Zahl ausländischer Arbeitnehmer von einer auf vier Millionen und blieb bis 1988 relativ konstant. Die Wohlstandsexplosion war der Grundprozess des sozialen Wandels. Über die Hälfte der bundesdeutschen Haushalte besaß 1973 einen Pkw, 1955 waren es gerade einmal 6 Prozent gewesen; im selben Jahr befand sich in 93 Prozent der Haushalte ein Fernseher, doppelt so viele wie zehn Jahre davor. Der Reiseboom durchbrach 1972/73 gleich zwei Schallmauern: Mehr als die Hälfte aller Bundesbürger machte zumindest eine einwöchige Ferienreise, und mehr als die Hälfte der Urlauber reiste ins Ausland.

All diese Tendenzen – politische, ökonomische und soziokulturelle – bündelten sich im damals populär gewordenen Begriff vom »Modell Deutschland«. Die Bundesrepublik als Zivilmacht – nirgends wurde dies sichtbarer als anlässlich der XX. Olympischen Sommerspiele 1972 in München. Die Welt sollte das moderne Deutschland kennenlernen: demokratisch, heiter, optimistisch und friedlich – so ganz anders als 36 Jahre zuvor bei den Spielen

Die Teilnehmer der Konferenz über Sicherheit und Zusammenarbeit in Europa (KSZE) unterzeichnen in Helsinki eine Schlussakte, die das Zusammenleben demokratischer und kommunistischer Staaten in Europa regeln soll. Das Foto zeigt den französischen Staatspräsidenten Valéry Giscard d'Estaing (l.) und Helmut Schmidt am Rande der Konferenz

Im Rahmen des neuen Anti-Terrorismus-Gesetzes listet das Strafgesetzbuch die »Bildung terroristischer Vereinigungen« (§129) als neuen Straftatbestand auf. Bundesgrenzschutz und Polizei werden zu Behörden der »inneren Sicherheit« ausgebaut. Weitere Gesetze zur Bekämpfung des Terrorismus folgen

1. AUGUST 1975 — **18. MAI 1976** — **18. AUGUST 1976**

Nach langer Diskussion tritt eine Neuregelung des Abtreibungsparagrafen 218 in Kraft: Der Schwangerschaftsabbruch ist nun straffrei, falls bestimmte »Indikationen« vorliegen (medizinische, eugenische, kriminologische oder soziale). Das Foto zeigt eine Protestaktion gegen den Paragrafen 218 im Jahr 1972 in der Hamburger Innenstadt

---

im nationalsozialistischen Berlin. Auf die Heiterkeit folgte am elften Tag der Spiele die Tragik: München wurde zum Nebenkriegsschauplatz des israelisch-palästinensischen Konflikts, als arabische Terroristen in das Quartier der israelischen Mannschaft eindrangen. Der Befreiungsversuch, den die überforderte deutsche Polizei auf dem Flughafen von Fürstenfeldbruck unternahm, endete in einem Blutbad.

Am 6. Mai 1974 trat Willy Brandt als Bundeskanzler zurück. Zwei Wochen zuvor war Günter Guillaume, seit 1972 sein persönlicher Referent, festgenommen worden: Er war Spion im Dienst der DDR. Brandt übernahm die politische Verantwortung für etwas, was nicht er zu verantworten hatte, sondern auf Fahrlässigkeit der bundesdeutschen Abwehrdienste beruhte. Die Guillaume-Affäre war zentraler Anlass, doch daneben gab es tiefere Gründe dafür, dass Brandt seine Kanzlerschaft zur Last wurde: Furcht vor Verleumdungen, die er in seinem politischen Leben immer schon hatte ertragen müssen, unverschämte Kanzlerschelten Herbert Wehners, strukturelle Krisen, in die die Bundesrepublik hineingeraten war.

So waren wilde Streiks in der Metallindustrie ausgebrochen, ein Drucker- und ein Fluglotsenstreik kamen hinzu, und die ÖTV verlangte 15 Prozent mehr Lohn. Die Autorität des Kanzlers war untergraben. Überall, auch innerparteilich, begann der Machtverfall. Schließlich ereilten ihn auch ernsthafte gesundheitliche Probleme.

Für seinen Nachfolger Helmut Schmidt brachen härtere Zeiten an. Nicht mehr »Reformieren« und »Verändern«, sondern »Bewahren« und »Sichern« lauteten die neuen Devisen. An die Stelle utopischer Verheißungen traten – notgedrungen – reale Zwangslagen. Schmidts erste Regierungserklärung stand unter dem Motto »Kontinuität und Konzentration« – damit waren auch Einschränkungen des Geldausgebens gemeint sowie Grenzen der Verteilungsgerechtigkeit. Der Ölpreisschock vom Herbst 1973 hatte zu Veränderungen im allgemeinen gesellschaftlichen und politischen Klima geführt: Um die politischen Freunde Israels in Schach zu halten, hatten die Ölscheichs am Golf im Jom-Kippur-Krieg das schwarze Gold als Waffe für sich entdeckt, sie drosselten zunächst die Förderung drastisch, wodurch sich das Öl rasch verteuerte, und erließen dann am 19. Oktober ein Embargo gegen Staaten mit israelfreundlicher Haltung.

1978

Als ob ein Streik etwas Unordentliches wäre. Streik, Arbeitskämpfe sind ein normales Attribut einer demokratischen Gesellschaft.

Helmut Schmidt

Im österreichischen Klagenfurt wird zum ersten Mal der Ingeborg-Bachmann-Preis verliehen – an den Schriftsteller Gert Jonke. In den folgenden Jahren macht der Literaturwettstreit so unterschiedliche Autoren wie Sten Nadolny, Ulrich Plenzdorf (Foto von 1976) und Jurek Becker einem breiten Publikum bekannt

16. NOVEMBER 1976 | **JUNI 1977** | **7. APRIL 1977**

Der Sänger Wolf Biermann (Foto) muss die DDR verlassen. Während er in Westdeutschland Konzerte gibt, entzieht ihm die DDR-Regierung jedes weitere Aufenthaltsrecht. Nach seiner Ausweisung verlassen noch weitere Künstler und Schriftsteller die DDR, unter anderem Nina Hagen und Manfred Krug

RAF-Terroristen ermorden den Generalbundesanwalt Siegfried Buback. Im Juli wird Jürgen Ponto, Vorsitzender der Dresdner Bank, Opfer eines terroristischen Anschlags

1973 Wegen der Ölkrise ist diese Münchner Tankstelle geschlossen: Das Benzin ist ausgegangen

1966–1982 Aufruhr und Zuversicht

Die RAF entführt Hanns Martin Schleyer, Präsident des Bundesverbandes der deutschen Industrie und der Bundesvereinigung der deutschen Arbeitgeberverbände. Sein Fahrer und drei Polizisten sterben im Kugelhagel. Am 19. Oktober finden Polizeibeamte Hanns Martin Schleyers Leiche in Mülhausen (Frankreich)

GSG-9-Beamten gelingt es, in Mogadischu die entführte Lufthansa-Maschine *Landshut* (Foto auf dem Flughafen von Dubai) zu stürmen. Die zu lebenslanger Haft verurteilten RAF-Terroristen Andreas Baader, Gudrun Ensslin und Jan-Carl Raspe nehmen sich daraufhin das Leben. Die palästinensischen Entführer hatten versucht, die Freilassung der Häftlinge zu erpressen

5. SEPTEMBER 1977   **9. OKTOBER 1977**   **18. OKTOBER 1977**

Günter Wallraff präsentiert sein Buch *Der Aufmacher*, in dem er die Praktiken der *Bild*-Zeitung anprangert. Das Foto zeigt Wallraff (rechts) im Gespräch mit Wolf Biermann (Foto von 1976)

Seit der Ölkrise machte sich ein banges Gefühl breit

Das Rohöl war der Lebenssaft der Industrienation Bundesrepublik, und 75 Prozent des Bedarfs kamen aus den arabischen Ländern. Sonntagsfahrverbote wurden zum Symbol der Epochenwende: Still ruhten die Autobahnen. Hamster- und Panikkäufe von Benzin und Heizöl blieben nicht aus. »Weg vom Öl«, diese Strategie führte jetzt zu einem Ausbau der Kernenergie in großem Stil. Seit der Ölkrise machte sich ein banges Gefühl breit. Die optimistischen Zukunftserwartungen zerbröselten, man sprach von den »Grenzen des Wachstums«, vom »Ende der Fahnenstange«. Waren früher in übertriebener Weise die Optimisten tonangebend gewesen, so steigerten sich nun die Pessimisten in Untergangsszenarien hinein.

Die Folgen des Ölschocks: Bis 1973 lag die Arbeitslosenquote in der Bundesrepublik bei 0,8 Prozent; 1974 schon bei 2,5 Prozent und im Jahr darauf bei 4,6 Prozent. Über eine Million Menschen waren ohne Arbeit, und die Wachstumsrate, die vor der Ölkrise bei annähernd 5 Prozent gelegen hatte, sackte tief in den Minusbereich ab. Dennoch konnte es sich Schmidt als großes Verdienst anrechnen, die Republik besser als andere Staatschefs durch die gefährlichen Strudel der Weltwirtschaftskrise hindurchbugsiert zu haben. Im internationalen Vergleich stand Deutschland relativ gut da; allerdings war das Gefährliche der Krise, dass man ihr mit nationalen Mitteln nicht beikommen konnte. Verschärft wurde die Situation, weil die stärkste Industrienation, die USA, nach dem verlorenen Vietnamkrieg unter einer eklatanten Führungsschwäche litt.

Die amerikanische Erschöpfungsphase führte jedoch zu neuer europäischer Kraft. Anfang 1973 kam es endlich zur Norderweiterung: Großbritannien, Irland und Dänemark traten der Europäischen Gemeinschaft bei; am Ende des Jahrzehnts stand die Süderweiterung an. Als Glücksfall erwies sich das kongeniale, freundschaftliche Wirken von Helmut Schmidt und Valéry Giscard d'Estaing. Nachdem das deutsch-französische Verhältnis unter Brandt und Pompidou nicht vorangekommen war – ein Dolmetscher meinte einmal, er habe noch niemals so viel Schweigen übersetzen müssen –, nahm das neue Tandem die Geschicke Europas beherzt auf. Dass 1978/79 ein Europäisches Währungssystem geschaffen werden konnte, bedeutete einen Meilenstein für den Integrationsprozess.

1979

Ich trete immer leise auf.

Franz Josef Strauß

1979

Ich bin der Meister aller Klassen, was das Ertragen von Kritik angeht.

Helmut Kohl

140 Überblick

Das Hamburger Landgericht weist eine Klage der *Emma*-Herausgeberin Alice Schwarzer und der Schauspielerin Inge Meysel gegen den *stern* ab. Schwarzer und Meysel (das Foto zeigt sie während der Verhandlung) warfen der Illustrierten Sexismus vor, da die Titelblätter ausschließlich Frauen als Sexualobjekte darstellten

Die dritten Programme der ARD zeigen den ersten Teil der amerikanischen Fernsehserie *Holocaust* über die Vernichtung der Juden während des »Dritten Reiches«

26. JUNI 1978   **7. AUGUST 1978**   **22. JANUAR 1979**

Hans Filbinger (Foto), Ministerpräsident von Baden-Württemberg, tritt von seinem Amt zurück, nachdem der Schriftsteller Rolf Hochhuth in der *ZEIT* publik gemacht hat, dass Filbinger als Marinerichter während des Zweiten Weltkriegs mehrere Todesurteile unterzeichnet hatte

1980

> Es war die Bilanz eines Mannes, der den Mut zur Zukunft beschwört, weil er nicht mehr die Kraft hat, sie zu gestalten.

Helmut Kohl, CDU-Vorsitzender, über Helmut Schmidt

Bis 1977 ging es vor allem darum, den Bundeshaushalt zu konsolidieren. Zwischen 1978 und 1980 sollte das »Modell Deutschland« Konjunkturlokomotive für die Weltwirtschaft sein, und 1978 war das Glanzjahr der Regierung Schmidt. Der Weltwirtschaftsgipfel wurde erstmals in Bonn abgehalten und damit weltweit die Bonität der deutschen Wirtschaft und die Stabilisierungspolitik der Bundesregierung dokumentiert. Der Gipfel wurde als »Schmidt-Gipfel« gefeiert; der deutsche Krisenmanager, bei dem alle Welt Rat einholte, befand sich auf dem Höhepunkt seiner Karriere. Die schädlichen ökonomischen Folgen der zweiten Ölkrise nach der islamischen Revolution in Iran rissen schließlich von 1980 an die Weltwirtschaft in einen neuen Abwärtsstrudel, der auch die Bundesrepublik mit Wucht erfasste.

Wäre bei der Wahl zum Deutschen Bundestag 1980 als Unionskandidat wiederum Helmut Kohl angetreten, so hätte die sozial-liberale Koalition das Jahr vielleicht nicht überstanden. Kohl hatte 1976 das zweitbeste Bundestagswahlergebnis für die CDU/CSU seit 1949 errungen. 1980 aber drückte sich Franz Josef Strauß in einem verbissenen innerparteilichen Kampf nach vorn; er fühlte sich Kohl, gelinde gesagt, weit überlegen. Die Union befand sich im Aufwind, doch Strauß war der falsche Kandidat. Seine Sympathiewerte außerhalb Bayerns waren niedrig, die von Schmidt hoch. Die Liberalen waren für den Kanzler, aber gegen die SPD; nicht wenige in der Bevölkerung dachten ebenso. Die Union fuhr ihr schlechtestes Bundestagswahlergebnis ein. Strauß' Kandidatur verlängerte das Leben der Koalition um einige Zeit.

In ähnlicher Weise wie die Ölkrise wirkte der RAF-Terrorismus: »Verunsicherte Republik« gerann zum Schlagwort. Die Rote-Armee-Fraktion, eine im Mai 1970 gegründete bewaffnete Kaderorganisation von ganz wenigen, die sich in ihrer eigenen wahnhaften Welt wie in einem Kokon einspannen, durchzog die Republik mit einer mörderischen Blutspur.

Auf das Jahr 1977 fiel der Höhepunkt des Terrors: Im April wurden Generalbundesanwalt Siegfried Buback und seine Begleiter erschossen, im Juli Jürgen Ponto, Sprecher der Dresdner Bank, ermordet, im September Hanns Martin Schleyer, BDI-Präsident, entführt, seine Begleiter kaltblütig getötet. Die Entführer forderten die Freilassung der inhaftierten RAF-Gründer.

Im Oktober kaperten palästinensische Terroristen die Lufthansa-Maschine *Landshut* mit

1966–1982 Aufruhr und Zuversicht

Die Bundesversammlung wählt Karl Carstens zum Bundespräsidenten. Das Foto zeigt ihn bei der Vereidigung

13. MÄRZ 1979

Das Europäische Währungssystem (EWS) tritt in Kraft. Bezogen auf die Verrechnungseinheit Ecu (European Currency Unit), soll es innerhalb der Europäischen Gemeinschaft stabile Wechselkurse garantieren. Im Juni wählen die Bürger der EG-Mitgliedstaaten erstmals ihre Vertreter im Europäischen Parlament (Foto)

23. MAI 1979

12. DEZEMBER 1979

Im sogenannten Nato-Doppelbeschluss bieten die Nato-Staaten der Sowjetunion Verhandlungen über eine beidseitige Reduzierung der atomaren Mittelstreckenraketen an. Sollten die Gespräche darüber jedoch scheitern, würden nach einer Frist von vier Jahren 572 weitere Pershing-II- und Cruise-Missile-Raketen in Westeuropa stationiert

---

86 Passagieren auf ihrem Flug von Mallorca nach Frankfurt und drohten damit, das Flugzeug in die Luft zu sprengen. In einer Blitzaktion gelang es der deutschen Antiterroreinheit GSG 9, die Passagiere auf dem Flughafen von Mogadischu zu befreien. Im Hochsicherheitstrakt von Stuttgart-Stammheim verübten daraufhin Andreas Baader, Gudrun Ensslin und Jan-Karl Raspe Selbstmord in ihren Zellen; Ulrike Meinhof hatte sich bereits im Mai 1976 in ihrer Zelle erhängt.

Im »deutschen Herbst« des Jahres 1977 glaubten viele, die Bundesrepublik befände sich nur noch einen Schritt vom Abgrund entfernt. Doch mit ihrer harten, riskanten Linie brachte die Regierung Schmidt der RAF die entscheidende, die fundamentale Niederlage bei. Der Rechtsstaat ging mitnichten in die Knie, und die Bundesrepublik war keine »Schönwetter-Demokratie«. Der Staat darf sich nicht erpressen lassen. Aber darf er ein Menschenleben für die Staatsräson opfern? Auf drei Maximen einigte sich der Krisenstab: Die Geisel Hanns Martin Schleyer soll lebend befreit werden; die Entführer sollen ergriffen und verurteilt werden; die Gefangenen dürfen auf gar keinen Fall freigelassen werden.

Kneipen, Kleinkunstbühnen und WGs wurden zu Orten einer progressiven Innerlichkeit

Es bestand wenig Aussicht darauf, alle drei Ziele zu erreichen. Im Zweifelsfalle musste einem der Ziele Vorrang eingeräumt werden. Das war nicht nur diffizil, es war fatal. Wie immer man auch handelte, Versäumnis und Schuld blieben. Am Tag nach den Selbstmorden in Stammheim entdeckte man die Leiche Hanns Martin Schleyers im Kofferraum eines Autos im elsässischen Mülhausen.

Man hat in der zweiten Hälfte der siebziger Jahre eine »Tendenzwende« diagnostiziert. Linke Intelligenz, umgeben mit der Aura der Theoriegesättigtheit, und rechte Denkungsart, die dies verachtete, trennte ein tiefer Graben. Während die einen den »gesellschaftlichen Konflikt« zum Leitbegriff erhoben, suchten die anderen wieder nach autoritärem Konsens. Ein Indiz für die Sinnkrise war die Flucht in die Geschichte: Im Interesse an vergangenen Lebenswelten einer scheinbar konfliktfreien Vormoderne spiegelte sich auch die Zukunftsangst der Bürger. Die Fortschrittskrise provozierte Syndrome rückwärtsgewandter Modernität. Im Geschichtsboom – Staufer-, Wittelsbacher-, Preußen-Ausstellung, die sämtliche Rekorde brachen – wollte

1981

Ich habe nicht die Absicht, in einer schwierigen Zeit von Bord zu gehen.

Helmut Schmidt

Die Grünen formieren sich als Bundespartei. Bereits im Oktober des Vorjahres war die Partei bei den Bürgerschaftswahlen in Bremen auf über fünf Prozent gekommen. »Ökologisch, basisdemokratisch, sozial, gewaltfrei« lautet das Motto auf dem Gründungsparteitag (Foto)

In der Wilstermarsch nordwestlich von Hamburg demonstrieren Tausende Menschen gegen den Bau des Kernkraftwerkes Brokdorf (das Foto zeigt die Bereitschaftspolizei beim Formieren am Ortsrand). Es ist die bisher größte Anti-Atomkraft-Demonstration

Der Berliner Senat lässt acht besetzte Häuser gewaltsam räumen. Demonstranten errichten Barrikaden und liefern sich Straßenschlachten mit der Polizei, bei denen der 18-jährige Klaus-Jürgen Rattay unter einen Bus gerät und stirbt

JANUAR 1980 **28. FEBRUAR 1981** **22. SEPTEMBER 1981**

1981

Ich kann mir schwer vorstellen, dass man einen Nuklearkrieg gewinnen kann.

Ronald Reagan

man aus der als unwirtlich empfundenen Gegenwart entfliehen.

Andererseits entstanden die neuen sozialen Bewegungen: Ökoprotest, Bürgerinitiativen, neue Frauenbewegung. Schätzungen zufolge waren 1979 fast zwei Millionen Bürger in ihnen tätig, mehr als sämtliche Parteien der Republik an Mitgliedern zählten. Ihr Aufkommen und ihre Popularität zeigen, dass die Sozialkultur in Bewegung geraten war. Vor allem: Die siebziger Jahre bedeuteten die entscheidende Dekade der Frauenemanzipation; ihr Brennpunkt war die Kampagne gegen den Paragrafen 218, doch wurde das Themenspektrum rasch erweitert: Gewalt gegen Frauen, auch in der Ehe, ein Tabubereich sondergleichen, weiterhin gravierende Benachteiligungen in der Arbeitswelt.

Das zentrale Thema der Zeit hieß indes: Umwelt. Daraus entstand der Impuls zur Gründung einer neuen Partei, die zunächst keine sein wollte, Die Grünen. Das Verhältnis von Mensch und Natur war im ureigensten Sinne ein Überlebensthema. Buttons mit »Atomkraft? Nein danke« schmückten Parkas und Latzhosen. Die Baustellen des »Atomstaates«, so der Titel eines damaligen Bestsellers, bildeten die Brennpunkte des immer häufiger gewalttätigen Protestes.

Als Erbe der 68er etablierte sich in bestimmten Stadtteilen der Metropolen eine Alternativkultur, so in Berlin-Kreuzberg oder in München-Schwabing. Dort war alles anders, »alternativ«: die Stadtteilzeitungen, die Kneipen, die Kleinkunst, die Lebens- und Wohnformen in den WGs, wo sich die progressive Innerlichkeit lokalisierte. Literarisch ritt Franz Xaver Kroetz auf der Welle des neuen sozialen Dramas, und Günter Wallraff lieferte gesinnungsstarke investigative Reportagen. Heinrich Böll, Großmeister seit Langem, erhielt 1972 den Literaturnobelpreis.

Am Übergang zu den achtziger Jahren kam eine »neue deutsche Welle« in Malerei, Musik und Film auf. Wirklich »neu« war dabei der »neue deutsche Film«. Anstatt harmlose Storys umzusetzen, drehte eine neue Generation jetzt anspruchsvolle, manchmal auch überfrachtete und dem allgemeinen Publikum nur schwer zugängliche Filme. Der Star der jüngeren Filmemacher hieß Rainer Werner Fassbinder, der sich in einer fast brutalen Intensität an »urdeutsche« Themen, nicht zuletzt an die NS-Vergangenheit – *Die Ehe der Maria Braun* (1978) und *Lili Marleen* (1981) – heranmachte.

1967 war der Synthesizer entwickelt und damit das Symbolinstrument für Elektroexperi-

1966–1982 Aufruhr und Zuversicht 143

Bei Demonstrationen gegen den Bau der Startbahn West des Frankfurter Flughafens kommt es zu schweren Auseinandersetzungen. 140 Personen werden verletzt, 90 Demonstranten festgenommen. Das Foto zeigt Bewohner eines Hüttendorfes auf dem Baugelände im Herbst 1981

10. OKTOBER 1981

Im Bonner Hofgarten protestieren 300 000 Anhänger der Friedensbewegung gegen das atomare Wettrüsten und den Nato-Doppelbeschluss

30. JANUAR 1982

8. FEBRUAR 1982

Der *Spiegel* berichtet über einen Skandal der gewerkschaftseigenen Wohnungsbaugesellschaft Neue Heimat. Die Vorstandsmitglieder sollen mithilfe von Tarnfirmen und Strohmännern Gelder unterschlagen haben

mente in der Rockmusik erfunden worden. Ein dementsprechend bombastischer Sound durchzog die siebziger Jahre, verbunden mit kritischen Großbotschaften – Frieden, Befreiung, Selbstverwirklichung. Udo Lindenberg gelang es, die Kluft zwischen dem deutschen Underground-Rock und der Schlagermusik durch deutsche Songtexte zu überwinden. Unter kommerziellen Gesichtspunkten unschlagbar war die 1972 gegründete schwedische Popgruppe ABBA, die mit vordergründig eingängigen, in Wahrheit jedoch hoch komplexen Melodien Generationen miteinander versöhnte. Sie bestimmte Musikrichtungen und adaptierte neue Tendenzen, wie die Disco-Welle, die ihren Höhepunkt mit dem Musikfilm *Saturday Night Fever* (1978) erreichte mit John Travolta in der Hauptrolle – ein Kassenfüller der deutschen Disco-Generation. Darüber hinaus färbte die mächtige deutsche Friedensbewegung dieser Zeit auf die

1981

Es stimmt nicht, dass ich mit Helmut Schmidt nicht könnte! Im Gegenteil, ich kann mit Helmut Schmidt sehr gut, wir dürfen nur nicht über Politik reden.

Willy Brandt

1981 Gegen das Wettrüsten: Ein Demonstrationszug der Friedensbewegung auf dem Weg zum Bonner Hofgarten

Nachdem sich über Monate die Differenzen innerhalb der Koalition zwischen SPD und FDP immer weiter zugespitzt hatten – beispielsweise zum Thema der Haushaltspolitik – treten die FDP-Minister von ihren Ämtern zurück und beenden damit die Koalition. Das Foto zeigt die zurückgetretenen Minister bei der Entlassung aus der Koalition durch Kanzler Schmidt

17. SEPTEMBER 1982

OKTOBER 1982

Helmut Schmidt wird durch ein konstruktives Misstrauensvotum gestürzt. Der Bundestag wählt Helmut Kohl zum neuen Bundeskanzler. Das Foto zeigt ihn mit Helmut Schmidt (links)

1983

Schwarzer Anzug, gestreifte Hose, ein freundlicher Diener, das allein reicht nicht aus, um deutsche Interessen im Ausland zu vertreten.

Hans-Jochen Vogel, Kanzlerkandidat der SPD, über Kohl

1983

Man steht voller Bewunderung vor der Weisheit der Wähler.

Helmut Kohl nach der Bundestagswahl

Musik ab. Beim Grand Prix d'Eurovision 1982 gewann die 17-jährige deutsche Sängerin Nicole mit dem Lied *Ein bisschen Frieden.*

An Weihnachten 1979 waren sowjetische Truppen in Afghanistan einmarschiert, in den westlichen Hauptstädten schollen die Alarmglocken: Drohte eine Expansion des Kommunismus bis zum Indischen Ozean und zu den Ölquellen des Nahen Ostens?

Das Verhältnis von Mensch und Natur war im ureigensten Sinne ein Überlebensthema

In Europa wollte Bonn von der Entspannungspolitik retten, was zu retten war. Fast trotzig merkte Willy Brandt an, dass der Moskauer Vertrag zwischen der Bundesrepublik und der UdSSR im Jahr 1970 trotz Vietnam geschaffen worden sei und nun auch trotz Afghanistan halten werde. In Polen entschied sich das Schicksal der europäischen Detente; sie stand auf Messers Schneide. Der neue polnische Ministerpräsident General Jaruzelski verhängte im Dezember 1981 das Kriegsrecht über Polen, die mächtige Gewerkschaftsbewegung Solidarność wurde unterdrückt. Das war die eine Seite der Medaille; die andere war: Er wandte damit eine drohende sowjetische Militärintervention ab. Seit einigen Jahren wussten die westlichen Regierungschefs, dass die UdSSR Monat für Monat Raketen mit jeweils drei Sprengköpfen in Dienst stellte: SS 20. Musste der Westen nicht reagieren?

Die Weichen für den Nato-Doppelbeschluss wurden bereits 1979 gestellt, Kanzler Schmidt verteidigte ihn energisch, während seine eigene Partei, die SPD, ihn ebenso vehement ablehnte und ihrem Kanzler damit das Vertrauen entzog. Und in der Wirtschaftspolitik heizte der liberale Koalitionspartner den Streit an. Die geforderte Sparpolitik trieb manche Ökonomen in der SPD zur Verzweiflung und Arbeitsminister Herbert Ehrenberg zum Rücktritt. Wirtschaftsminister Otto Graf Lambsdorff verfasste im September 1982 ein ökonomisches Memorandum, es war die Scheidungsurkunde der Koalition. Die FPD hatte sich seit geraumer Zeit für einen Koalitionswechsel entschieden. Hans-Dietrich Genscher und Helmut Kohl vereinbarten, Bundeskanzler Helmut Schmidt mit einem konstruktiven Misstrauensvotum zu Fall zu bringen. Dies geschah am 1. Oktober 1982.

Der Autor, Edgar Wolfrum, ist Professor für Zeitgeschichte am Historischen Seminar der Ruprecht-Karls-Universität Heidelberg.

1966–1982 Aufruhr und Zuversicht

1966–1969 ERSTE GROSSE KOALITION

1966–1969
Erste Große Koalition

DIE ZEIT

KONTROVERSEN

1963 endet die Ära Adenauer mit dem Rücktritt des »rheinischen Patriarchen«. Nach drei Jahren Kanzlerschaft des früheren Bundeswirtschaftsministers Ludwig Erhard bildet sich 1966 unter dem Eindruck der ersten Rezession in der bundesdeutschen Geschichte – die Zahl der Arbeitslosen steigt auf eine halbe Million – eine Koalitionsregierung aus CDU und SPD. Wird das »Experiment Große Koalition« gelingen? Oder gefährdet es gar die Demokratie? Diese Frage stellt Theo Sommer in seinem Leitartikel vom Dezember 1966. Drei Jahre später, als die sozialliberale Koalition unter Willy Brandt beginnt, blickt Marion Gräfin Dönhoff zurück und legt eine positive »Bilanz der Großen Koalition« vor.

Koalition auf Bewährung

Nach dem Bonner Sündenfall

VON THEO SOMMER

DIE ZEIT, 2. Dezember 1966

Demokraten sollen gewinnen wollen, aber sie müssen auch verlieren können.

Die Große Koalition, die jetzt in Bonn gebildet wird, ist nicht das Regierungsbündnis, für welches sich die ZEIT eingesetzt hat, und Kiesinger nicht unser Vorzugskandidat für den Kanzlerposten. Die Bedenken gegen beide bestehen weiter; eine Warnung erweist sich ja nicht dadurch schon als unberechtigt, daß sie fruchtlos blieb. Doch ist die Regierung der Großen Koalition offenbar die einzige, die im Augenblick zu bilden war, und es hätte keinen Sinn, ihr von Anbeginn den Krieg zu erklären. Es gilt hier das Wort von Wilhelm Busch: *„Wenn dir eine Gesellschaft nicht paßt, such dir eine andere, wenn du eine hast."* Wie die Dinge liegen, haben wir keine andere. Und so sehr wir darob auch mit den Zähnen knirschen mögen – wir schulden der Regierung der Großen Koalition zunächst einmal die Chance, sich durch Leistung zu salvieren und die aufgekommenen Befürchtungen durch ihre politische Praxis und ihren politischen Stil zu widerlegen.

Die Verpflichtung zur Duldung des Siegers, die dem Verlierer in der Demokratie obliegt, umschließt freilich nicht die Kapitulation der Kritik, und schon gar nicht in diesem Fall. Große Koalition bedeutet kleine Opposition und wenig Kontrolle. Große Koalition bedeutet zugleich: die letzte Chance dieses Bonner Systems, in dessen Rahmen es fortan keine Alternative mehr gibt. Die nächste Regierungskrise wäre tatsächlich eine Staatskrise. Deswegen muß das schwarz-rote Herrschaftsbündnis mehr noch als jedes andere unausgesetzter, scharfer und kritischer Beobachtung unterzogen werden. Es braucht weder beflissene Apologeten noch blindwütige Gegner; es braucht unbestechliche Kritiker.

Wir werden in den nächsten Jahren applaudieren, wo Applaus fällig ist; wir werden bejahen, wo

1966–1969 ERSTE GROSSE KOALITION

wir das ohne Gewissensbisse können; doch wir werden verneinen, wo Schweigen Schande brächte. Und die Maßstäbe unseres Urteils werden streng sein, weil die Probleme groß sind und die Gefahren auch. Die erste Urteilskategorie bildet die *Leistung* der Großen Koalition, die zweite bezieht sich auf den *Stil* ihrer Herrschaft.

Eine schwarz-rote Koalition, die weder die Kraft noch den inneren Zusammenhalt für eine Politik der Erneuerung nach innen und nach außen fände, wäre von vornherein der Verdammung preisgegeben. Für die Fortsetzung des alten Trotts genügten die alten Trotteure; dafür brauchten die Sozialdemokraten ihren guten Ruf wahrhaftig nicht zu kompromittieren. Und kompromittiert haben sie ihn, kein Zweifel. Das Gedächtnis der Menschen ist kurz – aber so kurz auch wieder nicht, daß sie sich nicht mehr an Fritz Erlers Wort vom Vorjahr erinnerten, wonach die SPD eine Große Koalition mit dem normalen Funktionieren der Demokratie für unvereinbar halte; oder an die Versicherungen Herbert Wehners und Helmut Schmidts, die SPD werde sich nicht mit Strauß auf eine Regierungsbank setzen. Große Koalition geschluckt, Kiesinger geschluckt, Strauß geschluckt – das summiert sich zu einem moralischen Defizit, das allein durch eine überzeugende Leistungsbilanz wettgemacht werden kann.

Illusionen sind dabei nicht am Platze. Große Reformwerke lassen sich nicht einfach übers Knie brechen; sie brauchen Zeit. Vordringlich ist jedoch die Ordnung der Staatsfinanzen durch Verabschiedung eines Haushalts der Vernunft. Und wichtig ist auch, daß die Richtung der grundsätzlichen Reformen schon sehr bald sichtbar gemacht wird – vor allen Dingen die der finanziellen Neuordnung im Verhältnis von Bund, Ländern und Gemeinden.

Für die Deutschland-Politik und die Osteuropa-Politik gilt ähnliches. Auch hier sind die Ziele nicht in Eilmärschen zu erreichen; entscheidend ist indes, daß bald neue Trassen abgesteckt werden. Wenn die Berichte und Gerüchte aus Bonn stimmen, dann hat die CDU auf diesem Felde den wesentlichen Forderungen der Sozialdemokraten zugestimmt: Einrichtung eines Amtes für innerdeutsche Regelungen und einer ständigen innerdeutschen Handelskommission; Kontakte und Verbindungen zwischen den Behörden beider Teile Deutschlands – auch Ministergespräche, wenn es sein muß und wenn es sich lohnt; eine Politik der Entspannung gegenüber Osteuropa samt Aufnahme diplomatischer Beziehungen, Annullierung des Münchner Abkommens und indirekte Anerkennung der Oder-Neiße-Linie in einem vertraglichen Gewaltverzicht, der sich auch auf die Zonengrenze erstreckt. Sogar Strauß soll diesem Programm seine Zustimmung nicht verweigert haben.

Allerdings scheinen sich bei der CDU noch kräftige Widerstände zu regen. Hier jedoch muß sich die SPD durchsetzen, wenn ihr Koalitionseintritt nicht ein politisch sinnloser Opfergang werden soll. Die CDU brauchte sich ihres Abrückens von den heiligen Kühen der fünfziger Jahre nicht zu schämen. Sie und Strauß könnten sich mit dem klugen Ausspruch Benjamin Constants trösten: „*Les faits ont cet avantage qu'on peut leur céder sans que l'amour-propre en souffre*" – die Tatsachen bieten den Vorteil, daß man ihnen nachgeben kann, ohne daß die Selbstachtung darunter leidet. Zu den Tatsachen gehört übrigens auch, daß die Sozialdemokraten, sollte sich die CDU der vereinbar-

1967 Die Große Koalition als parlamentarisches Experiment, hier eine Kabinettssitzung im Park des Palais Schaumburg

ten neuen Politik versagen, die neugewonnene sachliche und menschliche Nähe zu den FDP-Führern im Einzelfall ausnützen könnte, um bestimmte Maßnahmen im Parlament mit einer sozialliberalen Mehrheit durchzusetzen.

In der Praxis wird sich wohl zeigen, daß innerdeutsche Initiativen derzeit in Ostberlin wenig Gegenliebe finden. Das Geifern gegen die „Bunker-Regierung" in der SED-Presse legt diesen Schluß nahe; und der Hinweis auf die „Kumpanei" mit Strauß liefert einen plausiblen Vorwand für die Ostberliner Negation. Das wird hoffentlich nicht immer so bleiben. Die Unbeweglichkeit Ulbrichts sollte die Regierung jedoch erst recht in der Absicht bestärken, neue Pfade der Verständigung mit Osteuropa zu gehen. Irgendwann werden deshalb auch die Umrisse eines eventuellen Friedensvertrages angedeutet werden müssen. Und sehr bald schon stellt sich die Aufgabe, die alten Zusammenhänge zwischen Verteidigungspolitik, Bündnispolitik und Ostpolitik zu durchdenken.

Ebenso wichtig wie ihre Leistung wird für das Urteil über die Große Koalition freilich ihr Stil sein. Es genügt nicht, daß sie eine aktionsfähige, auf Erneuerung eingeschworene Regierung stellt; auch auf die Form ihres Regierens kommt es an. Denn die Modalitäten der Herrschaftsausübung werden darüber entscheiden, ob die parlamentarische Demokratie in Deutschland überleben kann. Vier Bedingungen müssen erfüllt sein, damit das normale Gegenüber von Regierung und Opposition so rasch wie möglich wiederhergestellt wird: Die Regierung der Großen Koalition muß sich eine Frist setzen; sie darf die Proporz-Entartung der Bürokratie nicht überhandnehmen lassen; sie darf das Parlament nicht zur Akklamationsmaschine herabwürdigen; sie muß in allen ihren Handlungen und Erwägungen transparent bleiben.

Es wäre schlimm, wenn die Ausnahmeregelung sich zum Dauerzustand verfestigen würde. Schlimm, weil dann die Aussicht verschwände, daß eines Tages wieder eine glaubwürdige und kräftige parlamentarische Alternative aus dem Kreis der gegenwärtigen Bundestagsparteien entsteht. Aus diesem Grunde sollte nichts geschehen, was bloß der Verewigung der schwarz-roten Zweierherrschaft dienen kann.

Vor allen Dingen wäre es falsch, die Bürokratie nun von oben nach unten durchzuproportionalisieren oder sie in „Einflußsphären" aufzuteilen – nach österreichischem Muster, wo die Eisenbahn „rot", die Post „schwarz" ist bis hinab zum letzten Weichensteller und Postboten. Pfründen versüßen die Macht und machen den Abschied von ihr schwer; deswegen empfiehlt sich Vorsicht bei ihrer Vergabe. Wohl müssen die SPD-Minister Staatssekretäre, Planungschefs und persönliche Referenten haben, die ihnen nahestehen, doch zur Neutralisierung der übrigen Hierarchie ist Überzeugungsarbeit tauglicher als ein Beamtenschub großen Ausmaßes.

Noch wichtiger aber wird es sein, dem Parlament seine Würde und seine Rolle als Entscheidungsorgan zu lassen. Im Bundestag manifestiert sich für das Volk die parlamentarisch-demokratische Ordnung; man darf ihn daher nicht umgehen, seiner Bedeutung entkleiden oder durch einen Koalitionsausschuß entmannen. Das Parlament darf nicht zum Anhängsel der übermächtigen Regierung werden. Und gerade weil die Opposition klein ist, sollte man ihr zu ihren Stellungnahmen die Chance der Ausführlichkeit einräumen.

Schließlich aber kommt es darauf an, daß das Regierungsgeschehen transparent bleibt. Es darf sich nicht hinter Milchglasscheiben vollziehen, so daß die Öffentlichkeit nur den Anblick schwerfälliger Schatten hat; der Mangel an Kontrolle, den die Große Koalition unzweifelhaft bedingt, sollte ausgeglichen werden durch ein Mehr an Publizität. Das Volk muß ins Vertrauen gezogen werden, damit es das Vertrauen nicht verliert; das Kabinett muß sich ihm immer wieder neu erklären; sein Recht auf Aufklärung darf nicht von der Gewohnheit der Muschelei und Klüngelei beschnitten werden. Käme es anders, so würde der Graswurzel-Boden, auf dem die Demokratie gedeihen soll, sehr rasch ausdörren und verkrusten.

Demokraten sollen gewinnen wollen, aber sie müssen auch verlieren können. Bloß die Demokratie – sie darf nicht verlieren. Damit sie das Experiment der Großen Koalition überlebt, muß sich die schwarz-rote Zwillingsherrschaft einerseits zur Leistung zwingen, andererseits vor systemwidriger Stillosigkeit und rücksichtsloser Selbstprivilegierung hüten. Es darf nicht sein, daß der zweite Bundeskanzler mit seiner Abschiedswarnung vor der Großen Koalition ebenso recht behält wie der erste Bundeskanzler mit seiner Abschiedswarnung vor Ludwig Erhard.

1966–1969 ERSTE GROSSE KOALITION

Bilanz der Großen Koalition

Das schwarz-rote Bündnis hat seine Schuldigkeit getan

VON MARION GRÄFIN DÖNHOFF

DIE ZEIT, 26. September 1969

Nun geht also das Experiment der Großen Koalition zu Ende, jener Regierungskombination, bei deren Beginn die Mehrheit aller Kommentatoren meinte, sie beseitige jegliche Voraussetzung wirksamer Machtkontrolle und werde das Funktionieren des Parlamentarismus derart stören und behindern, daß es schließlich zur Machtergreifung des Proporz in Permanenz kommen müsse.

Theoretisch hatten jene Kritiker recht. Praktisch und für die besondere Situation der Bundesrepublik Deutschland gesprochen, hatten sie unrecht – woraus wieder einmal deutlich wird, daß man in der Politik mit Lehrbüchern, Idealvorstellungen und Modellen nicht allzuviel anfangen kann.

Theoretisch hatten sie recht, denn soviel steht fest: Demokratie kann nur unter der Voraussetzung funktionieren, daß die Regierung jeweils zeitlich begrenzt ist. Dies wiederum setzt voraus, daß die parlamentarische Opposition glaubhaft ist. Das heißt, sie muß stark genug sein, um bei den nächsten Wahlen die Mehrheit erringen zu können, damit Regierung und Opposition dann ihre Rollen tauschen können. Dies aber ist nicht möglich, wenn 90 Prozent des Parlaments die Regierung stellen und nur 10 Prozent die Opposition bilden.

Praktisch aber hatten sie unrecht, weil bei uns die Voraussetzung für den Rollentausch einfach nicht gegeben war, sondern erst geschaffen werden mußte. Schließlich hatten ja während vier Legislaturperioden die CDU/CSU die Regierungsrolle, die SPD die Opposition in Erbpacht gehabt. Wir schrieben an dieser Stelle am 27. August 1965, also drei Wochen vor der letzten Wahl: „Bei uns würde daher die Große Koalition den Wechsel der Parteien nicht blockieren, sondern im Gegenteil wahrscheinlich erst einmal die Voraussetzung dafür schaffen. Denn offenbar muß dem deutschen Volk die SPD erst einmal zweispännig, also zusammen mit dem bewährten Führpferd, der CDU, vorgetrabt werden, ehe das Publikum es für möglich hält, daß man auch mit den Sozialisten ganz gut fahren kann."

Die Große Koalition kam dann erst im Dezember 1966 zustande und wurde zu einem tiefen Einschnitt in der Geschichte der Bundesrepublik. Zum erstenmal entdecken nun auch breitere Schichten des Bürgertums, daß die SPD regierungsfähig ist. Von den drei Ministern, die sich der Öffentlichkeit als die interessantesten und wirkungsvollsten Mitglieder des Kabinetts darboten – Strauß, Brandt, Schiller –, gehören zwei der SPD an. Es hat sich ferner die prinzipielle Einstellung zu einigen großen Komplexen von Grund auf verändert: In der Wirtschafts- und Sozialpolitik, in der Außenpolitik und im Bereich der Justiz.

Um mit dem letzten zu beginnen: Die Große Koalition hat mehr liberale Reformen ermöglicht als die fünf vorangegangenen Kabinette. Ein neues Staatsschutzrecht ist an die Stelle der alten, vom Geist des Kalten Krieges regierten Gesetze getreten, und eine gründliche Durchforstung der Sittenparagraphen fand statt.

Während Erhard jede Form von Planung in der Wirtschaft als Häresie empfand, ist Schiller für Globalsteuerung. Darum wurden die Mittelfristige Finanzplanung und das Stabilitätsgesetz eingeführt, wurde bewußte Konjunktursteuerung betrieben, die Konzertierte Aktion erfunden und ein Finanz-, Sozial- und Agrarkabinett errichtet. Unter solchen Aspekten konnte endlich auch die Strukturkrise des Bergbaus tatkräftig angegangen werden. Die Reform der Finanzverfassung im Mai dieses Jahres gibt schließlich die Möglichkeit, daß drei Gemeinschaftsaufgaben – Bau von Hochschulen, regionale Wirtschaftspolitik und Agrarstrukturpolitik – nach bestimmten Regeln von Bund und Ländern gemeinsam geplant und finanziert werden.

Man plant wissenschaftlich

Am Ende der Erhard-Ära war die Wirtschaft in einen katastrophalen Zustand geraten. Minister Heck stellte damals fest, daß der Haushalt bis zum Jahr 1970 jährlich ein Minus von 8 Milliarden aufweisen werde. Durch riesige Wahlgeschenke vor der Wahl von 1965 und durch zusätzliche Ausgaben war die Hochkonjunktur so angeheizt worden, daß in den Jahren 1965 und 1966 die Lebenshaltungskosten insgesamt um 7 Prozent gestiegen waren. Der notwendige Tritt auf die Kreditbremse hatte dann einen Investitionsstopp, Kurzarbeit, Entlassungen und schließlich 670 000 Arbeitslose gezeitigt.

Schiller hat mit seinem Konjunkturprogramm (im Frühjahr 1967: 2,5 Milliarden, im Herbst 1967: 5,3 Milliarden) die Wirtschaft wieder in Gang gebracht. Im darauffolgenden Jahr war der Aufschwung bereits deutlich erkennbar; trotzdem empfahlen die Fünf Weisen weitere Anregungsmittel, und Schiller beabsichtigte eine dritte Investitionsspritze zu geben, was, wie heute jedermann weiß, zweifellos zuviel des Guten gewesen wäre. In jenem Moment also bewährte sich die Große Koalition in besonderer Weise: Strauß fiel dem um seinen Erfolg bangenden Schiller in den Arm und verhinderte auf diese Weise eine weitere Anfachung der Konjunktur.

Ebenso in der Sozialpolitik hat sich in der Ära der Großen Koalition der Aspekt von Grund auf verändert. Lag der Ansatz früher bei der Überzeugung, Fürsorge und Wohltätigkeit seien nun einmal unvermeidlich, so hat sich mittlerweile die Erkenntnis durchgesetzt, daß Sozialpolitik aus gesellschaftspolitischen Gründen notwendig ist und sich auch volkswirtschaftlich als Investition durchaus rechtfertigen läßt.

Heute verfügt das Arbeitsministerium mit rund 17 Milliarden Mark über den zweitgrößten Etat. Vorausschauende Berufsplanung und Anpassung an die sich verändernde Wirklichkeit sind die entscheidenden Motive der Sozialpolitik. Der entsprechende Erfolg in der Großen Koalition: das Berufsbildungsgesetz, das Arbeitsförderungsgesetz, die Lohnfortzahlung und die Gleichstellung der 11 Millionen Arbeiter mit den 5,6 Millionen Angestellten. Dies alles ist weitgehend das Verdienst des CDU-Ministers Katzer, der aber ohne die SPD im Kabinett dieses Programm nicht hätte durchsetzen, ja nicht einmal hätte konzipieren können.

In einer Zeit wie der heutigen, in der die Ereignisse sich überschlagen und Entwicklungen sich in so rasantem Tempo vollziehen, verliert man leicht den Maßstab für den Grad der Veränderungen. Blättert man aber die Dokumente der letzten drei Jahre noch einmal durch, dann staunt man, wie vieles im Bereich der Außenpolitik und der Beziehungen zur DDR heute für die öffentliche Meinung selbstverständlich geworden ist, was in der Ade-

1966–1969 ERSTE GROSSE KOALITION

nauer- und Erhard-Ära ganz undenkbar gewesen wäre.

Anderthalb Jahrzehnte war in Bonn kein Brief aus Ostberlin angenommen, gelesen oder gar beantwortet worden. Im Sommer 1967 aber fand ein Briefwechsel auf höchster Ebene zwischen Kiesinger und Stoph statt. Bonn hat damals Verhandlungen über 16 konkrete Themen angeboten. Im gleichen Jahr hatte der Wirtschaftsminister den westdeutschen Unternehmern empfohlen, an der Leipziger Messe teilzunehmen, eine bis dato unvorstellbare Maßnahme.

Jetzt ist der Weg frei

Im Jahr darauf erklärte Bonn die Einrichtung paritätisch besetzter gesamtdeutscher Kommissionen für denkbar und führte den „Zeitungsaustausch" ein, der bis zum heutigen Tage einseitig blieb. Kurz vor den Prager Ereignissen waren schließlich Gespräche zwischen Schiller und Sölle, dem Außenhandelsminister der DDR, vorgesehen, die dann aber eben wegen jener Ereignisse nicht zustande kamen.

Einen Erfolg hat dieser Versuch, durch offizielle Kontakte mit DDR-Behörden zur Entspannung beizutragen, nicht gezeitigt; die einzige Antwort, die von der DDR einging, war negativ: die Einführung der Paß- und Visapflicht im Jahre 1968. Das aber macht die Bonner Politik nicht weniger richtig.

Die Sowjetunion reagierte ebenfalls negativ, und zwar aus genau dem gleichen Grunde. Drohend wurde immer wieder vermerkt, die neue Ostpolitik der Bundesrepublik versuche die Solidarität des sozialistischen Lagers zu untergraben. Moskau befürchtet, daß die Kohä-

1966 Willy Brandt, Helmut Schmidt und Herbert Wehner (v. l.) – jeder der drei Sozialdemokraten drückt der Großen Koalition und der deutschen Politik auf seine Weise einen Stempel auf

sion im östlichen Lager proportional zur Ausbreitung der Entspannung abnehmen würde, und hat darum hohe Barrieren gegen eben diese Politik errichtet.

So hat die neue Flexibilität der Ostpolitik leider zu nichts anderem geführt, als vor aller Welt deutlich sichtbar den Schwarzen Peter wieder loszuwerden, den der Osten während der Adenauer- und Erhard-Zeit Bonn ohne Schwierigkeiten hatte zuschieben können. Und noch etwas: Die Haltung der Bürger dem Osten gegenüber hat sich gewandelt. Trotz aller kalten Duschen, die aus Moskau, Ostberlin und anfangs auch aus Warschau kamen, haben sich 75 Prozent der Bevölkerung für eine Fortsetzung Brandtscher Außenpolitik erklärt.

Die Große Koalition hat demnach nicht nur strukturelle Veränderungen hervorgebracht, sie hat auch die Bewußtseinslage der Bürger verändert. Übrigens in einer Weise, wie es einer SPD-Regierung im Alleingang nie möglich gewesen wäre, denn die SPD hat ja den Born der Weisheit auch nicht gepachtet. Sie hätte ohne die Partnerschaft sicherlich versucht, sehr viel kühnere Pläne – in den Jahren wirkungsloser Opposition erträumt – zu verwirklichen. Die Große Koalition aber zwang sie, die Grenzen der Realisierbarkeit solcher Ideen empirisch zu prüfen.

Jetzt ist der Weg frei für eine normale Innenpolitik, bei der die beiden großen Parteien einander in der Regierung abwechseln können. Das gemeinsame Regieren der beiden großen Parteien als Dauerlösung würde das Ende der Demokratie bedeuten. Diese Kombination war nur als einmalige Übergangslösung zu rechtfertigen. Der Übergang aber ist geschafft. Die Bundesrepublik ist in diesen letzten drei Jahren ein großes Stück weitergekommen.

1967–1968
Studentenbewegung

DIE ZEIT
KONTROVERSEN

Seit Mitte der sechziger Jahre fordern westdeutsche Studenten Reformen und protestieren gegen den Vietnamkrieg. Zu einer Massenbewegung aber formieren sich die Proteste erst infolge des 2. Juni 1967, als ein Berliner Polizeibeamter auf der Demonstration gegen den Staatsbesuch des persischen Schahs den Studenten Benno Ohnesorg erschießt. Die ZEIT sympathisiert zu Anfang mit den Zielen der aufbegehrenden Studenten – Reporter Kai Hermann berichtet regelmäßig und mit Anteilnahme. Doch als sich die Bewegung in Teilen radikalisiert, beginnt sich die Redaktion zu distanzieren. So auch Theo Sommer in seinem Artikel über die Osterunruhen nach dem Attentat auf Rudi Dutschke im April 1968.

1967–1968 STUDENTENBEWEGUNG

Wie sich das angebahnt hat

Der Weg der Westberliner Studenten ins Getto –

und die Chancen, wieder herauszukommen

VON KAI HERMANN

DIE ZEIT, 16. Juni 1967

Es ist ein sinnloses Unterfangen, in den sinnlosen Tod Benno Ohnesorgs einen Sinn hineininterpretieren zu wollen. Er starb, weil Polizeibeamte versagten. Nicht, weil Studenten das Demonstrationsrecht mißbrauchten – wie Berlins Regierender Bürgermeister noch immer meint behaupten zu müssen. Und nicht für die Sache jener Pop-Revolution, die milieugeschädigte Direktorensöhne der „Kommune I" vor dem Café Kranzler inszenieren möchten.

Was vor der Berliner Oper hätte deutlich werden können, sind Krisen, die man bisher beharrlich verschwiegen oder weggelogen hat: die Krise der westdeutschen Universität und ihrer Studentenschaft, jene Krise, die verschwommen mit Generationskonflikt umschrieben wird, die Krise der Teilstadt Westberlin, die, um den Antikommunismus betrogen, an politischer Auszehrung dahinsiecht, die Krise ihrer miserabel geführten Polizei.

Berlins Politiker – und nicht nur sie – bewiesen in ihrer Mehrheit, wie wenig „heilsam" der tödliche Schuß sein wird, wie wenig bereit sie auch nur zur Analyse sind. Als Repräsentant der Ignoranz reduzierte der sozialdemokratische Abgeordnete Herbert Theiss die Probleme auf den Kampf der „arbeitenden Menschen" gegen eine Minderheit, die „die Stadt in eine Katastrophe zu stürzen" drohe. „Ausscheiden" müsse man die „Unbelehrbaren, die gesellschaftliche Umschichtung wollen" – dorthin schicken, von wo „sie ihre Aufträge haben".

Das Krankheitsbild ist überdeutlich geworden, nachdem der Kriminalobermeister von seiner Dienstwaffe Gebrauch machte. Von der Therapie scheint man jedoch weiter entfernt denn je. Konzeptionslosigkeit demonstriert die politische Führung, und Ratlosigkeit zwingt die Studenten auf die Straße.

Daß Tomaten und Milchtüten, dann Steine geworfen wurden und schließlich ein tödlicher Schuß gefallen ist, weiß man. Daß da nicht nur eine kleine Minderheit „stört", die nicht rechtzeitig „mit hartem Besen ausgekehrt" wurde, begreifen einige allmählich. Die Solidarisierung einer Mehrheit der Studentenschaft mit den „Randalierern" war der eigentliche Schock.

Geht es dieser Studentengeneration nicht besser als irgend einer vor ihr? Stipendien, Wohnheime, Gebrauchtwagen, politische Stabilität. Die Kriegsgeneration ist fassungslos und weist auf das eigene schwere Los: Hunger, Aufbau der Universitäten aus Trümmern, Kampf um Freiheit gegen den Kommunismus. Die Studenten der fünfziger Jahre berufen sich auf ihr Vorbild: hartes Studium, schnelle Examen, Karriere. Die Älteren können nicht begreifen, wie da eine neue Generation nach Weimarer Republik, Nazismus und Zusammenbruch bewußt Unruhe schaffen kann. In Berlin hat man längst eine Erklärung parat: politische Wohlstandskriminalität. Von studentischen Demonstranten als Kriminellen sprachen Presse und Regierung.

Die es sich nicht so einfach machen, schreiben vom „ideellen Vakuum", das entstanden sei, das zum „Engagement für einen gewissermaßen künstlichen Gegenstand" zwinge – so *Christ und Welt*.

Doch ist das Eintreten für eine Reform der Hochschule „Engagement für einen künstlichen Gegenstand"? Die Realität ihrer Universität war es nämlich, die in Berlin die Studenten zunächst zur Kritik, schließlich zum offenen Aufstand reizte. Die Universität war für sie ihre gesellschaftliche Wirklichkeit: autoritär, hierarchisch, ein Relikt aus dem vorigen Jahrhundert, unfähig, mit den gestellten Ansprüchen fertig zu werden. Gerade die Berliner Studenten spürten in ihrer Umwelt Restauration. Die Freie Universität war einmal als „fortschrittliche" Hochschule konzipiert. Sie sollte brechen mit jenen Traditionen, die mitverantwortlich waren für das Versagen der Hochschulen in der Weimarer Republik. Die Gründer hatten die Fundamente für eine neue Universität gelegt. Doch über ihnen wurde wie in Westdeutschland die alte Fassade restauriert. Was an Neuansätzen einmal da war, geriet in Vergessenheit.

So sollte die FU eine demokratische, eine politische Hochschule werden. Das politische Engagement wurde toleriert, ja gebilligt von der Öffentlichkeit, als die Blockadegeneration sich gegen die kommunistische Bedrohung engagierte, als die Studentenschaft in ihren Resolutionen die Politik der Bundesregierung billigte. Politischer Eifer fand noch einmal flammende Unterstützung, als sich nach dem Mauerbau Studenten zu Fluchthilfe und Tunnelbaubrigaden zusammenfanden. Daß der Idealismus damals als Abenteurertum am Rande der Kriminalität endete, störte kaum jemanden. Im Gegenteil, als ein Rektor Waffenlager in Studentenheimen nicht dulden wollte, stieß er auf den geschlossenen Protest der Berliner Öffentlichkeit.

Den Studenten ging der antikommunistische Atem aus. Eine neue Generation interessierte sich plötzlich für die Problematik ihrer Universität. Und nun entdeckten Professoren, Politiker und Öffentlichkeit, daß sich „tagespolitische" Auseinandersetzungen nicht mit Würde und Tradition der deutschen Hochschule vertrugen.

Ein Rektor begann, politische Veranstaltungen der Studentenschaft zu zensieren, ein Assistent verlor seine Anstellung, weil er politisch unliebsam auffiel. Diese Maßnahmen zur „Entpolitisierung" der FU endeten mit einem generellen Verbot politischer Veranstaltungen in Hörsälen. Doch die Studenten akzeptierten repressiv ausgeübte Autorität nicht mehr. Sie verteidigten ihre Rechte nicht nur, sie begannen mit Reformplänen gegen Restaurationstendenzen zu kämpfen. Der Protest war zunächst meist leise. Kontemplation ging über Demonstration. Sie arbeiteten detaillierte Pläne zur Hochschul- und Studienreform aus.

Sie verschärften durch diesen Protest dennoch den Konflikt mit der Universitätsobrigkeit. Außerhalb der Hochschule fanden sie keine Hilfe, nicht einmal Gehör. Die Öffentlichkeit stellte sich gegen sie. Springers Zeitungen prägten den Begriff „Radauuniversität". Aus der universitätsinternen Auseinandersetzung wurde die Konfrontation mit dem „Establishment".

Nirgends waren die politischen und gesellschaftlichen Verhältnisse ungeeigneter für Reformexperimente als in der „Frontstadt". Doch gerade das provozierte die Studenten und gab ihnen die Freude an der Provokation. In Westberlin mußte die Opposition als Ruhestörung empfunden werden. Gemeinsamkeit ist dort die erste Bürgerpflicht.

Halb zog es die Studenten, halb trieb es sie in die Isolation. Das „Establishment" erschien ihnen besonders garstig in dieser Stadt: repräsentiert durch eine Presse, die ihrer

1966–1982 Aufruhr und Zuversicht 155

1967–1968 STUDENTENBEWEGUNG

1967 Schweigemarsch in München nach dem gewaltsamen Tod von Benno Ohnesorg während der Schah-Demonstration in Berlin

selbstgewählten politischen Mission die Grundregeln des Journalismus geopfert hat. Ohne die Rolle der Berliner Boulevardzeitungen ist die Entwicklung von der Konfrontation zwischen Studenten und Öffentlichkeit zur Katastrophe nicht erklärbar.

Sie erzeugten Pogromstimmung, sie machten Dahlem zum Getto. Leitartikler und Karikaturisten schufen das Stereotyp des bärtigen, ungewaschenen Gammler-Studenten, der auf Kosten der arbeitenden Bevölkerung randaliert. Ihre Phantasie war unerschöpflich, wenn es um die Bestimmung des Begriffs demonstrierender Studenten ging: „Knalltütenkorps", „Radikalinskis und Herrschaften mit Linksdrall, denen der Steuerzahler das Studium ermöglicht", „hysterische Rudel von akademischen Halbstarken", „notorische Radaumacher", „politische Clique", „geschulte kommunistische Straßenkämpfer", „amüsierte Nichtstuer". Die Nachrichtenmanipulation dieser Zeitungen kannte keine Grenzen. Das letzte böse Beispiel: die Berichterstattung über die Ereignisse beim Schah-Besuch. Dutzende von Reportern hatten den Redaktionen Berichte und Photos der schweren Polizeiübergriffe geliefert. Doch zunächst informierte kein Bild, kein Wort in diesen Blättern die Öffentlichkeit. Die *BZ* resümierte den Polizeieinsatz, der rund fünfzig Verletzte und einen Toten gefordert hatte, befriedigt: „Wer Terror produziert, muß Härte in Kauf nehmen."

Die Repräsentanten der Studentenschaft fühlen sich unschuldig an dieser Entwicklung. Zu Unrecht. Als man ihre Argumente nicht hörte, ließen sie das Argumentieren und verließen sich aufs Provozieren. Sie wollten mit den Köpfen durch Polizeikordons und liefen sie sich schließlich an Gummiknüppeln ein. Sie ließen es zu, daß eine Minderheit Ohnmacht mit Tomaten und Milchtüten demonstrierte. In der Dahlemer Diaspora schmiedete man Solidarität; sie schloß auch jene intellektuellen Neurotiker ein, die ihre sexuellen Probleme mit revolutionären Sandkastenspielen kompensieren. Wo Distanzierung die gemeinsame Abwehrfront zu schwächen schien, verzichtete man schließlich auch auf deutliche Differenzierung.

Der Konflikt mit der Gesellschaft wurde spätestens nach dem Schuß vor der Berliner Oper zum Totalen Krieg. Darüber können nächtelange Straßendiskussionen und Hunderttausende von Flugblättern, in denen sich die Studenten nun um Verbündete bemühen, nicht hinwegtäuschen. Auch die plötzliche Verständnis- und Verständigungsbereitschaft in einem Teil jener Presse, die bislang den Konflikt schürte, wird den Waffenstillstand kaum bringen. Die Mauer der Ressentiments, an der so lange gebaut wurde, ist weder in Wochen noch in Monaten abzutragen.

Die Chance, daß die Studenten den Weg aus der Isolierung herausfinden, scheint zur Zeit ebenso gering wie die Aussicht, daß ihr dieser Weg wirklich freigegeben wird. Nichts deutet darauf hin, daß die Stadt ihre Universität als „Unruheherd" akzeptieren will, daß sie die Unruhe nutzt, um sich selbst aus politischer Erstarrung zu lösen.

1967 Öffentliche Sitzung des Berliner Studentenparlaments anlässlich der Geschehnisse während der Schah-Demonstrationen

1967–1968 STUDENTENBEWEGUNG

Die Vernunft blieb auf der Strecke

Die Oster-Rebellion:

Herausforderung an unsere Demokratie

VON THEO SOMMER

DIE ZEIT, 19. April 1968

Die am Gründonnerstag gefallenen Schüsse werden in Deutschland noch lange Zeit nachhallen. Das Attentat auf Rudi Dutschke und die Straßenschlachten der Ostertage markieren das Ende einer Epoche. Erst jetzt ist die Nachkriegszeit wirklich vorbei – eine Ära biederer Rationalität, in der sich die Kriegsgeneration der Deutschen eine neue Welt zimmerte. Jetzt rührt sich die Friedensgeneration. Die Söhne wollen eine noch neuere Welt – die alte ist ihnen allzu brav, zu sehr dem Bestehenden verhaftet, zu wenig dynamisch. Die Väter hingegen verweisen stolz aufs Erreichte, dessen Unantastbarkeit ihnen höher steht als der jugendliche Drang zur Reform.

Dabei droht das eigentliche Positivum der letzten zwanzig Jahre verlorenzugehen: die Übereinkunft, bei aller Verschiedenheit der *Ziele* doch in der politischen *Methode* Vernunft walten zu lassen. Heute argumentiert die eine Seite mit Brandfackeln und Steinen, die andere mit Gummiknüppeln und Wasserwerfern. Zum erstenmal seit 1949 muß ernsthaft die Frage gestellt werden, ob Bonn nicht doch Weimar sei – oder werden könne. Selbst Leute, die allem Dramatisieren abhold sind, befürchten neuerdings, daß es noch viel schlimmer kommen werde, ehe es besser werden kann. Ein halbtoter Dutschke reicht offenbar nicht aus, um Besinnung zu bewirken.

Und das ist das Schlimmste, was eine Woche nach dem Mordanschlag auf dem Kurfürstendamm konstatiert werden muß: Er hat zunächst keinerlei reinigende Wirkung gehabt. Eine Chance zur Katharsis scheint vertan. Die radikalen Studenten flüchten sich in einen wilden Amoklauf; die staatliche Gewalt ergab sich allenthalben einer abscheulichen Dreschflegelorgie; die hohe Obrigkeit schwelgte in widerlicher Selbstgefälligkeit, bis Bundesjustizminister Heinemann nach drei Tagen endlich das erste selbstkritische Wort sprach. Axel

Springer aber, der nicht ohne früheres Zutun seiner Zeitungen zur Zielscheibe der Demonstrationen geworden war, brachte auch nach seiner Rückkehr aus Amerika nicht einen Satz heraus, nicht ein Wort der Erschütterung, nicht ein Wort der Einsicht. Und Einsicht wäre durchaus am Platze gewesen: daß er mit seiner heimlichen Sehnsucht nach der „disziplinierten Demokratie" über die Jahre hinweg dem Bonner Staat ans innerste Mark gegangen ist; daß er die linke „Intelligentia" verteufeln ließ und sie dadurch bloß bis aufs Blut reizte; daß er Sturm erntete, wo er Windstille hatte säen wollen. Nichts davon. Die meisten Springer-Blätter, hergestellt hinter Stacheldrahtverhauen und Polizeikordons, errichteten sich statt dessen Monumente der Selbstgerechtigkeit aus Druckerschwärze und Papier.

Wie sollte bei solch allseitiger Verblendung Versöhnung möglich sein? Jener neue Anfang, nach dem ein Fähnlein der Aufrechten in Berlin so beschwörend verlangte?

Nein – wenn aus den bösen Ereignissen der letzten Tage am Ende doch etwas Gutes kommen soll, dann muß zunächst die Einsicht sich Bahn brechen, daß keiner an der Fehlentwicklung unseres nationalen Lebens ohne Schuld ist: weder die Studenten noch die Springer-Presse, weder die Obrigkeit noch die Parteipolitiker. Der unselige Pistolenschütze Josef Bachmann darf nicht als Vorwand dazu herhalten, die notwendige Gewissenserforschung zu stoppen. Er ist, wie die meisten Attentäter der Geschichte, ein verstörter Einzelgänger, aber – wiederum wie die meisten seines Schlages – indirekt zugleich auch das Produkt des Milieus. Das Attentat ist stets der Punkt, an dem sich die beiden wesentlichen Antriebslinien alles historischen Geschehens kreuzen – ein individueller Wille und ein kollektives Bewußtsein. Mordanschläge sind nicht reiner Zufall.

Hier aber müssen sich die Studenten, jedenfalls ihre ultralinke Speerspitze im SDS, den Vorwurf gefallen lassen, daß sie selber durch die Propagierung der Gewalt als Mittel der politischen Auseinandersetzung mitgeholfen haben, den Boden für die Bluttat vom Gründonnerstag zu bereiten. Man darf dies nicht in dem billigen Sinne verstehen, der Beinahe-Ermordete sei schuld, nicht der Beinahe-Mörder. Doch läßt sich nicht übersehen, daß die SDS-Leute Gewalt gepredigt haben, wenn sie auch als „demonstrative und provokatorische *Gegen*gewalt" bemäntelt wurde.

Dutschke selber drückte sich da zwielichtig aus. Er baute stets mehr auf die Aufklärung der Menschen, die „Bewußtseinsweckung" bei den Massen, indes schloß er die Gewalt auch nicht ausdrücklich aus. Es sei nicht mehr die Zeit „nüchterner und kalter Reflexionen", sondern die der Mobilisation, sagte er unlängst, und er forderte zur Sprengung des Staatsapparates auf. Das freilich leistete jeder Art von willkürlicher, zur Violenz weisenden Auslegung Vorschub. Kein Jonglieren mit Begriffen kann die Schreibtischtäterschaft des SDS, die geistige Vaterschaft an den Ausschreitungen der letzten Zeit aus der Welt schaffen. Die Studenten – und nicht nur die Ultralinken – wollten die „provozierende Irrationalität". Sie weckten damit nur die irrationalen Kräfte auf der anderen Seite.

Nicht, daß es bei „Bild" und den Berliner Springer-Blättern eines Anstoßes bedurft hätte. Der permanenten Skandalisierung der Gesellschaft durch die Studenten setzten diese Publikationen eine permanente Verketzerung der Studenten entgegen – und der Ausdruck Pogromhetze erscheint dafür nicht zu weit hergeholt. Für Falschmeldungen (Humphrey-Besuch), hanebüchene Nachrichtenunterschlagung (nach dem Schah-Besuch), emotionelle Leserpostkampagnen (vorige Woche) fehlt es nicht an Beweisen. Ein Bündel von Zitaten belegt die wiederholte Aufforderung an die Berliner, die Justiz in die eigenen Hände zu nehmen – zuletzt am 7. Februar in „Bild": „Man darf auch nicht die ganze Dreckarbeit der Polizei und ihren Wasserwerfern überlassen." Dazu der greuliche Jargon: „immatrikulierter Mob", „Krawalltüten", „Politgammler". Wer auf diese Weise die Gosse beschwört, darf sich nicht wundern, daß er damit die Straße mobilisiert – und bei der Obrigkeit die Bremsen der Vernunft lockert. Die Schreibtischtäter auf den Redaktionen sind schlimmer als die vom SDS: Sie müßten es nämlich besser wissen.

Dennoch muß ganz klar gesagt werden: Was immer in den Springer-Blättern an Mißbilligenswertem steht – es rechtfertigt wohl legislative Maßnahmen gegen marktbeherrschenden Aufwiegeljournalismus, nicht jedoch die furiosen Sturmangriffe auf die Druckhäuser des Konzerns, nicht Steinwürfe und Brandstiftung, nicht den Versuch, die Pressefreiheit zu beschneiden, indem man die Auslieferung unliebsamer Zeitungen physisch blockiert. Dieser Versuch muß in der Tat un-

1967–1968 STUDENTENBEWEGUNG

1968 Ostermarschierer protestieren vor einem Springer-Gebäude nach dem Anschlag auf Rudi Dutschke

terbunden werden; denn wenn heute dem SDS gestattet würde, sich an Rechtsblättern zu vergreifen, wäre morgen auch kein Halten, wenn NPD-Sturmtrupps liberale und linke Veröffentlichungen berennen würden. Wie überhaupt die große Gefahr besteht, daß die Dutschkisten säen, wo eines Tages die Rechte ernten wird; daß das eine Extrem das andere hochschaukelt; daß statt der vom SDS erhofften Verbrüderung mit den Arbeitern bloß eine Lawine des kleinbürgerlichen Anti-Intellektualismus losgetreten wird.

Freilich: Schutz der Pressefreiheit darf auch nicht in hemmungslosen Polizeiterror ausarten. Zusammenstöße um der Legalität willen verschlimmern die Lage: sie fördern bloß die Solidarisierung der Studentenmehrheit mit der Minderheit der Ultras.

Wer die Ausschreitungen der Studenten verurteilt, muß auch die Ausschreitungen der Polizei verdammen. Sinnlose, blinde Knüppelei, wie wir sie überall zu Ostern beschert bekamen, kann selbst den unbefangenen Beobachter zur Sympathie für die Demonstranten zwingen. Dazu die Ratlosigkeit und Einfallslosigkeit der Regierenden: Ahlers erst mit seinen papierenen Verlautbarungen; Kiesinger dann beredt, aber ohne erkennbares tieferes Verständnis für das, was auf dem Spiele steht; schließlich Schütz in seiner hölzern-hilflosen Mir-kann-keiner-Attitüde. Armes Deutschland, dessen gewählte Herren dauernd Gespräche mit der außerparlamentarischen Opposition anbieten, aber dann vor Angst vergehen, wenn die SDS-Sprecher ein Tonbandgerät mitbringen!

Die Politiker jedoch – sie machten Osterferien. Wegen der Telephongebühren ließen sie sich von „Bild" einmal aus dem Sommerurlaub holen, aber diesmal stieß die Anregung, eine Sondersitzung einzuberufen, auf taube Ohren. Wann wird sich der Bundestag je mit einem neu auftauchenden Problem befassen, ehe es nicht schon im letzten Nachtprogramm stundenlang debattiert worden ist?

Unsere Abgeordneten haben die Zeitwende nicht begriffen – und nicht ihre Mitschuld an der Entfremdung der Jugend. Sie sind froh und zufrieden, wenn sie jedes Jahr einen halbwegs vertretbaren Haushalt zurechtzimmern, sie einigen sich mit ein bißchen Glück auch über diese oder jene Sachfrage. Aber die Wertfragen klammern sie aus. Die Wünsche der nachfolgenden Generation überhören sie. Sie suchen Übereinkunft im Stillstand, nicht in der Bewegung. In der Großen Koalition verwischen sie die Fronten, statt deren Verlauf sichtbar zu machen – was allein der au-

1968 Rudi Dutschke (r.) auf einer Demonstration in Berlin, an der auch kommunistische Gruppierungen aus dem Ausland teilnehmen

ßerparlamentarischen Opposition den Wind aus den Segeln nehmen könnte. Sie scheuen den Streit – obwohl allein aus der Reibung der Meinungen der Antrieb zum Fortschritt kommen kann. Konformität ist selbst innerhalb der Fraktionen Trumpf – weshalb denn den Abweichlern gar nichts anderes übrigbleibt, als ihre Vorstellungen außerhalb des Parlaments zu entwickeln.

Die radikale Mitte, aus der unser Volk lebt, hat sich all dies bisher bieten lassen. Sie hat zu sehr auf die Kraft der Kritik und die Automatik der Evolution vertraut. Von jetzt ab werden die Liberalen und die fortschrittlichen Konservativen wieder eine schärfere Klinge fechten müssen. Zwischen der ratlosen Gewalt der Regierenden ohne Programm und der fühllosen Gewalt der Protestierenden ohne Ziel muß es einen dritten Weg geben: die permanente Reform, die das Bestehende fortentwickelt, ohne seine Fundamente zu zertrümmern. Die Wandlungsfähigkeit muß zum bestimmenden Kriterium werden.

Der Anschlag auf Rudi Dutschke war nur der Anlaß, nicht der Grund zum Osteraufstand 1968. Der Grund liegt darin, daß die Jungen an der Kraft unseres Systems zur Wandlung verzweifeln. Die praktische Widerlegung ihrer These steht bisher noch aus. Notfalls wird sich die Demokratie auch mit Schlagstöcken und Tränengas ihrer Haut wehren müssen. Aber ehe es soweit ist, gibt es zwei andere Mittel: Überzeugung durch Dialog und Überzeugung durch Leistung. Der Verzicht darauf wäre die Kapitulation der Vernunft vor der Unvernunft, die Preisgabe der Mitte an die Extreme.

1968 NOTSTANDSGESETZE

1968
Notstandsgesetze

KONTROVERSEN

Am 30. Mai 1968 verabschiedet der Bundestag die sogenannte Notstandsverfassung. Sie erweitert die militärischen Befugnisse der Regierung in Krisensituationen wie dem Verteidigungsfall, bei einem »inneren Notstand« oder bei Naturkatastrophen. Die bereits seit den fünfziger Jahren diskutierte Notstandsgesetzgebung, die alliierte Vorbehaltsrechte ablöst, bedeutet für die Bundesrepublik einen weiteren Schritt hin zur vollen Souveränität – gerät aber schon früh in die Kritik: Die Gegner sehen die Demokratie und den Rechtsstaat in Gefahr und befürchten einen Missbrauch durch die Regierung. In der ZEIT gibt Politik-Redakteur Rolf Zundel einen Überblick über die Debatte.

DIE ZEIT, 10. Mai 1968

Mit heißer Nadel genäht

Auch im neuen Notstands-Entwurf blieb die rechtsstaatliche Sicherheit auf der Strecke

VON ROLF ZUNDEL

Bonn bereitet sich auf ein unruhiges Wochenende vor: ungefähr 30 000 bis 40 000 Notstandsgegner wollen in der Bundeshauptstadt demonstrieren. Sogar aus Ostberlin wird ein Sonderzug erwartet, den das Westberliner Kuratorium „Notstand der Demokratie" bei der östlichen Reichsbahn bestellt hat. So werden sich in der Bundeshauptstadt manche treffen, die ernsthafte Argumente gegen die Entwürfe zur Notstandsgesetzgebung vorzubringen haben. Für viele aber ist dieser Sternmarsch nach Bonn willkommene Gelegenheit, um Kritik und Abneigung gegen das Bonner System überhaupt loszuwerden.

Seit zehn Jahren sind jetzt die Notstandsgesetze ein Zankapfel der innenpolitischen Diskussion. Die Entwürfe haben sich in dieser Zeit mannigfaltig gewandelt, sie sind liberalisiert, verfeinert, „entfeinert" und wieder perfektioniert worden. Jetzt liegt ein neuer Entwurf vor, dessen Grundzüge in einem Koalitionskompromiß ausgehandelt wurden und der nun, nach Formulierungshilfen des Innenministeriums, als Grundlage der bevorstehenden zweiten Lesung dienen soll.

Es ist nur zu verständlich, daß die Abgeordneten nach so vielen Jahren harter Auseinandersetzung die Gesetze jetzt endlich vom Tisch haben wollen. Kein Zweifel, sie sind „notstandsmüde". Aber was in den letzten Wochen mit heißer Nadel zusammengeflickt worden ist, müßte sie doch sehr bedenklich stimmen. Der Bundestag wäre schlecht beraten, wenn er das neue Gesetzgebungswerk jetzt in einem Kraftakt durchpauken wollte. Zwar kommt der neue Entwurf in manchen Punkten den Wünschen der FDP und der SPD entgegen, dafür aber sind einige Formulierungen hineingeraten, die im Grunde das jahrelange Bemühen um liberalrechtsstaatliche Perfektion wieder zunichte machen. Einige Abschnitte bedürfen gründlicher Überprüfung.

Im neuen Artikel 80a des Grundgesetzes ist vom Verteidi-

1968 NOTSTANDSGESETZE

gungsfall und vom Spannungsfall die Rede. Relativ unproblematisch ist der Verteidigungsfall, und hier sind sich im Grunde auch alle Fraktionen einig. Er ist klar und eindeutig definiert, auch die rechtlichen Folgen sind kaum umstritten. Der Spannungsfall aber ist in einer rechtlich verbindlichen Formulierung kaum zu fassen. Der SPD-Fraktionsvorsitzende Helmut Schmidt denkt dabei an die Kuba-Krise, der CDU-Notstandsexperte Even an die Behinderung der Ölversorgung.

Wie eine Generalklausel

Die einzige Sicherung dagegen, daß der Spannungsfall nicht in das Ermessen der Exekutive gerückt wird, liegt darin, daß die Feststellung an den Beschluß des Bundestages gebunden wird. Dies ist auch im Artikel 80a, Abs. 1, vorgesehen. Darüber hinaus hat der Bundestag auch noch das Recht (Abs. 2) „Maßnahmen auf Grund von Rechtsvorschriften nach Abs. 1" aufzuheben. Nun aber ist ein Absatz 3 angefügt, der folgendes festlegt: „Abweichend von Abs. 1 ist die Anwendung solcher Rechtsvorschriften auch auf der Grundlage und nach Maßgabe eines Beschlusses zulässig, der von einem übernationalen Organ im Rahmen eines Bündnisvertrages gefaßt wird. Abs. 2 findet dann keine Anwendung."

Dies bedeutet nichts anderes, als daß die Regierung auf Grund geheimer NATO-Beschlüsse – die ja nach dem Zustimmungsprinzip des NATO-Rates ohne ihre Zustimmung gar nicht gefaßt werden können – nach eigenem Ermessen so verfahren kann, als sei

1968 Beim »Sternmarsch auf Bonn« demonstrieren Tausende, unter ihnen auch der Schriftsteller Heinrich Böll, gegen die Notstandsgesetze

der Spannungszustand beschlossen. Die Kontrolle des Parlaments ist dabei ausgeschaltet. So sind Dienstverpflichtungen schon im Spannungszustand ohne parlamentarische Beteiligung möglich. Daß die alte Forderung von SPD und FDP, der Bundestag müsse jederzeit Herr des Notstands sein, erfüllt sei, läßt sich unter diesen Umständen beim besten Willen nicht behaupten.

Hier wird ein typisches Strickmuster der Gesetzestechnik sichtbar, das auch an anderen Stellen wiederkehrt. Mit großer Akribie werden da bis ins Detail rechtsstaatliche Sicherungen aufgeführt, und dann taucht an einer Stelle plötzlich eine Formulierung auf, die wie eine Generalklausel wirkt und alle Sicherungen wieder fraglich macht.

Ähnlich ist zum Beispiel der Artikel 87a des Grundgesetzes gebaut, der den Einsatz von Bundeswehr regelt. In drei Absätzen wird auf durchaus akzeptable Weise präzise dargestellt, welche Aufgaben die Bundeswehr im Verteidigungs- und Spannungsfall hat. Und dann folgt wieder ein letzter Absatz, der eine Einladung zu Ermessensentscheidungen darstellt. Da heißt es: „Zur Abwehr einer drohenden Gefahr für den Bestand oder die freiheitlich demokratische Grundordnung des Bundes oder eines Landes kann die Bundesregierung die Streitkräfte zur Unterstützung der Polizei beim Schutz von zivilen Objekten und zur Bekämpfung von Gruppen militärisch bewaffneter Aufständischer einsetzen."

Nur ein geringer Trost
Eindeutig ist daran nur, daß die Bundesregierung das Recht hat, die Streitkräfte beim inneren Notstand einzusetzen, die rechtlichen Voraussetzungen dafür bleiben jedoch erschreckend vage. Und es ist nur ein geringer Trost, daß Bundestag und Bundesrat nachträglich vielleicht verlangen können, den „bewaffneten Einsatz ... einzustellen". Wie beim äußeren Notstand, so ist also auch beim inneren Notstand der Bundestag keineswegs Herr des Verfahrens. Diese Passage ist weder mit den Grundsätzen der SPD noch mit den Vorstellungen der Freien Demokraten vereinbar.

Gemessen an diesen gravierenden neuen Regelungen, die den Sinn der ganzen Notstandsgesetze in Frage stellen, sind einige Verbesserungen gegenüber dem früheren Regierungsentwurf, etwa die Beschränkung der Rechte des Gemeinsamen Ausschusses und die Betonung der Freiwilligkeit bei Dienstverpflichtungen, von geringer Bedeutung. Zum Teil haben sie bloß deklamatorischen Charakter – so die vom Rechtsausschuß allerdings noch nicht gebilligte Einführung eines Widerstandsrechts. Daß der Bürger zum Widerstand gegen „Rechtsbrecher" ermächtigt ist, scheint ohnehin selbstverständlich, es sei denn, man verstünde darunter die Aufforderung zur „Selbstjustiz" gegen Demonstranten.

Der neue Entwurf ist eine seltsame Mischung von langen Abschnitten rechtsstaatlicher Perfektion, Ausnahmeregelungen, die sich wie Generalklauseln auswirken können, und einigen Passagen schöner Deklamation. Ein gutes Gesetz stellt der Entwurf nicht dar. Dafür noch ein Beispiel: Im neuen Artikel 115e des Grundgesetzes wird eine Zuständigkeit des Bundes für gewisse Regelungen bei Enteignungen und Freiheitsentziehungen im Verteidigungsfall festgestellt. Dagegen läßt sich wenig einwenden. In Abschnitt 4 desselben Artikels aber heißt es dann, solche Bundesgesetze dürfen „zur Vorbereitung ihres Vollzugs schon vor Eintritt des Verteidigungsfalls angewendet" werden. Abgesehen von dem schwer lösbaren Rätsel, wie Gesetze zur Vorbereitung ihres Vollzugs angewendet werden sollen – wie soll man mit solchen Bestimmungen überhaupt arbeiten? Wer ängstlich ist, wird die Finger lieber überhaupt davon lassen; wer im Notstand die Stunde der Exekutive sieht, wird sofort zugreifen. Rechtsstaatliche Sicherheit und Praktikabilität bleiben dabei auf der Strecke.

Ein guter Kompromiß ist es wahrlich nicht, der in den Koalitionsgesprächen gefunden wurde. Dies scheint nicht nur die Meinung der FDP, sondern auch einer ganzen Reihe von sozialdemokratischen Abgeordneten zu sein. Und in der CDU gibt es ebenfalls eine Gruppe, die, freilich aus anderen Gründen, immer mehr Zweifel daran hegt, ob dieses Gesetz noch einen Sinn ergibt.

Auf der anderen Seite sind sich die Führer von SPD und CDU wohl bewußt, daß ein Scheitern der Notstandsgesetzgebung den fatalen Eindruck, diese Koalition bewältige die großen, selbstgestellten Aufgaben nicht mehr, noch beträchtlich verstärken müßte. Der Zwang zur Verabschiedung ist also groß. Bleibt aber der vorliegende Entwurf im wesentlichen erhalten, so werden es die Sozialdemokraten sehr schwer haben, die Zustimmung vor ihren Mitgliedern und Anhängern zu rechtfertigen.

1968 NOTSTANDSGESETZE

Das Denkbare denken

Lehren aus der Notstandsdebatte

VON ROLF ZUNDEL

DIE ZEIT, 7. Juni 1968

Von Triumph war wenig zu spüren. Als Bundestagspräsident Gerstenmaier dem Parlament bekanntgab, die erforderliche Zweidrittelmehrheit für die Notstandsgesetze sei erreicht, gab es nur müden Beifall. Nicht nur, weil dieses Resultat schon vorher feststand. Die Diskussion hatte so viel Arbeitskraft aufgezehrt, so viel Emotionen und so viel Mißtrauen entfacht, daß sich am Ende niemand mehr als Sieger fühlen möchte.

Die Bundesrepublik wird jetzt mit diesen Gesetzen leben müssen. Und viele ihrer Gegner, die sich in eine wahre Angstpsychose haben hineintreiben lassen, werden nun erfahren, daß ihre Befürchtungen sich nicht bewahrheiten. Mit der Verabschiedung der Gesetze ist die Diktatur nicht ausgebrochen. Die Politiker aber, die dafür gestimmt haben, werden erkennen müssen, daß damit für die aktuellen Probleme der Bundesrepublik wenig gewonnen ist. Höchstens dies: Die Energie, die darauf verwendet wurde, das Undenkbare zu denken, ist wieder für die Aufgaben des Tages frei. Und diese sind ernst genug.

Längst ist die Lage in einem anderen Sinne als dem der Notstandsgesetze krisenhaft. Symptom dafür ist jenes radikale Mißtrauen gegen die politischen Institutionen, das in der öffentlichen Diskussion über den Notstand aufflammte. Dieses Mißtrauen hat zum Teil revolutionäre Züge angenommen und ist bei einer kleinen Minderheit in eine Ablehnung des politischen Systems umgeschlagen. Aber der Vertrauensschwund der politischen Parteien ist nicht auf diese kleine Gruppe beschränkt; er hat weite Kreise der Bevölkerung erfaßt. Das Vertrauen wieder herzustellen, ist das vordringlichste Geschäft der deutschen Innenpolitik. Das Mittel dafür ist oft genug genannt worden: Reform. Und an Reformvorschlägen ist wahrhaftig kein Mangel: Finanzreform, Bildungsreform, Verwaltungsreform, Strukturreform.

Eigentlich alle Reformpläne enthalten das Eingeständnis, daß viele Institutionen unseres Staates der modernen Welt nicht mehr gerecht werden. Die institutionellen Reformen sollen die Leistungsfähigkeit steigern – eine Tendenz, die sich am Programmentwurf der CDU ebenso klar wie an den Perspektiven der SPD ablesen läßt. Deshalb gerät der Föderalismus gerade in der Finanz- und Bildungspolitik immer stärker unter Beschuß, und alle Reformen sind sichtlich auf eine Stärkung der zentralen Exekutive angelegt.

Freilich gibt es daneben eine mächtige Grundstimmung, besonders in der jungen Generation, die nach Reformen ganz anderer Art drängt – Demokratisierung, Liberalisierung heißen ihre Schlagwörter. Und wo die Funktionalisten wertneutral an höhere Leistung denken, steigern sich die Verhaltenskritiker zu Aposteln der Grundrechte. Ansatzpunkte für die Kritik gibt es genug: Ein verkrampftes Parlament, das meist nicht in der Lage ist, Kritik von außen aufzunehmen und zu verarbeiten; Parteien, die von jungen Abgeordneten als oligarchisch verkrustet empfunden werden; eine politische Sprache, in der das Selbstgenügsame alter Klischees vorherrscht, die von den Kritikern weder verstanden noch ernst genommen wird.

Gerade die Schlußdebatte über die Notstandsgesetze hätte für das Parlament der Anlaß sein müssen, sich als „offene Gesellschaft" zu präsentieren. Willy Brandt hat es versucht. Er gab sich Mühe, die Kritik von außen nicht einfach als störend und unqualifiziert abzutun; er unternahm es, Brücken zur außerparlamentarischen Opposition zu schlagen. Aber das Parlament folgte ihm nur widerwillig. Der Beifall war immer dann am stärksten, wenn die Abgeordneten sich in ihrer Selbstgerechtigkeit und in ihrem Selbstmitleid angesprochen fühlten.

In den USA setzen sich Politiker rasch an die Spitze politischer Bewegungen. Die deutschen Politiker hingegen greifen die Themen der öffentlichen Diskussion erst dann auf, wenn sich die Diskussion über die Demonstration zur Provokation gesteigert hat. Wenn die Parteien es nicht lernen, sich unbefangener den politischen Strömungen zu öffnen, werden alle institutionellen Reformen das politische Klima nicht entscheidend verändern können. Das bedeutet keineswegs, daß Bonn vor der außerparlamentarischen Opposition kapitulieren soll, schon gar nicht vor jenen, die unsere parlamentarische Demokratie aus den Angeln heben möchten. Es heißt allerdings: Die Parteien müssen den Grundgesetzauftrag, an der politischen Willensbildung mitzuwirken, wieder ernster nehmen und wieder lernen zu führen.

Reform ist notwendig, um das Vertrauen in die politischen Institutionen wiederherzustellen. Im Notfall für die Demokratie auf die Barrikaden zu gehen, das ist aller Ehren wert. Doch jetzt geht es darum, schon in Normalzeiten die Demokratie kräftiger zu machen – wenn schon nicht krisenfest, dann doch fähig, Krisen zu bewältigen.

1968 Bundestagspräsident Eugen Gerstenmaier (CDU, M.) verkündet nach der Abstimmung die Annahme der Notstandsgesetze

1968 SEXUELLE REVOLUTION

1968

Sexuelle Revolution

KONTROVERSEN

Viel nackte Haut in Werbung und Zeitschriften, die Antibaby-Pille und die mythenumrankte Freizügigkeit der studentischen Kommunen: Die sexuelle Revolution der sechziger Jahre wandte sich im Privaten wie in der Öffentlichkeit gegen Muff und Verklemmtheit. Auch die ZEIT nimmt damals Stellung – mit dem »Diskussionsbeitrag« einer gewissen Leona Siebenschön; so das Pseudonym einer Kollegin aus dem Hause Springer, die gelegentlich für die ZEIT schrieb.

Ehebruch – kein Beinbruch

Worin liegt wahre Treue? – Ein Diskussionsbeitrag

VON LEONA SIEBENSCHÖN

DIE ZEIT, 22. März 1968

Der Poet und Mediziner Gottfried Benn hat es auf die prägnante Formel gebracht: Die Ehe ist „eine Institution zur Lähmung des Geschlechtstriebes". Der Ehebruch aber – einzige Möglichkeit, die Lähmung zu verhindern – wird in der Phrase verdammt, per Gesetz geahndet, und die Gesellschaft findet das richtig. Nach einer Infratest-Umfrage befürworten 52 Prozent aller Bundesbürger die strafrechtliche Verfolgung des Ehebruchs.

„Liebe außerhalb der Ehe", konstatiert „stern"-Kolumnist Sebastian Haffner, „ist heute die größte Eheverfehlung geworden." Sie zeitigt konsequente Folgen. „Nach wie vor ist die Untreue des Ehemannes", wie das Stuttgarter Institut für Psychotherapie und Tiefenpsychologie erklärt, „der weitaus häufigste Anlaß zur Ehekrise" und zum Abbruch der Beziehungen: Wegen erwiesener Untreue werden jährlich in der Bundesrepublik 50 000 Ehen geschieden.

Es gibt eine schwelende Dumpfheit des Herdendaseins, die den Verstand betäubt. Der Verstand sagt jedem halbwegs denkenden Menschen, daß im Urteil über den Ehebruch noch immer das Postulat der strengen Einehe verfochten wird, ein Postulat, dem die Menschheit längst entwachsen ist, übrigens auch nie gewachsen war, und das sie folglich bis auf den heutigen Tag nicht verwirklicht hat.

Für die älteste Institution der Welt war die sexuelle Treue nie eine *conditio sine qua non*. Die Spezies *homo sapiens* hielt der Ehe stets die Treue, ohne die eheliche Treue zu halten. Letzteres nämlich ist, wie es scheint, dem freien männlichen Menschen unmöglich.

Der Mann, Geschöpf seiner Zeit und Trieberbe seiner Anthropoidenahnen, „mit einem Fuß in der Wildnis und dem anderen auf der Hauptstraße zur ewigen Zivilisation" (Ingeborg Bachmann), zur Monogamie so wenig geneigt wie vollkommen unbegabt, in seiner Lust ein Nomade geblieben – er hat sich

1968 SEXUELLE REVOLUTION

zu allen Zeiten und stets mit Erfolg dem Treuegebot widersetzt. Endgültig verlassen mochte er die Wildnis nie. Kein Bannspruch, keine Bulle, kein herrscherliches Machtwort, keine Todesdrohung haben ihn je von seinen polygamen Neigungen kuriert. Für ein allem Männlichen in Sympathie ergebenes Gemüt ist kaum ein Kapitel in der Historie der Erdenbürger aufschlußreicher als die Annalen der Fluchtversuche aus der erotischen Versklavung. So fleißig sich auch Staatsmänner, Kirchenväter und Ehefrauen in vereinter Freisex-Gegnerschaft bemühten – das Ideal der in eiserner Monogamie lebenden Gesellschaft hat sich nicht durchgesetzt.

Und doch wettern sie in ihren Kirchen und Kanzleien, drohen mit Paragraphen, diffamieren Professoren (wie Herzverpflanzer Bernard), feuern Politiker (wie Hamburgs Bürgermeister Nevermann), strafen und verdammen, sobald ruchbar wird, daß einer auch nur andeutungsweise dem Ideal nicht huldigt. Woher es stammt, zu welchem Zweck es ausgeschrieben wurde, ob es das menschliche Glück irgend fördern kann und ob sich die Menschheit mittlerweile von manchem Moralerbe nicht fortentwickelt hat, danach wird nicht gefragt. Die fraglose Erfüllung einer überholten Forderung gilt bis heute als Maßstab für die Scheidung von Spreu und Weizen.

Das Ideal ist älter als das Christentum. Doch erst die Christen schrieben es als Schlachtruf auf ihre Fahnen, in jenem Feldzug, der bis heute keinen Waffenstillstand, geschweige Frieden kennt: dem Feldzug wider das Fleisch, die Fleischeslust und die Begierde. Das Fleisch kann nichts dafür. Es war und ist so wenig böse, wie ein Borstenvieh schweinisch ist. Die frühen Christen haben das Fleisch angeschwärzt; sie haben den Menschen mit dem Serum der Sünde geimpft, ihn um das Beste seiner leiblichen Existenz gebracht: um die Naivität in der Lust und um sein heidnisches Vergnügen.

Mit Paulus kam das schlechte Gewissen der Liebenden in die Welt. Mit Paulus steigerte sich die kleine Christensekte zur welterobernden „Religion der Zölibatäre", wie Friedrich Heer das Ergebnis paulinischen Eifers nennt: die Religion von junggesellig lebenden Priestern, die man freilich ohne Furcht vor einem Widerruf exakterweise als impotente Junggesellen bezeichnen muß.

Männer wie Paulus, Augustin, Chrysostomos, Hieronymus, höchste Autoritäten der Kirche und allesamt heilig, haben den Prozeß der weltweiten, Jahrtausende währenden Geschlechtsneurose entfacht und vollendet, weil die heiligen Junggesellen selbst neurotisch waren, besessen von Geschlechtsangst und pathologischer Selbstgeißelungssucht. Zwangsläufig mußten sie ihre eigenen Schwierigkeiten mit dem Fleisch, ihre verdrängte Sexualität ummünzen: zu gesteigerter Aggression, infernalischem Haß auf das Geschlechtliche, auf die Frau, die den Mann im Pfuhl der Fleischeslust um sein Seelenheil betrügt, und auch auf den Mann, dem sein maskulines Vermögen ein Hauptspaß ist und ein tägliches Bedürfnis. Ausgetrieben, abgetötet muß der böse Adam werden; gefoltert und verbrannt die Hexenhure namens Weib.

Da indes – die Heiligen haben es immer geahnt – die *massa damnata*, die verdammte Masse Mensch, der fleischlichen Begierde nicht entraten kann, auf die vulgären Freuden ihrer Leiber nicht verzichten mag, muß sie doch wenigstens leiden unter der Lust und sich selbst büßend in die Knie zwingen. Der wahre Christ sollte im Kloster leben. Zu seinem Heil muß er gezüchtigt werden vermittels Kasteiung, Fastenkur, Askese. Der kleine Adam aber, der Übermenschliches nicht leisten und der geilen Welt auch nicht entfliehen kann, bekommt sein ganz spezielles Zuchtmittel:

Er bekommt die Ehe, die eisern monogame, wie sich wohl versteht. Wenn er dann, Gott sei's geklagt, sein Fleisch partout nicht zähmen kann, hat er sein Weib zu schwängern, hat er die Lust im Ehebett mit der Last ihres Kindbetts zu bezahlen. Und wenn er keine Kinder mehr ernähren kann, und wenn sein Weib im nächsten Kindbett verenden wird, dann hat er sich gefälligst zu enthalten. Ein Sündenlümmel aber, der Hölle sicher und dem Herrn ein Greuel, ist der potente, sinnenfrohe Mann, der sich mit einem Weib allein weder bescheiden mag noch vergnügen kann. Er wird verdammt als ein geschlechtsbesessener Lüstling, der sich mit jedem Kraftakt seiner Männlichkeit erneut aus Gottes Gnade stößt.

Man muß gläubig oder ein Psychologe sein, um zu ermessen, welche Verheerungen in den „tiefsten Tiefen des Höhlenkönigreiches Ich" (Hugo von Hofmannsthal) solche Verdammungen anrichten können. Das eigene schlechte Gewissen straft Adam tyrannischer als die Peitsche der Priester. Er wurde,

1967 Bei einem »Hippie-Fest« in einem Berliner Klub lassen die Teilnehmer ungeniert ihre Hüllen fallen und amüsieren sich in der Öffentlichkeit

was er werden sollte: ein Proletarier der Lust, unfrei, unfroh, Gefangener einer Moral, die ihm den ungebrochenen Gebrauch und Genuß seiner Sinne gestohlen hat und bis auf den heutigen Tag verdirbt. Jedesmal, bis heute, wenn irgendwo ein vom Christentum geprägter Ehemann in den Armen einer fremden Frau seinen Offenbarungseid nicht leisten kann, feiert die Impotentenreligion einen ihrer zynischen Triumphe.

Die Kirchenväter haben ihren Menschenkindern die Ehe als Institution des sanktionierten Sex beschert, als Hinterhof der Lust, wo die Begierde einzig statthaft und ergo einzig glückhaft sei. Der Sex hat sich inzwischen emanzipiert. Allen Emanzipationen in der Gegenwart zum Trotz aber wird hartnäckig dem Leitbild der „Ihr-sollt-sein-ein-Leib"-Ehe gehuldigt.

Mit ihren Vorschriften und Einschränkungen gegen die Unmittelbarkeit der Triebe etabliert, ist die brave Bürgerehe zu einer Institution wider die Natur geworden. Mit Tatsachen läßt sich die Forderung nach streng kanalisiertem Sex in der Ehe nicht rechtfertigen. Unsere Zeit, anders als das Rom der frühen

1968 SEXUELLE REVOLUTION

Christen, hungert nicht nach Askese. Kein Grund hört sich auch nur annähernd plausibel an, sobald der Nebel irrationaler Motivierungen durchschaut ist.

Denn was wird da als Lohn des krankhaften Kampfes gegen das Fleisch verheißen? Das Bewußtsein, tugendhaft zu sein und sein Seelenheil zu sichern, wenn man die Lust verleugnet? Sollte in der Tat die strenge Monogamie der Gipfel aller Tugend und das höchste Ziel des Lebens sein, so gebührt, wie schon Friedrich Engels vorgeschlagen hat, „die Palme dem Bandwurm, der in jedem seiner Leibesabschnitte einen vollständig weiblichen und männlichen Geschlechtsapparat besitzt und seine ganze Lebenszeit damit zubringt, sich mit sich selbst zu begatten".

Ein Ideal wurde ausgeschrieben, und die Menschheit war ihm nicht gewachsen. Dafür wird sie bis heute bestraft, und sie hat doch keine Schuld. Es ist dem Mann, der nicht erotisch unter dem Strich zu leben vermag oder möchte, ohne Krampf unmöglich, sich dem Ehebruch zu versagen; und er hat keinen Grund.

Gleichwohl wird ihm, wenn er sich nicht versklaven läßt, noch immer vor dem Tribunal der Gesellschaft, in der Zerreißmühle der Ehekrise, der Prozeß gemacht. Behauptet hat sich wider jede Vernunft, wider die Natur, wider den potenten Mann die Peitsche der Zölibatäre, das starre Ideal der Monogamie, erhoben von jenen, die sich Erwählte dünkten, „Logik von Herren", wie Friedrich Heer bemerkt, „die von der Zinne ihrer festen Burg, von ihrem *deus immutabilis* auf die schwache, träge Masse, die schmutzige Materie, die veränderliche schwankende Welt der Frau und der Massen herabsahen" – mit feindseliger Verachtung herabsahen, mit gehässiger Angst gerade vor der Menschenfrau, die solche Verachtung auch noch lohnt.

Ehefrau und Monogamieverfechterin geworden, sucht sie dem starren Ideal am zähesten zu huldigen und eifersüchtig wenigstens den Schein des Ideals zu wahren – gegen ihren Mann, den sie zu lieben vorgibt, gegen seine Natur, das Beste seiner leiblichen Existenz: den unverdorbenen Genuß seiner Lust, die schwerlich des Teufels sein kann. Denn Satan ist eine Erfindung des *homo religiosos*. Die Lust aber ist älter als der Mensch.

Für C. G. Jung gehört die Überschätzung der männlichen Untreue in den Bereich der mittelalterlichen Ehe, die für die Gegenwart kein Ideal mehr sein kann, die im Gegenteil gerade von der Frau reformiert werden müsse, wenn sie der Krise zuvorkommen will. Gerade die Frau solle sich auf die Seite der Rebellion stellen und die Ehe lockern – zu ihrem eigenen Vorteil übrigens; denn was nützt ihr ein gelähmter Sexgeselle. Lockerung der Ehe hieße zunächst einmal, sich selbst von den alten psychologischen Zwängen befreien, in der Ehepolitik nicht länger die Partei der Konservativen vertreten und vorbehaltlos Tatsachen zur Kenntnis nehmen.

Tatsache ist, daß die sexuelle Treue zu keiner Zeit eine unerläßliche Voraussetzung für den Bestand der Ehe war, auch nicht für eine gut funktionierende Ehe. Tatsache ist, daß Eifersucht und unbedingter Besitzanspruch die heftigsten Konfliktsituationen in der Ehe heraufbeschwören.

Tatsache ist, daß der chronisch unterdrückte Drang nach Abwechslung, der niedergehaltene Nomadentrieb, der gelähmte Sex umschlagen können zu gesteigerter Aggression, die sich nicht selten in giftiger Feindseligkeit entlädt.

„Tugend, die sich auf eine falsche Vorstellung von Tatsachen gründet", sagt Bertrand Russell, Großbritanniens großer Häretiker der Sittenlehre, „ist keine wirkliche Tugend." Sittenlehren und Moralregeln können nur so lange als gut gelten, wie sie das menschliche Glück fördern. Der Unbedingtheitsanspruch in der Ehe jedoch schmälert das Glück zumindest eines Partners. Deshalb ist, nach Meinung Russells, „irgendein Kompromiß zwischen völliger Promiskuität und lebenslanger Monogamie nötig". Deshalb sollten Ehefrauen tunlichst darauf verzichten, dem Mann die Hölle heiß zu machen, wenn er fremdgegangen ist.

Ein liberaler Ehe-Kodex muß statt sexueller Treue eher soziale Treue fordern und gewähren. Das wäre der überzeugende Beweis der Liebe, die dem Subjekt Mann und nicht einem Objekt des Besitzanspruchs gilt. Das wäre die vollendete Gebärde der Liebe, die Distanz bewahren kann und dem Mann die Freiheit zur Distanz einräumt.

Nur im Parallelogramm solcher Distanz, die von der Frau gleichermaßen Unabhängigkeit und Hingabe verlangt, kann der ungebrochene Mann verheiratet und dennoch glücklich sein. Und nur eine solche Liberalisierung, die durch das Moment der sozialen Treue eben nicht in Anarchie endet, kann jenes hartnäckige Gerücht zum Schweigen bringen, demzufolge die Ehe im Sterben liege.

1969
Willy Brandt wird Kanzler

KONTROVERSEN

»Der 28. September hat eine Zeitenwende eingeläutet«, verkündet die *ZEIT* im Herbst 1969. SPD und FDP haben an diesem Tag eine gemeinsame Stimmenmehrheit bei der Bundestagswahl errungen. Die Große Koalition ist damit beendet. Am 21. Oktober wird Willy Brandt zum ersten SPD-Kanzler der Bundesrepublik gewählt. Theo Sommer widmet dem Bonner Machtwechsel eine große Analyse auf der Titelseite.

1969 WILLY BRANDT WIRD KANZLER

Das Ende einer Herrschaft

Der Wählerauftrag: Ruck nach links

VON THEO SOMMER

DIE ZEIT, 3. Oktober 1969

Der 28. September hat eine Zeitenwende eingeläutet. Jedenfalls hat es ganz den Anschein, als laufe das CDU-Abonnement aufs Regieren gegenwärtig aus. Nach zwanzig Jahren zeichnet sich schließlich ein Machtwechsel ab, wenn nicht zwingend vorgeschrieben, so doch ermöglicht durch das Wahlresultat. Sozialdemokraten und Freie Demokraten rüsten zur Wachablösung.

Wer glaubt, die Unionsparteien hätten die Bundesrepublik 1949 in Erbpacht genommen, wer ihnen geradezu einen moralischen Anspruch auf den Staat und seine Führung zuzubilligen gewöhnt war, dem schwankt seit der Wahlnacht der Boden unter den Füßen. Wer jedoch der Überzeugung ist, daß ein demokratisches Gemeinwesen keiner Partei auf die Dauer zu Lehen gegeben werden darf, wer weiß, daß die Lebensfähigkeit einer Demokratie verkümmern muß, wenn die Möglichkeit des Führungswechsels über Jahrzehnte hinweg eine abstrakte Lehrbuch-Eventualität bleibt und nie in Wirklichkeit vollstreckt wird, der muß die Installierung einer sozial-liberalen Koalition begrüßen. Es ist nicht gut, daß die Macht immer in den gleichen Händen ruht – dies ist das stärkste Argument für die Ablösung im Palais Schaumburg.

Es kommt hinzu, daß das SPD/FDP-Bündnis dem klaren Willen einer Wählermehrheit entspricht. Diese Mehrheit ist nicht groß, knapp 700 000 Stimmen nur, aber sie reicht völlig aus; es sind schon Kanzler, Premiers und Präsidenten mit viel geringeren Majoritäten zu Amt und Würden gekommen. Im übrigen wäre es absurd, das Ergebnis vom 28. September als ein Votum für die Fortsetzung der Großen Koalition auszulegen, und angesichts der CDU-Verluste auch äußerst schwierig, es in einen Vertrauensbeweis für die Union und ihren Kanzler Kiesinger umzumünzen.

So schwer der Wählerwille oft zu erkennen ist, diesmal läßt er sich relativ leicht definieren. Die SPD hatte im Wahlkampf ihren Führungsanspruch angemeldet, die FDP ihre Absicht bekundet, in Bonn Wandel zu schaffen. Beide machten in der letzten Phase keinen Hehl aus ihrer Bereitschaft, sich miteinander gegen die CDU/CSU zu verbünden; und eine erstaunlich große Zahl von Wählern honorierte dies, indem sie ihre beiden Stimmen auf die Sozialdemokraten und die Liberalen aufteilte.

Der SPD ist in den drei Jahren Großer Koalition der Durchbruch zur Respektabilität gelungen – auch in den Augen vieler, die ihr bis dahin Salonfähigkeit und Regierungsfähigkeit abgesprochen hatten. Herbert Wehners Rechnung ging auf: Die Regierungsbeteiligung brachte den Sozialdemokraten einen erklecklichen Stimmenzuwachs. Jetzt hätte sie ihr eigenes Konzept verraten, dem langen Marsch durch die Institutionen den Stempel der Vergeblichkeit aufgedrückt, hätte sie nicht nach der ganzen Macht gegriffen. Sie braucht die eigene Regierung als nachträgliche Rechtfertigung ihrer Strategie, als Kompensation für die Widrigkeiten der zwanzig Jahre, in denen sie dazu verdammt war, die zweite Geige zu spielen. Und sie hat die Macht verdient. Die Erwägungen der Liberalen kamen in dieser Woche ihrer Ambition entgegen.

FDP ohne Alternative

„Sie können Deutschland verändern!" – unter dieser Parole war die FDP in den Wahlkampf gezogen. Jetzt, da es auf sie selbst ankam, auf ihren eigenen Willen, Deutschland zu verändern, konnte sie sich dem Werben der SPD schlecht entziehen. Lange hatte sie sich in der unmöglichen Lage befunden, zugleich Linke und Rechte zu beherbergen. Jetzt hat sie ihren rechten Anhang zum größten Teil verloren. Ihre Wähler stellen sich in neuer soziologischer Schichtung dar: fast nur noch Linkstendierer; die anderen sind abgesprungen.

„Rechte" FDP-Politiker wie Kühlmann-Stumm, Ertl, Mende erlitten in den Wahlkreisen die größten Niederlagen; „linke" Liberale wie Dahrendorf verbuchten dagegen die größten Gewinne. Und wenn auch die Fraktion konservativer eingefärbt sein mag als die neue Wählerschaft – wie anders hätte die FDP entscheiden sollen, nachdem ihr rechter Flügel einmal amputiert war? Sie konnte schwer erst einen Wahlkampf mit Linkstendenz führen und danach mit der rechten Seite koalieren.

Nicht nur der Respekt vor den eigenen Wählern gebot der FDP-Führung die Entscheidung für die sozial-liberale Koalition. Auch der Selbsterhaltungstrieb zwang sie dazu, und dies aus mehrerlei Gründen. *Erstens:* Ließe sich die Partei in die Opposition drängen, ginge sie aus Mangel an Substanz und Eintracht zugrunde. *Zweitens:* Das Bündnis mit den Sozialdemokraten ist vier oder fünf Abgeordneten ein Dorn im Auge, die als „harte Rechte", aber als loyal gelten; das Umfall-Bündnis mit der Union hingegen wäre zehn „harten Linken" zuwider, die sich unter Umständen nicht scheuen würden, die Parteieinheit zu sprengen. *Drittens:* Verhinderten die Liberalen wegen ihrer Zerrissenheit jegliche neue Regierungsbildung, so wäre die Fortsetzung der Großen Koalition unausweichlich – und dies wäre eine Koalition auf Zeit, gebildet lediglich zu dem Zweck, bald ein Mehrheitswahlgesetz zu verabschieden und Neuwahlen durchzuführen, die der FDP den Garaus machen würden.

Es gibt einen zynischen englischen Spruch, wonach nichts die Gedanken eines Menschen besser zu konzentrieren vermöge als die Vorstellung, daß er bald gehenkt wird. Kein Wunder, daß die FDP sich rasch gefangen und entschieden hat. Grundsätzlich waltet bei ihr der Wille zur linken Koalition vor. Er trifft bei den Sozialdemokraten auf eine ebenso ausgeprägte Entschlossenheit, diese Chance nicht auszulassen.

Nicht, daß mit der Willensbekundung zum Zusammengehen schon alle Schwierigkeiten überwunden seien. Sie liegen weniger im Personellen, im Bereich der Posten und Stellen; da scheinen die Liberalen, um nicht in schlechten Geruch zu kommen, eher weniger zu verlangen, als ihnen angeboten wird. Sie liegen vielmehr im Sachlichen. Einmal betreffen sie das Gebiet der Deutschland- und Ostpolitik, wo sich die SPD in der Richtung und in der Sache nicht von der FDP unterscheidet, sich aber in der Methodik, im handwerklichen Vollzug der gemeinsamen Vorstellungen von mehr Vorsicht und Umsicht leiten lassen will. Zum anderen sind die Unterschiede der gesellschaftspolitischen Konzepte und der steuerpolitischen Programme nicht zu leugnen. Auch wenn die Sozialdemokraten die innere Konsistenz der FDP für verbürgt halten, dringen sie hier auf harte, konkrete Einzelabmachungen.

1969 WILLY BRANDT WIRD KANZLER

Schutz gegen Torheiten

Bis Ende der Woche sollte man wissen, ob beiderseitige Kompromißbereitschaft einer Koalitionsabsprache den Weg ebnet. Wenn nicht, dann kann die Regierungsbildungskrise lange dauern, und dann wäre in der Tat wieder alles offen. Kommt es jedoch zu einer Übereinkunft, so braucht nichts das sozialliberale Bündnis daran zu hindern, die Bundesrepublik kraftvoll zu regieren – und dies vier Jahre lang.

Keine der in Bonn heute möglichen Koalitionen wäre ganz ohne Fehl und Tadel, aber die Regierung Links-von-der-Mitte ist von allen unzweifelhaft die beste. Die Fortsetzung der Großen Koalition würde die alten Herrschaftsverhältnisse noch weiter verhärschen. In einer Koalition der rechten Mitte potenzierten sich die statischen Elemente. Bei der kleinen linken Koalition werden beide Nachteile vermieden. Im Gegenteil, es kann zu einer Lockerung der Herrschaftsstrukturen kommen, und die Partner vermögen gegenseitig ihr Ungestüm zu bremsen, wo dies nottut – die SPD kann den einfältigen Ostlandreitern der FDP Zügel anlegen, die FDP allzu riskant vorpreschenden Gesellschaftspolitikern der SPD Einhalt gebieten. Beide können einander vor den schlimmsten Torheiten bewahren.

Die Mehrheit von 12 Abgeordneten sei zu klein? Das ist eine altmodische Anschauung. Wenn der Kanzler erst einmal gewählt ist, läßt sich auch mit solch schmaler Marge durchaus regieren. Bei den wenigsten Abstimmungen decken sich die Grenzen zwischen Ja und Nein mit den Fraktionsgrenzen; wichtige sozialpolitische Gesetze sind auch vor 1966 schon mit Stimmen aus allen Lagern verabschiedet worden; Schröders Ostpolitik der Bewegung wäre ohne die Unterstützung der Oppositionsparteien nicht denkbar gewesen. Warum sollte die Gemeinsamkeit der Vernunft enden, bloß weil die Große Koalition endet?

Für die kleine linke Koalition spricht vieles. Sie beschert uns den tatkräftigeren Kanzler und, insgesamt, die bessere Regierungsmannschaft. Sie verbürgt eine souveräne Wirtschaftspolitik und eine weniger mißdeutbare Ostpolitik. Schließlich bringt sie uns auch die bessere Opposition: eine große CDU/CSU, die darauf brennt, ihr Profil zu erneuern und sich zu regenerieren; eine CDU/CSU zudem, deren Selbstbewußtsein nicht durch einen Erdrutsch verschüttet worden ist, sondern die sich mit Anstand auf die Oppositionsbänke zurückziehen kann.

Günstiger sind die Bedingungen für einen Machtwechsel in Bonn nie gewesen. Das „Bonner System" kann sich nun in aller Ruhe reformieren, getragen von einem Volk, das seine Mündigkeit erwies, als es der NPD eine klare Abfuhr erteilte, und seine Reife, indem es die numerischen Voraussetzungen für die Wachablösung schuf. Die Instinkte dieses Volkes sind verläßlicher, sein Urteil unbestechlicher, seine Reflexe prompter, als seine Herrscher oder seine Nachbarn es ihm zuweilen zutrauen.

1969 Brandt einigt sich mit dem FDP-Vorsitzenden Scheel auf die Bildung einer sozialliberalen Koalition

1970
Moskauer Vertrag

Adenauer hat die Bundesrepublik in das westliche Staatenbündnis integriert; Brandt leitet die Entspannungspolitik gegenüber dem Ostblock ein. Am 12. August 1970 unterzeichnen Vertreter von Bundesrepublik und Sowjetunion den Moskauer Vertrag, erkennen damit wechselseitig die durch den Zweiten Weltkrieg bedingten territorialen Veränderungen an und verpflichten sich zu einem Gewaltverzicht. Es folgen ähnliche Verträge mit Polen und der Tschechoslowakei. »Kein Zurück in die Sackgasse« und »Das Wagnis des Ausgleichs« titelt die *ZEIT*, die den Entspannungskurs der Regierung Brandt von Anfang an begrüßt und publizistisch unterstützt.

1970 MOSKAUER VERTRAG

Kein Zurück in die Sackgasse

Der Ostpolitiker Brandt darf sich nicht kopfscheu machen lassen

VON MARION GRÄFIN DÖNHOFF

DIE ZEIT, 10. Juli 1970

Wenn zufällig jemand das „Bahr-Papier", das in zwei Stufen brisanter Indiskretion in die Öffentlichkeit gelangte, nicht gelesen, sondern nur die Reaktionen darauf zur Kenntnis genommen haben sollte, so muß er den Eindruck gewinnen, daß dies die größte Katastrophe ist, die uns seit dem Zusammenbruch vor 25 Jahren ereilt hat.

Die CSU spricht von der „zweiten Kapitulation", vom „Offenbarungseid der neuen Bonner Ostpolitik". Die *Frankfurter Allgemeine* behauptet, daß der Ostblock von neuem zementiert und „seine hegemoniale Führung durch die Sowjetunion nun sogar vertraglich bestätigt" würde, weil die verschiedenen Verträge als ein Ganzes behandelt werden sollen. Die *Welt* sekundiert dieser absurden Behauptung und erklärt, daß es sich „nicht um einen Vertrag über Gewaltverzicht, sondern um einen Vertrag über die Anerkennung eines Hegemonialsystems" handele.

Strauß schraubt in bewährter Übertreibung die Eskalation noch um einige Umdrehungen höher und stellt fest: „Die Regierung mutet der Bundesrepublik die Rolle einer Garantiemacht für die Breschnjew-Doktrin zu." Hans-Georg von Studnitz schließlich setzt in der *Welt am Sonntag* dem Greuelmärchen die Krone auf: „Das Bahr-Papier hebt die Zugehörigkeit der Bundesrepublik zur Nato praktisch auf. Es bricht den Deutschland-Vertrag zwischen der Bundesrepublik und den Westmächten. Es mißachtet das Grundgesetz."

Richard Stücklen, Parteigenosse von Franz Josef Strauß, nennt es einen Skandal ohnegleichen, daß das Parlament erst durch die Presse erfahren habe, was Egon Bahr in Moskau im einzelnen ausgehandelt hat. Führte die CDU/CSU das Prädikat „christlich" zu Recht in ihrem Firmenschild, so hätte sich das Mitglied der Union – eingedenk des Gleichnisses vom Splitter und dem Balken – gewiß des Sündenregisters

1970 Bundesaußenminister Walter Scheel (FDP) und sein sowjetischer Amtskollege Andrej Gromyko bei einem Empfang in Moskau

der eigenen Partei erinnert. Es wäre ihm dann nämlich wieder eingefallen, daß es sein Parteiführer Konrad Adenauer gewesen ist, der 1960 im Verein mit Franz Josef Strauß, der damals Verteidigungsminister war, ein Geheimabkommen mit Ben Gurion über Waffenlieferungen an Israel abgeschlossen hatte, über das nicht einmal das Auswärtige Amt richtig informiert worden war. Dieses ganz und gar unzulässige Verfahren, das nun wirklich dem Grundgesetz widersprach, kam erst vier Jahre später heraus – nachdem ein großer Teil der Waffen bereits geliefert war!

Was unantastbar ist

Was ist denn nun bisher wirklich geschehen? Egon Bahr, der als erster Vertreter der Bundesregierung mit dem Auftrag, zu sondieren, nach Moskau geschickt worden ist, hat dort insgesamt vierzehn Unterredungen mit dem Außenminister gehabt. Als er Ende Januar von Bonn abreiste, wußte niemand, wer in Moskau mit ihm wie oft und worüber reden werde. Nach der ersten Unterhaltung mit Gromyko schrieb die französische Presse, dies sei von russischer Seite eine Geste der Höflichkeit, die Deutschen sollten sich nur ja nicht einbilden, daß die Gespräche auf dieser Ebene weitergeführt werden würden.

Aber sie gingen auf dieser Ebene weiter. Es begann mit einem *tour d'horizon*: Man leuchtete erst einmal gemeinsam das Feld ab, wobei es sicher für beide Seiten – nicht nur für den Kleinen, auch für den Großen – höchst interessant gewesen sein muß zu erfahren, wie sich die deutsche Frage jeweils in den Augen des anderen ausnimmt; schließlich hatte es ja während eines Vierteljahrhunderts kein einziges derartig intensives Gespräch zwischen Bonn und Moskau gegeben.

Allmählich und sozusagen automatisch nahm das Gespräch dann den Charakter von Verhandlungen an, wobei wahrscheinlich keiner mehr präzis sagen kann, wann genau dies geschah. Nachdem der sowjetische Außenminister dann aber vierzehn Unterredungen mit dem Bonner Abgesandten gehabt hatte, konnte wohl niemand mehr annehmen, daß er die Absicht habe, wenig später noch einmal von vorne zu beginnen.

Bei diesen Verhandlungen, von denen die Opposition behauptet, sie gäben all das preis, was in zwanzig Jahren von der CDU/CSU geschaffen worden ist, und lieferten die Bundesrepublik dem Kommando Moskaus aus, ging Bahr weisungsgemäß von drei unantastbaren Grundsätzen aus:

1. Die vier Mächte dürfen keinesfalls aus ihrer Verantwortung für Berlin und für Deutschland als Ganzes entlassen werden.

2. Da der Vertrag der Entspannung in Europa dienen soll, muß in und um Berlin, dem Konfliktherd und Gefahrenpunkt Nummer eins, eine Sicherung und Verbesserung des derzeitigen Zustandes erfolgen.

3. Eine völkerrechtliche Anerkennung der DDR kommt unter den bisherigen Umständen nicht in Betracht; erst im Zuge der Entspannung und Normalisierung sind gewisse Veränderungen möglich (UN-Mitgliedschaft).

Dies sind die Grundsätze, die nicht negotiabel sind, die also nicht Gegenstand von Verhandlungen sein dürfen. Ziel der Verträge, die ein Ganzes bilden, ist es nicht, den

1970 MOSKAUER VERTRAG

endgültigen Zustand herzustellen, der nur im Friedensvertrag geregelt werden kann, sondern unter Wahrung der noch gültigen Rechte der Alliierten eine Zwischenbilanz zu ziehen – nämlich zu prüfen, ob man das, was sich in den letzten fünfundzwanzig Jahren herausgebildet hat, normieren kann, um auf diese Weise die Grundlage für die nächste Etappe zu legen.

Daß die verschiedenen Verträge eine Einheit bilden – was neuerdings so heftig kritisiert wird –, daß also simultan in Moskau, Warschau und mit der DDR verhandelt wird, ist auf eine Korrektur von Fehlern der Vergangenheit zurückzuführen. Bonn hofft, daß auf diese Weise die Sowjetunion sich nicht hintergangen und die anderen sich nicht übergangen fühlen.

Die Opposition tut so, als würden jetzt wertvolle Rechte mutwillig verschenkt, als hätten SPD und FDP den Tresor erbrochen, in dem die Effekten der Nation, von der CDU jahrelang treu und redlich gehütet, bisher geruht haben – aber leider handelte es sich ja nur um ganz und gar wertlose Hypotheken. Oder glaubt die Opposition im Ernst, man könne die Grenzen von 1937 wiederherstellen?

Parteipolitische Demagogie

Man kann es nicht, die Ostgebiete sind endgültig verloren – wie bitter diese Erkenntnis ist, das weiß wahrscheinlich nur der, der dort seine Heimat hatte. Und auch die Existenz der DDR ist nicht zu bestreiten. Das einzige, was man versuchen kann, versuchen muß, ist, die Zukunft für ein Wiederzusammenwachsen offenzuhalten. Genau das ist die Antwort, die Brandt an Stoph in Erfurt gab, als jener nach dem Ziel der Bonner Politik fragte: „Friedliche Koexistenz zwischen den beiden deutschen Staaten, die gemeinsam den Weg offenhalten müssen dafür, daß eines fernen Tages das deutsche Volk im Rahmen einer europäischen Friedensordnung in freier Selbstbestimmung über die politische Art seines Zusammenlebens entscheiden kann."

Voraussetzung für eine solche friedliche Koexistenz ist eine Entspannung in Mitteleuropa. Der Begriff Entspannung war in diesem Lande immer umstritten. Häufig neigen Sozialdemokraten und Liberale dazu, ihn als Wert an sich zu überschätzen – Konservative dagegen haben ihn immer unterbewertet, wenn nicht ausschließlich gefürchtet. Sie betonen stets, das Wichtigste sei der Zusammenhalt im westlichen Lager; darum auch bemühen sich CDU und CSU so sehr, unter Hintansetzung jeden Wahrheitsgehalts zu beweisen, daß unsere westlichen Allianzpartner über Brandts Ostpolitik äußerst besorgt seien.

Sie erklärten dies nach dem Kanzlerbesuch in Washington, während der Nato-Tagung in Rom und vor Pompidous Konsultationsvisite in Bonn. Der CSU-Außenpolitiker Bandulet hat sich in einem Interview mit der spanischen Zeitung *Ya* sogar zu der Behauptung verstiegen, die Situation in der Bundesrepublik sei sehr ernst und zahlreiche Deutsche seien bereit, nach Spanien zu emigrieren, falls die Kommunisten in der Bundesrepublik an die Macht kämen.

Was aber ist die Wahrheit? Pompidou hat auf seiner Pressekonferenz in der vorigen Woche in Paris gesagt, Westeuropa müsse sich einigen, aber wenn diese Einigung auf Kosten der Entspannung mit den Ländern Osteuropas gehe, so werde Frankreich es vorziehen, nicht daran teilzunehmen. Und in Bonn sagte er dann, er unterstütze voll und ganz die deutsche Ostpolitik, „auch gegen ihre Gegner".

Ebenfalls in derselben Woche bekam der CDU-Abgeordnete Blumenfeld von dem Politischen Ausschuß der Atlantischen Parlamentarischen Versammlung in Brüssel, dessen Berichterstatter er ist, den von ihm verfaßten Bericht zurück: Er muß seine Schularbeiten noch einmal machen. Der Ausschußvorsitzende Javits (USA) erklärte, die Mitglieder des Ausschusses teilten weder die Kritik noch die Befürchtungen Blumenfelds über Brandts Ostpolitik, sondern befürworten sie.

Es ist schlimm, wenn das Parteiinteresse höher rangiert als die nationalen Notwendigkeiten; dies aber scheint bei der CDU/CSU augenblicklich der Fall zu sein. Wie anders ließe sich sonst erklären, daß bis auf wenige Ausnahmen alle Mitglieder der Union ihr „nationales Gewissen" kollektiv zu regeln vermögen, so wie man einen Thermostat einstellt?

Nein, in den Fragen der großen Politik muß das parteipolitische Interesse zurückstehen. Der Versuch, sich mit dem Osten zu verständigen, hat begonnen. Wir dürfen nicht zurück in die Sackgasse. Die Regierung muß mit Besonnenheit, Selbstvertrauen und Gelassenheit ihren Weg weitergehen. Es gibt für sie überhaupt keinen Grund, sich von der Opposition kopfscheu machen zu lassen.

Das Wagnis des Ausgleichs

Ostpolitik auf Adenauers Spuren: der Vollzug des Notwendigen

VON THEO SOMMER

DIE ZEIT, 31. Juli 1970

Im Streit der Bonner Parteien um die Ostpolitik ist ein staatsmännisches Unterfangen von geschichtlichem Rang zu einem Gänseklein provinzieller Belanglosigkeiten zerstückelt worden. Gequält wurde an einzelnen Paragraphen herumgemäkelt; verwegen und ohne Rücksicht auf Verluste trieb die CDU/CSU per Indiskretion und Unterstellung Oppositionspolitik; die Regierung jedoch – verwirrt, verworren und verwirrend – wagte kaum noch, sich zu dem großen Wurf zu bekennen, den zu tun sie sich gerade anschickte.

Auf der Strecke blieben dabei vor Walter Scheels Moskaureise die klare Standortbestimmung und die deutliche Zielansprache. Die historische Dimension unserer diplomatischen Ost-Operation geriet über dem Kleinkrieg ebenso aus dem Blickfeld wie ihr Bezug zur großen Politik der anderen westlichen Kabinette.

Historische Dimension: das ist nicht zuviel gesagt. Zum zweitenmal seit Kriegsende unternehmen die Westdeutschen einen Anlauf zum Friedensschluß – denn auf nichts anderes laufen die Bemühungen der Bonner Diplomatie in Moskau, Warschau und Ostberlin hinaus. Konrad Adenauer machte in den fünfziger Jahren Frieden mit dem Westen; Willy Brandt versucht zwanzig Jahre später das gleiche nach Osten. Dabei hat der vierte Kanzler mit dem ersten Kanzler mehr gemein, als Adenauers Nachfahren wahrhaben möchten.

Beider Politik liegt die Erkenntnis zugrunde, daß die Bundesrepublik sich selbst genug sein muß, wenn sie in der Welt zurechtkommen will. Beide sahen sie sich gezwungen, bundesrepublikanische Politik auf Kosten der gesamtdeutschen zu treiben: Adenauer stufte die Wiedervereinigung vom politischen Nahziel zum Gegenstand ständig wiederholter liturgischer Anrufung herunter; Brandt stutzte sie angesichts der inzwischen eingetretenen Entwicklung notgedrungen auf eine ferne Zukunftsoption zurück. Beide erbrachten sie eine „Vorleistung", die ihrer Politik Spielraum verschaffte: Sie gingen von den Realitäten aus, wie sie sich herausgebildet hatten. Ein jeder handelte nach dem Diktat der Umstände, Realpolitiker beide, die das Unerreichbare aus dem Kalkül ließen, um das Mögliche und Notwendige tun zu können.

Angefeindet wurde seinerzeit Konrad Adenauer wie heute Willy Brandt. Hier jedoch bietet die Analogie Trost. Als Adenauer der Westintegration der Bundesrepublik Vorrang einräumte, befehdete ihn die sozialdemokratische Opposition jahrelang mit den schärfsten Mitteln. Er ließ sich dennoch nicht daran hindern, das Notwendige zu vollziehen. Im Juni 1960 schwenkte die Opposition auf seinen Kurs ein: Herbert Wehner akzeptierte in einer berühmten Bundestagsrede die Ergebnisse der Adenauerschen Politik. Warum sollte nicht eines Tages ein CDU-Wehner im Parlament aufstehen, um nachträglich die Ergebnisse der Brandtschen Ostpolitik gutzuheißen? Auch diese Politik ist ja nur der Vollzug des Notwendigen. Keine Regierung, selbst eine Unionsregierung nicht, könnte sich heute darum herumdrücken.

Entlastung, nicht Unterwerfung
Die Sozialdemokraten brauchten ein ganzes Jahrzehnt, bis sie sich zur Anerkennung von Adenauers Westpolitik durchrangen. Mag sein, daß jetzt, wo es um Brandts Ostpolitik geht, die Stunde der Einsicht bei der CDU/CSU ebensolange auf sich warten läßt. Schwer wägbare Elemente sind hier im Spiel, irrationale wie rationale: eingefressene Denkweisen des Kalten Krieges, Mißtrauen gegenüber den Folgewirkungen einer Entspannungspolitik, die Neigung, selbstbetrügerisch und bequem lieber einen gewordenen Zustand „offenzuhalten" als ehrlich und unbequem einen Schlußstrich unter das Unabänderliche zu ziehen. Und in manchen Köpfen spukt noch immer die Parole der letzten Kriegsmonate: „Im Westen kapitulieren, im Osten weiterkämpfen." So rügte die „Welt": „25 Jahre nach der bedingungslosen Kapitulation der Wehrmacht hat sich also eine deutsche Regierung bereitgefunden, gegenüber einer Siegermacht auch politisch zu kapitulieren" – als sei der Ostfeldzug mit einem Vierteljahrhundert Verspätung doch noch zu gewinnen, oder als führen wir in der ideologischen Auseinandersetzung mit dem Kommunismus besser, wenn wir das Eingeständnis der Niederlage von 1945 weiterhin verweigerten.

Willy Brandt geht davon aus, daß die Respektierung und Akzeptierung der Wirklichkeit nicht eine Kapitulation vor Moskaus Machtwillen ist, sondern die fällige Liquidierung der deutschen Vergangenheit. Kapitulation wäre sie nur, wenn nicht zugleich auch die für uns wesentlichen Realitäten durch die Gewaltverzichtsregelung bestätigt und gesichert würden – vor allem die Realitäten in und um Berlin. Das Abschreiben der alten Illusionen hingegen – Wiedervereinigung durch freie Wahlen, Revision der Oder-Neiße-Grenze, tatenloses Warten auf einen Frie-

1970 MOSKAUER VERTRAG

1970 Unterzeichnung des Moskauer Vertrages, eines Abkommens »über Gewaltverzicht und Unverletzlichkeit der bestehenden Grenzen«

densvertrag – schafft die Voraussetzung für politisches Handeln. Es ist Entlastung, nicht Unterwerfung.

Nicht, daß der Erfolg der neuen Politik damit auch schon verbürgt sei. Fest steht nur, daß ohne das Ballastabwerfen noch nicht einmal die Chance eines Erfolges, nicht einmal die Möglichkeit neuer Entwicklungen bestünde – Entwicklungen, wie sie seit langem ja auch die Entspannungspolitik der westlichen Verbündeten zu fördern hofft.

Diesen Zusammenhang hat die Bonner Debatte der letzten Wochen gleichfalls verschüttet. Die Bundesregierung unternimmt keinen Alleingang – mit ihrer Politik verhindert sie vielmehr, daß sie allein stehenbleibt. Sie hat den Anschluß gefunden an die illusionslose Entspannungspolitik, die ihre Partner betreiben. Der amerikanische Präsident Richard Nixon hat von ihr gesagt, es seien ihr „weder Bluff nach außen noch Bramarbasieren nach innen" dienlich; es gehe nicht um schnelle Lösungen, sondern um einen „stufenweisen praktischen Prozeß, bei dem Vereinbarung auf Vereinbarung gefügt" werde; man dürfe dabei nicht Prinzipien gegen Versprechungen eintauschen, vitale Interessen nicht gegen Atmosphäre.

Im selben Geiste ist das Kabinett Brandt/Scheel an seine Ostpolitik herangegangen. Es weiß, daß es vorab um die Erkundung geht, ob im Osten Bereitschaft zu Verständigung und Normalisierung besteht; daß allenfalls ein Prozeß eingeleitet werden kann, nicht aber Endgültiges über Nacht zu schaffen ist; daß die Bundesrepublik, falls das Unternehmen fehlschlagen sollte, faktisch nicht schlechter dastehen darf als vorher, die westliche Basis also unverzichtbar bleibt; und daß Bonn nicht hoffen kann, allein etwas vom Fleck zu bewegen, solange sich im Ost-West-Verhältnis sonst nichts rührt.

Sowjets weniger stur?
Was aber diesen letzten Punkt angeht, so berechtigten manche Anzeichen zu vorsichtiger Hoffnung. Die Sowjets sind weniger stur, als sich das seit langen Jahren von ihnen sagen ließ:
• Bei den Wiener SALT-Kontakten sind die Amerikaner mit ihnen über ein erstes Waffenbegrenzungsabkommen fast einig geworden; eine Begrenzung der Zahl strategischer Nuklearraketen und ein Einfrieren der Raketenabwehr auf den Schutz der Hauptstädte Moskau und Washington scheint sich anzubahnen.
• Im Mittleren Osten zieht der Kreml gegenwärtig mit den Amerikanern an einem Strang; jedenfalls tritt Nasser seit seiner Rückkehr aus Moskau auffällig nüchtern auf.
• In den Berlin-Gesprächen der vier Mächte gab sich der sowjetische Vertreter kulanter, als weithin vermutet wurde.
• Sowjetischer Überzeugungskraft ist es offensichtlich zuzuschreiben, daß Ulbricht die Maximalziele seiner Deutschlandpolitik wieder in den Hintergrund gerückt hat.
• Ohne Moskaus stillschweigendes oder ausdrückliches Einverständnis nähmen auch die Gespräche Bonn–Warschau schwerlich einen so zufriedenstellenden Verlauf.
• Die zweiseitigen Fühlungnahmen wegen einer internationalen Konferenz über die europäische Sicherheit verraten gleichfalls ein sowjetisches Interesse an nützlichen Abmachungen.

Die Motive der neuen Moskauer Kulanz sind schwer auszuloten. Steckt eine neue Zuspitzung des chinesisch-sowjetischen Konfliktes dahinter? Sind es wirtschaftliche Schwierigkeiten, die dem Wunsch nach mehr Kooperation zugrunde liegen? Bricht sich die Einsicht Bahn, daß es an der Zeit ist, den Status quo zu pazifizieren, das Anwachsen der Militärausgaben zu bremsen und die Zukunftsinvestitionen zu erhöhen? Setzt sich die Erkenntnis durch, daß der Westen längst nicht mehr darauf aus ist, das östliche System zu zerstören?

Wir wissen es nicht. Der Kreml sucht offenbar Entspannung, um das äußere Risiko zu vermindern. Aber er beschwört damit gleichzeitig blockinterne Risiken herauf – wenn nämlich wachsende Zusammenarbeit zwischen Ost und West die innere Bewegung im Block fördert und ihn aufzulockern, ja aufzubrechen droht. Hier liegt das fundamentale Dilemma aller sowjetischen Entspannungspolitik.

Der Bonner Friedensschluß mit dem Osten, die Bereitschaft des Westens zum Ausgleich – sie zielen auf eine Welt der Nuancen, nicht eine Welt der Vollkommenheit. Die Frage ist, ob die Kremlführung zur Nuancierung – das heißt: zur Bescheidung bei der Durchsetzung der eigenen Höchstforderungen – schon willens und fähig ist. Man kann dies bezweifeln. Die westliche Ausgleichspolitik mag nach dem ersten Anlauf steckenbleiben; das ist nicht auszuschließen. Aber sie mag auch ihre eigene Schwungkraft entwickeln. Deswegen lohnt sich das Wagnis des großen Wurfs.

1970 KNIEFALL VON WARSCHAU

1970 Kniefall von Warschau

KONTROVERSEN

Das Bild geht um die Welt: Am 7. Dezember 1970 kniet Bundeskanzler Willy Brandt vor dem Ghetto-Mahnmal in Warschau – eine Geste der Ehrerbietung gegenüber den Opfern des Nationalsozialismus und der Beginn der deutsch-polnischen Annäherung. Auch die ZEIT hat das berühmte Foto auf ihrer Titelseite und würdigt das Ereignis mit einem geradezu euphorischen Kommentar. »In Warschau«, lautet die Unterzeile des Artikels, »wurde ein neues Kapitel aufgeschlagen«. Drei Jahre später thematisiert ZEIT-Autor Dietrich Strothmann die sogenannten Wiedergutmachungszahlungen der Bundesrepublik – und zeigt, dass die NS-Vergangenheit weder mit symbolischen Gesten noch mit Zahlungen an die Opfer zu »bewältigen« ist.

Schlußpunkt unter die Vergangenheit

In Warschau wurde ein neues Kapitel aufgeschlagen

VON HANSJAKOB STEHLE

DIE ZEIT, 11. Dezember 1970

„Wir alle müssen uns erst daran gewöhnen, daß nun ein neues Kapitel beginnt", sagte Wladyslaw Gomulka und blickte nachdenklich auf die barocke Pracht des polnischen Königsschlosses von Wilanow. Selbst seine engsten Mitarbeiter konnten sich nicht erinnern, den polnischen Parteichef je so gelöst in einem Kreis westlicher Besucher erlebt zu haben. Unbefangen unterhielt er sich mit deutschen Journalisten, während sich Willy Brandt und Ministerpräsident Cyrankiewicz wie alte Bekannte miteinander unterhielten. Die Gespenster der Vergangenheit, die sich an diesem 7. Dezember noch einmal erhoben und drückend auf die Gemüter gelegt hatten, waren in der Intimität dieser Mitternachtsstunde wie verscheucht. Nicht daß Hochstimmung geherrscht hätte oder gar Begeisterung. Was sich da ausbreitete, war die Erleichterung von Genesenden, die sich langer und schwerer Krankheit entronnen fühlen.

„Nur nach ernster Gewissenserforschung" habe der Vertrag von Warschau unterschrieben werden können, hatte Brandt in seiner Fernsehansprache an die Deutschen gesagt. Am frühen Morgen war er aus dem Wohnflügel des Schlosses Wilanow in das einstige Vorzimmer des Königs Sobieski gegangen, um diese Rede von den Kameras aufzeichnen zu lassen. Hinter ihm hing ein Bild Alexanders des Großen, der dem besiegten Perserkönig mit Großmut begegnete. Noch rauher als sonst klang die Stimme des Kanzlers, als er den Schlesier Andreas Gryphius und den Ostpreußen Immanuel Kant zu Zeugen dafür anrief, daß „Ressentiments den Respekt vor der Trauer um das Verlorene verletzen", daß unerfüllbare Ansprüche und Vorbehalte dem Frieden schaden. „Uns schmerzt das Verlorene, und das leidgeprüfte polnische Volk wird unseren Schmerz respektieren."

Eine Stunde später hörte eine schweigende Menge am Grabmal

1966–1982 Aufruhr und Zuversicht

1970 KNIEFALL VON WARSCHAU

des Unbekannten Soldaten jene Hymne der Deutschen, die für sie, da sie den anderen Text nicht kennen, wie das alte Lied klingt – weshalb ihnen das polnische Fernsehen am Vorabend bei der Ankunft Brandts diese Töne erspart hatte. Nun aber wurden sie von der Kapelle der Warschauer Garnison in den trüben Dezembermorgen geschmettert, indes der Kanzler vor dem Denkmal verharrte.

Kurz danach schritt der Kanzler wiederum durch ein Spalier stummer Zeugen: Vor dem Denkmal für die Opfer des Warschauer Gettos, wo er vor den lodernden Pylonen in die Knie sank, überwältigt von der Erinnerung an das Ungeheuerliche. Zyniker des politischen Alltags mochten hinterher Fragezeichen hinter die Spontaneität dieser Geste setzen, aber sie war echt, eine Eingebung des Augenblicks. Brandt weiß nur zu gut, daß sich ein Staatsmann nur selten Emotionen leisten kann. Daß er es sich an diesem Tag nicht versagte, seiner Erschütterung Ausdruck zu geben, hat mehr als alle Reden dazu beigetragen, lange Verhärtetes in der polnischen Hauptstadt aufzubrechen. „Ob die Bundesrepublik einen solchen Kanzler schon verdient?" flüsterte mir ein sonst sehr kühler polnischer Beobachter bewegt zu …

Viele der gewöhnlichen Maßstäbe schienen an diesem Tage nicht mehr zu stimmen. Nicht daß die Unterschiede der Nationen, der Regime, der Mentalitäten plötzlich weggewischt worden wären. Sie erschienen jedoch für einen Augenblick belanglos angesichts des historischen Ereignisses: Daß von nun an Deutschland zum erstenmal seit fünfzig Jahren die westliche Gren-

1970 Brandts Kniefall vor dem Mahnmal des Warschauer Ghettos war ein Symbol für die Aussöhnung

ze seines polnischen Nachbarn hinnahm, daß es Brief und Siegel darauf gab. Doch der formale Akt, die Vertragsunterzeichnung im Palais des Ministerrats, wirkte seltsam blaß vor der Dimension der Geschichte, der vergangenen wie der künftigen.

„Wie oft haben wir unseren deutschen Partnern gesagt, sie sollten sich nicht auf jedes Detail kommender Normalisierungsschritte versteifen", sagte ein polnischer Mitwirkender der sechs Verhandlungsetappen, welche zum Vertrag geführt hatten. „Wenn erst der Vertrag unter Dach wäre, würde vieles von selbst in Gang kommen." Zwei Tage Brandt-Besuch in Warschau zeigten, daß diese Voraussage stimmte.

Es war für den Kanzler und seine Umgebung eine Überraschung, wie sich die Atmosphäre lockerte, wie da („viel stärker als bei der Unterzeichnung des Moskauer Vertrags", sagen die Beteiligten) ein europäisches Kulturempfinden über die ideologischen Klüfte hinweg Verbindungen, Verständigungen möglich machte, wie sich Verkrampfungen lösten.

In den offiziellen Äußerungen standen sorgsam ausgefegte Positionen neben der Versicherung neuen Wohlwollens. Aber als Brandt in den beiden Tischreden, zu denen seine Begleiter Günter Grass und Siegfried Lenz manche glückliche Wendung beigetragen hatten, stärker den humanen, den geistigen Akzent zur Geltung brachte, da schien auch dem polnischen Ministerpräsidenten das Manuskript, das ihm seine Beamten gefertigt hatten, zu dürr. Er legte es genauso beiseite wie am nächsten Tag bei seinen Antworten, die von der Realität schon überholt waren. Aus der Bewegung des Augenblicks kam sein Gedanke, daß nun neben die Erinnerung an den unheilvollen 1. September 1939 jene an den 7. Dezember 1970 zu setzen sind „nicht, um die Vergangenheit auszustreichen, sondern um sie zu überwinden".

Der Prozeß des Nachdenkens und des Umdenkens ist bei Deutschen und Polen durch den Vollzug dieser Unterschriften mehr gefördert worden, als man zu hoffen wagte. Widerstände, die es auch in Polen gibt, zerbröckeln. Selbst die Soldatenzeitung in Warschau erwies dem Vertrag gemessene Reverenz; und Kardinal Wyszynski, der noch vor kurzem geargwöhnt hatte, Bonn treibe „ein Spiel", schrieb seinen Namen als ersten unter eine Erklärung der katholischen Bischöfe, die sich auf dem Weg bestätigt sehen, den sie – allenthalben mißverstanden – schon 1966 eingeschlagen hatten. „Kardinal Döpfner kann ruhig nach Polen kommen", sagte Premier Cyrankiewicz.

1970 Die Unterzeichnung des Warschauer Vertrages durch Bundeskanzler Willy Brandt und den polnischen Ministerpräsidenten Jozef Cyrankiewicz

1970 KNIEFALL VON WARSCHAU

Geld gegen Schuld

Im Widerstreit:

Die Wiedergutmachung – Buß- oder Blutgeld?

VON DIETRICH STROTHMANN

DIE ZEIT, 27. April 1973

Warschau vor dreißig Jahren: Im größten Judengetto, das Deutsche in Europa aufgebaut hatten, brach der Aufstand gegen die Mörder aus. Bis zum Karfreitag 1943 waren 400 000 Warschauer Juden in die Verbrennungsöfen von Treblinka und von Auschwitz gejagt worden. Am Ende seiner Aktion gegen den Gettoaufstand meldete der SS-Kommandeur Stroop seinem „Führer": „Der jüdische Wohnbezirk Warschau besteht nicht mehr!" Dieser Tage wurde vor dem Getto-Mahnmal der Erhebung gedacht, der Mörder und der Ermordeten. Als Willy Brandt in Warschau war, kniete er vor diesem Gedenkstein nieder. Jetzt lag dort nicht einmal ein Kranz der Bundesrepublik. Wiedergutmachung – ein Stück unbewältigter Vergangenheit?

Vor dem Bonner Landgericht wurde vergangene Woche nach sechsmonatiger Verhandlung der Wiedergutmachungsexperte Ernst Deutsch freigesprochen. Neunzehn Monate hatte dieser israelische Rechtsanwalt in Untersuchungshaft gesessen, der im Verdacht stand, in einem Entschädigungsfall versucht zu haben, von der Bundesrepublik 35 Millionen Mark zu erschwindeln. Wiedergutmachung – ein gefährliches Prozeß-Parkett?

Als Willy Brandt dieser Tage in Belgrad noch einmal an Jugoslawiens Wiedergutmachungsforderung in Höhe von zwei Milliarden Mark erinnert wurde, soll er zürnend erwidert haben: In Deutschland sei eine junge Generation herangewachsen und in die Staatsgeschäfte hineingewachsen, der nicht endlos die Last der Vergangenheit aufgebürdet werden könne. Wiedergutmachung – auch dreißig Jahre danach noch immer ein heißes Eisen?

Drei Ereignisse einer einzigen Woche, drei Variationen zu einem Thema: die Deutschen und ihre Vergangenheit, deutsche Mark für deutsche Schuld. Hitler bleibt uns, lebenslänglich. Experten haben ausgerechnet, daß beispielsweise Renten für NS-Verfolgte nach dem

Bundesentschädigungsgesetz noch bis zum Jahr 2000 gezahlt werden – das wird auf insgesamt 32 Milliarden Mark zu stehen kommen. Und es läßt sich nur ahnen, welche Ansprüche Bonn gegenüber künftig noch von Überlebenden aus jenen osteuropäischen Staaten angemeldet werden, zu denen gerade erst diplomatische Beziehungen aufgenommen wurden oder wo sie noch ausstehen.

Die Rentenverpflichtung ist die Bundesrepublik schon frühzeitig eingegangen: als sie sich zur Rechtsnachfolgerin des Deutschen Reiches erklärte. Die andere Verpflichtung ging sie ein, als sie den Grundsatz aufstellte, individuelle Wiedergutmachung nur NS-Opfern aus Staaten zu leisten, die Bonn diplomatisch anerkannt hat; das gilt nun auch für die osteuropäischen Länder.

Mit einer dritten Voraussetzung indes wird sich nicht rechnen lassen: daß mit der Aufnahme der DDR in die Vereinten Nationen und damit im Zuge der Gleichberechtigung Ostberlin ebenso seinen Anteil an der deutschen Gesamtschuld entrichten wird. Im Fall Israel – laut SED-Sprachregelung der „Speerspitze des Imperialismus" – hat die DDR eine Wiedergutmachung bereits strikt abgelehnt.

Mit Israel fingen Bonns Bußgeldzahlungen an. Als eine „Ehrenpflicht des deutschen Volkes", so Konrad Adenauer, zahlte die Bundesregierung ab 1952 3,45 Milliarden Mark, global an den jüdischen Staat und die jüdische Weltorganisation, ausgewiesen als Eingliederungskosten. Adenauer, Israels Ministerpräsident Ben Gurion und der Präsident der jüdischen Weltorganisation, Nahum Goldman, schätzten damals die gesamten Wiedergutmachungskosten für „Schäden, die aus der Anwendung typisch na-

1943 Symbolbild deutscher Schuld: Die brutale Räumung des Warschauer Ghettos durch SS-Schergen

1970 KNIEFALL VON WARSCHAU

tionalsozialistischen Unrechts herrühren" (Bundesentschädigungsgesetz) auf ungefähr zehn Milliarden Mark. Doch damit hatten sie sich verschätzt. Schon 1958 belief sich die angenommene Endsumme auf 18 Milliarden, bis 1975 werden es wahrscheinlich 46 Milliarden Mark sein. Und wenn die Wiedergutmachung einmal ausgelaufen sein wird, werden wohl rund 65 Milliarden auf dem Ehrenschuld-Konto stehen.

Dabei handelt es sich, wohlgemerkt, nur um die Rückerstattung und Entschädigung als Wiedergutmachung, um globale Zahlungen an Staaten oder individuelle Erstattungen an Einzelpersonen. Auf einem ganz anderen Blatt stehen die Reparationen, die nach dem Potsdamer Protokoll und dem Londoner Schuldenabkommen von 1953 erst nach einem Friedensvertrag und dann nur Weststaaten gegenüber fällig werden.

Die Behauptungen der Bonner Opposition, die Ostpolitik der Bundesregierung habe auch „finanziell ein Super-Versailles" (Jaeger) zur Folge, erwiesen sich angesichts dieser Sachlage als Luftgespinste. Willy Brandt entgegnete auf Gerüchte, in den Vorverhandlungen zum Moskauer Vertrag habe Außenminister Gromyko von Staatssekretär Bahr 200 Milliarden Mark verlangt, das Thema Reparationen sei mit „Null Komma Null" abgeschlossen worden.

Von Reparationen ist keine Rede, weil mit einem Friedensvertrag kaum zu rechnen ist und weil zumindest die Siegermächte nach 1945 aus ihren Besatzungszonen Reparationen abgezogen haben – so die Sowjetunion bis 1952 von der DDR fünf Milliarden Mark (Ost) in Form von Demontagen und 24 Millionen Mark (Ost) im Gegenwert für Produkte, womit 70 Prozent ihrer Forderungen erfüllt wurden und auch Polens Ansprüche erledigt sind, dem vertragsmäßig ein Teil dieser Kriegsfolgeleistungen übertragen wurde.

Die Wiedergutmachung dagegen ist noch ein weites Feld. Es geht dabei um eine niemals zureichende Abgeltung von Verfolgungsschäden, die im Grunde nichts anderes sind als Verbrecherschäden. Mit Geld läßt sich nicht aufwiegen, was Blut gekostet hat, was Leiden und Schmerzen gebracht hat und bis auf den heutigen Tag – auch dann nicht, wenn die Summen für Millionen Einzelfälle in die Milliarden gehen. Dies ist der gegenwärtige Bonner Kontostand in der Rubrik „Kollektive Entschädigungen":

An Israel global 3,45 Milliarden Mark, an das UN-Hochkommissariat für Flüchtlinge als Kompensation 3,5 Millionen Mark, an Jugoslawien für pseudomedizinische Opfer 8 Millionen, an Polen für denselben Kreis 100 Millionen, dazu 33 Millionen in anderen individuellen Fällen, an die ČSSR 10 Millionen, an Ungarn über das Internationale Rote Kreuz über 100 Millionen, an Österreich 96 Millionen, an England 11 Millionen, an Frankreich 400 Millionen, an die Niederlande 125 Millionen, an Belgien 80 Millionen, an Griechenland 115 Millionen, an Italien 40 Millionen, an die Schweiz 10 Millionen, an Luxemburg 18 Millionen, an Norwegen 60 Millionen und an Schweden 1 Million Mark.

Dazu kommen noch die laufenden Rentenzahlungen. Dazu werden aber auch noch die individuellen Ansprüche auf Schadensleistungen aus manchen osteuropäischen Ländern kommen, sobald sich die zwischenstaatlichen Verhältnisse normalisiert haben – so aus Polen, wo noch 300 000 ehemalige KZ-Insassen leben und die Hinterbliebenen von sechs Millionen Toten; so aus Rumänien, das bereits 150 000 Entschädigungsakten nach Bonn schickte. Auch ist noch nicht geklärt, ob und in welchem Umfang zwangsrekrutierte ausländische Soldaten der Wehrmacht oder Opfer des Partisanenkampfes entschädigt werden sollen.

In Jugoslawien sind 950 000 im Untergrundkrieg gefallen; Belgrad hat dafür zwei Milliarden Mark verlangt, Bonn war aber nur zur Zahlung von 100 Millionen Mark bereit. Schon wurde die Rechnung aufgemacht: „Ist denn den Deutschen ein toter Partisan kaum 2200 Mark wert?"

Hitler und die Folgen, Auschwitz und danach – das ist ein Kapitel deutscher Geschichte, das noch immer nicht abgeschlossen ist. Es wird, wie Willy Brandt in Belgrad andeutete, aber auch zu einem Kapitel, das abzuschließen von Jahr zu Jahr immer schwieriger ist. Es müssen zumindest für die globale Entschädigung neue Formen gefunden werden. Die in Jugoslawien getroffenen Vereinbarungen über eine „langfristige Zusammenarbeit auf wirtschaftlichen und anderen Gebieten", die Belgrad bewilligten Stabilisierungskredite und Kapitalhilfe bieten einen für beide Seiten akzeptablen Ausweg.

Den großen Schlußstrich ziehen sie ohnehin nicht. Es bleibt die Unfähigkeit, so viel Schuld ein für allemal abzutragen.

1971–1976

Paragraf 218

1971: »Ich habe abgetrieben«, bekennen 374 Frauen, darunter zahlreiche Prominente, im *stern*. Initiiert hat die Kampagne, nach französischem Vorbild, die Journalistin Alice Schwarzer; der Kampf gegen das Abtreibungsverbot (§ 218) wird zum Schlüsselthema der neuen Frauenbewegung. Auch die *ZEIT* hat dem Thema in den frühen siebziger Jahren einige überaus kämpferische Beiträge gewidmet – unter anderem die hier ausgewählten Leitartikel von Hans Schueler und Petra Kipphoff.

1971–1976 PARAGRAF 218

Frauen gegen einen Paragraphen

Zur Diskussion über die Freigabe der Abtreibung

VON HANS SCHUELER

DIE ZEIT, 11. Juni 1971

Der Bundesregierung droht eine neue außerparlamentarische Opposition. Westdeutschlands Frauen, die mit der Mehrheit ihrer Wählerstimmen zwanzig Jahre lang die konservative Herrschaft der CDU/CSU gestützt hatten, finden auf einmal die sozial-liberale Koalition des Fortschritts nicht fortschrittlich genug. Sie revoltieren gegen den hinhaltenden Widerstand, den Regierung und Parlament einer Totalreform des Abtreibungsparagraphen im Strafgesetzbuch – also: seiner Streichung – entgegensetzen.

Die jüngsten Umfragen bestätigen: Wenn heute unter den zwölf Millionen Frauen der Bundesrepublik im gebärfähigen Alter zwischen fünfzehn und fünfundvierzig Jahren ein Plebiszit über das Verbot der Schwangerschaftsunterbrechung stattfände, wenn es stattfinden könnte – das Verbot würde fallen. Aber die Verfassung erlaubt keine Volksabstimmung darüber, ob ein Strafgesetz gelten soll oder nicht, und schon gar nicht den davon Betroffenen.

So läuft denn auch der plebiszitäre Umweg, den 374 Avantgardistinnen des modernen Frauenrechts jetzt nach französischem Vorbild beschritten haben, auf eine sanfte Nötigung des Gesetzgebers und der Justiz hinaus. Die Damen, unter ihnen Prominente von Film und Fernsehen, unterzeichneten einen Appell an den Bundestag zur „ersatzlosen Streichung des Paragraphen 218" und erklärten darin bündig: „Ich habe abgetrieben." Das schriftliche Geständnis muß von Rechts wegen den Staatsanwalt zur Einleitung eines Ermittlungsverfahrens veranlassen, denn das Gesetz besagt, daß eine Frau, die abtreibt oder eine Abtreibung an sich zuläßt, mit Freiheitsentzug bis zu fünf Jahren bestraft wird; die Tat verjährt erst nach fünf Jahren.

Die Zahl der jährlich in der Bundesrepublik vorgenommenen Abtreibungen läßt sich nur schätzen. Die Schätzungen schwanken grob zwischen 400 000 und einer

1971 Die von Alice Schwarzer initiierte Medienkampagne im *stern* löst in der Bundesrepublik Diskussionen um den Paragrafen 218 und die Freigabe der Abtreibung aus

Million. Wenn sich alle Frauen, die innerhalb der noch nicht strafverjährten Zeit abgetrieben haben, an der Selbstanzeigeaktion beteiligen würden, müßte die Justiz demnächst also mit zwei bis fünf Millionen Abtreibungsprozessen rechnen. Der Stillstand der bundesdeutschen Strafrechtspflege wäre auf lange Sicht gewährleistet.

So absurd es klingt, so wahr ist es doch: Die strafende Gerechtigkeit lebt in Sachen Abtreibung davon, daß sie nur einen winzigen Bruchteil des vom Gesetz kriminalisierten Tuns erfassen und aburteilen kann. Nicht einmal jeder hundertste, wahrscheinlich nur jeder fünfhundertste Fall gelangt heute zur Anzeige. Im Durchschnitt der letzten Jahre waren im gesamten Bundesgebiet nur etwa je 1000 Ermittlungsverfahren anhängig; die Zahl der Verurteilungen liegt noch niedriger. Die Strafen – Geld oder, im schlimmsten Fall, Freiheitsentzug bis zu drei Monaten mit Strafaussetzung zur Bewährung – sind exemplarisch und zeugen von der Gewissensnot der Gerichte, die im Bewußtsein schreiender Rechtsungleichheit verurteilen müssen.

Ein Gesetz der Männer

Nun hängt der Geltungsanspruch eines Gesetzes nicht davon ab, daß es sich in allen oder doch annähernd allen Fällen seiner Übertretung durch Strafe bewährt. Auch die Mehrzahl der Diebe wird nicht gefaßt, ohne daß deshalb jemand auf den Gedanken käme, die Straflosigkeit des Diebstahls zu fordern. Wenn jedoch ein Gesetz wie das Abtreibungsverbot nur noch dank der gewaltigen Dunkelziffer seiner Übertretungen überhaupt angewendet werden kann, so stellt sich die Frage nach seiner Existenzberechtigung allein auf Grund der „Aufklärungsquote". Das Mißverhältnis zwischen begangenen und ermittelten Delikten läßt die Aburteilung im Einzelfall als bloße Willkür erscheinen. Überdies sind in aller Regel Haß oder Neid, Rachsucht oder Rivalität, oft auch eheliche Zwistigkeiten die Motive der Strafanzeigen. So wird die Justiz zum unfreiwilligen Vollstrecker bösen Willens, zum Erfüllungsgehilfen menschlicher Niedertracht.

Die Legitimation staatlichen Strafens wird im Falle des Paragraphen 218 damit begründet, daß das werdende Leben schutzbedürftig und deshalb für den einzelnen unverfügbar sei. Aber läßt sich ein Konsensus darüber in der Rechtsgemeinschaft der Bundesrepublik wirklich noch feststellen?

Die betroffenen Frauen wurden und werden danach nicht gefragt. Männer haben vor hundert Jahren das Gesetz gemacht, sie haben es in der Weimarer Zeit abgemildert (aus dem Verbrechen der Abtreibung wurde ein Vergehen), unter Hitler erneut verschärft (in qualifizierten Fällen drohte die Todesstrafe) und nach dem Kriege schließlich wieder auf den Stand von Weimar gebracht. Dort wollen sie es im wesentlichen belassen und Ausnahmen von der Strafbarkeit allenfalls bei der sogenannten eugenischen oder ethischen Indikation machen.

Zur Zeit darf eine Schwangerschaftsunterbrechung nur vorgenommen werden, wenn Gefahr für Leib oder Leben der Schwangeren besteht. Als weitere Gründe erlaubter Abtreibung kämen selbst bei einer Teilreform sicherlich die Schwangerschaft nach Vergewaltigung und die durch ärztliche Diagnose zu erhärtende Gefahr hinzu, daß das erwartete Kind mit schweren körperlichen oder geistigen Schäden zur Welt kommt.

Bei der weit überwiegenden Zahl der heute vorgenommenen illegalen Abtreibungen ist keiner dieser Gründe gegeben. Wenn dennoch pro Jahr eine halbe oder eine ganze Million westdeutscher Frauen den Weg zum Abtreiber geht, wird man daraus folgern müssen, daß sie es zwar im Bewußtsein der Gesetzwidrigkeit, aber nicht des Unrechts tun. Die Massenflucht in die Illegalität ist zur schweigenden Abstimmung gegen das Gesetz geworden.

1971–1976 PARAGRAF 218

Gegenüber einer solchen Wirklichkeit machen es sich die Kirchen doch wohl ein wenig zu leicht, wenn sie den Staat unter Berufung auf ein vorgegebenes Sittengesetz schon prophylaktisch der moralischen Knochenerweichung bezichtigen, falls er sich herbeiließe, Wirklichkeit und Gesetz in annähernde Übereinstimmung zu bringen. Die Formel „Abtreibung ist Mord" und die Behauptung, ein Justizminister, der die Straflosigkeit der Abtreibung erwäge, wolle „den Mord freigeben" (so das „Passauer Bistumsblatt"), sagen mehr über die Anmaßung und Selbstgerechtigkeit ihrer Urheber aus als über die menschliche und sittliche Qualität von Millionen Frauen, über die sie den Stab brechen.

Soziale Ungerechtigkeit

Das geltende Gesetz übt gegen alle oder doch fast alle, die es nicht mehr anerkennen und sich ihm entziehen wollen, noch immer eine schreckliche Macht aus. Es zwingt sie in die Hände von gewerbsmäßigen Pfuschern und Engelmacherinnen. Unsachgemäß durchgeführte Eingriffe verursachen oft dauernde Gesundheitsschäden und führen bei immerhin 50 Frauen jährlich zum Tode. Das Ausmaß von Angst, Schmerz, Erniedrigung und Verzweiflung, das sich hinter der Dunkelziffer illegaler Schwangerschaftsunterbrechungen verbirgt, läßt sich nur ahnen. Ungezählte Erpresser haben hier ein ergiebiges Tätigkeitsfeld. Frauen, die sich von einer unerwünschten Schwangerschaft befreien wollen, erfahren zudem mitten im Sozialstaat, daß sie je nach Maßgabe ihrer wirtschaftlichen Verhältnisse schwer, weniger oder gar nicht zu leiden haben. Wer begütert ist, reist mit der Frühmaschine nach London, geht dort ganz offiziell in eine Klinik und fliegt abends wieder zurück. Wer arm ist, macht die Tortur ohne Betäubung auf irgendeinem Küchentisch durch.

Wenn der Gesetzgeber eine Reform des Paragraphen 218 ins Auge faßt, wird er an der Diskrepanz zwischen dem Anspruch des Strafrechts und der Wirklichkeit nicht vorbeisehen können – sowenig wie an dem immer nachdrücklicher bekundeten Willen der Frauen. Was die Gynäkologen, die bisher als einzige Gruppe offiziell befragt wurden, über den Schwangerschaftsabbruch denken, ist für die parlamentarische Entscheidung ohne Belang, denn es geht dabei ja nicht um eine Frage des ärztlichen Sachverstandes, sondern der höchstpersönlichen Auffassung zu einem moralischen und rechtlichen Problem. Da wiegt jede andere „private" Stimme gleich schwer. Entsprechendes gilt für die Einflußnahme der Kirchen. Sie haben in einem weltanschaulich neutral verfaßten Staat und in einer offenen Gesellschaft kein Vorrecht der Erkenntnis und kein Privileg der Bestimmung darüber, was der staatliche Gesetzgeber erlauben darf und was er verbieten muß.

Das Gewicht der Verantwortung, die der Gesetzgeber trägt, ist ohnedies noch groß genug. Es läßt sich nicht leugnen, daß jede Schwangerschaftsunterbrechung einen vernichtenden Eingriff in keimendes Leben darstellt. Ihre Freigabe vom Tage der Zeugung an bis zum Tag vor der Geburt würde auch viele Menschen, die jeder staatlichen Gängelei im Intimbereich abhold sind und der Frau grundsätzlich das Recht zur Selbstbestimmung einräumen, in einen schweren Gewissenskonflikt stürzen. Eine zeitliche Befristung der Freigabe auf die ersten drei Monate der Schwangerschaft erschiene dem Rechtsempfinden da eher erträglich.

Dies wäre ein Kompromiß. Er hätte den Vorzug der Würde: Der Staat gäbe die Verantwortung, die er selbst nie wirklich getragen, sondern nur pauschal und im ganzen unmenschlich verwaltet hat, dem einzelnen Menschen zurück. Der wiedergewonnenen Würde des Staates entspräche die in neuer Selbstbestimmung wiedergewonnene Würde des Individuums. Es geht ja nicht so sehr um das „Recht auf den eigenen Bauch", das fixe Formulierer auf frivolen Spruchbändern fordern, es geht um die Freiheit der persönlichen Gewissensentscheidung. Die Freiheit der Geburtenkontrolle nach der Empfängnis würde freilich immer auch eine Bürde sein.

1971 An die Diskussion um den § 218 knüpfen sich auch übergreifende Themen der Rechte von Frauen

Der Paragraph als Vogelscheuche

Bonn entscheidet über den Schwangerschafts-Abbruch

VON PETRA KIPPHOFF

DIE ZEIT, 26. April 1974

Im Jahre 1902 stellte Karl Kraus fest: „Wir können uns nicht daran gewöhnen, Sittlichkeit und Kriminalität, die wir so lange für siamesische Begriffszwillinge hielten, voneinander getrennt zu sehen." Können wir es heute?

In dieser Woche stimmt der Bundestag über eine Neufassung des Paragraphen 218 des Strafgesetzbuches ab. Bundeskanzler Brandt hat zwar bis zur letzten Minute nichts weiter als große Unlust gezeigt, sich zu diesem Thema zu äußern; sein Bedarf an humanitärem Vokabular scheint mit dem Import des Wortes „compassion" gedeckt zu sein. Auch der SPD-Fraktionsvorsitzende Wehner, der sonst gern und kompetent als explodierender Dampfkessel auftritt, schwieg lange laut vor sich hin. Bei der Abstimmung aber müssen alle Farbe bekennen: Eine Unzahl von Männern (486, wenn alle männlichen Abgeordneten anwesend sind) und auch ein paar Frauen (32, wenn alle weiblichen Abgeordneten anwesend sind) entscheiden darüber, wie der nunmehr hundertjährige Paragraph neu gefaßt wird.

Vernebelte Szene

Was in der Sprache der Naturwissenschaft „Schwangerschaftsabbruch" und im Volksmund „Abtreibung" heißt, ist gewiß nicht nur eine Angelegenheit der Frauen. Aber merkwürdig bleibt doch, daß Männer quasi unter sich über ein Thema befinden, das ursächlich mit der *conditio feminina* zusammenhängt und in erster Linie und essentiell das Leben der Frau betrifft. Bevor man diesen Abstimmungszustand vernünftig oder normal oder gottgewollt nennt, stelle man sich die Situation, einmal andersherum vor: eine Mehrzahl von Frauen entscheidet darüber (nachdem, versteht sich, das Thema in der demokratischen Öffentlichkeit solange zerredet wurde wie jetzt der weibliche Unterleib), was die Träger männlicher Genitalien nach Abwägung privater gegen öffentli-

1971–1976 PARAGRAF 218

che Interessen und unter gebührender Rücksicht auf den kirchlichen Standpunkt damit anfangen dürfen oder nicht. Eine Vorstellung, an der nur komisch ist, daß die umgekehrte, die derzeitige Situation für selbstverständlich gilt.

In den letzten Wochen wurde die Szene vernebelt: mit neuen und alten Unterstellungen, Provokationen, Drohungen und Beschwörungen, vorgetragen von Weltanschaulern und Politikern mit und ohne Portefeuille. Startschuß dafür war der, ach so gut gemeinte, abgesetzte, für Norddeutschlands aufgeklärte Bevölkerung dann doch erlaubte „Panorama"-Film, der einen illegalen Schwangerschaftsabbruch zu einem Werbespot für blumenfrohe Bettwäsche herabstilisierte. Die Ärztin Kämmerer, die sich mit Berliner Kollegen zu dieser Demonstration bekannte, sagte, daß so etwas nötig sei, weil Frauen heute ihren Mann stehen müssen. Die SPD warf gleichzeitig eine allzu späte Broschüre unters Volk, zur Versachlichung der Diskussion, aber da gab es nichts mehr zu versachlichen.

Kardinal Döpfner nannte jede Lockerung der derzeitigen Bestimmungen eine „Erschütterung der Grundfesten der Rechtsordnung" und den Anfang der Legitimation von „Mord und Totschlag". Das Regensburger Bistumsblatt prophezeite die Wiederkunft der „apokalyptischen Zeit des Dritten Reiches". Im Fernsehen warnte der CDU-Politiker Blüm vor einem „Dammbruch" mit folgender moralischer „Zügellosigkeit". Der Berliner Strafrechtler Blei malte wortreich das Mutterglück aus, „wenn das Kind erst einmal da ist und so nett mit den Händchen zappelt". Der Legion der rechtschaffenen Männer, die sich gelegentlich einen „Seitensprung" genehmigen oder gar eine „Geliebte", und der Heerschar kinderfreundlicher Mitbürger, die eine Fünfzimmerwohnung zu vermieten haben, aber dann doch lieber ein älteres Ehepaar mit Goldfisch nehmen als eine Familie mit zwei Kindern – ihnen mochten diese Plädoyers einleuchten. Wem sonst? Den Frauen?

Unter Niveau
Die Frauen zogen mit Transparenten und schrillen Sprüchen durch die Straßen. Sie ließen sich und ihre Sache mißbrauchen, sogar für Störung des Gottesdienstes und Beschmierung von Kirchen. Aber in einer Gesellschaft, die so fragwürdig argumentiert, wie es hier geschehen ist, können Frauen, ins Abseits ihrer Weiblichkeit getrieben, vielleicht wirklich nur behaupten, daß sie ihren Mann zu stehen haben. Und sie müssen dann wohl, unter ihr Niveau gezwungen, verkünden, daß ihr Bauch ihnen gehört.

In den Niederungen dieser Diskussion, für deren Niveau vor allem jene zuständig sind, die mit fadenscheinigen Gründen alles beim alten lassen wollen, sollte doch immerhin folgendes bedacht werden:

Erstens: Die Gegner einer weitgehenden Freigabe des Schwangerschaftsabbruchs scheinen davon auszugehen, daß die Erduldung dieses Eingriffs ein Vergnügen ganz besonderer Art ist. Wenn Frauen ein Kind nicht zur Welt bringen wollen, dann hat dies indes Gründe, meist sehr plausible, und vergnüglich ist daran gar nichts. Aus einer Statistik, die das Bundespresseamt nach einer Sachverständigenanhörung 1972 anfertigte, geht hervor, daß von ledigen Frauen 31 Prozent aus „Angst vor sozialen Sanktionen" die Schwangerschaft abbrechen ließen, 22 Prozent, weil sie vom „Schwängerer verlassen" worden waren; von den verheirateten Frauen nannten 30 Prozent „materielle Motive", 31 Prozent die „Zerrüttung der Ehe" als Grund. Die Frauen machen es sich jedenfalls nicht leicht bei diesem bedrückenden Thema.

Zweitens: Aus der Geschichte läßt sich ersehen, daß bei uns wie überall im Abendland die Strafgesetze des Staates von den Normen der Kirche abgeleitet sind. Die Geschichte zeigt aber auch, daß diese Kongruenz von Gesetz und religiöser Norm durch den Prozeß, den man Emanzipation oder Liberalisierung nennt, weitgehend aufgehoben ist. Die kirchlichen Moralvorstellungen sind nicht mehr für alle Bürger verbindlich. Spätestens seit der Untertan zum mündigen Staatsbürger geworden ist, kann die Kirche die Befolgung ihrer Moralvorstellungen allenfalls noch von ihren Gläubigen verlangen; den Staat und sein Strafgesetz kann sie nicht mehr dafür einspannen. Das sollte auch die katholische Kirche zur Kenntnis nehmen.

Drittens: Es ist jetzt oft und drohend vom „ungeborenen Leben" die Rede, das geschützt werden muß, und daran schließt sich dann der vielversprechende Hinweis, daß diesem Leben, sobald es einmal geboren ist, die „flankierenden Maßnahmen" von Kirche und Staat schon weiterhelfen werden. Zu der Frage, wann „Leben" zu „menschlichem Leben" wird, gibt es viele Theorien mit ebenso vielen Begründungen. Wissenschaftlich feststellbar ist nur, daß beim menschlichen Embryo erst nach jenem dritten Monat die Differenzierung des Gehirns beginnt, bis zu dem die Befürworter der Fristenlösung den Schwangerschaftsabbruch freistellen wollen. Viel weniger greifbar sind da die „flankierenden Maßnahmen", die jetzt als Feuerlöscher dienen sollen, von denen aber in der Realität fast nichts vorhanden ist.

Kein ideales Modell
In Holland, einem der „Abtreibungsparadiese" deutscher Frauen, wo die Entkriminalisierung des Schwangerschaftsabbruchs weder den moralischen Sumpf noch Mord und Totschlag zur Folge hatte, gibt es umfangreiche Kataloge sozialer Fürsorge für normale Kinder, behinderte Kinder, „uneheliche" Kinder, Waisen. Wenn hierzulande ein Politiker sagt, daß auch eine „Vergewaltigung kein Grund für eine Abtreibung" ist (Blüm) und ein Theologe meint, die Mutter habe „kein Verfügungsrecht über das ungeborene Leben" (Kardinal Jäger), und wenn ein Arzt zur „Vernichtung lebender Menschen" den Schwangerschaftsabbruch ebenso zählt wie die „Intra-Uterin-Pessare, die mit dem Grundgesetz kollidieren" (Udo Derbolowski vor dem Strafrechtsausschuß des Bundestages), dann fällt es schwer, sich von den Organisationen und Interessengruppen, in deren Namen sie ja auch sprechen, einsichtige Hilfe zu erwarten. Eher hat man schon den Eindruck, daß „flankierende Maßnahmen" hier auf die Formel hinauslaufen: „Gut zureden hilft immer."

Kein Reformmodell zum Paragraphen 218 kann ideal sein: weil der Abbruch einer Schwangerschaft immer die Reaktion auf eine höchst persönliche Notlage ist. Die Schätzungen über die Zahl der illegalen Abtreibungen, die jährlich in der Bundesrepublik vorgenommen werden, schwanken zwischen 80 000 und einer Million: eine Dunkelziffer im schlimmsten Sinne des Wortes. Die derzeitige Situation macht den Staat, dessen Gesetz nicht mehr geachtet wird, zum Popanz und die Frau, die es übertritt, dennoch zur Verbrecherin. Die Fristenlösung wird noch am ehesten den Kurpfuschern das Handwerk legen und so die Gesundheit der Frau schützen; sie allein entläßt die Frau aus der Inquisition der Gutachter; sie akzeptiert ihre Mündigkeit, indem sie ihr die Entscheidung selbst überläßt – und zumutet.

Im Jahre 1905 schrieb Karl Kraus: „Der Gesetzgeber, der heute so ahnungslos am Geschlechtsleben herumstümpert, könnte sich wohl nützlich machen, wenn er ins freie Feld der Lust die Vogelscheuche des Paragraphen stellte, aber nur, um drei Rechtsgüter zu schützen: die Gesundheit, die Willensfreiheit und die Unmündigkeit."

1975 Demonstranten fordern die Streichung des § 218 nach dem Aus für die Fristenregelung durch das Bundesverfassungsgericht

1972 GEISELNAHME BEI DEN OLYMPISCHEN SPIELEN

1972
Geiselnahme bei den Olympischen Spielen

DIE ZEIT

KONTROVERSEN

»Tödliche Spiele«, titelt die ZEIT am 8. September 1972. Drei Tage zuvor waren Mitglieder der palästinensischen Terrorgruppe »Schwarzer September« ins olympische Dorf in München eingedrungen und hatten die israelische Mannschaft überfallen. Elf israelische Sportler kommen bei dem Anschlag und dem Versuch der Polizei, die Attentäter zu stellen, ums Leben. Die ZEIT schildert den Schock, den der Terroranschlag auslöste, und rekonstruiert in einer »Chronik des Entsetzens« den Ablauf des desaströsen Befreiungsversuches.

DIE ZEIT, 8. September 1972

Tödliche Spiele

Der Anschlag von München: Ist Olympia am Ende?

VON DIETRICH STROTHMANN

Am vergangenen Wochenende kündigte der Fernsehmoderator aus dem Olympia-Sonderstudio zur üblichen Zeit die „Tagesschau"-Sendung mit den Worten an: „Sie haben gerade heitere Spiele gesehen. Hoffentlich kommen jetzt auch heitere Nachrichten ..." Der Zuschauer wußte im voraus, was kam: das Übliche, „Normale". Kriegsbilder aus Südvietnam, Szenen von der Ankunft ausgewiesener Uganda-Asiaten auf dem Londoner Flughafen, Gast im Gespräch mit Minister Scheel ... Meldungen vom Tage, übliche, normale Nachrichten.

Auch der Krieg, der schon Jahre dauert, fern in Indochina, selbst die vietnamesischen Flüchtlinge mit ihren Gesichtern ohne Hoffnung – längst nichts Ungewöhnliches mehr.

Die Spiele in München waren an jenem Tage noch heiter, die Stimmung beschwingt. Am Montagabend, als eine 16jährige Schülerin völlig unerwartet die Goldmedaille im Hochsprung gewann, brachen 60 000 Zuschauer in Jubelschreie aus. Gemeinsame Freude, spannender Sport.

Und dann 12 Stunden später: das Verbrechen palästinensischer Terroristen der Kommandotruppe „Schwarzer September" an den Geiseln der israelischen Mannschaft. Zerstoben mit einemmal aller Glanz, jede Heiterkeit, der schöne Schein zum Trug geworden, zerstört die Fiktion von der „friedlichen Olympiade", von den „heiteren Spielen", nur noch ein Schemen das Schaustück von der „heilen Welt", die sich im Wettstreit der Jugend aus aller Herren Länder in München dokumentierte.

Sport und Politik sind eben, entgegen den Wunschträumen so mancher Olympia-Organisatoren, zwei Seiten derselben Münze. Spätestens seit dem unerfreulichen Rhodesien-Fall müssen dies nun endlich auch die letzten Anhänger der reinen Lehre „vom edlen Wettstreit auf der Aschenbahn" als Wirklichkeit akzeptieren.

1972 GEISELNAHME BEI DEN OLYMPISCHEN SPIELEN

Sport und die Wirklichkeit dieser Welt, von Krieg und politischen Verbrechen erfüllt, lassen sich länger nicht durch Bannmeilen, Gelöbnisse und Polizeieinsätze voneinander scheiden. So wenig, wie Passagierflugzeuge heute jederzeit und an jedem Ort sicher sind vor Attentaten. Auch wenn die Untersuchungen in München ergeben sollten, daß die Kontrollen im Olympia-Dorf unzureichend waren, daß im Alarmplan der Münchner Polizei ein solcher Anschlag nicht „eingeplant" war und daß der Befreiungsversuch mißglücken mußte, weil er dilettantisch ausgeführt wurde – alle noch so ausgeklügelten Vorkehrungen hätten diese Untat fanatisierter Araber, die auch den eigenen Tod einkalkuliert hatten, nicht verhindern können. Etwaige Versäumnisse und Fehlplanungen allein erklären nicht, daß Verbrechen möglich sein können.

Dort, wo Gewalt zum Mittel der Politik gewählt wird – wie im Fall des arabisch-israelischen Konflikts – und Mörder als Märtyrer gefeiert werden – wie nach dem Blutbad von Lod durch arabische Regierungen –, da gedeiht Verbrechen wie Unkraut. Und wenn einer die Verantwortung trägt für den Meuchelmord in München, dann sind es jene Politiker in Kairo, Damaskus, Bagdad, Tripolis und Algier, die diese schreckliche Saat des Hasses und der Rache unter den Palästinensern seit Jahren gesät haben: „Tötet die Juden, wo Ihr sie trefft, tötet sie!" Sie, die ihnen Geld geben und sie mit Parolen aufstacheln, sind die Gehilfen jener Mörder, haftbar wie diese.

Wenige Tage vor dem Massaker in Fürstenfeldbruck hatte sogar die sowjetische Parteizeitung *Prawda* die Terroraktionen palästinensischer Splitterorganisationen, wie des „Schwarzen September", gegen die Zivilbevölkerung verurteilt – freilich mit dem nicht minder empörenden Zusatz: Außer „arabischen Reaktionären" seien es auch „israelische Agenten", die den Radikalismus unter den Freischärlern schürten, um sie vor der Weltöffentlichkeit als Terroristen zu diskreditieren. Solche Heuchelei ist angesichts der Taten auf dem israelischen Flughafen und in München ebenso widerwärtig wie der Jubel arabischer Politiker.

Ein Tag in München, Stunden zwischen Angst und Furcht. Und dann, lange nach Mitternacht, die Nachricht: Die Befreiung gelang nicht, die Geiseln kamen um. Jedes Wort der Trauer schien in diesem Augenblick ein Wort zuviel. Jeder Versuch, Abscheu auszudrücken, scheiterte. Lähmendes Entsetzen blieb, die Schrecken erregende Einsicht, solchem blindwütigen Terror wie hilflos ausgeliefert zu sein: Der Mensch selber ist es, der des Menschen schlimmster Feind ist. Da ist das Böse auf einmal nicht mehr banal – es macht einen schaudern.

Aus den „heiteren Spielen" wurden über Nacht „tödliche Spiele". Nach dieser Olympiade, so drängt es sich einem angesichts der Katastrophe unwillkürlich auf, ist keine mehr möglich: ein unfriedliches Olympia in einer friedlosen Welt. München war ein Menetekel. Wer könnte es löschen?

1972 Die sterblichen Überreste der ermordeten israelischen Sportler werden nach Israel überführt

Arabischer Terrorakt fordert 16 Todesopfer

Die Chronik des Entsetzens

Das Inferno von Fürstenfeldbruck beendet Olympia

VON SEPP BINDER

DIE ZEIT, 8. September 1972

Die Fenster des Verwaltungsgebäudes im olympischen Dorf waren verdunkelt. Im fahlen Scheinwerferlicht der vielen Polizeifahrzeuge hingen die olympischen Fahnen auf halbmast. Schaulustige ließen sich nur widerwillig von Absperrposten hinter die Hamburger Reiter zurückdrängen. Journalisten diskutierten erregt vor den verschlossenen Toren, und Kameramänner haderten mit ihrem Schicksal: Der Zutritt in die Wohnstätte der zehntausend Olympiateilnehmer war um diese Zeit selbst Sportlern mit einem Dorfausweis versagt. Es war Dienstag, der 5. September, 22 Uhr. Im ZDF hatte man Tschaikowskis Symphonie in b-moll eingespielt: Olympia muß Trauer tragen.

Nur für wenige Minuten hob sich plötzlich der Rauchschleier verwirrender Meldungen, der an diesem schwarzen Septembertag über den so jäh unterbrochenen Spielen lag. Einen Augenblick lang gewährte der Krisenstab, bestehend aus Bundesinnenminister Genscher, dem Münchner Polizeipräsidenten Schreiber und dem bayerischen Innenminister Bruno Merk, einen winzigen Einblick in seine Strategie. Auf einem provisorisch eingerichteten Landeplatz setzten drei Beil-Hubschrauber des Bundesgrenzschutzes auf. Ein Bus, begleitet von mehreren Polizeifahrzeugen, fuhr in den offenen Kreis eines tiefgestaffelten Absperrkordons. Vermummte Gestalten stießen mehrere Männer mit über Kreuz gefesselten Händen in die beiden ersten Maschinen und kletterten hinterher. Der Krisenstab stieg in den dritten Hubschrauber, die Rotoren heulten auf, und nach wenigen Sekunden waren die rotgrün pulsierenden Positionslampen der Geistermaschinen am Münchner Nachthimmel verschwunden.

Doch während die Neugierigen in langen Karawanen zum Flughafen nach Riem rasten, drehten die Maschinen nach Westen ab und nahmen Kurs auf den Militärflughafen Fürstenfeldbruck. Die Poli-

1972 GEISELNAHME BEI DEN OLYMPISCHEN SPIELEN

zei versuchte, das Gesetz des Handelns nach sechzehn Stunden an sich zu reißen; sie verlagerte den Ort des olympischen Dramas aus einem belebten, schwer kontrollierbaren Bereich in ihren Aktionsraum. 23 Stunden nach dem Beginn der brutalen Zerstörung des olympischen Friedens, Mittwoch drei Uhr morgens, traten die Polizeiverantwortlichen vor die erschütterte Welt: Die Aktion war gescheitert.

04.30 Uhr. Zwei Postbeamte sehen auf dem Weg zum Dienst mehrere Männer mit Trainingstaschen über ein verschlossenes, unbewachtes Nebentor ins Olympische Dorf klettern. Die Postler tippen auf olympische Spätheimkehrer, die den Zapfenstreich verpaßt hatten. Wenige Minuten später dringt ein schwerbewaffneter Terrortrupp der palästinensischen Freischärler „Schwarzer September" in das Männerquartier der israelischen Mannschaft im vierten Stock der Conollystraße 31 ein. Die israelischen Sportler und ihre Betreuer wehren sich verzweifelt. Der Gewichtheber Moshe Weinberg und sein Mannschaftskamerad Joseph Romano sterben in den Salven der MP-Garben, drei Israelis können fliehen. Zwanzig Minuten später ist das Haus bereits hermetisch von der Polizei abgeriegelt.

07.12 Uhr. Über den Balkon der besetzten Wohnung werfen die Terroristen ein „Fünf-Punkte-Kommuniqué" mit ihren Zielen ab. In englischer Sprache fordern sie darauf ultimativ die Freilassung von rund zweihundert Arabern, die sich in israelischer Haft befinden. Zudem verlangen sie freies Geleit mit einer Maschine in ein arabisches Land. Die Geiseln wollen sie mitnehmen. Die Guerillas nennen sich „revolutionäre Streitkräfte" und drohen Israel und der Bundesrepublik „eine sehr harte Lektion" an.

07.20 Uhr. Der Krisenstab beginnt zu tagen. Die ersten Verhandlungen mit der Terrorbande scheitern: Die Araber lehnen es ab, gegen Lösegeld in unbegrenzter Höhe die Geiseln freizulassen. Auch das Angebot von Innenminister Genscher und Regierungssprecher Ahlers, sich gegen die festgehaltenen Israelis austauschen zu lassen, scheitert. Das Ultimatum kann auf zwölf

1972 Bundesinnenminister Genscher (2. v. l.) verhandelt mit einem Terroristen der Untergrundorganisation »Schwarzer September«

Uhr, später auf dreizehn Uhr verlängert werden.

10.27 Uhr. Der israelische Botschafter Ben Horin fliegt mit einer Bundeswehr-Sondermaschine nach München. Der Leiter des Bonner Büros der Arabischen Liga, Chatib, eilt herbei. Die ersten öffentlichen Stellungnahmen werden abgegeben. Die Weltöffentlichkeit ist bestürzt. Willi Daume nennt den Überfall ein „wahnwitziges Verbrechen" und hofft, „daß der olympische Friedensgedanke stärker ist als der politische Fanatismus zynischer Mörder". Avery Brundage ist für die Fortsetzung der Spiele. Das israelische Kabinett fordert die Unterbrechung der Wettbewerbe: „Man kann sich nicht vorstellen", so sagt Ministerpräsidentin Golda Meir, „daß die Spiele weitergehen können, als ob nichts geschehen wäre."

10.35 Uhr. Im Schloß Nymphenburg und in Feldmoching beginnen planmäßig die Wettkämpfe der Dressurreiter und der Kanuten. Die Polizei räumt die umliegenden Wohnungen. In der Morgensonne vor dem Haus Nummer 31 sitzen drei Ungarn und essen Weintrauben. Die uruguayische Mannschaft, bislang Nachbarn der Israelis, darf zum Frühstück gehen und erzählt unterwegs: „Einen der Terroristen haben wir bereits gestern auf dem Flur gesehen."

11.50 Uhr. Das ZDF stellt seine Berichterstattung von den Wettkampfstätten ein. Bundeskanzler Willy Brandt ist unterwegs nach München.

14.53 Uhr. Das Ultimatum wird noch einmal verlängert. Ein Mitglied des IOC stellt fest: „Die Spiele fallen in Scherben." Demonstrationszüge formieren sich vor dem olympischen Dorf und fordern den Abbruch der Spiele. Die DDR verurteilt „das verabscheuungswürdige Verbrechen auf das allerschärfste".

15.42 Uhr. Das IOC berät sich. Der deutsche Schwergewichtsmeister Peter Hussing boxt gegen einen Peruaner. Das IOC beschließt, die olympischen Wettbewerbe für 24 Stunden zu unterbrechen. Eine Trauerfeier wird für den kommenden Tag im Olympiastadion angesetzt. Die Missionschefs erörtern den Ablauf der Schlußfeier am Ende der Spiele.

16.22 Uhr. Die Mannschaft aus Ägypten packt die Koffer und reist ab. Der siebenfache Goldmedaillengewinner Mark Spitz fliegt unter Sicherheitsvorkehrungen in die USA zurück. Spitz ist jüdischen Glaubens. Das Ultimatum wird auf 19.00 Uhr verschoben.

19.53 Uhr. Vor dem olympischen Dorf singen Demonstranten den Protestsong „We shall overcome". Sportler im Dorf stimmen ein. Der Bundeskanzler stellt lakonisch fest: „Die heiteren Spiele sind zu Ende."

Doch während Verteidigungsminister Georg Leber im Fernsehen die Bereitstellung von Bundeswehrmaschinen für den Abtransport der Guerillas für denkbar hält, hat sich der Krisenstab längst festgelegt: Er will die Aktion auf deutschem Boden zu Ende bringen. Der Verhandlungsspielraum ist bis aufs äußerste ausgeschöpft worden. Es ist 21.00 Uhr. Die Terroristen weigern sich, einem Aufschub ihrer Forderungen bis zum nächsten Morgen zuzustimmen: „Ihr wollt uns nur hereinlegen." Im Krisenstab sieht man in einem möglichen Abflug der Guerillas mit den Geiseln das sichere Todesurteil für die Israeli. Ein Gespräch des Bundeskanzlers mit dem ägyptischen Ministerpräsidenten scheitert an dessen Haltung.

In fieberhafter Eile wird der Flugplatz Fürstenfeldbruck zum polizeilichen Entscheidungsraum vorbereitet. Scharfschützen werden postiert, eine Boeing 727 zur Täuschung bereitgestellt. Nicht jede Situation jedoch läßt sich auf Generalstabskarten bis ins letzte Detail durchplanen. Der Risikospielraum ist der Gradmesser der Geiselgefährdung: Die landenden Hubschrauber werfen lange Schatten auf das Rollfeld. Die Zielsicherheit der Schützen ist verringert. Zwei Terroristen steigen aus den Maschinen, nehmen die Hubschrauberpiloten als zusätzliche Geisel und inspizieren die Boeing 727. Das IOC beschließt in diesem Augenblick, die Spiele fortzusetzen.

22.34 Uhr. Der Schusswechsel beginnt. Nicht alle Araber werden kampfunfähig geschossen. Ein Freischärler schleudert eine Handgranate in einen Hubschrauber. Er geht in Flammen auf. MP-Salven auf die Löschfahrzeuge, auf den Hubschrauber und die Leitzentrale im Tower verhindern die Rettung der Geiseln. Die Chronik des Entsetzens nähert sich ihrem schockierenden Ende. Vor der Weltöffentlichkeit muß die Bundesrepublik eine erschütternde Bilanz ziehen: Keiner der neun Geiseln überlebte das Inferno von Fürstenfeldbruck. Mit ihnen starb ein Münchner Polizist durch Kopfschuß. Vier Terroristen sind tot.

Die Zeit des Spielens ist vorbei. Die schlimmste Nacht der Bundesrepublik geht zu Ende. Die Tage der Trauer beginnen.

1972–1976 CLUB OF ROME: »GRENZEN DES WACHSTUMS«

1972–1976
Club of Rome: »Grenzen des Wachstums«

KONTROVERSEN

In einem aufsehenerregenden Bericht des »Club of Rome« weisen der Ökonom Dennis L. Meadows und seine Mitarbeiter 1972 auf die ökonomischen, sozialen und ökologischen »Grenzen des Wachstums« hin. Nach Jahren des uneingeschränkten Fortschritts- und Wachstumsglaubens verdüstern die Prognosen schlagartig den Zukunftshorizont und lösen eine rege Debatte aus, die über Jahre hinweg auch in der ZEIT geführt wird. »Ist Wachstum des Teufels?«, fragt im August 1972 ZEIT-Redakteur Michael Jungblut und antwortet mit einem vorsichtigen Nein. Theo Sommer diskutiert vier Jahre später die Methoden der Zukunftsforscher – und begrüßt die nun wieder optimistischeren Voraussagen.

Zukunftsforschung

Ist Wachstum des Teufels?

Der Weltuntergang findet nicht statt:

Die Computer des MIT waren falsch programmiert.

VON MICHAEL JUNGBLUT

DIE ZEIT, 18. August 1972

Die Apokalypse kam dieses Mal aus dem Computer. Ein mathematisches Weltmodell, konstruiert von einem Team des weltbekannten *Massachusetts Institute of Technology* (MIT), wurde von einem Elektronengehirn durchgerechnet und skizziert die Entwicklungslinien der Menschheit über das Jahr 2000 hinaus. Das Ergebnis der Studie, die kürzlich unter dem Titel „Die Grenzen des Wachstums" auch auf den deutschen Buchmarkt kam, ist geeignet, Angst und Schrecken zu verbreiten. Sie läßt die Diskussion seither nicht mehr ruhen.

„Ein ziemlich plötzlicher und unkontrollierbarer Rückgang sowohl der Geburtenrate als auch der industriellen Produktion" kurz nach dem Jahr 2000 lautet die Prognose. Eine ausgeplünderte Erde zwingt die Menschheit zurück in die Barbarei – und spätestens unsere Enkel gehören zu den Opfern der Katastrophe.

Während sich die Zunft der Zukunftsforscher früher vor allem damit beschäftigte, optimistisch gefärbte Prognosen über unvorstellbaren Wohlstand, ein Übermaß an Freizeit und den Sieg über Alter und Krankheit anzufertigen, malen sie heute vorwiegend schwarz. Das Jahr 2000 – nur noch knapp drei Jahrzehnte entfernt – wird immer mehr zu einem Datum des Schreckens. Für Sicco Mansholt, den gegenwärtigen EWG-Präsidenten, hat wirtschaftliches Wachstum – bisher der Stolz jeder Industrienation – bereits etwas „Diabolisches". Wachsen wir tatsächlich unaufhaltsam in eine Katastrophe hinein?

Mansholt und die stetig zunehmende Schar der Wachstumskritiker berufen sich auf die MIT-Prognose, die der Menschheit so gut wie keine Chance läßt, noch einmal davonzukommen. Ausgangspunkt der düsteren Computervision sind Berechnungen über die zu erwartende Bevölkerungszunahme, das Wachstum der industriellen Produktion und die damit verbundene Erschöpfung der Rohstoffreserven.

1972–1976 CLUB OF ROME: »GRENZEN DES WACHSTUMS«

Während die Erde 1950 erst 2,5 Milliarden Menschen ernähren mußte, sind es heute bereits 3,6 Milliarden. Um die Jahrtausendwende werden nach den Berechnungen der MIT-Forscher etwa sieben Milliarden Menschen leben. Noch einmal dreißig Jahre weiter wird sich die heutige Weltbevölkerung sogar vervierfacht haben.

Der Verbrauch an Rohstoffen, Energie und Nahrungsmitteln wird unvorstellbare Dimensionen annehmen. Noch ehe die ebenfalls rasch zunehmende Verschmutzung der Umwelt menschliches Leben auf der Erde kaum noch möglich macht, wird deshalb die industrielle Produktion aus Mangel an Rohstoffen zusammenbrechen, wird die Nahrungsmittelknappheit Hungerkatastrophen nach sich ziehen und der Energiemangel das Ende der Zivilisation herbeiführen.

Exponentielles Wachstum heißt die Formel, nach der am MIT das mathematische Weltuntergangsmodell errechnet wurde. Bevölkerung, Rohstoffverbrauch und Umweltverschmutzung wachsen danach mit einem bestimmten jährlichen Prozentsatz, der absolute Betrag steigt also immer rascher und wächst schließlich in astronomische Dimensionen hinein. Während die Weltbevölkerung im Mittelalter nur um 0,3 Prozent jährlich wuchs und somit jeweils 250 Jahre brauchte, um sich zu verdoppeln, beträgt die Wachstumsrate heute 2,1 Prozent. Das bedeutet, daß die Zahl der Menschen alle 33 Jahre um das Zweifache steigt.

Der Verbrauch vieler Rohstoffe wächst gegenwärtig prozentual

1972 Uneinigkeit herrscht bei Zukunftsforschern über die Entwicklung der Menschheit, über den globalen Rohstoffverbrauch und das Wirtschaftswachstum in den kommenden 30 Jahren

noch rascher, verdoppelt sich also in noch kürzeren Zeiträumen. Auf Grund dieser Formel würde beispielsweise der jährliche Mineralölverbrauch von heute 2,5 Milliarden Tonnen auf rund zwanzig Milliarden im Jahre 2000 steigen – bei Reserven, die auf insgesamt nur etwa 85 Milliarden Tonnen geschätzt werden. Damit läßt sich der Tag ausrechnen, an dem kein Auto mehr fährt, unter den Kesseln der Industrie die Flammen erlöschen und die Ölheizungen in den Haushalten kalt bleiben.

Der Glaube an die Unfehlbarkeit der Mathematik und an die Leistungsfähigkeit des Computers hat dazu geführt, daß die MIT-Studie teilweise hysterische Reaktionen, ausgelöst hat. Die Prophezeiung des baldigen Weltuntergangs – bisher die Domäne obskurer Wahrsager – wurde hier erstmals mit modernen wissenschaftlichen Methoden versucht.

Doch jedes Modell ist nur so gut wie die Annahmen, auf denen es beruht. Um ein Weltmodell zu konstruieren, das überhaupt noch durchgerechnet werden kann, darf nur eine beschränkte Zahl dazu noch stark vereinfachter Annahmen berücksichtigt werden. Mögliche Änderungen der menschlichen Denk- und Verhaltensweise wurden nicht einprogrammiert. Davon abgesehen, ist die generelle Unterstellung exponentieller Wachstumsraten fragwürdig.

Es gibt genügend Beispiele für stagnierenden oder gar rückläufigen Verbrauch bei einzelnen Rohstoffen. Rationellere Produktion und veränderte Verbrauchsgewohnheiten können die Ursache sein. Wie das Beispiel des Ruhrgebietes zeigt, muß auch bei steigender Industrieerzeugung die Umweltverschmutzung nicht um einen bestimmten Prozentsatz steigen, sondern läßt sich mit Hilfe genügend strenger Gesetze sogar absolut verringern.

Zu wenig berücksichtigt wurden auch ökonomische Faktoren. Knappe Rohstoffe führen zu steigenden Preisen und diese zu veränderten Verbrauchsgewohnheiten. Immer höhere Preise für Benzin beispielsweise werden zu einer Einschränkung des Individualverkehrs führen, längst ehe der letzte Tropfen Öl aus dem Boden gepumpt ist. Die Rückkehr zu öffentlichen Verkehrsmitteln, bei denen das Verhältnis zwischen Energieaufwand und Verkehrsleistung ungleich günstiger ist als beim Pkw, wird nicht nur durch die völlige Verstopfung der Straßen erzwungen.

Die Verkehrsplaner wären gut beraten, auch unter dem Gesichtspunkt der Energievorräte zu überprüfen, ob das Verhältnis der Mittel für Straßenbau und Verbesserung des öffentlichen Transportsystems noch verantwortet werden kann. Wahrscheinlich werden unsere Enkel einmal den Kopf schütteln über die ungeheure Verschwendung von Energie, die wir uns gegenwärtig mit dem exzessiven Gebrauch des Autos leisten.

Wachstum des Sozialprodukts, also eine von Jahr zu Jahr steigende gesamtwirtschaftliche Leistung, muß auch nicht bedeuten, daß sie allein oder auch nur vorwiegend in einer immer höheren Produktion materieller (und zum Teil überflüssiger) Güter zum Ausdruck kommt. Schon heute geht gerade in den Industrienationen der Trend zu einer immer stärkeren Ausweitung des Dienstleistungssektors. Und beispielsweise ein Ausbau des Bildungssystems steigert weder die Umweltverschmutzung noch den Rohstoffbedarf nennenswert.

Unberücksichtigt bleiben mußte in dem MIT-Modell notwendigerweise auch die politische Wirkung, die von ihm selber ausgeht. Die Existenz derartiger Berechnungen zwingt Politiker, Wissenschaftler und Manager unter dem Druck der öffentlichen Meinung, über die Probleme der Zukunft nachzudenken und Maßnahmen gegen Raubbau, Verschwendung und Umweltverschmutzung zu ergreifen. Der Verzicht der USA im Wettlauf um Überschall-Verkehrsflugzeuge – noch vor Erscheinen der MIT-Studie – geht auf dieses Konto. Und vielleicht gehen die britisch-französische *Concorde* und das sowjetische Überschallflugzeug als die letzten großen Beispiele einer vom nationalen und technischen Größenwahn diktierten Verschwendung in die Industriegeschichte ein.

Hier schließt sich der Kreis. Denkmodelle wie die MIT-Prognose sind notwendig, um dem blinden Kult mit ökonomischen Wachstumsraten zu begegnen, dem heute vor allem in einigen kommunistischen Ländern und in Japan noch ungehemmt gefrönt wird. Derartige Berechnungen würden allerdings ihr Ziel verfehlen, wenn wir die Entwicklung – so wie es die Studie suggeriert – als unausweichlich hinnehmen und die Hände resignierend in den Schoß legen. Wachstum muß nur dann diabolisch werden, wenn es nicht in die richtigen Bahnen gelenkt wird.

1972–1976 CLUB OF ROME: »GRENZEN DES WACHSTUMS«

Die Zukunft hat wieder Zukunft

Mehr Optimismus kennzeichnet die neuen Prognosen

VON THEO SOMMER

DIE ZEIT, 31. Dezember 1976

Das ausklingende Jahr 1976 hat mit Enttäuschungen sicher nicht gegeizt. Der weltwirtschaftliche Aufschwung ist steckengeblieben und droht schon wieder in eine Rezession umzuschlagen. Im Nord-Süd-Dialog hat es viel resolutionäres Getöse gegeben, doch keinerlei Ergebnis; die Möglichkeit des Konfliktes ist nicht ausgeräumt. In Nahost und im südlichen Afrika glimmt weiter die Lunte, die Ost-West-Entspannung ist vom Mehltau befallen; allenthalben – in den Demokratien wie in den autoritär geführten Staaten – ächzt das Gebälk unter der Last der gegenwärtigen Nöte.

Zugleich aber hat sich in diesem Jahr der enttäuschten Hoffnungen und der vertagten Entscheidungen ein Stimmungswandel angebahnt – weg vom Apokalyptischen, Pessimistischen, Hektischen; hin zum Stoischen, Realistischen, Unaufgeregten. Plötzlich hat die Zukunft wieder Zukunft.

Der *Club of Rome,* der jahrelang in seinen computer-berechneten Unheilsprophetien geschwelgt hatte, entdeckte in Philadelphia „neue Horizonte für die Menschheit" – hellere Horizonte als vordem. Herman Kahn vom *Hudson Institute,* einst die Kassandra unter den Futurologen, malt jetzt himbeerfarbene Zukunftsprospekte. Und der Nobelpreisträger Wassily Leontief kommt in seiner für die Vereinten Nationen ausgearbeiteten Computermodell-Studie *The Future of the World Economy* zu dem Schluß, daß die Erde Raum und Rohstoffe und Nahrung für alle hat; daß die Umweltschäden erträglich bleiben; daß Wachstum möglich ist; daß die Wohlstandslücke zwischen entwickelten Ländern und Entwicklungsländern bis zum Jahre 2000 zur Hälfte und bis 2050 ganz zu schließen wäre.

Herman Kahn greift bei seiner Zukunftsmusik am prallsten in die Harfe: „Wir betrachten die beherrschenden Fragen der Gegenwart – Bevölkerung, Wirtschaftswachstum, Energie, Rohstoffe, Ernährung, Umweltverschmutzung – als grundsätzlich in naher oder mittlerer Zukunft lösbar, als Übergangsprobleme einer Übergangsphase, als Probleme einer Zeit zwischen Weltelend und Weltwohlstand ... Wir glauben, daß vorhandene Fertigkeiten, sauberes Management und vernünftige Politik diese Probleme in bloße Erinnerungen verwandeln können." Die anderen gehen nicht so weit, aber auch sie lassen zum erstenmal nach einer Phase düsteren Orakelns wieder Hoffnung aufleuchten.

Das fängt beim Problem der Weltbevölkerung an. Irgendwann im Jahre 1976 ist die vierte Milliarde voll geworden – aber es mag sein, daß der Zuwachs sich bereits verlangsamt und die Furcht vor einer Bevölkerungsexplosion sich im nächsten halben Jahrhundert ganz verflüchtigt. Der weltweite Geburtenüberschuß ist schon 1975 gesunken – von 69 auf 64 Millionen. Bis zum Jahre 2000 wird zwar die Vermehrung in den Entwicklungsländern anhalten, die Weltbevölkerung um 60 Prozent zunehmen, aber schon in den 25 folgenden Jahren wird die Zuwachsrate sinken. Von 2075 an, so erwartet Leontief, wird die Zahl der Menschen auf dieser Erde – acht Milliarden, fünfzehn Milliarden? – stabil bleiben – Widerspiegelung der bis dann erhofften ökonomischen Entwicklung.

Nahrung für alle?

Ähnlich hoffnungsvoll lesen sich die Analysen der Ernährungslage. Der *Club of Rome* räumt ein, daß jeder Berechnung große Ungewißheit innewohnt, also auch den Katastrophenkalkulationen, doch hält er es für möglich, daß alle Staaten bis zur Jahrtausendwende ein Gleichgewicht zwischen Ernährung und Bevölkerung herstellen; in den Entwicklungsländern könnte eine Steigerung der landwirtschaftlichen Produktion von jährlich drei Prozent die Not wenden.

Leontief zielt noch höher: Er hält eine jährliche Produktionssteigerung von fünf Prozent für nötig, eine Vervierfachung der Ernten binnen dreißig Jahren. Dies sieht er als erreichbar an. Er setzt voraus, daß die Anbauflächen bis zum Jahr 2000 um 30 Prozent ausgeweitet werden („physisch möglich"). Ferner bedingt es eine Steigerung der Hektarerträge um 60 bis 100 Prozent („technisch und organisatorisch realistisch"). Es gibt genug Beispiele dafür, daß es geht: US-Weizen-Produktionssteigerung 1971–1975 gegenüber 1941–1945: um 90 Prozent; UdSSR-Agrarerzeugung 1971–1974 gegenüber 1945–1950: um 79 Prozent; japanische Reisernten 1945–1975: um 30 Prozent; thailändischer und philippinischer Reisanbau 1960–1970: um 50 Prozent. Kahn übertrumpft dies noch. Bis in zweihundert Jahren, so verkündet er, werden sich die Menschen überall so ernähren können wie heute die Amerikaner. Die Statistiken rechtfertigen einen vorsichtigen Optimismus: Weltweit stieg die landwirtschaftliche Erzeugung 1975 um zwei Prozent, 1976 um zwei bis drei Prozent – in den Entwicklungsländern nahm sie um vier Prozent zu.

Und wie steht es um die Rohstoffe? Bis zum Ende des Jahrhunderts wird der Bedarf an Kupfer, Blei, Erdöl, Kohle, Eisen sich etwa verfünffachen, die Nachfrage nach Bauxit und Zink und Nickel sich vervierfachen. „Alle" sein werden bis dahin, nach heutigem Kenntnisstand, Blei und Zink; manche Fachleute bezweifeln darüber hinaus, daß es genug Asbest, Fluor, Gold, Silber, Quecksilber, Zinn und Tungsten geben wird. Leontief zeigt sich da zuversichtlich: „Die bekannten Vorkommen an metallischen Mineralien und fossilen Brennstoffen reichen im allgemeinen aus, um den Weltbedarf für den Rest dieses Jahrhunderts zu decken, vermutlich sogar bis ins nächste Jahrhundert hinein." Allerdings wird der Preis für Metalle in dem Maße steigen, in dem die Ausbeutungskosten in die Höhe gehen. Kahn schließt sich dieser Ansicht an und breitet einen faszinierenden Fächer künftiger Techniken aus, mit deren Hilfe sich neue Rohstoffvorkommen erschließen lassen: Gesteinsabbau in fünf Kilometer Tiefe, Bergwerke unter dem Meeresboden, Substitution, Extraktion von Metallen aus dem Meerwasser, *Recycling* von Altmetallen.

Freilich, fragt sich, ob all diese Maßnahmen zur Sicherung der menschlichen Zukunft und zur Entwicklung der Unterentwickelten – Industrialisierung, Urbarmachung neuen Ackerlandes, Erschließung unkonventioneller Rohstoffquellen – sich verwirklichen lassen, ohne daß dadurch das Raumschiff Erde unwiederbringlich verwüstet wird. Viele zweifeln daran. Die Begeisterung für das Nullwachstum hatte in solchem Zweifel eine ihrer Wurzeln – aber mittlerweile ist ja auch der *Club of Rome* davon abgerückt und bekennt sich zu dem Begriff des „organischen Wachstums".

1972–1976 CLUB OF ROME: »GRENZEN DES WACHSTUMS«

Technik für die Idylle

Kahn malt das Bild einer künftigen Idylle: saubere Luft, sauberes Wasser, liebliche Landschaften. Die Technik dafür ist da, hat mancherorts auch schon schöne Erfolge erzielt. Umweltschutz hat seinen finanziellen Preis, gewiß: 1,6 Prozent vom US-Bruttosozialprodukt heute, zwei Prozent in Japan, in den hochindustrialisierten Ländern vielleicht fünf Prozent ums Jahr 2000, danach wieder weniger. Er hat auch seinen gesellschaftlichen Preis: den Konflikt zwischen militanten Umweltschützern, die möglichst alles sofort säubern wollen, und Unternehmern, die gegen „übereilte" Lösungen sind und Kosten über längere Zeit verteilen möchten. Aber die Aufgabe ist lösbar. Leontief stimmt Herman Kahn zu: „Obwohl die Umweltverschmutzung die Menschheit vor ein ernstes Problem stellt, ist es technologisch zu meistern. Die volkswirtschaftlichen Kosten zur Eindämmung der Umweltverschmutzung sind relativ hoch, aber tragbar."

Mag sein, daß den neuen, optimistischeren Prognosen derselbe Mangel anhaftet wie den früheren pessimistischen: daß dem Computer neben allem Zahlenmaterial Grundstimmungen und damit Grundrichtungen eingespeist wurden, die dem Ergebnis mehr den Charakter eines Temperamentsausbruches als eines objektiven Rechenwerkes geben. Mag sein auch, daß da Modisches, zyklisch Wiederkehrendes mit hineinschwingt, intellektuelle Unlust am ewig gleichen Befund und daraus rührende Freude am Wechsel. Aber vielleicht war es ganz einfach die Verfeinerung der Modelle, die Hinzufügung der politischen Dimension, das Denken vom angestrebten Ende her, was die neuen Projektionen so viel konkreter, so viel einleuchtender, macht.

Es war höchste Zeit für solche Konkretisierung. Die Menschen werden selten von rein moralischen Appellen bewegt; Katastrophen, die ihr Vorstellungsvermögen übersteigen, liefern ihnen kein Antriebsmoment, sondern verführen zur Kapitulation. Politische Strategien hingegen, die auf ein Ziel gerichtet und in überblickbare Streckenabschnitte eingeteilt sind, liefern Motive zum Handeln – und sei dies Handeln, wo es auf die Veränderung gesellschaftlicher und politischer Strukturen zielt, auch noch so schwierig.

Vorerst, so scheint es denn, findet das Jüngste Gericht nicht statt, bleibt die große Menschheitskatastrophe aus. Nicht, daß keine Schwierigkeiten drohten. Gewaltige Aufgaben sind zu lösen, große Entscheidungen zu treffen. Es reicht nicht, die Hände in den Schoß zu legen, verantwortliches und kompetentes Zupacken ist vonnöten. Darin sind sich Aurelio Peccei vom *Club of Rome,* Herman Kahn und Wassily Leontief einig. Aber auch darin stimmen sie überein: daß Zupacken Sinn hat und daß nicht jegliches Bemühen um Besserung von vornherein bloß Haschen nach Wind ist.

„Die Menschen", sagt Manès Sperber, „sind ihrem Wesen nach prospektiv, finden sich im Leben nur zurecht, wenn sie ihre Zukunft in die Gegenwart einbeziehen können." In der Tat: Wer ihnen mit Unheilsbotschaften die Zukunft nimmt, der verschuldet ihr Versagen in der Gegenwart. Wer die Menschen aber zu vernünftigem Tun anspornen will, der muß ihnen nicht nur die Gewaltigkeit der Probleme zeigen, sondern auch die Chance der Gestaltung. Nur auf diese Weise läßt sich ihnen die Zukunft zur Heimat machen – anstatt zur Folterkammer.

1976 Trotz Umweltverschmutzung und steigendem Rohstoffbedarf sieht der Club of Rome Licht am Horizont

1973

Erste Ölkrise

Während des israelisch-arabischen Jom-Kippur-Krieges im Herbst 1973 drosseln die arabischen Staaten ihre Erdöl-Lieferungen an den Westen und treiben damit den Ölpreis in bis dahin unbekannte Höhen. Die Krise hat weltweite Folgen – politisch und ökonomisch. Auch für die deutsche Wirtschaft werden 1974 und 1975 schwere Krisenjahre; das Wachstum stagniert, die Arbeitslosenzahl schnellt in die Höhe. Michael Jungblut liefert mit seinem Leitartikel eine treffende Analyse der Situation in Deutschland und weltweit.

1973 ERSTE ÖLKRISE

Die Ölkrise hat erst begonnen

Null-Wachstum und Währungschaos:

Koordinaten der Zukunft?

VON MICHAEL JUNGBLUT

DIE ZEIT, 4. Januar 1974

Auf den ersten Blick sieht es so aus, als seien wir noch einmal davongekommen. Die große Ölkatastrophe findet nicht statt. Die jüngsten Preiserhöhungen der Förderländer bedeuten zwar eine Verdoppelung der bereits mehrfach erhöhten Preise, auch wurden sie ohne Verhandlungen mit den Abnehmern diktiert; aber die meisten Industriestaaten haben sie geradezu mit Erleichterung aufgenommen. Wichtiger erschien ihnen, daß einige arabische Regierungen gleichzeitig wissen ließen, daß sie die Produktion im Januar großmütigerweise doch nicht so stark drosseln wollen, wie ursprünglich angedroht. War also die ganze Aufregung umsonst?

Wir sollten uns keine Illusionen machen. Wir leben nicht mehr in der gleichen Welt wie vor Beginn der Ölkrise. Sie ist von einigen arabischen Ölfürsten binnen weniger Wochen von Grund auf verändert worden.

Eine kleine Gruppe spärlich besiedelter, mittelalterlich regierter Länder am Persischen Golf, die jahrhundertelang keinerlei Rolle gespielt haben, hat sich über Nacht auf der Weltbühne ganz nach vorn gedrängt. Sie hat den Hebel entdeckt, mit dem sie unsere industrielle Welt aus den Angeln heben kann, und wird ihn freiwillig nicht wieder aus der Hand geben. Selbst wenn andere Förderländer es ablehnen, die Produktion zu drosseln oder Öl als politische Waffe einzusetzen – mehr Geld wollen sie alle.

Solange es ihnen die Konkurrenz neuer Energiequellen nicht unmöglich macht, werden die Ölproduzenten den Rohölpreis immer weiter herauftreiben. Schon in drei Monaten wollen die Golfstaaten neu beraten. Die Reaktion der Industrieländer hat ihnen gezeigt, daß die Anbieter ihr „schwarzes Gold" nur knapp zu halten brauchen, um sich durchsetzen zu können.

Die Ölländer praktizieren heute eine geradezu lehrbuchmäßige Monopolpolitik. Ob die Araber ur-

1973 Am ersten autofreien Sonntag vergnügen sich Rollschuhfahrer auf der Düsseldorfer Königsallee

sprünglich nur den Nahostkrieg an der Ölfront zu gewinnen trachteten, ob sie ihren unter dem Wüstenboden verborgenen Reichtum vor allzu rascher Ausbeutung bewahren oder nur die Preise in die Höhe treiben wollten – sie haben auf allen Gebieten Blitzsiege errungen. Die Folgen werden sich nicht nur in Form höherer Benzin- und Heizölpreise zeigen. Die wirtschaftlichen und politischen Konsequenzen sind so vielfältig, daß niemand sie heute schon voll übersehen kann.

Auf kurze Sicht haben sich nach den jüngsten Ölbeschlüssen die wirtschaftlichen Aussichten für 1974 sicherlich verbessert. Rechneten die fünf Sachverständigen Mitte Dezember noch damit, daß uns zwanzig Prozent des benötigten Mineralöls fehlen werden, so sieht es jetzt so aus, als würde die Versorgungslücke nicht größer als zehn Prozent. Das bedeutet, daß aus Mangel an Mineralölprodukten kaum eine Fabrik ihre Tore wird schließen müssen.

Gravierender freilich als der tatsächliche Ölmangel könnten sich die psychologischen Folgen der Energiekrise auswirken. Noch weiß niemand, wie die Verbraucher reagieren werden. Verzichten sie wegen der steigenden Benzinpreise und der ständigen Gefahr, daß die Ölzufuhr wieder stärker gedrosselt wird, auf den Kauf neuer Autos? Werden Urlaubsreisen gestrichen? Wird die Anschaffung neuer Möbel und Kühlschränke verschoben und statt dessen mehr Geld für „Not-Zeiten" auf die hohe Kante gelegt? Ob weiterhin Vollbeschäftigung herrscht, hängt viel stärker vom Verhalten der Konsumenten ab als von ein paar Prozent Öl mehr oder weniger. Immerhin liegt hierin ein Trost: Treibstoff kann die Regierung nicht herbeizaubern, eine zu geringe private Nachfrage dagegen läßt sich in gewissem Umfang durch staatliche Aufträge ersetzen. So besteht denn durchaus eine Chance, daß eine stärkere Zunahme der Arbeitslosigkeit verhindert werden kann.

Verschärfte Sozialkonflikte

Indessen rückt das Stabilitätsziel noch weiter in die Ferne als im vergangenen Jahr. Steigende Energie- und Rohstoffkosten werden in vielen Bereichen die Preise anhaltend nach oben treiben. Wie hoch sie steigen, hängt allerdings auch davon ab, wie sich der Staat und die sozialen Gruppen im Verteilungskampf verhalten. Die Konjunkturforscher sind sich einig, daß das wirtschaftliche Wachstum 1974 nahe bei Null liegen wird. Wollen trotzdem alle mehr – wir haben uns schließlich daran gewöhnt, daß Löhne und Gehälter, Gewinne, Renten und Steuereinnahmen von Jahr zu Jahr steigen – dann werden wir nur eines mit Sicherheit erreichen: noch höhere Inflationsraten.

Ansteigende Energiepreise bei knappem Angebot an Mineralöl lassen aber nicht nur 1974, sondern auch in den nächsten Jahren bestenfalls ein langsames Wachstum des Volkseinkommens erwarten. Null-Wachstum, von vielen in der Vergangenheit geradezu herbeigesehnt, könnte einige Jahre lang unser Schicksal werden. Und machen wir uns nichts vor: Die Probleme, die es aufwirft, werden weit schwerer zu lösen sein als die der vielgeschmähten Überflußgesellschaft.

1973 ERSTE ÖLKRISE

An sie werden sich viele vielleicht schon bald sehnsüchtig erinnern.

Wie sich am Beispiel Englands zeigt, führt geringes wirtschaftliches Wachstum keineswegs dazu, daß auch die Ansprüche geringer werden oder die Verteilungskämpfe zwischen den sozialen Gruppen an Schärfe verlieren – im Gegenteil. Von einer neuen Bescheidenheit sind wir noch weit entfernt. Die britischen Kraftwerksingenieure, die Bergarbeiter und Lokomotivführer scheuen sich nicht einmal, die Ölkrise für ihre Zwecke zu nutzen und einen nationalen Notstand herbeizustreiken, um der Regierung überdurchschnittliche Lohnerhöhungen abzupressen. Bei Null-Wachstum werden die sozialen Konflikte nahezu unlösbar, weil es nicht mehr nur darum geht, den Einkommenszuwachs neu zu verteilen, sondern weil der Lebensstandard einer jeden Gruppe nur noch auf Kosten anderer verbessert werden kann.

Eine Verschärfung sozialer Konflikte droht aber nicht nur im Inneren. Als Folge der monopolistischen Ölpolitik der Förderländer wird sich nahezu zwangsläufig auch die Kluft zwischen den armen und reichen Ländern der Welt weiter vertiefen. Die Entwicklungsländer werden die eigentlichen Opfer jener internationalen Inflationsspirale sein, an der die Ölscheiche zur Zeit mit Eifer drehen. Rasch steigende Energiekosten treiben die Preise industrieller Produkte in die Höhe, auf die auch die Ölländer angewiesen sind. Darauf werden sie, wie sie bereits angedroht haben, wiederum mit Preiserhöhungen antworten – und so weiter.

Die Verlierer bei diesem Poker um Geld und Macht sind jene Länder, die weder über reiche Mineralölvorkommen noch über eine hochentwickelte Wirtschaft verfügen. Sie müssen für Öl wie für industrielle Fertigwaren immer höhere Preise zahlen, ohne jedoch selber ihre Einnahmen nennenswert erhöhen zu können.

Weniger Entwicklungshilfe
Hinzu kommt, daß die Entwicklungshilfe in den nächsten Jahren kaum reichlicher fließen wird als bisher. Geringeres Wachstum und die durch steigende Rohölpreise belasteten Zahlungsbilanzen werden die Fähigkeit und die Bereitschaft der meisten Industrieländer kräftig vermindern, Mittel für die Entwicklungshilfe bereitzustellen. Überdies wird die Versuchung wachsen, die Hilfe vor allem solchen Ländern zu gewähren, die als Rohstofflieferanten wichtig sind und deren Wohlwollen man sich erkaufen möchte. Japan hat bereits angekündigt, daß es seine bisher ziemlich konzeptionslose Entwicklungshilfe in Zukunft in erster Linie in den Dienst der Rohstoffversorgung stellen will.

Auch durch den Export von Nahrungsmitteln werden die Länder der Dritten Welt ihre Einnahmen in den nächsten Jahren kaum noch steigern können. Nach den Erfahrungen mit dem Boykott, aber auch mit dem von Nixon verhängten zeitweiligen Exportverbot für wichtige Futtermittel ist in Europa die Bereitschaft sicherlich nicht gewachsen, die eigene Agrarproduktion zugunsten höherer Importe zu drosseln und damit noch stärker von der Willkür anderer Länder bei der Versorgung mit lebenswichtigen Gütern abhängig zu werden. Diejenigen, die schon immer für eine europäische Selbstversorgung waren, fühlen sich jetzt darin bestätigt.

Eine Laune der Natur hat den arabischen Ländern am Persischen Golf die reichsten Ölvorkommen der Erde beschert. Von der Laune der dortigen Machthaber hängt es heute ab, ob die Welt ausreichend mit Öl versorgt wird – und zu welchem Preis. In ihre Kassen floß bereits vor den jüngsten Preiserhöhungen mehr Geld, als sie im eigenen Land anlegen können. Während große, übervölkerte Staaten wie Indien oder die von Hungersnöten geplagten afrikanischen Länder damit rechnen müssen, daß die unzureichende Hilfe in Zukunft noch dünner fließt, sammeln sich in den Händen einiger arabischer Fürsten Milliardenbeträge, die das ganze Weltwährungssystem ins Ungleichgewicht zu bringen drohen.

Bisher ging man davon aus, daß die Araber am Ende dieses Jahrzehnts über mehr Gold und Devisen verfügen als die Notenbanken aller Industrieländer zusammen. Dank ihrer stark steigenden Öleinkünfte wird dies schon in wenigen Jahren der Fall sein. Eine derartige Kapitalmacht in den Händen unberechenbarer Potentaten könnte für die übrige Welt ebenso gefährlich werden wie das Spiel mit dem Ölhahn. Einen Vorgeschmack davon haben bereits die Währungskrisen des vergangenen Jahres gegeben, zu denen vagabundierende Ölmilliarden kräftig beigetragen haben.

Die Ölkrise hat erst begonnen. Um mit ihren Folgen fertig zu werden, werden wir uns mehr einfallen lassen müssen, als bloß hin und wieder das Auto in der Garage stehenzulassen.

1974

Guillaume-Affäre

Am 6. Mai tritt Willy Brandt vom Amt des Bundeskanzlers zurück, nachdem wenige Wochen zuvor sein Mitarbeiter Günter Guillaume als DDR-Spion enttarnt worden war. Bereits in den fünfziger Jahren war Guillaume in die Bundesrepublik eingeschleust worden, 1972 wurde er einer von drei persönlichen Referenten Brandts im Bonner Kanzleramt. Brandt übernimmt mit seinem Rücktritt die Verantwortung für die Spitzelaffäre, allerdings ist sie nicht der einzige Grund für »des Kanzlers jähen Sturz«. Theo Sommer, seit 1973 Chefredakteur der *ZEIT*, analysiert in seinem Leitartikel die tieferen Hintergründe, während Hans Schueler die unmittelbaren Ursachen und Folgen der Guillaume-Affäre beleuchtet.

1974 GUILLAUME-AFFÄRE

Spitzel an der Spitze

Guillaume: ein Bonner Sündenfall

VON HANS SCHUELER

DIE ZEIT, 3. Mai 1974

Für wahrscheinlich hätte es bis dahin wohl kaum einer gehalten, für möglich aber mußte es immerhin gelten: daß ein gegnerischer Agent ins Sanctissimum der eigenen Staatsmacht vordringt, vertrauten dienstlichen und außerdienstlichen Umgang mit dem Kanzler pflegt und noch im Augenblick seiner Festnahme von hochgestellten Förderern attestiert bekommt, sie hätten jederzeit und bis zuletzt die Hand für ihn ins Feuer gelegt.

Der Fall Günter Guillaume ist ein Ausnahmefall, ein Zufallserfolg gewiß auch für seine Auftraggeber. Doch die Lage der geteilten Nation begünstigt das Ausspähen des einen Teils durch den anderen mehr als sonstwo in der Welt. Der Unterschied der politischen Systeme zwischen Deutschland-Ost und Deutschland-West gibt zudem den Spionen der DDR einen nicht aufzuholenden Vorsprung. Sie erscheinen als Flüchtlinge in einem Land der Freizügigkeit und Berufsfreiheit. Sie sind vom Augenblick ihres Übertritts an dessen vollberechtigte Staatsbürger. Sie können sich über Jahre und Jahrzehnte unauffällig etablieren, bis ihre Stunde gekommen ist.

Die Opposition meint, der Spion Guillaume habe es damit leichter gehabt als mancher seiner Vorgänger, weil er bei der sozialliberalen Administration auf ein Klima der ostpolitischen Euphorie, der Verharmlosung der Gegensätze und der Unterschätzung der geheimdienstlichen Aggressivität der anderen Seite gestoßen sei. Das ist ebenso wenig wahr wie die Unterstellung des CDU-Abgeordneten Werner Marx, der Kanzler habe mit seinem zornigen Wort über die Feindschaft des SED-Staates gegenüber dem SPD-Vorsitzenden eine Naivität und Leichtgläubigkeit offenbart, die ihn als Regierungschef disqualifiziere.

Die Bundesregierung kennt Art und Ausmaß östlicher Infiltration so gut wie ihre Vorgängerinnen; sie hat ja den Verfassungsschutz nicht abgeschafft, sondern verstärkt. Ihr

1974 Kurz vor der Enttarnung: Willy Brandt und Günter Guillaume in Schleswig-Holstein

anzulasten, sie verschließe sich seinen Erkenntnissen, ist blanke Demagogie. Das Kölner Bundesamt, nicht die SPD-Baracke, hat Günter Guillaume zweimal scharf durchleuchtet und ihn schließlich der zweithöchsten Geheimhaltungsstufe für würdig befunden.

Eher schon ließe sich aus einer konstitutionellen Schwäche des Kanzleramtes erklären, wieso nach dem Machtwechsel 1969 beim notwendigen personellen Revirement östlicher Agenten ins Regierungszentrum vorzudringen vermochten; auch die Neigung Willy Brandts zu einem Küchenkabinett von Vertrauensleuten, die in der Regel nicht aus dem Berufsbeamtentum hervorgegangen sind, sondern ihre Karriere in der Partei gemacht haben, mag erklären, daß so etwas in Bonn möglich ist. War es nicht letztlich die von Parteiarbeitern bekundete Sympathie für Guillaume als „Kumpeltyp und Genossenmensch", die ihm den Zugang zum Palais Schaumburg verschafft und die ihm dort den Aufstieg vom Sachbearbeiter in der Wirtschaftsabteilung zu einem der drei Kanzlerreferenten ermöglicht hat?

Freilich, Pannen dieser Art hat es immer gegeben, und auch die CDU war davor nie gefeit. Der Verfassungsschutzpräsident Otto John war Geheimnisträger höchster Stufe, als er 1954 die Fronten wechselte, ein Freund des Bundespräsidenten Theodor Heuss und Vertrauter des Ost-CDU-Vorsitzenden und nachmaligen gesamtdeutschen Ministers Jakob Kaiser. Der Sowjetspion Felfe hat es unter Gehlen zum Oberregierungsrat im Bundesnachrichtendienst gebracht. Weibliche Agenten des KGB und MfS gelangten in Ministervorzimmer, Bundestagsabgeordnete wie Frenzel (SPD) und Schmidt-Wittmack (CDU) oder Spitzel wie Porst (FDP) verrieten dem Osten jahrelang Staatsgeheimnisse, ehe sie enttarnt wurden. Auch im Kanzleramt Adenauers konnte sich ein Ostagent, der Oberregierungsrat Erich Helbig, einnisten und bis zu seiner Verhaftung im Herbst 1963 acht Jahre lang dort halten – viel länger als Guillaume, wenngleich in weiterer Entfernung vom Zentrum der Macht.

Dies alles verringert nicht das Gewicht des Falles Guillaume. Es

1974 GUILLAUME-AFFÄRE

gibt ihm jedoch Bezugsgrößen, die seine parteipolitische Ausschlachtung in Grenzen halten sollten. Der Schaden ist gewiß beträchtlich. Ob er der Lautstärke seines öffentlichen Echos entspricht, bleibt dennoch zu bezweifeln. Ein Mann, der dem Kanzler Termine zu machen und seinen Kontakt mit der eigenen Partei zu halten hat, muß darum noch nicht in Staatsgeheimnisse eingeweiht sein. Die Erklärung, Guillaume habe keinen Zugang zu Materialien des Verfassungsschutzes und des Bundesnachrichtendienstes gehabt, ist glaubhaft. Daß er seinen Auftraggebern vorab über die ost- und deutschlandpolitischen Intentionen der Bundesregierung Kunde geben konnte, ist unwahrscheinlich, weil er zur Zeit der Vertragsverhandlungen noch weitab vom politischen Willenszentrum saß. Dennoch machte ihn die Kenntnis der Atmosphäre im Amt und in der Partei des Kanzlers seinen Oberen wertvoll genug.

Letztlich kann nur Willy Brandt selber die Eindringtiefe ermessen, die dem Spion in seiner nächsten Nähe gegeben war. Die Frage danach wird er beantworten müssen, nicht im Detail, aber im Grundsatz. Denn davon hängt wesentlich das Urteil über die Folgsamkeit ab, mit der er sich dem Rat seines Sicherheitsministers Genscher fügte, an der Überführung des Agenten mitzuwirken, statt sich dessen beim ersten Laut eines Verdachts zu entledigen: Handelte der Kanzler während der neun und noch einmal zwei Monate, in denen er Guillaume gewähren ließ, als Staatsmann im Interesse der Staatssicherheit oder war er nur der gute Mensch Willy Brandt, dem Vertrauen vor Kontrolle ging, dem Kollegialität und zuletzt nur die blanke Willfährigkeit gegenüber den Wünschen der Exekutive die Entschlüsse diktierte?

Der Fall Guillaume bezeichnet, wie extrem er auch erscheinen mag, die Abnormität und Normalität der deutsch-deutschen Beziehungen nicht anders als Schießbefehl und Grundvertrag: So müssen wir wohl, so können wir nur nebeneinander leben.

1973 Willy Brandt und Günter Guillaume (2. v. l.) auf einem Kinderfest vor dem Palais Schaumburg

Des Kanzlers jäher Sturz

Brandts Rücktritt: Königsopfer oder Fahnenflucht? –

Das schwere Erbe Helmut Schmidts

VON THEO SOMMER

DIE ZEIT, 10. Mai 1974

Es gibt geschichtliche Augenblicke, da den Völkern der Atem stockt. Plötzlich wird sichtbar, daß Politik, so träge sie sich auch oft durch die Niederungen des Alltags dahinschleppt, im letzten Grunde immer Drama ist – ein endloses Epos, das vom Glanz und Elend der Macht, vom Aufstieg und Fall der Mächtigen handelt. In solchen Augenblicken offenbart sich: Nicht die planende Berechnung schürt die großen Entwicklungsknoten; es sind die Einbrüche des Unvorhergesehenen, der unwägbare menschliche Faktor, die das Geschehen bestimmen. Weder Areopage noch Computer stürzen die Hochmögenden. Immer stolpern sie über Schreiber oder Schranzen, über Höflinge oder Horcher, über Mitarbeiter oder Mätressen – oder aber über sich selbst.

„Sehr geehrter Herr Bundespräsident! Ich übernehme die politische Verantwortung für Fahrlässigkeiten im Zusammenhang mit der Agentenaffäre Guillaume und erkläre meinen Rücktritt vom Amt des Bundeskanzlers" – einen solchen Satz, lapidar und endgültig, hat in der deutschen Geschichte noch kein Regierungschef je formuliert. Otto von Bismarck, gedrungen und gezwungen, brauchte sehr viel mehr Platz, um seinem Souverän, dem Kaiser, das Kanzleramt in devotest formulierter Empörung vor die Füße zu werfen: „Es ist mir bei meiner Anhänglichkeit an den Dienst des königlichen Hauses und an Eure Majestät und bei der langjährigen Einlebung in Verhältnisse, welche ich bisher für dauernd gehalten hatte, sehr schmerzlich, aus den gewohnten Beziehungen zu Allerhöchst denselben und zu der Gesamtpolitik des Reiches und Preußens auszuscheiden; aber nach gewissenhafter Erwägung ... kann ich nicht anders, als Eure Majestät alleruntertänigst bitten, mich ... in Gnaden und mit der gesetzlichen Pension entlassen zu wollen." Damals wurde der Lotse über Bord gestoßen. Diesmal hat er sich selber von der Brücke gestürzt.

1974 GUILLAUME-AFFÄRE

Die Fackelzüge in den Straßen unserer Städte, Egon Bahrs erschütterte, erschütternde Tränen, die bewegte Frage vieler Menschen, warum dem guten Kanzler Brandt solche Unbill nicht erspart geblieben sei – sie dürfen nicht darüber hinwegtäuschen, daß sein Abschied einzig und allein dem eigenen Willen entsprang. Da war kein mißgünstiger Kaiser am Werke, keine böse Opposition, kein mit dem Dolche nachdrängender Erbe. Helmut Schmidt und Holger Börner und die gesamte FDP-Führung rieten, mahnten beschwörend ab. Am Montag vormittag sah es einen Moment lang so aus, als hätten sie Willy Brandt die Rücktrittsabsichten ausgeredet. Aber er hat doch nicht mehr wirklich gewollt. Am Abend ließ er dem Bundespräsidenten sein Abschiedsgesuch zustellen.

Versagen in der Krise

Andererseits darf man sich von der CDU/CSU auch nicht einreden lassen, Brandts Demission habe zugleich seiner ganzen Politik den Stempel der Vergeblichkeit aufgedrückt; ja, die Abdankung komme einem Eingeständnis gleich, daß diese Politik von Anfang an falsch angelegt und total fehlgeschlagen sei. Gescheitert ist ein Politiker, nicht seine Politik. Seine Verdienste um unser Land – und nicht nur um unser Land – sollte man gelten lassen, auch wo er jetzt den Untugenden seiner Tugend erlegen ist: der Arglosigkeit, Vertrauensseligkeit, Dünnhäutigkeit.

Willy Brandt hat den Mut gehabt, einen Schlußstrich unter den Zweiten Weltkrieg zu ziehen, den wir Deutschen erst verbrecherisch begonnen und dann katastrophal verloren. Er hat unser Verhältnis zu Osteuropa auf ein neues Fundament gestellt. Er hat einen Machtwechsel in Bonn bewirkt und damit bewiesen, daß unser Staat nicht einer Partei zu Lehen gegeben ist. Die Tragik des Endes darf nicht überdecken, daß Brandts Laufbahn so ungewöhnlich wie erfolgreich gewesen ist, für sich und für die Bundesrepublik, deren Name er wie kaum ein anderer in der Welt wieder Klang und Geltung verschafft hat. Wer dies leugnet, bringt uns alle um ein Stück der eigenen Geschichte, auf das wir mindestens so stolz sein dürfen wie auf den Abschnitt, den Konrad Adenauer verfaßt hat.

Freilich, der Mann, der sich diese historische Leistung zugute schreiben darf, ist von ihr ausgelaugt worden und zermürbt. Seit einem Jahr ist ihm kaum noch etwas gelungen, hat er nichts mehr mit Verve angepackt, ist die Lust am Regieren bei ihm zusehends dem Hang zum Resignieren gewichen. Die Einrichtung des Bundesamtes für Umweltschutz in Berlin, die doch in ihrer demonstrativen Art die Grundfesten seiner Ostpolitik erschütterte – ein kapitaler Fehler, begangen zwischen Suppe und Fisch, als das Kabinett tafelte und der Kanzler nicht merkte, daß ihm sein Innenminister eine Plastikbombe unter die Serviette schob. Der Urlaub in Südfrankreich, nachdem im vorigen Herbst die Ölkrise ausgebrochen war – ein Beispiel dafür, daß Krisenbewältigung nicht mehr Brandts Sache war. Die Auseinandersetzung mit der Parteilinken, spät angenommen, dann halbherzig geführt, vermittelte denselben niederschmetternden Eindruck. Die Handhabung der Guillaume-Affäre schließlich, nach der Enttarnung des Agenten, erst recht nach seiner Verhaftung – sie warf Zweifel nicht nur am Durchsetzungswillen des Kanzlers, sondern auch an seiner Urteilskraft auf.

Es hat viele im Lande gegeben, die schon seit Herbst 1973 der Ansicht waren, der Kanzler müsse sich, um das Brandt-Denkmal zu retten, in der Villa Hammerschmidt ein neues Postament suchen; die, ohne seine historische Leistung mindern zu wollen, seine gegenwärtige Führungsschwäche beklagten, welche der SPD den Verlust der gerade erst gewonnenen Mitte eintrug; die ihm zur Abdankung und zum Rückzug auf das Präsidentenamt raten wollten, um dem Manne und seiner Partei jene Agonie des Machtverfalls zu ersparen, die Adenauer und Erhard bis zur Neige haben auskosten müssen.

Jetzt, da die Entwicklung alle derartigen Erwägungen überrollt hat, stellt sich die Frage, ob das Ende wirklich auf diese Art hat kommen müssen, hätte kommen dürfen. Es ist auf peinliche Weise trivial. Ein Hauch von Hintertreppe umweht es. Die Vorstellung ist gespenstisch, daß der Kanzler der Bundesrepublik Deutschland von einem miesen DDR-Spion aus dem Sattel gestochen werden kann. Und die Erklärungen, die dafür feilgeboten werden, reichen nicht aus. Was steckt dahinter? Und was kommt danach?

Willy Brandt übernimmt die volle politische Verantwortung für den Fall Guillaume und tritt ab. Der Bürger zieht zunächst einmal respektvoll den Hut – schließlich kommt es nicht mehr oft vor im öffentlichen Leben, daß einer für das geradesteht, was er pexiert hat. Aber dann schüttelt der Bürger den Kopf. Was hat denn Willy Brandt verbrochen? Keiner sagt es ihm; also bleibt er auf Spekulationen angewiesen und auf Gerüchte.

Bismarck hat da zu seiner Zeit für mehr Klarheit gesorgt. „Nachdem ich sicher bin, daß Ew. Majestät der Erfahrungen und Fähigkeiten eines treuen Dieners nicht bedürfen, darf ich aus dem öffentlichen Leben zurücktreten, ohne zu befürchten, daß mein Entschluß von der öffentlichen Meinung als unzeitig verurteilt werde", schrieb er in seinem Abschiedsgesuch. Brandt kann sich in solcher Sicherheit nicht wiegen. Das Volk ist von ihm mit einem Beleggrund abgespeist worden. Von seinen Beweggründen hat es nichts erfahren.

Haben die Vorgänge bei der Einstellung des Agenten Guillaume im Nachhinein die Bußfertigkeit Brandts herausgefordert? Ein paar Entlassungen hätten ihn da glaubhaft salvieren können.

Plagte ihn die Tatsache, daß er Guillaume noch mit nach Norwegen auf Urlaub genommen hat – und drückten ihn Fahrlässigkeiten, für die er nicht nur die politische, sondern die direkte Verantwortung trägt? Die Fama weiß davon zu berichten, daß Guillaume in Hamar vertrauliche Korrespondenz gehandhabt habe, von Brandt sogar mit der Entschlüsselung von Geheimpapieren betraut worden sei. Das wäre gewiß für jeden Kanzler ein Grund, ernsthaft mit sich ins Gericht zu gehen. Ein Rücktrittsgrund aber ist es nicht – allein jedenfalls nicht.

Gibt es andere Zusammenhänge, die eine Rolle spielen? Bonn schwirrt von Gerüchten aus dem erotischen Untergrund. Ist Brandt bloß darüber verbittert, daß er, daß sogar seine Frau ins schmutzige Gerede gekommen ist? Oder hat er sich wirklich für erpreßbar gehalten, weil irgend etwas vorgefallen war, das Günter Guillaume wissen mußte und ausplaudern könnte?

Es ist peinlich, derlei Fragen, die ganz Westdeutschland vor sich hin flüstert, öffentlich zu stellen – aber die Bonner Informationspolitik der letzten Tage zwingt dazu. Sie überzeugt nicht. Unsere Gesellschaft verlangt vom Bundeskanzler ja keineswegs, daß er ein Säulenheiliger sei – wohl aber verlangt sie, ernst genommen und, wenn etwas schiefgelaufen ist, unterrichtet

1974 Willy Brandt übernimmt die politische Verantwortung für die Guillaume-Affäre und tritt von seinem Amt als Bundeskanzler zurück

1974 GUILLAUME-AFFÄRE

zu werden. Der Bürger will schließlich nicht nur beim Steuerzahlen als mündig gelten. Ein Hamburger Bürgermeister hat vor nicht allzu langer Zeit demonstriert, wie sich dergleichen auch öffentlich mit Würde regeln läßt.

Das Gezeter der sozialdemokratischen Parteisprecher über eine Hetzjagd auf Brandt hilft da nicht weiter. Wenn heute Fragen gestellt werden, so nur, weil mit Auskünften gegeizt worden ist. Die rhetorischen Walhallas, die seine Parteigenossen Willy Brandt jetzt bauen, wirken wie reine Ablenkungsmanöver. Da werden geschlossene Schreine errichtet, damit bloß nichts nach außen dringt. Das Königsopfer, das Willy Brandt dargebracht hat, wird dadurch in den Staub gezerrt. Der schlimme Verdacht könnte sich aufdrängen, daß er mit seinem abrupten Ausscheiden exakt denselben Zweck verfolgt, den Richard Nixon durch hartnäckiges Kleben an seinem Amtssessel zu erreichen hofft: die Vertuschung von Peinlichkeiten.

Eine Chance für die SPD

Vielleicht gibt es weniger schnöde Erklärungen. Mag sein, daß Willy Brandt wirklich nur die Nase voll gehabt hat. Mag sein, daß er tatsächlich bloß alles loswerden, alles abschütteln wollte: ein Fall von Fahnenflucht also. Ein entschlossener Kanzler hätte den Fall Guillaume abreiten und überstehen können. Womöglich besaß Brandt solche Entschlossenheit einfach nicht mehr. Aber warum hat er es dann nicht gesagt? Warum hat er Mißdeutungen Tür und Tor geöffnet? Warum hat er – „Macht euren Dreck alleene!" – dem präsumtiven Nachfolger die Macht in die Schürze gekippt wie einen Haufen Küchenabfall?

Helmut Schmidt ist in dieser Lage nicht zu beneiden. Wer ihn kennt, der weiß, daß er die Ärmel aufkrempeln wird – und daß er nicht verfehlen wird, dies der Öffentlichkeit auch vor Augen zu führen. Auf der Hardthöhe hat er nach kurzer Einstandszeit 25 Generale auf einmal pensioniert; das beweist, daß er vor tiefgreifenden Personalveränderungen keine Scheu hat. Es werden Köpfe rollen.

Gleichwohl wird Schmidt es nicht leicht haben. Er übernimmt die Kanzlerschaft in einem Augenblick, da die SPD in den Meinungsumfragen fast auf das alte Dreißig-Prozent-Getto heruntergewirtschaftet ist. Er wird die Niederlage in Niedersachsen schwerlich noch aufhalten können. Und er wird, wenn er antritt, mit Verbitterung erkennen müssen, daß viele Probleme heute weniger lösbar sind, als sie vor ein, zwei Jahren gewesen wären. Brandts Erbe ist eine Dornenkrone, kein Diadem.

Auf den unbefangenen Betrachter muß es zum Beispiel wie blanke Unvernunft wirken, daß an der Bonner Koalitionsspitze die beiden Führungsfiguren Brandt und Scheel zur gleichen Zeit ausgewechselt werden sollen. Schmidt-Scheel: das wäre ein gutes Team. Ein Team Schmidt-Genscher jedoch könnte nur der Not gehorchen, nicht dem eigenen Drange. Wäre es, da Brandt als Bundespräsident wohl nicht mehr in Frage kommt, nicht besser, Gustav Heinemann noch einmal in die nationale Pflicht zu nehmen und ihn zu einer zweiten Amtszeit zu bewegen – Walter Scheel aber gleichzeitig zum Verbleib im Auswärtigen Amt? Die Vernunft spräche dafür. Aber wann setzt sich Vernunft schon durch – gar in bewegten Zeiten?

So tritt denn Helmut Schmidt ein schweres Erbe an. Doch die Entwicklung ist vielleicht auch nicht ohne Vorteile. *Erstens:* Wir werden endlich die überfällige große Kabinettsumbildung erleben, zu der sich Brandt nie hat aufraffen können. *Zweitens:* An Stelle von zwei Jahren sicherer Agonie unter Brandt hat die SPD eine Chance, sich zu berappeln und 1976 noch einmal zu gewinnen – Ansporn genug vielleicht für die CDU, endlich aus ihrer unverbindlich verbalen Opposition auszubrechen und substantielle sowie personelle Alternativen anzubieten. *Drittens:* Ein Bundeskanzler Schmidt neben einem französischen Staatspräsidenten Giscard würde nicht nur eine Möglichkeit europäischen Fortschritts eröffnen, sondern auch eine Verbesserung des europäisch-amerikanischen Verhältnisses in den Bereich der Wahrscheinlichkeit rücken.

Aber *tabula rasa,* den totalen Neuanfang, kann auch Helmut Schmidt nicht machen. Das Drama der Politik wird ihn nicht aussparen. Er ist immer bereit gewesen, Staatsaufgaben zu übernehmen. Zuweilen hat er sich förmlich dienstverpflichten lassen. Sein Vorgänger hat viel Zeit vertan. Schmidt mag davon jetzt nicht mehr viel vergönnt sein. Politik ist ein hartes, tragisches Geschäft. Sie verläuft nicht unbedingt nach dem Grundsatz „ex und hopp". Aber wer sich in die Verantwortung begibt, der stellt sich auch dem Verschleiß. Keiner weiß das besser als Willy Brandt.

1977

Deutscher Herbst

18. Oktober 1977: GSG-9-Beamte erstürmen auf dem Flughafen Mogadischu (Somalia) die von palästinensischen Terroristen entführte Lufthansa-Maschine *Landshut*. Die Geiselnehmer wollten inhaftierte Mitglieder der Roten Armee Fraktion (RAF) freipressen – unter ihnen Gudrun Ensslin, Andreas Baader und Jan Carl-Raspe, die sich nach Bekanntwerden der *Landshut*-Erstürmung das Leben nehmen. Der am 5. September von der RAF entführte Arbeitgeberpräsident Hanns Martin Schleyer wird wenig später tot aufgefunden. Theo Sommer beleuchtet in seinem Beitrag das Hin- und Hergerissensein zwischen Erleichterung und Erschrecken. Marion Gräfin Dönhoff reflektiert im August 1977 über die Ursachen der terroristischen Gewalt.

1977 DEUTSCHER HERBST

Frisch gewagt – erst halb gewonnen

Nach der befreienden Tat von Mogadischu:

Der Kampf geht weiter

VON THEO SOMMER

DIE ZEIT, 21. Oktober 1977

Solche Augenblicke hat es in unserer Nachkriegsgeschichte wenige gegeben. Ein Aufatmen ging am Dienstag durch das Land, den Menschen fiel hörbar eine Last von der Seele, die Bürger fanden sich in der Solidarität gemeinsamer Gemütsbewegung. Die Ankunft der befreiten Geiseln in Frankfurt, die Gedenkfeier für den ermordeten Lufthansa-Kapitän, die Rückkehr des Grenzschutz-Kommandos und Hans-Jürgen Wischnewskis aus Mogadischu – diese Szenen konnten niemanden ungerührt lassen.

Und in die Erleichterung mischte sich Stolz: Bürgerstolz auf die Bundesrepublik Deutschland. Unser Staat hatte sich der Herausforderung eines ruchlosen Gegners erwehrt, dennoch verweigerte er sich jede triumphierende Geste und beschied sich mit knappster Feierlichkeit. Defiliermarsch, Deutschlandlied, jawohl, aber das wagemutige Einsatzkommando trat in zwanglosem Rocker-Zivil an, mannhafte Umarmungen wurden nicht unterdrückt – nichts hätte eindrucksvoller, wohltuender das Selbstverständnis der Republik widerspiegeln können als diese unpathetische Art.

In die Erleichterung mischten sich freilich auch Trauer, nachträgliches Erschrecken – und die Einsicht, daß im Kampf gegen den Terrorismus eine Schlacht gewonnen worden ist, aber noch nicht der Feldzug.

Die Geiseln von Mogadischu sind frei, die meisten unversehrt. Einer aber, Flugkapitän Jürgen Schumann, hat die Düsen-Odyssee nicht überlebt. Er war den Terroristen bereits entkommen, begab sich jedoch todesmutig wieder in die Maschine, damit die „Landshut" nicht mit allen Insassen brutal gesprengt werde, wie es die Entführer – Ultimatum im Ultimatum – für den Fall angedroht hatten, daß er nicht zurückkehre. Wenig später erschossen sie ihn vor aller Augen, da er sich weigerte, mit beschädigtem Fahrwerk aufs Neue zu starten. Die Nation verneigt sich vor dem tapferen Mann. Seiner Familie gehört unser ganzes Mitgefühl. Wer sagt denn, daß eine demokratische Epoche nicht auch ihre Helden hervorbringt?

Die politisch Verantwortlichen – und das hieß in diesem Falle: nicht nur die Bundesregierung, sondern auch die vier Parteivorsitzenden, die Vorsitzenden der Bundestagsfraktionen und vier Länderchefs – haben ihre Entscheidung, die Geiselmaschine stürmen zu lassen, „gemeinsam und einmütig" getroffen. Sie wußten, daß sie ein hohes Risiko eingingen. Die „Landshut" hätte mitsamt Passagieren, Besatzung und Terroristen in die Luft gejagt werden können; oder es hätte zwanzig Tote geben können. Daß außer den Gangstern niemand ernstlich zu Schaden kam, war der glücklichste aller denkbaren Ausgänge des Unternehmens, nicht der wahrscheinlichste. Wäre es schlimmer gekommen – nun, der Krisenstab hat es offen gesagt, dann „wären uns viele kritische Fragen gestellt worden".

Rechtfertigung der Härte

Aber die Erstürmung der „Landshut" war die unausweichliche Konsequenz des Entschlusses, den der Bundeskanzler schon von Anbeginn des Falles Schleyer gefaßt und in den Beratergremien auch durchgesetzt hatte: den Terroristen nicht nachzugeben, ihre Forderungen nicht zu erfüllen. Wenn die Regierung hart blieb, so mußte sie doch gerade deswegen das Äußerste tun, um das Leben der Geiseln zu retten – danach trachten also, Hanns-Martin Schleyer zu finden und freizuschießen, und versuchen, die Lufthansa-Gefangenen gewaltsam zu befreien. Allein in der Aktion – und der Chance ihres Gelingens – lag die moralische Rechtfertigung der Härte.

An Helmut Schmidts Seite fanden sich dabei in den vergangenen sechs Wochen auch viele, die noch bei der Lorenz-Entführung zu Nachgiebigkeit geraten hatten. Die Unterschiede der beiden Fälle ließen sich ja nicht übersehen. Nicht länger war die Annahme vertretbar, es handele sich bei der Entführung in erster Linie um eine Solidaritätsaktion für die inhaftierten „Genossen", die sich nach ihrer Freipressung einem stillen Gangster-Ruhestand ergeben würden – inzwischen wissen wir, daß sie wiederkommen und weitermorden. Ferner drehte es sich Anfang September nicht um die Freipressung von wenigen Randfiguren der Terrorszene, sondern um deren denkendes, lenkendes Zentrum. Schließlich ging es diesmal nicht darum, daß sich der Staat zähneknirschend in einmalige Hilflosigkeit schicke – er soll die gesamte Fahndung einstellen und sich damit zu permanenter Wehrlosigkeit verpflichten; nach einem vierfachen Mord obendrein.

Diese Überlegungen waren so zwingend wie fürchterlich. Darin lag die Entscheidung beschlossen, Hanns-Martin Schleyers Lebenschance notfalls zu opfern, um die Lebenschancen der Gesamtheit aller Bürger zu verteidigen. So deutlich konnte, durfte das zuvor nicht gesagt werden. Seit Mogadischu ist es offenkundig. Die Bundesregierung, die sich weigerte, um 87 Menschenleben willen die Terroristen freizulassen, wird es auch nicht für Schleyer tun. Es bleibt ihr nur, weiter nach ihm zu fahnden und zugleich an seine Entführer zu appellieren, den Gefangenen freizugeben.

Nach dem Raub der Lufthansa-Boeing hätte man eine Zeit lang denken mögen, der Kanzler und seine Berater würden es aufs Letzte nicht ankommen lassen. Doch blieben sie unbeirrt. Wissend, daß jegliches Handeln in dieser Lage das Risiko barg, sie in Schuld zu verstricken, entschlossen sie sich, an ihrer Linie festzuhalten. Die Vorstellung, in welch eisiger Einsamkeit die Verantwortlichen sich dabei bewegten, macht den Bürger im Nachhinein schaudern; doch ist es der Schauder der Ehrfurcht, des Respektes, der sich da rührt.

Helmut Schmidt zitiert gern Max Webers Aufsatz „Der Beruf zur Politik". Er mag in diesen Tagen zuweilen an den Satz gedacht haben, der dort steht: daß alles Tun, zumal aber das politische Tun, in Tragik verflochten sei. In der Krise hat er bewiesen, was nach Max Weber den Staatsmann ausmacht: „die geschulte Rücksichtslosigkeit des Blickes in die Realitäten des Lebens und die Fähigkeiten, sie zu ertragen und ihnen innerlich gewachsen zu sein".

Weder Folter noch Standrecht

Der Bürde der Verantwortung innerlich gewachsen sein: Dazu gehört nicht nur, das für notwendig Erachtete durchzusetzen. Dazu gehört auch, sich gegen die Versuchung zu feien, im Notstand die Grenzen staatlichen Handelns auszuweiten. Das Problem ist ernst und wirklich; Ernst Albrecht hat es mit seinen Überlegungen über die Zulässigkeit der Folter in Extremsituationen vor zwei Jahren öffentlich angeschnitten. Es muß Augenblicke gegeben haben in der jüngs-

1977 DEUTSCHER HERBST

ten Krise, wer weiß, wo auch die in Bonn Verantwortlichen von der Empörung der Ohnmacht an diesen ungeheuerlichen Punkt gesteuert wurden.

Folkerts foltern, um Schleyer aufzuspüren? Die Stammheimer in die scharfe Frage nehmen, um sie zum Reden zu bringen? Der Kanzler und seine Berater haben derlei Versuchungen, wenn sie denn je sich regten, weit von sich gewiesen. Sie wissen, wo es endete, wenn man erst einmal damit anfinge. Es blieb der einst liberalen *Frankfurter Allgemeinen* überlassen, in einem Anfall hysterischen Kapitulantentums die zwischen Staat und Terroristen bestehende Ungleichheit der Kampfmittel zu beklagen und nach einem „Notrecht gegen Terroristen" zu jammern, in Wendungen, die jeder, der Deutsch kann, nur als Ruf nach der Folter und standrechtlicher Erschießung verstehen darf. Gott soll schützen, daß solche Philosophen je Könige werden.

Noch ist der Kampf gegen den Terrorismus nicht zu Ende. Das Drama Hanns-Martin Schleyers geht weiter. Die RAF lebt, obwohl Andreas Baader, Gudrun Ensslin und Jan-Carl Raspe Selbstmord begangen haben – ein neues Zeugnis übrigens für die stupende Unfähigkeit der Stuttgarter Justizverwaltung, daß so etwas passieren konnte, und wie es passieren konnte.

Die Freunde derer, die über „Isolationslöcher" klagen und selber achtzig Unschuldige tagelang im Kabinenkäfig eines Düsenjets einsperren; die dem Staate Brutalität vorwerfen und selber unmenschlich handeln; die über das „bigotte Mörderkartell aus Justizministern, Richtern, Staatsanwälten und Bul-

1977 Ankunft der in Mogadischu von der GSG 9 befreiten Geiseln auf dem Frankfurter Rhein-Main-Flughafen

len" zetern und selber kaltblütig morden – sie werden bald genug auf den Plan treten und der Obrigkeit abermals vorbedachten Mord an Häftlingen vorwerfen.

Vor allem aber: Die Bandenmitglieder, die noch auf freiem Fuße sind, werden es tun. Und sie haben ja in dem Brief, in dem sie sich Anfang September zu dem versuchten Raketenanschlag auf die Bundesanwaltschaft in Karlsruhe bekannten, bereits gedroht: „Sollte einer der Gefangenen ermordet werden – und der Tod in der Isolationszelle ist nichts anderes als Mord –, werden wir sofort im In- und Ausland antworten. Sollten Andreas, Gudrun und Jan getötet werden, werden die Apologeten der harten Haltung spüren, daß das, was sie in ihren Arsenalen haben, nicht nur ihnen nützt, daß wir viele sind und daß wir genug Liebe – also Hass und Fantasie haben, um unsere und ihre Waffen so gegen sie einzusetzen, daß ihr Schmerz unserem entsprechen wird." Allzu leicht ließe sich diese Drohung an dem verschleppten Arbeitgeberpräsidenten Schleyer wahrmachen.

Derlei Erwägungen müssen genügen, alle „klammheimliche Freude" über die Stammheimer Selbstmorde im Ansatz zu ersticken; sich auch böse Zeilen zu versagen, wie sie der Deutschland-Fresser Erich Fried auf den ermordeten Generalbundesanwalt Buback dichtete: *„Was er getan hat / im Leben / davon wurde mir kalt ums Herz / Soll mir nun warm ums Herz werden / durch seinen Tod?"* Es steht zu befürchten, daß der Tod der Drei bei ihresgleichen nicht Einsicht wecken und Umkehr bewirken wird, sondern die Herzen bloß noch mehr verhärtet – daß aus ihrem Sterben neue Morde wachsen.

Deswegen wird es nötig sein, sich zu wappnen. Das Erlebnis nationaler Gemeinsamkeit und Gemeinschaftlichkeit nach der Geiselbefreiung von Mogadischu hat unserem Volke gutgetan. Aber wir werden auch brauchen, was uns da an Solidarität zugeflogen ist. Die erste Euphorie wird nicht lange anhalten. Die Gemütsübereinkunft der Demokraten muß sich erst hoch bewähren: als Festigkeit des Herzens im Kampf gegen alle, die mit Morden oder mit Worten eine andere Republik schaffen wollen als jene, die sich in den jüngsten Krisenwochen so achtenswert geschlagen hat, wie das fehlsamen menschlichen Einrichtungen überhaupt gegeben ist.

1977 Beamte sichern den Tatort der Schleyer-Entführung, bei der Schleyers Fahrer und dessen Leibwächter im Kugelhagel der Terroristen starben

1977 DEUTSCHER HERBST

Wenn alles in Frage gestellt wird...

Gedanken zur Ermordung Jürgen Pontos

VON MARION GRÄFIN DÖNHOFF

DIE ZEIT, 5. August 1977

Als in der Millionen-Metropole New York der elektrische Strom kürzlich schlagartig versagte und einige Stadtteile von entfesselten Horden in ein Inferno verwandelt wurden, war es, als werde plötzlich ein Vorhang beiseite geschoben und gäbe den Blick frei auf dunkle, sonst verborgene Seiten der menschlichen Existenz und unserer technischen Zivilisation.

Und noch einmal geschah das gleiche, als jetzt die Nachricht von der brutalen Ermordung Jürgen Pontos die Bundesbürger aus der Wochenendruhe aufschreckte. Auch in diesem Moment schien es, als werde wieder für Sekunden das Abgründige in unserer Gesellschaft blitzartig beleuchtet: Jene Besessenen, die ohne Gott, ohne Gesetz, ohne Liebe leben, die nur einem Hirngespinst verpflichtet sind, das jedes Verbrechen rechtfertigt.

Von allen Taten der Terroristen ist dieser feige Judas-Mord wahrscheinlich die abgefeimteste und abscheulichste. Man fragt sich, wie wohl das Regime beschaffen sein würde, das diese Leute an die Stelle der heutigen Gesellschaft zu setzen bestrebt ist. Viele Menschen neigen heute dazu, die Gesellschaft für alles verantwortlich zu machen: Wer im Gefängnis sitzt, hat nicht selber schuld, die sozialen Umstände brachten ihn dorthin. Logischerweise müßte ja wohl der gleiche Sündenbock auch für die Terroristen verantwortlich sein.

Wie aber ist es möglich, daß die freieste Gesellschaft, die wir je hatten und die weiteste geistige Liberalität, die je bei uns zugelassen war, daß ausgerechnet sie immer neue Gruppen von Terroristen produzieren? Ja, daß, wie Hanna-Renate Laurien, die Kultusministerin von Rheinland-Pfalz, neulich klagte, Kinder sich untereinander in des Wortes wirklicher Bedeutung terrorisieren und erpressen; daß Kinder auf dem Schulweg nicht verprügelt, sondern zusammengeschlagen werden? Unbegreiflich ist auch die Tatsache, daß die meisten jener Ter-

1977 Otto Schily (l.), Gudrun Ensslins Anwalt, bezweifelt auf einer Pressekonferenz den Selbstmord der RAF-Terroristen und macht den Staat verantwortlich

roristen, soziologisch gesehen, den oberen Klassen zuzurechnen sind. Sollten Wohlstand, Langeweile, das Fehlen spezifischer Anforderungen und jeglicher Grenzen im Materiellen und oft genug auch im Moralischen eine Rolle dabei spielen?

Wahrscheinlich hat auch die vorangegangene Epoche etwas damit zu tun: der Verschleiß an Autorität, der in der Nazizeit getrieben wurde, der Nachholbedarf an Widerstand, der dadurch entstanden ist und das Bedürfnis, alles in Frage zu stellen; und sicherlich trägt auch unser aller rasche Anpassung an die veränderten moralischen Maßstäbe zum allmählichen Abgleiten bei. Wie schnell haben wir alle die neue Wirklichkeit adaptiert!

Wie war man aufgebracht über die ersten Flugzeugentführungen. Jetzt liest man die Berichte schon kaum noch. Wie hat man sich erregt über Stacheldraht und martialische Befestigungen in unseren Städten und darüber, daß es notwendig wurde, Politiker und offizielle Persönlichkeiten ständig und überall durch handfeste Gesellen schützen zu lassen, wie dies bisher nur bei den Mafia-Bossen üblich war. Inzwischen hat man sich an dies alles gewöhnt – es ist zur Selbstverständlichkeit geworden.

Ohne daß wir es recht bemerkt haben, sind Grenzen verwischt, Kategorien vertauscht worden. Grauzonen sind entstanden. Juristen wie Klaus Croissant und Siegfried Haag, die Anwälte des Rechtes sein sollten, sind zu Assistenten der Verbrecher geworden; allgemeine Studentenausschüsse nannten den Mord an Generalbundesanwalt Buback „Hinrichtung". Terroristen, inspiriert durch die Genfer Verhandlungen, bezeichnen ihre Kum-

1977 DEUTSCHER HERBST

pels als „Kriegsgefangene". Und 28 evangelische Theologiestudenten schrieben seinerzeit anerkennende Worte an den mutmaßlichen Buback-Mörder Sonnenberg und schickten ihm 28 rote Rosen – deutlicher kann sich die Verwirrung der Geister kaum manifestieren.

Als die zuständigen Theologie-Professoren voller Entsetzen dieser Einstellung entgegentraten, erklärte der Tübinger AStA, Sonnenberg und der verletzte Polizeibeamte seien austauschbar; sie seien „beide Opfer ein und desselben gesellschaftlichen Prozesses, der auf Gewalt basiert, wie diese gesamte Gesellschaft auf dem Gewaltverhältnis von wenigen Kapitaleignern und vielen abhängigen Lohnarbeitern basiert". Das ist der alte Hitler-Trick, mit dem alle dem Menschen innewohnenden Sperren entblockiert werden sollen: Wer dem verheißungsvollen Idealzustand im Wege steht, wird zum anonymen Stein des Anstoßes versachlicht, den zu beseitigen ein Verdienst ist – damals waren es die Juden, heute sind es die kapitalistischen Ausbeuter.

Verrückte gibt es überall, aber daß sie repräsentativ für die allgemeinen Studentenausschüsse, für den AStA als solchen, sprechen können, liegt doch allein daran, daß nur 25 bis 30 Prozent aller Studenten zu den Wahlen gehen. Von dieser Minderheit tritt dann eine knappe Mehrheit als Repräsentant auf. Die Gleichgültigen sind schuld, wir alle tragen Verantwortung.

Eine Gemeinschaft kann nicht ohne verbindende und verbindliche Grundüberzeugungen bestehen. Verfassung und Gesetz allein reichen nicht aus, es muß einen mindestens generellen Konsens ethischen Bewußtseins der Bürger geben, anerkannte Regeln – Spielregeln – des Zusammenlebens.

Freiheit ja, soviel wie möglich, aber dennoch bestimmte Bindungen; Toleranz ja, aber nicht gegen Intoleranz; Eingrenzungen ja, aber nicht durch Vorschriften, sondern durch Einsicht; antiautoritäre Erziehung ja, aber nicht Preisgabe aller Grundsätze und Auslieferung an die eigenen Aggressionen; Abschaffung der Repressionen ja, aber nicht um sie sogleich wieder durch neue zu ersetzen. Die derzeit gültige Repression ist die Ächtung mit dem tödlichen Verdikt „reaktionär", diesem Henkerbeil, mit dem die Todesstrafe an jenen exekutiert wird, die sich für Erhaltung gewisser Sperren und Barrieren einsetzen, die das Gewissen und die überkommene Sitte fordern, durch die die Auflösung aller Werte verhindert werden.

Wer die Frage aufwirft, ob nicht vielleicht an der Relativierung des Tötens das Fernsehen mit schuld ist, weil es doch wohl nicht ohne Einfluß sein kann, wenn junge Menschen jeden Abend miterleben, wie ein halbes Dutzend Leute auf der Leinwand abgeknallt werden, und zwar meist von den Helden und nicht von den Scheusalen, dem wird entgegnet: „Wollen Sie sich vielleicht vorschreiben lassen, was Sie sehen dürfen und was nicht?" Als ob wir heute sehen könnten, was wir sehen wollen. Heute sind es kommerzielle Erwägungen, die das Diktat ausüben: Nicht was dient der Gesellschaft, sondern was füllt den Geldbeutel der Produzenten – das ist das Entscheidende.

Es gibt ein dialektisches Gesetz der Gesellschaftsordnung. Jedes System gebiert auf lange Sicht seine Antithese. Das liegt an der Unfähigkeit der Menschen, Maß zu halten: Der autoritäre Staat, der alles regelt, anordnet, befiehlt, der die Freiheit und schließlich die Menschen selbst stranguliert, wird eines Tages zusammengeschlagen – wenn nicht von außen, wie einst der deutsche, dann schließlich von innen.

Der demokratische Staat, der glaubt, jedes Tabu brechen zu müssen, weil Freiheit nur ohne Grenzen bestehen könne, führt zunächst zur *permissive society*, in der schlechthin alles erlaubt ist, und allmählich dann zur Zersetzung jedweder Strukturen und Werte. Aus diesem die Majorität nicht befriedigenden Zustand erwächst schließlich das Bedürfnis nach einer neuen Ordnung, nach einem starken Mann.

Warum in aller Welt können wir Aufgeklärten, die wir diese Gesetzmäßigkeit begriffen haben, nicht den Mittelweg der Vernunft gehen? Man könnte heulen vor Zorn.

Bilanz des Terrors

In den Jahren zwischen 1970 und 1977 (Stand Juli) starben durch terroristische Gewaltakte 17 Personen. Unter ihnen waren vier Polizisten, vier Angehörige der Justiz, zwei Mitglieder des diplomatischen Dienstes. 102 Bundesbürger wurden Opfer von Mordversuchen. Es gab in dieser Zeit 90 Verletzte durch Sprengstoffanschläge und Schießereien.

Justiz und Polizei hatten in dieser Zeit folgende Erfolge: 130 Personen wurden rechtskräftig verurteilt, davon 65, die zwischen zwei und 15 Jahren Haft bekamen. Gegen 92 Bundesbürger wurde Anklage erhoben. Es laufen 240 Ermittlungsverfahren.

1978
Filbinger-Affäre

DIE ZEIT
KONTROVERSEN

Am 7. August 1978 tritt der baden-württembergische Ministerpräsident Hans Filbinger (CDU) von seinem Amt zurück. Der Grund: Ein Text des Dramatikers Rolf Hochhuth, der in der *ZEIT* auszugsweise als Vorabdruck veröffentlicht worden war. Hochhuth hatte darin die Nazi-Vergangenheit des Politikers publik gemacht: Als Marinerichter im »Dritten Reich« hatte Filbinger noch kurz vor Kriegsende mehrere Todesurteile unterzeichnet. In seinem Leitartikel »Die Bürde der Vergangenheit« gelingt Theo Sommer das scharf konturierte Porträt eines Unverbesserlichen. Hans Schueler setzt sich in seinem Beitrag mit dem Urteil des Landgerichts Stuttgart auseinander, das Filbingers Unterlassungsklage gegen Hochhuth abgelehnt hatte.

1978 FILBINGER-AFFÄRE

Die Bürde der Vergangenheit

Ministerpräsident Filbinger und der tote Matrose

VON THEO SOMMER

DIE ZEIT, 12. Mai 1978

Hans Karl Filbinger, Ministerpräsident des Landes Baden-Württemberg, hat also in Norwegen nicht nur drei Wochen nach der Kapitulation des Deutschen Reiches den aufsässigen Obergefreiten Petzold, der sich die Hakenkreuzabzeichen von der Uniform trennte, wegen Verstoßes gegen die Manneszucht und Gesinnungsverfalls zu sechs Monaten Gefängnis verurteilt. Er hat als Marinerichter kurz vor Kriegsende auch an einem Bluturteil mitgewirkt und dessen Vollstreckung an dem 22jährigen Matrosen Walter Gröger als leitender Offizier persönlich überwacht. Leute, die es wissen könnten, sind der Ansicht, daß die Akten noch manchen ähnlichen Fall bergen.

Anlaß zur Treibjagd auf Filbinger? Keineswegs. Wohl aber: Anlaß zum Nachdenken über geschichtliche Schuld, moralische Lauterkeit und politische Erträglichkeit. Ein undankbares, quälendes Thema in unserem Lande.

Wer wollte von den Älteren den ersten Stein werfen – haben nicht die allermeisten irgendwie und irgendwo dem verbrecherischen Regime Hitlers gedient: Beamte, Offiziere, Professoren, Industrielle, Richter und Journalisten? Und wer von den Jüngeren dürfte schon mit Gewißheit von sich behaupten, daß er die Kraft besessen hätte, dem Räderwerk des Systems zu widerstehen? Da kann niemand den Weltenrichter spielen wollen. Ein jeder muß sich schaudernd sagen: *There but for the grace of God go I ...*

Auch können wir eine dritte Entnazifizierung nicht wirklich wollen. Die erste, von den Alliierten angeordnete, versackte in blindem Schematismus und wurde rasch von der Gastsiegerpose abgelöst, in die wir uns nach dem Beginn des Kalten Krieges werfen durften. Die zweite gab es anderthalb Jahrzehnte nach Kriegsende, eine kleine Säuberungswelle, die ein paar Minister und höhere Beamte ereilte: Oberländer und Krüger, Schrubbers und

1978 Auf einer Pressekonferenz mit Innenminister Lothar Späth (CDU, l.) Anfang Juli in Stuttgart beteuert Hans Filbinger seine Unschuld

eine Reihe von Nazi-Richtern, die sich vorzeitig in Pension begaben. Ansonsten jedoch blieb es bei der großen Aussöhnung, der verzeihenden Integrierung der einstigen Hitler-Anhänger, sofern sie keine Verbrechen begangen hatten.

Und wer vermöchte schon mit der nötigen Trennschärfe zu urteilen, wo es nicht um kriminelle Schuld geht, sondern um moralische Schuld? Was ist denn schlimmer: die Dissertationen grünschnäbeliger Juristen wie des vor kurzem gestolperten niedersächsischen Justizministers Puvogel, der Hitlers Justiz antrug, „großzügig" die Entmannung gefährlicher Sittlichkeitsverbrecher „durchzuführen", und des hessischen Landesarbeitsgerichtspräsidenten Joachim, der sich – nicht mehr oder minder korrupt als mancher heutige Dissertationsschreiber – der Herrenrassen-Ideologie verschrieb; oder der Todesurteils-Antrag eines 31jährigen Marinestabsrichters, der selbst dann, wenn man die Verworrenheit der Zeitläufte in Betracht zieht, nicht anders denn grausam genannt werden kann, rechtens zwar, doch schreiendes Unrecht, obendrein durch schnöden verwaltungsmäßigen Vollzug zur Unmenschlichkeit gestempelt, wo Bemühung, Mannhaftigkeit, vielleicht schon ein wenig Schläue genügt haben könnten, das nur scheinbar Unabwendbare abzuwenden?

„Glaubt einem Gebrannten!"

Gleichwohl müssen wir uns im Umgang mit unserer Vergangenheit vor Fahrlässigkeit hüten, dürfen wir nicht einfach fünfe gerade sein lassen. Wenigstens von den führenden Staatsmännern unserer Republik müssen wir ein Mindestmaß an moralischer Lauterkeit verlangen. Und moralische Lauterkeit, auf gut deutsch, bedeutet: Einer muß das Glück gehabt haben, damals nicht in Schuld verstrickt zu werden, oder er muß, ist er verstrickt worden, heute die Demut aufbringen, es wenigstens zuzugeben. Doch nie hat man von Filbinger ein nachdenkliches warnendes Wort vernommen wie das von Herbert Wehner: „Glaubt einem Gebrannten!"

Was den Fall des Hans Karl Filbinger so vertrackt macht, ist der Umstand, daß der Mann in der Tat nicht aus dem Geiste des Nazismus schuldig geworden ist. Damit es auch der letzte Referent in jenem Stuttgarter Staatsministerium begreift, das so fleißig und beflissen Persilscheine für den Ministerpräsidenten unters Volk streut: Hier soll nicht behauptet werden, Filbinger sei ein Nazi gewesen oder kein Anti-Nazi. Wir lassen gelten, was er in seinem larmoyanten Unschuldsgebaren Mal um Mal beteuert: daß er wegen antinazistischer Gesinnung 1933 aus der Studienstiftung des Deutschen Volkes ausgeschlossen wurde; daß er dem als regimefeindlich bekannten Freundeskreis um Reinhold Schneider angehörte; daß ihm deswegen bei der ersten juristischen Staatsprüfung Vorhalte gemacht wurden; daß ihm 1938 wegen politischer Unzuverlässigkeit verwehrt wurde, eine Stellung bei der Deutschen Handelskammer in Paris anzutreten. Und es soll auch gelten, daß er als Richter in einzelnen Fällen Milderung erwirkt hat.

Bloß besagt all dies nicht viel. Es dreht sich ja nicht darum, Filbinger Nazismus anzuhängen. Es dreht sich um die Feststellung, daß er, der Nicht-Nazi, der Anti-Nazi, als Marinestabsrichter ein Als-

1978 FILBINGER-AFFÄRE

ob-Nazi war: Er handelte, als ob er Nazi gewesen wäre. Ein Blutordensträger hätte Hitler nicht besser bedienen können (und hätte ja gewiß ebenfalls ein paar Fälle vorzuweisen, die er heute in ein Plädoyer auf mildernde Umstände einbauen könnte). Reinhold Schneider, seit 20 Jahren tot, hilft da nicht weiter. Der Ungeist, der aus Filbingers Urteilen spricht, die wir kennen, dem Manneszucht-Urteil und dem Gröger-Urteil (und vermutlich aus jenen, die wir nicht kennen) – es war nicht der nazistische Ungeist, doch war es gleichwohl Ungeist: reaktionär, unreflektiert traditionsgebunden, auf Ordnung im Glied um jeden Preis eingeschworen. Filbinger war ein Durchführer des Führers, wie Rolf Hochhuth formuliert hat. Er war ein Diener des Terrorstaates, ein Pflichterfüller im Befehlsverband; aus anderen Gründen, doch mit demselben Ergebnis.

Und so paradox sich das anhören mag: Wäre Filbinger damals SS-Obersturmbannführer gewesen, und hätte er sich inzwischen vom Irrtum seiner frühen Jahre abgekehrt, es ließe sich leichter für ihn eintreten als so, da er sich in keinem Punkte gewandelt hat, sondern in allem nur immer bestätigt sieht. Er wehrt jede Schulderfahrung ab. Er gibt sich – Erhard Eppler hat da ganz recht – dem Genuß eines „pathologisch guten Gewissens" hin. Er lenkt, die Vergangenheit entwirklichend, mit Richtersprüchen über sein damaliges Denken von seinem damaligen Tun ab. Daß er an der Gemeinheit der Gewalt teilgenommen hat, verdichtet sich bei ihm nie zum Bekenntnis der Verstrickung. Er bleibt dem Obrigkeitsstaat hörig. Die politischen Umstände haben sich gewandelt; Filbinger hat sich nicht verändert.

Rechts und Ordnung

Es führt in der Tat eine gerade Linie von Gröger-Urteil und Manneszucht-Verdikt zu dem Filbinger von heute: damals kein Nazi, heute nur ein obrigkeitlicher Demokrat. Er ist ein Mann von *law and order* geblieben: Zucht und Ordnung, sagte er früher, Ordnung und Recht heute; richtig übersetzt werden müßte wohl: rechts und Ordnung. Die schärfste Praxis des Radikalenerlasses im ganzen Lande wollte er zum Muster einer bundesweiten Regelung machen; von seiner Gesinnungspolizei ließ er armen Schweinen von Studenten Hilfsjobs in der Konstanzer Universitätsbibliothek verwehren, bloß weil sie als Oberschüler zum Schulstreik aufgerufen hatten. Im Streit mit seinen Universitätsprofessoren versuchte er eine Zeit lang, die Freiheit der Lehre unter die Fuchtel des Beamtenrechts zu stellen. Die Sozialdemokraten sind in seinen Augen Umstürzler. Zur Abwehr des Terrorismus – „Hier klafft eine Lücke!" – verlangte er dauernd neue, schärfere Gesetze, obwohl doch seine Verwaltung nicht einmal in der Lage war, die vorhandenen Gesetze ordentlich anzuwenden: „Wir werden uns keine Laxheit leisten." Der Matrose Gröger, der Obergefreite Petzold haben am eigenen Leibe erfahren, wo solches Denken herkommt und wo es hinführt.

Und das ist der Punkt. Es geht nicht um Parteipolitik. Es geht um die Grundwerte unserer Gemeinschaft, von denen Hans Karl Filbinger so gern redet. Am Ende geht es um die sehr persönliche Frage, wie einer mit sich selbst und unserer Demokratie im Reinen leben kann, der in Oslo hat vorführen, erschießen, „sargen" und abtransportieren lassen. Ist das eigentlich beides zugleich möglich, ist es menschlich, im Amte zu bleiben und keinerlei Einsicht und Reue zu zeigen? Müßte Filbinger nicht zurücktreten – oder aber zu Mutter Gröger nach Langenhagen fahren und für die eigene Person jenen läuternden Kniefall vor der Vergangenheit tun, den Willy Brandt in Warschau für das ganze deutsche Volk vollzogen hat?

Nicht jedem mag dies gegeben sein. Aber schon die geringste Spur von Demut, von Einsicht, von Erschütterung wäre überzeugender als die eherne Selbstgewißheit und Selbstgerechtigkeit des Unerschütterlichen. Es hieße dies auf jeden Fall, Menschlichkeit über Juristerei stellen, hieße, die Erinnerung an das Unmenschliche fruchtbar machen; hieße, die sterile Beschwörung der Sittengesetze in einen befreienden Akt des Gewissens verwandeln.

Wollte Gott, es gäbe noch Philosophen hierzulande, die über Schuld, Scham und Sühne redeten wie einst Karl Jaspers nach dem Kriege; die Leitartikler könnten dann schweigen. So bleibt ihnen nur das Eingeständnis der Verlegenheit: Es gibt keine befriedigende Antwort auf die Fragen aus der Vergangenheit. Was immer Filbinger tut – es bleibt die Last des Gestern, die wir in unser Morgen mitschleppen. Allenfalls können wir, kann er uns die Bürde ein wenig erleichtern: indem wir bewältigen, anstatt zu verdrängen; erkennen, anstatt zu blenden; uns durch Wahrhaftigkeit mit der Wirklichkeit versöhnen, anstatt sie rechthaberisch zu leugnen.

Im Zweifel für die Meinungsfreiheit

Das Filbinger-Urteil weist in die Zukunft –

Hohe Maßstäbe für Politiker wie für Nobelpreisträger

VON HANS SCHUELER

DIE ZEIT, 21. Juli 1978

Der Ministerpräsident von Baden-Württemberg, Hans Karl Filbinger, hat seinen Prozeß gegen den Schriftsteller Rolf Hochhuth und die ZEIT verloren. Am Donnerstag letzter Woche wies die 17. Zivilkammer des Landgerichts Stuttgart die Unterlassungsklage ab, mit der Filbinger die Wiederholung des Satzes verbieten lassen wollte, er sei ein „furchtbarer Jurist" gewesen, der „sogar noch in britischer Gefangenschaft nach Hitlers Tod einen deutschen Matrosen mit Nazi-Gesetzen verfolgt hat".

Das Urteil gibt uns keinen Anlaß, einen Sieg zu feiern – es sei denn einen Sieg des Rechts auf freie Meinungsäußerung, wie es das Grundgesetz in seinem Artikel 5 verbürgt. Die Filbinger-Entscheidung reiht sich ein in eine lange Folge von Urteilen, die dieses verbriefte Recht im Laufe von nahezu zwanzig Jahren angereichert und unterfüttert haben. Dabei wurde nach und nach deutlich, daß die Meinungsfreiheit Vorrang gegenüber dem Ehrenschutz einzelner Personen hat, wenn es um wichtige öffentliche Belange geht und sachliche Anhaltspunkte dafür vorliegen, daß der Betroffene nicht schnöde geschmäht werden soll. Das Stuttgarter Urteil liegt auf dieser Linie, wenn es zugunsten der Beklagten feststellt: „Sie haben für ihre Wertung ausreichend sachliche Bezugspunkte angeführt, so daß die erhobenen Vorwürfe ... nicht als Schmähung anzusehen sind."

Die Grenzen zulässiger Kritik

Solche Ehrenschutz-Prozesse erzeugen leicht den Anschein, als sei in einem gerichtlichen Beweisverfahren die Wahrheit ermittelt worden. Doch es geht dabei nicht um Wahrheit, sondern nur um die Abgrenzung der politischen Kampfarena, innerhalb derer Meinungsgegner den Kampf um die Wahrheit mit anderen als juristischen Mitteln austragen dürfen. So hat auch die Stuttgarter Kammer sich in ihrem Urteil sauber in den zwar schmalen, aber präzise markierten Spuren einer höchstrichterlichen Rechtsprechung gehalten, die seit knapp zwanzig Jahren der Meinungsfreiheit ihren gleichrangigen und, in öffentlichen Angelegenheiten, ihren vorrangigen Platz gegenüber den Belangen des persönlichen Ehrenschutzes einzuräumen bemüht ist. Es hat insofern keinen neuen rechtlichen Markstein gesetzt. Seine rechtspolitische Bedeutung indes ist kaum zu überschätzen: Hier haben drei Richter, deren Ernennungsurkunden die Unterschrift des Ministerpräsidenten Filbinger tragen, die äußere und innere Unabhängigkeit der rechtsprechenden vor der regierenden Gewalt jedermann glaubhaft vor Augen geführt.

Das Gericht hatte nicht die Frage zu beantworten, ob Hochhuths Wertung des Filbingerschen Verhaltens während der Kriegszeit und in den Monaten danach „richtig" war. Dies wäre auf den untauglichen Versuch hinausgelaufen, eine im politischen Raum geäußerte Meinung durch eine richterliche zu ersetzen oder zu widerlegen. Die Aufgabe der Gerichte als Schiedsrichter im politischen Meinungsstreit konnte vielmehr nur darin bestehen, den Bereich zulässiger Kritik abzustecken – mit einem Höchstmaß an Freiheit für Werturteile einerseits, mit strikten Grenzen für die Wahrhaftigkeit von Tatsachenbehauptungen und vorsätzlichen Schmähungen anderseits.

Richter, die sich nicht ducken

Das Landgericht Stuttgart hat dies in vorbildlicher Weise getan. Es befand, daß „die Anforderungen an Angemessenheit und Verhältnismäßigkeit einer Kritik … um so höher (seien), je schwerer der Vorwurf wiegt". Anderseits aber: „Es darf auch eine Meinung geäußert werden, die von anderen für ‚falsch' oder ‚ungerecht' gehalten wird, denn es ist nicht Aufgabe der Gerichte der Überzeugungskraft von Ansichten nachzugehen oder zu prüfen, ob sie dieselbe Meinung vertreten, wie sie der Kritiker geäußert hat. Vielmehr kommt es darauf an, ob für eine kritische Äußerung ausreichend sachliche Bezugspunkte gegeben sind. Bei dieser Prüfung darf nicht außer Betracht bleiben, daß der Kläger als Ministerpräsident eines Bundeslandes im Blickpunkt der Öffentlichkeit steht und eine so herausragende Stellung einnimmt, daß an ihn nicht nur in fachlicher, sondern auch in ethisch-moralischer Beziehung besonders hohe Maßstäbe angelegt werden."

Das Urteil knüpft an andere an, die in dieselbe Richtung zielten:
- Das Lüth-Urteil des Bundesverfassungsgerichts aus dem Jahr

1978 FILBINGER-AFFÄRE

1978 Rolf Hochhuth (l.) und sein Anwalt vor der Urteilsverkündung im Filbinger-Prozess

1958. Der Hamburger Senatspressechef Lüth hatte zum Boykott der Filme des NS-Regisseurs Veit Harlan aufgerufen. Das Bundesverfassungsgericht gab ihm Recht: „Das Grundrecht auf freie Meinungsäußerung ist als unmittelbarer Ausdruck der menschlichen Persönlichkeit in der Gesellschaft eines der vornehmsten Menschenrechte überhaupt. Für eine freiheitlich-demokratische Staatsordnung ist es schlechthin konstituierend, denn es ermöglicht erst die ständige geistige Auseinandersetzung, den Kampf der Meinungen, der ihr Lebenselement ist."

• Das Schmid-Urteil von 1961, bei dem es um das Recht zum „publizistischen Gegenschlag" ging. Der Stuttgarter Oberlandesgerichtspräsident Schmid war vom *Spiegel* kommunistischer Neigungen geziehen worden. Der Angegriffene schlug mit der Behauptung zurück, der *Spiegel* gehöre zu einer „Gattung von Publizistik, die auf dem Gebiet der Politik das ist, was die Pornographie auf dem Gebiet der Moral (sei) …" Das Bundesverfassungsgericht ließ Schmids These passieren: Auf einen Schelmen dürfe man anderthalb setzen.

Wer die liberalen Prinzipien dieser Rechtsprechung akzeptiert, der muß auch das im Mai 1978 vom Bundesgerichtshof verkündete Böll-Walden-Urteil hinnehmen. Der Publizist Walden hatte am Tage der Beerdigung des von Terroristen ermordeten Berliner Kammergerichtspräsidenten Günter von Drenkmann in einem „Tagesschau"-Kommentar gesagt: „Der Boden der Gewalt wurde durch den Ungeist der Sympathie mit den Gewalttätern gedüngt." Und er hatte den Literatur-Nobelpreisträger Heinrich Böll in den Kreis der Sympathisanten einbezogen – mit falschen und umstrittenen Zitaten. Das Gericht befand: Böll genieße gegen die Walden-Behauptung keinen Ehrenschutz. Zwar habe er keine Sympathie für Terroristen bekundet, unbefangene „Durchschnittsleser oder Durchschnittshörer" hätten ihn jedoch so verstehen können, als habe er dies tun wollen. Und auf deren Verständnis komme es an. Hier liegt die Vermutung nahe, daß die Richter den Freiheitsraum so weit gesteckt haben, um ihr eigenes Mißfallen gegenüber dem politischen Engagement des Schriftstellers ausdrücken zu können.

Ein Maß von Mißbrauch

Gleichwohl: Es gibt Richter in Deutschland – und sie ducken sich weder vor leibhaftigen Ministerpräsidenten noch vor lorbeerumkränzten Nobelpreisträgern. Manche mag es stören, daß Hochhuth und Walden, Filbinger und Böll da in einem Atemzug genannt werden.

Der Graphiker und Gesellschaftskritiker Klaus Staeck, selber gelernter Jurist, äußerte in einer Glosse zu beiden Entscheidungen, es sei „ein an Absurdität kaum noch zu überbietender Gedanke", daß Juristen „Filbinger und Böll in ein Boot gesetzt haben" – obgleich doch der Kritiker Filbingers sein Grundrecht der Meinungsfreiheit zur Wahrheitsfindung, der Kritiker Bölls das seine aber zur Verleumdung genutzt habe.

Hier ist das Bild so falsch wie der Gedanke. Filbinger und Böll sitzen nicht in einem Boot. Ihre Gemeinsamkeit besteht allein darin, daß ihnen der gerichtliche Schutz gegenüber öffentlicher Kritik versagt wurde, und zwar unabhängig von den Intentionen ihrer Kritiker. Ob einer, der in einer Streitfrage von erheblichem öffentlichem Interesse kämpferisch Stellung bezieht, dies um der „Wahrheit" oder um ihres Gegenteils willen tut, läßt sich mit gerichtlichen Beweismitteln kaum je feststellen. Eben darum ist es gut, daß sich die Gerichte aus dem Streit der Meinungen selbst zurückgezogen haben auf eine Position, in der sie nur mehr befugt sind, die äußersten Grenzen des Mißbrauchs abzustecken.

„Die Diskussion über öffentliche Angelegenheiten", so hat es der *Supreme Court* der Vereinigten Staaten fast zur gleichen Zeit wie das Bundesverfassungsgericht formuliert, „soll ohne Hemmungen, grob und gänzlich ungehindert sein. Sie kann sehr wohl vehemente, ätzende und gegebenenfalls unerfreulich scharfe Angriffe auf die Regierung und öffentliche Funktionäre in sich schließen … Der verfassungsrechtliche Schutz der Pressefreiheit darf nicht davon abhängig gemacht werden, ob die geäußerten Ideen und Meinungen populär, gesellschaftlich nützlich oder wahr sind. Ein Maß von Mißbrauch ist mit dem rechten Gebrauch jeglicher Sache verbunden, und dies ist nirgendwo wahrer als auf dem Gebiet der Pressefreiheit. Trotz der Wahrscheinlichkeit ihres exzessiven Mißbrauchs ist diese Freiheit auf lange Sicht unentbehrlich für die Aufklärung und das richtige Verhalten der Bürger in einer Demokratie."

Wir haben lange gebraucht, um diese Einsicht nachzuvollziehen. Das Filbinger-Urteil hilft ein Stück weiter auf dem Weg dorthin.

1979 FERNSEHSERIE »HOLOCAUST«

1979
Fernsehserie »Holocaust«

KONTROVERSEN

Als die dritten Programme der ARD im Januar 1979 den amerikanischen TV-Mehrteiler »Holocaust« ausstrahlen, stehen die Telefone in den Redaktionen kaum eine Minute still. Die Serie lockt mehrere Millionen Zuschauer vor die Bildschirme und hebt mit der fiktional aufbereiteten Lebensgeschichte der jüdischen Familie Weiß den Massenmord an den europäischen Juden erstmals ins allgemeine, öffentliche Bewusstsein. Eine »deutsche Geschichtsstunde« nennt Marion Gräfin Dönhoff die Serie denn auch lobend auf der Titelseite der ZEIT.

Eine deutsche Geschichtsstunde

„Holocaust" – Erschrecken nach dreißig Jahren

VON MARION GRÄFIN DÖNHOFF

DIE ZEIT, 2. Februar 1979

Eine solche Woche hat es im bundesdeutschen Fernsehen noch nicht gegeben: vier Tage lang jeweils zwei Stunden *Holocaust* plus mehr als eine Stunde Diskussion und dabei wachsende Einschaltquoten: 32, 36, 39, 41 Prozent; im Bereich einiger Sendestationen, beispielsweise in Berlin, waren es sogar 47 Prozent.

Vierundzwanzig Stunden lang hatten alle ARD-Stationen sämtliche Telephone besetzt: 7000 Anrufer täglich, dazu ungezählte Briefe, Telegramme, Fernschreiben. An allen Schulen, in allen Familien gibt es nur eine Diskussion: *Holocaust*; in Redaktionen, an Stammtischen, unter Studenten ist es nicht anders. Das Volk ist aufgewühlt, betroffen und plötzlich von großem Wissensdurst erfüllt. Das zeigte sich in den Fragen, die bei der Diskussionsrunde einliefen: Hat die Mehrzahl des deutschen Volkes wirklich nichts gewußt? Sind auch wir Heutigen mitschuldig? Was ist die Lehre aus diesen schrecklichen Ereignissen? Wohl gab es zu Anfang auch viele, die indigniert meinten: „Warum nach 30 Jahren noch einmal alles aufrühren, laßt uns endlich in Ruhe damit!" Aber ihre Zahl nahm von Sendung zu Sendung ab.

Unter der Liga der Filmkritiker, angeführt im vorigen Jahr von der *New York Times,* gab und gibt es auch bei uns manch kritischen Einwand: melodramatische Schnulze, triviales Unterhaltungsklischee, Love-Story und Horror-Story in unzulässiger Mischung – als ob diesen ästhetischen Kategorien in Anbetracht der moralischen Dimension und der Botschaft dieses Films auch nur die geringste Bedeutung zukäme.

Auf Kosten der Moral
Bei manchen Kritikern ist die Überschätzung und Überbewertung des Ästhetischen auf Kosten des Moralischen zuweilen wirklich erschreckend. Vor einigen Jahren gab es einen Film, der damals als einmalig großartiges und herrliches Werk ge-

1979 FERNSEHSERIE »HOLOCAUST«

priesen wurde und monatelang in allen Kinos lief: "Spiel mir das Lied vom Tod". Neugierig ging ich hin und sah die perfekteste Kombination von Ästhetizismus und Brutalität, die ich je auf der Leinwand erlebt hätte. Solch rein ästhetischer Purismus, der keine andere Wertung neben sich duldet, ist außerordentlich gefährlich, weil er nach und nach und fast unbemerkt das Wertsystem verschiebt. Auch während der Hitlerei hat die ästhetische Perfektion der Fahnenaufmärsche oder der grandiosen Choreographien bei den Nürnberger Parteitagen manchen bestochen und zum "Mitläufer" gemacht.

An *Holocaust* zeigt sich auch, daß wissenschaftliche Forschung und intellektuelle Aufbereitung nur oberflächliche Kenntnisnahme von Tatbeständen ermöglicht haben. Erst als die emotionale Seite angeschlagen wurde, ist der Zugang zum Gemüt erschlossen worden. Denn allein das Gemüt – wenn man dies einmal als Pauschalbezeichnung für alles Nicht-Zerebrale verwenden darf – unterscheidet den Menschen von einem auf *efficiency*, Ästhetizismus oder was auch immer programmierten Computer. Die Fernsehanstalten haben während der letzten Jahre über hundert Filme ausgestrahlt, die die Verbrechen der Hitler-Zeit zum Thema hatten, ungezählte Dokumentationen wurden veröffentlicht, Diskussionen abgehalten, Statistiken zusammengestellt – der Erfolg war gering: gequältes Interesse wechselte mit Überdruß.

Erst die Geschichte der jüdischen Familie Weiß hat diese über dreißig Jahre währende Apathie mit einem Schlage durchbrochen – die Geschichte des Arztpaares Weiß, das von Berlin nach Warschau vertrieben und dann von Warschau nach Auschwitz abtransportiert wird, dessen Sohn Karl, verheiratet mit einer Christin, im KZ gefoltert und in Auschwitz auf dem Wege zur Gaskammer stirbt, während der jüngere Bruder als Partisan im Untergrund kämpft und die kleine Schwester in einer "Euthanasie"-Anstalt umgebracht wird.

Kommentar einer Gruppe von Schülern, die während der letzten Sendung im Studio anrief: "Gut, daß der Einstieg in dieses Kapitel emotionaler Natur ist, das ermöglicht es uns, daran teilzunehmen." Zum erstenmal also bot dieser Film Identifikationsmöglichkeiten, die es bisher nicht gab. Was bedeutet, gemessen daran, der Einwand, daß die Uniformen nicht hundertprozentig stimmen, oder daß gewisse Begebenheiten reichlich konstruiert wirken? Auch bei Lessings "Nathan" ist dies der Fall. Und auch Tolstoi hat sich nicht gescheut, Napoleon ausgerechnet an der Stelle über das Schlachtfeld reiten zu lassen, wo Fürst Wolkonskij, die Hauptfigur in "Krieg und Frieden", verwundet lag.

Und was macht es schon, daß der sehr überzeugende Sturmbannführer Dorf als Einzelperson so nicht existiert hat? Auch der "Prinz von Homburg" war zur Zeit der Schlacht von Fehrbeilin weder ein strahlend junger Held noch der Liebhaber Nataliens, sondern ein 42jähriger Familienvater, der seit Jahren in zweiter Ehe mit der Nichte des Kurfürsten verheiratet war. Es kommt ja, selbst bei einem Porträt, nicht auf photographische Ähnlichkeit an, sondern allein darauf, daß die höhere Wahrheit deutlich wird. Und genau dies ist in Holocaust geschehen – vielleicht mit der einzigen Einschränkung, daß die Überlebenden, die jene Apokalypse durchgestanden haben, sagen, daß es in Wirklichkeit noch viel schlimmer gewesen ist.

Aber wie ist es mit der Frage der jungen Leute: "Haben unsere Eltern und Großeltern wirklich von alldem nichts gewußt?" Gewiß gab es schon damals, genauso wie in den jetzt zurückliegenden Dezennien, psychologische Abwehrmechanismen, die mögliches Wissen verhinderten oder verdrängten.

In einer Zeit wie der unseren, in der alles öffentlich diskutiert und kritisiert wird, in der, wer immer Veranlassung dazu verspürt, protestieren kann, in der nichts verborgen bleibt und Enthüllungen an der Tagesordnung sind, ist es nicht leicht, sich eine Welt ohne Parlament, ohne Demonstrationen, ohne *Spiegel* vorzustellen. Heute ist der, der kritisiert und protestiert, ein Held. Damals wurde er als Verräter geächtet und verschwand in irgendeinem Lager. Der große jüdische Philosoph Martin Buber sagte 1953 in der Paulskirche: "Mein der Schwäche des Menschen kundiges Herz weigert sich, meinen Nächsten deswegen zu verdammen, weil er es nicht über sich brachte, Märtyrer zu werden."

Als zu etwa der gleichen Zeit der Pädagoge Kurt Hahn, der das von ihm gegründete Landerziehungsheim Salem in Baden hatte verlassen müssen, die ersten jungen Deutschen in seiner neuen Schule in Schottland begrüßte, richteten diese die bange Frage an ihn: "Sind wir mitschuldig?" Seine Antwort:

„Nein, aber es ist Euer Vorrecht, für das Unrecht, das Euer Volk begangen hat, zu erröten."

Und Bundeskanzler Schmidt sagte vor zwei Jahren in Auschwitz: „Die heute lebenden Deutschen sind als Person zu allermeist unschuldig. Aber wir haben die politische Erbschaft der Schuldigen zu tragen und daraus die Konsequenzen zu ziehen. Hier liegt unsere Verantwortung."

Dies beantwortet in gewisser Weise zugleich die wichtigste Frage, die nach der Vorführung von *Holocaust* an die Diskussionsrunde gestellt wurde – die Frage nach der Lehre, die aus jenen Ereignissen zu ziehen ist. Renate Harpprecht, Mitglied dieser Runde, die selber in Auschwitz war und deren Eltern dort vergast worden sind, gab folgende Antwort: „Man kann sich sein Volk nicht aussuchen. Ich habe mir damals manchmal gewünscht, nicht Jüdin zu sein, dann bin ich es aber in sehr bewußter Weise geworden. Die jungen Deutschen müssen akzeptieren, daß sie Deutsche sind – aus diesem Schicksal können sie sich nicht davonstehlen."

Keine Proteste
Dann die Frage: „Wie kann man verhindern, daß Ähnliches sich wiederholt?" In *Der Monat* vom Dezember 1978 schildert Bruno Bettelheim in einem ungemein lesenswerten Artikel, wie vieles möglich wurde, weil das Ausbleiben einer rechtzeitigen Reaktion die Nazis immer dreister werden ließ. Er weist darauf hin, daß die erste Gruppe, die systematisch getötet wurde – zum Teil in den mobilen Gaskammern – nicht Juden, sondern Geisteskranke waren. Als dieses getarnte Unternehmen ruchbar wurde, war die Reaktion der Kirchen und der Bevölkerung so vehement, daß die Nazis ihr Vernichtungswerk einstellen mußten.

Gegen die Verfolgung der Juden hingegen – die langsam und sukzessive gesteigert worden ist: Erst wurden sie lächerlich gemacht, dann mißhandelt, dann in Lager gesteckt und schließlich zur Vergasung abtransportiert – wurden keine Proteste laut. Weder von den Kirchen noch von den Bürgern. Weder im Lande noch draußen.

Bettelheims Botschaft lautet: „Wehret den Anfängen!" und „Meßt nicht mit zweierlei Maß!" Mit anderen Worten: Es genügt nicht, bloß dann zu protestieren, wenn Amerika gegen Vietnam Krieg führt, und kein Wort darüber zu verlieren, wenn ein verbrecherisches System in Kambodscha über eine Million Menschen umbringt, was bei einer Bevölkerung von sechs Millionen dem Tatbestand des Genozids sehr nahekommt. Protestaktionen sind nur überzeugend, wenn sie aus moralischer Entrüstung wachsen – ideologische Motive sind kein Ersatz, genauso wenig wie es Sympathien und Antipathien gegenüber Geisteskranken und Juden waren.

Der Faschismus ist, mindestens bei uns, *ad absurdum* geführt worden – er wird sich nicht wiederholen. Aber es gibt immer neue Anfechtungen: Der Teufel erscheint nicht zweimal in der gleichen Gestalt. Es reicht nicht aus, heute den Widerstand nachzuholen, der damals nicht geleistet wurde; es kommt darauf an, Sensibilität gegenüber den akuten Anfechtungen zu entwickeln.

1979 Meryl Streep (M.) als Inga Helms-Weiß in der US-Fernsehserie »Holocaust«

1979 NATO-DOPPELBESCHLUSS

1979 Nato-Doppelbeschluss

KONTROVERSEN

Im von Bundeskanzler Schmidt forcierten Nato-Doppelbeschluss vom 12. Dezember 1979 (den die ZEIT in ihrem Leitartikel ausdrücklich begrüßt) bieten die Nato-Staaten der Sowjetunion Verhandlungen über eine beiderseitige Abschaffung der nuklearen Mittelstreckenraketen an, verknüpfen ihr Angebot aber mit einer Drohung: Sollten die Gespräche scheitern, würden nach einer Frist von vier Jahren weitere Raketen in Europa stationiert. Über den Beschluss herrscht nicht nur Uneinigkeit innerhalb der SPD, wie Rolf Zundel schildert; er wird auch zum Hauptkritikpunkt der entstehenden Friedensbewegung. Als im Oktober 1983 tatsächlich nachgerüstet wird, kommt es zu den größten Demonstrationen in der Geschichte der Bundesrepublik.

Beschluß in Brüssel

Nato-Rezept: Rüsten, Reden, Abrüsten

VON KURT BECKER

DIE ZEIT, 14. Dezember 1979

Zu der Bündnisphilosophie des Kanzlers gehört seit jeher die Überzeugung, die Bundesrepublik müsse verhindern, daß die Verteidigungsstruktur der westlichen Allianz in Wirklichkeit auf eine deutsch-amerikanische Sonderbeziehung zusammenschrumpft. Das entspricht einerseits Helmut Schmidts richtiger Einschätzung, daß jeder deutsche Sonderstatus in Westeuropa vor allem die kleineren Partner unnötig gegen Bonn aufbrächte, zum anderen seiner Befürchtung, daß die politische Solidarität der Mitgliedstaaten eine Aufteilung in Verbündete erster und zweiter Klasse nicht lange überdauern würde.

Diese Prinzipien haben viel zum guten Einvernehmen in der Allianz beigetragen, weil sie jedwedem Argwohn entgegenwirken, die Bundesrepublik wolle sich heimlich zur Führungsmacht aufschwingen. Sie haben allerdings auch ihre Kehrseite, wie sich bei den mühseligen Anstrengungen herausgestellt hat, das Bündnis in dieser Woche in Brüssel möglichst einmütig auf den seit vielen Monaten vorbereiteten Beschluß über die „Nachrüstung" von Kernwaffen in Europa einzuschwören.

Es läßt sich an fünf Fingern abzählen, wie relativ unproblematisch die Debatten in Norwegen und Dänemark, in den Niederlanden und Belgien verlaufen wären, hätte sich die Stationierung neuer Mittelstreckenwaffen auf dem europäischen Kontinent durch eine gesonderte deutsch-amerikanische Übereinkunft regeln lassen. Dann allerdings hätte Bonn als der Wortführer Westeuropas für Kernwaffenrüstungen dagestanden – sowohl in westlicher wie in östlicher Sicht. Und das bei einer Entscheidung, die in ihrer politischen Bedeutung alles übertrifft, was das westliche Bündnis in den vergangenen zwei Jahrzehnten beschlossen hat. Dies wollte Helmut Schmidt nicht. Deshalb hielt er beharrlich an seiner Bedingung fest, mindestens ein weiterer nicht-nuklearer kontinen-

1979 NATO-DOPPELBESCHLUSS

tal-europäischer Staat müsse sich an der Stationierung der neuen Waffen beteiligen. Der Kanzler nahm in Kauf, daß seine Forderung die kleineren Partner in schwierige Situationen stürzte.

Auf der anderen Seite ist es niemandem mehr als dem Kanzler zuzuschreiben, daß die amerikanische Forderung nach einer westlichen „Nachrüstung" bei den europäischen Regierungen überhaupt eine breite Zustimmung gefunden hat. Denn er war es, der sich Anfang dieses Jahres auf dem Viermächtegipfel in Guadeloupe dafür einsetzte, es nicht einfach dabei bewenden zu lassen, ein westliches Gegengewicht zur sowjetischen Überlegenheit bei Mittelstreckenwaffen zu schaffen. Der Kanzler fädelte in die angestrebte Rüstungsentscheidung zugleich das Vorhaben ein, eine annähernde Ausgewogenheit dieser Waffen in Europa auch durch Verhandlungen mit Moskau herbeizuführen. Die Amerikaner fanden zunächst wenig Geschmack daran, aber sie haben das Konzept später voll gebilligt, wohl wissend, daß es anders nicht durchzusetzen ist. So ist die Idee des Doppelbeschlusses entstanden – rüsten und zugleich verhandeln.

Doch gerade die kleineren Staaten wollen nun in erster Linie nur verhandeln. Die Vorbehalte, geringfügig oder gewichtig, zur Stationierung neuer Waffen im Jahre 1983 durch die Niederlande und andere Staaten dürfen nicht nur daran gemessen werden, wie diplomatisch das Kommuniqué die bestehende Opposition im Bündnis kaschiert. Der unübersehbare innenpolitische Widerstand in diesen Ländern und die Turbulenzen, in die die Regierungen in Den Haag und Brüssel hineingerieten, sind von fortdauernder Relevanz – bis hin zu dem Tage, an dem die Stationierung spruchreif werden könnte.

Das westliche Konzept ist gestört: Sowohl Rüstungsbereitschaft als auch Verhandlungserfolge sollten wie kommunizierende Röhren betrachtet werden. Tatsächlich aber wird die westliche Verhandlungsposition geschwächt, weil Moskau wittern könnte, daß hinter dem Willen zum Ost-West-Gespräch nicht mehr viel Bereitschaft zur Rüstungsentscheidung steht.

Dabei wird ja nirgendwo ein abrupter außenpolitischer Kurswechsel gegenüber dem Osten erwogen. Vielmehr ist seit einiger Zeit, nach anfänglicher, oft zu optimistischer Einschätzung der Fortschritte in der Entspannungspolitik, zweierlei evident geworden: einmal die anhaltenden Rüstungsanstrengungen der Sowjets zur qualitativen Verbesserung und quantitativen Vermehrung ihrer Streitkräfte, die das Kräftegleichgewicht in Europa zum Nachteil des Westens gestört haben; zum anderen die Notwendigkeit von Übereinkünften über annähernde militärische Paritäten, ohne die dem Fortgang der politischen Entspannung die ergänzenden Schubkräfte fehlen.

Das westliche Bündnis ist nicht Vorreiter einer neuen Aufrüstung. Es will durch seinen Doppelbeschluß Ungleichgewichte beseitigen. Dazu ist es von Moskau herausgefordert worden. Für diesen ebenso notwendigen wie vertretbaren Beschluß hätte man sich allerdings mehr Entschlossenheit, mehr Einmütigkeit gewünscht.

1979 Auf dem »Vierer-Gipfel« mit den USA, Frankreich und Großbritannien in Guadeloupe erreicht Bundeskanzler Schmidt (l.) die Entscheidung für den Nato-Doppelbeschluss

Gratwanderung für den Kanzler

Die Sozialdemokraten debattieren den

Nato-Doppelbeschluß

VON ROLF ZUNDEL

DIE ZEIT, 2. Oktober 1981

Die SPD macht schwere Zeiten durch. Noch immer entzweien Frieden und Nachrüstung die Partei; in Niedersachsen mußte sie empfindliche Verluste hinnehmen; die Flügelkämpfe dauern an. Im linken Lager wächst die Sehnsucht nach den Oppositionsbänken

Die deutsche Bundesregierung, voran der Bundeskanzler, brachte sich auf dem Weg des Eigenlobs in Erinnerung. Die amerikanisch-sowjetische Übereinkunft, am 30. November in Genf mit den Raketenverhandlungen zu beginnen, bezeichnete Helmut Schmidt als einen „ganz großen Erfolg auch der deutschen Diplomatie". So unbegreiflich ist dieses Selbstlob nicht. Denn diese Übereinkunft, die jetzt wie eine pure Selbstverständlichkeit hingenommen wurde, stellt tatsächlich ein wichtiges Etappenziel deutscher Politik dar, und daß es erreicht wurde, war vor einem halben Jahr noch keineswegs so sicher.

Wenn nun, gegen viel Skepsis und Widerstand im eigenen Land und manche widerstreitenden Tendenzen bei den Supermächten, die beinahe schon eigengesetzlich gewordene Rüstungsentwicklung in die politische Verhandlungsmechanik gepreßt wurde, so kann das die Bundesregierung tatsächlich als einen Erfolg verbuchen. Sie war – und das über Jahre – die treibende Kraft. In Bonn wurde der Nato-Doppelbeschluß erfunden. Seine Hebelkraft hat sich immerhin als so stark erwiesen, daß jetzt verhandelt wird.

Man mag darüber streiten, ob die Fixierung auf gerade 572 Pershing II-Raketen sowie Cruise-Missiles, deren Stationierung in Europa „im Lichte konkreter Verhandlungsergebnisse geprüft werden soll", die einzig mögliche und die strategisch richtige Antwort auf die sowjetischen SS-20-Raketen darstellt. Aber der Beschluß hat gewirkt, und gerade dort, wo viele Sozialdemokraten mancherlei Ursa-

1979 NATO-DOPPELBESCHLUSS

che zu Zweifeln entdeckt zu haben glaubten – in Washington.

Wer die Entwicklung der westlichen, vor allem der amerikanischen Positionen in den letzten drei Jahren betrachtet, erkennt einen Prozeß langsamer, aber weitgehender Anpassung an Bonner Interessen. Die ursprüngliche Absicht der Amerikaner war ja: Modernisierung der Mittelstreckenwaffen in Europa und im Gegenzug auf die SS-20-Raketen westliche Nachrüstung. Diese Intention ist durch geduldige diplomatische Arbeit Bonns im Lauf der Jahre immer enger mit Verhandlungen verflochten worden. An ihnen lag der Bundesregierung aus grundsätzlichen Erwägungen: Der friedensnotwendige Dialog der Supermächte sollte fortgeführt oder wiederaufgenommen werden; aber auch innenpolitische Rücksichten und ostpolitische Interessen spielten eine Rolle.

Die wichtigsten Stationen dieser Entwicklung waren die Guadeloupe-Konferenz und der Nato-Doppelbeschluß. Auf dem Gipfel von Guadeloupe im Januar 1979 wurde die Bereitschaft des Westens festgeschrieben, sich zur Wiederherstellung des militärischen Gleichgewichts nicht nur der Rüstung, sondern auch der Verhandlung zu bedienen. Dies war die Vorstufe zum Doppelbeschluß der Nato. Im Dezember 1979 folgte dann der eigentliche Nato-Beschluß, der allerdings von manchen amerikanischen und manchen sozialdemokratischen Interpreten sehr verschieden ausgelegt wurde. Die einen verstanden darunter: nachrüsten, um besser verhandeln zu können. Die anderen lasen: verhandeln, um nicht nachrüsten zu müssen. Spuren dieser Differenz sind noch heute sichtbar.

Die Präsidentschaft Reagans verschärfte zunächst diesen Konflikt. Reagan hatte im Wahlkampf angesichts einer wachsenden nationalkonservativen Bewegung eine Politik der Stärke, ja der Überlegenheit gegenüber den Sowjets postuliert; für Verhandlungen schien da wenig Platz. Von diesem Vokabular wurde in der Formierungsphase der neuen Administration noch reichlich Gebrauch gemacht. Überdies war lange Zeit nicht klar, wer eigentlich autorisiert war, die amerikanischen Positionen in der Sicherheits- und Rüstungskontrollpolitik zu formulieren.

Bonn hat sich darum bemüht, die amerikanische Regierung für die folgenden Überzeugungen zu gewinnen:
• Der Dialog der Weltmächte dürfte nicht abreißen weil sonst eine nicht mehr kontrollierbare Eigenentwicklung der Rüstung drohe. Dabei ging es auch darum, eine übertriebene Form des *linkage* zu vermeiden: jene Junktims-Idee, die sowjetisches Wohlverhalten in jedem Zipfel der Welt zur Vorbedingung für Rüstungsverhandlungen machen wollte.
• Prämisse erfolgreicher Gespräche müsse die Anerkennung der militärischen Gleichrangigkeit der beiden Supermächte sein. Andernfalls sei die Sowjetunion nicht zu ernsthaften Verhandlungen zu bewegen.
• Es empfehle sich, das Feld der eurostrategischen Waffen aus den Bemühungen um ein globales Gleichgewicht zunächst prozedural herauszulösen, um schließlich schnelle und gezielte Verhandlungen möglich zu machen.
• Geboten sei eine zurückhaltende öffentliche Darstellung der Probleme ohne martialische Untertöne und ohne freihändige Verwendung von Kriegsszenarios, weil sonst in der Bundesrepublik und in anderen Ländern Europas der Zweifel am Verhandlungswillen der Amerikaner gefördert und die innenpolitische Stützung des Doppelbeschlusses gefährdet werde.

Die Bonner Überzeugungsarbeit scheint ziemlich konsequent und auch einigermaßen erfolgreich gewesen zu sein; allerdings wurden die Meinungsunterschiede zwischen Washington und Bonn nie öffentlich ausgetragen. Vermutlich war es sogar eine Vorbedingung für den Erfolg, daß die Bundesregierung auf amerikanische Empfindlichkeiten öffentlich stets Rücksicht genommen hat. Es gibt kein unfreundliches Wort des Kanzlers über Reagan, nicht einmal unter dem Schutz der Vertraulichkeit (was, gemessen an früheren Usancen, nicht gerade selbstverständlich ist). Und selbst die wohl dramatischste Intervention des Bundeskanzlers – als er sein politisches Schicksal daran knüpfte, daß der Doppelbeschluß mit dem Ziel verwirklicht werde, ernsthafte Verhandlungen zu führen und dabei zu Ergebnissen zu kommen – wurde eigentlich nur als innenpolitische Warnung und Werbung interpretiert. Warnung und Werbung galten aber sehr wohl auch Washington.

Inzwischen ist klar, daß Außenminister Haig, der von Anfang an in der amerikanischen Administration am meisten Verständnis für die deutschen und europäischen Interessen hatte, für die Rüstungsverhandlungen zuständig und vom

Präsidenten autorisiert ist, die amerikanischen Positionen zu formulieren. Die Verhandlungen beginnen tatsächlich. Die martialischen Begleitgeräusche sind schwächer geworden, und Haig hat sogar als Idealziel der Verhandlungen die beiderseitige Null-Option (den Abbau der SS-20-Raketen gegen den Verzicht auf westliche Nachrüstung) akzeptiert. Die verbale Übereinstimmung zwischen den jüngsten Erklärungen Haigs und denen der Bundesregierung könnte kaum vollkommener sein.

So gesehen hatte das SPD-Präsidium durchaus Grund, den Beginn der Verhandlungen in Genf als politischen Erfolg des Kanzlers zu feiern. Freilich sind damit die Leiden der SPD an den Nachrüstungsverhandlungen keineswegs zu Ende, und das aus verschiedenen Gründen.

Der Verdacht vieler Sozialdemokraten, der Doppelbeschluß würde sich am Ende als Vehikel der Nachrüstung (oder Aufrüstung) entpuppen, ist keineswegs verschwunden. Trotz aller Bekundungen ernsthaften Verhandlungswillens in Washington bleiben manche Kritiker (unter den Prominenten am deutlichsten Erhard Eppler) skeptisch gegenüber den amerikanischen Absichten. Aus der Entwicklungsgeschichte des Doppelbeschlusses ist diese Haltung nicht ganz unbegreiflich. Sie wird allerdings dann schwer verständlich und politisch kontraproduktiv, wenn Verhandlungsbereitschaft bei den Sowjets als selbstverständlich unterstellt wird.

Eine Variante dieser Haltung (für die etwa der saarländische Landesvorsitzende Lafontaine steht) läuft darauf hinaus, daß durch die Fixierung auf den Doppelbeschluß nicht die strategisch richtige und wirklich verhandlungsfähige Antwort auf die SS-20-Raketen gefunden worden sei. Die Kritik richtet sich vor allem dagegen, daß landgestützte Systeme zur Stati-

1981 Auf einer Friedensdemonstration in Bonn gegen die geplante Nato-Nachrüstung protestieren auch Bundeswehrsoldaten in Uniform

1979 NATO-DOPPELBESCHLUSS

onierung vorgesehen sind. Dabei gilt die Pershing II mit ihrer kurzen Vorwarnzeit als besonders „destabilisierend".

Wo die Bundesregierung bedingungslos am Nato-Beschluß festhält (an den Waffen ebenso wie an der eingebauten Automatik der Stationierung), gab und gibt es in der SPD Tendenzen, aus diesen Festlegungen auszubrechen. Die Debatte um die seegestützten Raketen ist ein Beispiel, die Diskussion um ein Moratorium ein zweites.

In beiden Diskussionen lautete das Hauptargument der Bundesregierung, solche Versuche beschädigten das einzig wirksame Instrument, um zu Verhandlungen zu kommen – den Doppelbeschluß. Manche Sozialdemokraten sind da skeptisch geblieben. Was zum Beispiel das Moratorium angeht (letzter sowjetischer Vorschlag: Verzicht auf weitere Aufstellung von SS-20-Raketen gegen westlichen Stationierungsverzicht), so leuchtet ihnen die Erklärung der Bundesregierung nicht ganz ein, damit werde sowjetisches Übergewicht festgeschrieben und der Anreiz zu Verhandlungen vermindert. Ohne Moratorium habe die Sowjetunion praktisch freie Hand erhalten, ihr Übergewicht und ihre Verhandlungsposition noch zu verstärken.

Diese auf Verhandlungsbereitschaft, Verhandlungsziele und Verhandlungstechniken zielende Kritik erhält ihre politische Brisanz, ihre Breitenwirkung freilich erst durch die Friedensbewegung, die – teils außerhalb der SPD, teils in die SPD hineinreichend – sich in der Bundesrepublik formiert hat. Die Bundesregierung anerkennt zwar die guten Motive der meisten Friedensdemonstranten, sieht aber ihre politische Wirkung eher negativ, vor allem in Washington und Moskau. Sie hält kühle Distanz.

Die SPD kann nicht auf Distanz gehen – wegen ihrer politischen Tradition, aber auch weil prominente SPD-Mitglieder wie Erhard Eppler diese Bewegung anführen. Brandt treibt der Gedanke um, daß die SPD, wenn sie diese von der jungen Generation getragene Bewegung abstoße, ihre Chance verspiele, mehrheitsfähig, also regierungsfähig zu bleiben.

So skeptisch wie von der Bundesregierung wird die politische Wirkung der Friedensbewegung von vielen SPD-Führern nicht eingeschätzt. Der Standardsatz Brandts lautet: Er könne sich Schlimmeres vorstellen, wofür junge Leute auf die Straße gehen. Er scheint eine politische Grundwelle zu spüren, die sich nicht einfach argumentativ auflösen läßt, und die man, versteht man ihn recht, auch nicht wegzureden versuchen sollte. Eppler, einer der Redner auf der Bonner Friedensdemonstration am 10. Oktober, geht noch wesentlich weiter: für ihn ist die Friedensbewegung die große bewußtseinsprägende Kraft. Etwas überspitzt definieren Sozialdemokraten den Unterschied zwischen Brandt und Eppler so: der eine wolle die Friedensbewegung so weit wie möglich in die SPD integrieren, der andere wolle die SPD in der Friedensbewegung aufgehen lassen.

Das vom Bundeskanzler gewünschte einheitliche Bild der SPD wird sich also nicht so leicht herstellen lassen. Aber so weit Sozialdemokraten an der Bonner Demonstration teilnehmen, ist ihnen immerhin mit auf den Weg gegeben worden, dafür zu sorgen, daß der 10. Oktober friedlich bleibt und nicht zur antiamerikanischen Kundgebung wird.

Einheitlich, das ist jetzt schon sicher, wird sich die SPD auch auf ihrem Münchner Parteitag im April 1982 nicht präsentieren können. Nicht, daß es an Lob für den Kanzler fehlen wird, aber gewiß wird abermals versucht werden, die Festlegungen des Doppelbeschlusses zu sprengen. Die jüngsten Parteitage im Saarland und in Schleswig-Holstein lassen vermuten, daß aufs neue eine Moratoriumsdiskussion entfacht wird: nicht stationieren, ehe die Verhandlungen beendet sind. Mehrheitsfähig wird diese Position kaum werden. Am Ende wird sich der Parteitag wohl darauf verständigen, den Verhandlungen, die dann gerade ein paar Monate alt sind, die besten Wünsche mit auf den Weg zu geben.

Es ist nicht ausgeschlossen, daß Ende 1983 – ehe die Stationierung der neuen Raketenwaffen beginnt – ein Sonderparteitag noch einmal über diese Probleme befinden muß. Dies wird nicht leicht werden; denn es ist keineswegs sicher, ob bis dahin schon ein Verhandlungsergebnis vorliegt. Die schöne Fiktion der Null-Option aber, an die im Ernst weder der amerikanische Außenminister noch deutsche Sozialdemokraten glauben (wenn auch nicht ganz aus den gleichen Gründen), wird dann mit einiger Sicherheit zerstört sein. „So schön, wie der Doppelbeschluß sich jetzt, zu Verhandlungsbeginn, ausnimmt", seufzte ein Sozialdemokrat, „wird er wahrscheinlich nie wieder aussehen."

1980

Gründung der Grünen

DIE ZEIT
KONTROVERSEN

Im Januar 1980 formieren sich die Grünen als Bundespartei, nachdem sie bereits im Oktober 1979 bei den Bremer Bürgerschaftswahlen die Fünf-Prozent-Hürde genommen haben. »Eine Notgemeinschaft der Protestler« nennt Politik-Redakteur Gunter Hofmann die neue Partei und sagt ihr keine große Zukunft voraus. Wie aber wird sich die Neugründung auf das etablierte Parteiensystem auswirken? Werden die Grünen womöglich zum Wahlsieg der CDU/CSU und ihres Kanzler-Kandidaten Franz Josef Strauß beitragen, indem sie die SPD schwächen? Dieser Frage geht Rolf Zundel unter der Überschrift »Grüne Gefahr für Bonn?« nach.

1980 GRÜNDUNG DER GRÜNEN

Vor der Gründung der Grünen Partei

Eine Notgemeinschaft der Protestler

Auf die Politik werden die Grünen weniger Einfluß nehmen, als sie hoffen

VON GUNTER HOFMANN

DIE ZEIT, 11. Januar 1980

Einen Kardinalfehler machen die „Grünen" – und es sieht so aus, als würden das manche von ihnen erahnen. Sie wollen sich am kommenden Wochenende in Karlsruhe zur bundesweiten Partei zusammenraufen. Aber ist von einer solchen Konkurrenz mit den etablierten Parteien wirklich der Durchbruch einer ökologieorientierten Politik zu erwarten?

Franz Josef Strauß zu helfen, sagt jetzt Herbert Gruhl, einer der führenden Köpfe der Grünen, „das will ich unter allen Umständen verhindern, dies ist das Allerletzte, was ich will." Strauß gilt mit Recht nicht als Freund der Grünen; er führt auch wahrlich nicht eine Politik an, die den Fortschritt bisherigen Musters in Frage stellt. Dem Kanzlerkandidaten der Union arbeiten aber die Grünen, wie Gruhl fürchtet, dann in die Hände, wenn sie sich in die linke Ecke drängen lassen und damit konservativ oder christlich gesinnte Wähler verprellen.

Genauer: Die „Grünen" dürfen aus solcher Sicht die Doppelmitgliedschaft, also in der Grünen Partei und gleichzeitig in anderen Parteien, nicht zulassen. Gemeint sind vor allem K-Gruppen, die bürgerliche Wähler nicht gerade anlocken, aber in den Reihen der „Grünen" besonders aktiv sind; Schon während des vorbereitenden Kongresses in Offenbach glaubten viele Delegierte, von solchen Gruppen unterwandert zu werden. Selbst wenn in Karlsruhe die Mehrheiten anders aussehen, als Gruhl fürchtet, bleibt doch, daß da unter einem Dach nicht nur unterschiedliche, sondern unvereinbare, sich befehdende „Politiken" verfolgt werden.

Nur nicht Strauß helfen – noch ungleich nachdrücklicher als bei Gruhl ist das für einen Teil der Linken zum Argument geworden, die lange Zeit ihre unerfüllten politischen Sehnsüchte auf eine grüne Partei konzentriert hatten. Aber so sicher war die Apo-Generation von heute ihrer Sache nie wie beispielsweise Rudi Dutschke, der bis zu seinem Tod so etwas wie der Motor solcher Suchbewegungen nach etwas Neuem, anderem und gegen alles Etablierte war. Inzwischen gehen die Meinungen noch weiter auseinander: Soll man Strauß helfen zugunsten einer Partei, unter deren Dach sich neben allem anderen auch viel autoritäres, obskures, naives, deutschtümelndes und selbst rechtsradikales Denken tummelt?

Das sind Fragen, die sich den „Grünen" im Augenblick ihrer Parteigründung drängender stellen – und die sie selber beantworten müssen. Von größerem Gewicht bleibt ein anderer Einwand: Seine wirkliche politische Funktion hat ökologischer Protest im Grunde nur „vor Ort". Sei es in den Bürgerinitiativen und ihrem Dachverband (BBU) – nebenbei: eine grüne Partei verurteilt ihn zur Bedeutungslosigkeit –, oder sei es in Parteiformationen lokaler grüner Gruppen. Sie taugen am besten dazu, Widerstand gegen eine Politik zu leisten, die glaubt, über die Köpfe der Betroffenen hinweg handeln zu können. Das Anregende, Ernstzunehmende, zum Mitmachen Anreizende am ökologischen Protest bleibt, daß sich unvermittelt und meist auch unverfälscht die Betroffenen selber artikuliert haben. Dort entstand eine Bewegung ohne politische Stellvertreter, Mandatsträger, Repräsentanten. So mögen die „Grünen" noch in einem „Stadtparlament" wie Bremen ihre Funktion haben. Für ein Landesparlament ist eine politisch sinnvolle Rolle schon schwer zu erkennen, für das Bonner Parlament gar nicht.

Den „Grünen" fehlt es an „Köpfen", weil es ihnen an einer verbindlichen Politik fehlt. Den Nachweis werden sie ernsthaft nicht führen können, daß sie politisch mehr eint als das obligatorische Nein zur Kernenergie und ein paar unverbindliche Formeln über Abrüstung, Rassismus und ein menschlicheres Leben. Selbst die ökonomischen Folgerungen aus den ökologischen Zielvorstellungen gehen kraß auseinander, sieht man näher hin. Politisch besehen, formiert sich da eine Notgemeinschaft.

Die Wahrscheinlichkeit ist also groß, daß sich deren Widersprüche und ihr Unvermögen erst voll zeigen, wenn sie mit den etablierten Parteien konkurriert. Frischer Wind und guter Wille reichen nicht. Das Eindimensionale einer grünen Partei wird dann sichtbar, wenn es sie gibt. Als Drohung war sie wirksamer – auch gegenüber dem Hochmut der Parteien, die sich über die Dimension eines veränderten Umweltbewußtseins erst spät – wenn überhaupt – Rechenschaft gegeben haben.

Eine grüne Partei mag im Zweifel die anderen Parteien irritieren, deren Koalitionspolitik verändern, Strauß zur Kanzlerschaft verhelfen, eine große Koalition stiften, der FDP den Garaus machen. Aber eine Politik, die mehr Rücksicht nimmt auf Umwelt und Lebensqualität, werden die Grünen als Partei weniger beeinflussen, als sie ahnen. Und was geschieht, wenn sie wie Fredersdorfs Bürgerpartei am Ende nur sektiererisch wirkt? Wenn die Enttäuschungen noch größer sind als die Hoffnungen? Dann machen die „Grünen" nicht einmal mehr den Parteien Beine – was bisher viele Bürgerinitiativen vermochten.

1980 In Bonn präsentiert sich der Parteivorstand der Grünen (von l.): Rolf Stolz, August Haußleiter, Petra Kelly und Norbert Mann

1980 GRÜNDUNG DER GRÜNEN

Grüne Gefahr für Bonn?

Die Folgen der Wahl in Baden-Württemberg

VON ROLF ZUNDEL

DIE ZEIT, 21. März 1980

Die einen registrieren es mit Schadenfreude, die anderen erkennen es mit Trauer: Erhard Eppler, der in der Bundesrepublik wohl am meisten, dazu beigetragen hat, die Ängste und Ahnungen der Grünen ins nüchtern-helle Licht des Bewußtseins zu rücken und die Ökologen politisch sprach- und handlungsfähig zu machen – ausgerechnet er ist an ihnen gescheitert. Jedenfalls hat er nach der Wahlniederlage der SPD in Baden-Württemberg den Fraktionsvorsitz in Stuttgart niedergelegt, und es scheint nur noch eine Frage der Zeit, bis er auch den Landesvorsitz – halb enttäuscht, halb befreit – abstreifen wird.

Diese Niederlage ist zugleich der bisher größte und zu einem guten Teil auf Kosten der SPD errungene Erfolg der Grünen: Nach ihrem Einzug in die Bürgerschaft des Bremer Stadtstaates haben sie sich nun Zugang zum Parlament des Flächenstaats Baden-Württemberg verschafft. Ein Durchbruch?

Wahr ist, daß die Mehrheit der Kommentatoren und Politiker dieses Ergebnis nicht erwartet hatten. Grundsätzlich nicht, und schon gar nicht nach Afghanistan. Da läßt sich jetzt, nachträglich, manches Argument dafür finden, daß es so kommen mußte: eine traditionsreiche, in Kernkraft-Auseinandersetzungen erprobte, aber nie in radikale Aggression ausufernde ökologische Bewegung; ein in Umweltfragen sensibles Bildungsbürgertum in ungewöhnlicher Zahl; die Erwartung einer unvermeidlichen CDU-Mehrheit; das moderate Wahlkampfklima, die niedrige Wahlbeteiligung bei den großen Parteien. Dessen ungeachtet ist der Erfolg der Grünen eine erstaunliche Leistung.

Seit einiger Zeit ist es durchaus üblich, daß die Union bei den Landtagswahlen hinter die Spitzenwerte der letzten Legislaturperiode zurückfällt; nicht dramatisch, aber doch merkbar. Baden-Württemberg liefert eine relativ kräftige Bestätigung dieser Regel. Daß der

CDU-Ministerpräsident Späth sich trotzdem rundum als Sieger fühlt, Eppler aber resigniert, ist wohl weniger mit dem Ergebnis als mit verschieden ausgeprägter Veranlagung zur Selbstzufriedenheit zu erklären.

Üblich ist es auch, daß die Bonner Koalitionsparteien zusammen etwa ihre Position halten; welche von ihnen die Nase vorn hat, wechselt von Wahl zu Wahl. In Baden-Württemberg waren die Liberalen, die sich dort ihrer klassisch-bürgerlichen Erscheinungsform wieder angenähert haben, erfolgreicher als ihr Bonner Partner.

Dieses Wahlmuster hat sich weder durch den Vormarsch der Grünen noch durch die Kanzlerkandidatur von Strauß wesentlich verändert. Sehr befeuernd jedenfalls scheint der Kanzlerkandidat auf seine Unionsfreunde nicht zu wirken. Die SPD bemühte sich immerhin noch, wenn auch ohne Erfolg, ihren Anhängern einzureden, man könne durch die Stimmabgabe für Eppler den Kanzler unterstützen; bei der CDU unterblieb von vornherein jeder Versuch, die Wahl in einen Zusammenhang mit der Bundespolitik zu bringen und sie als Hilfe für den Kanzlerkandidaten zu interpretieren. Die Neigung, zum eigenen Vorteil Strauß ein bißchen zu verstecken, ist in der CDU ungebrochen.

Noch kein erkennbarer Trend
Da die Wahlen in Baden-Württemberg unter besonderen, stark landespolitisch geprägten Bedingungen stattgefunden haben – die Wahlbeteiligung zum Beispiel lag niedriger als in allen anderen Ländern –, wäre es tollkühn, daraus einen sicheren Trend für andere Landtagswahlen und für die Bundestagswahl zu destillieren. Sicher ist nicht einmal, in welchem Maß der Erfolg in Stuttgart die Grünen anderswo beflügelt.

Hatten die Grünen in Bremen und Baden-Württemberg gemessen an den Ergebnissen der Europawahl relativ gute Startbedingungen (4,7 und 4,5 Prozent), so geraten sie im Saarland und in Nordrhein-Westfalen in ziemlich schweres Geläuf (2,4 und drei Prozent). Erst nach diesen Wahlen wird man abschätzen können, ob die Grünen auch bei der Bundestagswahl eine gute Chance haben, die Fünf-Prozent-Hürde zu überspringen. Bisher ist da noch Skepsis angebracht: Bei höherer Wahlbeteiligung, stärkerem Einfluß der Bundespolitik (spätestens in Nordrhein-Westfalen), bei anderen Themen und angesichts des Duells zwischen Strauß und Schmidt wird es für die Grünen schwerer, gehört und gewählt zu werden.

Freilich, sie haben schon manchen politischen Propheten Lügen gestraft, und die Parteien haben ihnen ja auch ziemlich viel Raum freigegeben. Nach dem Auszug von Gruhl aus der Union nun noch die Resignation Epplers in der SPD? Ein wenig scheint in allen Bonner Parteien die Illusion zu grassieren, es genüge, den Grünen mit entschlossener, politischer Führung zu begegnen und ihre Mängel in Organisation und Programm bloßzulegen. Ob die Grünen schon eine feste politische Formation gefunden haben, daran mag man in der Tat zweifeln; dagegen ist es durchaus wahrscheinlich daß ihre in der Kulturkritik wurzelnden Fragen dauerhaft sind.

Die Grünen des Jahres 1980 freilich beschäftigen vorläufig vor allem die Wahlstrategen: Werden sie zu einem ähnlichen Problem wie die NPD im Jahr 1969? Bei den damaligen Wahlen erreichte diese Rechtsaußen-Gruppe 4,5 Prozent und ebnete, da sie sich mehr aus dem Potential der Union rekrutierte, der sozial-liberalen Koalition den Weg zur Mehrheit. Diesmal könnten die Grünen, die mehr auf Kosten der Koalitionsparteien wachsen, der Union zur Mehrheit verhelfen – zuerst in Nordrhein-Westfalen, dann im Bund. Wie also damals – rein wahlarithmetisch betrachtet – die NPD ausgerechnet ihrer Kontrastfigur Brandt zur Kanzlerschaft verhalf, könnten die Grünen jetzt ihren politischen Antipoden Strauß an die Macht bringen.

Für viele, vor allem linke Grüne ist dies ein dorniges Problem; entscheiden werden sie sich wahrscheinlich nach pragmatischen Gesichtspunkten. Besteht begründete Aussicht, daß die Grüne Partei fünf Prozent erreicht, könnte diese Gruppe der grünen Pragmatiker ihrer Partei kaum die Stimmen verweigern und sich dabei sogar der Illusion hingeben, so werde den Sozial-Liberalen die Fortsetzung der Regierung ermöglicht – bei ökologischem Wohlverhalten versteht sich. Eher würden Schmidt und Genscher wohl Harakiri begehen, als sich von den Grünen abhängig zu machen. Ist es indes wahrscheinlich, daß die Grünen an der Fünf-Prozent-Hürde scheitern, könnten die Pragmatiker nach dem Motto verfahren: gegen Strauß und deshalb zähneknirschend für die SPD.

Die Wahlergebnisse im Saarland und in Nordrhein-Westfalen sind

1980 GRÜNDUNG DER GRÜNEN

für diese Abwägung entscheidend. Sicher jedenfalls ist soviel: Je stärker die Grünen, desto größer die Chancen der Union; und die Wahl in Baden-Württemberg hat die Grünen gewiß nicht schwächer gemacht.

Nutzt Strauß die Chance?

Die zweite, für 1980 wichtige Frage lautet, ob die Union unter Strauß die Chance nutzen kann, die ihr möglicherweise durch die Grünen geboten wird. So schlecht steht die Union gegenwärtig nicht da: Ihre Wahlergebnisse in den Ländern sind zwar keine Gipfelpunkte mehr, aber markieren immer noch eine respektable Hochebene. Bei der „Sonntagsfrage" der Meinungsforscher nach der Parteipräferenz weicht die Union kaum von den Ergebnissen im Jahr 1976 ab. Was die Sachkompetenz in traditionell wichtigen Themen angeht (innere und äußere Sicherheit, Wirtschaftspolitik, Familienpolitik), so kann sie sich durchaus sehen lassen. Daß sich im Verlauf des Jahres wirtschaftliche Zufriedenheit ausbreitet, erwartet niemand; ebensowenig, daß außenpolitische Entspannung eintritt. Vieles also spricht für die Union. Gleichwohl ist ihre Siegeszuversicht erstaunlich gering entwickelt. Sie traut sich den Erfolg einfach nicht zu.

Dafür gibt es nur eine durchschlagende Erklärung: den Zweifel am Kanzlerkandidaten Franz Josef Strauß. Je mehr Strauß zum Wahlkampfthema wird, desto größer werden die Chancen der Koalition. Dies ist möglich durch Polarisierung und Personifizierung. Es war ja kein Zufall, daß Strauß sich, das Risiko mangelnder Führung und des undeutlichen Profils

1983 Milan Horáček, Hubert Kleinert, Klaus Hecker und Joschka Fischer (v. l. n. r.) sind die ersten vier Kandidaten der hessischen Grünen für die Bundestagswahl

in Kauf nehmend, der Polarisierung bisher entzogen hat; er kennt seine Schwierigkeiten. Daß ihm das ganze Kandidatengeschäft keinen Spaß macht und daß er es eigentlich für unter seiner Würde hält, kommt noch hinzu. Dies wird in der heißen Phase des Wahlkampfs nicht so bleiben. Natürlich wird die SPD versuchen, zu polarisieren und zu personifizieren.

Es gibt nur zwei Möglichkeiten, die Situation zugunsten der Union zu verändern: einmal, wenn die Polarisierung unter Fragestellungen vor sich geht, die für die Union günstig sind, wenn etwa statt über Friedenspolitik über Bündnistreue und Verteidigungsbereitschaft entschieden wird. Hier handelt es sich freilich nicht einfach um ein Entweder-Oder, sondern um die richtige Dosierung. Und da wird es nicht ganz einfach sein, die gut eingeführte Schmidt/Genscher-Mischung zu übertreffen.

Zum anderen kann die Union ihre Chancen verbessern, wenn sie ein Team präsentiert, nicht nur prominente Wahlhelfer, sondern in ihrer künftigen Funktion erkennbare Regierungsmitglieder – kurz: eine wirkliche Mannschaft. Ob sich Strauß das zutraut, ob er es überhaupt will, scheint vorläufig zweifelhaft. Eine solche Mannschaft würde zwar nicht alle Wettbewerbsnachteile zwischen Kanzler und Kandidat aufheben, aber sie wäre – was viel wichtiger ist – ein augenfälliges Zeichen dafür, daß die Union Strauß und Strauß die Union akzeptiert hat.

In welchem Maß die Grünen die Wahlchancen der Union verbessern, läßt sich gegenwärtig nur schwer abschätzen. Wahrscheinlich gilt: Je mehr die Union öffentlich auf deren Hilfe spekuliert, desto weniger kann sie damit rechnen. Sicher aber ist, daß die Union ihre Chance nicht nutzen kann, wenn sich die Stimmung im eigenen Lager nicht verändert. Wer die Niederlage erwartet, wird sie auch bekommen.

1982–1998

Die doppelte Wende — 256

DIE ZEIT KONTROVERSEN

1982	Misstrauensvotum gegen Helmut Schmidt	283
1983	Waldsterben	290
1983–1987	Flick-Affäre	294
1984	35-Stunden-Woche	298
1986	Tschernobyl	308
1986	Historikerstreit	315
1989	Fall der Berliner Mauer	320
1990	Deutsche Wiedervereinigung	330
1991	Beschluss zum Regierungsumzug	342
1991–1993	Rechtsradikale Gewalt	347
1992	EU-Vertrag von Maastricht	351
1993	Solidarpakt	355
1994	Auslandseinsätze der Bundeswehr	363
1996	Goldhagens »Hitlers willige Vollstrecker«	367

1984 Helmut Kohl und François Mitterrand auf dem Soldatenfriedhof von Verdun

1982–1998 Die doppelte Wende

1989 West-Berliner begrüßen am Grenzübergang Glienicker Brücke die Besucher aus Potsdam

1997 Die Love-Parade auf der Straße des 17. Juni in Berlin

1982–1998 Die doppelte Wende 261

Chronik der Ereignisse

Die doppelte Wende

Die Ära Kohl hielt nicht, was sie versprach – und machte wahr, womit niemand gerechnet hatte. Das Porträt einer paradoxen Epoche zwischen Zukunftsängsten und Sorglosigkeit, Fortschritt und Stagnation, Geschichtsversessenheit und Verdrängung. Ein Essay **VON PAUL NOLTE**

Mit einer deutlichen Niederlage ging im Herbst 1998 die längste Kanzlerschaft in der Geschichte der Bundesrepublik Deutschland zu Ende. Als Helmut Kohl nach 16 Jahren sein Amt an Gerhard Schröder verlor und eine rot-grüne Koalition die seit 1982 amtierende christlich-liberale ablöste, sprach man viel über die zahlreichen Jahrgänge jüngerer Menschen, die eine andere Regierung, einen anderen Kanzler nie bewusst erlebt hatten und den demokratischen Wechsel jetzt zum ersten Mal erfuhren. Aber ähnliche Gefühle hatten schon den Übergang von 1982, die damals sogenannte »Wende«, begleitet. Ob mit Willy Brandt oder Helmut Schmidt, die sozialliberale Koalition war für viele zu einer politischen und historischen Selbstverständlichkeit geworden. Seit dem Ende der fünfziger Jahre hatte der »Genosse Trend« den Sozialdemokraten immer stärkeren Auftrieb gegeben, sie zuerst als Juniorpartner in die erste Große Koalition geführt, ihnen drei Jahre später die Kanzlerschaft eingebracht, wieder drei Jahre später, im November 1972, war die SPD zum ersten Mal stärkste Fraktion im Bundestag. Für die 68er und ihre Nachfahren war es schwer vorstellbar, dass der Weltgeist noch einmal eine Wendung nehmen und die Konservativen erneut an die Macht bringen würde. Daraus erklären sich viele der übersteigerten Sorgen vor einer Kanzlerschaft Kohls in den linksliberalen Milieus der Wendezeit. Den pfälzischen Machtpolitiker gleichzeitig als provinzielle »Birne« zu unterschätzen passte durchaus in dieses Muster der Verunsicherung hinein.

Aber die kritischen Fragen von damals markierten zugleich Dreh- und Angelpunkte von Programmatik und Selbstverständnis der neuen Regierung. Was würde sich hinter der von Helmut Kohl wieder und wieder geforderten »geistig-moralischen Wende« des Landes verbergen? Und was würde passieren, wenn die sozialpolitischen und fiskalischen Vorstellungen aus Lambsdorffs »Scheidungspapier« der sozialliberalen Koalition konsequent umgesetzt würden? Beide Fragen ließen sich nicht genau beantworten. Das lässt erkennen, dass die Realität dieser »Wende« hinter ihrem Programm zurückgeblieben ist, aber auch, dass fundamentale Probleme von damals immer noch auf der Tagesordnung standen.

1982–1998 Die doppelte Wende

Nach dem konstruktiven Misstrauensvotum gegen Helmut Schmidt wählt der Bundestag im Oktober Helmut Kohl zum neuen Bundeskanzler. Bei den vorgezogenen Bundestagswahlen am 6. März 1983 verfehlt die CDU/CSU mit 48,8 Prozent nur knapp die absolute Mehrheit. Die Grünen ziehen mit 5,6 Prozent zum ersten Mal in den Bundestag ein

In Deutschland werden die ersten Fälle der Immunschwächekrankheit Aids bekannt. 23 Menschen seien bisher infiziert, fünf an der Krankheit gestorben, meldet der *Spiegel* in der Ausgabe vom 6. Juni

OKTOBER 1982 / MÄRZ 1983 **25. APRIL 1983** **JUNI 1983**

Der *stern* präsentiert die angeblichen Tagebücher Adolf Hitlers. Der Reporter Gerd Heidemann (Foto) hat sie einem Militaria-Händler namens Konrad Kujau für eine Millionensumme abgekauft. Als sie sich als gefälscht erweisen, treten zwei der drei *stern*-Chefredakteure zurück. Heidemann wird entlassen und im Mai unter dem Verdacht des Betrugs verhaftet

---

Im Rückblick steht der Regierungswechsel von 1982, der Beginn der Ära Kohl, also zunächst für einen demokratischen Lernprozess, für die Normalität des politischen Pendelschwungs von der linken in die rechte Mitte. Im Rückblick bedeutete dieser Wechsel kaum eine gesellschaftliche oder kulturelle Rückwärtsbewegung, ein Rollback in die Zeit Konrad Adenauers, als dessen Enkel Helmut Kohl sich immer wieder stilisierte. Im Rückblick und in historischer Einordnung markiert die Wende des Herbstes 1982 und das, was aus ihr folgte, vielmehr dreierlei:

Erstens, die Bekräftigung von Grundentscheidungen der alten Bundesrepublik. Auf vielen Gebieten herrschte Kontinuität vor, zum Beispiel in der Deutschland- und Entspannungspolitik. Und wo der Kurs der Vorgänger zuletzt schwankend geworden war, wie in den transatlantischen Beziehungen, setzte die Regierung Kohl den Zug auf jenes Gleis zurück, an dem alle Regierungen, alle Kanzler seit 1945 mitgebaut hatten.

Zweitens, nicht dezidierte Wende, sondern Laisser-faire bis hin zu einer gefährlichen gesellschaftspolitischen Stagnation. Wer 1982 um die Errungenschaften der liberalen Bundesrepublik aus der Ära Brandt-Schmidt gefürchtet hatte, der fuhr unter Kohl in Wirklichkeit nicht schlecht. Die Abschaffung der demütigenden Gewissensprüfung für Wehrdienstverweigerer ist ein Beispiel mit Symbolfunktion. In den achtziger Jahren wurde das Land nicht konformistischer und kontrollierter, sondern vielfältiger und liberaler. Aber die Kehrseite bestand in einer zunehmenden Verdrängung von gesellschaftlichen Problemen, die den Anfang des später viel zitierten Reformstaus bildete.

ZITATE DES JAHRES

1983

Ich muss in bestimmten Abständen auch mal ausbrechen, einfach fortgehen, zu Fuß ein Stück laufen, mit Leuten, die ich treffe, die ich gar nicht kenne, ein Wort reden, und zwar nicht immer hochgeistige Gespräche, sondern einfach so.

Helmut Kohl

1983 Waldsterben: Abgestorbene Pappeln an der deutsch-französischen Grenze

Die ersten Heimcomputer, sperrige Kisten mit grünlichem Bildschirm, verkaufen sich im Weihnachtsgeschäft so gut, dass die Händler Nachschubprobleme haben. Das Foto von 1985 zeigt die zeitgenössische Vorstellung der »Hausfrau am Computer«

18. OKTOBER 1983

34 Prozent des Waldes, stellt die Bundesregierung fest, sind durch sauren Regen geschädigt – achtmal so viel wie im Vorjahr. Bereits im Februar hat das Kabinett eine Verordnung erlassen, um den Schwefelausstoß von Kraftwerken zu reduzieren

DEZEMBER 1983

1. JANUAR 1984

Das Privatfernsehen startet im Rahmen eines Kabel-TV-Pilotprojektes in Ludwigshafen – zunächst für 1 500 Versuchsteilnehmer (das Foto zeigt das Kellerstudio, aus dem der Sender »PKS« sendet). 1985 geht daraus der Sender Sat.1 hervor; es folgen RTL und weitere, begleitet von einer Debatte über den Verfall des Fernsehniveaus unter dem steigenden Quotendruck

---

Drittens, dramatischer Wandel und kulturelle Dynamik – doch in Gestalt einer Veränderung, die von der Regierung weder geplant war noch gesteuert werden konnte; einer Veränderung, die zumal der Union eigentlich hätte suspekt sein müssen und doch von ihr, auch von Kohl persönlich, immer wieder gefördert wurde. Dazu zählt die Medienrevolution des späten 20. Jahrhunderts, mit dem Fanfarenstoß der Einführung des Privatfernsehens. Dazu zählt die Beschleunigung einer gesellschaftlichen Individualisierung, die weder sozialpolitisch noch fiskalisch aufgefangen werden konnte.

Und über allem schwebt das Mega-Ereignis jener anderen Wende, die der von 1982 sieben Jahre später diesen Begriff stahl: des Mauerfalls, des Zerfalls der DDR und der schnellen Wiedervereinigung Deutschlands. Das ist eine Zäsur, die immer noch merkwürdig quer steht zum altbundesrepublikanischen Selbstverständnis. Dieses Selbstverständnis hat sogar das Ende der Kohl-Ära im Jahre 1998 noch um einige Jahre überdauert.

Als einziger deutscher Regierungschef überhaupt gehörte Helmut Kohl einer Generation an, die für Selbstverständnis und kulturelle Prägung der Bundesrepublik in ihrer langen Nachkriegsperiode so wichtig geworden ist wie wohl keine zweite. In der zeitgeschichtlichen Forschung werden sie jetzt häufig die 45er genannt, weil die Zäsur von 1945 die entscheidende Weichenstellung für ihre biografische Erfahrung und ihren Lebensentwurf bildete. Sie waren alt genug, um noch in die Diktatur und den Krieg hinein sozialisiert zu werden, als Hitlerjungen oder Flakhelfer zu dienen. Aber sie waren zu jung, um sich von der Ideologie des Regimes völlig korrumpieren zu lassen oder ihr in verantwortlichen und verbrecherischen Funktionen zu dienen. Sie waren jung genug, um die Demokratie von den westlichen Alliierten emphatisch zu lernen; pragmatische Westorientierung und Skepsis gegenüber totalisierenden Ideologien bestimmten nachhaltig ihren Lebenskompass. Schriftsteller wie Günter Grass, Sozialwissenschaftler und Intellektuelle wie Jürgen Habermas, Ralf Dahrendorf und Hans Magnus Enzensberger prägten aus dieser Generation heraus – zwischen 1927 und 1933 geboren – die Bundesrepublik über viele Jahrzehnte und sogar bis heute. Politiker wie Johannes Rau und Helmut Kohl tragen gleichfalls deutliche Züge dieser 45er-Generation.

1984

Amerikanische Mitbürger: Ich freue mich, Ihnen mitteilen zu können, dass ich gerade ein Gesetz unterzeichnet habe, das Russland für immer für vogelfrei erklärt. Das Bombardement beginnt in fünf Minuten.

Ronald Reagan bei der Sprechprobe vor einer Rundfunkansprache

Michail Gorbatschow wird nach dem Tod des sowjetischen Partei- und Staatschefs Konstantin Tschernenko neuer Generalsekretär der KPdSU. Als Reformer setzt er sich für »Glasnost« und »Perestrojka« ein – für Offenheit und Umgestaltung

23. MAI 1984

Die Bundesversammlung wählt Richard von Weizsäcker zum neuen Bundespräsidenten. Das Foto zeigt ihn bei seiner Vereidigung im Bundestag am 1. Juli

27. JUNI 1984

Infolge der Flick-Affäre erklärt Wirtschaftsminister Otto Graf Lambsdorff (FDP) seinen Rücktritt. Die Flick-Konzerngruppe hat seit 1975 Aktienerlöse reinvestiert; Lambsdorff und sein Vorgänger sollen Gelder kassiert und dem Konzern dafür Steuerfreiheit gewährt haben. Die Affäre weitet sich zu einem Parteispendenskandal aus, in den auch Union und SPD verwickelt sind

11. MÄRZ 1985

1985

Wir alle, ob schuldig oder nicht, ob alt oder jung, müssen die Vergangenheit annehmen. Wir alle sind von ihren Folgen betroffen und für sie in Haftung genommen.

Richard von Weizsäcker, Bundespräsident, zum 8. Mai

Kohls missverständliche und missverstandene Formel von der »Gnade der späten Geburt« verweist auf diese Lagerung einer Generation, die auch deshalb früh Karriere machte, weil ältere Jahrgänge politisch diskreditiert oder schlicht im Krieg ausgedünnt worden waren. Demokratische Normalität und unzweifelhafte Westorientierung bestimmten sein Koordinatensystem – wie viel »Normalität« der Bundesrepublik ein bis zwei Generationen nach dem Holocaust möglich war, darum drehten sich nicht zufällig entscheidende geschichts- und kulturpolitische Kontroversen während der Kanzlerschaft Helmut Kohls. Doch zunächst stieg der Ludwigshafener Politiker, seit 1973 Vorsitzender der CDU, als ein »junger Wilder« und Modernisierer auf, der seine Partei vom Honoratiorenverein zum straffen Mitgliederverband machte. Sein Beinahe-Erfolg in der Bundestagswahl von 1976 und sein Triumph 1982/83 sind nicht erklärbar ohne die Fähigkeit, die eigene Partei nicht nur organisatorisch, sondern auch inhaltlich und programmatisch – mit brillanten Weggefährten der frühen Jahre wie Heiner Geißler und Kurt Biedenkopf – neu auszurichten und fit für eine seit den sechziger Jahren spürbar liberalisierte Gesellschaft zu machen. Allmählich aber verschob sich dabei der Akzent von der gezielten Modernisierung auf eine Strategie der inneren Befriedung und äußeren Stabilisierung der Bundesrepublik.

Als die neue Regierung im Herbst 1982 ihre Arbeit begann, war die kulturelle und gesellschaftliche Großwetterlage von gereizter Spannung geprägt. Der deutsche Terror-Herbst zwischen Schleyer-Entführung und Mogadischu lag erst fünf Jahre zurück, und die Nachrüstungsdebatte um die Stationierung neuer atomarer Mittelstreckenwaffen politisierte und mobilisierte Millionen vor allem jüngerer und akademisch geprägter Menschen. Fundamentale, ja geradezu fundamentalistische Konflikte zerrissen die SPD und ließen den bisherigen Grundkonsens der Bundesrepublik brüchig erscheinen. Im Laufe der achtziger Jahre konsolidierte sich dieser Konsens wieder, die fundamentalen Proteste flauten allmählich ab. Am Ende stand sogar ein neues Bekenntnis der Linken zu den westlichen Grundwerten, das sich in dem Begriff des »Verfassungspatriotismus« bündelte, und Jürgen Habermas söhnte sich mit dem unintellektuell-instinktiven Verständnis Helmut Kohls von Demokratie und Westlichkeit aus. Mit dem Terror der RAF trockneten, trotz der Morde an Alfred

1982–1998 Die doppelte Wende 267

Boris Becker, 17 Jahre alt, gewinnt als erster Deutscher das Grand-Slam-Turnier in Wimbledon. Deutschland ist im Tennis-Fieber

5. MAI 1985

US-Präsident Ronald Reagan (Mitte, links seine Frau Nancy) und Bundeskanzler Helmut Kohl besuchen anlässlich des 40. Jahrestags des Kriegsendes den Soldatenfriedhof in Bitburg (Eifel). Das Treffen gerät in die Kritik, weil in Bitburg auch ehemalige SS-Angehörige begraben liegen

7. JULI 1985

FEBRUAR 1986

Tempo, »Deutschlands Zeitschrift für Zeitgeist«, erscheint zum ersten Mal, im Mai folgt die deutsche Ausgabe des Zeitgeist-Magazins *Wiener*, in den Kinos läuft Doris Dörries Komödie *Männer* an. Der konsumbewusste, sich selbst inszenierende Yuppie wird zu einem stilprägenden Phänomen der achtziger Jahre

1985

Ich glaube, ganz Deutschland hat auf mich gewartet.

Boris Becker, Sieger des Tennisturniers in Wimbledon

1985

Die Aufmachung des Herrn Fischer ist ja allein schon eine Unverfrorenheit.

Helmut Kohl über den hessischen Umweltminister

Ära Kohl Jeden Sommer wieder: Urlaubsbilder vom Wolfgangsee

Bei einem Anschlag auf die bei US-Soldaten beliebte Diskothek La Belle in Berlin sterben drei Menschen, mehr als 200 werden verletzt. Der libysche Geheimdienst, so das Ergebnis des La-Belle-Prozesses, der 2001 endete, hatte das Attentat geplant

5. APRIL 1986

26. APRIL 1986

JUNI und JULI 1986

In Tschernobyl (Ukraine) ereignet sich der erste »größte anzunehmende Unfall« (GAU) in der Geschichte der Kernenergie (das Foto zeigt das stark beschädigte Kraftwerk). Der Reaktorbrand setzt 30- bis 40-mal so viel Radioaktivität frei wie die Hiroshima-Bombe. Auch in Deutschland steigen die Strahlenwerte kurzzeitig auf ein Vielfaches

Der Historiker Ernst Nolte vergleicht in einem Artikel in der *FAZ* (*Vergangenheit, die nicht vergehen will*) die NS-Verbrechen in relativierender Weise mit dem stalinistischen Terror. Um Noltes Thesen entbrennt – nach einer Gegenrede von Jürgen Habermas in der *ZEIT* – der sogenannte Historiker-Streit, eine der bisher wichtigsten bundesdeutschen Vergangenheitsdebatten

1986 Spezialeinheiten messen auf einem Feld unweit von Tschernobyl die Radioaktivität

In Wackersdorf (Foto vom Mai) und Brokdorf demonstrieren 30 000 bis 50 000 Menschen gegen Atomkraft. Im Herbst blockieren Demonstranten den Militärstützpunkt bei Mutlangen, um gegen die Stationierung von amerikanischen Pershing-II-Raketen zu protestieren

Der 19-jährige Sportpilot Mathias Rust fliegt von Wedel bei Hamburg unbehelligt durch 800 Kilometer sowjetischen Luftraum und landet auf dem Roten Platz in Moskau. Er habe sich mit Michail Gorbatschow unterhalten wollen, sagen seine Eltern

Der schleswig-holsteinische Ministerpräsident Uwe Barschel (CDU) wird in einem Genfer Hotel tot aufgefunden. Vorwürfe, er habe seinen Gegenkandidaten Björn Engholm (SPD) verleumden lassen, hatte er wenige Tage zuvor zurückgewiesen. Dem Gerichtsgutachten zufolge beging er Selbstmord

8. JUNI 1986 | **28. MAI 1987** | **11. OKTOBER 1987**

Herrhausen und Detlev Rohwedder, auch die übersteigerten Ängste vor der Staatsbedrohung durch Extremisten aus. Erst im Rückblick erkennt man leichter, dass sich schon damals Gefährdungen eines neuen Typs regten – etwa im Bombenanschlag auf die Berliner Diskothek La Belle 1986 – und so globale Unsicherheiten das Gefühl der einstweilen wiedergefundenen Sicherheit unterspülen konnten.

Befriedung und Bekräftigung von Grundentscheidungen, so lassen sich auch die Außenbeziehungen der Bundesrepublik in der Ära Kohl überschreiben. Auf der internationalen Bühne agierte der Kanzler ohnehin zunehmend lieber und auch erfolgreicher als in den Niederungen der Wirtschafts-, Sozial- oder Haushaltspolitik. Das gestörte Verhältnis zu Amerika wurde ins Lot gebracht und bis zu dem Punkt aufgewertet, an dem George Bush senior Deutschland und die USA als *partners in leadership* bezeichnete. Doch über die von Amerika nach dem Ende des Kalten Krieges propagierte neue Weltordnung kam es bald zu neuen Dissonanzen, und die Stabilität einer deutsch-amerikanischen Freundschaft, die sich am Modell und an den Bedingungen der Nachkriegszeit orientierte, erwies sich als trügerisch. Darauf fand Kohl, Westpolitiker alten Typs, der er war, letztlich keine weiterführenden Antworten mehr.

Stattdessen rückte, nach der Überwindung der Nachrüstungskrise, die europäische Integration immer stärker in den Vordergrund und wurde zu einer Erfolgsstory der achtziger und neunziger Jahre gerade auch aus deutscher Sicht. Wieder lassen sich die Grundmotive der 45er klar erkennen: das Lernen aus historischen Erfahrungen des 20. Jahrhunderts; daraus folgend die Bereitschaft zur Relativierung des eigenen Nationalstaats und seiner Souveränität; das Bemühen um Aussöhnung mit den Feinden der Väter und Großväter, zumal mit Frankreich. Es galt, die Integration Europas so weit voranzutreiben, dass zwischenstaatliche Kriege in Europa ebenso ausgeschlossen sein würden wie die erneute Etablierung einer Diktatur.

Mit dem Beitritt Spaniens und Portugals zur Europäischen Gemeinschaft kam 1986 zunächst der Prozess der Süderweiterung in der westlichen Hemisphäre Europas zum Abschluss; im selben Jahr begann mit der Unterzeichnung der Einheitlichen Europäischen Akte der Weg zur Errichtung des Binnenmarktes. Vom Schengener Abkommen über den Maastricht-Vertrag bis zur Währungsunion zieht sich seitdem

1986

Unsere deutschen Kernkraftwerke sind sicher.

Walter Wallmann, Bundesumweltminister, nach dem GAU in Tschernobyl

1986

Es ist geradezu ein Glück für die Menschheit, dass es zwei deutsche Staaten gibt.

Erich Honecker, DDR-Staatsratsvorsitzender

Doppel-Null-Lösung: Ronald Reagan und Michail Gorbatschow beschließen, sämtliche in Europa stationierten amerikanischen und sowjetischen Mittelstreckenraketen innerhalb von drei Jahren abzubauen und zu verschrotten. Erstmals einigen sich USA und Sowjetunion damit auf eine tatsächliche Abrüstung von Atomwaffen

Bundestagspräsident Philipp Jenninger (CDU) tritt nach seiner missverständlichen Gedenkrede (Foto während der Rede, rechts die Schauspielerin Ida Ehre) zum 50. Jahrestag der Reichspogromnacht von seinem Amt zurück

8. DEZEMBER 1987   **28. AUGUST 1988**   **11. NOVEMBER 1988**

Auf dem pfälzischen Luftwaffenstützpunkt Ramstein kollidieren bei einer militärischen Flugschau drei Düsenjets. Einer stürzt in die Zuschauermenge und explodiert. 70 Menschen kommen ums Leben

1988

In bestimmten Fällen wäre das Kondom aber vielleicht als Katastrophenschutzmittel zu tolerieren.

Johannes Reiter, katholischer Theologieprofessor

1988

Nicht alles darf man beim Namen nennen in Deutschland.

Philipp Jenninger nach seinem Rücktritt als Bundestagspräsident

eine lange Reihe von Marksteinen der Integration Europas durch die späten achtziger und die neunziger Jahre: in vieler Hinsicht und trotz der Rückschläge im dann folgenden Jahrzehnt eine stille Revolution. In der frühen Weichenstellung für die Aufnahme postkommunistischer Staaten setzte sie sich nahtlos fort.

Diese Revolution hat in Deutschland immer im Schatten der Wiedervereinigung gestanden, obwohl beides seit 1989 unauflöslich ineinander verschränkt gewesen ist. In der erfolgreichen Verknüpfung von deutscher und europäischer Einigung kann man sogar einen der seltenen Fälle sehen, in denen politische Programmatik, politisches Handeln und längerfristige Wirkungen historisch weitgehend zur Deckung gekommen sind. Inzwischen besteht vielleicht die Neigung, die Europhorie der achtziger und neunziger Jahre eher kritisch zu sehen. Und sie ist in der Tat die Beantwortung zentraler Fragen schuldiggeblieben, die sich inzwischen umso schärfer stellen: nicht zuletzt die Frage nach der demokratischen Legitimation der Brüsseler Entscheidungen. Doch hat der rasante Einigungsschub des späten 20. Jahrhunderts zugleich ein Fundament der deutschen Sicherheit und des europäischen Wohlstands gebildet, hinter das zurückzufallen wir uns weder vorstellen können noch wünschen dürfen.

Die gesellschaftliche Entwicklung in der Ära Kohl wird den Historikern wohl noch längere Zeit Stoff für Diskussionen geben. Es war eine paradoxe Epoche, in der sich tiefe soziale Krisenphänomene und daraus resultierende Ängste mit neuen Höhepunkten der Wohlstandsexpansion und eines sorglos-sicheren Lebensstils überschnitten. Bereits Mitte der siebziger Jahre sprachen einige hellsichtige Beobachter, darunter CDU-Reformer wie Heiner Geißler, in die Situation des scheinbar konsolidierten »Wirtschaftswunders« und des sozialstaatlichen Ausbaus hinein von der Entstehung einer »neuen sozialen Frage«, die die aus der industriellen Arbeit folgende klassische soziale Frage des 19. Jahrhunderts abgelöst habe. Jugendliche fanden weder Arbeit noch Orientierung in der Erwerbsgesellschaft; prekäre Familiensituationen wurden sichtbar, wo junge Frauen ihre Kinder allein erziehen mussten; gering qualifizierte Migranten konnten an den neuen Chancen nicht mehr teilhaben und etablierten sich als neue sozialstaatliche Versorgungsfälle. Die Zeit einer scheinbar unaufhaltsamen Integration der Gesellschaft,

Das chinesische Militär schlägt die seit Wochen anhaltenden studentischen Proteste für Demokratie und Menschenrechte auf dem Platz des Himmlischen Friedens in Peking brutal nieder – ein Blutbad, bei dem nach inoffiziellen Schätzungen mehr als 3600 Menschen sterben

2. MAI 1989

Die ungarische Regierung – seit April 1989 auf Reformkurs – ordnet an, die Befestigungen an der Grenze zu Österreich abzubauen. Am 19. August nutzen DDR-Bürger das »paneuropäische Picknick« bei Sopron zur Flucht über die Grenze (Foto). In Budapest, Prag und anderen Hauptstädten suchen Hunderte Zuflucht in den Botschaften der Bundesrepublik

4. JUNI 1989

1. JULI 1989

Unter dem Motto »Friede, Freude, Eierkuchen« tanzen in Berlin einige Hundert bunt gekleidete Gestalten hinter Wagen mit wummernden Lautsprecherboxen her: die erste Love-Parade. In den neunziger Jahren entwickelt sich der jährliche Techno-Karneval zu einem Massenspektakel, das bis zu 1,5 Millionen Menschen anzieht

einer wachsenden Gleichförmigkeit, ging zu Ende. Die zentrifugalen Kräfte nahmen zu.

Ein wichtiger Indikator dafür wurden die Wohnverhältnisse und Siedlungsmuster als Ausdruck von räumlicher Organisation zumal in den großstädtischen Ballungsräumen. Gerade eben noch, in den siebziger Jahren, waren die Großsiedlungen oder »Trabantenstädte« mit stolzem Gestus der Moderne entstanden, in deren Vierzimmerwohnungen und eingestreuten Reiheneigenheimen eine neue Mittelschicht ihre Heimstatt finden sollte. Nur eine halbe Generation später begannen diese Siedlungen als »soziale Brennpunkte« eine ganz andere Aufmerksamkeit auf sich zu ziehen; Migration, Arbeitslosigkeit, Sozialhilfebedürftigkeit und Familienkrise versteckten sich nun hinter den Betonfassaden. Wer es sich leisten konnte, zog stattdessen in die neuen Vorstädte der rot geklinkerten Doppelhaushälften und Walmdachhäuschen mit ihren verkehrsberuhigten Straßen, die seit der Mitte der achtziger Jahre am Saum der Großstädte entstanden. Der Ausbau steuerlicher Förderung durch Bauherrenmodelle, Abschreibungen und »Baukindergeld«, später gebündelt, vereinfacht und verbreitet in der staatlichen Eigenheimzulage, beschleunigte diese sozialräumliche Differenzierung. In den neunziger Jahren vollzog sich in den neuen Bundesländern ein ganz analoger Prozess, als dessen Folge in der »Platte« häufig die sozialen Problemfälle und die wirtschaftlichen Verlierer der Vereinigung zurückblieben.

Die »neue« soziale Frage wurde wohl auch deshalb lange unterschätzt, weil in Gestalt der steigenden Massenarbeitslosigkeit klassische Probleme der Industriegesellschaft wieder auf der Tagesordnung standen. Arbeitsmarkt, Sozialpolitik und Staatsfinanzen, dazu auch die demografische Entwicklung bildeten spätestens seit den frühen achtziger Jahren ein Kräftefeld, über dessen einzelne Pole man sich durchaus schon Klarheit verschaffen konnte, das als Gesamtsystem jedoch widersprüchlich und unbeherrschbar blieb. Die Regierung Kohl begann mit einer Politik der wirtschaftlichen Liberalisierung, die jedoch, auch gemessen an der internationalen Entwicklung, in engen Grenzen blieb. In den ersten Jahren nach der »Wende« wurde die Staatsverschuldung als gigantische Zukunftsfalle durchaus erkannt und die jährliche Neuverschuldung zurückgeführt. Umso größere Sorglosigkeit herrschte an dieser Front wieder im Gefolge der Wiedervereinigung mit dem Pri-

1989

Den Sozialismus in seinem Lauf hält weder Ochs noch Esel auf.

Erich Honecker, DDR-Staats- und Parteichef, fünf Wochen vor seinem Sturz

1989

Wir sind das Volk!

Demonstranten in der DDR

Die SED feiert den 40. Jahrestag der DDR mit Aufmärschen und Militärparaden. Ehrengast Michail Gorbatschow betont Honecker gegenüber die Notwendigkeit von Reformen und mahnt: »Wer zu spät kommt, den bestraft das Leben.«

SEPTEMBER 1989

Auf der ersten Montagsdemonstration vor der Nikolaikirche in Leipzig fordern etwa 1000 Demonstranten »Reisefreiheit statt Massenflucht« und »Stasi raus!«. In den folgenden Wochen weiten sich die wöchentlichen Umzüge zu Großkundgebungen aus. In Ost-Berlin unterzeichnen Bärbel Bohley, Jens Reich und andere den Gründungsaufruf »Aufbruch 89 – Neues Forum«

11. SEPTEMBER 1989

Ungarn öffnet seine Westgrenze und lässt alle wartenden DDR-Bürger ausreisen. Binnen drei Tagen fliehen 15 000 (wie die Familie auf dem Foto) nach Österreich und von dort weiter in die Bundesrepublik, bis Monatsende zählen die Behörden 30 000 Flüchtlinge. Die DDR-Führung spricht von einer »Nacht- und Nebelaktion« und von »organisiertem Menschenhandel«

7. OKTOBER 1989

1989

Wir sind jetzt in einer Situation, wo wieder zusammenwächst, was zusammengehört.

Willy Brandt nach der Öffnung der deutsch-deutschen Grenze

1990

Hässlich sieht diese Einheit aus.

Günter Grass

1989 »Wer zu spät kommt, den bestraft das Leben« – Michail Gorbatschow bei seinem Besuch in Ost-Berlin anlässlich des 40. Jahrestages der DDR, neben ihm steht Erich Honecker

Auf der bisher größten Montagsdemonstration in Leipzig versammeln sich mehr als 100 000 Menschen. Honecker hat den Waffeneinsatz angeordnet. Doch Polizei und Militär greifen nicht ein. Einen Tag später stürzt das Politbüro Honecker und wählt Egon Krenz (Foto) zum neuen Generalsekretär der SED

16. OKTOBER 1989

OKTOBER und NOVEMBER 1989

Verriegelte Sonderzüge bringen die Botschaftsflüchtlinge aus Prag, Budapest und anderen Städten durch die DDR nach Westdeutschland. Zur Ausreise entschlossene DDR-Bürger warten an den Geleisen und versuchen, auf die Züge aufzuspringen

4. NOVEMBER 1989

In Ost-Berlin fordern 600 000 Menschen »Blumen statt Krenze« und »Das Volk sind wir – gehen sollt ihr«. Unter dem Druck der Proteste tritt das Politbüro der SED am 8. November geschlossen zurück. Das Foto zeigt ein Transparent der Ost-Berliner Demonstranten

---

mat, schnell und nicht zuletzt aus Mitteln der transferierenden Sozialpolitik »gleiche Lebensverhältnisse« in Ost und West herzustellen.

Seit dem Antritt der christlich-liberalen Koalition zieht sich die Spur des »Sozialabbau«-Diskurses durch die Geschichte der Bundesrepublik, doch im Rückblick wird man eher von partiellen Umschichtungen sprechen können und die Zeit mindestens bis Mitte der neunziger Jahre als weitere Phase des Sozialstaatsausbaus charakterisieren müssen. Familienpolitische Leistungen wurden ebenso ausgebaut wie sozialpolitisch motivierte Steuersubventionen; die neue Pflegeversicherung rundete das Spektrum der umlagefinanzierten Sozialversicherungen noch ab, als dessen demografische Grenze längst klar erkennbar war; es gab phasenweise noch einmal kräftige Lohnzuwächse bei sinkender Wochenarbeitszeit. Davon profitierten nicht alle, aber doch die große Mehrheit der Bevölkerung, die eine vergleichsweise sichere Stellung in der Mehrheitsgesellschaft hatte. Dazu gehörten übrigens auch immer mehr Rentnerinnen und Rentner, als seit den achtziger Jahren die »goldenen Generationen« der Nachkriegsexpansion in Ruhestand zu gehen begannen und, völlig anders als ihre eigenen Eltern, im Alter ihren Lebensstandard nicht selten noch ausbauen konnten. Nicht zufällig entstand in dieser Zeit der Begriff der »Zweidrittelgesellschaft«, der vor allem auf die Verfestigung eines marginalen Sektors der Bevölkerung aufmerksam machen wollte, der sich aber zugleich als Bekräftigung des Wohlstands der Mehrheit lesen lässt.

Dieser Wohlstand ruhte nicht nur auf einer materiellen Grundausstattung, sondern auch auf neuen Lebensformen, die vom Privatleben bis in den öffentlichen und kommerziellen Raum reichten. Der Anspruch auf innere und äußere »Selbstverwirklichung« strahlte seit den achtziger Jahren aus den Resten der 68er-Bewegung und aus den protestantischen Teestuben auf die Mainstream-Kultur aus. Ganz neue Maßstäbe wurden an die Qualität der persönlichen Lebensführung angelegt, nicht zuletzt an den Intimraum sozialer Beziehungen: Eine nicht gelungene Partnerschaft sollte nicht länger ein Gefängnis fürs Leben bilden, sondern beendet werden; Kinder zu haben verstand sich nicht mehr von selbst, sondern wurde Ergebnis eines Reflexionsprozesses, bei dem die mögliche Beeinträchtigung der eigenen Freiheit ein wichtiges Kriterium bildete. Mädchen und Frauen pochten selbstbewusster, aber unverkrampfter

1992

Wir wollen nicht, dass diese Euro-Heinis in jeden Fasanenarsch schauen.

Prinz Philip, Gemahl der britischen Königin, über die Lebensmittelhygiene-Vorschriften der EG

SED-Bezirkschef Günter Schabowski verkündet auf einer Pressekonferenz, Visa für Auslandsreisen würden ab sofort ohne weitere Auflagen erteilt. Tausende strömen daraufhin an die Mauer. Wenig später heben sich unter dem Andrang die Schlagbäume. Die Mauer ist offen. In den folgenden Tagen besuchen rund drei Millionen DDR-Bürger die Bundesrepublik

Alfred Herrhausen, Vorstandssprecher der Deutschen Bank, wird in Bad Homburg von RAF-Terroristen ermordet

9. NOVEMBER 1989   **13. NOVEMBER 1989**   **30. NOVEMBER 1989**

Die DDR-Volkskammer wählt Hans Modrow (Foto) zum neuen Vorsitzenden des Ministerrats. Er kündigt weitreichende Reformen an. Spekulationen über eine Wiedervereinigung erteilt er eine Absage

1992

In der Ratzeburger Straße brennt es. Heil Hitler! – In der Mühlenstraße brennt es. Heil Hitler!

Die mutmaßlichen Attentäter von Mölln in anonymen Telefonanrufen

als noch in den späten sechziger und den siebziger Jahren auf ihre eigenen, von einem männlichen Partner unabhängigen Lebenschancen. Seit Anfang der achtziger Jahre war es selbstverständlich, dass genauso viele Mädchen wie Jungen Abitur machten und studierten.

Es bleibt ein schwer erklärbares Faktum, dass die Bundesrepublik dennoch bis in die jüngste Zeit an dieser Emanzipation gescheitert ist. Familie und Erwerbstätigkeit, Kinder und Karriere bildeten am Ende des 20. Jahrhunderts mehr eine Alternative als ein zusammengehöriges Projekt der eigenen, der ganz privaten Moderne.

Die Kanzlerschaft Helmut Kohls fiel auch deshalb mit der Hochphase sozialer Individualisierung zusammen, weil sich in ihr die breitenwirksamen Spätfolgen der Emanzipationsansprüche aus 68er- und sozialliberaler Zeit mit den dynamischen Konsequenzen einer neuen Konsum- und Mediengesellschaft überlagerten. Freizeit und Konsum bildeten seit den achtziger Jahren auf neue Weise einen Mittelpunkt des individuellen wie des kollektiven Selbstverständnisses. Die Bedeutung des »eigentlichen« Lebens verschob sich auf dramatische Weise. Man lebte nicht mehr für die Arbeit, sondern arbeitete für Freizeit und Reisen, Genuss und Gesellig-

keit – für den Spaß der »Spaßgesellschaft« und gelegentlich auch für das Abenteuer. Angesichts der ökonomischen Warnzeichen schon seit den beiden Öl- und Konjunkturkrisen der siebziger Jahre, auch angesichts einer fundamentalen kulturellen Verunsicherung, von der noch zu reden sein wird, war das durchaus überraschend, und manches mag man auch als Kompensation von Ängsten verstehen.

Doch vor allem standen die technischen und materiellen Voraussetzungen eines konsumorientierten Lebensstils zur Verfügung. Das private Automobil erlebte eine Renaissance sondergleichen. Aus dem Familienauto wurde das selbstverständliche Ausstattungsmerkmal jedes einzelnen Erwachsenen. PS-Zahl und Höchstgeschwindigkeit stiegen, und im Metallic-Lack schimmerte eine kultische Bedeutung des Autos, die es 1955 oder 1970 noch nicht gegeben hatte. Der Kult der Marke und des Markenartikels bemächtigte sich nicht nur der Jugendkultur. Bis in die letzten Supermarktregale hinein diente er zunehmend der ästhetischen Selbstbestätigung wie der sozialen Differenzierung. Auch der eigene Körper wurde auf neue Weise der Stilisierung, der Kräftigung, der Entspannung unterworfen, von Fitness bis Wellness, von

1982–1998 Die doppelte Wende   275

Helmut Kohl besucht Dresden und wird stürmisch empfangen. »Deutschland, einig Vaterland«, skandieren die Dresdner Bürger. Seit Anfang Dezember sind auch auf den Leipziger Montagsdemonstrationen immer häufiger Forderungen nach Einheit und Wiedervereinigung zu hören: Aus der Losung »Wir sind das Volk!« wird »Wir sind ein Volk!«

3. DEZEMBER 1989

Das Zentralkomitee und das neu gewählte Politbüro der SED treten geschlossen zurück. Die Macht der SED zerfällt. Am 7. Dezember tritt erstmals der »Runde Tisch« (Foto) zusammen – ein Gremium zur Beratung und Kontrolle der Regierung, das sich aus Reformern, Oppositionellen und Vertretern verschiedener Parteien, auch der SED, zusammensetzt

19. DEZEMBER 1989

10./11. FEBRUAR 1990

Helmut Kohl und Außenminister Hans-Dietrich Genscher treffen Michail Gorbatschow in Moskau. Über Form, Termine und Tempo der Einheit, so Gorbatschow, sollen die Deutschen frei entscheiden. In den folgenden Wochen stimmen auch EG und Warschauer Pakt sowie die USA einer Wiedervereinigung zu

---

der klassischen Gesichtspflege bis zur Schönheitsoperation. Sport als Massenbegeisterung und kommerzielles Freizeitereignis – als *spectator sports* in den Stadien und im Fernsehen – erfuhr eine Aufwertung sondergleichen; mit Boris Becker stand seit 1985 die passende Ikone dafür bereit. Überhaupt bildete die Kommerzialisierung von Freizeit und Alltagsleben einen Grundzug der Epoche, auch wenn der »kollektive Freizeitpark« Deutschland, von dem gelegentlich kritisch die Rede war, weit hinter dem Pionier, den USA, hinterherhinkte.

Und noch eine wahrhaft revolutionäre Entwicklung hatte Helmut Kohl wohl kaum im Auge, als er während der Ablösung Schmidts von der geistig-moralischen Wende sprach. Während seiner Regierungszeit vollzog sich eine Medien- und Kommunikationsrevolution, deren gesellschaftliche Folgen und Begleiterscheinungen, darunter auch ein Gutteil des Globalisierungssyndroms, teils noch immer schwer zu ermessen sind. Als Kohl Kanzler wurde, gab es die Wahl zwischen drei Fernsehprogrammen in öffentlich-rechtlicher Hand, Musik stand auf großen schwarzen Vinylscheiben zur Verfügung, die Deutsche Bundespost stellte Telefone bereit, die über Tasten statt Wählscheiben verfügten, und

erprobte den Bildschirmtext. Ganz Verwegene experimentierten mit einem Personal Computer vom Typ Commodore. Das kommerzielle Fernsehen ist wohl die einzige der dann folgenden Neuerungen, bei der eine gezielte politische Initiative eine Bedeutung für die raschere Durchsetzung gespielt hat. Als Gerhard Schröder ins Kanzleramt einzog, gab es einen Streit um gelöschte Festplatten und verschwundene E-Mails, und die elektronische Post ebenso wie das Mobiltelefon hatten den Alltag der persönlichen Kommunikation geradezu neu erfunden.

Die Paradoxie dieser Epoche zeigt sich wieder darin, dass diese Revolution der Technik und des Alltags während der achtziger und neunziger Jahre nicht in ein kraftstrotzendes, vorwärtsstürmendes, futuristisches Lebensgefühl eingebettet war. Die Zeit der großen Utopien war spätestens Anfang der siebziger Jahre zu Ende gegangen; die letzte politische Schrumpfform dieser Visionen bildete der 1975 verabschiedete »Orientierungsrahmen 85« der SPD, eine Art finaler Zehnjahrplan der altbundesrepublikanischen Nachkriegszeit. Statt in die verheißungsvolle Zukunft richtete sich der Blick in die identitätsstiftende Vergangenheit.

1993

Trau keinem Zitat, das du nicht eigenhändig aus dem Zusammenhang gerissen hast.

Johannes Rau, Ministerpräsident von Nordrhein-Westfalen

Aus der ersten freien Volkskammerwahl in der DDR geht das Bündnis Allianz für Deutschland aus Ost-CDU, DSU (Deutsche Soziale Union) und DA (Demokratischer Aufbruch) als stärkste Kraft hervor – ein Votum für die Wiedervereinigung. Das Foto zeigt Hans-Jochen Vogel und Helmut Kohl bei der Bonner Runde im ZDF

18. MÄRZ 1990

18. MAI 1990

Die Finanzminister der Bundesrepublik, Theo Waigel, und der DDR, Walter Romberg, unterzeichnen den Staatsvertrag über die Schaffung einer Währungs-, Wirtschafts- und Sozialunion

1. JULI 1990

In der DDR wird die D-Mark eingeführt – als Voraussetzung für den Weg in die Marktwirtschaft und die Übernahme der Sozialversicherung. Die Anstalt zur treuhänderischen Verwaltung des Volkseigentums (Treuhand) soll die DDR-Betriebe sanieren, privatisieren und gegebenenfalls stilllegen

1994

Peanuts.

Hilmar Kopper, Vorstandssprecher der Deutschen Bank, über fünfzig Millionen Mark, die der Immobilienspekulant Jürgen Schneider dem Kreditinstitut schuldet

Eine merkwürdige Mischung aus Ängsten und Sichwohlfühlen prägte die Epoche. Einrichtungs- und Lifestyle-Berater erfanden den Begriff des Cocooning: Wenn man sich zu Hause richtig gemütlich einspinnen konnte, ließen sich die Fährnisse der Zeit trotz allem ganz bequem, ganz behaglich überstehen. Deshalb ist es auch nur scheinbar ein Widerspruch, dass die Kommerzialisierung von Freizeit mit einem Rückzug in die Privatheit, mit einem Rückzug aus jener Öffentlichkeit korrespondierte, die in den sechziger und siebziger Jahren den Rahmen einer emphatischen Politisierung gebildet hatte.

Die Besinnung auf die Vergangenheit als Orientierungspunkt der eigenen Kultur setzte sich als eine internationale Bewegung, noch nicht einmal auf den Westen beschränkt, seit der Mitte der siebziger Jahre durch. So entdeckten auch sozialistische Gesellschaften wie die DDR ihre Geschichte neu: in der Wiederentdeckung Preußens, in der Aneignung Luthers oder Friedrichs des Großen. An die Stelle des radikalen Bruchs traten die Betonung von Herkunft und Kontinuität sowie ihre politische Funktionalisierung. Der französische Präsident Mitterrand setzte auf die Kraft symbolisch-monumentaler Geschichtspolitik ganz ähnlich wie Helmut Kohl; die Vereinigten Staaten diskutierten Abgründe ihrer eigenen Geschichte und deren öffentliche Repräsentation in Mahnmal oder Museum auf eine Weise, die durchaus parallel zu den Debatten der Bundesrepublik verlief. Überhaupt sind selten mehr historische Museen gegründet, mehr Mahnmale und Gedenkstätten diskutiert, geplant und gebaut worden als am Ende des 20. Jahrhunderts. Im Städtebau Westdeutschlands liegt bereits in der Mitte der siebziger Jahre eine ganz markante Zäsur. Abriss, Flächensanierung, autogerechte Stadt der Hypermoderne – all das wurde binnen weniger Jahre abgelöst von einem neuen Historismus des Vorrangs der Rekonstruktion, der Erhaltung historischer Stadtkerne, des Bemühens um Authentizität.

Nachdem die bundesdeutsche Nachkriegszeit von einer Vergangenheitspolitik der Distanzierung und selektiven Wahrnehmung geprägt war – auch die 68er-Bewegung änderte daran im Grunde wenig –, trat seit Anfang der achtziger Jahre die nationalsozialistische Vergangenheit, und zumal der Massenmord an den europäischen Juden, auf neue Weise in das öffentliche Bewusstsein. 1983 jährte sich die »Machtergreifung« vom 30. Januar 1933 zum fünfzigsten

Die deutsche Nationalmannschaft siegt im Finale der Fußballweltmeisterschaft in Italien 1:0 gegen Argentinien. Teamchef ist Franz Beckenbauer. Das Siegtor erzielt kurz vor Ende der Partie Andreas Brehme per Foul-Elfmeter. Das Foto zeigt den Torschützen (links) der von seinen jubelnden Mannschaftskameraden umgerissen wird

In der ersten freien gesamtdeutschen Parlamentswahl seit 1933 erhalten FDP und Union gemeinsam 54,8 Prozent der Stimmen. Die SPD, mit Oskar Lafontaine als Kanzlerkandidaten, erleidet mit nur 33,5 Prozent die schwerste Niederlage bei einer Bundestagswahl seit 1957

8. JULI 1990 **3. OKTOBER 1990** **2. DEZEMBER 1990**

Tag der deutschen Einheit. Die DDR tritt nach Artikel 23 »dem Geltungsbereich des Grundgesetzes« bei. Das Foto zeigt feiernde Menschen vor dem Reichstag

Mal, und seitdem mobilisierten Gedenktage in rascher Folge die Erinnerung an Versagen, Verbrechen und ihre langlebigen Folgen. Richard von Weizsäckers Rede zum 8. Mai als einem Tag der Befreiung statt der Niederlage wirkte 1985 selber befreiend und wurde zum Referenzpunkt einer neuen, selbstkritischeren Identität der Bundesrepublik.

Der öffentliche Streit um die Vergangenheit verdichtete sich in Kontroversen wie dem »Historikerstreit« von 1986/87 über die Einzigartigkeit und Vergleichbarkeit der NS-Verbrechen oder, knapp zehn Jahre später, den erregten Debatten über Daniel Goldhagens Buch *Hitlers willige Vollstrecker*. Die Illusion des Nichtwissens, die Selbsttäuschung der vermeintlich von einer kleinen Clique verführten Nation lösten sich in den neunziger Jahren endgültig auf. Anders als manche Legende von der »Auschwitz-Keule« es wahrhaben will, zogen die Westdeutschen jedoch nie im Büßergewand, einseitig fixiert auf die zwölf schlimmen Jahre, über die Straßen. Vielmehr blieb das Interesse an Hitler und dem Holocaust eingebettet in eine breitere Neugier auf Herkunft und Vergangenheit. Auch Ausstellungen über das Mittelalter boomten seit den achtziger Jahren mit neuen Zuschauerrekorden, und der Buchmarkt expandierte mit Bismarck- ebenso wie mit Hitler-Biografien.

Das Büßergewand hätte schon deshalb gar nicht gepasst, weil der Trend zur Historisierung auch nostalgische und weichzeichnende Elemente enthielt. Seit Edgar Reitz' erstem *Heimat*-Film von 1984 klang dieser Begriff nicht mehr nur nach Schnulzen der fünfziger Jahre. Die Wendung zur Vergangenheit korrespondierte vielmehr mit einem grundsätzlichen Unbehagen an der Moderne; mit einem – zumal bei Jüngeren, zumal bei Akademikern – tief empfundenen Gefühl, die moderne Gesellschaft habe den Scheitelpunkt ihrer Erfolge längst überschritten und führe nun ihre Nachtseiten, ihre schrecklichen Zwänge, ihr eigenes Scheitern auf. Dieses Unbehagen resultierte aus der Einsicht in die ökologischen Grenzen des wirtschaftlichen Wachstums und überhaupt der technisch-industriellen Lebensweise, die nie zuvor so grundsätzlich infrage gestellt wurde wie in den achtziger Jahren. Aus Resten der 68er-Linken, aus ökologischen und sozialen Protestbewegungen und – das war im internationalen Vergleich wohl am ehesten spezifisch deutsch – einem ethischen Rigorismus und Fundamentalismus konstituierte sich die Partei der Grü-

1994

Die Amerikaner sagen, die *chemistry* stimmt. Das kann man schwer übersetzen.

Helmut Kohl über sein Verhältnis zu Clinton

278 Überblick

Truppen der USA, Großbritanniens, Kuwaits und Saudi-Arabiens bombardieren den Irak, nachdem Saddam Hussein Kuwait besetzt und ein UN-Ultimatum ignoriert hat. In zahlreichen deutschen Städten protestieren Menschen gegen den Golfkrieg. Die Zahl der Kriegsdienstverweigerer steigt sprunghaft an. Das Foto zeigt brennende Ölfelder am Horizont

17. JANUAR bis 28. FEBRUAR 1991

SEPTEMBER 1991 bis MAI 1993

Bei Brandanschlägen von Rechtsextremen in Hoyerswerda (September 1991), Rostock (August 1992), Mölln (November 1992) und Solingen (Mai 1993) kommen acht Menschen ums Leben. Mit Lichterketten demonstrieren Tausende gegen rechte Gewalt

7./8. NOVEMBER 1991

Auf der Nato-Gipfelkonferenz in Rom wird der Ost-West-Konflikt für beendet erklärt. Bereits am 1. Juli hat sich der Warschauer Pakt aufgelöst. Am 8. Dezember gründen Russland, die Ukraine und Weißrussland die Gemeinschaft Unabhängiger Staaten (GUS). Am 25. Dezember hört die Sowjetunion auf zu existieren

1991 Ein Asylbewerber schaut aus einem eingeschlagenen Fenster des Asylbewerberheims in Hoyerswerda

1982–1998 Die doppelte Wende 279

Die Außen- und Finanzminister der zwölf EG-Staaten unterzeichnen den Vertrag über die Europäische Union (Maastrichter Vertrag). Ziele sind u. a. eine europäische Wirtschafts- und Sozialunion sowie eine gemeinsame Außen- und Sicherheitspolitik. Das Foto zeigt den deutschen Außenminister Genscher bei der Unterzeichnung

7. FEBRUAR 1992

6. DEZEMBER 1992

2. APRIL 1993

Regierung und Opposition einigen sich im sogenannten Asylkompromiss darauf, das Grundrecht auf Asyl zu beschränken. Vom 1. Juni 1993 an können sich Flüchtlinge, die aus »sicheren Drittstaaten« einreisen, nicht mehr auf das Asylrecht berufen

Die Bundeswehr beteiligt sich an der Überwachung des Flugverbots über Bosnien-Herzegowina – der erste Auslandseinsatz deutscher Soldaten seit 1945. Im April schickt die Regierung im Auftrag der Uno Soldaten nach Somalia. 1994 schließlich entscheidet das Bundesverfassungsgericht, dass Bundeswehreinsätze auch außerhalb des Nato-Gebietes zulässig sind

nen, zog 1983 in den Bundestag ein und konnte schon 1985 in Hessen zum ersten Mal auf landespolitischer Ebene mitregieren.

Seitdem war die Ära Kohl immer zugleich eine rot-grüne Ära. Denn die Sozialdemokraten übernahmen nach Helmut Schmidts Abgang vieles von den Grünen; weniger in der Programmatik, aber doch in einer Grundtönung, die von den Grenzen der Moderne und der Überforderung des Menschen in diesem System sprach. Viele Konservative mochten da nicht nachstehen, sie empfahlen »Entschleunigung«, Tradition und Bewahrung mehr als Dynamisierung und Zukunft.

Während die neunziger Jahre im Zeichen der Wiedervereinigung und der New Economy wieder optimistischer getönt waren – in vieler Hinsicht jedoch ein Optimismus auf dem Hochseil –, war das vorhergehende Jahrzehnt von tiefen Ängsten durchzogen, die sich teils auch dauerhaft in die deutsche Mentalität eingegraben haben. Ein bezeichnendes Schlaglicht darauf werfen die Zeitdiagnosen in Philosophie und Gesellschaftstheorie der achtziger Jahre. Jürgen Habermas empfahl zwar die Fortsetzung des noch »unvollendeten« Projekts der Moderne, doch malte er zugleich das düstere Bild einer menschlichen Lebenswelt, die von mächtigen, kaum mehr steuerbaren Imperativen des Kapitalismus und der Bürokratie »kolonialisiert« worden war. Die Vernunft, die bei Habermas noch als ein Funken der geglückten Verständigung glühte, war bei Peter Sloterdijk nur noch »zynisch« und für Niklas Luhmanns Theorie sozialer Systeme gar ein alteuropäischer Ballast. Den treffendsten Ausdruck für die neuen Konstellationen und Stimmungslagen der achtziger Jahre fand Ulrich Beck mit seiner Formel von der »Risikogesellschaft«, die den Markt eroberte, als in Tschernobyl im Frühjahr 1986 der atomare GAU passierte. Die fundamentale Sicherheit, auf deren Gewährleistung sich die bundesdeutsche Politik seit den fünfziger Jahren so viel zugutegehalten hatte, schien zu zerbröseln. Ein Gefühl der Hilflosigkeit angesichts elementarer Gefahren breitete sich aus.

In keiner anderen westlichen Gesellschaft haben sich diese Krisenphänomene so sehr zu kollektiven Ängsten, zu Apokalypse und Paranoia gesteigert wie in der Bundesrepublik der achtziger und frühen neunziger Jahre. Die Sorge, als Volk auszusterben, verarbeitete Günter Grass schon 1979 literarisch; das Lehrerehepaar der *Kopfgeburten* mochte angesichts

1996

Weil Kohl der fetteste und hässlichste politische Führer Europas ist und die Deutschen uns die Liegestühle am Strand klauen ...

Daily Star, britisches Massenblatt, zur Begründung, warum England die deutsche Elf bei der Fußball-EM besiegen müsse

Überblick

Auf dem Bahnhof von Bad Kleinen nehmen GSG-9-Beamte die RAF-Terroristin Birgit Hogefeld fest. Ihr Komplize Wolfgang Grams flieht, erschießt einen GSG-9-Mann und wird selbst tödlich getroffen. Es bleibt ungeklärt, ob er erschossen wurde, durch einen Unfall starb oder Selbstmord beging

Um die deutsche Einheit zu finanzieren, erhebt der Bund einen Solidaritätszuschlag von 7,5 Prozent auf die Körperschafts- sowie die Lohn- bzw. Einkommensteuerschuld

27. JUNI 1993 | **16. OKTOBER 1994** | **1. JANUAR 1995**

Bei der Bundestagswahl können Union und FDP ihre Regierungsmehrheit mit 48,4 Prozent nur noch knapp behaupten. SPD und Grüne kommen auf 43,7 Prozent. Nach Lafontaines Niederlage 1990 ist damit auch Rudolf Scharping (Foto rechts, vor der »Elefantenrunde« mit Helmut Kohl) als Herausforderer Kohls gescheitert

1997

Durch Deutschland muss ein Ruck gehen.

Roman Herzog in seiner »Berliner Rede«

1997

Die zwangsweise Abschiebung dient lediglich zur Unterstützung der freiwilligen Rückkehr.

Günther Beckstein, bayerischer Innenminister, über bosnische Flüchtlinge

von Umweltzerstörung und Atomkraftwerken keine Kinder mehr in die Welt setzen. Auf die Angst vor der unmittelbar bevorstehenden atomaren Vernichtung folgte das Waldsterben als Menetekel einer allgemeinen Zerstörung natürlicher Lebensgrundlagen. Wie niemals zuvor in der Geschichte der obrigkeitstreuen Deutschen richtete sich der Verdacht auch auf den Staat, der vielen zu einem orwellschen Ungeheuer mutiert schien. Die für 1983 geplante Volkszählung mochte schlecht vorbereitet gewesen sein und juristisch nicht wasserdicht – eine Erklärung für den teilweise panischen Fundamentalismus der Boykottbewegung ist das jedoch nicht. Zweifellos, auf der Habenseite stand die Entwicklung neuer Formen des politischen und gesellschaftlichen Engagements, stand eine Vielzahl von Bürgerinitiativen, stand ein Netzwerk neuer sozialer Bewegungen jenseits der etablierten Parteien ebenso wie jenseits des linken Sektenwesens der Siebziger. Damit bildete sich ein Fundament, auf dem man seit den neunziger Jahren von Zivilgesellschaft und neuem bürgerschaftlichen Engagement sprechen konnte. Auf der Sollseite stand eine tief verängstigte Gesellschaft, die das Vertrauen in sich und ihre Zukunft verloren hatte.

Der Zerfall des Kommunismus, die Öffnung der Mauer und die schnelle staatliche Wiedervereinigung verschafften in dieser Situation von ökonomischer Strukturkrise und soziokultureller Verunsicherung überraschend Entlastung. Die Maßstäbe und Prioritäten politischen Handelns änderten sich fast über Nacht, aber das alte Westdeutschland fühlte sich von diesen Veränderungen lange Zeit kaum betroffen. Die Ausweitung der westlichen Rechts-, Wirtschafts- und Sozialordnung auf die neuen Bundesländer hat den in den achtziger Jahren durchaus schon diagnostizierten Reformbedarf der Bundesrepublik vielmehr wieder in den Hintergrund gerückt, teils verschleiert und jedenfalls um ein gutes Jahrzehnt zurückgeworfen. Das heißt nicht, dass ein anderer Weg zur Wiedervereinigung, insbesondere ein langsamerer Weg, dem Osten wie dem Westen besser getan hätte. Das zügige und entschlossene, dabei international stets abgesicherte Handeln der Regierung Kohl, und nicht zuletzt des Bundeskanzlers ganz persönlich, in der Vereinigungskrise von 1989/90 wird auch vor den Augen einer skeptischen Geschichtsschreibung bestehen können. Die schnelle staatliche Vereinigung war von der überwältigenden Mehrheit in Ost und

In Hamburg startet die viel diskutierte und mitunter angefeindete Ausstellung *Vernichtungskrieg. Verbrechen der Wehrmacht 1941 bis 1944*. Bis zum Herbst 2001 ist sie in vielen Städten Deutschlands und Österreichs zu sehen

Der Privatsender Sat.1 strahlt zum ersten Mal die *Harald Schmidt Show* aus. Schmidt wird zu einer Fernsehikone der neunziger Jahre

MÄRZ 1995 — **26. MÄRZ 1995** — **5. DEZEMBER 1995**

Das Schengener Abkommen zwischen Deutschland, Frankreich, den Beneluxstaaten, Spanien und Portugal tritt in Kraft. Innerhalb der EU gibt es nun keine Flugzeug- und Grenzkontrollen mehr. An den Außengrenzen dagegen verschärfen sich die Kontrollen

West gewollt, und sie nutzte ein zeitliches Fenster, das nicht unbegrenzt lange offen geblieben wäre. An der Wirtschafts- und Währungsunion führte schon angesichts der massenhaften Fluchtbewegung kein Weg vorbei. Jenseits dieser Fundamentalentscheidungen werden kritische Fragen noch lange diskutiert werden. Dazu gehört die Überforderung der Sozialversicherungen bei der Herstellung der sozialpolitischen Einheit und auch der Umgang mit dem industriellen Nachlass der DDR-Wirtschaft.

Die kulturelle Orientierung Deutschlands hat sich durch die Wiedervereinigung nicht grundlegend gewandelt – jedenfalls nicht so, wie damals vielfach spekuliert und befürchtet worden ist. Die Bundesrepublik ist nicht »preußischer« geworden und nicht »östlicher«, was immer das angesichts eines Ostmitteleuropa geheißen hätte, das sich von Polen über Tschechien und die Slowakei bis nach Ungarn in vieler Hinsicht schneller und erfolgreicher »verwestlicht« hat als die ehemalige DDR. Die Geografie der Nation veränderte sich 1990 durchaus, und die Darstellung der Wetterkarte in der *Tagesschau* war dafür mehr als nur ein oberflächliches Indiz. Die Bundesrepublik reichte weiter nach Osten, aber bekam andererseits eine scharfe Grenze an Oder und Neiße, wo bis 1989 noch eine diffus verwischte Zone die Grenzen des Reiches von 1937 anklingen ließ. Im Westen hatte man sich gerade an die neuen Nord-Süd-Achsen des Ver-

1995 Harald Schmidt bei der Präsentation seiner Show in Köln, zwei Monate vor Sendebeginn

APRIL 1996

Das Buch *Hitlers willige Vollstrecker* des amerikanischen Historikers Daniel Jonah Goldhagen löst, auch durch einen Artikel in der *ZEIT*, eine kontroverse Debatte über die Ursachen des Holocaust aus. Die Deutschen, so Goldhagens These, hätten aufgrund eines tief verwurzelten eliminatorischen Antisemitismus willig und mitunter auch mit Lust gemordet

26. APRIL 1997

»Durch Deutschland muss ein Ruck gehen«, fordert Bundespräsident Roman Herzog – seit Mai 1994 im Amt – in seiner Berliner Rede im Hotel Adlon. Deutschland mangele es an Unternehmergeist und Engagement

27. SEPTEMBER 1998

Bei der Bundestagswahl erleidet die CDU/CSU mit ihrem Spitzenkandidaten Helmut Kohl eine schwere Niederlage: Sie erhält nur 35,1 Prozent der Zweitstimmen. Die SPD siegt mit 40,9 Prozent. Die Ära Kohl ist damit nach 16 Jahren beendet

1997

Die Rechtschreibreform ist vollkommen in Ordnung ... wenn man weder lesen noch schreiben kann.

Vicco von Bülow (Loriot)

kehrs gewöhnt, symbolträchtig in der ICE-Neubaustrecke Hannover–Würzburg; jetzt traten die West-Ost-Verbindungen wieder in den Vordergrund: Kurz vor der Wahl von 1998 rückte Berlin auf anderthalb Zugstunden an Hannover heran. Der im Juni 1991 gefasste Hauptstadtbeschluss zugunsten Berlins hatte zunächst etwas Unwirkliches, bloß Deklaratorisches, und entfaltete seine reale Dynamik – dann aber mit einer ungeheuren Wucht – erst nach dem Regierungsumzug.

Im Rückblick gewinnt das eine innere Berechtigung, denn die Bundesrepublik blieb auch nach dem 3. Oktober 1990 weithin westdeutsch. Was ursprünglich als Beruhigung und Bekräftigung gedacht war: Deutschland auch nach der Vereinigung fest in seinen bisherigen Wurzeln zu halten, das erscheint inzwischen insofern problematisch, als sich das Land erst spät, im Grunde erst zwischen 2003 und 2005, der neuen Realität und der inneren Herausforderung des Wandels stellte. Das sorglose Kontinuitätsgefühl der achtziger und neunziger Jahre, das dadurch aufgebrochen wurde, lässt sich nicht einer gemächlich-konservativen Bräsigkeit einer Bundesregierung, geschweige denn eines Kanzlers, zurechnen. Das Wohlfühlen, das Cocooning inmitten der Krise gab es während der langen Kohl-Ära nämlich auch in einer sozialdemokratischen Variante: im größten Bundesland Nordrhein-Westfalen unter der noch länger dauernden Ministerpräsidentschaft Johannes Raus. Es war tief in der westdeutschen Mentalität dieser Zeit verankert.

So gesehen ist 1990 nicht ein »langer Weg nach Westen« (Heinrich August Winkler) zum Abschluss gekommen. Vielmehr traten in der Krise, jenseits des schützenden Mantels der ökonomischen Prosperität und des scheinbar unerschöpflichen Sozialstaates, auch historische Eigenarten Deutschlands im Vergleich zu seinen Nachbarn wieder schärfer hervor. Nach der Stagnation der letzten Kohl-Jahre trat das Land mit dem Gefühl in die rot-grüne Regierungszeit ein, dass sich nun etwas ändern, etwas zur Befreiung kommen müsse. Erst mehr als eine Legislaturperiode später breitete sich die Gewissheit aus, dass diese Befreiung an den am meisten drückenden Problemen vorbeigegangen war.

Paul Nolte, 1963 geboren, war 2001 bis 2005 Professor für Geschichte an der International University Bremen und lehrt seitdem Neuere Geschichte und Zeitgeschichte an der Freien Universität Berlin.

1982 MISSTRAUENSVOTUM GEGEN HELMUT SCHMIDT

1982

Misstrauensvotum gegen Helmut Schmidt

DIE ZEIT

KONTROVERSEN

Im Oktober 1982 zerbricht die sozial-liberale Koalition über wirtschaftpolitischen Fragen, Bundeskanzler Helmut Schmidt wird durch ein konstruktives Misstrauensvotum gestürzt. Zum neuen Kanzler wählt der Bundestag Helmut Kohl. In der *ZEIT* reflektiert Hermann Rudolph noch vor dem Misstrauensvotum über das Verhältnis von parteipolitischem Taktieren und sachbezogenen Entscheidungen in der Bonner Politik. Theo Sommer analysiert den anschließenden Machtwechsel mit großer Gelassenheit: Es wird, so seine Prognose, mehr Kontinuität als Wandel unter der neuen Regierung geben.

Taktik statt Politik

Der Koalitionsstreit wird zum Ärgernis

VON HERMANN RUDOLPH

DIE ZEIT, 10. September 1982

Es muß Ärgernis kommen in die Welt, aber wehe dem, durch den es kommt. So steht es, dunkeldräuend, im Matthäus-Evangelium. So mag es aber auch manchem in der Koalition, der sich nun nach der Sommerpause wieder in Bonn ins politische Geschirr spannt, ums durchaus säkularisierte Herz sein. Denn die Frage ist nicht mehr, ob die Koalition überlebt oder zu Ende geht. Der Streitpunkt ist, wer dieses Ende herbeiführt.

Auf der Tagesordnung des parlamentarischen Arbeitsbeginns in dieser Woche stehen der Bericht zur Lage der Nation und die Einbringung des Haushaltsentwurfs für 1983. Aber jeder weiß, daß es nicht wirklich um diese Themen geht. Statt der Lage der Nation steht in Wahrheit wieder die Lage der Koalition zur Debatte, und die Diskussion um den Etat ist vor allem anderen eine Auseinandersetzung darüber, wer durch welche Forderung den Koalitionspartner dazu bringt, das Regierungsbündnis aufzugeben – die FDP die SPD mit dem Beharren auf weitere Eingriffe in Leistungsgesetze oder die SPD die FDP mit dem Drängen auf eine Ergänzungsabgabe.

Solche Diskussions-Fronten beleuchten grell das, was die Entwicklung der Bonner politischen Verhältnisse unzumutbar macht. Wenn nicht mehr ohne Hintergedanken von dem die Rede sein kann, wovon die Rede sein müßte, weil die politische Auseinandersetzung durchtränkt ist von eindeutigen Absichten und hintergründigen Überlegungen, strategisch gemeinten Manövern und generalstabsmäßig durchgerechneten Szenerien für den Tag X, wird normale Politik unmöglich. Politik ist *auch* Taktik. Aber wenn Taktik zu beherrschenden Vorzeichen jedes Vorgangs wird, Sachfragen nur noch als Instrument dienen, um die politische Konstellation in diese oder jene Richtung zu hebeln, dann ist die Politik in Gefahr, sich selbst den Boden unter den Füßen wegzuziehen – die Aufmerksamkeit und Anteilnahme der Bürger.

Das eben ist die Lage, in die sich die Koalition in Bonn gebracht hat. Wie sie aus ihr herausfindet, mit Vertrauensfrage oder nicht, mit „fliegendem Wechsel" der FDP zur Union oder mit Neuwahlen, früher oder später, ist im Grunde genommen gleichgültig. Nur fortzuführen ist der gegenwärtige Zustand nicht mehr lange. Zwar hält unser politisches System einiges aus. Aber der Preis, der dafür zu entrichten sein würde, ist hoch, wäre zu hoch.

Die Situation selbst, wie sie sich dem Publikum darbietet, drängt auf Auflösung. Freilich scheint dabei inzwischen schon die Möglichkeit ausgeschlossen, daß sich die Koalition nochmals aus eigener Kraft stabilisiert. Das gilt selbst für den Fall, daß beide Partner dazu entschlossen wären. Denn die Lähmung, die das sozial-liberale Bündnis befallen hat, hat ihren Grund ja nicht in zufälligen Neigungen der Beteiligten, in plötzlicher linker Entschlossenheit bei der SPD, in neokonservativer Konversion bei der FDP, in den rhetorischen Parforceritten des Grafen Lambsdorff oder dem handfesten Zurückklotzen von Gewerkschaftsseite. Es ist das gewachsene und schließlich beherrschend gewordene Eigengewicht der Interessen, Anhänger und Bindungen in beiden Parteien selbst, welches das Bündnis auseinanderzerrt. Worum es dem Koalitionspartner immer gehen mag, um ihre Identität als Arbeitnehmerpartei im Falle der SPD, um die wirtschaftspolitische Wende in dem der FDP: Es geht ihnen da auch und nicht zuletzt um die eigene Haut. Da muß die Koalition auf der Strecke bleiben.

Aber inzwischen fehlt es wohl auch an der Entschlossenheit der Führungen in beiden Parteien, die Koalition noch ins Ziel der Bundestagswahl 1984 zu retten. Selbst Bundeskanzler Schmidt hält, so scheint es, die Stellung im Kanzleramt nicht mehr, weil er davon überzeugt ist, daß die Koalition noch eine Chance habe, sondern, in erster Linie, um seiner Partei einen Platzvorteil bei der absehbaren Liquidation der sozial-liberalen Ära und sich selbst einen guten Abgang in die Geschichtsbücher zu sichern. Denn bei der starken Stellung, die das Grundgesetz dem Kanzler zuweist, kann die SPD so die FDP in Zugzwang bringen, das Odium des Kanzlersturzes auf sich zu nehmen.

Auf der anderen Seite ist so schwer nie zu enträtseln gewesen, worauf die Politik des Lockerns und Lockens heraus will, die der FDP-Vorsitzende Genscher seit Jahr und Tag verfolgt. Sie zielt auf das Überleben der FDP in ihrer strategisch entscheidenden Position, strebt den Wechsel zur Union an, weil dieses Überleben ihr an der Seite der SPD nicht gewährleistet erscheint – aber den Anlaß dafür soll die SPD abgeben, indem sie sich von der Koalition abwendet. Genschers Ideal: ein Wechsel, als wechselte sie nicht, sondern der Koalitionspartner.

Aber das ist eine Rechnung, die ohne die SPD gemacht ist. Warum soll sie der FDP, die wahrlich nicht unschuldig an der Zerrüttung der Koalition ist, denn die Hand reichen? Ob aber das Abenteuer des beabsichtigten Koalitionswechsels in Hessen Genscher die Entscheidung erleichtert oder gar abnimmt, steht noch immer dahin.

Mit Genschers Politik – Machtwechsel ja, Verantwortung dafür nein – könnte es der FDP am Ende immer noch ergehen wie Buridans Esel: Der konnte sich zwischen zwei Heuhaufen nicht entscheiden und verhungerte schließlich kläglich.

1982 Bundeswirtschaftsminister Otto Graf Lambsdorff (FDP) nach der Debatte über sein Wirtschaftsmemorandum, das den Koalitionsstreit verschärft

Kein Aufbruch – kein Abbruch

Nach dem Machtwechsel

VON THEO SOMMER

DIE ZEIT, 8. Oktober 1982

Der Bundeskanzler kam ganz ohne Umschweife zur Sache. „Der Bildung dieser Bundesregierung ist eine lange, schwelende Krise vorausgegangen, deren Ursachen sich auf Jahre zurückverfolgen lassen. Ihr offener Ausbruch erfolgte kaum ein Jahr nach den Wahlen zum Deutschen Bundestag, die einen eindrucksvollen Vertrauensbeweis für meinen Vorgänger erbracht und den Parteien der bisherigen Regierungskoalition deren Fortsetzung ermöglicht hatten. In der Folge belasteten innenpolitische Schwierigkeiten, innerparteiliche Auseinandersetzungen und außenpolitische Sorgen die Arbeit der Regierung, bis schließlich die Uneinigkeit über den Ausgleich des Bundeshaushaltes und über die auf lange Sicht notwendigen finanzpolitischen Maßnahmen zum Auseinanderbrechen der bisherigen Koalition und zu einem Minderheitskabinett führten. Aus den dadurch notwendig gewordenen Koalitionsverhandlungen ist die neue Regierung hervorgegangen."

Das Zitat, das so treffend die Bonner Szene vom Oktober 1982 beschreibt, stammt aus dem Bundestagsprotokoll vom 13. Dezember 1966. Der Bundeskanzler hieß Kurt Georg Kiesinger, dessen gescheiterter Vorgänger Ludwig Erhard. Die zerbrochene Regierung war eine christlich-liberale, die neue das Kabinett jener Großen Koalition, in der sich die Unionsparteien mit den Sozialdemokraten zusammengetan hatten, ohne groß danach zu fragen, ob dies eigentlich dem Wählerwillen entsprach; der Gedanke an Neuwahlen wurde ausdrücklich verworfen.

Die Erinnerung an 1966 mag helfen, die jüngsten Bonner Ereignisse in die richtige Perspektive zu rücken. Kanzlersturz, Machtwechsel, Kurskorrektur – in der Demokratie sind das ganz normale Vorgänge, wie immer verblüffend, verletzend, ja anrüchig die Begleitumstände sein mögen, unter denen sie ins Werk gesetzt werden. Das

1982 MISSTRAUENSVOTUM GEGEN HELMUT SCHMIDT

war 1969 nicht anders als 1966. Nach dreizehn Jahren Herrschaft mag man heute die Wachablösung sogar für längst überfällig halten. Der fünfte Kanzler der Bundesrepublik zieht sich in sein Eigenheim zurück, der sechste übernimmt das Ruder. Ein Grund zur Dramatisierung liegt darin nicht.

Wir haben ja nicht wirklich einen „Putsch von oben" erlebt, wie verbitterte Sozialliberale meinen. Gewiß, allzu lange hat Hans-Dietrich Genscher seine Desertions-Absicht für sich behalten; seine monatelange Sprachlosigkeit verhüllte einen Mangel an Mannhaftigkeit ebenso wie ein Übermaß tumber Schläue. Aber am Ende fanden zwar nicht Genschers Winkelzüge, doch deren Ergebnis die Billigung der Fraktionsmehrheit und Zustimmung auch weithin in der Partei. Selbst in der Öffentlichkeit übrigens, der ja nicht verborgen geblieben ist, daß der Vorrat an Gemeinsamkeiten zwischen den sozial-liberalen Partnern aufgebraucht, auf jeden Fall ihr Wille zur Gemeinsamkeit unwiederbringlich dahin war. Und welches Etikett – Umfall, Mandatsübertragung, Verrat – man dem Partnertausch der FDP auch aufdrücken mag, so läßt sich doch nicht bestreiten, daß dabei geltende Verfassungsbestimmungen ausgenutzt, nicht aber gebrochen wurden. Das Grundgesetz deckt solche Schwenks. Eine ganz andere Frage ist es, ob auch die FDP-Wähler von 1980 den Wechsel querschreiben wollen.

Rainer Barzels Behauptung aber, wir lebten heute in einem „krisengeschüttelten Land", ist nicht viel mehr als eine verfrühte Wahlkampfentgleisung. Der Wirklichkeit der Bundesrepublik entspricht diese These nicht; auch nicht, wenn Franz Josef Strauß sie auf die wies'n-wirksame Pointe zuspitzt, Westdeutschland mache heute die „tiefste innen- und außenpolitische Krise seiner Nachkriegsgeschichte" durch. Das erinnert an Schiller: „Nacht muß es sein, daß Friedlands Sterne strahlen." Strauß braucht die Folie der Düsternis, damit er sich strahlend abhebt.

Unbestreitbar macht die Bundesrepublik eine Krise durch. Aber es ist eine Anpassungskrise, keine Staatskrise. Es ist überdies eine Krise, die nicht nur die Liberalen in der Regierung mitverschuldet haben, sondern für die auch die Union einen Teil der Verantwortung übernehmen muß: Sie hat in der Opposition vielem zugestimmt, das heute als korrekturbedürftig erkannt wird, bei manchem Gesetz sogar auf folgenschwere Verschärfung gedrängt. Und schließlich ist es eine Krise, die nicht nationale Torheit ausgelöst hat, sondern die durch die Bank alle demokratischen Industriestaaten erfaßt.

Anlaß zur Dramatisierung besteht auch aus einem anderen Grunde nicht. Wir haben es im Ernst nicht mit einer Systemkrise zu tun. Wohl durchschreiten wir in der Gegenwart, so scheint es, eine Bruchzone, in der manche herkömmliche Weisheit, manche als unumstößlich geltende Gewißheit ins Rutschen gerät. In der Parteienlandschaft der Bundesrepublik sind die Verwerfungslinien derzeit besonders deutlich. Aber auch dabei geht es um einen schwierigen Anpassungsprozeß, nicht um eine Endzeitkrise.

Die FDP hat das Wendemanöver ihres Vorsitzenden in eine schlimme Zerreißprobe gestoßen; eine Spaltung ist nicht auszuschließen. Doch ist den Liberalen schon so oft das Sterbeglöckchen geläutet worden, daß man sich hüten sollte, sie wieder einmal zu früh totzusagen. Eine Anekdote aus dem Ersten Weltkrieg, die Victor Gollancz erzählt, birgt da eine nützliche Lehre. Ein Oxford-Kommilitone verabschiedete sich mit einem Telegramm an die Front. Es schloß: *Goodbye Liberalism Forever*. Einen Tag später lieferte das Telegraphenamt die richtige Zeichensetzung nach. Nun las sich das Kabel ganz anders: *Goodbye. Liberalism Forever!* Der als Partei organisierte Liberalismus hat auch in der Bundesrepublik noch eine Funktion und eine Chance; wenngleich schwer vorstellbar ist, daß der Name Genscher noch lange damit verknüpft bleiben wird.

In Schwierigkeiten ist auch die SPD. Sie hat sich in den Krisenwochen des Sommers 1982 wie ein Mann um ihren bedrängten Kanzler geschart. Das kann freilich nicht vergessen machen, daß in den quälenden Monaten zuvor niemand Helmut Schmidt so sehr zugesetzt hat wie der linke Flügel seiner eigenen Partei. Das Postament seiner Regierungsmacht zerbröckelte in der SPD, bevor es im sozial-liberalen Bündnis vollends zerbarst. Wohin die Sozialdemokratische Partei sich jetzt entwickelt, steht dahin. Nach links, wo vielleicht Applaus winkt, aber keine Wählerstimmen? Richtung grün, antinuklear, antiamerikanisch? Oder bleibt sie auf Schmidt-Kurs: auf die Mitte hin orientiert und auf pragmatische Politik? Auch die Sozialdemokraten werden auf ihre Reißfestigkeit getestet werden.

Die Schrägstrich-Union CDU/CSU ist ebenfalls keine monolithische Größe. Da gibt es Franz Josef Strauß, den ewigen Störenfried; da gibt es Differenzen zwischen Sozialausschüssen und Unternehmerflügel; da gibt es den Graben zwischen Ideologen und Pragmatikern. Die Probe auf Helmut Kohls Führungsbefähigung steht noch aus; er gilt selbst vielen Unionspolitikern als Kanzler auf Bewährung. Zwar redet er viel von der geistig-moralischen Herausforderung unserer Zeit, doch wird er bald entdecken, daß schon die Verständigung aufs Praktische eine intellektuelle Anstrengung erfordert, die es mit Kalenderblatt-Sentenzen und Hausmacher-Grammatik nicht bewenden lassen kann.

Und da sind dann ja auch noch die Grünen, der neue Faktor in der westdeutschen Politik. Sie sind eher noch zerrissener als die alten Parteien. Ihre Dauerhaftigkeit ist vorläufig so zweifelhaft wie ihre Wirkung. Sie könnten eine Sternschnuppe sein oder sich zu einem neuen Himmelskörper am Firmament der Republik verdichten. Wollen sie zur Partei werden oder Bewegung bleiben? Wollen sie im Rahmen des Systems wirken, um es verfassungskonform zu verändern, oder wollen sie es in die Luft sprengen? Werden sie sich parlamentarisieren oder in der unfruchtbaren Fundamental-Opposition verharren? Das sind alles offene Fragen – und damit ist auch die Zukunft der Grünen ganz offen.

Manche bequeme Gewißheiten sind ins Rutschen geraten. Nicht jedoch unsere Demokratie. Die ist fester gegründet, als viele Zweifler wahrhaben wollen. Und sie bietet den Handelnden – dem Volk, den Volksvertretern – einen Rahmen, der genügend Halt schafft, das notwendige Alte zu bewahren, und zugleich genügend Flexibilität, das notwendige Neue zu vollziehen.

Lassen wir uns nicht ins Bockshorn jagen. Wir werden keine „andere Republik" bekommen, bloß weil der neue Bundesinnenminister Friedrich Zimmermann heißt; wir haben ja auch 1966 keine andere Republik bekommen, als der *Spiegel*-Skandalist Strauß ins Kabinett der Großen Koalition eintrat. Wir müssen auch keine andere Republik befürchten, bloß weil die Grünen in den gewohnten Parteienfächer einbrechen; eine Chance haben sie auf längere Sicht nur dann, wenn sie sich an die Verfassung halten.

Und überhaupt, was heißt das schon: eine andere Republik? Revolution? Die steht nicht auf der Tagesordnung. Veränderung? Natürlich; sie ist das Wesen des demokratischen Prozesses. Wer bewahren will, muß verändern können und verändern wollen. Eine veränderte Republik müssen wir gewärtigen, nicht eine andere.

Der Wechsel birgt auch Chancen. Die Möglichkeit, frisch anzufangen. Die Möglichkeit, Energien freizusetzen, die letzthin im Gemurmel und Gegrummel der Bonner Agonie erstickt worden waren. Die Möglichkeit, Zeichen aufzurichten, die das Denken der gesellschaftlichen Gruppen verändern – Kohls fünfprozentige Kürzung der Ministergehälter weist da in die richtige Richtung.

Und vieles bedarf ja in der Tat des beherzten Anpackens. Sozialstaatliche Bedürfnisse und wirtschaftliche Notwendigkeiten müssen wieder auf einen einleuchtenden, finanziell verkraftbaren Nenner gebracht werden. In der Europäischen Gemeinschaft tut ein neuer Anlauf not. Das transatlantische Verhältnis muß frisch fundiert werden, wenn es bis zur Jahrtausendwende überdauern soll – und Anpassung wird da nicht nur von den Europäern, sondern zumal von den Amerikanern verlangt werden müssen. In der Ostpolitik ist von der Kooperation zu retten, was zu retten ist, und an unerschrockener Konfrontation zu bestehen, was Moskau uns aufzwingt. Die Sicherheitspolitik muß von Grund auf neu durchdacht werden – nicht so sehr, weil die Friedensbewegung darauf drängt, als vielmehr deswegen, weil die alten Konzepte sachlich überholt sind.

Jetzt ist vor allen Dingen eines erforderlich: demokratische Gelassenheit. Die Verlierer dürfen die Niederlage nicht zur nationalen Katastrophe stilisieren. Die Sieger müssen sich vor falschen Triumphgefühlen hüten. Noch steht die Legitimation des Wechsels durch die Wähler aus; deren Verdikt über den Neuanfang bleibt abzuwarten. Die versprochenen Bundestagswahlen am 6. März sollten übrigens nicht zum parteipolitischen Zankapfel werden. Kohl, wie es die SPD tut, in einem Atemzug Wortbruch vorzuwerfen, falls er nicht wählen läßt, und Verfassungsbruch, falls er es doch tut – das ist agitatorische Unlauterkeit. Unstatthaft wäre es indes auch, wollte sich die Union mit einer Verfassungsänderung aus der jetzigen Klemme mogeln. Eine Erleichterung der Parlamentsauflösung hat im Prinzip vieles für sich,

1982–1998 Die doppelte Wende

1982 MISSTRAUENSVOTUM GEGEN HELMUT SCHMIDT

aber man sollte sich davor hüten, das Grundgesetz in kniffligen Lagen zur Brechstange umzuschmieden.

Anders als 1969 liegt im Herbst 1982 keine Aufbruchsstimmung in der Luft. Kein Aufbruch, doch auch kein Abbruch, muß heute die Parole sein: Nicht polarisieren; nicht den schrillen Antagonismen Raum geben, der Skepsis-von-Vorneherein, der automatischen Verdächtigung des parteipolitischen Gegners; nicht die Kontinuität in Frage stellen. Helmut Kohls Anfang läßt die Hoffnung zu, daß er dies begriffen hat. Viele im Lande würden aufatmen, wenn er in seiner Regierungserklärung bekräftigte, daß es ihm darum gehe, das Mittelfeld der Politik zu verbreitern, nicht einzuengen – in der Innenpolitik wie in der Außenpolitik; zerbrochene Dialoge wieder aufzunehmen, nicht ersterben zu lassen; über die Verwerfungslinien unserer Gegenwart hinweg Vertrauen zu schaffen.

Ehe Kurt Georg Kiesinger vor sechzehn Jahren seine Regierungserklärung abgab, beschäftigte sich der Bundestag mit der Bundesgartenschau in Dortmund. Am Freitag voriger Woche wollte das Hohe Haus eigentlich das Bundeskleingärtnergesetz behandeln; statt dessen mußte es sich mit der Drucksache 9/2004 befassen, dem Antrag, Helmut Schmidt durch die Wahl eines neuen Kanzlers zu stürzen. Das Banale wohnt auch im Parlament dicht neben dem Erhabenen.

Die Politik geht weiter, die politische Show auch. In der nächsten Zeit wird die demokratische Öffentlichkeit gut daran tun, das eine vom anderen zu unterscheiden.

1982 Die Parteichefs von CSU, CDU und FDP (Franz Josef Strauß, Helmut Kohl, Hans-Dietrich Genscher) vereinbaren ein konstruktives Misstrauensvotum gegen Bundeskanzler Helmut Schmidt und planen eine neue Regierungskoalition

1983
Waldsterben

DIE ZEIT KONTROVERSEN

Alarmierende Zahlen: 34 Prozent des deutschen Waldes seien durch sauren Regen geschädigt, verkündet ein Bericht der Bundesregierung im Oktober 1983. Damit seien achtmal so viele Bäume betroffen wie im Vorjahr. »Saurer Regen« und »Waldsterben« werden zu Schlagworten der Ökologiedebatte der achtziger Jahre. Auch die ZEIT entwirft ein düsteres Zukunftsszenario – »Noch zwanzig Jahre deutscher Wald?« – und drängt auf rasches politisches Handeln.

1983 WALDSTERBEN

Noch zwanzig Jahre deutscher Wald?

Mit Beschwichtigungen und Patentrezepten läßt sich die Umweltkatastrophe nicht aufhalten

VON GÜNTER HAAF

DIE ZEIT, 7. Januar 1983

Das weihnachtliche Ereignis in den guten Stuben der Deutschen bekam dieses Mal eine düstere Symbolik: Der Weihnachtsbaum nadelte ab. Der millionenfache Tod des traditionellen Zimmerschmucks nimmt, daran gibt es nicht mehr viel zu deuten, den millionenfachen Tod unserer Bäume draußen im Wald vorweg.

Von all den schlechten Prognosen für das neue Jahr ist kaum eine so wohlfundiert wie diese: 1983 wird das größte Waldsterben in der Geschichte der Bundesrepublik bringen. Es wird ausgelöst von dem Jahrhundertsommer des vergangenen Jahres, denn warme und trockene Jahre sind für unsere Wälder stets eine Belastung. Die wahren Ursachen liegen jedoch tiefer: in der Sorglosigkeit, mit der wir unsere Industrie und unsere Autos Abgase in die Atmosphäre blasen lassen.

Die Industrienationen haben die Selbstreinigungskraft der Atmosphäre überschätzt und die Anpassungsfähigkeit der Biosphäre überlastet. Anstatt sich jedoch energisch an eine Besserung des bedrohlichen Zustands zu machen, spulen Politiker – nicht nur in der Bundesrepublik – das bekannte Repertoire ab: Zunächst wird das Problem schlicht verleugnet, dann, wenn es unübersehbar ist, mit dem Hinweis auf Erkenntnislücken und internationale Harmonisierung der Aktionen auf die lange Bank geschoben.

All die eilfertigen Beschwichtigungen und die wohlfeilen Rezepte der letzten Wochen helfen nicht weiter. Mit „zwei Schaufeln Kalk" für jeden Baum, wie der ehemalige Arbeitsminister Herbert Ehrenberg empfiehlt, läßt sich die Katastrophe nicht abwenden. Und mit haarspalterischen Argumenten, ob nun der saure Regen oder das Ozon oder der Schadstoff X Schuld hat, lenken profilierungssüchtige Politiker und engstirnige Wissenschaftler nur vom eigentlichen Problem ab. Die tödliche Bedrohung unseres wichtigsten Ökosystems – des Waldes – rührt nicht von einem einzigen Schadstoff her, sondern von der technischen Zivilisation. Die Gefahr läßt sich deshalb nicht mit eindimensionalen Patentrezepten abwenden, sondern nur mit einem Maßnahmenkatalog, der am Selbstverständnis moderner Industriegesellschaften rüttelt.

Es wird und kann keine allgemeingültige, umfassende Betriebs- und Reparaturanleitung für den Wald geben. Dies gilt für alle lebenden Systeme. Aber es gibt heute gesicherte Erkenntnisse genug, um die Diagnose zu stellen: Unser Wald ist krank. Rund acht Prozent der Waldfläche in der Bundesrepublik sind heute sichtbar vom Baumsterben betroffen. Das sind mindestens sechzig Millionen Bäume.

Schlimmer noch als die Bestandsaufnahme sind die Trends hinter dieser bestürzenden Zahl.

Erstens: Das Baumsterben hat in den letzten fünf Jahren ein alarmierendes Tempo angenommen – bei der sprichwörtlichen Langlebigkeit der Wälder eine galoppierende Schwindsucht.

Zweitens: Nicht nur vergleichsweise seltene Baumarten wie die Tanne werden dahingerafft, auch die beiden wichtigsten deutschen Baumarten – Buche und Fichte – zeigen immer mehr Schäden. In Nordrhein-Westfalen konnten bei einer landesweiten Untersuchung 1982 nur sieben Prozent der Fichtenstandorte als „absolut gesund" eingestuft werden. Sogar im Bayerischen Wald krankt ein Viertel der Fichtenbestände.

Drittens: Die natürliche Verjüngung des Waldes ist nachhaltig gestört. Selbst nach fruchtbaren Jahren bleibt in weiten Teilen Deutschlands der Baumnachwuchs immer öfter aus.

Die Hiobsbotschaften der Forstverwaltungen werden durch wissenschaftliche Erkenntnisse bekräftigt. Forstbiologen finden in Nadeln, Blättern und Holz immer mehr Schadstoffe (wie giftige Schwermetalle) und immer weniger lebenswichtige Nährstoffe, wie vor allem Kalzium und Magnesium. Noch erschreckender sind die Funde der Bodenchemiker, denn im Waldboden herrschen inzwischen in weiten Teilen des Landes Bedingungen, denen weder Wurzeln noch Mikroorganismen herkömmlicher deutscher Wälder gewachsen sind: Der Boden ist viel zu sauer.

Die Kaskade schlechter Nachrichten ergießt sich – Ironie des Schicksals – ausgerechnet über jenen Wirtschaftszweig, der auf eine lange Tradition umweltfreundlichen Wirtschaftens stolz sein kann. Die deutsche Forstwirtschaft hatte im letzten Jahrhundert mit dem Prinzip der Nachhaltigkeit – nur so viel Holz schlagen, wie gleichzeitig nachwächst – die zuvor übermäßig gestutzten Wälder vor dem Zusammenbruch gerettet. Zwar starben auch schon vor hundert Jahren im Abwind von Schloten die Bäume. Solche Schäden blieben jedoch ein lokales und regionales Problem, das mit gesundem Menschenverstand begrenzt werden konnte.

Mit den Rauchgasschäden der Gründerzeit hat das gegenwärtige Waldsterben so viel zu tun wie die Dampflok mit dem Düsenflugzeug. Weil heute mehr Energie umgesetzt wird, geht der Verfall schneller, auch über Staatsgrenzen hinweg. Der Energieverbrauch, in Mitteleuropa zwischen 1910 und 1950 einigermaßen konstant, verdreifachte sich in den letzten dreißig Jahren. Verdreifacht hat sich dabei auch der Ausstoß an Abgasen, allen voran Schwefeldioxyd. Das gasförmige Produkt schädigt Nadelbäume schon in geringen Konzentrationen. Bleibt es länger in der Luft, etwa, weil es durch Riesenschlote hoch in die Atmosphäre geblasen wird, so verbindet es sich mit der Feuchtigkeit zu schwefliger Säure: Der saure Regen ist geboren.

Heute wird auf dramatische Weise sichtbar, daß die wohlgemeinte „Politik der hohen Schornsteine" das Abgasproblem nicht etwa beseitigt, sondern – auch im geographischen Sinn – noch vergrößert hat. Als erste hatten die Skandinavier und Kanadier unter der sauren Sintflut zu leiden: In ihren Seen starben die Fische, weil dort kein Kalk die herabregnende Säure neutralisierte. In den Wäldern zeigte sich die Wirkung nicht so schnell und nicht so drastisch. Nun aber werden die Folgen unübersehbar.

Immerhin mehren sich die Anzeichen dafür, daß Bundes- und Landespolitiker endlich den Hiobsbotschaften ihrer Forst- und Forschungsinstitute mehr Glauben schenken. So trug offenbar die Sorge um den Zustand der bayerischen Wälder wesentlich mit dazu bei, daß Bundesinnenminister Friedrich Zimmermann die noch von der sozialliberalen Koalition verabschiedete Verschärfung der Technischen Anleitung (TA) Luft widerspruchslos übernahm. Die neuen Grenzwerte liegen freilich beim wichtigsten Schadstoff Schwefeldioxyd noch um das Dreifache über dem für Fichten bekömmlichen Wert. Und auch die Großfeuerungsanla-

1983 WALDSTERBEN

genverordnung, die in diesem Frühjahr verabschiedet werden soll, wird die bedenkliche Entwicklung nicht ernsthaft anhalten.

Was zu tun ist, liegt auf der Hand. Der Verfall des Waldes muß einmal an Ort und Stelle angehalten werden – eine Aufgabe, deren Milliardenkosten nicht den Waldbesitzern allein aufgebürdet werden können. Zum andern müssen die Gesetze und Vorschriften zur Minderung der Luftbelastung voll angewandt werden, vor allem bei den Großfeuerungsanlagen. Wie das aussehen könnte, zeigt der Entwurf eines Schwefelabgabengesetzes, den das hessische Umweltministerium in der vergangenen Woche vorgelegt hat. Danach sollen deutsche Großfeuerungsanlagen pro ausgestoßener, technisch nicht rückhaltbarer Tonne Schwefeldioxyd mit 2000 Mark belastet werden, damit endlich bessere Filter und Verbrennungsverfahren entwickelt werden. Zur Zeit wird eine saubere Anlage nicht honoriert – Quintessenz einer verfehlten Umwelt- und Energiepolitik. Noch immer lohnt es sich für die Elektrizitätswirtschaft, die größten Dreckschleudern auf Volldampf laufen zu lassen.

Die Folgen der Waldvernichtung wären nicht nur für das Gemütsleben der Deutschen katastrophal, deren Traumberuf ja immer noch Förster ist. Die Wälder, die ein Drittel unserer Fläche bedecken, könnten ihre entscheidende Aufgabe für den Wasser- und Lufthaushalt unseres Landes nicht mehr erfüllen. Der Verlust von gut 600 000 Arbeitsplätzen in der Holzindustrie erscheint dagegen fast zweitrangig.

Was jetzt vor allem not tut, ist der politische Wille an höchster Stelle. Lange genug wurde nachgeordneten Behörden erlaubt, mögliche Gegenmaßnahmen zu verschleppen. Jetzt rächt es sich, daß in den siebziger Jahren kein verantwortlicher Bundesumweltminister bestallt und mit den nötigen Machtmitteln ausgestattet wurde. Denn soviel Zeit, wie zur Einrichtung eines arbeitsfähigen Bundesministeriums nötig ist, bleibt nach Meinung der meisten Fachleute zur Rettung der heutigen Waldbestände nicht mehr. Wenn nicht bald einschneidende Maßnahmen gegen die Luftverschmutzung eingeleitet werden, kippt das Ökosystem Wald um; der Wald ist dann tot.

Pessimisten wie der Göttinger Bodenkundler Professor Bernhard Ulrich, der sich länger als irgendein anderer deutscher Wissenschaftler mit dem Waldsterben befaßt hat, geben unseren Forsten keine zwanzig Jahre mehr.

1983 Eine Schulklasse macht sich zwischen toten Bäumen ein Bild vom Waldsterben im Harz, der besonders betroffen ist

1983–1987
Flick-Affäre

DIE ZEIT
KONTROVERSEN

Der Skandal weitet sich von Woche zu Woche aus: 1984 müssen sich zunächst Bundeswirtschaftsminister Otto Graf Lambsdorff (FDP) und sein Vorgänger Hans Friderichs (FDP) vor Gericht verantworten, weil sie dem Flick-Konzern gegen Zahlungen Steuerfreiheit gewährt haben. Am Ende wird deutlich: Hinter der Flick-Affäre verbirgt sich ein gewaltiger Parteispenden-Skandal, in den nicht nur einzelne Minister und der Bundestagspräsident Rainer Barzel (CDU) verstrickt sind, sondern auch Bundeskanzler Helmut Kohl selbst – wie auch in die CDU-Parteispenden-Affäre Ende der neunziger Jahre. In der *ZEIT* kommentiert Robert Leicht die Ereignisse mit großer Schärfe.

1983–1987 FLICK-AFFÄRE

Schleifspuren eines Skandals

Das Urteil im Flick-Prozeß gilt der ganzen politischen Klasse der Republik

VON ROBERT LEICHT

DIE ZEIT, 20. Februar 1987

Drei Männer standen vor Gericht – Symbolfiguren unseres politischen Systems und seiner Fehler. Ob das Gemeinwesen mit dem Urteil genausogut leben kann, wie Otto Graf Lambsdorff sich das selbst glauben machen will? Wird der Duft von Bananen, der über einigen Rängen der Republik schwebte, sich nach dem Spruch des Bonner Landgerichts auflösen?

Vor elf Jahren kamen die ersten Steuerfahnder der Parteispendenaffäre auf die Spur, vor achtzehn Monaten begann jener „Flick-Prozeß", in dem erstmals zwei frühere Bundesminister für das Finanzgebaren ihrer Partei und ein hoher Industriemanager für seine „politische Landschaftspflege" vor Gericht geradestehen mußten. Die Urteile vom Montag: für den ehemaligen Flick-Manager von Brauchitsch zwei Jahre Freiheitsstrafe mit Bewährung und eine Geldstrafe von 550 000 Mark; für den Ex-Wirtschaftsminister Lambsdorff eine Geldstrafe von 180 000 Mark, für seinen Amtsvorgänger Hans Friderichs 61 500 Mark Geldstrafe – dies alles wegen Steuerhinterziehung und der Beihilfe dazu.

Die Richter veranschlagten den angerichteten Steuerschaden bei Brauchitsch auf 16,7 Millionen, bei Lambsdorff auf 1,3 Millionen, bei Friderichs auf 1,6 Millionen. Die Urteile sind dafür milde ausgefallen. Es sind jedenfalls schon Leute hinter Schloß und Riegel gewandert, die weniger als zehn Millionen Mark „umgeleitet" haben. Die Richter haben keinen Hehl aus ihrem eigenen Zweifel am Strafmaß gemacht. Sie waren sich im klaren, daß sie nicht das „einzig mögliche Strafmaß" gefunden haben: Lambsdorff sei zwar mit einer Geldstrafe davongekommen, aber dies sei „gerade noch vertretbar".

Schärfer als die Strafe selbst wirken deshalb viele Hauptsätze der Urteilsbegründung. Der Freispruch wegen der Bestechung und Bestechlichkeit, auf den es den Angeklagten so ankam, erging als Freispruch

1985 Der in der Flick-Parteispenden-Affäre angeklagte ehemalige FDP-Wirtschaftsminister Otto Graf Lambsdorff (vorne) auf dem Weg zum Gericht

zweiter Klasse. Das Gericht protokollierte seinen weiterhin bestehenden, „nicht unerheblichen" Verdacht; die Staatsanwälte hätten insofern zu Recht angeklagt. Und was die illegalen Spendenpraktiken angeht, so ist die Version vom gutgläubig begangenen Kavaliersdelikt energisch dementiert worden.

Es ging um Millionen; vor allem jedoch ging es um die politische Moral. In jeder Wendung erst der Parteispendenaffäre, dann ihrer justiziellen Aufarbeitung stand gleichzeitig der gesamte politische Prozeß zur Debatte. Zwei Fragen rückten dabei in den Mittelpunkt. *Erstens:* Was können wir von unserer politischen Klasse verlangen?

Zweitens: Welchen Weg haben unsere politischen Parteien genommen, von den Vätern der Verfassung zu den Wucherungen der Wirklichkeit?

Die Frage an die Politiker läßt sich auch anders formulieren: Soll in der Demokratie der Durchschnitt regieren oder braucht nicht gerade das parlamentarische System ein hervorgehobenes Personal – nicht bloß schiere Prominenz, sondern Leute mit politischem Profil? Ein Begriff, der lange Zeit verpönt war, hat seit einigen Jahren wieder Konjunktur: *Elite.* Vorerst gilt dies freilich mehr im Sinne von Privilegien und Prämien („Leistung muß sich wieder lohnen"), von Pflichten und von Selbstdisziplin ist dabei kaum die Rede – oder nur in Appellen an die anderen.

Politiker sind gewiß keine Übermenschen. Aber sie regieren zugleich über Menschen, nehmen sie in Pflicht. In einer Demokratie ist dies nur möglich, sofern die politische Klasse Maßstäbe nicht nur auferlegt, sondern sich ihnen zuallererst unterwirft.

Deswegen war der Parteispendenskandal immer mehr ein Problem des Straf- und Steuerrechts. Die konspirativen und begehrlichen Finanzierungspraktiken griffen den Humus unserer politischen Kultur an. Schlimm genug, daß jahrelang erst die verfassungsrechtlich gebotene Gesetzgebung verschleppt wurde, hernach die verspäteten Gesetze planvoll hintergangen wurden. Schlimmer aber noch, daß (als die kleinen Steuerfahnder die ersten Zipfel lüpften) auf der „politischen Ebene" zunächst die Ermittlungen behindert wurden, schließlich die Gesetze in zwei Amnestie-Versuchen von den Schuldigen selbst nachträglich um ihre Wirkung gebracht werden sollten.

Selten zuvor hat sich der Lehrsatz so kraß bestätigt, daß der Skandal mit seiner Aufdeckung meist nicht aufhört, sondern erst richtig beginnt. Dazu zählte die atemberaubende Tatsache, daß ein ehemaliges Staatsoberhaupt, daß Walter Scheel als Zeuge vor Gericht die Spendenpraktiken fröhlich rechtfertigte: „Dies war ein vom Gesetz erzwungener Umweg." Seit wann ist das Verbot schuldig an der Missetat?

Das Defizit an Einsicht pflanzte sich fort bis zum letzten Verhandlungstag im Flick-Prozeß. Wußte Lambsdorff wirklich nicht, was

1983–1987 FLICK-AFFÄRE

er mit seinem Schlußwort vor dem Bonner Landgericht anrichtete? Wohl wahr, nicht alle, die in dem finanziellen Ringelpiez mitgespielt hatten, kamen vor ihren irdischen Richter. Der Graf trägt insofern ein Stück Zufallshaftung, aber nicht zu Unrecht. Doch als er vor Gericht ausrief: „Legionen müßten sie bestrafen, wenn das schon Beihilfe zur Steuerhinterziehung sein soll" – da stellte er der politischen Klasse unseres Landes ein verheerendes Urteil aus – ein Urteil, mit dem nun die Bürger leben sollen.

Autorität und Glaubwürdigkeit des Rechtsstaats hängen in erster Linie davon ab, daß die Imperative der Gesetze in jeder Richtung auf gleichem Niveau gelten. Deswegen war die beklemmendste Erfahrung in diesem Jahrzehnt der Parteispendenaffäre allemal der Tanz der Tartuffes.

Da mußten sich wahrlich Legionen von jungen Leuten unter dem Extremistenbeschluß bis in die dritte Instanz für ihre zum Teil albernen „Jugendsünden" rechtfertigen – vor Politikern, die das Gesetz beugten, gerade weil sie es kannten. Wer vermag Hausbesetzer und Demonstranten an die Regeln des Rechts zu binden, wenn er selbst dessen Fesseln heimlich abstreifte? Und – allerjüngstes Beispiel – wie will man wirkungsvoll einem rechtswidrigen Volkszählungsboykott entgegentreten, wenn man selbst jahrelang die gesetzlichen Normen für die Parteifinanzierung boykottiert hat?

Gewiß, es gibt keine Gleichheit im Unrecht; niemand darf seine eigenen Pflichten mißachten, weil andere es tun. Aber wenn es in den vergangenen Jahren oft genug schwer war, jungen, aufsässigen Bürgern die friedensstiftende Funktion des Rechtsstaats verständlich zu machen, so hat dies viel mit den Schleifspuren des Parteispendenskandals zu tun gehabt, der darin offenbar gewordenen Scheinheiligkeit vieler Politiker.

Dieser Flurschaden ist angerichtet worden. Die Justiz kann allenfalls noch dem Strafrecht Genüge tun. Wirklich reinigend vermag der Skandal jedoch nur zu wirken, wenn alle Täter, Mittäter und Mitwisser endlich einsehen, daß sie mehr gutzumachen haben als die Verletzungen der Legalität. Doch bisher spricht wenig dafür, daß sie entschlossen sind, den normalen Anspruch unserer politischen Kultur frisch zu beglaubigen, den politischen Stil zu sanieren, die Disziplin der Elite zu erneuern. Die Phrase von der geistig-moralischen Erneuerung galt bisher nur dem „Weiter so!"

Graf Lambsdorff will weitermachen, er hält sich nun wieder bereit für alle politischen Ämter, Revision hin oder her. Welch' Hybris! So wichtig die Frage ist, ob ein Beamter mit einer solchen Strafe entlassen werden müßte (wohl nicht), ob ein Bürger mit einer solchen Vorstrafe überhaupt Beamter werden könnte (gewiß nicht) – den einfachen Bürgern muß es allein darauf ankommen, ob der Verurteilte, ob seine Partei, ob die ganze politische Klasse – nach dem jahrelang geübten Hohn auf die Justiz – wenigstens jetzt begreifen, daß Politiker sich vorbildlicher verhalten müssen, als es der Staatsanwalt verlangt. Tauglichkeit für ein politisches Amt ist nicht nur eine Frage der Zulässigkeit, sondern vor allem eine Frage der Zumutbarkeit.

Die Einsicht in das Zumutbare ist vielen Parteipolitikern offenbar in dem Maße abhanden gekommen, in dem sich die Parteifinanzen aufblähten. Wären die Parteien allein auf Beiträge angewiesen (und eine sparsame Wahlkampfkostenerstattung), sie hätten sich nie derart vom Bewußtsein der Mitglieder abkoppeln können. Inzwischen haben sich ihre kumulierten Etats (Fraktionen, Stiftungen, Wahlkampfkosten, steuerbegünstigte Spenden) und Privilegien (vor allem in den öffentlich-rechtlich Medien) derart gehäuft, daß die Parteipolitiker weniger auf ihre Mitglieder hören, als vielmehr die Bürger beschallen.

Daran hat auch das neue Parteienfinanzierungsgesetz wenig geändert. Die Rechenschaftsberichte fallen zwar inzwischen aussagekräftiger aus; für illegale Spenden gibt es jetzt empfindliche Sanktionen. Aber die läuternde Wirkung der Affäre ist ausgeblieben: Der Teufelskreis (die Parteien müssen sich – so oder so – Geld beschaffen, weil sie Geld brauchen) wurde nicht durchbrochen, sondern nur legalisiert. Schuld daran trägt der Gesetzgeber, auch wenn das Bundesverfassungsgericht in einer unbegründbaren Kehrtwendung seiner Rechtsprechung die Patenschaft dafür übernommen hat.

Drei Männer standen vor Gericht – das Urteil galt nicht ihnen, sondern auch dem politischen System, in dem ihre Taten möglich waren (in dem freilich am Ende doch die Justiz ihr Recht behält). Die drei waren keine Unschuldslämmer. Doch wer sie zu Sündenböcken abstempelt, verdrängt die Mitschuld vieler anderer.

1984
35-Stunden-Woche

DIE ZEIT KONTROVERSEN

Infolge der ersten Ölkrise 1973 stieg die Zahl der Erwerbslosen in der Bundesrepublik auf etwa eine Million. Nach der zweiten Ölkrise zählt man 1983 mehr als 2,5 Millionen Menschen ohne Arbeit. Die Bundesregierung setzt sich für eine Frühverrentung älterer Arbeitnehmer ein, um jüngere Arbeitskräfte in Lohn und Brot zu bringen, die Gewerkschaften IG Metall und IG Druck und Papier fordern die 35-Stunden-Woche – und können sich am Ende mit einem massiven über Wochen dauernden Doppelstreik durchsetzen. Was für und was gegen eine Arbeitszeitverkürzung spricht, diskutiert auch die *ZEIT* – und veröffentlicht im April 1984 eine Pro- und Contra-Darstellung.

1984 35-STUNDEN-WOCHE

PRO 35-Stunden-Woche

VON HEINZ MICHAELS

DIE ZEIT, 13. April 1984

Im Streit um die 35-Stunden-Woche prallen die Ansichten hart aufeinander: Ist sie ein geeignetes Mittel gegen die Arbeitslosigkeit, oder droht sie im Gegenteil die Beschäftigungskrise noch weiter zu verschärfen?

In der Schule mußten wir Rechenaufgaben lösen wie diese: Wenn fünf Arbeiter ein Haus in 30 Tagen bauen, wie viele Tage brauchen dann sieben Arbeiter? Lösung: 21,43 Tage.

Bei den Auseinandersetzungen um die 35-Stunden-Woche kommen mir immer wieder solche simplen Dreisatzaufgaben in den Sinn, denn sie bieten den Schlüssel zu einem besseren Verständnis der Forderung nach einer Verkürzung der Wochenarbeitszeit.

Zweifelsohne kann man solche Rechnungen auch der Lächerlichkeit preisgeben, wenn man die absurde Frage stellt: Wie lange brauchen 500 Arbeiter? Rein rechnerisch kommt dann die extrem kurze Produktionszeit von einem Drittel Tag heraus; aber jeder vernünftige Mensch weiß, daß nicht 500 Menschen gleichzeitig auf der Baustelle arbeiten können, ja daß der Mörtel zwischen den Ziegeln nicht einmal in dieser Zeit abbindet. Natürlich muß man der Berechnung realistische Bedingungen zugrunde legen.

Nehmen wir also an, in einem Ort soll innerhalb von dreißig Tagen ein Haus gebaut werden. Ganz selbstverständlich wurde damals, als ich zur Schule ging, ein Acht-Stunden-Tag und eine 48-Stunden-Woche zugrunde gelegt. An diesen dreißig Arbeitstagen waren also, das obige Beispiel mit fünf Arbeitern zugrunde gelegt, 1200 Arbeitsstunden zu leisten.

Lebten nun sieben Maurer in dem Ort, so hatten fünf von ihnen einen Job und zwei waren arbeitslos. Die neue Frage des Mathematiklehrers konnte nun lauten: Wie viele Arbeitsstunden muß jeder Arbeiter leisten, wenn sieben Arbeiter das Haus in dreißig Tagen bauen? Die Lösung ist: 5,7 Stunden am Tag.

Weniger Arbeit für den einzelnen Maurer führt also dazu, daß alle Maurer des Ortes Arbeit haben. Das ist, auf den einfachsten Nenner gebracht, der Grundgedanke für die Forderung nach der 35-Stunden-Woche.

Umgesetzt auf die deutsche Volkswirtschaft heißt das: Wir haben in der Bundesrepublik im letzten Jahr mit rund 26 Millionen Erwerbstätigen ein Bruttosozialprodukt (die Summe aller Produkte und Dienstleistungen) von fast 1700 Milliarden Mark erwirtschaftet. Dabei waren allerdings im Durchschnitt 2,35 Millionen Menschen arbeitslos, haben also nicht beigetragen zum Bruttosozialprodukt. Im Gegenteil, für die Arbeitslosen muß die Volkswirtschaft rund 50 Milliarden Mark aufbringen.

Nach der Dreisatzaufgabe meines Mathematiklehrers könnten alle Arbeitslosen Arbeit finden, wenn alle Erwerbstätigen zehn Prozent weniger, also statt der heute üblichen 40 Stunden in der Woche, nur noch 36 Stunden arbeiten würden.

Leider ist das Leben nicht so einfach. Wenn die Maurer in unserem Beispiel mit besseren Maschinen ausgerüstet werden, wenn Baukran und Fertigbeton die Arbeit beschleunigen, so daß nur noch tausend statt 1200 Arbeitsstunden benötigt werden, dann stimmt die Rechnung nicht mehr, dann werden nur noch sechs Maurer benötigt, dann wurde ein Arbeitsplatz wegrationalisiert, dann ist einer arbeitslos.

Dann ergibt sich die Frage: Finden wir uns damit ab, daß ein Mann arbeitslos ist? Oder verkürzen wir die Arbeit weiter auf 4,75 Stunden am Tag, um weiterhin alle Maurer zu beschäftigen?

In den Jahren des Wiederaufbaus und des Wirtschaftswunders in der Bundesrepublik wurde dieses Problem der Produktivitätssteigerung – das es global in der Volkswirtschaft ebenso gibt wie im Kleinbetrieb – dadurch überdeckt, daß immer mehr Häuser gebaut wurden – eineinviertel, eineinhalb, ja zwei Häuser in 30 Tagen. Das Wirtschaftswachstum beschäftigte die Arbeiter trotz ständig steigender Produktivität.

Doch seit zehn Jahren geht auch diese Rechnung nicht mehr auf. Die Industrie kann die gleiche, ja auch eine höhere Produktion mit immer weniger Menschen leisten; das Arbeitsvolumen – die Zahl der geleisteten Arbeitsstunden – stagniert oder sinkt; es werden weniger Arbeitskräfte benötigt. Nur wenn das Wirtschaftswachstum größer ist als die Produktivitätssteigerung, wächst das Arbeitsvolumen, können Arbeitslose wieder einen Job bekommen.

Ist Wirtschaftswachstum, wie es sich jetzt wieder abzeichnet, also die Rettung? In seiner jüngsten Untersuchung kommt das Münchner Ifo-Institut für Wirtschaftsforschung auf Grund von Unternehmensbefragungen zu dem Schluß, daß der Produktivitätsfortschritt in der Industrie bis 1988 pro Jahr 3,7 Prozent betragen, die Produktion aber nur um 2,2 Prozent zunehmen werde. Folge: Die Industrie werde et-

1984 Streikende Metallarbeiter fordern eine Kürzung der Wochenarbeitszeit

1984 35-STUNDEN-WOCHE

wa 350 000 Menschen weniger beschäftigen als heute.

Finden diese Menschen nicht in anderen Bereichen – im Handel, bei Banken und Versicherungen, im Verkehrswesen – neue Arbeitsplätze, so werden sie das Heer der Arbeitslosen vergrößern. Ihre Arbeitszeit wird von 40 Stunden in der Woche auf Null verkürzt. Ralf Dahrendorf hat diesen Prozeß auf die Formel gebracht: Der Arbeitsgesellschaft geht die Arbeit aus.

Würden wir heutzutage noch sechzig Stunden in der Woche arbeiten, so wie unsere Väter und Großväter zu Beginn des Jahrhunderts, so müßten wir mit sieben Millionen mehr Arbeitslosen rechnen, weil dann das gegenwärtige Arbeitsvolumen von zwei Dritteln der Beschäftigten erledigt werden könnte. Nur die kontinuierliche Verkürzung der Arbeitszeit parallel zum technischen Fortschritt und in Kombination mit wirtschaftlichem Wachstum hat dies verhindert.

Allerdings hat sich das Tempo der Arbeitszeitverkürzung in den letzten Jahren verlangsamt. Ging in den fünfziger und sechziger Jahren die Arbeitszeit noch um jährlich 1,5 Prozent zurück, so waren es in den siebziger Jahren nur noch 0,5 Prozent. Die Arbeitgeber wollen diese Entwicklung nun bei 40 Stunden in der Woche endgültig stoppen. Eine weitere Verkürzung der Wochenarbeitszeit, so argumentieren sie, werde wegen der Kostenbelastung nicht weniger sondern mehr Arbeitslose bringen.

Selbst der unternehmerfreundliche Bundeswirtschaftsminister Otto Graf Lambsdorff meint jedoch, daß der seit hundert Jahren andauernde Prozeß der Arbeitszeitverkürzung nicht bei der 40-Stunden-Woche halt machen werde. Und sein Sachverständigenrat, die „Fünf Weisen", meint im letzten Jahresgutachten, daß „eine Arbeitszeitverkürzung, die das Kostenniveau der Unternehmen ... nicht erhöhte, zu einer Steigerung des gesamtwirtschaftlichen Beschäftigungsstandes ... führen würde". Zumindest würde „eine andernfalls zu erwartende Senkung des Beschäftigungsstandes geringer" ausfallen oder ausbleiben.

Mit ihrer Forderung nach einer 35-Stunden-Woche befinden sich die IG Metall und andere Gewerkschaften in Übereinstimmung mit den meisten Arbeitsmarktforschern, die von allen Modellen der Arbeitszeitverkürzung – kürzere Wochenarbeitszeit, mehr Urlaub, längere Schulzeit, frühere Rente – die Reduzierung der wöchentlichen Arbeitszeit für das wirkungsvollste Mittel halten.

Die Wissenschaftler des Nürnberger Instituts für Arbeitsmarkt- und Berufsforschung, das der Bundesanstalt für Arbeit angeschlossen ist, haben errechnet, daß eine Senkung der Wochenarbeitszeit um eine Stunde 650 000 Arbeitsplätze schafft. Dagegen bringen ein Urlaubstag im Jahr 100 000, ein Schuljahr mehr 160 000 und eine Herabsetzung des Rentenalters um ein Jahr 130 000 Arbeitsplätze.

Wer schnell und wirkungsvoll handeln will, um den Arbeitslosen zu helfen, muß die 35-Stunden-Woche fordern.

So mechanistisch, wie es die Rechnungen suggerieren, funktioniert der Arbeitsmarkt allerdings nicht. Die Erfahrung der letzten Jahrzehnte zeigt, daß mindestens die Hälfte der rechnerisch ermittelten Arbeitsplätze „versickert", wie die Arbeitsmarktforscher sagen. Das hat vielfältige Ursachen. Um nur einige zu nennen: Die Unternehmen können versuchen, das Arbeitstempo zu erhöhen; oder sie gleichen die Arbeitszeitverkürzung zumindest teilweise durch zusätzliche Überstunden aus; oder sie nehmen zusätzliche Rationalisierungsinvestitionen vor.

Die Schätzungen der Wissenschaftler, wie groß die tatsächliche Beschäftigungswirkung von Arbeitszeitverkürzung gegenüber der rein rechnerischen ist, schwanken zwischen dreißig und fünfzig Prozent. Die 35-Stunden-Woche würde somit rund eine Million Arbeitslose in Lohn und Brot bringen können – vorausgesetzt, sie wird auf einen Schlag eingeführt.

Dies aber ist unmöglich. Zum einen kann sie nicht in allen Branchen gleichzeitig eingeführt werden, da die Tarifverträge über Arbeitszeit unterschiedliche Laufzeiten haben. Zum andern können die Unternehmen fünf Stunden Arbeitszeitverkürzung auf einen Schlag nicht verdauen, weder organisatorisch noch personell. Sowohl Stufenpläne als auch Übergangsfristen werden notwendig sein. Doch müßte der erste Schritt mindestens zwei Stunden bringen, denn sonst besteht die Gefahr, daß sogar neunzig Prozent der Beschäftigungswirkung versickern.

Wer aber soll all das bezahlen? Die Gewerkschaften fordern die 35-Stunden-Woche „mit vollem Lohnausgleich". Also weniger Arbeit für gleichen Lohn. Die Arbeitgeber haben ausgerechnet, daß dies eine Steigerung der Lohn- und damit zusammenhängender Kosten um achtzehn Prozent bedeute – eine Steigerung wie noch in keinem Jahr zuvor.

Der Arbeitsminister Nordrhein-Westfalens Friedhelm Farthmann meint jedoch: „Über eine Verkürzung der Wochenarbeitszeit ohne Lohnausgleich ist überhaupt nicht zu diskutieren." Denn bei dem Durchschnittseinkommen eines Industriearbeiters von rund dreitausend Mark brutto sei ein Lohnverzicht von einem Achtel für die Familien gar nicht zu verkraften.

Doch was heißt eigentlich „voller Lohnausgleich"? Nach der Definition der IG Metall „soll ein Arbeitnehmer nach einer Arbeitszeitverkürzung pro Woche oder Monat nicht weniger Geld bekommen als vorher". Tarifexperte Klaus Lang: „Das bedeutet, daß es vielleicht keine Lohnerhöhung geben kann. Denn jede Mark kann nur einmal verfrühstückt werden." Für den einzelnen Arbeiter hieße dies, daß die Realeinkommen sinken – nun mehr im vierten Jahr –, oder bestenfalls gehalten werden. Und dies erklärt auch die Unlust vieler Arbeitnehmer an der Gewerkschaftsforderung.

Das Rezept der Gewerkschaft heißt also: kürzere Arbeitszeit statt mehr Lohn. Und das entspricht etwa den Vorstellungen des Sachverständigenrats von einer kostenneutralen Arbeitszeitverkürzung.

Die Gewerkschaften haben übrigens auch in der Vergangenheit nach diesem Rezept gehandelt. Lohnerhöhungen und kürzere Arbeitszeit waren immer ein Paket, das entsprechend der wirtschaftlichen Leistung geschnürt wurde. In den Jahren von 1955 bis 1968, also in den Jahren des Übergangs von der 48- auf die 40-Stunden-Woche, ist die Kombination von Arbeitszeit und Lohn nur in vier Jahren höher gewesen als der gesamtwirtschaftliche Produktivitätszuwachs; in vier Jahren war sie deutlich niedriger.

Warum sollten die Gewerkschaften in Zukunft anders handeln? Sie wollen doch Arbeitsplätze und Lohn. Und dazu bedarf es nun einmal einer funktionierenden und rentablen Wirtschaft.

Rechnet man realistisch, so wird man auch beim Übergang auf die 35-Stunden-Woche ein Paket schnüren müssen, das einen Stufenplan für die Verkürzung der Wochenarbeitszeit enthält und einen Plan für einen Lohnausgleich, der sich ebenfalls über mehrere Jahre erstreckt.

Die 35-Stunden-Woche ist kein Patentrezept zur Beseitigung der Arbeitslosigkeit; sie ist kein Königsweg zur Vollbeschäftigung. Sie kann, wenn's gut geht, knapp die Hälfte der Arbeitslosen von der Straße bringen. Warum also das Plädoyer für die Einführung der 35-Stunden-Woche, oder besser, der weiteren Verkürzung der Wochenarbeitszeit?

Erstens. Mit Wirtschaftswachstum allein wird die Vollbeschäftigung bis zum Ende dieses Jahrzehnts und wahrscheinlich bis zur Mitte der neunziger Jahre nicht wieder zu erreichen sein. Die Nürnberger Arbeitsmarktforscher meinen, daß dafür ein Wirtschaftswachstum von jährlich sechs Prozent notwendig wäre – ein Zuwachs, den kaum jemand für möglich hält. Arbeitgeber-Präsident Otto Esser steht da mit seiner Ansicht allein, daß schon drei Prozent Wachstum genügen.

Zweitens. Die Verkürzung der Wochenarbeitszeit ist das durchgreifendste Mittel. Wollte man mit der Tarifrente – amtlich heute Vorruhestandsregelung genannt – die gleiche Wirkung erzielen, so müßte man alle Arbeitnehmer mit 52 Jahren in Rente schicken.

Drittens. Die 35-Stunden-Woche verteilt die Last der Arbeitszeitverkürzung auf alle Schultern; sie vermeidet die Härten der Vorruhestandsregelung. Die älteren Arbeitnehmer werden nicht ausgesondert und zum alten Eisen geworfen; den Unternehmen bleibt die Erfahrung der älteren erhalten.

Viertens. Die kürzere Wochenarbeitszeit ist ein Stück Humanisierung, mit der die ständige Verdichtung der Arbeit ausgeglichen werden kann.

Fünftens. Jeder zweite Industriearbeiter scheidet heute als Frührentner vor Erreichen des Rentenalters aus dem Arbeitsleben aus. Die 35-Stunden-Woche kann dazu beitragen, die Gesundheit der Arbeitnehmer zu erhalten und die Zahl der Frührentner zu vermindern.

Sechstens. Die 35-Stunden-Woche erfordert neue, außerordentlich flexible Arbeitsorganisationen. Nach den bisher diskutierten Modellen wird das dazu führen, daß der einzelne Arbeitnehmer größere zusammenhängende Freizeitblöcke haben wird. Das eröffnet ihm die Möglichkeit, sich mehr und intensiver um die Familie und um andere soziale Kontakte zu kümmern.

Eingebettet in eine Strategie zur Bekämpfung der Arbeitslosigkeit, in der wirtschaftliches Wachstum und Arbeitszeitverkürzung kombiniert sind, würde die Einführung der 35-Stunden-Woche also ein wichtiger Beitrag zur Wiedererlangung der Vollbeschäftigung sein.

1984 35-STUNDEN-WOCHE

CONTRA 35-Stunden-Woche

VON MICHAEL JUNGBLUT

DIE ZEIT, 13. April 1984

Beim Streit um die Arbeitszeitverkürzung gibt es kaum noch Neutrale. Willy Brandt, Altkanzler und Parteivorsitzender der SPD, ergriff im erbitterten Streit um die 35-Stunden-Woche ebenso Partei wie der amtierende Bundeskanzler Helmut Kohl. Während dieser die Forderung nach weniger Arbeit bei gleichem Lohn als „dumm und töricht" bezeichnete, verfiel Brandt ins Vokabular der Klassenkämpfer. Es gehe hier um einen „Konflikt zwischen Arbeit und Kapital", glaubt er beobachtet zu haben. Und in einem solchen Fall weiß ein Sozialdemokrat natürlich, auf wessen Seite er zu stehen hat.

Dumm und töricht sind vor allem solche grobschlächtigen Einmischungen von Politikern, deren Aufgabe es nicht sein sollte, die Emotionen noch weiter anzuheizen. Denn bei der immer heftiger geführten Debatte geht es nicht um Ideologie, gegenseitige Ausbeutung oder gar um einen Machtkampf zwischen den guten und den bösen Kräften in der Gesellschaft. Es geht vielmehr um die sehr konkrete Frage, ob eine *generelle* Kürzung der Wochenarbeitszeit bei *vollem* Lohnausgleich ein geeignetes Mittel im Kampf gegen die Arbeitslosigkeit ist und welche Nebenwirkungen eine solche Therapie haben könnte.

Einige Gewerkschaften – allen voran IG Metall und IG Druck – erwarten eine deutliche Besserung am Arbeitsmarkt; die Arbeitgeber und mit ihnen viele neutrale Experten befürchten das Gegenteil. Wer führende Vertreter der streitenden Gruppen kennt, weiß, daß es ihnen gleichermaßen ernst ist bei ihrem Kampf gegen die Beschäftigungskrise. Der Streit geht nur um den richtigen Weg. Wer andere Motive unterstellt, erschwert bloß die Suche nach einem Kompromiß und eine vorurteilslose Prüfung der Chancen und Risiken einer Arbeitszeitverkürzung. Das sollte selbst inmitten des Tarifkonflikts nicht vergessen werden.

I. Zu schön, um wahr zu sein.

Eine simple Rechnung scheint zunächst den Gewerkschaften Recht zu geben: In der deutschen Wirtschaft sind derzeit rund 22 Millionen Arbeitnehmer beschäftigt; 2,4 Millionen Männer und Frauen dagegen suchen vergeblich nach einem Arbeitsplatz. Würde die Wochenarbeitszeit um fünf auf 35 Stunden gekürzt, müßten rein rechnerisch 2,7 Millionen Menschen mehr eingesetzt werden, um die bisherige Wirtschaftsleistung aufrecht zu erhalten. Aus der Arbeitslosigkeit würde über Nacht ein Mangel an Arbeitskräften – ein Zustand, wie er zuletzt vor zehn Jahren in der Bundesrepublik herrschte.

Das ist natürlich zu schön, um wahr zu sein. Aus diesem Grund gehen auch die Gewerkschaften in ihren optimistischen Rechnungen nur davon aus, daß durch eine generelle Einführung der 35-Stunden-Woche bestenfalls 1,8 Millionen Menschen zusätzlich beschäftigt werden könnten; aber selbst im ungünstigsten Fall würden immerhin 1,4 Millionen wieder einen Arbeitsplatz finden.

Wäre dies richtig, müßte die 35-Stunden-Woche schon morgen eingeführt werden. Nach dieser Logik müßten die Gewerkschaften aber dann gleich für die 30-Stunden-Woche eintreten. Die IG Druck denkt übrigens bereits in diese Richtung.

Leider gibt es aber viele Gründe zu der Annahme, daß solche Rechnungen nie und nimmer aufgehen. Denn der Versuch, „durch die gerechtere Verteilung der Arbeit die Arbeitslosigkeit zu beseitigen", wie es der DGB-Chef Ernst Breit formuliert, erinnert fatal an die Zuteilungswirtschaft in Kriegs- und Nachkriegszeiten. Und bittere Erfahrung lehrt, daß durch die Zuteilung knapper Waren der Mangel noch nie beseitigt worden ist, sondern im Gegenteil zum Dauerzustand gemacht wird.

Überdies gehen die Befürworter der 35-Stunden-Woche mit vollem Lohnausgleich von der merkwürdigen Vorstellung aus, daß die vorhandene Arbeit eine feste Größe sei, die man nur in kleinere Portionen aufteilen muß, damit alle etwas davon abbekommen. Aber „wirtschaften" ist ein dynamischer Prozeß, an dem Millionen Menschen im In- und Ausland teilnehmen. Jeder Eingriff löst Reaktionen aus, die die Dirigisten oft in die mißliche Rolle von Goethes Zauberlehrling drängen, der die Geister nicht mehr zu beherrschen vermag, die er rief. Das haben zuletzt die Opec-Staaten erfahren müssen, die durch ihre drastische Verteuerung des Öls zunächst die Weltwirtschaft erschütterten, dann selbst in die Krise stürzten und heute trotz einer Preissenkung schwere Absatzeinbußen hinnehmen müssen.

II. Es gibt kein Patentrezept

Selbst wenn nur die wichtigsten Ursachen der gegenwärtigen Arbeitslosigkeit aufgezählt werden, kommt eine stattliche Liste zusammen: Die Krise der Weltwirtschaft, ausgelöst durch die Ölpreisschocks, Währungsunruhen, eine übermäßige Verschuldung vieler Staaten, die Zinspolitik der USA, zunehmender Protektionismus und neue Wettbewerber am Weltmarkt wie Japan oder Korea. Im Inland zählen die hohen Lohnkosten, die Folgen des Babybooms der sechziger Jahre sowie Strukturkrisen in einst blühenden Branchen wie Stahl, Kohle, Schiffbau oder Textilindustrie zu den wichtigsten Ursachen für die hohe Arbeitslosigkeit. Aber auch neue Technologien, gesättigte Märkte bei einigen Produkten, fehlende Wettbewerbsfähigkeit bei anderen sowie die unzureichende Qualifikation vieler Arbeitsloser spielen eine wichtige Rolle.

Es ist schon eine recht merkwürdige Vorstellung, alle diese verschiedenen Gebrechen ließen sich durch die Verabreichung einer einzigen Wundermedizin kurzerhand wieder heilen.

III. Rückfall in den Dirigismus

Die Idee, die vorhandene Arbeit „gerecht" zu verteilen, entstammt der Vorstellungswelt der Bürokraten und Planwirtschaftler, die bisher überall in der Welt mit unschöner Regelmäßigkeit gescheitert sind. Wir verdanken den wirtschaftlichen Aufstieg nach dem Krieg und den von kaum einem anderen Land erreichten Wohlstand dem mutigen Entschluß, die Zuteilungswirtschaft abzuschaffen, nicht der Umverteilung des nach 1945 herrschenden Mangels. Es ist deshalb nur schwer zu verstehen, daß ausgerechnet hier die Versuchung des Dirigismus immer wieder übermächtig wird. Zeigen nicht auch die Erfahrungen mit Kohle, Stahl, Werften und der Agrarpolitik, daß durch derartige Eingriffe die Probleme oft bis zur Unerträglichkeit verschärft werden? Überdies zieht ein dirigistischer Eingriff immer den nächsten nach sich – in der Agrarpolitik ebenso wie am Arbeitsmarkt. Schon werden derartige Forderungen laut: Verbot von Überstunden, weiterer Rationalisierungsschutz, Vorschriften über die Besetzung von Maschinen (die britischen Gewerkschaften lassen grüßen), vermehrte Mitbestimmung bei der Installation neuer Anlagen. Das soll verhindern, daß die Unternehmen auf steigende Kosten durch verstärkte Rationalisierung reagieren – würde aber auch bedeuten, daß die Kosten der Arbeitszeitverkürzung voll durchschlagen.

IV. Die Kosten

Die Kürzung der Arbeitswoche um fünf Stunden bedeutet, daß der Lohn pro Stunde um 14,3 Prozent erhöht werden muß, damit am Ende des Monats genausoviel auf die Konten der Mitarbeiter fließt wie vorher. Darüber hinaus fordert die IG Metall einen Inflationsausgleich von 3,5 Prozent; zusammen sind dies 17,8 Prozent. Einen solchen Kostenschub hat es selbst in den Zeiten eines überschäumenden Booms noch nie gegeben. Dabei ist dies nicht einmal alles. Denn wegen der schlechteren Nutzung der Maschinen und Gebäude müssen die Kapitalkosten steigen.

Wenn tatsächlich neue Mitarbeiter eingestellt werden sollten, um den Ausfall an Arbeitsstunden auszugleichen, so kommen die nicht erst, wenn die anderen abends nach sieben Stunden nach Hause gehen. Deshalb müßten auch noch zusätzliche Maschinen und Schreibtische gekauft, Werkhallen und Büros erweitert, Kantinen und andere Sozialeinrichtungen ausgebaut und erhebliche Beträge für die Ausbildung aufgewendet werden, da die Qualifikation vieler Arbeitsloser nicht dem Bedarf entspricht.

Dies ist allerdings ein Kostenfaktor, der nicht sonderlich ins Ge-

1982–1998 Die doppelte Wende 305

1984 35-STUNDEN-WOCHE

1984 Bei der Urabstimmung der hessischen IG Metall sprechen sich mehr als 80 Prozent für einen Streik zur Einführung der 35-Stunden-Woche aus

wicht fallen dürfte. Eine Welle von Neueinstellungen ist höchst unwahrscheinlich. Noch nie ist – wie auch die Ölländer schmerzlich erfahren haben – die Nachfrage dauerhaft gestiegen, wenn ein Preis ruckartig erhöht wurde. Die Vorstellung, daß der Bedarf an Arbeitskräften stark zunehmen würde, wenn die Lohnkosten so drastisch erhöht werden, ist deshalb geradezu abenteuerlich.

Aber die Rechnung geht auch an anderen Stellen nicht auf. Weil den meisten Unternehmen gar keine andere Wahl bliebe als zu versuchen, enorme Kostensteigerung im Preis weiterzugeben, würden sie in vielen Fällen im Inland und auf den Weltmärkten Kunden an die Konkurrenz verlieren. Auch das bedeutet weniger statt mehr Beschäftigungschancen. Das gleiche traurige Ergebnis tritt ein, wenn Produktionen ins Ausland verlagert werden oder – in dem Versuch, den Betrieb irgendwie über die Runden zu bringen – auf Teufel komm raus rationalisiert wird.

Dann werden nicht nur viele von denen ihren Arbeitsplatz einbüßen, die heute noch eine Beschäftigung haben. Sie werden auch die Illusion verlieren, daß eine drastische Arbeitszeitverkürzung bei vollem Lohnausgleich möglich ist. Die starke Kostensteigerung wird die Preise in die Höhe treiben und so nicht nur die Wettbewerbsfähigkeit deutscher Produkte verringern, sondern auch das Geld in der Lohntüte entwerten.

Stärker als die Arbeitnehmer werden jedoch die Rentner unter der Senkung der realen Einkommen leiden. Sie werden die höheren Preise zahlen und zugleich darauf gefaßt sein müssen, daß nennenswerte Rentenerhöhungen für lange Zeit ausbleiben. Denn wenn Arbeitszeitverkürzungen an die Stelle von Lohnerhöhungen treten, kommt nicht mehr genug Geld in die Kassen der Rentenversicherung. Setzen sich die Befürworter der 35-Stunden-Woche durch, so wäre dies also auch ein Versuch, die Probleme am Arbeitsmarkt auf dem Rücken einer der sozial schwächsten Gruppen in unserem Land zu lösen.

1983 Der DGB-Vorsitzende Ernst Breit fordert auf einer Gewerkschaftsdemonstration in Stuttgart eine neue Beschäftigungspolitik der Regierung

1984 35-STUNDEN-WOCHE

V. Schlechte Erfahrungen
Es wäre zugleich auch ein Versuch, der nicht nur auf Grund der bisherigen Überlegungen mit großer Wahrscheinlichkeit die Arbeitslosigkeit verschlimmern statt verbessern würde. Auch entsprechende Experimente in anderen Ländern sind nicht gerade ermutigend. Als die französische Regierung Mitte der dreißiger Jahre eine Senkung der Wochenarbeitszeit von 48 auf 40 Stunden verfügte, führte dies lediglich zu 140 000 neuen Beschäftigungsverhältnissen (bei damals zehn Millionen Arbeitnehmern). Die Voraussetzung dafür war überdies, daß die Einkommen mehrere Jahre lang nicht stiegen und daß der französische Markt damals gegenüber dem Welthandel stark abgeschottet war – was bei der vom Außenhandel so stark abhängigen deutschen Wirtschaft nicht zutrifft.

Die Einführung der 39-Stunden-Woche in Frankreich 1982 war ebenfalls alles andere als ein Erfolg. In einer Studie des Wissenschaftszentrums Berlin weisen die Autoren FitzRoy und Hart darauf hin, daß sie lediglich zu 8400 Neueinstellungen führte – trotz staatlicher Subventionierung. Noch entmutigender sind die von ihnen geschilderten Erfahrungen mit der Senkung der Arbeitszeit im britischen Maschinenbau um eine Stunde. Eine Untersuchung ergab, daß die überwiegende Reaktion in einer Zunahme der Überstunden, höheren Lohnkosten und einer Abnahme der Arbeitsplätze bestand. Nach einer gründlichen Untersuchung der zu erwartenden Folgen einer generellen Arbeitszeitverkürzung in der Bundesrepublik gaben die beiden Autoren ihrer Studie denn auch den Titel „Die 35-Stunden-Katastrophe". Und eine 39- oder 38-Stunden-Woche wäre nichts anderes als ein Kompromiß, der niemandem wirklich Arbeitsplätze oder mehr Lebensqualität bringt.

VI. Verschenkte Lebensqualität
Als Katastrophe müßte eine Entwicklung in Richtung auf eine kollektive 35-Stunden-Woche aber auch unter dem Gesichtspunkt bezeichnet werden, welche Alternative dadurch blockiert würde. Denn statt allen Arbeitnehmern zwangsweise eine Stunden weniger am Tag und die damit zwangsläufig verbundene reale Einkommenseinbuße zu verordnen, bestünde heute die große Chance, auf breiter Front flexible Lösungen und eine individuelle Gestaltung der Arbeitszeit zu erreichen. Denn eine positive Wirkung hatte das Drängen der Gewerkschaften nach einer Verkürzung der Wochenarbeitszeit bereits: In vielen Unternehmen wird heute intensiv darüber nachgedacht, wie sich durch flexible Regelungen die organisatorischen Voraussetzungen dafür schaffen lassen, daß die Mitarbeiter selbst entscheiden können, was ihnen wertvoller ist: mehr Freizeit oder mehr Geld.

Da viele Umfragen zeigen, daß Millionen Männer und Frauen selbst bei einer gewissen Reduzierung ihres Einkommens an einer *individuelleren* Gestaltung ihrer Zeiteinteilung interessiert sind, würden sie so freiwillig und ohne Steigerung der Produktionskosten (und damit also auch ohne alle die gefährlichen Nebenwirkungen einer *generellen* Arbeitszeitverkürzung) etwas von ihrer Arbeitszeit an diejenigen abgeben, die heute vergeblich nach einer Beschäftigung suchen. Die einen hätten dann mehr Lebensqualität, die anderen Arbeit.

Und hier liegt auch die einzige Chance für einen Ausweg aus der „total verrammelten Position" (Eugen Loderer), in die sich Arbeitgeber und Gewerkschaften hineinmanövriert haben. Dann könnte auch die „40 aus den Tarifverträgen verschwinden", wie es Hans Mayr, der Chef der IG Metall, fordert, ohne daß gleichzeitig teure Maschinen und Anlagen immer länger stillstehen und so Geld kosten, das andernfalls in höhere Löhne verwandelt werden kann.

Der berühmte Mr. Parkinson hat dies alles übrigens einmal viel kürzer formuliert: „Strebe nach Arbeitsplätzen, und du schaffst alles andere als Wohlstand; strebe nach Wohlstand, und du schaffst Arbeitsplätze." Statt Wohlstand ließe sich auch der Begriff Lebensqualität einsetzen.

Am 29. Juni 1984, in der 12. Woche des Doppelstreiks, erschien die ZEIT mit folgendem Hinweis auf der Titelseite:

> **Notausgabe**
>
> In der vergangenen Woche konnte die ZEIT nur mit einem Teil ihrer gewohnten Auflage erscheinen. Auch diese Ausgabe wurde vom Arbeitskampf in der Druck-Industrie hart betroffen. Sie erscheint, als Notausgabe, mit beträchtlich verringertem Umfang. Das redaktionelle Angebot und der Anzeigenteil mußten reduziert werden. Wir bitten unsere Leser und Inserenten um Verständnis dafür.

1986
Tschernobyl

26. April 1986: In Block 4 des ukrainischen Atomkraftwerks Tschernobyl ereignet sich der gravierendste »größte anzunehmende Unfall« (GAU) in der Geschichte der Kernenergie. Ein Reaktorbrand setzt etwa 30- bis 40-mal so viel Radioaktivität frei wie die Hiroshima-Bombe. In Deutschland, wo die Strahlenwerte gleichfalls kurzzeitig stark ansteigen, kommt es zu Panikkäufen; die Anti-Atomkraftbewegung hat starken Zulauf. »Das Ende eines schönen Traums«, konstatiert die *ZEIT* – und resümiert in einem zusammenfassenden Beitrag Risiken und Chancen, Geschichte und Gegenwart der friedlichen Kernkraftnutzung.

1986 TSCHERNOBYL

Das böse Ende eines schönen Traums

Nicht nur Kalkar, Wackersdorf oder Gorleben stehen zur Disposition: Es geht um die Energiepolitik

VON HORST BIEBER

DIE ZEIT, 30. Mai 1986

Die Grünen wollen den „Ausstieg" aus der Kernenergie, die Sozialdemokraten möchten „umsteigen", die FDP hält sich alle Optionen offen, die Union verteidigt den alten Kurs. Die Vergangenheit hat die Bonner Politik eingeholt.

Ausgerechnet am Freitag, dem 13. Juni, sollte das Kernkraftwerk in Brokdorf ans Netz gehen, so, als wollten die Betreiber mit einer trotzigen Geste beweisen, daß Aberglaube und sachfremde Erwägungen im Reich der Naturwissenschaften und der Technik nichts verloren haben. Die Gegner bereiteten sich auf eine letzte, große Demonstration am 7. Juni vor: Der Reaktor, für ein Jahrzehnt Symbol des Widerstandes gegen die Kernkraft, das Bauwerk in der Wilstermarsch, das die Anti-AKW-Bewegung weder mit friedlichem Protest noch mit gelegentlich verübter Gewalt noch mit gerichtlichen Schritten hatte verhindern können, sollte nicht unbemerkt seine Arbeit aufnehmen.

Doch das betriebsfertige Brokdorf wird am 13. Juni seinen kommerziellen Betrieb nicht beginnen. Aus heiterem Himmel verkündete der schleswig-holsteinische Ministerpräsident Uwe Barschel, eine neuerliche Prüfung der Sicherheit sei geboten; Sicherheit habe Vorrang vor allen anderen Erwägungen, jetzt – nach Tschernobyl – erst recht.

Der CDU-Politiker meinte die Sicherheit des Reaktors, an der seine Regierung bislang nicht zweifelte. Er dachte aber wohl auch, nach den unpfingstlichen Gewalttätigkeiten in Wackersdorf, an eine andere Sicherheit: Am 15. Juni wird in Niedersachsen gewählt. Dort muß die Union um ihre Mehrheit fürchten. Sollten SPD und Grüne siegen, würde sich die Bundesratsmehrheit zugunsten der Bonner Opposition verändern und damit jener Hebel entstehen, den die Sozialdemokraten – so behaupten sie wenigstens jetzt – zum allmählichen Ausstieg

1986 Blick auf den zerstörten Reaktor des Atomkraftwerks in Tschernobyl

aus der Kernenergie nutzen wollen. Schwerverletzte am Kraftwerkszaun acht Tage vor einer Schicksalswahl – wer möchte das schon riskieren?

Die Geschichte wiederholt sich auf verquere Art: Das Wort des niedersächsischen Ministerpräsidenten Ernst Albrecht, die für Gorleben geplante Wiederaufarbeitungsanlage sei technisch wohl machbar, politisch aber nicht durchsetzbar, markierte 1979 den letzten Sieg und zugleich den Höhepunkt der Anti-Atom-Bewegung. Seitdem flaute der Widerstand ab, und erst Tschernobyl, fast sieben Jahre später, beflügelte ihn wieder: Um der politischen Folgen für Niedersachsen willen muß jetzt Brokdorf warten. Es geht wieder einmal um Wahlen, nicht um Wahrheiten.

Noch nie hat, wenn man den Umfragen trauen will, seit 1945 ein Ereignis die Bundesbürger so schnell und so gründlich umgestimmt wie die Katastrophe von Tschernobyl. Doch die Rückkehr der alten Slogans und Gewalt-Bilder verheißt keine sachliche Debatte. Sie deutet vielmehr darauf hin, daß erneut ein Glaubenskrieg stattfindet, der eines Tages unentschieden und ohne Versöhnung der Parteien abgebrochen werden wird. Der Glaube ist ja schnell zur Hand, wenn es an Wissen fehlt oder an der Bereitschaft, gegnerische Argumente zu akzeptieren. Offenbar hat nicht einmal der Versuch eines ruhigen Diskurses eine Chance, und das allein unterscheidet die Kernkraft schon von jeder technisch-naturwissenschaftlichen Entwicklung seit 1945.

Wissende und Fragende

Das hängt fraglos mit Hiroshima und Nagasaki zusammen. Zuerst prägte sich die Zerstörungskraft der Kernenergie ein, dann die Furcht vor den Folgen der radioaktiven Strahlung, die nicht zu schmecken, zu riechen oder zu spüren ist, gegen die es keinen Schutz gibt oder nur unter Umständen, die verstörend tief in das Alltagsleben eingreifen. Heute ist fast vergessen, daß die Anti-AKW-Bewegung mit dem – sachlich falschen – Argument auftrat, ein Reaktor könne wie eine Atombombe explodieren. Sie erntete Hohn, wo Nachdenken über die Gründe solcher Furcht angebracht gewesen wäre.

Anfang der siebziger Jahre zeigte sich sehr schnell: Kernkraft entzieht sich dem Vorstellungsvermögen des Nicht-Naturwissenschaftlers und Nicht-Technikers. Einer kleinen Gruppe von Wissenden stand die hilflose Menge der Fragenden gegenüber. Eine „Gegenwissenschaft" oder „kritische Wissenschaft" bildete sich; auch das ein einmaliges Phänomen: Die einen sprachen den anderen Glaubwürdigkeit und wissenschaftliche Ehrlichkeit ab, unterstellten wie selbstverständlich, daß Interessen über Wissen oder Gewissen siegten.

Nach dem Grund fragte kaum jemand, obwohl die Antwort vieles erklären kann. Das Lenin-Wort von „Sowjetmacht plus Elektrifizierung" verkürzt eine richtige Erkenntnis: Abgesehen von menschlicher Intelligenz, Arbeitskraft und Rohstoffen ist Energie der Motor des industriellen Fortschritts. Zwanzig Jahre lang hatte in der Bundesrepublik das Wirtschaftswunder Politik und Denken bestimmt; dann plötzlich wurden diese Vorstellungen massiv angezweifelt. Der „Club of Rome" warnte vor der Endlichkeit dieser Welt und ihrer Ressourcen. In Wyhl nahm der Protest gegen die angeblich unbegrenzte Kernenergie seinen Anfang, und er wurde nicht

1986 TSCHERNOBYL

nur von intellektuellen Weltveränderern organisiert, sondern ebenso von Konservativen, die ihre Heimat verteidigten – wie übrigens später in Brokdorf ebenfalls.

Filbingers Aussage: „Ohne Wyhl gehen in Baden-Württemberg die Lichter aus", ist viel belacht worden. Dabei drückte der christdemokratische Ministerpräsident aus, was die Mehrheit der Politiker und Unternehmer glaubte und wohl auch heute noch glaubt: Nur mehr Energie könne den erreichten Wohlstand sichern. Hatte nicht der erste Ölpreisschock von 1973 die Richtigkeit dieses Satzes bewiesen? Nahmen die Kernkraftgegner nicht in Kauf, daß wir eines Tages frierend beim Flackerlicht der Kienspäne hocken würden? Man wollte mißverstehen, wollte *energy-saving* nicht mit höherem Nutzungs- oder Wirkungsgrad übersetzen, sondern nur als Minderverbrauch zu Lasten des gewohnten Komforts abtun. Dabei verwendete noch im Mai 1983 das Bundesministerium für Wirtschaft einen Frankierautomaten mit dem Merkspruch „Energiesparen – unsere beste Energiequelle".

Die Überzeugung von der überragenden Bedeutung der Energie erklärt die heftigen Reaktionen allerdings nur zur Hälfte. Als 1955 eine deutsche Delegation – darunter der Vater der Kernspaltung, der damals 76jährige Otto Hahn – zur Ersten Genfer Atomkonferenz fuhr, kam das auch einer Rehabilitierung gleich. Die Bundesrepublik wurde als gleichberechtigt in den Kreis derer aufgenommen, die sich einer neuen, zukunftsträchtigen Technik verschrieben hatten. Die Aussage „Atoms for Peace" war keine Floskel, sondern eine ehrliche Überzeugung, man wollte mithalten, um den Anschluß nicht zu versäumen.

Ein eigenes Ministerium wurde gegründet, in dem sich Franz Josef Strauß seine ersten Meriten erwarb. Mit viel Geld – bis heute in zweistelligen Milliarden-Beträgen – förderten Bund und Länder Forschungseinrichtungen in München, Karlsruhe und Jülich. Reaktorlinien wurden entwickelt, erprobt, verworfen – übrigens alles bei merklicher Zurückhaltung der Stromerzeuger, die sich erst spät in den sechziger Jahren engagierten, als sich mit dem Leichtwasser-Reaktor ein Typ herausbildete, der Betriebssicherheit (schließlich war er ursprünglich für amerikanische U-Boote entwickelt worden) und Rentabilität zugleich versprach.

Atomstrom-Euphorie

Nicht die Elektrizitätsversorgungsunternehmen, die EVUs, puschten die Kernkraft, sondern Vater Staat. Die EVUs nahmen dankend die Erfahrungen an, die sie gebrauchen konnten, und handelten ansonsten ökonomisch. Die einzige deutsche Reaktorentwicklung, die Erfolg versprach und nun wegen ihrer konstruktionsbedingten inhärenten Sicherheit eine Renaissance zu erleben scheint, der sogenannte Hochtemperatur-Kugelhaufenreaktor von Rudolf Schulten, interessierte sie nicht und mußte ihnen regelrecht aufgedrängt werden. Derweil entwarfen staatliche, halbstaatliche und internationale Stellen, Institutionen und Organisationen Energie-Szenarios, die mit der Realität nichts mehr zu tun hatten. Hunderte von Reaktoren, mehrere Dutzend Brüter sollten allein auf dem Boden der Bundesrepublik entstehen; alle sechs Jahre, so glaubte man, würde sich der Stromverbrauch verdoppeln. Kein anderer als Edward Teller, der Vater der Wasserstoffbombe, brachte diesen Unsinn unfreiwillig auf den Punkt: „Strom wird bald so billig sein, daß es sich gar nicht mehr lohnt, ihn beim Verbraucher zu zählen und sich bezahlen zu lassen."

Denn ganz anders als der „Club of Rome" glaubten die Kerntechniker, das Perpetuum mobile der Energie gefunden zu haben: den sogenannten Brüter, einen Reaktortyp, der im Betrieb mehr Brennstoff erzeugt, als er für die Stromerzeugung verbraucht, nämlich aus nicht spaltbarem Uran den Kernbrennstoff Plutonium „erbrütet". Um den Faktor sechzig sollte mit dieser Technik das angeblich knappe Uran gestreckt werden, kein Anlaß zum Sparen, zum *energy-saving*. Was elektrischer Strom, diese Energie-Sonderform, kosten würde, stand zwar nicht fest: Aber billiger würde er werden.

Wohlgemerkt: Das bundesdeutsche Atomstrom-Zeitalter war damals gerade erst fünf Jahre alt. Nach mehreren Fehlschlägen mit ungeeigneten Typen nahm das Kraftwerk Obrigheim im April 1969 den kommerziellen Betrieb auf, ein Druckwasser-Reaktor für – heute – 357 Megawatt elektrische Leistung. Drei Jahre später folgten Stade und Würgassen. Heute sind 21 Reaktoren mit einer Gesamtleistung von 19 865 Megawatt am Netz (darunter zwei Winzlinge für Forschungszwecke in Karlsruhe und Jülich mit nur 35 Megawatt Leistung), die 1985 jede dritte verbrauchte Kilowattstunde erzeugten. Zu den 19 Großanlagen soll in diesem Jahr

1986 Vor dem AKW-Gelände in Brokdorf kommt es nach der Tschernobyl-Katastrophe zu gewalttätigen Demonstrationen von Kernkraftgegnern

noch Brokdorf kommen, drei weitere KKWs mit je rund 1300 Megawatt sind im Bau, neun weitere in Planung. Den Schnellen Brüter von Kalkar einbezogen, der wohl kaum, wie geplant, noch 1986 den Betrieb aufnehmen wird, rechnet die Energiewirtschaft also mit 34 Blöcken, die irgendwann in den neunziger Jahren gut 36 000 Megawatt produzieren können. Das wäre dann ein gutes Drittel aller installierten Leistung, aber dennoch nur ein Bruchteil dessen, was auf dem Höhepunkt der Atomstrom-Euphorie in Energieprogrammen einmal prognostiziert wurde.

Daß die Euphorie schwand, hatte allerdings nicht nur mit dem Protest zu tun, der sich zur selben Zeit entwickelte. Zuallererst sorgte dafür der strahlende „Müll" der Kernkraftwerke, der eine „Entsorgung" notwendig macht, der Zwang also, Deponien zu finden.

Bis auf den Hochtemperatur-Reaktor in Schmehausen arbeiten alle deutschen Großanlagen nach demselben Prinzip, d. h. mit angereichertem Uran. Das Uran-Isotop U-235, in natürlichem Uran nur zu 0,7 Prozent vorhanden, wird auf drei Prozent angereichert, der Rest besteht aus U-238. Das oxidierte Uran wird zu „Pillen" gepreßt, mit denen viele hundert Röhren gefüllt sind, die nebeneinander im Reaktor-Druckgefäß stehen, von Wasser umspült, das die bei der Spaltung entstehende Wärme abführt. Nach mehreren Monaten Betrieb (oder Abbrand) hat sich in den Röhren-„Pillen" allerdings etwas verändert: Ein Großteil des U-235 ist gespalten, verbraucht und hat sich in andere Elemente verwandelt, die vorerst nicht stabil sind, sondern unter

1986 TSCHERNOBYL

Abgabe von Strahlung weiter zerfallen. Außerdem hat ein Teil des U-238 Neutronen aus dem Spaltungsprozeß eingefangen und sich dann in Plutonium verwandelt. Ein Brennelement, das nach mehreren Monaten aus dem Reaktorkessel entladen wird, strahlt also; andererseits enthält es noch verwertbares Uran, den auch in einem normalen Reaktor einzusetzenden Brennstoff Plutonium und einen bestimmten Prozentsatz lästiger „Spaltgifte".

Der Gesetzgeber macht, um die Strahlungsgefahr zu bannen, für die Betriebserlaubnis einen sogenannten „Entsorgungs-Nachweis" zur Bedingung: Nur wenn der Betreiber nachweisen kann, daß er den strahlenden Müll ordnungsgemäß, ohne Gefährdung der Bevölkerung, irgendwo und irgendwie deponieren kann, darf er den Reaktor anfahren. Die Betreiber halten dagegen, daß es sich mitnichten um „Müll" handelt, sondern im Gegenteil um ein wertvolles Gut, wenn es nur gelingt, das Uran und das Plutonium herauszuziehen (das in neuen Brennelementen verwendet werden kann) und von den lästigen „Spaltgiften" zu separieren, die dann „endgelagert" werden müssen. Dies soll eine Wiederaufarbeitungsanlage leisten, eine WAA.

Für diese Wiederaufarbeitung hatte sich die deutsche Chemie interessiert, weil sie ein Geschäft zu werden versprach – bis die praktische Erprobung sie eines besseren belehrte und sie sich unauffällig zurückzog. Aber die Reaktoren liefen schon in der ersten Hälfte der siebziger Jahre, Jahr für Jahr fielen strahlende, abgebrannte Elemente an, die irgendwo bleiben mußten. Eine bestimmte Zeit lang müssen sie zwar ohnehin im Schutz des Reaktorgebäudes gelagert werden, bis die stärkste Strahlung abgeklungen ist, aber diese Abklingbecken sind bald voll. Wohin dann mit dem Müll?

Frankreich und England boten sich an, die abgebrannten Elemente zu übernehmen und aufzuarbeiten. Als gute Geschäftsleute nutzten sie ihre Monopolstellung und verlangten nicht nur gepfefferte Preise, sondern machten auch die Auflage, den hochradioaktiven Müll der „Spaltgifte" zurückzunehmen. Es führte also kein Weg an einem deutschen Endlager vorbei, und spät, schon im Wettlauf mit der Zeit, begannen Staat und Kraftwerksbetreiber, eine eigene WAA zu planen und ein Endlager zu suchen: Staat und Betreiber, weil sich die Bundesregierung per Gesetz verpflichtet hatte, die Entsorgung zu garantieren. Die alte Ehe Politik/Kernkraft hielt zusammen, zumindest zankte sie sich nicht in der Öffentlichkeit.

Die ersten WAA-Pläne für Gorleben scheiterten 1979. Was jedoch nicht aufs Eis gelegt werden durfte, war das Endlager. Zwar hatten Politik und Gerichte die Entsorgungsstrecke ausgedehnt, ein Konzept der „Zwischenlager" gebilligt, mehr der Not gehorchend als den eigenen Überzeugungen folgend. Aber auch Zwischenlager sind nur eine Übergangslösung, eines Tages stehen auch diese Hallen voller schwerer, stählerner Behälter, in denen die Brennelemente stecken. Dann muß eine WAA arbeiten oder ein Endlager bereitstehen, in das notfalls die Brennelemente abgesenkt werden. Bis jetzt weiß niemand, ob der ausgesuchte Salzstock in Gorleben wirklich geeignet ist, ja, es steht nicht einmal fest, ob Salz überhaupt die geeignete Formation ist, strahlenden und heißen Abfall auf Jahrtausende vor der Umwelt sicher abzuschirmen.

Zur Hoch-Zeit des Protestes lautete ein Vorwurf, man habe das Flugzeug per Katapult gestartet und dann erst mit dem Bau der Landebahn begonnen. Die Zeit drängt in der Tat. Die „Neue Heimat" hätte niemals ihre Hochhausblöcke errichten dürfen, hätte sie keinen Platz für die Mülltonnen anbieten können. Bei der Kernenergie nahm's der Gesetzgeber nicht so genau.

Die enge Verbindung zwischen dem Staat und den Elektrizitätserzeugern hat hierzulande Tradition. Sie ist schon im Energiewirtschaftsgesetz vom Dezember 1935 angelegt, das – mit Ergänzungen – heute noch gilt. „Um ... den notwendigen öffentlichen Einfluß in allen Angelegenheiten der Energieversorgung zu sichern (und) volkswirtschaftlich schädliche Auswirkungen des Wettbewerbs zu verhindern", wie es in der Präambel heißt, wurden Gebietsmonopole geschaffen, in denen die EVUs ziemlich frei schalten und walten können.

Das haben besonders nachdrücklich die vielen kleinen Stromerzeuger zu spüren bekommen. Sie werden gezwungen, ihren Strom in das Netz ihres „Monopolisten" einzuspeisen, wozu ein Wissenschaftler 1984 anmerkte: „In Deutschland wird geklagt, daß den industriellen Eigenerzeugern für Stromlieferungen in das öffentliche Netz nur in Ausnahmefällen die dadurch wegfallenden Kosten der Elektrizitätswerke vergütet werden." Oder im Klartext: Die Kleinerzeuger bekommen so wenig für ihren Strom, daß sich die Produktion nicht mehr rentiert. Sie müssen aufgeben; eine dezentrale Energie-Erzeugung, jetzt nicht nur von Mitgliedern der Grünen propagiert, wird es so lange nicht geben, wie diese Monopole existieren und die EVUs über die Leitungsnetze verfügen.

Und dies, obgleich wir schon zu viel Kraftwerkskapazität haben. Selbst in den Zeiten des höchsten Verbrauchs wurden nie mehr als zwei Drittel der Erzeugerkapazität benötigt. Für diese – von den Betreibern bestrittene – Überkapazität sind indirekt die Kernkraftwerke mitverantwortlich.

Verantwortung beim Staat

Es geht um die – vernünftigerweise vorzuhaltende – Reservekapazität. Wenn ein Werk wegen eines Defekts vom Netz fällt, muß Ersatz eingeschaltet werden, damit die Spannung nicht zusammenbricht. Aber bei der riesigen Leistung von 1300 Megawatt, die ein KKW liefert, bedarf es erheblicher Reservekapazität; die Größe der nuklearen Blöcke erzwingt also zugleich die Größe der Reserve, deren Kosten für Bau und Unterhaltung per Stromtarif dem Kunden auferlegt werden: eine Schlußfolgerung, die freilich kein EVU anerkennen will.

In der Tat gibt es Gegenargumente. Stromerzeugung ist Teil einer überaus verzwickten Energiepolitik. Vereinfacht führen die Erzeuger zwei Gesichtspunkte an: Kernkraftwerke sind teuer im Bau (Grohnde etwa hat 3,5 Milliarden Mark gekostet), aber benutzen einen vergleichsweise billigen Brennstoff – was bei Kohlekraftwerken, für Steinkohle zumal, umgekehrt ist: „billiger" Bau, „teurer" Brennstoff. Außerdem sind Kernkraftwerke aus technischen und physikalischen Gründen am besten für den Dauerbetrieb rund um die Uhr geeignet, mithin für die Erzeugung der sogenannten Grundlast, jener Menge Strom, die immer zu jeder Zeit abgenommen wird. Da niemand die Stromerzeuger zwingt, die staatlichen Vorleistungen für Forschung, Entwicklung und Entsorgung in ihren Strompreis hineinzurechnen, hat der Atomstrom tatsächlich einen Preisvorteil, noch vor der Braunkohle, der wegen ihres Schwefelgehalts diskret beträchtliche Umweltschäden angehängt werden, und der noch subventionierten heimischen Steinkohle.

Grundlast bringt Geld. Die berühmte elektrische Nachtspeicherheizung war einer, aber beileibe nicht der einzige Versuch, den Grundlastverbrauch zu steigern, entgegen jeder Vernunft. Denn die Physik besagt nun einmal, daß bei der Umwandlung von Wärme in Bewegungsenergie Verluste auftreten; etwa drei Fünftel der eingesetzten Primärenergie muß ein Elektrizitätswerk, ob mit Kohle oder Uran beheizt, als Verlustwärme an die Umwelt abgeben. Der mit solchen Verlusten erzeugte Strom sollte hinterher wieder für die Wärmeerzeugung eingesetzt werden.

Dennoch sind die EVUs der falsche Adressat für den jetzt wieder auflebenden Widerstand. Sie verhalten sich, im Rahmen politisch gesteckter Ziele, nur marktkonform. Sie haben kein geschäftliches Interesse am Schnellen Brüter in Kalkar, zu dessen Mitfinanzierung sie nachdrücklich überredet werden mußten. Denn Kalkar wird nicht brüten, also keinen Überschuß an Kernbrennstoff erzeugen; Kalkar wird nicht einmal einen Nachfolger haben, weil die Weichen längst für eine technisch andere Linie gestellt sind, die Frankreich in den beiden Phénix-Typen entwickelt und erprobt hat – wenn überhaupt in diesem Jahrhundert die Brüter-Technik weiterverfolgt wird.

Die Betreiber von Kernkraftwerken können sogar ohne Wackersdorf leben, zu dessen größten Erfolgen sie die Tatsache zählen, daß seit Rodungsbeginn die Wiederaufarbeitungspreise in Frankreich und England gefallen sind. Sie brauchen allerdings ein Endlager, wenn die KKWs auf Dauer nicht im eigenen Müll ersticken wollen. Aber dafür hat der Staat die Verantwortung übernommen. Die Stromerzeuger können mit vielen Entscheidungen leben, solange sie die dadurch entstehenden Kosten auf den Strompreis abwälzen dürfen.

Ob Kernkraft oder nicht ist eine (energie-)politische Entscheidung, die jetzt von den Parlamenten getroffen werden muß. Freilich ist die Behauptung, von der langjährigen Ehe habe Mutter Energie bislang mehr profitiert als Vater Staat, alles in allem wohl so richtig, daß zur Scheidung selbst ein Tschernobyl nicht ausreicht. Denn dazu gehörten die Fähigkeit und die Bereitschaft der Politiker, gewohnte Pfade zu verlassen und hinter dem Protest nicht nur ein Amalgam aus Angst, Betroffenheit und vielleicht unzureichenden Kenntnissen zu vermuten, sondern darin auch die Kritik an einem industriellen Wirtschaften zu akzeptieren, das sich in puncto Energie zum unbegrenzten Selbstzweck auswachsen wollte.

1986 HISTORIKERSTREIT

1986

Historikerstreit

DIE ZEIT

KONTROVERSEN

Den Anstoß zum sogenannten »Historikerstreit« im Jahre 1986 gibt ein Artikel des Sozialphilosophen Jürgen Habermas: Unter dem Titel »Eine Art Schadensabwicklung« wirft er in der ZEIT mehreren deutschen Historikern vor, sie stellten die Geschichtsschreibung in den Dienst einer konservativen Wiederbelebung nationaler Denkmuster und würden den Nationalsozialismus verharmlosen. In der ZEIT fokussiert sich die anschließende Debatte vor allem auf die umstrittenen Thesen Ernst Noltes, der den nationalsozialistischen Vernichtungskrieg als Reaktion auf den bolschewistischen Terror dargestellt hatte. ZEIT-Redakteur Robert Leicht fasst die wichtigsten Diskussionspunkte noch einmal zusammen. Sein Fazit: »Nur das Hinsehen macht uns frei.«

Nur das Hinsehen macht uns frei

Wir und unsere Vergangenheit:

Die deutsche Geschichte läßt sich nicht retuschieren

VON ROBERT LEICHT

DIE ZEIT, 26. Dezember 1986

Seit jeher suchen die Menschen Halt in der Vergangenheit. Auch dies ist ein Aufbruch zu den Urvätern: „Und ward gehalten für einen Sohn Josephs, welcher war ein Sohn Elis, der war ein Sohn Matthats, der war ein Sohn Levis ..." Das Geschlechtsregister Jesu, aufgezeichnet bei Lukas, durchmißt siebenundsiebzig Generationen im Krebsgang, nennt vor allem den König David, sodann auch den Stammvater Abraham, und schließt im letzten Vers des dritten Kapitels „... der war ein Sohn Enos, der war ein Sohn des Seths, der war ein Sohn des Adams, der war Gottes". In anderer Richtung (und erst mit Abraham einsetzend) verläuft dieser Stammbaum bei Matthäus.

Die frühe Christenheit notiert hier ihre Geschichte, sortiert und deutet sie zugleich. Dabei kommt es den Autoren weniger auf genealogische Fakten an. Sie suchen vielmehr nach Zeichen der Legitimität, sie wollen den Nachweis einer besonders verheißungsvollen Abstammung führen: von den Erzvätern, von Abraham und David, vom ersten Menschen, gar von Gott. Daß dieser männlich abgeleitete Stammbaum und die ebenfalls legitimitätsstiftende Jungfrauengeburt nicht zusammenpassen, nehmen sie hin.

Wir haben es mit einem bewußten Versuch historischer Sinnstiftung zu tun. Die Urgemeinde betreibt Geschichte nicht um der bloßen Dokumentation der Abläufe willen. Indem sie von der Vergangenheit spricht, redet sie vielmehr über ihre Gegenwart – und dies im Lichte der Zukunft. Die Historie bietet ihr nicht allein empirisches Material sondern vor allem Stoff zur Selbstbestimmung, zur eigenen Orientierung, zur Interpretation ihrer Identität. Führen wir unsere Historikerdebatten etwa anders?

Ebenso – und doch ganz anders. Nicht nur, daß der säkularisierten Welt die Ableitung einer heils-

1986 HISTORIKERSTREIT

geschichtlichen Zukunft aus ihrer sinnhaft stilisierten Vergangenheit von vornherein versperrt ist. Wir Deutschen haben überdies daran zu tragen, daß uns die erste Hälfte des 20. Jahrhunderts zur Unheilsgeschichte geriet – in der Katastrophe der Jahre von 1933 bis 1945.

Matthäus und Lukas versuchten, achtzig Jahre nach der Zeitenwende ihre Geschichte zu deuten. Ob vierzig, ob achtzig Jahre nach der vermeintlichen „Stunde Null" oder noch viel später: Wer weiß, ob wir Deutschen je imstande sein werden, unsere Geschichte, die des Nationalsozialismus, seiner Voraussetzungen und Folgen abschließend zu fassen? Auch wenn uns Franz Josef Strauß im Interesse ausgerechnet der vermehrten Waffenexporte zornig entgegengeschleudert, die Deutschen wollten nicht auf Dauer im Schatten der Vergangenheit leben: Eben dies werden wir tun, ob wir nun wollen oder nicht.

Aus diesem Grunde werden wir auch immer wieder einen ähnlichen Streit der Historiker erleben wie in diesem Jahr, wie im Jahr davor um den 8. Mai, um Bitburg und Bergen-Belsen, wie noch einige Jahre früher um die Fernsehserie „Holocaust" – einen Disput, der uns je aufs neue dazu zwingt, unsere Gegenwart auch aus der jüngsten Vergangenheit zu deuten und so unsere Zukunft zu bestimmen, also das Richtige zu suchen, das Falsche zu unterlassen. Eine ungebrochene, unreflektierte Identität kann es für uns nicht geben.

Die deutsche Sehnsucht nach einer geschichtsvergessenen „Normalität" ist verständlich – gerade, weil das, was Deutsche getan haben, sich dem Verständnis entzieht.

Aber jeder Versuch, solche Normalität zu verordnen, schlicht zu wollen oder im politischen Handeln zu fingieren, muß zwangsläufig den Streit wieder aufbrechen lassen. In derartigen Debatten wird zunächst einmal deutlich, wie unzureichend all unsere bisherigen Versuche notgedrungen geblieben sind, die deutsche Vergangenheit zu bewältigen.

Wer glaubte, historische Ereignisse hätten gleichsam eine Art Halbwertzeit, in der die Erinnerung von selbst verblaßt, sieht sich getäuscht. Wiedergutmachung an die Überlebenden des Holocaust aus der Fülle neu gewonnenen Wohlstandes – sie war moralisch geboten; aber auch wenn sie vollständig geleistet würde, könnte sie doch nie das Geschehene tilgen. Demokratische Normalität seit beinahe vierzig Jahren – sie war gewiß eine Leistung; aber sie konnte das eine nicht leisten: Vergessen machen, daß sie nicht frei erworben wurde, sondern uns erst als Frucht der Niederlage zufiel. Auch die resignierende Bereitschaft, die Folgen zu tragen, nämlich die Teilung der deutschen Nation, kann deren Ursache nicht verwischen, ruft sie vielmehr immer wieder in Erinnerung. Und selbst derjenige, der als Zeitgenosse in Verdrängung flüchtet, gibt sich im seitwärts gewandten Blick ebenso zu erkennen wie jeder der Nachgeborenen, der sich aufs Ignorieren verlegt.

Wir erleben im Moment eine paradoxe Entwicklung. Mit dem Ablauf der Zeit verblaßt weniger die deutsche Katastrophe als vielmehr die Grün-

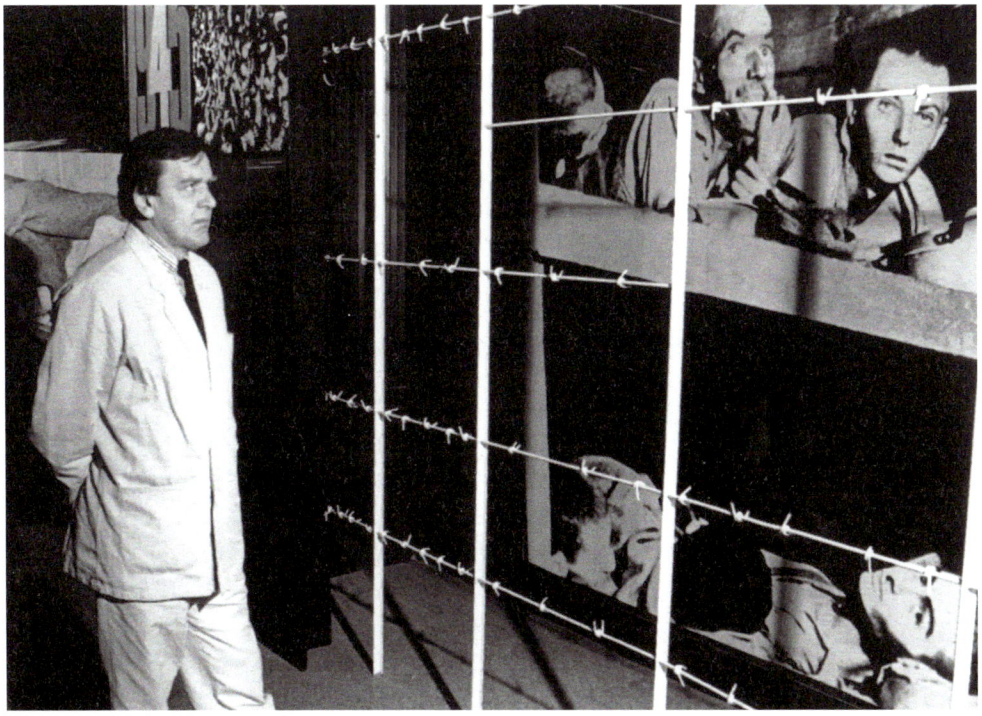

1986 Der niedersächsische SPD-Oppositionsführer Gerhard Schröder besucht die Holocaust-Gedenkstätte Jad Vashem in Jerusalem

dungserfahrung der zweiten Republik. Der Staat des Bonner Grundgesetzes wurde als eine rationale Konstruktion errichtet. Die Westdeutschen vollzogen damit den Anschluß an die politische Kultur des Westens samt ihrer Verfassungstradition. Das Vaterland als nationale, territoriale oder gar mythisch-mystische Einheit war zutiefst diskreditiert worden. An seine Stelle trat, was Dolf Sternberger als erster den „Verfassungspatriotismus" genannt hat: die aktualisierte „Gemeinsamkeit der Geister und Gemüter". Hatten sich die Deutschen (und nicht einmal die meisten) in der Weimarer Zeit mit Friedrich Meinecke bestenfalls zögernd zu „Vernunftrepublikanern" bekehrt, so errichteten sie im Westen nach 1945 eine „Vernunftrepublik" – ohne Wurzeln gesicherter Tradition, allein kraft geschichtlicher Einsicht und politischen Verstandes und zunächst als territoriales Provisorium.

Doch solche Gebilde der Vernunft bleiben in der politischen Wirklichkeit stets anfällig. Unter günstigen Bedingungen mag alles gutgehen, zumindest solange das Gründungserlebnis noch unmittelbar nachwirkt. Aber sobald die Gesellschaft in kritische Zeiten vorstößt (und unsere Industriegesellschaft steckt seit dem Einschnitt, der vom Ölschock bis zu Tschernobyl reicht, in einer schweren Krise), sobald also die Zukunft ungewiß erscheint, wächst bei vielen das Bedürfnis nach trans-rationaler Verankerung, nach einer tiefer grundierten Identität, sogar nach kollektiv vermittelter Sinnstiftung.

Seien wir auf der Hut davor; erkennen wir die Risiken aller gewollt, willkürlich gemeinschaftlichen Identifikationsübungen. Das Verlangen danach provoziert zurzeit eine bemerkenswerte Verschiebung der Fronten. Ausgerechnet die „Progressiven" klagen die geschärfte Analyse der jüngeren Geschichte ein, wohingegen die „Traditionalisten" deren Relativierung betreiben, sei es etwa, daß sie allein die Vorvergangenheit beschwören, oder sei es, daß sie die Singularität der nationalsozialistischen Verbrechensherrschaft bestreiten.

S olche Relativierungstendenzen können in kleinsten Andeutungen wahrgenommen werden, zum Beispiel in jener Rede von all dem Bösen, das „im deutschen Namen" geschehen ist – als hätten es nicht Deutsche selbst getan, sondern sich dabei gewissermaßen eines Subunternehmers bedient. Solche Tendenzen können aber die krudesten Formen annehmen, wenn die Nazi-Verbrechen zur „folgerichtigen" Reaktion auf die bolschewistischen Untaten herabgestuft werden; eben diese Behauptung des Berliner Historikers Ernst Nolte hatte ja den Historikerstreit des Jahres 1986 zur vollen Schärfe entbrennen lassen.

Das Bestreben, die Singularität der deutschen Jahre von 1933 bis 1945 anzufechten, ist doppelt absurd. Der Versuch, Stalin als die vorgeschaltete Ursache Hitlers darzustellen, scheitert schon rein empirisch. Und das Verlangen, die

2001 Jürgen Habermas (l.), hier bei der Verleihung des Friedenspreises des Deutschen Buchhandels in Frankfurt a. M. durch Roland Ulmer, dem Vorsteher des Börsenvereins, gehört zu den wichtigsten deutschen Gegenwartsphilosophen. Er begleitet den Weg der Bundesrepublik Deutschland kritisch und engagiert

1986 HISTORIKERSTREIT

NS-Herrschaft in einer mildernden Parallele mit anderen Greuel-Regimen davor und danach zu sehen, bleibt moralisch in jeder Hinsicht unergiebig. Für unsere Verantwortung, unsere nachwirkende Haftung kommt es allein darauf an, daß das Nazi-Regime in unserer deutschen, Geschichte unerhört, also singulär war. Das *tu-quoque*-Argument, die fingerzeigende Behauptung „Auch Du" birgt keinerlei ethische Entlastung; die Verbrechen der anderen entschuldigen nicht die eigenen. Wer dennoch auf diesem Argument herumreitet, handelt im eigentlichen Sinne ungeschichtlich.

Sinn für die Zukunft aus einer unheilvollen Vergangenheit: Was heißt und zu welchem Ende studieren wir die deutsche Geschichte? Wir können uns nicht mehr naiven Glaubens auf unsere Erzväter berufen. Selbst wenn wir noch weiter als siebenundsiebzig Generationen zurückgingen, änderte dies nichts daran, daß unser Stammbaum rechtfertigender Tradition von den jüngsten Geschlechtern geknickt worden ist.

Ein gebrochenes Verhältnis zur eigenen Geschichte ist freilich nicht ein Defekt unserer nationalen Identität, wie uns all jene weismachen wollen, die vorgeben, sie könnten die Schatten vertreiben, ja vergessen machen. Im Gegenteil: Allein die kritische Stellungnahme entspricht dem Gebot der Gegenwart. Nur das Hinsehen macht uns frei, wie Hans Rothfels einmal gesagt hat – nicht das Wegsehen. Dies führt uns zu drei Einsichten.

Erstens: Wir müssen unsere jüngste Geschichte aus der Dialektik von Kontinuität und Bruch verstehen. Es wirkten auf dem Weg ins Verderben auch Kontinuitäten; ohne sie wären Hitler und sein Regime nicht möglich gewesen. Die legitimierenden Traditionen aber, aus denen wir heute schöpfen, sind damals weithin zerbrochen worden. Heute können wir keine geraden Stammbäume mehr aufrichten.

Zweitens: Nur auf dem Hintergrund eines solchermaßen geschärften Bewußtseins darf der Versuch einer „Historisierung" des Dritten Reichs riskiert werden, wie ihn der Münchner Zeitgeschichtler Martin Broszat fordert. Wer – wie er – die einfache „moralische Absperrung der Hitler-Zeit" aufheben will zugunsten einer moralischen Sensibilisierung der Historie überhaupt, der muß damit rechnen, daß daraus im Alltag eher ein allgemeines „Schwamm drüber" wird. Alles verstehen, alles verzeihen ...

Drittens: Dennoch müssen wir, so schrecklich die Resultate waren, das zum Teil banale Puzzle ihrer Voraussetzungen zusammensetzen. Nur so können wir uns beizeiten gegen die Gefahr der Wiederholung wappnen. Die Singularität der deutschen Katastrophe – sie steht nämlich nur für die Vergangenheit fest. Gleichzeitig müssen wir im Besonderen der deutschen Geschichte auch die allgemeine Gefährdung der Menschheit erkennen. Das ist der Kern der ideologiekritischen Frage, die Norbert Elias in einer Betrachtung zum 8. Mai 1945 gestellt hat, worin er den Hitler-Krieg und den nationalsozialistischen Gesellschaftsmythos als geschichtliches Problem verallgemeinerte: „Ist die Verstrickung, ist diese Abdrift zum Kriege nicht vielleicht deswegen so ausweglos, weil der reale Konfliktstoff, über den sich reden läßt, dermaßen durch gefühlsgeladene Gesellschaftsmythen überhöht wird, daß sich über ihn nicht mehr reden läßt? ... Sind sie es wert, daß man dafür von neuem Millionen Menschen zum Tode verurteilt und weite Teile der Erde unbewohnbar macht?"

So mag gerade das gebrochene Verhältnis zur Geschichte, die kritische Entzifferung der Vergangenheit, unserer Zukunft einen Sinn geben. Gewiß, keiner der Nachgeborenen kann am Dritten Reich schuldig sein. Aber in der Geschichte der Völker gibt es keinen Erbverzicht. Wir haften alle für Soll und Haben unseres nationalen Nachlasses. Wenn wir allerdings in diese Haftung nicht aufrecht eintreten, werden wir aus eigenem Versagen abermals schuldig.

Es sei, schrieb Friedrich Nietzsche, immer ein gefährlicher Versuch, sich gleichsam *a posteriori* eine Vergangenheit zu geben, aus der man stammen möchte, im Gegensatz zu der, aus der man stammt: „Denn da wir nun einmal die Resultate früherer Geschlechter sind, sind wir auch die Resultate ihrer Verirrungen, Leidenschaften und Irrtümer, ja Verbrechen; es ist nicht möglich, sich ganz von dieser Kette zu lösen. Wenn wir jene Verirrungen verurteilen und uns ihrer für enthoben erachten, so ist die Tatsache nicht beseitigt, daß wir aus ihnen herstammen."

So stehen auch wir im Schatten einer Geschichte, die wir nicht mehr zu heilen vermögen. Um so stärker wirkt der Imperativ der Aufklärung. Wir können unsere Zukunft nicht gestalten, wenn wir unsere Vergangenheit retuschieren.

1989

Fall der Berliner Mauer

9. November 1989: Auf einer Pressekonferenz in Ost-Berlin erklärt SED-Bezirkschef Günter Schabowksi, Visa für Auslandsreisen würden ab sofort auch für »ständige Ausreisen« und ohne weitere Auflagen erteilt. Tausende DDR-Bürger versammeln sich daraufhin an den Grenzübergängen entlang der Mauer – bis sich schließlich unter dem Andrang der Massen die Schlagbäume heben. Die deutsch-deutsche Grenze ist offen. In seinem Leitartikel »O Freiheit! kehrest Du zurück?« bündelt Theo Sommer die Fragen, die dieser historische Augenblick aufwirft. Dieter Buhl beschreibt in seiner Leipzig-Reportage die friedliche Revolution in der DDR, die dem Mauerfall vorausgegangen war.

1989 FALL DER BERLINER MAUER

DIE ZEIT, 17. November 1989

„O Freiheit! kehrest Du zurück?"

Vom Aufbruch in der DDR zum Durchbruch der Mauer – Wie weiter in Deutschland?

VON THEO SOMMER

In den Herzen der Deutschen läuten die Glocken. Die Nation lebt, ihr Zusammengehörigkeitsgefühl ist ungebrochen; die größte Wiedersehensfeier des 20. Jahrhunderts hat es aller Welt kundgetan. Die Mauer steht noch, aber sie ist vielfältig durchlöchert, ein Bauwerk auf Abbruch. Auch der Todesstreifen quer durch Deutschland verliert seinen Schrecken; Sperrzone und Schießbefehl sind aufgehoben.

Ironie der Geschichte, Zufall der Begebenheit oder folgerichtiges Zusammentreffen: Vor 28 Jahren wurde der „antiimperialistische Schutzwall" unter der Oberaufsicht Erich Honeckers errichtet, jetzt hat, drei Wochen nach dessen Sturz, seine Demontage begonnen. Im August 1961 mußte die SED die Mauer bauen, um das Ausbluten ihres Staates zu verhindern: Nur die totale Abschottung konnte die hunderttausendfache Westflucht stoppen. Im November 1989 aber sah sich die SED gezwungen, die Mauer zu öffnen. Nur die Reisefreigabe versprach, die neue Massenwanderung nach Westen einzudämmen.

Freilich, die Rechnung von Egon Krenz kann nur aufgehen, wenn es nicht allein bei der Öffnung nach außen bleibt. Damit einhergehen muß eine ebenso dramatische Öffnung nach innen, zur Herrschaft des Rechts, zu politischem Pluralismus und einer marktorientierten Wirtschaft. Das Lenkungsmonopol der SED, das alle anderen zum Kuschen verdammt, muß fallen, mithin der Artikel I der DDR-Verfassung, in dem die „Führung der Arbeiterklasse und ihrer marxistisch-leninistischen Partei" festgeschrieben ist. Menschen, die in die Freiheit und den Wohlstand reisen dürfen, wollen beides auch zu Hause erleben.

Das Eingeständnis vergangener Fehler wird den Bürgern der DDR nicht ausreichen, um wieder Vertrauen zu fassen; ändern müssen sich die Strukturen. Es mag ja etwas Rührendes an sich haben, wie die Volkskammer plötzlich Demokratie spielt, aber sie bleibt in ihrer derzeitigen Zusammensetzung doch ein Parlament von Marionetten. Am Ende wird an freien Wahlen nichts vorbeiführen. Dabei aber muß die SED, wenn sie Respekt gewinnen will, genau das tun, was Egon Krenz noch immer weit von sich weist – sich selbst zur Disposition stellen. Nur wenn sie den Mut zum Selbstmord glaubhaft macht, hat sie eine Überlebenschance.

Die polnischen Kommunisten haben diese bittere Lektion gelernt, ebenso die ungarischen. Auch die deutschen Kommunisten werden sie lernen müssen. Wenn sie es nicht freiwillig tun, werden die Massen auf den Straßen sie dazu zwingen – wie sie Honeckers Nachfolger ja in den zurückliegenden vier Wochen schon Schritt um Schritt zum Zurückweichen gezwungen haben. Reisegesetzentwurf, Rücktritt der Regierung und des Politbüros, Umbesetzung des neuen Politbüros, Einberufung eines Sonderparteitages anstelle einer bloßen Parteikonferenz, urplötzliche Gewährung von Reise- und Ausreisefreiheit – eine Kaskade von Konzessionen ist das Markenzeichen von Egon Krenz geworden. Handelt er aus Schwäche oder aus Stärke? Ist er opportunistisch oder ehrlich? Will er den Wandel oder muß er ihm abgetrotzt werden?

Eines nur ist sicher: Kein Gorbatschow wird den ostdeutschen Kommunisten helfen, ihre Orthodoxie zu retten. Vierzig Jahre lang galt in den Bezirken, die bis vor kurzem „der Ostblock" waren, die Parole „Verschiedene Wege zum Sozialismus". In den nächsten zehn Jahren wird die Entwicklung unter dem Motto stehen: „Verschiedene Wege hinweg vom Sozialismus". Gorbatschow läßt es geschehen. Gelassen sagt er den einstigen Satelliten, was weiland der König von Sachsen seinen aufmüpfigen Bürgern sagte: „Macht Euren Dreck alleene." Die Breschnjew-Doktrin ist tot. An ihre Stelle hat Gorbatschows geistreicher Sprecher Gerassimow die „Sinatra-Doktrin" gesetzt, nach der alle sozialistischen Länder gemäß der Devise handeln dürfen: *I did it my way*. Voraussetzung ist allerdings, daß sie nicht an ihrer Mitgliedschaft im Warschauer Pakt rütteln – und daß keine Grenzen, auch nicht die deutsch-deutschen, verrückt oder verändert werden.

Wie soll es nun weitergehen in Deutschland, mit Deutschland?

Manche meinen, wir müßten jetzt ohne Umschweife und Um-

1989 Am 4. November, fünf Tage vor dem Mauerfall, demonstrieren über 500 000 Menschen auf dem Alexanderplatz in Ost-Berlin für eine radikale Reform der DDR und gegen die führende Rolle der SED

1989 FALL DER BERLINER MAUER

wege direkt auf die Wiedervereinigung der beiden deutschen Staaten losgehen, das Glockengeläut in den Herzen diesseits und jenseits transponieren in die Nationalhymne eines neu geeinten Deutschlands. Es sind nicht viele, die so denken, wie überhaupt bei allem Überschwang der Gefühle die Nüchternheit der allgemeinen Lageeinschätzung hervorstach. Überschäumende Freude, tiefe Genugtuung, tränenvolle Erleichterung – jawohl; in ihren Emotionen fand die Nation in den Tagen, da die Mauer fiel, ohne jedes Fremdeln zusammen. Aber es gab im westlichen Deutschland keinerlei nationalistischen Ausbruch, keinen Ruf nach Anschluß, kein ungeduldiges Verlangen, die deutsche Frage an die Spitze der weltpolitischen Tagesordnung zu setzen. Auch im Bundestag ordnete sich die Raison des Herzens dem Ratschlag der Vernunft unter.

Selbst jene, die sich mit einem Deutschland zu zweit nicht abfinden mögen, sind sich darüber im klaren, daß die Einheit bestenfalls am Ende einer langen Entwicklung kommen wird, die eben erst begonnen hat; daß sie nicht unter Bedingungen zustande kommen darf, die uns von jenen Ankerketten in der Atlantischen und der Europäischen Gemeinschaft losreißen, an denen wir in den vergangenen Jahrzehnten Halt und Schutz gefunden haben; daß sie sich wohl in viel loseren Formen verwirklichen wird, als das an die Vorstellung des Deutschen Reiches von 1871 bis 1945 geheftete Denken nahelegt; und daß überhaupt die deutsche Frage nicht den Deutschen allein gehört.

Und auch in der DDR schlug die Wiedersehensfreude ja keineswegs in ein dringliches Wiedervereinigungsverlangen um. Auf all den Hunderten von Transparenten, die bei den Massendemonstrationen der letzten Wochen gezeigt wurden, tauchte das Thema der nationalen Einheit zum ersten Mal am Montag abend dieser Woche auf („Wiedervereinigung – der Anfang ist gemacht"). In den Manifesten der Opposition kommt er überhaupt nicht vor. Einige Bürgerinitiativen haben sich ausdrücklich auf fortdauernde Zweistaatlichkeit festgelegt. Ihr Reformziel ist es auch keineswegs, in der DDR bundesdeutsche Zustände heraufzuführen; sie suchen nach einem Sozialismus mit menschlichem Gesicht.

Mag sein, daß in der Welt der Intellektuellen andere Vorstellungen im Schwange sind als unter der Masse der DDR-Bürger. Noch sagen sie, der Wiedervereinigung gelte nicht ihre Hauptsorge, jetzt gehe es erst einmal um Reformen. Kämen sie voran, so könnte von der Krise eine identitätsstiftende Kraft ausgehen, die das Selbstbewusstsein der DDR-Bürger stärkt. Aber wenn die Reformen steckenblieben? Dann könnten sich die Prioritäten abrupt ändern. Dies ist eine der Unbekannten in der gegenwärtigen deutschen Gleichung.

Gesetzt jedoch den Fall, die Reformen in der DDR gelängen, ein Mehrparteiensystem etablierte sich, die Wirtschaft würde entkalkt, die Herrschaft des Rechts wäre unbezweifelbar – in einem Wort: es entstünden zwischen Eisenach und Eisenhüttenstadt Verhältnisse, die denen in der Bundesrepublik glichen, wiewohl vielleicht um ein paar Zoll nach links versetzt: Wäre die Wiedervereinigung dann die automatische Folge?

George Kennan, der Nestor unter Amerikas Diplomaten und Historikern, ein großer Freund der Deutschen, doch ein profunder Kenner auch der europäischen Unwägbarkeiten, hat die Frage eben in der *Washington Post* mit Bestimmtheit verneint. Vor vierzig Jahren seien sich alle Sieger einig gewesen, daß es nie wieder ein vereintes Deutschland geben solle, schon gar nicht ein bewaffnetes, das nicht fest eingebunden wäre in eine umfassendere Struktur, die seine Energien absorbierte und seine Nachbarn beruhigte. Heute stelle sich die Frage: „Sollte Deutschland dieser größeren Struktur als einheitliche Größe eingefügt werden? Oder wäre es nicht besser, böte es den anderen nicht mehr Sicherheit, wenn die beiden Teile Deutschlands, kulturell und ökonomisch zwar vereint, sich dem größeren Gefüge doch als zwei separate politische Einheiten einordnen?"

Kennans Antwort ist eindeutig: Erst müssen die Umrisse der kommenden europäischen Ordnung sichtbar werden: das politische und wirtschaftliche Verhältnis Osteuropas zur Europäischen Gemeinschaft; die Zukunft der Nato und des Warschauer Paktes; der Ausgang der verschiedenen Abrüstungsverhandlungen in Genf und Wien. Dann könne man in der deutschen Frage weitersehen.

Diese Ansicht wird im Westen weithin geteilt, zumal in den Hauptstädten der Siegermächte. George Bush, François Mitterrand, Margaret Thatcher – sie alle sagen prinzipiell ja zum Gedanken der

Wiedervereinigung. Aber sie fügen hinzu: Nicht jetzt schon, und nicht ohne Auflagen.

Sie wollen Garantien haben gegen ein Wiederaufleben des aggressiven deutschen Nationalismus. Sie wollen erst wissen, was aus dem Nordatlantikpakt wird und was aus der Brüsseler Gemeinschaft. Und sie wollen eine *structure d'accueil* sehen, im Westen wie im Osten, ein Gefüge, in das sich das geeinte oder gedoppelte Deutschland langfristig einpassen kann. Ihr Eintreten für die Wiedervereinigung ist ein Wechsel auf die Zukunft, dessen Bedienung außerdem an Bedingungen geknüpft ist. Dies engt den Handlungsspielraum der Deutschen – beiderlei Observanz – kräftig ein. Ein Alleingang verbietet sich ihnen, schon weil er ihnen verboten würde.

Jeder Kremlherrscher wäre da mit von der Partie. Aus Angst vor den Folgen würde er sich hüten, die vielbeschworene „deutsche Karte" zu spielen; zu vieles könnte ins Rutschen kommen.

Deswegen müssen die Deutschen jedoch nicht die Hände in den Schoß legen. Unterhalb der Schwelle der internationalen Anstößigkeit gibt es vieles, das sie tun können, ja tun müssen.

Erstens sollten die Mauer und die Todesstreifen-Barriere nicht nur durchlöchert, sondern völlig geschleift werden: Fort mit dem Berliner Monstrum und der asiatischen Grenze! Dafür könnten die Muskelkräftigen jedweden Alters hüben und drüben Sondereinsätze leisten: in einem gemeindeutschen Befreiungsschlag nach dem Motto: Macht kaputt, was Euch kaputt macht. Je ein Stück Mauer und Grenze könnten ja nach Willy Brandt stehen bleiben, als Denkmäler menschlicher, unmenschlicher Verblendung. Ansonsten jedoch sollten die deutsch-deutschen Grenzen werden – nun, wenn nicht wie die Grenzen zwischen Bundesländern, wie das Bundesverfassungsgericht 1973 pontifizierte, so doch wie normale Grenzen zwischen zivilisierten Staaten: Schilderhäuschen und Schlagbaum, Wechselstube und Waschräume – mehr braucht es nicht.

Zweitens müssen die neue Durchlässigkeit, die Entbürokratisierung des Übergangs, die Unmittelbarkeit der Einreise schleunigst auch den Westberlinern und Westdeutschen zugute kommen.

Drittens müssen Bonn und Ost-Berlin ihre Zusammenarbeit auf eine neue Stufe heben, sobald der Reformwille der neuen DDR-Führung seinen Niederschlag in gesetzlichen Regelungen gefunden hat. Auf der Basis der Zweistaatlichkeit sind Vereinbarungen möglich, die völlige kulturelle Offenheit bringen und eine enge wirtschaftliche Verzahnung. Dazu gibt es vielerlei Anregungen. Von „Sachkonföderationen" (Umwelt, Verkehr, Energie, Wirtschaft) spricht Günter Gaus, vom Ausbau und Aufbau „kontinuierlich funktionierender, stets verfügbarer und damit stabilisierender Kooperationsinstanzen" der frühere Außenamts-Staatssekretär van Well, von „funktionaler Einheit trotz fortdauernder Teilung" die Chicagoer Deutschland-Professorin Anne-Marie Burley.

Solch ein deutsch-deutscher Kooperationsverbund dürfte nicht als teutonisches Ausscheren, als Sonderweg oder als Abkehr vom Westen verstanden werden. Er müßte vielmehr integriert sein in einen größeren westeuropäisch-osteuropäischen Kooperationsverbund; dieser wiederum in einen amerikanisch-sowjetischen Kooperationsverbund: drei Etagen, die nicht voneinander abgetrennt wären, sondern eng miteinander verfugt, koordiniert und konzertiert. Der deutsch-deutsche Verbund wäre unser Beitrag zu einem Europa der Nähe.

Niemand weiß, wohin sich die Dinge entwickeln, mit welcher Gewalt, in welchem Tempo. Wir alle spüren: Die bisherige Ordnung wankt, die Epoche geht schwanger mit einer neuen.

Als der Kalte Krieg begann, vor 41 Jahren nach dem Prager Fenstersturz, zitierte Ernest Bevin, der britische Außenminister, düster die Worte, die sein Vorgänger Edward Grey im August 1914 gesprochen hatte: „Die Lichter gehen über ganz Europa aus, und sie werden zeit unseres Lebens nicht wieder angezündet werden." Jetzt, so scheint es, gehen die Lichter wieder an. Auch über dem Potsdamer Platz.

In den Herzen der Deutschen klingen die Glocken der großen Wiedersehensfeier noch nach. Sie übertönen das kleinliche Bonner Parteiengezanke. „O Freiheit! kehrest Du zurück?", sang der Chor der Gefangenen letzte Woche bei einer Leipziger Fidelio-Aufführung. „Wir werden frei, wir finden Ruh'." Darum geht es in der Tat: um die Freiheit, die zum ersten Mal seit 1933 ins Land jenseits der Elbe zurückkehrt. Sie muß sich nun wieder einwurzeln können. Alles andere ist zweitrangig.

1989 FALL DER BERLINER MAUER

Der lange Marsch von Leipzig

Das Volk läßt nicht locker:

Eine deutsche Revolution mit Mut und Würde

VON DIETER BUHL

DIE ZEIT, 17. November 1989

Leipzig, im November

Die Stille überwältigt, und sie beschämt, weil sich so viel gelassener Mut dahinter verbirgt. Dicht an dicht stehen die Menschen vor der Nikolaikirche. Sie verharren beinahe regungslos, trotz der beißenden Kälte. Sie warten auf das Ende des Friedensgebetes. Als sich die Tür des Gotteshauses endlich öffnet und die Kirchgänger herausströmen, erhebt unvermittelt ein älterer Herr die Stimme. Er sieht nicht aus wie jemand, der zur Lautstärke neigt oder sich wichtig macht. Aber jetzt bricht es aus ihm heraus mit zorniger Bestimmtheit: „Wir sind das Volk", schreit er, und sein Ruf schallt vieltausendfach verstärkt in die Nacht.

„Wir sind das Volk" – dieser Anspruch war auch diesmal wieder das Motto des Friedensgebets. In der Kirche jedoch brauchte es nicht skandiert zu werden. Der Pfarrer wies leise, fast demütig auf die Wirkungen hin, die von der Nikolaikirche, von dieser Paulskirche des DDR-Volkes, ausgegangen sind. Er erinnerte daran, „daß sich das Land dramatisch verändert, von Montag zu Montag", von Friedensgebet zu Friedensgebet. Der Prediger des Abends zog die Bibel heran, um das Wunder zu erklären, das an dieser Stelle vor Monaten seinen An-

fang nahm. „Sieben Tage", verglich er, „ist Josua um die Mauern von Jericho gezogen, dann fiel die Mauer wie von selbst; sieben Tage liefen die Leipziger um die Stadt, dann fiel die Mauer wie von selbst."

Auch an diesem Montag abend laufen die Leipziger wieder, nein, erst einmal bewegen sie sich zentimeterweise voran, denn die umliegenden Straßen sind voller Menschen. Doch keine Ungeduld macht sich breit, es gibt kein Drängen und Schubsen. Dies ist keine Demonstration, wie wir sie in der Bundesrepublik kennen. Hier herrscht weder Begeisterung noch Krawall, hier setzt niemand auf Action. Mit stillem Ernst gehen die

Menschen voran, entschlossen und zielbewußt.

Nur wenige Transparente ragen aus der Menge. Zumeist sind sie von unbeholfener Hand gefertigt und verraten den Materialmangel in diesem Lande. Eines der Plakate erinnert an einen Sohn, der sein Leben im Todesstreifen an der Grenze ließ. Andere attackieren mit Witz die Mächtigen: „Die Perestrojka in ihrem Lauf halten weder Ochs noch Egon auf" oder „Stasigelder in die Wälder" oder „Das war das Hemd, jetzt wollen wir die Hose".

Sie haben die DDR bewegt und Breschen in die Mauer geschlagen

Es dauert lange, bis sich die Demonstranten auf dem Karl-Marx-Platz versammelt haben. 250 000 oder 300 000 Menschen, die sich ohne Leiter und Ordner zusammenfinden müssen, brauchen Zeit. 1930 hat hier, wie ein Wandgemälde in der benachbarten Post pathetisch verkündet, Ernst Thälmann zur deutschen Jugend gesprochen. Was würde der legendäre Kommunistenführer wohl denken, wenn er diesen Massenprotest sähe?

Nur vorn, an der Stirnseite des Opernhauses, äußert er sich in lauten Tönen. Angestrahlt und animiert vom Fernsehen, versuchen einige Vertreter der Opposition über Megafone zu reden. Aber die Mehrheit hört nichts. Sie schweigt und zeigt nur Regung, wenn ab und zu ein Sprechchor von vorne nach hinten wallt, mit dem sich die Verachtung für das System vehement Bahn bricht.

Das ist das Einmalige auch dieses Leipziger Montagsmarsches: Keiner hält mitreißende Reden, niemand stimmt Lieder an, kein befreiender Höhepunkt ist zu erwarten, und dennoch sind alle mit vollem Herzen dabei. Was die Menschen aus den Bezirken der Stadt herbeibringt, was sie aus Karl-Marx-Stadt, aus Zwickau und Halle hertreibt, ist ein gemeinsamer Wille und inzwischen auch ein gemeinsam empfundener Stolz. Sie haben die DDR bewegt; sie haben die Grenzen in der Tschechoslowakei geöffnet; sie haben Honecker und viele andere SED-Potentaten in die Wüste gejagt; sie haben Breschen in Mauer und Todesstreifen geschlagen; sie haben, und das ist ihnen das Wichtigste, das allmächtige Regime in Angst und Schrecken versetzt. So sehen es die Demonstranten selber, und sie haben recht. Deshalb begeben sie sich wieder auf den Ring um die Innenstadt, auf die vielleicht zwei Kilometer lange Strecke, damit der Druck auf die Staatspartei nicht schwindet. Sie wollen nicht lockerlassen, bis sie mehr Freiheit haben, bis die Bevormundung durch die Partei aufhört, bis die Schuldigen an der jahrzehntelangen Misere am Pranger stehen.

Fast alle haben persönlich mit dem SED-Regime abzurechnen. Bei Gesprächen während des langsamen Marsches kommen sie zur Sache. Der alte Maschinenwerker mit dem ausgebrannten Gesicht spricht erbittert davon, wie er 1952 als Zwanzigjähriger für zwei Jahre ins Gefängnis nach Bautzen mußte, weil er auf ein Stalin-Bild geschossen hatte; er verlangt Rehabilitierung und eine Wiedergutmachung für die verlorene Jugend. Die Mutter erzählt von ihren Kindern und wie sie sich schämt, wenn sie ihnen den überall spürbaren Mangel erklären muß; sie marschiert mit, weil sie sich von den Kindern später einmal nicht sagen lassen will, sie habe bei diesem Aufbruch beiseite gestanden. Das hübsche Mädchen, das auf die Barrikaden jeder Revolution paßte, nennt es ein Verbrechen, daß ihre Landsleute wie Bettler in die Bundesrepublik ziehen müssen; sie will mit ihrer Teilnahme dem Neuen Forum den Rücken stärken.

Auch wenn die Menschen verbittert sind, es spricht kein Haß aus ihnen. Sie fordern keine Galgen für die Schuldigen, sie wollen auch keine Scheiben klirren hören. Jeder paßt auf jeden auf, damit beim Marsch nichts aus dem Ruder läuft. Gewaltfrei soll es zugehen. Allein mit ihrer Disziplin, mit ihrer unübersehbaren Präsenz will diese Masse überzeugen. Dies ist eine Abstimmung mit den Füßen, die noch mehr überzeugt als die Massenflucht. Mahatma Gandhi und Martin Luther King, lebten sie noch, würden sich in diesen Zug begeistert einreihen.

Nur einmal entladen sich die Gefühle minutenlang und ungehemmt. Als die Demonstranten das Gebäude des Innenministeriums mit den darunterliegenden Quartieren des Staatssicherheitsdienstes passieren, gellen die Pfiffe. „Schämt euch was" und „Faule Bande", dröhnt es in Richtung der Fenster, hinter denen Finsternis herrscht. Bald darauf hat der Marsch sein Ziel erreicht. Der Kern der Stadt ist umrundet. Wie jeden Montag gehen die Menschen ohne ein Signal auseinander. Sie verschwinden im Nebel, die stillen Helden einer erstaunlichen Revolu-

1989 FALL DER BERLINER MAUER

tion. Und sie sind sicher, daß sie ein weiteres Kapitel der Geschichte geschrieben haben, bei der es darum geht, wer die Macht hat im Lande und in Leipzig.

Die Stadt. Es gibt schäbigere, trostlosere Gemeinwesen in der DDR. Selbst 40 Jahre Mißwirtschaft und Schluderei haben die Spuren einer rühmlichen Vergangenheit nicht verwischen können. Das Zeughaus und das alte Rathaus, großartige Kirchen und viele Patrizierhäuser, die trotz abblätternder Fassaden Gediegenheit ausstrahlen, zeugen vom vergangenen Reichtum. Die Läden sind zwar nicht gut sortiert, aber längst nicht so leer wie in Polen oder der Sowjetunion. Im Zentrum und bei Sonnenschein stellt sich der Eindruck ein: Dies ist keine graue Ostblockkommune.

„Mein Leipzig lob' ich mir", wie Goethe im Faust sagen läßt? Den Bewohnern der zweitgrößten Stadt der DDR kommt ein Lob nur selten über die Lippen. Sie sind zornig, weil sie sich ausgebeutet fühlen, übervorteilt zugunsten Ost-Berlins. Rund 22 Prozent der Leipziger Häuser stammen aus der Zeit vor der Jahrhundertwende, 24 Prozent wurden vor Ende des Ersten Weltkrieges und 17 Prozent vor dem Ende des Zweiten gebaut. Man sieht es ihnen an. In den Vorstädten bröckelt der Putz und lecken die Dächer. Die Leitungen sind morsch, und die sanitären Einrichtungen haben oft Treppen-Klo-Niveau. Dennoch mußte Leipzig Baubrigaden für das Herausputzen der Hauptstadt der DDR abstellen. Auch die in der Stadt der Messen und Verlage erwirtschafteten Devisen fließen anderswohin. Die Benachteiligung hat böses Blut gemacht und die Abneigung gegenüber den SED-Oberen nur noch verstärkt.

Jetzt leidet Leipzig wie alle anderen DDR-Gemeinden zusätzlich unter der Fluchtbewegung. Seit dem Sommer haben 15 000 bis 20 000 Bewohner der Halbmillionenstadt den Rücken gekehrt. Damit die ärgsten Lücken gefüllt werden, müssen Soldaten der Nationalen Volksarmee Busse fahren, in den Krankenhäusern und Betrieben helfen. Trotzdem stehen manche Maschinen still, werden die ohnehin spärlichen Dienstleistungen weiter gekappt. Sogar die privilegierten Mitarbeiter des Leipziger Spitzenhotels „Merkur" haben Verluste hinnehmen müssen. Der Rezeptionschef und mehrere Köche verschwanden, und die gesamte Kellnerbrigade einer Bar setzte sich stillschweigend in Richtung Westen ab.

Das Volk. Manche Ortsschilder schmückt inzwischen der Zusatz „Heldenstadt". Den Ehrentitel hat der Schriftsteller Christoph Hein Leipzig verliehen, weil es jahrzehntelang unbillige Bürden tragen mußte, und vor allem, weil von hier die Wende in der DDR ausging. „Heldenstadt Leipzig", gesteht selbst ein hoher SED-Funktionär ein, „ist ein Dank an jene, die uns mit ihren Demonstrationen zum Laufen gebracht haben."

Aber die Leipziger demonstrieren nicht bloß. Sie stehen auch Schlange. Bisher ging es dabei um Schuhe, um ein Würstchen an der Bude, um Kinokarten. Jetzt stehen sie auch um ein Stück Freiheit an, um die 15 Mark Reisegeld, die ihnen die Regierung gewährt, und um die Visastempel der Volkspolizei, die ihnen wenigstens für kurze Zeit die Tore zum anderen Deutschland öffnen.

Nur besuchen oder für immer gehen? Die Frage quält auch viele Leipziger noch immer, sie spaltet Familien und zerstört Freundschaften. Sogar in den Schlangen wird offen darüber gestritten. Nein, schimpft ein Drucker, wir waren 40 Jahre eingesperrt, wir haben kein Vertrauen mehr zu denen da oben, und deshalb bleiben viele drüben. Ja, bekundet ein Eisenbahner mit kommunistischem Parteibuch, ich bin gern Leipziger, mir gefällt es hier, und aus meiner Brigade ist keiner weg. Nein, sagt der Drucker, hier ist bloß alles außer Kontrolle geraten, das sind wir doch gar nicht gewöhnt. Aber sobald die SED neu gestärkt ist, kommt sie wieder wie ein Bumerang. Aber nicht doch, behauptet der Eisenbahner, die Reformen gehen so weiter, die lassen sich schon technisch gar nicht mehr zurückdrehen.

In dieser bewegten Situation kam Johannes Rau nach Leipzig, um eine große Kultur-Präsentation Nordrhein-Westfalen zu eröffnen. Ein leibhaftiger Politiker aus der Bundesrepublik, der sich seit seiner Zeit in der Gesamtdeutschen Volkspartei intensiv um das andere Deutschland gekümmert hat, im Herzen Leipzigs: Die Menschen drängen sich um ihn, umarmen ihn, haben feuchte Augen. „Daß wir Sie hier sehen können." – „Bitte helfen Sie uns, die Reformen voranzubringen." – „Vielleicht erleben wir doch noch die Vereinigung, wir geben nicht auf." Was würden wohl SED-Funktionäre darum geben, auf so viel freudiges Erkennen, auf so viel spontanen Beifall der Passanten zu stoßen wie der nordrhein-westfälische Ministerpräsident? Gerührt sucht Johannes Rau, um ein Bibelwort nie verlegen, Halt in einer ewigen Wahrheit: „Wes das Herz voll ist, des geht der Mund über."

Sie reden alle, die Leipziger, offen, ehrlich und hart wie nie zuvor. Allein am Sonntag morgen bietet sich ihnen ein halbes Dutzend Gelegenheiten, der Obrigkeit unverblümt ihre Meinung zu sagen. Im neuen Rathaus haben sich die Handwerker versammelt, die der Staat gängelt und kujoniert. Sie gehen ohne die erhoffte Wegweisung nach Hause, denn der zuständige Funktionär bot ihnen statt Perspektiven bloß die sattsam bekannten Parolen einer bankrotten Wirtschaftspolitik. Auch die Diskussion im Hörsaal 19 der Karl-Marx-Universität gewährt nur wenig Erhellung. Hier wird über die Umweltpolitik gestritten. Der Minister für Energie „aus dem Sanatorium Berlin" muß barsche Worte über sich ergehen lassen. Er weiß nur wenig Rat, wie die Leipziger Luft, die so oft schwer von Brikettgestank ist, sauber werden soll. Der Schlosser, der ungeschminkt über die Verhältnisse in seinem uralten Kraftwerk erzählt, weiß es auch nicht. Dennoch weckt er Hoffnung, weil er „heute zum ersten Mal den aufrechten Gang" übt und die neue Wahrhaftigkeit symbolisiert.

Nebenan, bei den inzwischen traditionellen Sonntagsgesprächen im Gewandhaus, werden Visionen beschworen. Es geht um freie Wahlen, um eine waffenfreie Welt, um reformierbaren Sozialismus. Deutscher Idealismus wehrt sich gegen DDR-Skepsis. Atemlose Stille tritt ein, als der Hausherr Kurt Masur die Wahrheit über die entscheidende Stunde der Leipziger Revolution kundtut. Nicht Egon Krenz hat, wie vielfach behauptet, am 9. Oktober, als die Leipziger zum ersten Mal in Massen gegen das Regime auftraten und stellvertretend für die ganze DDR die Machtfrage stellten, ein Blutbad verhindert. Masur ist gemeinsam mit „zwei anderen Bürgerlichen" und den örtli-

1989 Auf einer Montagsdemonstration in Leipzig fordern während des Gorbatschow-Besuchs in der DDR im Oktober über 100 000 Bürger das Ende der SED-Herrschaft

chen SED-Führern den waffenstarrenden Betriebskampftruppen und Volkspolizisten in den Arm gefallen, die rund um die Demonstranten auf ihren Einsatz warteten. Am Hauptbahnhof waren schon die Waffen ausgegeben worden.

Die Staatspartei. Auch die 40 000 SED-Genossen aus Leipzig verstehen die Welt nicht mehr. Sie schimpfen auf das Volk, das nicht arbeiten wolle, das verwöhnt und verpäppelt worden sei. Aber den Oberbürgermeister hat es bereits aus dem Amt getrieben, und der SED-Ratsvorsitzende wackelt auch schon. Der Ruf von der Straße: „SED – das tut weh" soll endlich verstummen. Aber wie kann das geschehen? Der Vorsitzende mahnte auf einer Kundgebung am vergangenen Sonntag: „Jetzt geht es nicht um Bananen, jetzt geht es um die Wurst." Doch keiner der 29 Redner und Rednerinnen nennt einen Weg zurück in die alte Unangefochtenheit. Sie alle schwanken zwischen Selbstkritik, Selbstmitleid und trotzigem Behauptungswillen.

Die SED-Alleinherrscher in dieser Stadt sind müde geworden

Die Beschwörung der alten Säulenheiligen von Marx über Lenin bis Luxemburg bietet keinen Ausweg. Niemand klatscht wie früher, wenn ihre Namen fallen. Noch eisiger wirkt die Stille, wenn, selten genug, der neue Parteichef genannt wird. Egon Krenz ist mit Sicherheit kein Hoffnungsträger seiner Leipziger Parteifreunde. Zu sehr steht er für das Ancien régime, zu wenig hat er an Ausstrahlung und Ideen zu bieten. Nach fast drei Stunden, die mehr Verbitterung als Aufbruchswillen offenbart haben, ertönt eine matte Internationale aus den Genossen-Kehlen. Von ihnen ist vorerst nicht zu erwarten, daß sie in die vielfach geforderte Offensive gehen. Schon gar nicht scheinen sie für den Auftrag des Bezirkschefs gerüstet zu sein, „zu reisen, zu werben und das Potenzial im Westen zu aktivieren".

Die Vasallen. Die vier anderen Blockparteien genießen in Leipzig nicht mehr Vertrauen als der große Bruder SED. Sie sind zu lange mitgelaufen, haben zu oft vorauseilend genickt, als daß sie als Alternativen gelten könnten. Symptomatisch ist die Haltung des Kreisvorsitzenden der LDPD. Er kommt gerade von einer Versammlung mit 50 Handwerkern und resümiert stolz: „Früher hätten die uns wegen dieser Diskussion alle ins Gefängnis geworfen." Der Blick zurück hält den Vorsitzenden jedoch nicht ab, der Einheitspartei Avancen zu machen. Ob er sich vorstellen könne, daß seine Partei einmal die Spitze erobern werde? Die SED halte so viele Positionen besetzt und verwalte sie nicht schlecht, antwortet er ohne Verlegenheit, außerdem dürfe seine Partei ihre Kräfte nicht überschätzen.

Die neue Opposition. Wer schon bald mit den oppositionellen Gruppierungen rechnet, den werden die Leipziger Verhältnisse ernüchtern. So hat das Neue Forum zwar 5000 oder 6000 Mitglieder in der Stadt, aber weder verfügt die Zentrale über ein Telefon oder Kopiergerät, noch kann sich die Gruppe auf einen gesetzlich gesicherten Status oder gar ein Programm stützen. Ein Theologiestudent, Mitglied der örtlichen Sprechergruppe, erläutert die ebenso vielfältigen wie komplizierten Auflagen der DDR-Vereinigungsordnung von 1975. Noch bevor er halbwegs damit begonnen hat, stellt sich der Eindruck ein: Das Neue Forum braucht nicht bloß eine Bahnsteigkarte, es benötigt eine Dauerkarte, um sich dem Zug zur Macht auch nur zu nähern.

Den anderen Bewegungen ergeht es nicht besser, weder organisatorisch noch programmatisch. Noch suchen sie nach Inhalten. Einig sind sie sich nur in der Ablehnung einer Wiedervereinigung, in der Scheu vor der Macht und, ganz besonders, in der Hoffnung auf einen reformierbaren und erfolgversprechenden Sozialismus. Ausgerechnet ein SED-Journalist gießt Wasser in diesen jungen Wein des Aufbruchs: „Die Intellektuellen pochen auf einen Reformsozialismus, den Menschen ist der Sozialismus egal oder auch nicht, sie wollen nur ein besseres Leben."

Der Vertreter der Staatspartei muß seine Einsicht beim langen Marsch um den Leipziger Ring gewonnen haben. Denn dabei geht es nicht um spitzfindige Ideologien, dabei stehen Forderungen nach Freiheit, Gerechtigkeit und Würde oben an. Ein symbolisches Zeichen der Wende fordert der Maschinenwerker, der schon in der Stalin-Zeit gelitten hat. Spätabends nach dem Montagsmarsch drängt er: „Die sollen den Karl-Marx-Platz endlich in den Platz der Freiheit umtaufen." Nach den bisherigen Wundern erscheint auch das nicht unmöglich. Mit seinem ausdauernden Protest hat das Volk von Leipzig schon ganz andere Veränderungen durchgesetzt.

1990
Deutsche Wiedervereinigung

DIE ZEIT
KONTROVERSEN

Am 3. Oktober 1990 wird Deutschland nach mehr als 40 Jahren der Zweistaatlichkeit wiedervereint. Bereits am 1. Juli haben sich Bundesrepublik und DDR zu einer Wirtschafts-, Währungs- und Sozialunion zusammengeschlossen. Wie aber soll die politische Einheit erfolgen: durch Beitritt der DDR zum Geltungsbereich des Grundgesetzes nach Artikel 23 oder auf Grundlage einer neuen Verfassung? Robert Leicht nimmt schon am 23. Februar in der *ZEIT* Stellung zu dieser Frage – und plädiert für den Beitritt nach Artikel 23. Zum Tag der Einheit warnt Ex-Kanzler Helmut Schmidt – seit 1983 Mitherausgeber der *ZEIT* – vor möglichen deutschen Überheblichkeitsgefühlen gegenüber dem Ausland.

1990 DEUTSCHE WIEDERVEREINIGUNG

Einheit durch Beitritt

Warum am Grundgesetz rühren? –

Eine neue Verfassung kann nur schlechter werden

VON ROBERT LEICHT

DIE ZEIT, 23. Februar 1990

Zwei Wege weist das Grundgesetz zum gemeinsamen deutschen Haus: Beitritt nach Artikel 23 oder Ausarbeitung einer neuen Verfassung. Welcher Weg ist der bessere?

Nach dem ersten Rausch der Kater: Die deutsche Einheit, zunächst als große und unverhoffte Möglichkeit gefeiert, erweist sich immer deutlicher als schwieriges und mühseliges Projekt, außenpolitisch wie innenpolitisch, vor allem aber psychologisch. Der Drang zur Einheit ging zwar zuallererst vom Volk der DDR aus, aber gerade in der DDR fürchtet man sich nun vor der Anpassung an die ebenso gepriesene wie gefürchtete Bundesrepublik. Es muß alles schnell gehen – und doch geht alles viel zu schnell.

Zuletzt hat auch noch der enttäuschende Verlauf des Bonn-Besuchs von Ministerpräsident Hans Modrow die Stimmung in der DDR weiter gedrückt. Die neuen Oppositionsgruppen, die von freien Wahlen auch nicht viel mehr zu erwarten haben als die alte Staatspartei, verlegen sich auf die Klage: Uns bleibt ja nur noch der Anschluß!

In diesem gereizten Klima fällt es nicht leicht, einigermaßen sachgerecht über die Wege zur Einheit zu diskutieren, die das Bonner Grundgesetz weist. Und erst recht wirkt es auf viele Menschen in der DDR irritierend, daß ihnen empfohlen wird, sie sollten doch einfach nach Artikel 23 den Beitritt zur Bundesrepublik erklären – obgleich sich dies am Ende als die schnellste, einfachste und vor allem vernünftigste Lösung erweisen wird. Die Parteien am Ostberliner Runden Tisch haben am Montag dieser Woche in ihrer Mehrheit gegen den Beitritt votiert. Ob dies das letzte Wort bleibt, wird man sehen, wenn die Wahl erst einmal zu demokratisch legitimierten Mehrheiten geführt haben wird.

Schon der Gedanke, daß sich alles nach unserer Verfassung richten solle, mag auf manchen in der

DDR wie eine Zumutung wirken. Aber alles Zartgefühl kommt nicht an der Tatsache vorbei: Nur das Grundgesetz ist sowohl auf Freiheit als auch auf Einheit hin angelegt. Die Verfassung der DDR hingegen taugt als Blaupause weder für die Vereinigung noch für die Befreiung. Und schließlich zeigt das *plébiscite de tous les jours*, der plebiszitäre Wanderungsstrom von Ost nach West, auch die verfassungspolitische Tendenz des Vereinigungsprozesses an.

Jedenfalls wird kaum noch ein Schreiben wie dieses verschickt werden: „Gegenstand der Konferenz soll die Beratung von Maßnahmen sein, die von den verantwortlichen Ministerpräsidenten den alliierten Militärregierungen in Vorlage gebracht werden, um ein weiteres Abgleiten des deutschen Volkes in ein rettungsloses wirtschaftliches und politisches Chaos zu verhindern. Die bayerische Regierung schlägt vor, durch diese Tagung den Weg zu ebnen für eine Zusammenarbeit aller Länder Deutschlands im Sinne wirtschaftlicher Einheit und künftiger politischer Zusammenfassung."

So lauteten die Kernsätze eines Briefes, mit denen der damalige bayerische Ministerpräsident Dr. Ehard am 7. Mai 1947 die Vertreter aller deutschen Länder zur Münchner Ministerpräsidentenkonferenz einlud. Das Treffen begann zwar am 5. Juni 1947, doch der Versuch, der Wiedervereinigung näher zu kommen, scheiterte sehr schnell, vordergründig an einem antiföderalistischen Antrag der ostdeutschen Länderchefs, es gelte die „zentrale Verwaltung" durch einen „Einheitsstaat" anzusteuern.

Jene „gesamtdeutsche" Ministerpräsidentenkonferenz fand freilich vor der Verabschiedung des Grundgesetzes vom 23. Mai 1949 und vor dem Beschluß über die erste Verfassung der DDR vom 7. Oktober 1949 statt, also zwei Jahre vor dem staatsrechtlichen Vollzug der deutschen Teilung. Die deutsche Einheit läßt sich seither nicht mehr vom staatsrechtlichen Nullpunkt aus entwerfen.

Welche Wege weist also das Grundgesetz zu jenem Ziel, das seine Präambel mit dem Satz umreißt: „Das gesamte deutsche Volk bleibt aufgefordert, in freier Selbstbestimmung die Einheit und Freiheit Deutschlands zu vollenden"?

Der erste Weg zur Einheit – die Beitrittsvariante – führt über Artikel 23 des Grundgesetzes:

„Dieses Gesetz gilt zunächst im Gebiete der Länder Baden, Bayern, Bremen, Groß-Berlin, Hamburg, Hessen, Niedersachsen, Nordrhein-Westfalen, Rheinland-Pfalz, Schleswig-Holstein, Württemberg-Baden und Württemberg-Hohenzollern. In anderen Teilen Deutschlands ist es nach deren Beitritt in Kraft zu setzen."

Der zweite Weg zur Einheit – die Neuschaffungsvariante – ist in Artikel 146 des Grundgesetzes vorgezeichnet:

„Dieses Grundgesetz verliert seine Gültigkeit an dem Tage, an dem eine Verfassung in Kraft tritt, die von dem deutschen Volke in freier Entscheidung beschlossen worden ist."

Auf den ersten Blick stehen beide Vorschriften gleichrangig und unvermittelt im Grundgesetz. Aus Gründen der Systematik wie der Entstehungsgeschichte kommt freilich dem Artikel 23 ein gewisser Vorrang zu. Während Artikel 146 als letzte Vorschrift zu den Übergangsartikeln des Grundgesetzes zählt, haben die Verfassungsväter im Parlamentarischen Rat sich ganz bewußt wiederholten Anläufen widersetzt, auch die Beitrittsnorm in die Schlußvorschriften abzudrängen. Sie kam statt dessen als tragende Elementarbestimmung für die Wiedervereinigung in das Kapitel „Der Bund und die Länder".

Deshalb ist es abwegig, davon zu sprechen, die Beitrittsvorschrift des Artikel 23 habe sich lediglich auf das Saargebiet bezogen. Zwar geistert nach wie vor der Satz des SPD-Abgeordneten Karl Mommer durch die Literatur, der am 14. Dezember 1956 – an dem Tag, an dem das Saarland seinen Beitritt zum Grundgesetz erklärte – im Bundestag behauptete: „Mit der Einbeziehung des Saarlandes in den Geltungsbereich des Grundgesetzes wird die dafür geschaffene Vorschrift des Artikels 23 des Grundgesetzes gegenstandslos. Der Artikel 23 Satz 2 des Grundgesetzes ist konsumiert." Diese These ging in die Irre. Schon als der Hauptausschuß des Parlamentarischen Rates über den Artikel 23 beriet, hatte Dr. Robert Lehr schlicht und deutlich gesagt: „Wir wollen die Wiedervereinigung so einfach wie möglich gestalten."

Freilich ändert alles Auslegen und Hin- und Herwenden nichts an dem Befund: Es gibt zwei Varianten – und folglich kann und

1990 DEUTSCHE WIEDERVEREINIGUNG

muß verfassungspolitisch frei entschieden werden. Bei näherer Betrachtung neigt sich die Waage allerdings eindeutig zugunsten der Beitrittsvariante des Artikel 23, obwohl die Neuschaffungsvariante zunächst den Charme der voraussetzungslosen Freiheit in sich zu tragen scheint.

Aber handelt es sich bei solchem Beitritt nicht in Wirklichkeit um einen Anschluß? Die Gedankenlosigkeit, mit der dieses Wort „Anschluß" verwendet wird, hat die Diskussion schon bisher unnötig belastet. Als Adolf Hitler 1938 Österreich dem Nazireich anschloß, hatte sich in der Tat ein Staat den anderen mit militärisch demonstrierter Macht einverleibt. Nichts davon droht der DDR. Es ist allein an ihr, sich nach der Wahl einer demokratisch legitimierten Regierung für die Einheit zu entscheiden. Sie kann dies insgesamt tun, in der Gemeinschaft ihrer wieder herzustellenden Länder oder gar Land für Land. Sie kann dies auch unterlassen. Wie immer ein Antrag nach Artikel 23 des Grundgesetzes demokratisch zustande käme – die Wahl hat die DDR, nicht die Bundesrepublik. Um Beitritt geht es, nicht um Anschluß.

In dem führenden Grundgesetz-Kommentar von Maunz-Dürig-Herzog-Scholz heißt es dazu: „Es ist nicht in das Belieben des Bundes gestellt, ob er eine Beitrittserklärung annehmen will oder nicht. Vielmehr gewährt Art. 23 Satz 2 dem sich anschließenden Teil Deutschlands ein Recht auf den einseitigen Erwerb der Bundeszugehörigkeit, genauer: er versagt offenbar den Organen des Bundes die Möglichkeit, einen ordnungsgemäßen Beitritt zurückzuweisen. Art. 23 Satz 2 gibt auch kein bloßes Recht auf die Annahme der Beitrittserklärung, sondern er geht davon aus, daß die Erklärung des Beitritts diesem gleich ist."

Der Bundesrepublik bliebe nur noch die Aufgabe der Abwicklung: Das Grundgesetz ist, gegebenenfalls stufenweise und in Anpassungsfristen gestaffelt, im Beitrittsgebiet in Kraft zu setzen, jedenfalls sobald die Homogenitätsvoraussetzungen des Artikel 28 annähernd erfüllt sind:

1990 Am Rande der Zwei-plus-Vier-Gespräche am 22. Juni in Ost-Berlin kritisieren Demonstranten den Einigungsprozess und fordern u. a. die Abstimmung über eine neue Verfassung

„Die verfassungsmäßige Ordnung in den Ländern muß den Grundsätzen des republikanischen, demokratischen und sozialen Rechtsstaats im Sinne dieses Grundgesetzes entsprechen. In den Ländern, Kreisen und Gemeinden muß das Volk eine Vertretung haben, die aus allgemeinen, unmittelbaren, freien, gleichen und geheimen Wahlen hervorgegangen ist ..."

Wie angesichts dieser Lage in abfälliger Weise von „Anschluß" die Rede sein kann, ist unerfindlich. Dennoch bleibt die Frage zu beantworten, ob nicht die Neuschöpfung einer gesamtdeutschen Verfassung der bessere Weg zur Einheit wäre.

Wenn man sich in beiden deutschen Staaten noch einmal in Ruhe das Bonner Grundgesetz anschaut, wird man allerdings – und dies ohne westdeutschen Triumphalismus – bald zu dem Ergebnis kommen: Der Versuch, sich eine völlig neue Verfassung auszudenken, käme dem Bestreben gleich, das Rad neu zu erfinden. Und wer weiß, ob das Rad beim zweiten Mal nicht schlechter gelingt als beim ersten? Rein als Verfassung und im rechtsgeschichtlichen Zusammenhang betrachtet, stellt das Grundgesetz nämlich nach wie vor das Optimum des bisher in Deutschland und anderswo je Erreichten dar. Weshalb beim Einigungsprozeß diese Garantien gegenüber dem völlig offenen Ausgang einer neuen Verfassungsgesetzgebung aufs Spiel setzen?

Wie wenig die verfassungspolitische Qualität des Grundgesetzes freilich bei Politikern und Bürgern der DDR bisweilen bekannt ist, zeigt eine fast schon törichte Äußerung von Wolfgang Ullmann, der zwar der Bewegung Demokratie Jetzt angehört, aber für die Regierung Modrow am Runden Tisch sitzt: Die Bundesrepublik müsse lernen, daß es zu wenig ist, ein Grundgesetz zu haben, „das nicht mehr ist als eine verbesserte Weimarer Verfassung".

Das Grundgesetz ist eben nicht bloß eine leicht modifizierte Variante der gescheiterten Weimarer Verfassung, sondern vielmehr deren kategoriales Gegenstück.

Anders als in der Weimarer Verfassung sind die Grundrechte für alles staatliches Handeln unmittelbar bindendes Recht, auf das sich die Bürger nach Ausschöpfung des Rechtsweges mit einer Verfassungsbeschwerde direkt berufen können.

Anders als in Weimar steht sogar der demokratische Mehrheitsgesetzgeber unter der Kontrolle eines Verfassungsgerichts.

Anders als in Weimar ist die „legale Verfassungsabschaffung" unmöglich – kein Gesetzgeber darf die Grundrechte in ihrem Wesensgehalt antasten (Artikel 19 Absatz 2). Und der Artikel 79 Absatz 3 legt außerdem fest: „Eine Änderung des Grundgesetzes, durch welche die Gliederung des Bundes in Länder, die grundsätzliche Mitwirkung der Länder bei der Gesetzgebung oder die in den Artikeln 1 und 20 niedergelegten Grundsätze berührt werden, ist unzulässig."

Das heißt also: Die Menschenwürde als oberstes Gebot, die direkte und nicht nur deklamatorische Verpflichtung von Gesetzgebung, Exekutive und Rechtssprechung auf die Grundrechte, der Rechtsstaat sowie der demokratische und soziale Bundesstaat – dies alles ist, soweit das an einer Verfassungsurkunde überhaupt liegen kann, gegen Putsch und Aushöhlung sicher kodifiziert. Gewiß: Im Alltag der Verfassungswirklichkeit steht auch die Bundesrepublik nicht immer glänzend da. Doch eine Verfassung, deren existentielle Grundentscheidungen dem Grundgesetz überlegen wären, ist nicht einmal am fernen Horizont erkennbar.

Demgegenüber wirkt die Absicht, angesichts des deutsch-deutschen Schleusenbruchs und der dringenden sozialen Nöte in der DDR, ja, des Risikos der Destabilisierung beider deutscher Staaten, auf dem leeren Papier eine neue gesamtdeutsche Verfassung zu entwerfen, wie der Versuch, auf einer Glatze Locken zu drehen. Im übrigen wäre dieser Versuch mit erheblichen Risiken befrachtet.

Gustav Heinemann, der damalige Bundespräsident, sprach am Verfassungstag des Jahres 1974 den seither immer wieder zitierten Satz: „Das Inkrafttreten des Grundgesetzes vor 25 Jahren zählt zu den Sternstunden unserer Geschichte. Es unterbreitet uns das große Angebot, zum ersten Mal eine freiheitlich-rechtsstaatliche und soziale Demokratie zu verwirklichen." Dieser Sternstunde war die tiefste Schuld und Schmach vorausgegangen, in die deutsche Politik je geführt hatte. Schmach und Sternstunde – dieser unauflösbare Zusammenhang prägte auch das Beratungsergebnis des Parlamentarischen Rates. Das Grundgesetz hat sich zu seiner verfassungspolitischen wie verfassungsgeschichtlichen Höhe entwickelt, weil die Frauen und Männer des Parlamentarischen Rates wußten, aus welcher Tiefe sie ihre Arbeit anzutreten hatten.

Niemand vermag vorauszusehen, ob ein neuerlicher Versuch der Verfassungsgebung das gleiche hohe Bewußtsein und die gleichen einzigartigen Garantien nochmals hervorzubringen vermöchte. Eher steht zu befürchten, daß ein zweiter Anlauf zu einer gesamtdeutschen Verfassung matter ausfallen und manchen Freiheitswert relativieren würde. Niemals mehr, um nur ein Beispiel zu nennen, würde ein derart großzügiges Asylrecht kodifiziert werden wie der Artikel 16 des Grundgesetzes.

Um es einmal „verfassungstaktisch" auszudrücken: Wer das Grundgesetz, wo dies wenigstens theoretisch überhaupt möglich ist, verwässern will, braucht eine Zweidrittelmehrheit. Wer aber bei der Beratung über eine neue Verfassung die Garantien relativieren will, dem reicht schon die Sperrminorität von einem Drittel der Abgeordneten aus.

Im übrigen bleibt auch dieses anzumerken: Es gibt im anderen deutschen Staat seit 1933 nicht nur keine demokratische Verfassung mehr, sondern auch keine nennenswerte Wissenschaft und Kultur des Verfassungsrechts. Schon deshalb würde die Debatte in einer verfassungsgebenden Nationalversammlung sehr einseitig geführt werden, wenn sie über die oberflächlichen Bekundungen des guten Willens hinausführen soll.

Die Befürchtung, eine neue gesamtdeutsche Verfassung werde weniger liberal ausfallen als das Grundgesetz, läßt sich nicht zuletzt mit den Urteilen des Bundesverfassungsgerichts zur Grundrechtsausle-

1990 Am 3. Oktober schwenken begeisterte Menschen vor dem Brandenburger Tor in Berlin ihre Fahnen und feiern die Wiedervereinigung Deutschlands

gung begründen. Denn diese Urteile zeigen zumeist sehr deutlich, wie weit Verfassungspolitik und Gesetzgebung nach und nach hinter dem Anspruch der Verfassungsurkunde zurückbleiben würden, wenn nicht ein Gericht eingreifen würde.

Unsere Grundrechte wurden gerade durch die Rechtsprechung aus Karlsruhe in ihrer Bestandskraft gefestigt, jedenfalls in der Gesamtbilanz der Urteile. In der Frühzeit der Bundesrepublik galt dies für die Richtersprüche zur Gleichberechtigung von Mann und Frau und zur Pressefreiheit, später für die Mitbestimmung, für das Demonstrationsrecht, für das Volkszählungsurteil mit dem „Grundrecht auf informationelle Selbstbestimmung", das der Gefahr der Gesamtverdatung aller Bürger entgegenwirkt. Wer sich zugunsten einer vagen neuen Verfassungsgebung vom Grundgesetz verabschieden will, muß wissen: In diesem Falle ginge die gesamte Rechtsprechung aus Karlsruhe, die verfassungsgerichtliche Armierung unserer Grundrechte verloren. Die Karlsruher Urteile – sie würden als Makulatur in die Archive wandern.

Im Grunde genommen ist die Lage einfacher, als sie sich manchem darstellt. Entweder würde eine neue Verfassung das Grundgesetz kopieren – dann lohnte sich der Aufwand nicht, im Gegenteil, die Bilanz wäre wegen der verlorengegangenen Rechtsprechung negativ; oder aber die neue Verfassung bliebe hinter dem Grundgesetz zurück – dann hätten zumindest die Westdeutschen sich zu fragen, ob ihnen eigentlich die Einheit mehr wert ist als ihre freiheitlich optimierte Verfassung. Schließlich sind wir Verfassungspatrioten und nicht bloße Nationalpatrioten.

Im Verlauf des „Historiker-Streits" hatte Jürgen Habermas notiert: „Die vorbehaltlose Öffnung der Bundesrepublik gegenüber der politischen Kultur des Westens ist die große intellektuelle Leistung unserer Nachkriegszeit, auf die gerade meine Generation stolz sein könnte." Wer da das Grundgesetz als bloß redaktionelle Variante zur Weimarer Verfassung belächelt, hat nicht wahrgenommen, daß in dieser Verfassungsurkunde die Deutschen die guten Bestandteile ihrer Verfassungstradition verspätet zwar, aber auf kongeniale Weise mit der Zivilisation der westlichen Demokratien verbunden haben.

Es gibt keinen Grund, dieses geistige Band wieder zu kappen oder zu relativieren. Im Gegenteil, gerade die über vierzig Jahre währende Praxis unter dem Grundgesetz hat bei unseren Nachbarn den Grundstock des Vertrauens gelegt, das es ihnen jetzt ermöglicht – unter großen Besorgnissen zwar, aber ohne Widerstand –, Zeugen der deutschen Einigung zu werden. Weshalb sollten die Deutschen ausgerechnet in dieser heiklen Phase des Übergangs ihre Beitrittsurkunde zum Kreis der Demokratien ganz und gar revidieren?

Gerade angesichts der Besorgnisse unserer Nachbarn und Bündnispartner berufen wir Westdeutschen uns gern auf den Deutschlandvertrag von 1954, in dessen Artikel 7 sich die drei Westmächte auf das Ziel der Wiedervereinigung festgelegt haben. Doch da heißt es über das angestrebte Ziel auch: „ein wiedervereinigtes Deutschland, das eine freiheitlich-demokratische Verfassung, ähnlich wie die Bundesrepublik, besitzt und das in die europäische Gemeinschaft integriert ist." Es mag sein, daß heute mancher vor lauter deutschem Drang und angesichts der unvermeidlichen Einheit solche Verträge nicht mehr ganz ernst nimmt. Aber versprochen haben wir es schon: Im Falle der nationalen Einheit bleiben wir unserer Verfassung im Kern treu. Weshalb also daran rühren?

Es mag sein, daß das Verhalten mancher Bonner Politiker bei Bürgern der DDR – über das Maß der ohnedies vorhandenen Angst hinaus – für zusätzliche Verunsicherung gesorgt hat. Aber wenn wir vom Gesamtprozeß der Einigung sprechen, und dabei nicht nur vom lieben Geld die Rede sein soll, dann ist das Grundgesetz, das „große Angebot", noch das Beste, was wir einzubringen hätten. Weshalb sollten wir dieses Licht unter den Scheffel stellen? Im Gegenteil: Gerade das Grundgesetz könnte dabei helfen, den Landsleuten drüben ihre Ängste zu nehmen.

Es wäre jedenfalls ein merkwürdiger Vorfall, wollte sich die DDR der Wirtschafts- und Währungsunion mit der Bundesrepublik anheimgeben, aber ausgerechnet die verfassungsrechtliche Bändigung dieser Ökonomie abweisen. Wer sich vor dem harschen Rationalisierungsprozeß der Marktwirtschaft fürchtet, dem können wir sagen: Gerade der Sozialstaat des Grundgesetzes bietet eine Garantie und eine verfassungsrechtliche Schranke.

Und wenn es um den angeblichen „Ausverkauf" geht, um das angebliche „Billiglohnland DDR": Das Grundgesetz verpflichtet in seinem Artikel 72 den Bund zur Wahrung der Einheitlichkeit der Lebensverhältnisse über die Grenzen der Länder hinweg. Einen besseren Finanzausgleich als den des Grundgesetzes würden die Länder der DDR jedenfalls nicht bekommen. Das Grundgesetz würde die Anpassungsprobleme der DDR allenfalls mildern, in keinem Fall verschärfen.

Wie man es also dreht und wendet: Der beste wie der schnellste Weg zur Einheit, wenn man sie denn wirklich will, führt über den Artikel 23 des Grundgesetzes, über den Beitritt. Danach bleibt noch gut Zeit zur Anpassung, übrigens auch zu mancher Verfassungsänderung. Zumindest die Präambel, der Artikel 23 und der Artikel 146 wären zu streichen. Dann wären nämlich wirklich alle Einigungsartikel „konsumiert". Und längst vorher müßten wir verbindlich zusichern, daß dann von „anderen Teilen Deutschlands", von weiteren Beitrittskandidaten nicht mehr die Rede, sein kann.

„Kein Grundgesetz kann die Nöte der Welt im ganzen lösen", sagte Gustav Heinemann damals. Aber er fuhr fort: „Das Grundgesetz bietet uns Demokratie, es bietet uns den Rechtsstaat, es bietet uns den Sozialstaat, es bietet uns Regeln für deren ständige Verbesserung ... Das mag bescheiden erscheinen und ist doch zugleich ein Höchstmaß dessen, was eine Verfassung bieten kann. Von einer Staatsverfassung mehr zu verlangen, halte ich für wirklichkeitsfremde Utopie."

Wenn wir in den kommenden Monaten als Verfassungspatrioten für dieses Grundgesetz auch gegenüber unseren Landsleuten in der DDR eintreten, brauchen wir uns dessen nicht zu schämen.

1990 DEUTSCHE WIEDERVEREINIGUNG

Deutschlands große Chance

Einheit in Freiheit: Wir dürfen unser Glück nicht durch Überheblichkeit gefährden

VON HELMUT SCHMIDT

DIE ZEIT, 5. Oktober 1990

Der Wille zur Freiheit in dem von der kommunistischen Diktatur drangsalierten Teil unseres Volkes wurde für die ganze Welt am 17. Juni 1953 zum ersten Male sichtbar. Erst am 9. November 1989, als das DDR-Regime das Brandenburger Tor öffnen mußte, hat dieser Wille endlich gesiegt. Nur ein einziges Mal im Leben hat mich ein anderes Erlebnis mit gleicher, unbeschreiblicher Freude erfüllt: nach Kriegsende das Wiedersehen mit meiner Frau. Für fast alle Deutschen war der Fall von Mauer, Stacheldraht und Todesstreifen Grund zu großer Freude und tiefer Dankbarkeit; die Feier am 3. Oktober bleibt deshalb eigentlich nur noch ein offizieller Nachhall.

Trotzdem stellt der 3. Oktober ein wichtiges Datum für die Zukunft dar. Denn die Vereinigung beider Teile Deutschlands auf dem Fundament unseres Grundgesetzes und die Bedingungen der beiden völkerrechtlichen Verträge als Voraussetzung zukünftiger deutscher Souveränität verändern die Aspekte unserer Außen- und Sicherheitspolitik sowie auch unserer inneren und äußeren ökonomischen Politik. Der Zwei-plus-Vier-Vertrag und der Moskauer Vertrag mit der Sowjetunion eröffnen zusammen neue Möglichkeiten – aber auch neue Gefahren.

Solidarität tut not

Theo Sommer, Marion Gräfin Dönhoff, eine Reihe von Redakteuren der ZEIT und ich haben im Laufe dieses Monats in vier Städten mit einigen tausend DDR-Bürgern diskutiert und dabei einige hundert Fragen beantwortet (soweit wir das konnten).

Unsicherheit, ja Angst wegen der andauernden Verfügungsmacht von Stasi-Leuten und SED-Karrieristen an der Spitze von Betrieben, Genossenschaften oder Ämtern spielte dabei eine große Rolle. Die wirtschaftliche Unsicherheit war jedoch noch größer. Begründete Sorge herrschte wegen des abnehmenden Verkaufs der eigenen Produkte, wegen möglicher und zum Teil wahrscheinlicher Firmenschließungen, sehr begründete Angst um den Arbeitsplatz.

Die Eigentumsfrage ist in der Praxis fast überall völlig undurchsichtig. Oberbürgermeister können nicht wissen, über welchen Grund und Boden ihre Stadt verfügen darf. Die Außenstellen der Treuhandanstalt genießen nur geringe Autorität, zum Teil mit Recht. Kämmerer zweifeln, ob oder wieweit sie in den nächsten drei Monaten Löhne und Gehälter auszahlen können. Es gibt – auch in den Betrieben – eine weitverbreitete Liquiditätskrise; die vom Bundesfinanzministerium nach drüben gepumpten Gelder fließen zum großen Teil durch den Kauf westdeutscher Waren alsbald wieder in den Westen zurück. Im Westen steigt die Beschäftigung, im Osten steht eine Millionen-Arbeitslosigkeit unmittelbar bevor.

Es wird für einige Zeit teilweise chaotische Verhältnisse geben – wie könnte es auch anders sein! Wahrscheinlich wird aber spätestens im Laufe des Jahres 1992 der Aufschwung erkennbar werden. Jedoch am Ende der neunziger Jahre – so haben wir überall unsere feste Überzeugung ausgedrückt – werden die Deutschen in der bisherigen DDR unser westliches Produktivitätsniveau und unseren westlichen realen Lebensstandard erreicht haben (freilich wird dabei die Wohnungsqualität noch längere Jahre hinterherhinken).

Die ökonomische und sozialpolitische Integration der sechzehn Millionen Deutschen in der bisherigen DDR macht mir also längerfristig keine Sorgen, kurzfristig jedoch wirft sie große Probleme auf. Ebenso werden auch die zu errichtenden fünf neuen Bundesländer zunächst ganz erhebliche Schwierigkeiten haben, fachlich geeignetes und politisch unbelastetes Personal für ihre Ministerien und Verwaltungen zu finden. Möglicherweise wird aber die psychische Integration der aus der Unfreiheit kommenden Deutschen in eine freie Gesellschaftsordnung die zählebigsten Probleme aufwerfen. Denn die Freiheit zugleich zum eigenen, persönlichen Wohl zu nutzen und zum öffentlichen Wohl, zumal in einer Gesellschaft, in der die Freiheit zwangsläufig immer auch Ellbogenfreiheit ist – das muß erst noch erfahren, erlernt und richtig bewertet werden.

Inzwischen besteht die Gefahr psychologischer Rückschläge und politischer Enttäuschungen. Die forschen Reden vieler Politiker, zumal aus dem süd- und südwestdeutschen Raum, sind dabei vielfach keine Hilfe, eher im Gegenteil; ihre Glaubwürdigkeit ist kaum größer als diejenige des intelligenten Wendehalses Gysi. Es wird hohe Zeit für Bonn, die notwendigen großen Infrastruktur-Programme für Telephon, Straßenbau, Eisenbahn, Abwässerklärung, und vor allem für Wohnungsinstandsetzung und Wohnungsneubau endlich in Gang zu bringen (und dabei nicht zu erlauben, daß sie von westdeutschen Baukolonnen ausgeführt werden). Es wird hohe Zeit für die westdeutschen Länder und deren Universitäten, den Universitäten und Schulen des Ostens auch personell beim Aufbau demokratisch gesonnener Lehrkörper zu helfen. Solidarität tut not.

Wer dabei – selbst nach den nicht zu kritisierenden zweistelligen Milliardenverpflichtungen gegenüber der Sowjetunion und wegen der Golfkrise – immer noch glaubt oder glauben machen will, alle finanzielle Hilfe für die DDR ließe sich allein über Staatsanleihen finanzieren, der ist entweder in bestürzender Weise naiv, oder er ist ein Täuscher von sträflichem Ausmaß. Auf welche Höhe sollen denn eigentlich die langfristigen Zinsen noch steigen? Schon wachsen in Europa die Zweifel, ob wir denn außerdem bereit sein werden, tatkräftig an der Finanzhilfe für Polen, Ungarn und die ČSFR mitzuwirken, ob wir nicht möglicherweise unsere Entwicklungshilfe einschränken oder versuchen werden, unsere Nettozahler-Position in der Europäischen Gemeinschaft abzubauen.

Im absurden Gegensatz zu diesen Besorgnissen nehmen viele journalistische, politische und unternehmerische Wortführer unter unseren Nachbarn im östlichen Teil Mitteleuropas, unter unseren EG-Partnern, in den Vereinigten Staaten, auch in der Sowjetunion, selbst in Japan, in ihren Vorstellungen von Deutschland jene wirtschaftliche und finanzielle Leistungsfähigkeit, die wir erst Ende des Jahrzehnts erreichen werden, schon heute als gegebene Tatsache. Wer sich sorgfältig im Ausland umhört, der stößt auf Besorgnisse und sogar auf Angst vor einem fast achtzig Millionen Menschen umfassenden Deutschland, vor unserer demnächst überragenden Wirtschaftskraft, vor der sodann alle anderen europäischen Währungen überragenden Stärke der D-Mark, vor der dirigierenden Macht der Bundesbank und der deutschen Geschäftsbanken. Und

1990 DEUTSCHE WIEDERVEREINIGUNG

er stößt auf Angst vor der Möglichkeit, die enorme ökonomische Potenz Deutschlands könnte uns zu neuer außenpolitischer Arroganz verleiten, zum Versuch, die Europäische Gemeinschaft und deren Politiker nach unserem Willen entscheidend zu beeinflussen.

Schlimmer noch: Der Moskauer Vertrag hat die ohnehin nicht geringe Befürchtung gefördert, wir Deutschen könnten zukünftig versuchen, zugleich auf zwei Hochzeiten aufzuspielen – im Westen wie im Osten – und dabei zwischen West und Ost auch noch zu pendeln und unser großes Gewicht abwechselnd in die eine und in die andere Waagschale zu legen.

Gewiß sind solche Sorgen übertrieben. Aber wir müssen sie als psychische Tatsachen und deshalb als politische Tatsachen in Rechnung stellen. Sie spielen eine große Rolle in Paris und Warschau, aber ähnlich auch in Den Haag, London, Rom, Kopenhagen oder in Prag. Zum Beispiel kann eine schnelle Verlegung der Funktionen von Bundesregierung und Bundestag nach Berlin im Sinne dieser Besorgnisse als Signal für eine zukünftige Diskontinuität der deutschen Außen- und Europapolitik aufgefaßt werden – und dieses Signal könnte sich in eine *self-fulfilling prophecy* verwandeln.

Der Vertrag mit der Sowjetunion war unausweichlich notwendig, ohne ihn hätte es keinen Zwei-plus-Vier-Vertrag gegeben, keine Vereinigung Deutschlands, keinen sowjetischen Truppenabzug. Der Bundesaußenminister ist für all dies zu loben. Aber keiner darf jetzt glauben, vom 3. Oktober oder vom 2. Dezember 1990 an hätten wir Deutschen freie Bahn. Im Gegenteil: Nicht nur unsere ökonomischen, sondern vor allem unsere außen- und europapolitischen Aufgaben sind zukünftig schwieriger, als sie es jemals seit Jahrzehnten gewesen sind.

Denn es war noch vergleichsweise einfach für die mittlere, nur teilsouveräne Macht Bundesrepublik, Interessenkonflikte mit einer Supermacht durchzustehen. Man brauchte Festigkeit; man hatte die Würde des eigenen Landes wie die des Kontrahenten zu wahren; man mußte erfühlen, ob und wann und auf welche Weise ein Kompromiß zu ermöglichen war; und wenn er nicht möglich war, so mußte man einstweilen auf eine Lösung verzichten.

Ein Beispiel dafür war der Konflikt mit der Supermacht Sowjetunion, als sie Mitte der siebziger Jahre damit begann, eine riesige Flotte neuer Mittelstreckenraketen SS 20 gegen unsere Städte aufzubauen, jede einzelne mit drei nuklearen Sprengköpfen. Meine Gespräche mit Breschnjew führten zu keiner Änderung; auch der Doppelbeschluß des Westens über offizielle Verhandlungen, verbunden mit der Ankündigung, notfalls vier Jahre später vergleichbare Waffen in Westeuropa zu stationieren, die auf sowjetische Ziele gerichtet sein würden, blieb noch ohne Ergebnis. Erst als der Westen die Ankündigung tatsächlich ausführte, kam es in den achtziger Jahren zu dem optimalen Kompromiß, den wir seit Beginn angestrebt hatten, nämlich zur beiderseitigen totalen Abrüstung der Mittelstreckenwaffen.

Ein anderes Beispiel war der Konflikt über die von der uns befreundeten und verbündeten Supermacht USA beabsichtigte Stationierung von Neutronenwaffen in unserem Land. Wir wollten diese Waffen nicht; aber erst als ich die Hoffnung auf eine Lösung schon aufgegeben hatte, lenkte Jimmy Carter ein.

Takt und Einfühlungsvermögen

Interessenkonflikte mit einer *mittleren* Macht in Europa – oder gar mit einem deutlich schwächeren Staat – stellen den deutschen Regierungschef vor ungleich delikatere, wesentlich schwierigere Aufgaben als Auseinandersetzungen mit Supermächten. Ein ganzes Bündel von erlebten Beispielen bieten die deutsch-polnischen Verhandlungen über Ausreiseerlaubnisse für Deutsche, über polnische Finanzforderungen, über kulturellen Austausch, über die Form der Anerkennung der Oder-Neiße-Grenze. Alle deutsch-polnischen Probleme waren (und bleiben noch sehr lange) überlagert durch die Erinnerung an Auschwitz und an die ganze tragische Geschichte der Beziehungen zwischen beiden Nationen seit mehr als 200 Jahren. Sie waren (und sind noch heute) außerdem überschattet durch ein polnisches Bewußtsein von überlegener Moralität, durch einen deutschen sozial-ökonomischen Superioritäts-Komplex und durch gegenseitiges Mißtrauen.

Die Lösung von Interessenkonflikten mit einem gleichrangigen Partner verlangt noch viel mehr Takt und Einfühlungsvermögen als der Umgang mit einer Supermacht. Der Umgang mit einem kleineren Partner bedarf außerdem deutscher Großzügigkeit.

Die polnische Nation und die französische Nation, diese beiden bleiben auch im 21. Jahrhundert unsere allerwichtigsten Nachbarn. Das Verhältnis Bonns zur Führung in Paris, unser Verhältnis zur französischen politischen Klasse, zur veröffentlichten Meinung Frankreichs, ist leider nicht mehr so eng und so kooperativ wie Anfang der sechziger Jahre zur Zeit Adenauers und de Gaulles oder zur Zeit meiner gemeinsamen sieben Jahre mit Giscard d'Estaing. Gewiß hat es auch Interessenkonflikte mit Frankreich gegeben, zum Beispiel seit Beginn der Europäischen Gemeinschaft immer wieder über Prinzipien und Details der EG-Agrarpolitik, später über rüstungspolitische Zusammenarbeit sowie Rüstungsexport, über mannigfaltige andere Fragen. Aber wir haben auf beiden Seiten niemals die entscheidenden Wahrheiten vergessen: Ohne Vertrauen und enge Kooperation zwischen Franzosen und Deutschen kein Friede in Europa, keine gemeinsame Sicherheit, keine europäische Integration, kein Fortschritt der EG. Ohne die Ausstrahlung der EG auf ganz Europa kann es für unseren Kontinent zukünftig weder psychologische noch politische noch ökonomische Stabilität geben.

Vorsicht vor Arroganz
Bonn und Paris haben nach dem 9. November 1989 diese Einsichten zwar nicht vergessen, wohl aber vernachlässigt. Schon die Zehn-Punkte-Erklärung Kohls am 28. November enthielt ein schweres Versäumnis: Sie war nicht mit Mitterrand abgestimmt. Die späteren unverantwortlichen Vorbehalte Kohls zur deutsch-polnischen Grenze haben nicht nur die Polen, sondern auch die Franzosen (und andere in Europa) erschreckt. Die tolpatschige Ankündigung, zum 3. Oktober die Präsidenten der Vereinigten Staaten und der Sowjetunion nach Berlin einladen zu wollen, mußte in Paris (wie in London) als Zeichen deutscher Arroganz wirken. Die ablehnende Überheblichkeit der Bundesbank gegenüber der Notwendigkeit, für den gemeinsamen Markt der EG auch eine gemeinsame Zentralbank und eine gemeinsame Währung zu schaffen, wirkt nachhaltig in der gleichen Richtung. Insgesamt gewinnen viele im Ausland den Eindruck, als ob sich deutsche Arroganz auszubreiten beginnt.

Nichts ist uns nach dem 3. Oktober nötiger als deutsche Stetigkeit bei der Verfolgung unserer innen- und außenpolitischen Grundlinien. Es hat der Wirksamkeit unseres Grundgesetzes nicht nachhaltig geschadet, daß ursprünglich die bayerische CSU dagegen gestimmt hat. Es hat der Wirksamkeit weder des Nordatlantischen Bündnisses geschadet, daß ursprünglich die SPD dagegen gestimmt hat, noch der Europäischen Gemeinschaft, daß sie ursprünglich von der FDP abgelehnt worden ist. Die Ablehnungen unserer ostpolitischen Verträge, unseres Beitritts zum Vertrag über die Nichtverbreitung von Atomwaffen und selbst der KSZE-Schlußakte von Helsinki 1975 durch entscheidende Teile der CDU/CSU haben nicht nachhaltig geschadet. Denn alle diese vorausgegangenen Verträge sind von den jeweils nachfolgenden Regierungen honoriert worden, ihre wesentlichen Elemente sind heute zu Bestandteilen der beiden Verträge geworden, mit denen wir die Vereinigung Deutschlands erreichen.

Bundeskanzler Kohl hat das Glück, daß vierzigjährige deutsche Kontinuität uns ermöglicht hat, die Frucht der Vereinigung zu ernten. Die Opposition sollte ihm dieses Glück nicht neiden, es ist auch ihr Glück. SPD, FDP, CDU und CSU, alle haben – trotz einiger eigener Irrtümer – gemeinsam an der Kontinuität und an ihrem Ergebnis mitgewirkt. Bundesregierung und Kanzler aber darf dieses Glück nicht zu Kopfe steigen.

In Dresden hat ein Diskussionsteilnehmer die Redakteure der *ZEIT* wörtlich gefragt: „Wie wird das vereinigte Deutschland seine zukünftige Weltmacht-Rolle auffassen und ausfüllen?" Daß ein DDR-Bürger – offenbar ganz naiv – Deutschland als Weltmacht erstehen sah, hat mich erschreckt. Aber die Frage nach unserem eigenen Verständnis unserer zukünftigen Rolle wird nicht nur in Dresden, sie wird überall in Europa gestellt. Mit der verfassungsrechtlichen und völkerrechtlichen Vereinigung Deutschlands geht ein langer, schmerzensreicher und schwieriger Abschnitt unserer Nachkriegspolitik zu Ende, aber die vor uns liegenden Zeiten stellen uns vor noch schwierigere Aufgaben. Wir müssen Deutschland außenpolitisch auf einem Kurs halten, der keinen unserer Nachbarn befremdet, sondern ihr Vertrauen in unsere Stetigkeit befestigt und rechtfertigt. Der Engländer Edmund Burke hat heute noch recht, der vor zwei Jahrhunderten geschrieben hat: „Nichts kann einer Nation verhängnisvoller werden als ein Übermaß an Parteilichkeit und Mißachtung der natürlichen Hoffnungen und Befürchtungen anderer."

Ausbau des Helsinki-Prozesses

Die demokratisch verfaßten wie auch marktwirtschaftlich orientierten Staaten Europas hoffen auf die zukünftige Ausstrahlung der Europäischen Gemeinschaft. Wir Deutschen müssen deshalb unsere politischen und wirtschaftlichen Kräfte voll und ganz in die EG einbringen. Auch die übrigen Staaten Europas, auch die Sowjetunion, hoffen gemeinsam mit den EG-Staaten auf den Zusammenarbeit stiftenden Ausbau des Helsinki-Prozesses. Deshalb müssen wir Deutschen tatkräftig daran mitwirken, wie schon seit zwanzig Jahren.

Das gemeinsame europäische Haus ist kulturell schon seit Jahrhunderten im Aufbau – jetzt müssen wir diese beglückende Leistung ins öffentliche Bewußtsein heben und sie weitertragen. In keinem europäischen Konzertsaal fehlen Tschaikowsky, Mussorgskij, Schostakowitsch oder Prokofjew; weder in Leningrad noch in Moskau fehlen die großen französischen Impressionisten oder Picasso, Miró oder Dalí. Selbstverständlich werden Shakespeare oder Shaw auf allen europäischen Bühnen gespielt, ebenso Molière oder Goethe, Verdi und Wagner. Jetzt müssen die Buchverlage dafür sorgen, daß die große westliche Romanliteratur des 20. Jahrhunderts in den Sprachen des östlichen Europa zugängig wird. Und die Wissenschaft, die Forschung und die Lehre an Universitäten und Schulen bedürfen der Initiative und der Hilfe zu breitem Austausch und bester Zusammenarbeit. Dies ist ein Aufgabenfeld, das zu beackern sich für uns lohnen wird.

So hat also am Ende dieses fürchterlichen 20. Jahrhunderts unser Volk abermals eine große Chance. Wir werden sie dann nutzen können, wenn wir über dem Ethos der Solidarität mit unseren eigenen Landsleuten in der bisherigen DDR nicht die Solidarität mit unseren Nachbarn vergessen – ohne sie hätten wir die Chance nicht erreicht. Wenn wir über der Freude an der endlich erreichten Freiheit nicht in Selbstgerechtigkeit verfallen. Wenn wir nicht vergessen: Freiheit und Gerechtigkeit und Solidarität gehören zusammen. Wir dürfen das große Glück der Einheit in Freiheit nicht durch deutsche Überheblichkeit gefährden.

1990 DEUTSCHE WIEDERVEREINIGUNG

1990 Durch den am 12. September in Moskau unterzeichneten Zwei-plus-Vier-Vertrag zwischen beiden deutschen Staaten und den vier Siegermächten erhält Deutschland die volle Souveränität zurück: (v. l. n. r.) Dumas, Schewardnadse, Gorbatschow, Baker (hinter Gorbatschow), de Maizière, (dahinter halb verdeckt) Genscher, Hurd

1991
Beschluss zum Regierungsumzug

DIE ZEIT
KONTROVERSEN

Bonn oder Berlin? Die Frage, wo die Regierung des wiedervereinten Deutschland ihren Sitz haben soll, beschäftigt die Öffentlichkeit mehrere Jahre lang. Als Hauptstadt stand Berlin bereits mit dem Inkrafttreten des Einigungsvertrages 1990 fest. Die hitzige Debatte um den Regierungssitz wird auch in der *ZEIT* geführt: »Wohin mit der Hauptstadt?«, fragt Robert Leicht im Mai 1991. Acht Jahre nach dem Bundestagsbeschluss zum Antrag »Vollendung der Einheit Deutschlands«, 1999, zieht die Regierung schließlich nach Berlin um.

1991 BESCHLUSS ZUM REGIERUNGSUMZUG

Wohin mit der Hauptstadt?

Streit-Thema Nr. 1:

Bonn oder Berlin – die Entscheidung vertagen

VON ROBERT LEICHT

DIE ZEIT, 31. Mai 1991

Auch Zyniker können irren. Nach einem halben Jahr der Diskussion interessiere die Hauptstadtfrage niemanden mehr, so meinte einer von ihnen neulich; also gewinne Berlin. In Wirklichkeit aber verschärft sich die Auseinandersetzung von Tag zu Tag.

Bonn oder Berlin – zunächst nahm sich das aus wie eine Alternative, über die man zwar entscheiden, nicht aber besonders gründlich nachdenken muß. Wie schon so oft im deutsch-deutschen Einigungsprozeß stellt sich nun aber auch in der Hauptstadtfrage heraus, daß all die scheinbar rein sachlichen Probleme einen komplizierten politischen und sozialpsychologischen Hintergrund haben. Und nicht nur den Landsleuten im Osten macht er zu schaffen. Auch die robusten Westdeutschen haben, irgendwo, ein empfindliches Gemüt. Jedenfalls droht die Hauptstadt-Alternative die Nation zu spalten.

Die Polarisierung der Meinungen wird immer deutlicher, je näher der 20. Juni rückt, der Tag, an dem – nach bisheriger Planung – der Bundestag sich entscheiden soll. Im Westen wächst die Zahl der Bonn-Anhänger – von 55 Prozent im April auf 61 Prozent im Mai; nur 35 Prozent der „Wessis" sind noch für Berlin. Im Osten aber möchten 72 Prozent Berlin als Regierungssitz (im April waren es noch 70 Prozent), nur 26 Prozent neigen zu Bonn. Ansonsten geht der Riß durch alle Lager und Parteien. Die Stimmung wird gereizt. Berlins Regierender Bürgermeister Eberhard Diepgen droht gar einen Krach von historischen Ausmaßen für den Fall an, daß es bei Bonn bleibt; im übrigen dürften – welch subtiles Argument! – Hitler und Honecker nicht das letzte Wort behalten.

Weshalb dieser Streit um den Regierungssitz den anderen Nationen ziemlich unverständlich ist? Er erklärt sich letztlich aus der Tatsache, daß uns Deutschen der Nationalstaat immer noch nicht in gleicher Weise selbstverständlich ist und sein kann. Erst vor 120 Jahren ist er aus zwei Kriegen entstanden; seither wurde er in zwei Weltkriegen besiegt; nach dem nationalsozialistischen Eroberungs- und Vernichtungskrieg blieb er 45 Jahre lang gespalten: Kaum mehr als die Hälfte seiner Dauer existierte der deutsche Nationalstaat ohne Krieg und Teilung. Was Wunder also, daß bei manch einem das Glück über die Befreiung der Ostdeutschen die Erinnerung an die Vergangenheit nicht gänzlich überstrahlen kann.

Merkwürdige Frontverwirrungen
Diese Vieldeutigkeit des Einigungsprozesses ist überall zu spüren, wo in diesen Monaten über die innere Verfassung, die außenpolitische Rolle und die symbolische Repräsentation der veränderten Republik gestritten wird. Dabei kommt es zu den merkwürdigsten Frontverwirrungen: Die linken Sozialdemokraten Schleswig-Holsteins wollen zwar nicht einmal „Blauhelme" für Bundeswehrsoldaten, gleichwohl aber von Berlin aus regiert werden, während die CSU die Deutschen zwar energisch aus der weltpolitischen Nische treten lassen möchte, dennoch aber an dem früher so verpönten Bonn hängt.

Mit Lokalkonkurrenz, Beamtenbequemlichkeit und sonstigem Opportunismus, die gewiß alle ihre kräftige Rolle dabei spielen, läßt sich der Streit jedenfalls nicht allein erklären. Auch mit der Sorge um den wirtschaftlichen Aufschwung im gesamten Ostdeutschland ist der Hauptstadtfrage nicht wirklich beizukommen, wenn sie erst in zwölf bis fünfzehn Jahren zugunsten Berlins realisiert werden soll: Wie immer diese Frage entschieden wird – nichts entbindet uns von massiver Sofort- und Strukturhilfe, jetzt wie in den kommenden Jahren, und zwar für den gesamten Osten. Und wo die Abgeordneten residieren, in der Provinz oder in der Metropole, das bleibt ziemlich gleichgültig, solange unser Parteiensystem sowieso um die bloße Machterhaltung anstatt um die politische Substanz der Probleme kreist.

Bevor über Hauptstadt und Regierungssitz endgültig entschieden wird, müßten alle eigentlich etwas mehr über unsere größer gewordene Republik wissen. Welches Bild will sie von sich projizieren? Was soll ihre Rolle sein, nach innen wie nach außen? Was können die Westdeutschen mit ihren uneingestandenen Verlustängsten von dem behalten, was sie sich in vier Jahrzehnten erworben und ersessen haben? Wieviel von ihren verdunkelten Gewinnhoffnungen werden die Ostdeutschen demnächst eingelöst sehen? Allein mit der Geschichte läßt sich die Hauptstadtfrage nicht beantworten, denn weder Berlin noch Bonn können sich auf lange Dauer und zugleich unverwüstete Traditionslinien berufen.

Doch wer wäre bereit, noch zuzuwarten, bis wir alles genauer wissen? Beide Seiten, die Anhänger Bonns wie die Befürworter Berlins, haben von Anfang an aufs Tempo gedrückt – beide in der Annahme einer einfachen Entscheidung und eines leichten Sieges. Soll man bei den gesetzten Terminen bleiben, nur weil sie einmal festgelegt wurden? Oder gibt es noch eine Möglichkeit, einem knappen Showdown auszuweichen – entweder in der Sache oder in der Prozedur?

Eine schnelle Entscheidung wie auf Spitz und Knopf wäre mit einem erheblichen Risiko belastet: Es gäbe Sieger und Verlierer, die Enttäuschung der einen wäre größer als die Befriedigung der anderen, bei knappstem Ausgang bildeten sich möglicherweise auch allerlei giftige Legenden.

Staatssymbole und symbolische Staatsentscheidungen jedoch sollen die Nation integrieren, anstatt sie zu spalten. Welche merkwürdigen Kompromisse wir Deutschen dabei mitunter eingehen müssen, zeigte 1952 die salomonische Entscheidung im Bonner Hymnenstreit: Nationalhymne ist das „Deutschlandlied", gesungen wird aber nur die dritte Strophe – und wirklich entschieden wurde die Sache ja nie; es gibt nur einen Briefwechsel zwischen Heuss und Adenauer.

Übers Knie brechen?
Weil Heiner Geißler, der stellvertretende Fraktionsvorsitzende der CDU/CSU, die Kontrahenten aufeinander zurasen sieht wie zwei Schnellzüge, schlug er vor, die Funktion von Regierungssitz und Parlamentssitz zu teilen. Die Regierung solle in Bonn bleiben, Bundesrat und Bundestag sollten nach Berlin verlegt werden. Vorerst freilich überzeugt seine Diagnose mehr als die Therapie. Die klare Scheidung von Parlament und Regierung, von Legislative und Exekutive mag man bei Montesquieu finden, der Praxis der parlamentarischen Demokratie entspricht sie nicht: Dort sind Exekutive und Legislative miteinander verwachsen, stehen also statt dessen Regierungsmehrheit und Opposition einander gegenüber. Außerdem sind gerade im Bonner Arbeitspar-

1991 BESCHLUSS ZUM REGIERUNGSUMZUG

lament alle Organe des *government* im weiteren Sinne, sind Minister, Beamte und Abgeordnete (die Lobbyisten nicht zu vergessen), im kooperativen Gegenspiel untereinander verflochten. Und dieses Geflecht will man auseinanderreißen?

Rede niemand von den fabelhaften Möglichkeiten der Telekommunikation, von den kurzen Flugzeiten – von den technischen Mitteln also, die Distanz zu überwinden. In der Politik werden zwar viele Faxen gemacht, aber mit dem Fax macht man keine Politik. Da kommt es letztlich auf die persönliche Nähe an – oder eben auf die Distanz. Geißlers Vorschlag läßt sich nur vertreten, wenn man aus ganz anderen Gründen als denen des Hauptstadtstreits Regierung und Parlament bewußt auseinanderlegen wollte – in der Erwartung, daß auf diese Weise der Bundestag ein größeres Selbstbewußtsein gegenüber dem Kanzler entwickelt und sich aus den Versuchungen der halbbürokratischen Mitwirkung befreit. Dies wäre freilich ein ebenso interessantes wie ungewisses verfassungspolitisches Programm, das den sachlichen und zeitlichen Rahmen der Hauptstadtfrage vollkommen sprengt.

Wenn man also der denkbaren Trennung von Hauptstadt und Regierungssitz nicht noch eine weitere Besonderheit hinzufügen will, um der schroffen Entscheidung auszuweichen, so gibt es nur noch Aushilfen im Verfahren – vertagen oder verlagern.

Dagegen spricht, daß wir ja auch sonst selbst die schwierigsten politischen Fragen mit knappsten Mehrheiten in offenen Abstimmungen von den Abgeordneten entschei-

1991 Die Hauptstadtfrage bewegt die Gemüter der Menschen und die Gräben zwischen Bonn- und Berlinbefürwortern verlaufen quer durch Parteien und Fraktionen

den lassen. Bei dieser Regel muß es auch bleiben, vor allem angesichts von Entscheidungen, die zu einer bestimmten Zeit einfach fallen müssen. Man konnte die Ostverträge nicht schmoren lassen, bis sich eine bequeme Mehrheit von selber eingestellt hätte.

Vertagen? Bonn oder Berlin – wenn die Entscheidung für einen eventuellen Umzug erst im nächsten Jahrtausend verwirklicht werden soll, dann gibt es keinen unausweichlichen Zwang, die Frage jetzt zu entscheiden, anstatt sie noch reifen zu lassen. Selbst wenn im technischen Sinn keine neuen Argumente auftauchen sollten, so wäre doch immerhin möglich, daß sich die Sache psychologisch später besser und versöhnlicher einpendelt. Hinter dem Termin 20. Juni steht jedenfalls kein sachlicher Zwang, aus dem die knappe und scharfe Mehrheitsguillotine fallen müßte.

Verlagern? Mag sein, daß auch nach einer Vertagung die parlamentarische Entscheidung zwischen Bonn und Berlin knapp ausfallen würde. Das spricht nicht von vornherein gegen ein solches Votum. Aber bei staatssymbolischen Entscheidungen wäre es trotzdem mißlich. Deshalb wurde die Möglichkeit einer Volksabstimmung sogar von Leuten ventiliert, die sonst mit plebiszitären Elementen nicht viel im Sinne haben. Aber selbst wenn man gegen den Volksentscheid als Dauereinrichtung votierte – in diesem Sonderfalle gäbe es einen Behelf.

Falls es nach dem Willen des Parlamentarischen Rates geht, ist auch dann über die endgültige deutsche Verfassung eine Volksabstimmung fällig, wenn es sich dabei um den unveränderten Wortlaut des Grundgesetzes handeln sollte. Wäre es da so abwegig, zum Abschluß der einigungsbedingten Verfassungsentscheidungen eine Volksabstimmung abzuhalten, in der dann außerdem auch über den Parlaments- und Regierungssitz entschieden wird? Eine heftige Kampagne würde es zwar auch bei diesem Verfahren geben. Zumindest aber wäre ein solcher Entscheid vom Verdacht frei, verschiedene parlamentarische Lobbies hätten sich – mit welchen Pressionen auch immer – ein allzu knappes Rennen geliefert.

Als die Einheit über die Deutschen kam, haben viele geklagt, es gehe ihnen alles viel zu schnell – und dies in einer Phase, in der Zögern großen Schaden angerichtet hätte. Jetzt aber, da manches mit Weile betrieben werden könnte, sollen wir ausgerechnet die Hauptstadtfrage übers Knie brechen, während wichtigere Dinge schleifen gelassen werden?

1991 Die Würfel sind gefallen: Das Abstimmungsergebnis im Deutschen Bundestag löst in Berlin Begeisterung aus

1991–1993 RECHTSRADIKALE GEWALT

1991–1993
Rechtsradikale Gewalt

KONTROVERSEN

In den Jahren 1991 bis 1993 erschüttert eine Reihe rechtsradikaler Anschläge die Republik. In Hoyerswerda (September 1991), Rostock (August 1992), Mölln (November 1992) und Solingen (Mai 1993) kommen in den von Neonazis gelegten Bränden insgesamt acht Menschen ums Leben. In manchen Orten applaudieren die Anwohner, die breite Öffentlichkeit aber reagiert mit Entsetzen: In zahlreichen Städten gehen die Bundesbürger auf die Straße und demonstrieren mit Lichterketten gegen den Ausländerhass. Die ZEIT widmet dem Thema über Monate hinweg große Aufmerksamkeit. So plädiert Theo Sommer 1993 in seinem Leitartikel für eine bessere Integrationspolitik.

Fremde zu Bürgern machen

Mit Betroffenheit ist es nach Solingen nicht getan.

Die inländischen Ausländer brauchen Heimatrecht

VON THEO SOMMER

DIE ZEIT, 4. Juni 1993

Eberswalde, Hoyerswerda, dann Hünxe, Rostock, Mölln – und nun Solingen. Die Kette der Schandtaten gegen Ausländer reißt nicht ab. Der Schatten der Gewalt verfinstert die Erinnerung an die Lichterketten, mit denen drei, vier Millionen Menschen vor einem halben Jahr erst ihre Abscheu vor Fremdenfeindlichkeit und Brutalität bekundeten. Plötzlich drängt sich der Welt wieder das Bild des häßlichen Deutschen auf.

Es ist noch keine zwei Wochen her, da gab der Kanzler den Türken eine „Garantie", Mölln werde sich nicht wiederholen. Dies leichtfertig ausgesprochene Wort wurde binnen weniger Tage zu Asche in seinem Munde. Nach der Mordbrennerei von Solingen ersterben uns die Floskeln der Betroffenheit auf den Lippen. Die Ehrlichkeit zwingt zu dem Eingeständnis, daß wir feige Anschläge gegen unsere nichtdeutschen Landsleute nicht mit absoluter Sicherheit verhindern können.

Resignation also? Beileibe nicht. Was tun? Auf diese Frage kann es nur eine einzige Antwort geben: Was tun!

Symbolik ist dabei nicht ohne Bedeutung. Helmut Kohl, der Hand in Hand mit Mitterrand auf das Schlachtfeld von Verdun trat, weiß das genau. Es wäre kein „Beileidstourismus", um die fatale Formel seines Pressesprechers Vogel aus dem vorigen Herbst zu zitieren, hätte er es über sich gebracht, an der Kölner Trauerfeier teilzunehmen, wo schon nicht an dem Begräbnis in Anatolien. Nun demonstriert wieder einmal der Bundespräsident Einfühlsamkeit und Solidarität. Und wenn sich aufs neue Lichterketten im Lande formierten, so könnte auch dies die Gewalt dämpfen und ein neues Zeichen der Versöhnlichkeit setzen.

Aber ausschließlich mit Symbolik kann und darf es nicht sein Bewenden haben.

• Es sollte in jeder Stadt und jedem Dorf mit einem wahrnehmbaren ausländischen Bevölkerungsan-

1991–1993 RECHTSRADIKALE GEWALT

teil ein Runder Tisch eingerichtet werden, um Probleme und Problemzonen zu identifizieren, Nachbarschaftshilfe zu organisieren und staatliche Organe wie Polizei und Verfassungsschutz auf Krisenpunkte aufmerksam zu machen. Der Dialog sollte dabei weit über den Kreis der Räte und Beiräte hinaus geöffnet werden.

• Es müßte jede Gemeinde nach dem Vorbild der bayerischen Landeshauptstadt München den Beitrag der ausländischen Mitbürger zum Leben der Gemeinschaft untersuchen und öffentlich bekanntmachen – nicht nur deren Beitrag zum Bruttosozialprodukt, zur Schöpfung materieller Werte, sondern auch zur Vielfalt, zur bereichernden Buntheit, zur inneren Kraft unseres Landes.

• Schließlich ist es höchste Zeit, einige störende staatsrechtliche Zöpfe abzuschneiden. Wir müssen den nichtdeutschen Einwohnern – sechzig Prozent sind über 10 Jahre hier, fast die Hälfte über 15 Jahre, ein Viertel über 25 Jahre – das Tor zur Einbürgerung weit aufstoßen. Der bloße Mitbürger-Status, aufgelockert für Fußballprofis, genügt nicht. Es ist ein rechtloser Status, der die nichtdeutschen Inländer zum Leben in einem Apartheidsystem verurteilt. Laßt sie Deutsche werden, wenn sie fünf oder acht Jahre bei uns waren und bestimmte Mindestvoraussetzungen erfüllen. Laßt die hier geborenen Kinder von Geburt an Deutsche sein, wenn die Eltern dies wünschen – sonst sollten sie sich mit achtzehn Jahren selbst entscheiden dürfen. Laßt allen, die im Herkunftsland rechtliche Schwierigkeiten gewärtigen müssen, beispielsweise bei Erbfäl-

1993 Viele Ausländer haben sich in Deutschland eine Existenz aufgebaut, ohne politisch integriert zu sein

len, ruhig die ursprüngliche Staatsbürgerschaft; ihre doppelte Staatsbürgerschaft braucht uns genauso wenig zu genieren wie das Doppelstaatlertum bei anerkannten Volksdeutschen. Und auch eine „kleine Einbürgerung" wie in Belgien, das Ausländern nach drei Jahren das Kommunalwahlrecht einräumt, dürfte die Einfallskraft unserer Juristen nicht überfordern.

Sicherlich würde ein Abbau der bestehenden rechtlichen Diskriminierung nicht mit einem Schlage alle Schwierigkeiten beseitigen. Unverbesserliche Neonazis würden einen Türken mit ihrem Rassenhaß wohl auch dann verfolgen, wenn er einen deutschen Paß besäße. Dennoch: Es käme darauf an, den Willen der anständigen Mehrheit endlich über alle Zweifel hinaus zu verdeutlichen: daß die sechs Millionen Ausländer keiner offenen oder heimlichen ethnischen Säuberung ausgesetzt werden sollen; daß wir ein Zehntel der Bevölkerung nicht auf die Dauer einem politischen System unterwerfen wollen, in dem es keinerlei Mitsprache hat; und daß deutschblütiger Stammesstolz nicht den Frieden des Gemeinwesens behindern darf, indem er dessen Schutz jenen Mitbürgern verweigert, die keine andere Heimat wollen als Deutschland – oder keine andere Heimat haben, wie die zwölf Prozent Ausländer unter den hierzulande Geborenen.

Einbürgerung ist in Deutschland noch immer ein Hindernislauf. Sie steht ganz im Ermessen der Behörden, und der Ermessensspielraum ist eng. Klare rechtliche Regelungen sollten diese Ermessenseinbürgerung durch eine berechenbare Anspruchseinbürgerung ersetzen. Nur die Staatsbürgerschaft bildet den gemeinschaftsstiftenden Rahmen, in dem die soziale und politische Integration der Zuwanderer gelingen kann. Und dabei darf niemand die Augen vor der Tatsache verschließen, daß Zuwanderer in nicht allzu ferner Zukunft auch Einwanderer umfassen werden – dann jedenfalls, wenn die Deutschen ihren heutigen Bevölkerungsumfang, ihren Lebensstandard, ihr soziales Netz erhalten wollen.

Die Abwehrhaltung der Eingesessenen gegen die Wanderer – die Geschichte kennt dieses Phänomen seit Jahrtausenden. Doch heute geht es nicht darum, die Deutschen vor den Ausländern zu schützen. Umgekehrt müssen wir die Ausländer vor der schlimmsten Sorte der Deutschen beschützen. Dies sind wir uns übrigens selbst schuldig: unserem Verständnis von Deutschland, von Demokratie, von Menschlichkeit. Unsere Politiker sollten nicht den bösen Eindruck erwecken, wir müßten uns in erster Linie deswegen aufregen und regen, weil unser Ansehen im Ausland Schaden nehme. Nein: Aufregen und regen müssen wir uns, damit wir als Deutsche uns selber noch in die Augen blicken können. Nicht unser Image steht auf dem Spiel, sondern unsere Selbstachtung.

1993 Bei dem Brandanschlag durch Rechtsradikale in Solingen sterben fünf türkische Frauen und Mädchen

1992 EU-VERTRAG VON MAASTRICHT

1992

EU-Vertrag von Maastricht

KONTROVERSEN

Am 7. Februar 1992 unterzeichnen die Außen- und Finanzminister der zwölf EG-Staaten den Maastrichter Vertrag über die Europäische Union (EU). Ziele sind unter anderem eine europäische Wirtschafts- und Sozialunion sowie eine gemeinsame Außen- und Sicherheitspolitik. Am 1. November 1993 tritt der Vertrag in Kraft – begleitet von Hoffnungen, aber auch von Ängsten, vor allem vor dem Verlust nationalstaatlicher Autonomie. Zu Unrecht, findet Politik-Redakteur Dieter Buhl und hält in der ZEIT ein flammendes Plädoyer für das Zusammenwachsen Europas.

Wer hat Angst vorm Superstaat?

Das Verfassungsgericht hat den Weg nach Europa freigegeben. Jetzt muß die Politik Maastricht gestalten

VON DIETER BUHL

DIE ZEIT, 15. Oktober 1993

Die Bundesrepublik und Europa können aufatmen. In seinem Urteil bekundet das Bundesverfassungsgericht zwar Bedenken, doch es stellt keine unüberwindlichen Hürden auf den Weg zur Europäischen Union. Die Richter haben pragmatische Milde statt perfektionistischer Strenge walten lassen. Damit blieb der Gemeinschaft der Zwölf eine Katastrophe erspart. Ein Nein zu Maastricht hätte nicht nur das Ende des Einigungsprozesses heraufbeschworen, aus deutschem Munde wäre es auch als politische Kampfansage an die Partner verstanden worden. Das Ja mit Vorbehalten gestattet den Deutschen jetzt endlich, den Ratifikationsreigen zu schließen.

Der zögernde Segen aus Karlsruhe verleiht dem Anstoß von Maastricht nun auch hierzulande rechtliche Legitimität. Die Debatte über die Europäische Union wird damit aus dem Gerichtssaal dorthin verlagert, wohin sie gehört – in die Arena der Politik. Das wurde höchste Zeit, denn der Maastrichter Vertrag ließ die künftige EG inzwischen für viele als Schreckgespenst erscheinen. Allein mit Sonntagsreden über Europa werden die Politiker diese abfällige Einschätzung nicht korrigieren können. Wenn nur noch siebzehn Prozent der Bundesbürger Vorteile in der EG-Mitgliedschaft entdecken und weit über die Hälfte um die deutsche Unabhängigkeit bangen, zeigt das die Dimension des Aufklärungsbedarfs. Es gilt, viel Unkenntnis, Überheblichkeit oder gar Nationalismus zu überwinden.

Für die zunehmende Kühle der Deutschen gegenüber Europa gibt es Gründe: Die Balkantragödie und die europäische Massenarbeitslosigkeit stehen für die Hilflosigkeit der EG. Das Ende der Spaltung zwischen Ost und West hat auch in der Bundesrepublik die politischen Orientierungsraster durcheinandergebracht. Und die Chiffre Maastricht, die eine „immer engere Union der Völker Europas" verkündete, steigert die allgemeine Unsicher-

1992 EU-VERTRAG VON MAASTRICHT

heit. Während die Gemeinschaft jahrzehntelang wie ein benevolentes Schemen am politischen Horizont herumgeisterte, gewinnt sie nun – und nicht allein für manche Karlsruher Richter – die Züge eines nationenverschlingenden Leviathans.

Die Angst vor dem Machtspruch von Maastricht ist wahrlich kein deutsches Spezifikum. Auch in anderen EG-Ländern sorgte von Anfang an ein Mißverständnis für Unruhe. Es war die Erwartung, die Ankündigungen des Vertrages wörtlich nehmen zu müssen. Die Erfahrungen mit der Gemeinschaft lehren jedoch, daß ihre Quantensprünge fast immer kürzer als geplant geraten. Statt ihre Pläne überlebensgroß zu reden und europäische Ermächtigungsgesetze anzudrohen, hätten sich die Autoren des Unionsvertrages besser auf Jean Monnet besonnen: Man darf „in die Wälle der Souveränität" nur „eine Bresche schlagen, die so begrenzt ist, daß sie Zustimmung erlangen kann".

In der Zeit des Wandels bietet die Gemeinschaft den Deutschen eine sichere Heimstatt

Die Furcht vor einem supranationalen Moloch EG hat mit Maastricht eine neue Stufe erreicht. Wer von Gefahr für die Identität redet, sollte sich allerdings fragen, ob sie im EG-Haus nicht besser geschützt ist als außerhalb. Die bisherigen Erkenntnisse geben keinen Anlaß zur Hysterie. Dänemark etwa hat seit dem Dreißigjährigen Krieg nicht so viel Einfluß in Europa gehabt wie jetzt als gleichberechtigtes und sperriges Mitgliedsland; der italienische Mezzogiorno war nie so deutlich auf der europäischen Landkarte markiert wie heute als Objekt regionalpolitischer Fürsorge; die profilbesorgten Bayern sollten darüber nachdenken, ob sie die Umwandlung vom Agrarland zur Hochtechnologieregion auch ohne die Segnungen des gemeinsamen Marktes geschafft hätten. Mit vielen Ausnahmeregelungen und verstärkten Mitspracherechten nimmt der Unionsvertrag eher noch deutlicher als bisher Rücksicht auf nationale oder regionale Empfindlichkeiten.

Vorurteile stimulieren zumal in der Bundesrepublik die anschwellende Nörgelei über das organisierte Europa. Doch seit Maastricht klingt das Sorgengebarme so, als wollten die Deutschen sich selber ins eigene Fleisch schneiden. Dabei braucht es nicht bloß den Blick zurück, um die Vorteile der Mitgliedschaft zu erkennen – auf die im EG-Rahmen gefestigte deutsch-französische Freundschaft, auf die Einbindung in eine erfolgreiche Staatengemeinschaft und einen nahezu unbegrenzten Markt für deutsche Waren. Auch in Zukunft bietet die Gemeinschaft den Deutschen die besten Garantien. Wo in Zeiten des Wandels die Sehnsucht nach Sicherheit wächst, bietet die EG eine winterfeste Heimstatt; wo die Sorge vor dem gewichtigeren Deutschland zunimmt, verhindert sie antideutsche Allianzen; wo politische Orientierungsprobleme drücken, stellt die EG eine Rückversicherungspolice für westliche Werte aus, und wo Protektionismus aufkeimt, verspricht sie weiterhin Absatz.

Nicht einmal das Zittern um die D-Mark folgt aus wirklichen Gefahren. Dem Stolz der Deutschen dräut kein unkalkulierbares Risiko, denn die Wirtschafts- und Währungsunion wird noch lange auf sich warten lassen. Nicht bloß das Zusammenbrechen des Euro-

1992 In Maastricht unterzeichnen Außenminister Genscher und Finanzminister Waigel am 7. Februar den EU-Vertrag, der den Fahrplan für die Europäische Wirtschafts- und Währungsunion festschreibt

päischen Währungssystems und der desolate Zustand der europäischen Volkswirtschaften künden eine Verzögerung an. Vor den Vollzug haben die Unionisten zudem eine Revisionskonferenz und viele Kautelen gesetzt. Kein Automatismus, sondern politischer Wille bestimmt das Geschehen. Eine Europa-Währung wird es nur und erst dann geben, wenn sie auch dem deutschen Interesse entspricht.

Um allen Maastricht-Ängsten vorzubeugen, genügt die Einsicht in die konstitutiven Besonderheiten der Gemeinschaft. Dort wird „multikulturelle" Politik und kein deutscher Perfektionismus betrieben. Wenn aber zwölf Nationen auf Gemeinsames zielen, bleiben Fehlschlüsse und Querschläger einfach nicht aus. Das hat die Freunde der Europäischen Gemeinschaft oft genug erzürnt. Die Gegner sollte es wenigstens beruhigen.

Weil der Tanker EG keinen Kurs ändert, ohne daß alle Hände das Ruder in dieselbe Richtung drehen, umgibt Maastricht als Anlaufhafen die Aura der Unabänderlichkeit. Der Vertrag wird jedoch längst milder interpretiert. So soll das Prinzip der Subsidiarität den voreiligen Anspruch auf Allmacht kappen; soviel supranationale Kooperation wie nötig, sowenig bürokratischer Zentralismus wie möglich, wird die – richtige – Devise in Brüssel heißen. Das Stichwort Demokratisierung weckt ebenfalls Hoffnung; wenn es schon dem Straßburger Parlament nur wenig mehr Einfluß verspricht, sollte es zumindest die nationalen Volksvertretungen zu schärferer Kontrolle der Europapolitik verpflichten. Die Erweiterung um vier neue Mitglieder schließlich wird nicht nur jede europäische Überstürzung verhindern, sondern eher das durchaus nötige Einigungstempo zusätzlich bremsen.

Auf zum europäischen Superstaat? Vielen Befürchtungen und manchen Erwartungen zum Trotz setzt der Maastrichter Vertrag nicht dieses Ziel. Er bedeutet vielmehr die vielleicht letzte Anstrengung der Zwölf, Westeuropa gegen die politischen und wirtschaftlichen Herausforderungen von draußen zu wappnen und das Fundament für die Aufnahme neuer Mitglieder zu härten. Noch ist die Gemeinschaft der erfolgreichste Versuch souveräner Staaten, ihr Schicksal gemeinsam zu meistern. Wenn sie es bleiben soll, braucht sie den Schub zu mehr Integration. Die Richter haben den Weg für die Politik freigegeben.

1993 Das Bundesverfassungsgericht billigt nach Beschwerden verschiedener Politiker die Ratifizierung des Maastricht-Vertrags

1993 SOLIDARPAKT

1993

Solidarpakt

DIE ZEIT

KONTROVERSEN

Nach langer Diskussion über die Frage, wie die Lasten der Einheit verteilt werden sollen, führt der Bund am 1. Januar 1995 den Solidaritätszuschlag nach einer Aussetzung von zwei Jahren wieder ein. Er beträgt – bis 1997 – 7,5 Prozent der Körperschafts- sowie der Einkommenssteuerschuld, anschließend wird er auf 5,5 Prozent abgesenkt. Zusätzlich handeln Bund und Länder 1993 den Solidarpakt über den Finanzausgleich zwischen West- und Ostdeutschland aus. Die *ZEIT*-Redaktion diskutiert 1993 über die Grundlagen der innerdeutschen Solidarität. »Ohne Patriotismus geht es nicht«, meint Robert Leicht und plädiert für eine aufgeklärt-patriotische Haltung. »Patriotismus – nein danke!«, entgegnet ihm Politik-Redakteur Gunter Hofmann.

Ohne Patriotismus geht es nicht

Streit um den Solidarpakt:

Die Einheit ist nicht nur eine soziale Aufgabe

VON ROBERT LEICHT

DIE ZEIT, 29. Januar 1993

Wie im ganzen Lande, so auch in der eigenen Partei: Statt die Bürger zu vereinen, führt Helmut Kohls im Ansatz verfehlte Politik der inneren Einigung zur Spaltung selbst in der CDU. Weil der Kanzler sich von Anfang an weigerte, sich selber und dem Wählervolk in der Stunde der Freude – oder wenigstens später – einen klaren Begriff von den bevorstehenden Lasten zu verschaffen, greifen nun Hader und Katzenjammer noch lauter als nötig um sich. Jetzt maulen seine westdeutschen Abgeordneten, der Staat wolle zu viele Wohltaten streichen. Die ostdeutschen CDU-Politiker jedoch verlangen das Gegenteil: noch größere Hilfen – und also schärfere Sparmaßnahmen im Westen.

Vorbei die Zeiten, da der Kanzler hoffen durfte, mit der Dankbarkeit der Ostdeutschen seinen Autoritätsverlust unter den Westdeutschen locker ausgleichen zu können. Schon immer war es eine Illusion, die Einheit lasse sich allein aus dem Wachstum im Westen – und also ohne wirkliche Opfer – finanzieren. Nun ist auch noch der Zuwachs perdu. Zugleich fängt der Kanzler an, über die Aussteigermentalität und die allgemeine Weinerlichkeit der Deutschen zu schimpfen. Wer hatte denn dieser Haltung – aus kühlem, aber kleinmütigem Realismus – zuvor Tribut gezollt, indem er von Opfern nicht zu sprechen wagte?

Und noch immer hat die volle Stunde der Wahrheit nicht geschlagen. Als ob sich das Haushaltsloch schließen ließe, wenn der Mißbrauch des sozialen Netzes (warum spricht eigentlich niemand über den Mißbrauch der Subventionen und des Steuerrechts?) unterbunden wird. Und als ob der Mißbrauch bekämpft wäre, wenn man die Sozialhilfe und das Arbeitslosengeld der wirklich Bedürftigen kürzte, anstatt jene zu treffen, die nebenher der Schwarzarbeit obliegen. Ordnungspolitisch geht so vieles drunter und drüber. Nur ein

1993 SOLIDARPAKT

Beispiel: Eine Arbeitsmarktabgabe für Beamte und Selbständige – das klingt vordergründig nur deshalb gerecht, weil Bonn zuvor die Arbeitslosenversicherung zur Finanzierung der Arbeitsmarktpolitik im Osten mißbraucht hat. In der Praxis wird es auf beides hinauslaufen: auf die Fortsetzung des Mißbrauchs – und die Verschonung derer, die nicht Arbeiter oder Angestellte sind.

Die nächste, wenn auch auf den ersten Blick liebenswürdige Lebenslüge droht bereits: die Vorstellung, die Einheit lasse sich über einen Solidarpakt finanzieren. Damit kein Mißverständnis entsteht: Natürlich müssen die Lasten der Einheit gerecht verteilt werden. Aber es ist nur eine weitere unter den vielen Illusionen, die das Einigungsprojekt schon bisher begleitet haben, dabei auf eine Art vorpolitischen Rohstoff namens Solidarität zu setzen. Nur Moses konnte zur Freude seines Volkes mit dem Stecken gegen den Felsen schlagen: Und siehe, das Wasser floß ...

Zum ersten: Zwischen der notwendigen und weiter zu fördernden Leistungsfähigkeit der Volkswirtschaft, die sich überdies im harten Wettbewerb nach außen behaupten muß, und ihrer sanften Fähigkeit zur „Solidarität" im Inneren besteht ein fundamentaler Widerspruch.

Zum zweiten: Solidarität – das heißt in Wirklichkeit das Zusammenstehen von Menschen gleicher Interessenlage. Es gab, und dort hat der Begriff seine geschichtliche und politische Wurzel, die Solidarität der Proletarier untereinander. Und wenn man so will, gab es auch eine Solidarität, eine Interessengleichheit, unter den Fabrikherren. Aber wo herrschte jemals Solidarität zwischen Proletariern und Fabrikherren?

In der heutigen Zeit gibt es – und an dieser Einsicht muß jede realistische Politik ansetzen – keine naturwüchsige Solidarität zwischen Armen und Reichen, zwischen Ostdeutschen und Westdeutschen, zwischen Bund und Ländern, zwischen Regierung und Opposition. Der politische Rohstoff – das ist die Vielfalt der Interessengegensätze. Der Konflikt, nicht der Konsens ist das Material, aus dem die Politik gemacht wird.

Das historisch Einmalige und Unerhörte des Einigungsprojekts liegt darin, daß eine der reichsten Gesellschaften der Welt mit einer demgegenüber armen Gesellschaft nach dem Gesetz der Plötzlichkeit verschmolzen werden soll – und das auf dem Niveau eines hochverdichteten und zugleich international konkurrierenden Sozialstaats und unter dem Anspruch der Gleichartigkeit der Lebensverhältnisse. Diese Aufgabe muß überdies ein liberaler Staat erfüllen, dessen Regierung über wesentliche Fragen – siehe die Bundesbank, siehe die Tarifpartner – gar nicht souverän entscheiden kann. So gesehen ist der freiheitliche Wohlfahrtsstaat sowohl Motor als auch Bremse des Einigungswunsches.

Wer unter diesen eklatanten Widersprüchen als Politiker dennoch von Solidarität sprechen will, braucht ein hohes Maß an Glaubwürdigkeit, an Wahrheit und Wirklichkeitssinn. Der Wirklichkeitssinn aber verlangt zuallererst nach einer konkreten Bestimmung jenes Prinzips, unter dem alle – Arbeitnehmer und Unternehmer, Ostdeutsche und Westdeutsche, Län-

1993 In Chemnitz demonstrieren Arbeitnehmer gegen den Solidarpakt-Vorschlag der Bundesregierung

der und Bund, Verbände und Parteien – das gleiche Interesse vereint. Und dieses Prinzip kann – unvermeidlicherweise und trotz aller Furcht vor Mißverständnissen – nichts anderes sein als ein aufgeklärtes Verständnis von der Nation und ein geschichtlich geprüfter und geläuterter Patriotismus.

Unter einem universellen und abstrakten Begriff von Solidarität vermag niemand zu sagen, weshalb die Westdeutschen sich mehr um die Ostdeutschen als um die Ukrainer kümmern sollen – mit der praktischen Folge, daß man in Wirklichkeit niemandem wirklich gerecht wird. Gerechtigkeit aber muß konkret werden. Oder um es mit einem Wort von Richard von Weizsäcker zu sagen: Es gibt keinen Patriotismus ohne *patria*, keine Vaterlandsliebe ohne Vaterland. Also auch, wenn man so will, kein soziales Verhalten ohne konkreten Sozius.

Die Geschichte läßt uns vor dieser Einsicht zurückschrecken. Unsere Nation, aus zwei Kriegen gebildet und zu zwei Weltkriegen aufgebrochen, hat ihre Nachbarn, hat sich selber und ihren Begriff von sich selbst so schrecklich wie unvergeßlich belastet. Als Folge dessen wurde sie geteilt, gab es vierzig Jahre lang zwei Staaten, von denen keiner mit der Nation identisch war. Und trotzdem, ja gerade deshalb wird die innere und soziale Einheit nicht gelingen, werden überdies die Lasten nicht gerecht verteilt werden können, wenn die Nation sich ihrer selbst nicht bewußt wird.

Weshalb sollen die Westdeutschen sich verpflichten lassen, auf einen spürbaren Teil ihres Wohlstandes zu verzichten, und weshalb sollen die Ostdeutschen bereit sein, selbst auf diesen reduzierten Wohlstand noch lange zu warten – wenn nicht aus der Verantwortungs- und Haftungsgemeinschaft gegenüber der von den gemeinsamen Vorfahren eigenhändig geschändeten Geschichte, die nach 1945 von den Erben unter höchst unterschiedlichen Voraussetzungen abgetragen wurde?

Der bisher nicht klar genug definierte archimedische Punkt der Einigungspolitik kann deshalb weder ein blasser Begriff von Solidarität noch ein triumphalistisches Bild von der Nation sein, sondern nur die Einsicht in die niederschmetternd schlichte Tatsache: Wir bezahlen jetzt nicht bloß für eine abstrakte Gerechtigkeit, auch nicht nur für die „Sozialismusfolgen", sondern wir kommen erst heute für die Folgen des Zweiten Weltkrieges auf. Die Westdeutschen müssen wissen, daß es eigentlich ein Glück ist, daß sie diese Reparationen für die eigenen Landsleute aufbringen dürfen.

1993 Der saarländische Ministerpräsident Oskar Lafontaine (SPD) stellt sich als Solidarpakt-Beauftragter der Bundesländer den Fragen der Journalisten

1993 SOLIDARPAKT

Patriotismus – nein danke!

Robert Leicht plädiert für einen aufgeklärten Patriotismus als Grundlage für den Solidarpakt der Deutschen. Gunter Hofmann hält dagegen

VON GUNTER HOFMANN

DIE ZEIT, 5. Februar 1993

Deutschland gehe keinen nationalen Weg, lautete das enthusiastische Selbstlob. Ein europäisches Deutschland werde sich nach der Vereinigung herausbilden, prophezeite die versammelte politische Klasse. Skeptiker mußten sich sagen lassen, sie hätten ein gespaltenes Verhältnis zur Nation. Wir seien nun einmal „ein Volk". Die Einsicht in die Differenz der zwei Gesellschaften wurde von der Politik verdrängt.

Nationales aber ist gar nicht mehr zu übersehen. Was bedeutet sonst das Argument, ohne Patriotismus gehe es nicht? Die Geister, nach denen gerufen wird, sind – gar nicht edel und liberal, sondern aggressiv und intolerant – bereits da. Es heißt, die gemeinsame Geschichte sei der wirkliche Haftungsgrund dafür, daß der Westen zum Aufbau im Osten einen besonderen Lastenausgleich leisten müsse. Und nur darum gehe es doch. Damit kommt der Patriotismus verschämt durch die wohlfahrtsstaatliche Hintertür.

Ich gestehe, damit nichts anfangen zu können. Mehr noch, der ganze *Neusprech,* Volk, Gemeinschaft, Patriotismus, verstellt gerade den Blick auf die komplizierten Übergangsprobleme. Helmut Kohl wird es recht sein. Wenn die Deutschen nicht patriotisch genug empfinden, was der Kanzler ihnen schon maulend nachsagt, dann ist die Politik ja wunderbar aus dem Schneider.

Sicher taugt Solidarität allein nicht als Formel zum Ausgleich von Differenzen, Chancen, Einkommen oder Wohlstand. Wenn es aber so einfach wäre, daß man die Interessenkonflikte, die auszutarieren sind, nur mit vorpolitischen Begriffen zu überhöhen brauchte – dann hätte man sich in der Tat Patriotismus als Rezept längst patentieren lassen können.

Die Zweidrittelgesellschaft im Westen hat sich, wohlsaturiert, bereits lange vor 1989 für das eine Drittel nicht sonderlich interessiert.

1993 Der Ausbau der A72 als Ost-West-Achse zwischen Sachsen und Bayern gehört zu den großen Bauvorhaben im Rahmen des »Aufbau Ost«

Das Problem liegt doch eher darin, daß wir mehrheitlich blind geworden sind für soziale Ungerechtigkeiten und Ungleichheiten. Jetzt geht es darum, aus der Erfahrung mit Ostdeutschland und vor allem mit Osteuropa noch einmal neu zu lernen. Was hat das mit Patriotismus zu tun?

Nur allzu rasch verheddert man sich in dem Motto: „Deutschland zuerst!"

Wenn alleinerziehende Mütter keinen Kindergartenplatz (und deshalb auch keinen Arbeitsplatz) in einem Land finden, dessen Politikerrhetorik vor Familienfreundlichkeit trieft, müßte man ihnen dann mitteilen, das werde auch künftig so bleiben, sie sollten aus vater- (oder mutter-)ländischen Gründen halt teilen lernen? Rasch verheddert man sich in dem Motto: „Deutschland zuerst!" Wie läßt sich solcher Patriotismus auf Aufbaufragen im Osten beschränken? Wäre er dann nicht auch begründet, wenn es um deutsche Soldaten am Golf oder sonstwo in der Welt geht? Könnte solcher Patriotismus nicht zur Wunderwaffe gegen die wiederentdeckte „permissive Gesellschaft" erklärt werden? Läßt sich Patriotismus predigen und dennoch überzeugend dafür plädieren, das seltsame „Blutsrecht" *(ius sanguinis)* für Deutschstämmige abzuschaffen?

Wenn sich der Patriotismus auf die gemeinsame Vergangenheit stützt, müssen seine Erfinder oder Apologeten sehen, daß andere mit gleichem Recht und gutem Gewissen ganz unterschiedliche Konsequenzen daraus ziehen. Sie argumentieren, gerade wegen dieser Vergangenheit habe Deutschland besondere Verpflichtungen, so zum Beispiel gegenüber Sinti und Roma. 500 000 von ihnen, sagt Günter Grass, an Auschwitz erinnernd, sollten zunächst einmal aufgenommen werden, bevor man über Begrenzungen spreche.

Es muß auch möglich sein, aus der eigenen Vergangenheit abzuleiten, das Land solle gerade nicht zuerst wieder an sich selber denken. Zudem: Die schönsten Patriotismusbekenntnisse würden an der Realität ohnehin nichts ändern. Stell dir vor, Patriotismus wird angesagt und keiner geht hin. Umgekehrt kann man diejenigen (auch im Osten), die ganz prinzipiell die

1993 SOLIDARPAKT

Lebenswelt für die Kinder, die Klimakatastrophe oder das Elend der Dritten Welt ernst nehmen, mit Patriotismusparolen nicht dazu bekehren, ihren Prioritätenkatalog zu ändern. Warum denn auch?

Statt nachzudenken über neue Formeln, die die Einheit verklären und die Differenzen verschleiern, wäre es besser, sich auf schwierige Anregungen wie die von Kurt Biedenkopf einzulassen, der davor warnte, die Aufholjagd im Osten zum Leitmotiv allen Handelns zu machen. Es würde ebenso lohnen, sich auf die Überlegung einzulassen, die jüngst Claus Koch (Merkur) anstellte: Die westdeutsche Gesellschaft mit ihrer dichten Integration hatte sich bis jetzt den Gedanken an eine dauerhafte Spaltung nicht zugemutet. Vermutlich „liegt ihre zunehmende Aggressivität weniger am Ärger über die hohen Kosten dieser prekären Vereinigung als am unerträglichen Gedanken, daß zugleich mit dem Einfall des Ostens die bisher ungestörte Gemeinschaftlichkeit, die durch vergleichsweise große Egalität gestützt war, auf Dauer verlorenzugehen scheint".

Auf dieser Grundlage wäre eher Antwort zu suchen, wie sich die Politik eines *new deal* definieren läßt. Dazu braucht man keinen kompensatorischen Patriotismus. Ohnehin verbirgt das gesellschaftspolitische Argument, willentlich oder nicht, vermutlich nur den Wunsch, der in der Republik längst aufkeimt, den Patriotismus ganz allgemein, als Begriff wie als Programm, in Deutschland wieder zu entstauben und zu legitimieren.

Ein aufgezwungener Patriotismus würfe das politische Bewußtsein zumindest im Westen um Jahrzehnte zurück. Es würde einen Bewußtseinswandel umkehren, für den schon Gustav Heinemann stand. Lakonisch erwiderte er auf die Frage, ob er den Staat liebe, nein, er liebe seine Frau. Ein wunderbarer Satz, der zur Republikgeschichte gehört. Patriotismus wäre eine neue Form der deutsch grundierten Staatsliebe. Wer Patriot ist, bestimmt erfahrungsgemäß jedoch wiederum der geliebte „Staat". Das war in der Bonner Republik nicht so sehr anders als in der Weimarer.

Gerade in der Bereitschaft einer politischen Ordnung, „die sich in verfassungsmäßig konkretisierten Formen durch individuelle Mitwirkungsrechte selbst bestimmt und selbst legitimiert", liege ein wesentlicher Wandel in der politischen Kultur der Bundesrepublik, hat der Soziologe M. R. Lepsius lange vor der Vereinigung geschrieben. Er führte weiter aus: „Die Ausdifferenzierung eines ‚Verfassungspatriotismus', die Zustimmung zu einer durch Selbstbestimmungsrechte konstituierten politischen Ordnung und deren Abgrenzung von einer Ordnungsidee der ethnischen, kulturellen, kollektiven ‚Schicksalsgemeinschaft', sind das zentrale Ergebnis der Entlegitimierung des deutschen Nationalismus."

Das gilt auch und erst recht nach der Vereinigung. Es muß in Ostdeutschland gelten, selbst wenn der Erfahrungshintergrund und die Ausgangslage anders sind. Gern wird behauptet, es sei ungeschichtlich, die „Nation" links liegenzulassen. Umgekehrt wird ein Stiefel daraus. Es wäre unhistorisch, den „wesentlichen Wandel" rückgängig zu machen im Westen und sich im Osten, wo die Suche nach einer kulturellen deutschen Identität eingesetzt hat, damit nicht offensiv auseinanderzusetzen. Die Politik möchte gern einen „Fuß in der Tür" zum Patriotismus haben, weil es doch einer Zeitstimmung entspreche. Aber diese Stimmung ist produziert. Statt sich ihr zu versagen, lautet der gängige Rat, Patriotismus als Begriff zu besetzen oder das „Vaterland" zum Programm zu machen. Sinnstiftungsabsichten liegen in der Luft, als Antwort auf die allgemeine Verunsicherung.

Genau darum ging es schon im Historikerstreit. Die „Nation" als sinnstiftende Größe kommt jetzt wie gerufen, nachdem nicht die Historiker, sondern die Verhältnisse seit 1989 die deutsche Vergangenheit relativiert haben.

Damit rächt sich, daß über die Verfassung als Legitimationsgrundlage für einen neuen, gemeinsamen Staat nicht wirklich gestritten worden ist. Kein proklamierter Patriotismus kann einen konstitutiven demokratischen Akt ersetzen. Es ist jedem unbenommen, „patriotisch" zu denken oder die Sache nach seinem Geschmack zu buchstabieren. Natürlich war Kurt Tucholsky ein Patriot, der die Heimat liebte, das Land, „in dem wir geboren sind und dessen Sprache wir sprechen ... Es ist ja nicht wahr, daß jene, die sich ‚national' nennen und nichts sind als bürgerlich-militaristisch, dieses Land und seine Sprache für sich gepachtet haben ..." Im Patriotismus, schrieb er, „lassen wir uns von jedem übertreffen – in der Heimatliebe von niemand – nicht einmal von jenen, auf deren Namen das Land grundbuchlich eingetragen ist". Aber eine Fahne aufzuziehen hilft denen nicht, denen es schlecht geht, zumal im Osten. Es legitimiert nur alte Borniertheiten und neue Markigkeiten, zumal im Westen.

Wir sollten im Auge behalten, daß es um ein Denken und eine Haltung im eigenen Land geht, nicht irgendwo. Darüber hilft das schöne Wörtchen, der Patriotismus müsse „aufgeklärt" sein und geschichtsreflektiert, eben nicht hinweg. Wenn er in Deutschland wahrhaft aufgeklärt ist, entfällt er als politischer Begriff.

Privat kann dann immer noch jeder sein schwarzrotgoldenes Fähnchen ins Wohnzimmer stellen oder vaterländische Lieder singen, wenn er darüber nur den Common sense und zivile Maßstäbe in der Öffentlichkeit nicht vergißt.

Hinter dem Rat, auf Patriotismus zu setzen, verbirgt sich nur allzuoft Angst vor Ambivalenzen und Widersprüchen und die Sehnsucht nach „Normalität". Man macht sie sich übersichtlich, auf metapolitische Art.

Das heißt also nicht, Patriotismus werde zwangsläufig in Nationalismus münden. Es schließt auch nicht aus, daß anderswo ein Ruf nach nationaler Selbständigkeit durchaus einer nach universellen Rechten und nach „Rache für die beleidigte Humanität" (Isaiah Berlin) sein kann. Und selbst in Deutschland muß nicht gleich Deutschnationales drohen. Der Opernball sei „sehr patriotisch", hat die Organisatorin des Balls in Wien, Lotte Tobisch, gesagt und damit erklären wollen, daß keine Prominenz aus dem Ausland teilnehme. Patriotisch meint da einfach nur provinziell. Auch das könnte sich mit der Wiedereinbürgerung des Wortes in Deutschland verraten.

Aber: Ohne Patriotismus geht es nicht? Das wäre fatal. In der Politik sollte es anders gehen, ohne Identitätshuberei und volkspädagogische Rahmenrichtlinien. Ohne Leitbilder. Alles andere ist ein Flüchten aus der Moderne, das vorgibt, der letzte Schrei zu sein.

2001 Angesichts der enormen Kosten für den Aufbau Ost (im Bild die marode Infrastruktur von Neustadt-Glewe in Mecklenburg-Vorpommern) wird bereits 2001 der Solidarpakt II als Förderungsfortsetzung bis 2019 vereinbart

1994 AUSLANDSEINSÄTZE DER BUNDESWEHR

1994
Auslandseinsätze der Bundeswehr

KONTROVERSEN

Nachdem sich die Bundeswehr im Frühjahr 1993 an der Überwachung des Flugverbots in Bosnien-Herzegowina beteiligt und die Regierung Soldaten im Rahmen eines Blauhelmeinsatzes nach Somalia entsendet hat, entscheidet das Bundesverfassungsgericht 1994, dass Bundeswehreinsätze außerhalb des Nato-Gebietes fortan grundsätzlich zulässig sind. Ein Jahrzehnte altes Tabu der deutschen Außenpolitik ist damit gefallen. »Deutschland wird zu einem Staat unter Staaten«, kommentiert Theo Sommer die umstrittene Entscheidung in seinem Leitartikel und warnt gleichermaßen vor deutscher Großmannssucht wie vor zu starker Zurückhaltung.

Nicht jede Macht muß alles müssen

Nach dem Karlsruher Urteil:

Deutschland wird zu einem Staat unter Staaten –

aber längst nicht zum Weltpolizisten

VON THEO SOMMER

DIE ZEIT, 15. Juli 1994

Fünfundvierzig Jahre lang befand sich die Bundesrepublik auf dem Weg zu sich selbst. Jetzt ist sie angekommen: wiedervereinigt; nicht länger in ihrer nationalen, ja: ihrer physischen Existenz bedroht; der Souveränitätsfesseln des Besatzungsrechts ledig; und seit dem 12. Juli 1994 nun auch aus den Schlingen eines Verfassungsstreits befreit, in denen sich ihre Parteipolitiker seit dem Ende des Kalten Krieges immer tiefer verheddert hatten. Das geeinte Deutschland ist fortan ein Staat unter Staaten.

Nichts anderes bedeutet der Karlsruher Richterspruch. Danach steht das Grundgesetz Auslandseinsätzen der Bundeswehr jenseits der Landes- und Bündnisgrenzen nicht im Wege, wenn diese Einsätze „im Rahmen von Aktionen der Nordatlantikpakt-Organisation (Nato) und der Westeuropäischen Union (WEU) zur Umsetzung von Beschlüssen des Sicherheitsrates der Vereinten Nationen (Uno)" stehen. Dies gilt ausdrücklich auch für die Beteiligung an UN-Kampfeinsätzen.

In jedem einzelnen Falle verlangt das Bundesverfassungsgericht allerdings die vorherige Zustimmung des Bundestages; eine einfache Mehrheit hält es für ausreichend. Die Entscheidung über wesentliche Fragen der deutschen Außen- und Sicherheitspolitik wird damit aus dem Richterkollegium in Karlsruhe endlich wieder dorthin verlegt, wo sie hingehört: ins Parlament, wie in anderen Demokratien auch.

Künftig werden die Deutschen sich nicht mehr hinter dem Grundgesetz verstecken können, wenn sie gebeten werden, an friedenserhaltenden oder friedenserzwingenden Einsätzen der Weltorganisation teilzunehmen. Von jetzt an müssen unsere Volksvertreter in freier Würdigung unserer Interessen, Möglichkeiten und Grenzen „ja" sagen oder „nein". Dabei wird über kurz oder lang, wohl oder übel auch das zweite Tabu der Bonner Außenpo-

1994 AUSLANDSEINSÄTZE DER BUNDESWEHR

litik fallen: das Axiom, daß Bundeswehrsoldaten nicht in Länder entsandt werden können, in denen während des Zweiten Weltkriegs die Wehrmacht stand.

Deutschland – ein Staat unter Staaten. Aber was heißt das? Vor einem Vierteljahrhundert beschrieb Waldemar Besson, der brillante Chronist der frühen Bonner Außenpolitik, die Bundesrepublik als einen „mittleren Staat, der eine bestimmte nationale Färbung aufweist und der mit anderen Staaten vielfach verflochten ist, dessen Vergangenheit und Wirtschaftskraft ihn aber auch der Versuchung aussetzen, mehr oder weniger sein zu wollen, als er tatsächlich darstellt".

Kleinmanns-Sucht wäre unwürdig, Großmanns-Ehrgeiz wäre fatal

Im großen ganzen trifft diese Beschreibung noch immer zu. Wir bleiben ein mittlerer Staat, wiewohl ein gewichtiger. Wir können nur in der Verflochtenheit gedeihen. Und wir stehen immer wieder einmal in der Versuchung, uns kleiner oder größer zu machen, als wir in Wirklichkeit sind. Doch läßt sich die neue deutsche Staatsräson, das Bewegungsgesetz der Bundesrepublik, in drei Punkte fassen, die unter den Parteien, aber auch in der breiteren Öffentlichkeit eigentlich konsensfähig sein müßten.

Erstens: Die deutsche Staatsräson verweist uns auf den Weg zwischen Integration und Nation. Kleinmanns-Sucht wäre unwürdig, Großmanns-Ehrgeiz fatal. Keineswegs sind wir „zur Großmacht verdammt", wie Hans-Peter Schwarz den Deutschen einzureden trach-

tete (der schon vor einigen Jahren die bundesrepublikanische „Machtvergessenheit" beklagte und damit manchen Politikern und Politikastern Lust auf eine neue Machtversessenheit machte).

Wir sind weder Supermacht noch Atommacht, noch überseeische Macht mit ererbten Kolonial-Lasten. Die Bundeswehr darf und kann nicht Weltpolizist sein. Militärische Alleingänge in fernen Ländern müssen ausgeschlossen bleiben. Einsätze sind nur im Verein mit Bündnispartnern der Nato oder der WEU denkbar. „Nie allein" – in dieser Forderung stimmen Regierungskoalition und Opposition zum Glück überein.

Zweitens: Als Mittelmacht wird sich Deutschland den Appellen nicht immer entziehen können, an friedenserhaltenden oder friedensschaffenden Unternehmen mitzuwirken. Doch in einer Welt voller ethnischer Konflikte, Bürgerkriege und religiöser Auseinandersetzungen wird es nicht vielen Anforderungen und Aufforderungen folgen können. Dazu wird es selbst dann, wenn die deutschen Krisenreaktionskräfte mit ihren 50 000 Mann erst einmal voll aufgestellt, ausgerüstet und ausgebildet sind, an zu vielem fehlen: am Geld, an den Mannschaften, an den Erfolgsaussichten – und an den nationalen Interessen.

Wer geglaubt (oder gefürchtet) haben mochte, die Bundeswehr werde sich nach dem Karlsruher Freigabe-Urteil nun mit Hurra in jede Bresche werfen, den wird der erste Kommentar des Bundeskanzlers eines anderen belehrt haben. UN-Generalsekretär Butros-Ghali, der schon deutsche Blauhelme auf allen Kontinenten sieht, wird sich wundern. Es soll nämlich keinesfalls nach dem Motto gehen: „*The Ger-*

1992 Bundesverteidigungsminister Volker Rühe (M.) besucht deutsche Blauhelme in Kambodscha auf ihrem ersten Einsatz im Rahmen einer UN-Friedensmission

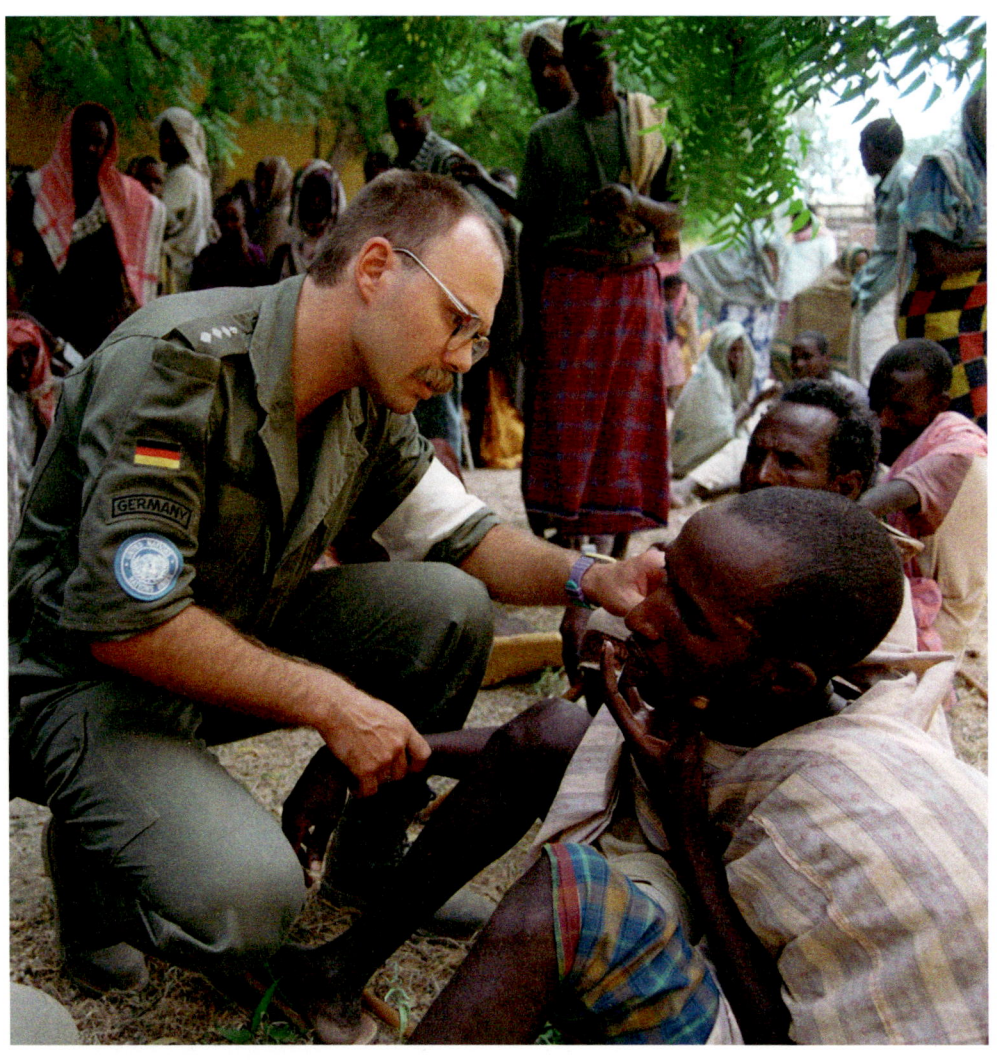

1993 Beim ersten militärischen UN-Auslandseinsatz eines Einsatzkommandos der Bundeswehr in Somalia behandeln Bundeswehrärzte auch somalische Zivilisten

mans to the front!" Und Bill Clinton, der Cunctator im Weißen Haus, der die Deutschen gerade Mal um Mal aufgefordert hatte, „Führungskraft zu zeigen", sekundierte dem neben ihm stehenden Helmut Kohl: Man müsse nicht bloß die Chancen, sondern auch die Grenzen militärischer Einsätze erkennen.

Bundesverteidigungsminister Rühe aber, der jüngst sinnierte, wie es wohl sein werde, „wenn die ersten Zinksärge zurückkommen", wird – wie sein Nachfolger – sich an Bismarcks Maßstäben orientieren müssen: Sind ferne Mißhelligkeiten die Knochen auch nur eines einzigen pommerschen Musketiers wert? Und: Wehe dem Staatsmann, der sich nicht nach einem Eingreifgrund umsieht, der auch nach dem Konflikt noch standhält! „Drauf mit Gott", die Devise des alten Wrangel, reicht heute nicht mehr aus.

Drittens: Außenpolitik ist mehr als Sicherheitspolitik. Die Verengung auf das Militärische ist von Übel. „Mehrenteils vermag anständige Politique" – die uralte Fürstenregel verdient noch immer Beherzigung.

Es ist nicht so, als ob Deutschland keinerlei weltpolitische Verantwortung trüge. Das drückt sich trotz unserer durch die Wiedervereinigung angespannten Wirtschaftslage in den erklecklichen Zahlungen aus, die wir an internationale Organisationen leisten: 8,93 Prozent des Haushalts bei den Vereinten Nationen; 22,8 Prozent bei der Nato; 28,5 Prozent bei der Europäischen Union. Es zeigt sich auch darin, daß der deutsche Anteil an der westlichen Hilfe für Mittelosteuropa und die Nachfolgestaaten der früheren Sowjetunion bei zwei Dritteln liegt. Und es spiegelt sich in ungezählten Bonner Initiativen: Auf dem europäischen Feld, im transatlantischen Verhältnis, bei den G-7-Gipfeln. Es überstrahlt uns niemand durch Großzügigkeit oder Einfallsreichtum.

Gewiß läßt sich noch mehr tun. Aber wichtiger ist, daß wir dem Bewegungsgesetz der Bundesrepublik treu bleiben: Keine ehrgeizige Expansion deutscher Macht, kein grenzenloses Intervenieren. Keine hegemoniale Unruhe verbreiten, sondern auf Partnerschaft setzen. Wir dürfen uns nicht in ein kleinstaatliches Oasendasein hineinträumen. Doch darf unsere Vision auch nicht die Großmacht Deutschland sein. Das einzig richtige Ziel ist die Weltmacht Europa.

Nach fast einem halben Jahrhundert ist die Bundesrepublik bei sich selbst angekommen. Das Bundesverfassungsgericht hat sie mit seinem jüngsten Urteil in den Sattel gesetzt. Nun muß sie zeigen, daß sie reiten kann: Richtung Europa.

1996 GOLDHAGENS »HITLERS WILLIGE VOLLSTRECKER«

1996

Goldhagens »Hitlers willige Vollstrecker«

DIE ZEIT

KONTROVERSEN

Der amerikanische Historiker Daniel Jonah Goldhagen publiziert 1996 die viel diskutierte Untersuchung »Hitlers willige Vollstrecker« zu den Ursachen des Holocaust. Seine These, die Deutschen hätten aufgrund eines tief verwurzelten eliminatorischen Antisemitismus willig, ja mit Lust und aus voller Überzeugung gemordet, entfacht in Deutschland eine heftige Debatte. Volker Ullrich eröffnet sie in der *ZEIT*. Goldhagen, so seine positive Einschätzung, habe trotz einiger Mängel ein wichtiges Buch geschrieben, denn es zwinge zum Überdenken bisheriger Sichtweisen. Marion Gräfin Dönhoff hingegen wirft dem amerikanischen Historiker »fragwürdige Methoden« vor.

Hitlers willige Mordgesellen

Ein Buch provoziert einen neuen Historikerstreit:

Waren die Deutschen doch alle schuldig?

VON VOLKER ULLRICH

DIE ZEIT, 12. April 1996

Die großen historischen Debatten nehmen immer mit einer Provokation ihren Anfang. Das war Anfang der sechziger Jahre so, als der Hamburger Historiker Fritz Fischer mit seinem Buch „Griff nach der Weltmacht" die konservative Zunft herausforderte. Das war so Mitte der achtziger Jahre, als Jürgen Habermas in dieser Zeitung mit seiner Antwort auf Ernst Nolte und andere Geschichtswissenschaftler den Anstoß gab für den „Historikerstreit" um die Einmaligkeit und Vergleichbarkeit der nationalsozialistischen Verbrechen.

Zehn Jahre später ist nun der Auftakt gesetzt für den zweiten, für einen noch schärferen Historikerstreit. Das gerade erschienene Werk des jungen Harvard-Professors Daniel Jonah Goldhagen, „Hitler's Willing Executioners" (Hitlers willige Vollstrecker), ist eine der Provokationen, die mitten in die großen Debatten führen. Im August wird es bei Siedler in deutscher Übersetzung herauskommen. In den Vereinigten Staaten hat das Buch schon jetzt für Aufregung gesorgt. Kein Wunder, denn Goldhagen beansprucht, endlich eine schlüssige Antwort zu geben auf die beiden Fragen, die uns auch ein halbes Jahrhundert nach Ende des „Dritten Reiches" immer noch umtreiben: Wie konnte der Holocaust, dieses entsetzlichste aller Menschheitsverbrechen, geschehen? Und warum gerade in Deutschland?

Nach 1945 waren die Historiker schnell geneigt, alles auf Hitlers Wahnideen zu schieben und auf die kleine Clique fanatischer SS-Männer, die sie in die Tat umsetzte. Später, in den siebziger Jahren, erhielt die „intentionalistische" Deutung Konkurrenz durch eine „funktionalistische": Sie suchte den Schlüssel in den inneren Systembedingungen der NS-Herrschaft, in der unkontrollierten Dynamik eines Regimes, die in einem Prozeß „kumulativer Radikalisierung" (Hans Mommsen) den Völkermord gezeugt habe. Neuerdings ist versucht worden, die

1996 GOLDHAGENS »HITLERS WILLIGE VOLLSTRECKER«

„Endlösung" in Zusammenhang zu bringen mit den ethnischen „Flurbereinigungen", welche die Nazis in dem von ihnen beherrschten osteuropäischen Großraum planten und praktizierten.

Alle diese Interpretationen greifen nach Ansicht Goldhagens zu kurz: Der Holocaust – so lautet sein Ansatz – könne nur erklärt werden, wenn er systematisch bezogen wird auf die Gesellschaft des „Dritten Reiches" und auf den Antisemitismus als ihren integralen Bestandteil.

Im Mittelpunkt des Buches stehen nicht die Opfer, sondern die Täter, und zwar nicht die „Schreibtischtäter", sondern diejenigen, die als Mitglieder der Einsatzgruppen, der Polizeibataillone, des Wachpersonals in den Lagern und Ghettos, als Angehörige von Wehrmachteinheiten *direkt* an Tötungs- und Vernichtungsaktionen beteiligt waren. Ihre Zahl war viel größer als gemeinhin angenommen; der Autor schätzt sie auf mehrere hunderttausend. Es waren keine fanatischen SS-Leute, sondern freundliche Familienväter, gewöhnliche Deutsche, ein repräsentativer Querschnitt der Gesellschaft. Und sie mordeten laut Goldhagen nicht, weil sie dazu gezwungen waren, nicht aus blindem Gehorsam oder aus Angst vor Bestrafung, sondern aus freien Stücken, eifrig und ohne jede moralische Skrupel.

So ganz neu ist dieser Befund nicht. Vor einigen Jahren hat Goldhagens amerikanischer Kollege Christopher Browning am Beispiel des Reserve-Polizeibataillons 101 gezeigt, wie aus „ganz normalen Männern" (so der Titel seines Buches) Mörder wurden. Und nichts anderes hat die vielbesuchte und vieldiskutierte Ausstellung des Hamburger Instituts für Sozialforschung über den Vernichtungskrieg der Wehrmacht zutage gefördert. Doch Goldhagens Fallstudien über die Täter und ihre Motive sind breiter fundiert und gründlicher reflektiert als alle bisherigen Untersuchungen. Allein dies ist eine bedeutende Forschungsleistung.

Des Autors Ehrgeiz reicht jedoch weiter. Die Analyse der „gewöhnlichen" Täter dient ihm als Fenster zur Erkenntnis, warum in Deutschland, und nur in Deutschland, das monströse Verbrechen möglich war. Seine Kernthese lautet: Nirgendwo sonst hatte sich seit Ende des 19. Jahrhunderts der rassistisch motivierte Antisemitismus so tief in die politische Kultur und alle Poren der Gesellschaft eingefressen, nirgendwo sonst hatte er sich zu einem *eliminationist mindset*, zu einer Ausgrenzungs- und Ausmerzungsmentalität verfestigt. Der Boden für das Vernichtungsprogramm wäre demnach längst bereitet gewesen, als Hitler an die Macht kam. Zwischen der Naziführung und einer großen Mehrheit des deutschen Volkes herrschte so gesehen ein stillschweigendes Einverständnis darüber, daß Deutschland und später Europa „judenrein" gemacht werden müsse. Goldhagen spricht von einem gemeinsamen „nationalen Projekt". Das erklärt für ihn, warum es trotz sehr verbreiteter Kenntnis des Massenverbrechens keine größeren Proteste gab. Und darauf führt er schließlich auch zurück, daß die Mitglieder der Polizeibataillone ihr Mordhandwerk ohne jedes Unrechtsbewußtsein ausübten.

Kein Zweifel: Gegen diese These wird sich heftiger Widerspruch regen (er hat sich zum Teil schon in Amerika geregt). So muß man zum Beispiel fragen, ob der Antisemitismus im Kaiserreich sich tatsächlich so deutlich von dem anderer Länder unterschied. Und wenn man die jüngst veröffentlichten Tagebücher Victor Klemperers, dieses genauesten aller Beobachter des NS-Alltags, zum Vergleich heranzieht, dann wird man gegenüber dem Bild einer durch und durch antisemitisch infizierten Gesellschaft selbst für die Jahre der Diktatur Zweifel anmelden. Dann wird man auch allen Kollektivanschuldigungen gegenüber skeptisch bleiben. Von „Kollektivschuld" ist bei Goldhagen zwar nicht die Rede, doch in der Sache kommt seine Ableitung dem Vorwurf sehr nahe.

1996 Der US-Historiker Daniel J. Goldhagen bei einer öffentlichen Debatte im Jüdischen Gemeindehaus in Berlin

Wie manche Wissenschaftler, die glauben, alle gängigen Lehrmeinungen umstürzen zu können, neigt auch Goldhagen zur simplifizierenden Eindeutigkeit. Er argumentiert eher wie ein Staatsanwalt denn als Historiker. Für Gegenstimmen und Gegenkräfte, für Widersprüche und Widerstände ist in seinem düsteren Gemälde kaum Platz. So erweckt seine Darstellung den Eindruck, als habe sich das furchtbare Geschehen mit geradezu zwingender Logik vollzogen. Indes, so wichtig der Antisemitismus im Kaiserreich als gesellschaftliche Bedingung für den Holocaust war – von ihm führte kein gerader Weg nach Auschwitz.

Trotz aller Einwände handelt es sich um ein sehr wichtiges, diskussionswürdiges Buch. Die Radikalität, mit der Goldhagen seine These entfaltet, zwingt zum Überdenken bisheriger Sichtweisen. Die heftige Bewegung, die das Buch mit seinem Erscheinen in den Vereinigten Staaten ausgelöst hat, zeigt, daß es einen Nerv trifft. Vielleicht drückt sich darin auch ein Unbehagen vieler Amerikaner gegenüber dem wiedervereinigten Deutschland aus.

Und hierzulande? Da hatte sich so mancher schon in der Gewißheit gewiegt, nach den Gedenkfeiern zum 50. Jahrestag des Kriegsendes das leidige Thema endlich los zu sein und sich unbeschwert der neuen „Normalität" hingeben zu können. Und nun belehrt uns ein brillanter Harvard-Dozent, daß wir mit dem schrecklichsten Kapitel unserer Vergangenheit noch längst nicht fertig sein können. Wie sein auf- und verstörendes Buch bei uns aufgenommen wird – daran wird sich viel ablesen lassen über das historische Bewußtsein dieser Republik.

1935 Begeistert empfangen die Menschen den »Führer« mit dem sogenannten Hitlergruß

1996 GOLDHAGENS »HITLERS WILLIGE VOLLSTRECKER«

Mit fragwürdiger Methode

Warum das Buch in die Irre führt

VON MARION GRÄFIN DÖNHOFF

DIE ZEIT, 6. September 1996

Bei einer liberalen Zeitung gibt es niemanden, der sagt, wo's langgeht. Die Probleme werden durchdiskutiert, und wenn es nicht gelingt, sich auf eines der beiden alternativen Argumente, die am Schluß übrigbleiben, zu einigen, dann haben zuweilen beide, Theo Sommer und ich, ihre Meinung dargestellt – gelegentlich auch als Leitartikel auf der ersten Seite. Der Leser soll für sich entscheiden, welches Argument ihm das überzeugendere zu sein scheint. Gelegentlich hat auch Gerd Bucerius, der Verleger selbst, zornig zur Feder gegriffen: Wenn er das, was Sommer oder ich erklärt hatten, falsch fand, schrieb er in der nächsten Ausgabe das Gegenteil.

Der Fall, um den es sich heute handelt, heißt „Goldhagen" und betrifft sein Buch „Hitlers willige Vollstrecker". Ich bin der Meinung, daß die ZEIT viel zuviel Aufhebens von dem Buch gemacht hat, das mit fragwürdiger Methode eine, wie mir scheint, von ihm selber nicht bewiesene Theorie vertritt.

Wir haben zwischen April und August acht Historiker zu Worte kommen lassen. Dann hat der Autor des Buches in einem über sechs Zeitungsseiten laufenden Artikel (mehr, als je einem Autor zugebilligt wurde) in ziemlich autoritärer Weise seine Kritiker in Bausch und Bogen verurteilt. Schließlich hat Hans Mommsen in der vorigen Woche auf diese Ausführungen mit abermals zwei ganzen Seiten geantwortet.

Goldhagens fragwürdige Methode: Er geht von der „Endlösung", also vom Holocaust, aus und spult die Kausalkette zurück, wobei automatisch die „Endlösung" bis in alle Vorzeit immer präsent bleibt. Auf diese Weise beweist er, daß die „ganze deutsche Gesellschaft von jeher den virulenten Ausrottungs-Antisemitismus Hitlers teilte".

Er behauptet, die Vollstrecker seien in ihrer Zusammensetzung repräsentativ für die deutsche Bevölkerung. Er sagt nicht, ob die Österreicher in seine Statistik einbezogen sind, die ein Drittel der Vernichtungseinheiten der SS stellten und vier der wichtigsten Todeslager befehligten, wie Paul Johnson in der *Washington Post* schreibt.

Wenn so argumentiert wird, muß man sich doch fragen, was das derart leidenschaftlich antisemitische Volk eigentlich getan hätte, wenn Hitler 1917 an der Westfront – wo er verwundet worden war – gefallen wäre? Sicherlich hätte sich in Deutschland, wie in Spanien oder Italien, ein autoritäres Regime etabliert, aber gewiß kein Hitlerscher Nationalsozialismus.

Goldhagens fragwürdige These: Er sagt, der Holocaust sei ein „deutsches nationales Projekt" gewesen. Die Deutschen wären nicht nur im üblichen Sinne antisemitisch eingestellt, sie hätten auch noch einem Sonder-Antisemitismus gehuldigt, dem „Vernichtungs-Antisemitismus". Dieser, wie er ihn nennt, „eliminatorische" Antisemitismus hätte die Ausmerzung der Juden zum Ziel gehabt.

Wenn diese Art Rassismus den Deutschen in ihren Genen steckt, wie Goldhagen offenbar meint, dann wundert man sich darüber, was nach 1945 mit diesen Genen passiert sein mag, denn da haben die Deutschen sich, wie er zugibt, total verändert.

Natürlich verwahrt der Autor des Buches sich vorsichtshalber schon im Vorwort gegen den Vorwurf, eine Kollektivschuld der Deutschen postuliert zu haben („Die Vorstellung einer Kollektivschuld lehne ich kategorisch ab"); aber die Rede vom „ganzen Volk" oder „allen Deutschen" bezeichnet doch nichts anderes als ein Kollektiv. Außerdem behauptet Goldhagen: „Die gesamte deutsche Elite hat sich den Ausmerzungs-Antisemitismus aus vollem Herzen zu eigen gemacht."

Hitlers Mythos beruhte auf der seltenen Kombination von Erfolg und Terror

Wieder ein Kollektiv! Für die Bereitschaft der Deutschen, die rabiaten Massaker nicht nur zu tolerieren, sondern auch mit Lust zu billigen, führt Goldhagen zwei Beweise an.

Erster Beweis: Das Volk jubelte Hitler zu, auch noch nach der „Kristallnacht" im November 1938. Dies kann nur jemanden verwundern, der die ganze Zeit monokausal unter dem Aspekt Holocaust betrachtet. Tatsächlich jubelten die Leute keineswegs wegen der Judendiskriminierung – gerade die „Kristallnacht" wurde von vielen mißbilligt. Hitlers großer, anhaltender und bejubelter Mythos beruhte vielmehr auf der seltenen Kombination von Erfolg und Terror.

Erfolg: die Beseitigung der Arbeitslosigkeit, der Anschluß Österreichs, die Rückkehr des Sudetenlandes, der Sieg über Frankreich, das sich hinter der Maginotlinie sicher wähnte. Unter diesen Umständen hielt die Mehrzahl des Volkes die Machtergreifung für eine dankenswerte nationale Erhebung.

Terror: Gleich nach der Machtergreifung wurden 4000 kommunistische Funktionäre verhaftet; schon im ersten Jahr errichteten die Nazis dreißig Konzentrationslager für die Volksgenossen, die nicht spurten: die den BBC-Sender hörten oder sich skeptisch über das Regime äußerten. Noch in der letzten Kriegswoche wurden Soldaten exekutiert, weil sie nicht an den Endsieg glaubten; ein katholischer Geistlicher wurde hingerichtet, weil er das, was er bei der Beichte eines Widerständlers erfuhr, nicht der Gestapo gemeldet hatte.

Angesichts solcher Maßnahmen ist auch der zweite Beweis für die angeblich große Zustimmung aller Deutschen zu Hitlers Judenpolitik wenig überzeugend. In einem *Spiegel*-Gespräch antwortet Goldhagen auf Augsteins Frage, woher er denn wisse, daß die Mehrheit derer, die die Synagogen brennen sahen, gedacht habe: „Das geschieht den Juden recht." Goldhagens Antwort: „Das Fehlen von Belegen ist selbst ein Beleg ..."

Wie sich Goldhagen wohl das Leben in einer Diktatur vorstellt? Jeder Mensch, der ernsthaft dagegen war, hat doch natürlich alles getan, um Spuren zu verwischen. Die wenigen Listen über die Besetzung der Schlüsselpositionen, die vor dem Attentat vom 20. Juli angelegt wurden (weil man fürchtete, daß sonst irgendwo ein Vakuum entstehen und der zuständige Gauleiter einen Bürgerkrieg entfesseln könnte) wirkten sich verhängnisvoll aus. Alle, deren Namen darauf verzeichnet waren, wurden hingerichtet.

Was wiederum beweist, dass Goldhagens Behauptung, es habe keinen Widerstand gegeben, unzutreffend ist. Nach dem seit Jahren geplanten und dann fehlgeschlagenen Attentat wurden hingerichtet: 21 Generale, 33 Obersten, 2 Botschafter, 7 Diplomaten, ein Minister, 3 Staatssekretäre und der Chef der Reichskriminalpolizei; ferner mehrere Oberpräsidenten, Polizei-

1996 GOLDHAGENS »HITLERS WILLIGE VOLLSTRECKER«

1944 Der Präsident des Volksgerichtshofes, Roland Freisler (M.), bei der Urteilsverkündung gegen acht Beschuldigte des Hitler-Attentats vom 20. Juli

präsidenten und Regierungspräsidenten. Seit 1940/41 haben sich die Todesurteile der Militärgerichte jedes Jahr verdoppelt. 1944/45 waren es 8200. Der Volksgerichtshof verhängte im selben Jahr 2140.

Das Schicksal der Geschwister Scholl und ungezählter Unbekannter sollte ebensowenig vergessen werden – auch wenn sie alle nicht unmittelbar um der Juden willen ihr Leben einsetzten, sondern das Ziel vor Augen hatten, die oberste Behörde – das verbrecherische System – zu beseitigen. Aber bei vielen von ihnen haben die barbarischen Massaker in Polen den Entschluß gefestigt, sich dem Widerstand anzuschließen.

Übrigens, viele Juden hielten sich gar nicht für bedroht. Meine engsten jüdischen Freunde, Professor Ernst Kantorowicz und Richard Meyer, Chef der Ostabteilung im Auswärtigen Amt, waren nicht bereit, frühzeitig auszuwandern – sie blieben bis in die späten dreißiger Jahre in Deutschland.

Goldhagens Buch ist dennoch wichtig, weil es wie kein anderes imstande ist, die unvorstellbaren Greueltaten erschreckend deutlich zu machen. Es ist ferner wichtig, weil es die Frage in den Vordergrund stellt, wie es möglich war, daß ganz normale Menschen, Angehörige des Volkes der Dichter und Denker, zu solchen Taten fähig waren. Auch wenn Goldhagen diese Frage nicht beantwortet: Sie bleibt und wird uns weiter quälen.

Bedauerlich ist, daß er seine Thesen so überspitzt und so übertreibt, daß sie Widerspruch herausfordern und die Reaktion darum vermutlich negativ sein wird. Statt die Menschen für neue Einsichten zu öffnen, ist zu befürchten, daß sie sich mit dem Argument „so war es ja gar nicht" verschließen und überhaupt nicht mehr über diese Schandtaten nachdenken. Auch ist die Befürchtung, daß das Goldhagen-Buch den mehr oder weniger verstummten Antisemitismus wieder neu beleben könnte, leider nicht ganz von der Hand zu weisen.

1998–2009

Turbulenzen und Epochenbruch — 376

DIE ZEIT KONTROVERSEN

1998–2005	Rot-grüne Koalition	403
1998–2003	Kopftuchstreit	412
1999	Krieg im Kosovo	416
2000	Entschädigung der Zwangsarbeiter	419
2000–2001	Riester-Rente	427
2000–2004	Zuwanderungsgesetz	433
2001	Pisa-Studie	440
2001–2002	Antiterror-Gesetzgebung	444
2002	Euro im Portemonnaie	451
2002	Stammzellgesetz	458
2003	»Nein« zum Irak-Krieg	466
2004	Hartz IV	475
2005	VW-Affäre	481
2006	Debatte um die Unterschicht	488
2007	Gründung »Die Linke«	493
2008	Finanzkrise	498

2007 Im Strandkorb: Angela Merkel als Gastgeberin auf dem G-8-Gipfel in Heiligendamm

2001 Afghanistan-Einsatz: Bundeswehrsoldaten auf einem Markt in Kundus

380 Überblick

2008 Finanzkrise: Eine Brokerin schaut auf den abgestürzten DAX

1998–2009 Turbulenzen und Epochenbruch 381

Chronik der Ereignisse

Turbulenzen und Epochenbruch

Vom rot-grünen Experiment zur Großen Koalition: Das sechste Jahrzehnt der Bundesrepublik stand im Zeichen des Generationenwechsels und der Agenda 2010, aber auch im Zeichen der Globalisierung und der Krise des Kapitalismus. Ein Essay **VON WERNER A. PERGER**

Im Jahr 1998 begann ein neues Kapitel deutscher Nachkriegsgeschichte: die über zehn Jahre währende Phase zweier sehr unterschiedlicher Regierungskonstellationen, von manchen die Phase der »verspäteten Koalitionen« genannt, weil sie immer ein paar Jahre hinter ihrer Zeit her gewesen seien. Gemeint ist damit zunächst das Experiment Rot-Grün, das begann, als die neue Generation und die »neue Partei«, die Grünen, schon nicht mehr ganz neu waren. Und danach die zweite Große Koalition der Bundesrepublik, die antrat, als die schwierige Arbeit der Sozialstaatsreform eigentlich schon erledigt war. Für sie blieb gegen Ende des Jahrzehnts, in dem die Regierungsbeteiligung der Sozialdemokratischen Partei für Kontinuität sorgte, dennoch genug zu tun: Die Auswirkungen der Weltfinanzkrise auf die europäische Wirtschaft erinnerten – bei allen Unterschieden – in ihrer Dimension an die Herausforderungen, mit denen die Bundesrepublik zur Zeit ihrer Gründung konfrontiert war.

Sieben Jahre, das biblische Zeitmaß, sind gar nicht wenig. Sieben Jahre, das heißt in unseren Demokratien, mehr als eine Amtsperiode ist vergangen, eine zweite aber noch nicht zu Ende. Doch auch eine unvollendete Amtszeit kann Spuren hinterlassen. Für die Ära des dritten sozialdemokratischen Nachkriegskanzlers, des ersten im wiedervereinigten Deutschland, gilt beides. Gerhard Schröder ließ manches unerledigt, aber seine Regierung aus SPD und Bündnis 90/Die Grünen hat das Land auch unübersehbar geprägt.

Sieben wechselvolle Jahre: Die Versuche dieser neuen, so ganz anderen Koalition aus Vertretern der Nachkriegsgeneration, Deutschland zu modernisieren, stießen bald auf die Gegenwehr gesellschaftspolitischer Formationen, die alte Errungenschaften oder traditionelle Einfluss- und Machtstrukturen bewahren wollten, manche auch beides. Gemessen an der Intensität dieses Widerstands verdient das Ausmaß an Modernisierung, das die rot-grüne Koalition unter Gerhard Schröder und Joschka Fischer erreicht hat, Respekt. Das gilt auch für die Energie, mit der sie gerade in der Schlussphase ihrer Amtszeit dafür gekämpft hat.

Der Abgang war allerdings deutlich stärker als der Anfang. Man sprach seinerzeit von einem »Stotterstart« der Koalition.

1998–2009 Turbulenzen und Epochenbruch

In seiner Rede zur Verleihung des Friedenspreises des deutschen Buchhandels klagt Martin Walser (Foto), linksliberale »Meinungssoldaten« hielten den Deutschen unablässig ihre »Schande« (die NS-Verbrechen) vor und argumentierten mit der »Moralkeule« Auschwitz. Der Vorsitzende des Zentralrats der Juden, Ignatz Bubis, wirft ihm »geistige Brandstiftung« vor

27. SEPTEMBER 1998

11. OKTOBER 1998

23. MAI 1999

Die SPD gewinnt die Bundestagswahlen mit 40,9 Prozent der Zweitstimmen. Am 27. Oktober wird Gerhard Schröder (Foto, links seine Frau Doris Schröder-Köpf) zum Bundeskanzler einer rot-grünen Koalition gewählt

Die Bundesversammlung wählt Johannes Rau (SPD) zum neuen Bundespräsidenten. Das Foto zeigt Rau (rechts) bei der Gratulation durch Kanzler Schröder

---

Das Ende der 16-jährigen Amtszeit von Bundeskanzler Helmut Kohl hatte nicht nur Rot-Grün-Wähler mit einer gewissen Erleichterung erfüllt, es knüpften sich viele Hoffnungen an den Wechsel. Doch den Neuen unterliefen zu Beginn erstaunlich viele handwerkliche Fehler. Die treuherzig vorgetragene Bereitschaft, Irrtümer auch gleich wieder zu korrigieren, wirkte alsbald wie das Eingeständnis, ein wenig überfordert zu sein. Zum Ungeschick im Alltag kamen offenkundige programmatische Defizite und eine eigentümliche, beunruhigende Richtungslosigkeit gleich am Beginn der rot-grünen Reise. Der Hamburger Politikwissenschaftler Joachim Raschke sah darin später die Hauptursache für den schleichenden Niedergang des rot-grünen Bündnisses: »Wofür Schröder richtungspolitisch stand, konnte niemand sagen – auch er selbst nicht.«

Die Frage »Was will Schröder?« sollte den Kanzler die ganze Amtszeit hindurch begleiten. Natürlich wusste man von ihm, dass er, im Gegensatz zu anderen führenden Köpfen der Sozialdemokratie, offen war für Wünsche und Bedürfnisse der deutschen Wirtschaft. Ohne die theoretischen Debatten der europäischen Reformlinken im Detail zu kennen, teilte er deren Positionen des »Dritten Weges« zwischen Sozialstaatsorthodoxie und Neoliberalismus, wie ihn der britische Soziologe Anthony Giddens für die britische Labour-Party entwickelt hatte. Seinem Denken entsprach auch das wirtschaftsfreundliche und gewerkschaftskritische »Schröder-Blair-Papier«, auch wenn er dafür keine Zeile selbst geschrieben hatte. Alles okay, seine Leute sollen Papiere machen, er kümmerte sich ums Praktische. Die Umsetzung. Der Teilnahme an programmatischen Diskursen hat Schröder sich

ZITATE DES JAHRES

1998

Jan Philipp Reemtsma sollte besser eine Ausstellung machen über die Toten und Verletzten, die der Tabak angerichtet hat, den er verkauft.

Peter Gauweiler, Bezirksvorsitzender der Münchner CSU, zu der von Reemtsma mitorganisierten Ausstellung *Verbrechen der Wehrmacht*

12. JUNI 1999

Als Teil der internationalen Friedenstruppe rücken die ersten Bundeswehrsoldaten im Kosovo ein (das Foto zeigt Soldaten in Mecklenburg-Vorpommern bei der feierlichen Verabschiedung). In einer umstrittenen Rede plädierte Außenminister Joschka Fischer mit Verweis auf den Zweiten Weltkrieg und Auschwitz für einen deutschen Auslandseinsatz

25. JUNI 1999

Der Bundestag einigt sich auf den Stelenwald-Entwurf des amerikanischen Architekten Peter Eisenman für das geplante Denkmal für die ermordeten Juden Europas in Berlin. Am 10. Mai 2005 wird das Mahnmal eingeweiht

Alle deutschen Nachrichtenagenturen sowie die meisten Tageszeitungen, Wochenzeitungen und Magazine stellen auf die lange umstrittene neue Rechtschreibung um

1. AUGUST 1999

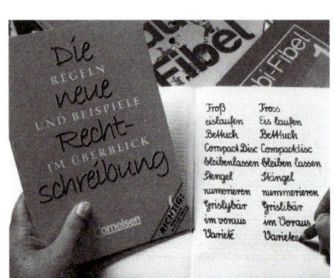

2005 Besucher zwischen den Stelen des Holocaust-Mahnmals in Berlin

1998–2009 Turbulenzen und Epochenbruch

Günter Grass erhält den Literaturnobelpreis. Das Foto zeigt ihn bei der Vorstellung der Preisträger in Stockholm, neben ihm der Preisträger für Physik, Martinus J. G. Veltman, vor ihm der Preisträger für Medizin, Günter Blobel

30. NOVEMBER 1999

Exbundeskanzler Helmut Kohl räumt ein, dass die CDU verdeckte Parteikonten geführt habe. Im Dezember gesteht er, Spenden im Wert von 1,5 bis 2 Millionen D-Mark nicht ordnungsgemäß verbucht zu haben. Die Namen der Spender nennt er auch in den nachfolgenden Monaten nicht. Der CDU-Spendenskandal zieht unterdessen immer weitere Kreise

10. DEZEMBER 1999

17. DEZEMBER 1999

Bundesregierung und deutsche Wirtschaft stellen je fünf Milliarden D-Mark zur Entschädigung ehemaliger NS-Zwangsarbeiterinnen und Zwangsarbeiter zur Verfügung. Vorausgegangen waren lange Verhandlungen zwischen Bundes- und US-Regierung, Vertretern der Zwangsarbeiter und der deutschen Wirtschaft

standhaft entzogen. Man könnte auch sagen: Er verabscheute sie.

Was wird bleiben von diesem Bündnis? Welche Spuren hinterlässt es? Man denkt an Verbesserungen in der Verbraucher- und Umweltpolitik (auch wenn das Dosenpfand nicht der große Durchbruch ist), den Abbau traditioneller Diskriminierungen (für Schwule und Lesben), ein moderneres Einbürgerungsrecht, die Greencard, die Ökosteuer, die große Steuerreform, Walter Riesters Rentenreform, auch, nach Hängen und Würgen zustande gekommen, die Autobahnmaut. Wichtig war, dass eine Entschädigungsregelung für Zwangsarbeiter des NS-Reichs erreicht wurde, die Berufung von Otto Graf Lambsdorff zum deutschen Chefunterhändler war einer der klügsten personalpolitischen Schachzüge Schröders. Überhaupt entwickelte der Kanzler relativ schnell Sensibilität für den politischen Umgang mit der deutschen Geschichte. Noch in der ersten Regierungserklärung hatte er von der »erwachsenen Nation« schwadroniert und eher trotzig als souverän ein »neues Selbstbewusstsein« gezeigt. Bald lernte er und verstand, dass solche Kindereien eher auf das Gegenteil schließen lassen. Souveränität musste er noch früh genug beweisen.

Die eigentlichen Eckpfeiler der rot-grünen Leistungsbilanz sind zwei Punkte: Das Nein zum Irak-Feldzug und die reformpolitische Agenda 2010. Das Nein zu Krieg, im Prinzip der Versuch, im transatlantischen Verhältnis eine neue Parität zu erreichen, ohne das Bündnis zu sprengen, trug entscheidend bei zu Schröders Wahlsieg 2002. Das Ja zur Wohlfahrtsreform, im Prinzip der Versuch, den Sozialstaat durch einschneidende Reformen zu sanieren, ohne ihn abzuschaffen, kostete ihn am Ende die Mehrheit.

Nichts war in den sieben Jahren Rot-Grün im Inland wie im Ausland so populär wie die Weigerung Schröders, am Irak-Feldzug der USA teilzunehmen. Das war kein wohlüberlegter, strategischer Schachzug des Kanzlers. Aber aus der spontan umgesetzten Intuition, hier eine Linie zu ziehen, entwickelte sich schnell eine außenpolitische Plattform, auf der Schröder über sich selbst hinauswuchs. Hier zeigte sich das neue deutsche Selbstbewusstsein an der passenden Stelle und brachte ihm Beifall bis weit ins bürgerliche Milieu hinein, Angela Merkels damalige Verneigungen gegenüber Washington trug der CDU-Vorsitzenden hingegen Tadel in der eigenen Partei ein. Der Historiker

1999

Der Umzug ist kein Bruch in der deutschen Nachkriegsgeschichte. Wir gehen ja nicht nach Berlin, weil wir in Bonn gescheitert wären.

Gerhard Schröder nach dem Umzug des Bundestags

Die New-Economy-Blase platzt: Nach dem Internet-Boom des Neuen Marktes seit Mitte der neunziger Jahre beginnen die Kurse vieler Start-up-Unternehmen wieder zu fallen

Das Mobilfunkgeschäft erreicht einen ersten Höhepunkt: In Deutschland endet die Versteigerung der sogenannten UMTS-Lizenzen (Universal Mobile Telecommunication System) mit der Rekordsumme von 98,8 Milliarden D-Mark. Das Foto zeigt Journalisten, die die Auktion beobachten und Zwischenergebnisse per Handy weitergeben

MÄRZ 2000 | **1. JUNI 2000** | **17. AUGUST 2000**

In Hannover beginnt die erste Weltausstellung Expo auf deutschem Boden – stößt aber nur auf geringes Interesse. Es kommen nicht einmal halb so viele Besucher wie erwartet. Das Foto zeigt den venezolanischen Pavillon mit seinem markanten Dach aus »Blütenblättern«, die sich je nach Sonneneinfluss öffnen und schließen

2000

Kinder statt Inder.

Jürgen Rüttgers, CDU-Spitzenkandidat bei der Landtagswahl in Nordrhein-Westfalen, zum Vorhaben der Bundesregierung, ausländischen Computerspezialisten die Erlaubnis zur Arbeit in Deutschland zu erteilen

Gregor Schöllgen war vom rot-grünen Auftritt auf der Weltbühne sichtlich beeindruckt. Nach dem Abgang der Koalition schrieb er: »So nahm Deutschland im aufziehenden 21. Jahrhundert ganz selbstverständlich die Rolle ein, die ihm als Folge der weltpolitischen Umbrüche seit 1991 zugefallen war. Sie auszufüllen setzte ein Selbstbewusstsein voraus, das dem Gewicht des Landes angemessen war, ohne zum Rückfall in alte Verhaltensweisen zu führen.«

Charakteristisch für die rot-grüne Außenpolitik war aber oft auch das Zufällige und Ungeordnete, wie es der Nestor der deutschen Zeitgeschichtsschreibung, Hans-Peter Schwarz, in seinem neuen Buch ebenso ausführlich wie spöttisch beschreibt. Nicht immer wirkte Schröder in den sieben Jahren so souverän und strategisch, wie es hinterher aussah. Gerade in der Europapolitik ließ er Führungsqualitäten missen. Andere Europäer, nicht zuletzt der Niederländer Wim Kok und der Schwede Göran Persson, beide Sozialdemokraten, beklagten in Gesprächen mit dem Autor die Passivität Schröders auf den EU-Gipfeln. Zu sehr habe der Deutsche sich am französischen Freund orientiert, wo die kleineren und mittleren Staaten einen starken Wortführer gebraucht hätten.

Das zweite Kernstück des schröderschen Vermächtnisses, die Reform des Sozialstaats unter dem Titel Agenda 2010, ist unvollendet. In Erinnerung bleibt daher nicht ein abschließender Erfolg des Projekts, umso mehr aber die Entschlossenheit, mit der Schröder versuchte, sein Reformvorhaben umzusetzen. Auch sein Mut. Selten hat ein Staatsmann bei der Durchsetzung seiner Politik sich selbst derart schonungslos zur Disposition gestellt wie Schröder mit dem Anspruch, die deutschen *welfare*-Traditionen zu revolutionieren. Der Umbau des Sozialsystems zu mehr Eigenverantwortung und Eigeninitiative musste gegen die eigene Klientel durchgesetzt werden. Das erforderte Charisma, Einfühlsamkeit, Beharrlichkeit und Überzeugungskraft, Tugenden, die Schröder in dieser Kombination nicht zur Verfügung standen.

Oft genug hat er in Gesprächen darüber geklagt, wie schwierig es sei, im föderalen Deutschland Veränderungen durchzusetzen. Fasse etwas an, und du stößt auf Widerstand, war seine Erfahrung. Man müsse mit Vorsicht vorgehen und dürfe nicht zu viel zumuten, schlussfolgerte er daraus, das war anfangs seine Devise und kostete viel Zeit. Das »Bündnis für Arbeit« sollte eine konzertierte Reformoperation möglich machen,

1998–2009 Turbulenzen und Epochenbruch 387

In Deutschland wird der erste BSE-Fall bei einem deutschen Rind bekannt. Im Januar 2001 treten Landwirtschaftsminister Karl-Heinz Funke (SPD) und Gesundheitsministerin Andrea Fischer (Bündnis 90/Die Grünen) aufgrund des sich ausweitenden BSE-Skandals zurück. Das Foto zeigt eine Veterinärkontrolle in Brandenburg

18. OKTOBER 2000 **24. NOVEMBER 2000** **10. JUNI 2001**

Mit seiner Forderung, dass sich in Deutschland lebende Ausländer einer »gewachsenen freiheitlichen deutschen Leitkultur« anpassen müssten, löst Unions-Fraktionsvorsitzender Friedrich Merz eine hitzige Debatte über Zuwanderung und Integration aus

»Und das ist auch gut so«: Als erster deutscher Spitzenpolitiker macht Klaus Wowereit, SPD-Bürgermeisterkandidat in Berlin, seine Homosexualität öffentlich bekannt. Das Foto zeigt ihn mit seinem Lebensgefährten Jörn Kubicki

2000 Gerhard Schröder macht bei seinem Expo-Rundgang in der Afrika-Halle Station und wird von einer Tanzgruppe begrüßt

388 Überblick

11. SEPTEMBER 2001

Vier voll besetzte Passagierflugzeuge werden von islamistischen Terroristen entführt. Zwei Maschinen rasen ins World Trade Center in New York. Mehr als 3000 Menschen sterben. Der 11. September wird zum Symbol der neuen terroristischen Bedrohung. Die Spur der Attentäter führt u.a. nach Hamburg

Bei der internationalen Schulstudie Pisa (Programme for International Student Assessment) belegen die deutschen Schüler in der Gesamtwertung lediglich Platz 25. Die Studie löst eine breite Diskussion über Bildung und Schule aus

4. DEZEMBER 2001

12. DEZEMBER 2001

Auf Grundlage der neuen Antiterrorgesetze verbietet Innenminister Otto Schily erstmals einen islamistischen Verein, die Vereinigung Kalifatsstaat

2000

I LOVE YOU.

Per E-Mail verschicktes Computervirus, das weltweit Millionen von Computern infiziert hat

2001 Fassungslos sehen die Deutschen überall im Land am 11. September die Bilder aus New York

1998–2009 Turbulenzen und Epochenbruch 389

Der Bundestag beschließt ein Gesetz, das es deutschen Wissenschaftlern erlaubt – unter Auflagen – mit embryonalen Stammzellen zu arbeiten. Das Foto zeigt die Entnahme von genetischem Material aus einer Eizelle

1. JANUAR 2002 **30. JANUAR 2002** **8. APRIL 2002**

Die Banken in zwölf EU-Ländern geben Euro-Scheine und -Münzen aus. Im Zuge der europäischen Währungsreform wurde der Euro bereits am 1. Januar 1999 eingeführt, zunächst aber nur für den bargeldlosen Zahlungsverkehr

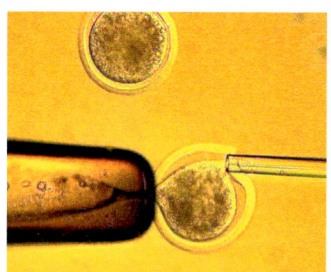

Der Medienunternehmer Leo Kirch meldet Insolvenz an. Sein Unternehmen, darunter die Sender ProSieben und Sat.1, ist mit 6,5 Milliarden Euro verschuldet. Das Foto zeigt ihn im September 2002 auf der außerordentlichen Hauptversammlung des Axel-Springer-Verlages in Berlin

und zwar möglichst schmerzfrei. Doch der Versuch scheiterte.

Im zweiten Anlauf, der Agenda, als die Zeit bereits knapp geworden war, setzte Schröder dann auf die Hauruck-Methode, nach Thatchers viel zitiertem TINA-Motto: *There Is No Alternative* (Es gibt keine Alternative). Er warb für sein Konzept im Verordnungsstil und machte keinerlei Zugeständnisse. Stattdessen forderte er von der Partei Gefolgschaft und drohte wiederholt mit Rücktritt. Der Widerstand in den eigenen Reihen und bei der eigenen Wählerklientel war jedoch größer als erwartet. Unter Erfolgszwang und ohne Möglichkeit zur Umkehr, gab Schröder den Parteivorsitz auf, zog sich zurück ins Kanzleramt und setzte alles auf eine Strategie der Arbeitsteilung mit Franz Müntefering. Doch zu diesem Zeitpunkt hatte das Projekt keine echte Chance mehr. »Programmatisch und diskursiv völlig unvorbereitet, war die Agenda ein Tabubruch in einem zentralen Identitätsbereich der SPD, vergleichbar einer Empfehlung der Union für den Schwangerschaftsabbruch«, beschrieb Joachim Raschke das Reformdrama. Sein Urteil: »eine kommunikative Katastrophe«. Vielleicht werden die Sozialdemokraten sich eines Tages der Agenda 2010 als

Heldensage erinnern – wie die meisten mit tragischem Ausgang.

Schröder war, zusammen mit Oskar Lafontaine, 1998 als Reformer angetreten. »Innovation und Gerechtigkeit« war die Losung, beides sollte vereinbar sein, warum auch nicht? Doch statt Reformpolitik stand zunächst ein Kulturkampf auf dem Programm, den Schröder nicht gewollt hatte. Der Wahlsieg von Rot-Grün am 27. September 1998 war zwar vorhersehbar gewesen, seit fast zehn Jahren überfällig. Doch als es nach dem Aufschub durch die deutsche Einheit endlich so weit war, schien die unter dem »geistigen Sultanat« Helmut Kohls zum Duckmäuserverein deformierte CDU aus allen Wolken zu fallen und mit ihr der größere Teil des bürgerlichen Lagers.

Die Klügeren in diesem Milieu waren natürlich darauf vorbereitet gewesen. Einige aus dem Kreis der Automanager, Stahlindustriellen, New-Economy-Aufsteiger und nicht zuletzt der CSU-nahe Unternehmensberater Roland Berger hatten die Beziehung zum neuen Kanzler seit Jahren gepflegt. Man hätte meinen können, dass sich da eine neue Kooperation unter den Vorzeichen der postmaterialistischen Moderne ergeben könnte.

2001

Wer frei leben will, braucht Sicherheit. Diese Sorge bewegt die Menschen, nicht die Theorie vom allmächtigen Überwachungsstaat.

Otto Schily über das Antiterrorpaket der Bundesregierung

Im Osten Deutschlands tritt die Elbe über die Ufer – eine, wie es in Medienberichten heißt, »Jahrhundertflut«, die Dresden (Foto mit Semperoper und Zwinger) und zahlreiche andere Städte und Ortschaften überschwemmt. 20 Menschen kommen ums Leben. Der Sachschaden beläuft sich auf schätzungsweise 20 Milliarden Euro

26. APRIL 2002

11. bis 26. AUGUST 2002

25. AUGUST 2002

In Erfurt erschießt der 19-jährige Gymnasiast Robert Steinhäuser 16 Menschen und schließlich sich selbst. Nach dem ersten Schock entbrennt eine Diskussion über die verrohende Wirkung von Computerspielen. Das Foto zeigt Jugendliche bei der zentralen Trauerfeier für die Opfer des Amoklaufs in Erfurt

Wahlkampf: Beim ersten TV-Duell nach amerikanischem Vorbild tritt der amtierende Bundeskanzler Gerhard Schröder gegen seinen Herausforderer Edmund Stoiber (CSU) an

2001

Ich bin schwul, und das ist auch gut so.

Klaus Wowereit, Regierender Bürgermeister von Berlin

2002

Eines steht fest: Wir haben die Wahl gewonnen.

Edmund Stoiber, ehemaliger Kanzlerkandidat der Union, unmittelbar nach Schließung der Wahllokale

Doch für die etablierten Eliten der Bonner Republik war der Machtverlust von 1998 mehr als nur ein Wechsel, geschweige denn die Chance für einen Aufbruch. Sie empfanden die Bonner Wende als ungehörige Kanzleramtsbesetzung durch die Repräsentanten der berüchtigten 68er-Generation, der Studenten-, Friedens- und Antiatombewegung, der Hausbesetzer, Straßenkämpfer und ehemaligen Jungsozialisten. Der deutsche *clash of cultures*: Es stieß zusammen, was nicht zusammengehörte.

Die damit verbundenen Zweifel – »Die können es nicht« oder »Die machen alles kaputt« – sind in den folgenden Jahren bis zur Erschöpfung als Generalerklärung für alles, was an Fehlern passierte, gebraucht worden.

Es verdeckte oft die wahre Natur politischer Konflikte und Machtstrukturen in dieser Gesellschaft. Aber es stimmte auch: Nirgendwo in Europa hatten Regierende so viel gemeinsame biografisch-kulturelle Prägung erfahren wie diese deutsche Koalition. Sie waren einerseits die Regierung der »Neuen Mitte«, der Aufsteiger und Individualisten, der Schicken und Erfolgreichen. Aber »keine Regierung stand und steht auch der Generation von 68 so nahe wie diese«, wie der Sozialwissenschaftler Herbert Hönigsberger schrieb: »Wenn es so etwas wie Generationenverantwortung für Geschichte gibt, dann jedenfalls die von 68 für die Regierung von 98.«

War es das falsche Bündnis zur falschen Zeit? Vielleicht war Schröders entscheidender Fehler, damals nicht die Regierung gebildet zu haben, die er eigentlich gewollt, 2002 erhofft und 2005 noch einmal angestrebt hatte: die Große Koalition. Er hatte gespürt, dass es zu spät war für Rot-Grün, von Anfang an. Am Ende, nach Ankündigung der Neuwahlen im Mai 2005, hat er über diese fatale Ungleichzeitigkeit auch einmal in einem Zwiegespräch in etwas düsterer Stimmung räsoniert: Rot-Grün, ein Bündnis der »Zuspätgekommenen«, habe letztlich eben »quer zu den Bedürfnissen der Bundesrepublik« gestanden.

Aber hatte er 1998 wirklich eine andere Wahl? Wäre die Union überhaupt bereit gewesen, nach 16 Jahren Kohl die Nebenrolle zu spielen? Noch war der Spendenskandal und Kohls Rolle darin nicht offenkundig, die Erschütterung über den Machtverlust zu groß. Dazu kam: Die rot-grüne Mehrheit und die gemeinsame Entschlossenheit Oskar Lafontaines und Joschka Fischers lie-

Nach seiner antisemitisch gefärbten Attacke auf den Vorsitzenden des Zentralrats der Juden, Michel Friedman, im Mai manövriert sich Jürgen Möllemann mit einem antiisraelischen Flugblatt vollends ins politische Aus. Am 23. September legt er sein Amt als stellvertretender FDP-Bundesvorsitzender nieder. Am 5. Juni 2003 stürzt er bei einem Fallschirmsprung zu Tode

Der zweite Irak-Krieg beginnt. Bundeskanzler Gerhard Schröder bestärkt sein Nein zu einer deutschen Beteiligung. Das Foto zeigt eine Demonstration vom 20. März in Berlin. Schon in den Wochen zuvor hatten Zehntausende Bürger in Deutschland gegen den Krieg demonstriert

17. SEPTEMBER 2002 — **22. SEPTEMBER 2002** — **20. MÄRZ 2003**

Bundestagswahl: Mit einem Vorsprung von nur etwa 9000 Stimmen vor der CDU kann sich die SPD knapp als stärkste Partei behaupten. Die Grünen erzielen mit 8,6 Prozent ihr bisher bestes Ergebnis bei einer Bundestagswahl. Die rot-grüne Mehrheit im Parlament bleibt damit erhalten. Das Foto zeigt Joschka Fischer und Renate Künast bei der Wahlparty der Grünen

ßen Schröder keine Alternative zum rot-grünen Bündnis, das er bei aller Gemeinsamkeit oft als Zwangsjacke empfinden sollte.

2002 gab es dann noch einmal, wenngleich nur knapp, eine Mehrheit für Rot-Grün. Wieder war die Große Koalition außer Reichweite, denn nur unter dem Zwang der Verhältnisse, wie 2005, hätten die beiden Volksparteien sich dazu bereitgefunden. Ein drittes Direktmandat für die PDS hätte gereicht – und Angela Merkel wäre Schröders Vizekanzlerin geworden.

1998 bis 2002 – Jahre des Auf und Ab, ohne Atempause. Gerhard Schröder, der außenpolitische Neuling, wurde Anfang 1999 EU-Ratspräsident, in Hessen hetzte die CDU unter Roland Koch im Stil des Rechtspopulisten Jörg Haider mit einer beispiellosen Unterschriftenaktion gegen das neue Staatsbürgerschaftsgesetz und kippte damit Rot-Grün in Wiesbaden, kurz darauf verließ Oskar Lafontaine schon die Regierung und trat als SPD-Chef zurück. Schröder wurde Vorsitzender, eine Aufgabe, der er nie gewachsen war.

Deutschland beteiligte sich unter rot-grüner Führung erstmals wieder an einem Krieg, zum Schutz des Kosovo gegen Serbiens Unterdrückungs- und Vertreibungspolitik, das drastische Motto für den Einsatz prägte der grüne Außenminister Joschka Fischer: »Nie wieder Auschwitz!« Im Sommer bescherte die Europawahl der SPD eine krachende Niederlage. Gegen Jahresende hatten die Medien die Koalition bereits abgeschrieben. Dann nützte der Kanzler die Holzmann-Krise zu einem für den Augenblick gelungenen Auftritt als Krisenmanager, Kohl stürzte die CDU in die Spendenkrise, die Koalition holte Luft. Das zweite Jahr begann nicht schlecht, dann passierte der 11. September, seine Folgen – darunter die Spur nach Hamburg – beendeten schließlich das Zwischenhoch. Einsatz in Afghanistan, Einbruch an den Börsen, Regierungswechsel in Hamburg (Erfolg des Rechtspopulisten Schill), die erste Scharping-Krise – schlechte Zeiten. Schröders Bündnis für Arbeit geriet in die Krise. Gewerkschaften und Arbeitgeber blockierten einander, Parteiinteressen spielten eine große Rolle, persönliche Antipathien ebenso, am Ende blieben Enttäuschung, Zerwürfnisse, Bitterkeit.

Mitte 2002 gab Rot-Grün die Wahl schon verloren. Die Erwartungen der Öffentlichkeit waren kaum anders, es war ähnlich wie später 2005, nur die Medien traten noch nicht so auf, als hätten sie sich abgesprochen, die Koalition

2002

Bush will von seinen innenpolitischen Schwierigkeiten ablenken. Das ist eine beliebte Methode. Das hat auch Hitler schon gemacht.

Herta Däubler-Gmelin, Exjustizministerin, zur amerikanischen Irak-Politik

Trabis, Ampelmännchen, Plaste und Elaste: Auf fast allen Sendern laufen mit hohen Einschaltquoten DDR-Shows, im ZDF die *Ostalgieshow*, auf RTL *Die DDR-Show*, auf Sat.1 *Die ultimative Ost-Show* und im MDR *Ein Kessel DDR*

Baden-Württemberg verbietet muslimischen Lehrerinnen als erstes Bundesland das Tragen des Kopftuches an staatlichen Schulen mit der Begründung, es handle sich um ein politisches Symbol

SOMMER und HERBST 2003 — **11. MÄRZ 2004** — **1. APRIL 2004**

Terror in Europa: Bei Bombenanschlägen auf mehrere Züge in Madrid sterben 191 Menschen (Foto am Bahnhof Atocha). Am 7. Juli 2005 kommen bei Anschlägen auf drei U-Bahnen und einen Doppeldeckerbus in London 56 Menschen ums Leben. Auch in Deutschland wächst die Angst vor dem Al-Qaida-Terror

2002

Für heute reicht's, Herr Heise.

Robert Steinhäuser, Schüler in Erfurt, der 16 Menschen erschossen hatte, zu seinem Lehrer – bevor er sich selbst tötete

2003

Früher sind die Leute auch auf Krücken gelaufen.

Philipp Mißfelder, Vorsitzender der Jungen Union, zu seinem Vorschlag, die Gesundheitsvorsorge für Ältere drastisch einzuschränken

2004 Das Bundesverwaltungsgericht bestätigt das Kopftuchverbot an Schulen in Baden-Württemberg

1998–2009 Turbulenzen und Epochenbruch

Die Bundesversammlung wählt den ehemaligen geschäftsführenden Direktor des Internationalen Währungsfonds, Horst Köhler (Foto), zum Bundespräsidenten. Gegen ihn war Gesine Schwan, Präsidentin der Europauniversität in Frankfurt (Oder), angetreten

1. MAI 2004

Im Zuge der Osterweiterung wächst die EU von 15 auf 25 Mitglieder an. Es treten bei: Estland, Lettland, Litauen, Polen, Tschechien, die Slowakei, Slowenien, Ungarn, Malta und Zypern

23. MAI 2004

2. JULI 2004

Der Bundestag billigt den vierten Teil der Hartz-Reformen: Vom 1. Januar 2005 an werden Arbeitslosen- und Sozialhilfe zum Arbeitslosengeld II zusammengelegt. Vor allem im Osten Deutschlands protestieren Hunderttausende gegen den Sozialabbau. In vielen Städten bilden sich Montagsdemonstrationen in der Tradition der DDR-Bürgerrechtsbewegung

---

aus der Regierung zu jagen, der Ton der Magazine war noch nicht so triumphalistisch, aber *Bild* hatte die Rolle des Einpeitschers übernommen, die Schröders standen mit dem Boulevard auf Guerillafuß.

Das Nein zum Irakkrieg, die Flut in Ostdeutschland und ein unbeholfener Unionskandidat retteten dann einen Wahlsieg, der die Rot-Grünen fast so überrumpelte wie die Union. Was nun? Unvorbereitet und unausgeschlafen, urlaubsreif und ideenlos stürzten die Sieger sich in Koalitionsgespräche, die sie auf dem Niveau kleinlicher Haushaltsberatungen führten. Innerhalb weniger Wochen stürzte die SPD in Umfragen um mehr als zehn Punkte ab, der Wahlsieg wurde zum Desaster, in den alten Eliten verbreitete sich vorrevolutionäre Stimmung. »Bürger, auf die Barrikaden!«, forderte der Historiker Arnulf Baring in der Sprache von Weimar. »Wir dürfen nicht zulassen, dass alles bergab geht, hilflose Politiker das Land verrotten lassen.« Die Antwort kam, als Befreiungsschlag und Flucht nach vorn: die Agenda 2010, erst als vorweihnachtliches Strategiepapier aus dem Kanzleramt, dann als große Kanzlerrede, der Maßnahmen folgten, mit Hartz IV als Höhepunkt des Reformschreckens. Der Rest ist bekannt. Montagsdemonstrationen, Spaltungsgerüchte, Wahlniederlagen, dazwischen – das hatte noch gefehlt – der Visa-Untersuchungsausschuss, der nichts Neues brachte, aber Fischer, den beliebtesten Außenminister aller Zeiten, konsequent demontierte. Am 22. Mai, als die letzte hochsymbolische Bastion der SPD in Nordrhein-Westfalen verloren war, beschloss Gerhard Schröder gemeinsam mit Franz Müntefering, vorzeitige Neuwahlen anzustreben. Wer in dem Gespräch am Sonntagnachmittag wen dazu gedrängt hat, ist unklar, wird vielleicht nie geklärt werden, für die Weltgeschichte ist es unerheblich. Rot-Grün, das ungeplante Siebenjahres-Event, das Projekt eines Zeitgeistes vor unserer Zeit, war am Ende, das letzte Regierungskapitel der »Bonner Republik« beendet, die »Berliner Republik« konnte beginnen.

Unvergesslich an diesem Finale bleiben freilich der Wahlkampf und das Ergebnis. Hatte Schröder die Wahl nicht fast noch gewonnen? Galt Angela Merkel nicht als, wie man im postmodernen Wetterberichtsdeutsch sagte, »gefühlte Verliererin«? Der Agenda-Kanzler hatte eine grandiose Kampagne geführt und zum ersten Mal für seine Agenda so emotional und überzeugend geworben, dass viele Anhänger

2003

Juden waren in großer Anzahl sowohl in der Führungsebene als auch bei den Erschießungskommandos aktiv. Daher könnte man Juden mit einiger Berechtigung als Tätervolk bezeichnen.

Martin Hohmann, CDU-Bundestagsabgeordneter, in seiner Rede zum Tag der Deutschen Einheit über die Rolle der Juden in der Russischen Revolution

Die Bundesagentur für Arbeit meldet 4 359 900 Arbeitslose, die höchste Zahl seit der Wiedervereinigung. Bis Februar 2005 steigt sie noch weiter an: auf 5 216 400

3. JULI 2004

4. AUGUST 2004

26. DEZEMBER 2004

Gewerkschafter und ehemalige SPD-Mitglieder gründen in Berlin die Wahlalternative Arbeit und soziale Gerechtigkeit (WASG). Am 10. Juni 2005 vereinbaren WASG und PDS ein Linksbündnis zur Bundestagswahl, mit Gregor Gysi und Oskar Lafontaine (Foto von links nach rechts) an der Spitze; am 16. Juni 2007 schließen sich die Parteien zu »Die Linke« zusammen

Nach einem Seebeben vor Indonesien zerstört eine Tsunamiwelle weite Küstenabschnitte Indonesiens, Thailands, Sri Lankas und anderer Länder. Fast 300 000 Menschen sterben, darunter auch viele deutsche Urlauber (Foto aus Indonesien)

2004

Der gefühlte Islam ist in Deutschland viel größer als der real existierende.

Muhammad Sven Kalisch, Inhaber des Lehrstuhls für die Religion des Islam an der Universität Münster

2005

Ist ja hier wie vor der Kiewer Botschaft.

Jürgen Trittin, Bundesumweltminister a. D. (Grüne), zu wartenden Journalisten auf dem Höhepunkt der Visa-Affäre

glaubten, das sei ein genuin linkes Projekt gewesen. Man bekam eine Ahnung, was möglich geworden wäre, wenn … Am Ende stellte sich heraus, dass der Kulturkampf, den die Alte gegen die Neue Mitte bis zum Ende geführt hatte, am Schluss in einer kuriosen Koalition mit einst Schröder-freundlichen Medien, die Wähler längst nicht mehr interessierte. Die Versöhnung, die den 68ern sieben Jahre lang verweigert wurde, wurde vom Volk bei der Stimmabgabe gefordert. So als wollte es anerkennen, dass auch die Nachkriegsgeneration ihren Beitrag zur *res publica* zu leisten bereit und in der Lage war.

Denn bei all dem Rummel in den sieben Jahren wäre ja fast übersehen worden: Mehr als andere Regierungen hat die rot-grüne Koalition Staat und Gesellschaft modernisiert und für neue Entwicklungen geöffnet, »neu aufgestellt«, wie man heute gern sagt. Wenige im Inland sind den Rot-Grünen in diesem Sinne so gerecht geworden wie Eckart Fuhr in der ganz und gar nicht rot-grünen *Welt*. Er schrieb zum Ende der Ära Schröder: »Es gibt wenige Phasen in der Geschichte seit 1945, in denen sich Deutschland so gründlich verändert hat. Und zwar überwiegend zum Guten.« Analoges las oder hörte man in der Regel von draußen, etwa vom britischen *Economist* oder von einer amerikanischen Intellektuellen wie Susan Neiman, der Direktorin des Einstein Forums Potsdam: »Niemand hat heute noch Angst vor Deutschland – und das ist vor allem das Verdienst von Rot-Grün.« Mit diesem Nachruf, der für eine deutsche Regierung nicht selbstverständlich ist, sollte die abgetretene Koalition der 68er gut leben können.

Auf die sieben wechselvollen rot-grünen Jahre im Zeichen des Generationenwechsels, stilistisch geprägt von den maskulinen Posen der dominanten 68er-»Alphatiere«, folgte ab 2005 die Große Koalition. In gewisser Weise war das über weite Teile eine Phase der Beruhigung und Erholung. Der »Entschleunigung und Entspannung«, wie es einer aus dem Milieu dieser neuen Regierung beschreibt. Das hatte gute objektive Gründe, die Reformpolitik im Zeichen der »Agenda 2010« hatte politischen Stress verursacht und das Wahlergebnis 2005 zeigte, dass die Wählerschaft genug davon hatte. Tempodrosselung und ruhigere Gangart waren aber auch ein Ergebnis der Tatsache, dass dieses Bündnis der beiden Volksparteien nun ein neues Markenzeichen hatte, das sie von allen vorangegangenen deutlich unterschied: eine Kanzle-

1998–2009 Turbulenzen und Epochenbruch 395

In Rom wählen Kardinäle der Römisch-Katholischen Kirche den deutschen Kardinal Joseph Ratzinger (78) zum neuen Papst. Als Benedikt XVI. tritt er die Nachfolge des am 2. April 2005 verstorbenen Johannes Paul II. an

Der Bundestag entzieht Gerhard Schröder das Vertrauen. Werner Schulz (Grüne) und Jelena Hoffmann (SPD) klagen daraufhin gegen die Auflösung des Bundestages. Das Bundesverfassungsgericht lehnt die Klagen am 25. August ab. Die Neuwahlen können damit wie geplant im September abgehalten werden

19. APRIL 2005 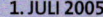 **25. APRIL 2005** **1. JULI 2005**

Visa-Affäre: Außenminister Joschka Fischer tritt erstmals vor den Visa-Untersuchungsausschuss. Durch fahrlässige Vergabe von Visa in der Ukraine, so der Vorwurf, habe das Außenministerium den Menschenhandel gefördert. Fischers Aussage wird live im Fernsehen übertragen

2005

Mit tiefer Überzeugung bat ich den Herrn: »Nimm nicht mich. Du hast jüngere und bessere Männer.« Dieses Mal hat er mich nicht erhört.

Benedikt XVI., Papst, über seine Gebete während des Konklaves

2006 Papst Benedikt XVI. wird am Münchner Flughafen mit bayerischer Folklore begrüßt

Ein Doping-Skandal erschüttert die Tour de France: Favoriten wie T-Mobile-Star Jan Ullrich, Ivan Basso oder Oscar Sevilla werden wegen des Verdachts auf Blutdoping ausgeschlossen. Nachdem im Jahr 2007 weitere Fahrer überführt werden, zieht sich die Telekom als Sponsor zurück; ARD und ZDF beenden die Live-Übertragungen

18. SEPTEMBER 2005

Die vorgezogene Bundestagswahl endet mit einem Patt. Die Union kommt auf 35,2, die SPD auf 34,2 Prozent. Das Linksbündnis aus PDS und WASG erhält 8,7 Prozent der Stimmen, die FDP 9,8, die Grünen 8,1. Merkel und Schröder melden beide ihren Anspruch auf die Kanzlerschaft an. Am 22. November wird Angela Merkel Kanzlerin in einer Großen Koalition

9. JUNI bis 9. JULI 2006

Gastgeber Deutschland feiert während der Fußball-WM ein »Sommermärchen«. Allein in Berlin treffen sich bis zu 750 000 Menschen zum Public Viewing auf der Straße des 17. Juni. Deutschland wird am Ende Dritter, im Endspiel besiegt Italien Frankreich mit 5:3 nach Elfmeterschießen. Das Foto zeigt u. a. Philipp Lahm (Mitte) nach dem Führungstor im Eröffnungsspiel

JUNI/JULI 2006

2006 Fußball-WM: Jubel beim Public Viewing in Leipzig. Deutschland ist im Achtelfinale gegen Schweden in Führung gegangen

1998–2009 Turbulenzen und Epochenbruch 397

Polizisten durchsuchen Büros des Siemens-Konzerns sowie Privatwohnungen. Mehrere Manager werden verdächtigt, Auftraggeber bestochen zu haben. In der Folge treten Heinrich von Pierer und Klaus Kleinfeld vom Vorsitz des Aufsichtsrates und des Vorstandes zurück. Das Foto zeigt den von Siemens engagierten Anti-Korruptions-Experten Michael Hershman

31. JULI 2006   **15. NOVEMBER 2006**   **25. Januar 2007**

Islamistische Terroristen deponieren zwei Kofferbomben in deutschen Regionalzügen, die aufgrund technischer Mängel jedoch nicht explodieren. Beide Täter werden gefasst und zu lebenslanger Haft verurteilt. Gut ein Jahr später wird im Sauerland eine weitere Terrorzelle ausgehoben; die Männer hatten Anschläge in ganz Deutschland geplant

Peter Hartz (Foto, links ein als »Schreckgespenst« verkleideter Demonstrant), ehemaliger Personalvorstand von VW, wird wegen Untreue zu zwei Jahren Haft auf Bewährung verurteilt. Während des Prozesses hatte Hartz unter anderem gestanden, alleine dem Ex-VW-Betriebsratschef Klaus Volkert zwei Millionen Euro Schmiergeld gezahlt zu haben

---

rin, Angela Merkel, die CDU-Vorsitzende. Sie pflegte von Anfang an einen diskreteren, ruhigeren Führungsstil als ihr Vorgänger und dessen Koalitionspartner, weniger zupackend, aber auch deutlich zögerlicher. Führung durch Abwarten. Die politische Klasse in Berlin musste sich daran erst gewöhnen. Leicht machte die Kanzlerin es ihr nicht.

Die erste Frau an der Spitze eines der wichtigsten Industrieländer der Welt: Das war für viele in Europa so ungewöhnlich wie zuvor eine rot-grüne Regierung ausgerechnet in dieser Hochtechnologie-Nation. Angela Merkel weckte als Chefin im Berliner Kanzleramt bei den Nachbarn neues Interesse an Deutschland. Internationale Besucher zogen einen Vergleich und »die Neue« schnitt dabei gar nicht schlecht ab. Vor allem ihre freundliche Wissbegier (Modell: Wie machen Sie das in Ihrem Land?), was in der Erinnerung ausländischer Regierender kein besonderes Merkmal Schröders war, machte Eindruck, zumindest anfangs. Im eigenen Land lag die symbolische Besonderheit von Merkels Aufstieg obendrein darin, dass sie in der DDR aufgewachsen und ihre politische Karriere erst durch die Wiedervereinigung möglich geworden war.

Dem Berliner Machtwechsel von Schröder zu Merkel war in der Wahlnacht des 18. September 2005 ein eindrucksvolles Vorspiel auf der Fernsehbühne vorangegangen, wovon vor allem zwei Episoden unvergessen blieben: erstens Schröders unbeherrschter emotionaler Überschwang darüber, dass die SPD-Niederlage sich in Grenzen gehalten hatte, verbunden mit dem forsch vorgetragenen Anspruch, Kanzler zu bleiben, und zweitens Merkels geradezu mitleiderweckende Schockstarre ob des eigenen enttäuschend knappen Wahlsiegs – man sprach von einer »gefühlten Niederlage« – und der fernsehwirksamen Chuzpe des Scheingewinners Schröders. Der Kontrast von grandiosem Realitätsverlust und kläglicher Hilflosigkeit gab dem Ende des rot-grünen Experiments eine unerwartet erheiternde Note.

Natürlich wusste Schröder hinterher, dass er sich bei diesem letzten Großauftritt in Ton und Stil vergriffen und Merkel damit aus einer parteiinternen Bedrängnis verholfen hatte. Die CDU-Granden, bereit zum Königinnenmord, mussten sich solidarisch um die Herausforderte scharen und Schröders frechen Machtanspruch zurückweisen. 24 Stunden danach räumte Schröder im Gespräch mit dem Autor ein,

2006

Meine persönlichen Ansprüche zum Beispiel sind eher bescheiden.

Josef Ackermann, Chef der Deutschen Bank, dazu, dass Reichtum sich nach den eigenen Ansprüchen definiert

Das Leben der Anderen gewinnt als dritter deutscher Beitrag den Oscar in der Kategorie fremdsprachiger Film. Das Drehbuch schrieb Florian Henckel von Donnersmarck (Foto), der auch Regie führte. Das Drama erzählt die Geschichte von Gerd Wiesler (Ulrich Mühe), der für die Stasi Kulturschaffende bespitzelt, sie später aber zu schützen versucht

25. FEBRUAR 2007

Begleitet von großen Sicherheitsvorkehrungen und Demonstrationen findet in Heiligendamm der G-8-Gipfel statt. Das Ergebnis: Die Regierungschefs – auch die USA – einigen sich unter anderem auf eine Reduktion der CO_2-Emissionen, eine engere Zusammenarbeit mit Schwellenländern sowie mehr Entwicklungshilfe für Afrika

6. bis 8. JUNI 2007

In zwei schleswig-holsteinischen Kernreaktoren kommt es zu Störfällen. In Krümmel gerät ein Transformator in Brand (Foto), in Brunsbüttel gibt es einen Kurzschluss im Umspannwerk. Beide Reaktoren werden kurzfristig abgeschaltet; die Debatte um die Sicherheit der Atomkraft entbrennt erneut

28. JUNI 2007

2006

Wenn Sie sich waschen und rasieren, bekommen Sie einen Job.

Kurt Beck, SPD-Parteivorsitzender, zu dem Arbeitslosen Henrico Frank, der sich ironisch für Hartz IV bedankt hatte

dass dieser Auftritt »suboptimal« war. Der Begriff geriet in die engere Auswahl für das »Wort des Jahres«.

In den Wochen danach wurde Schröder Zeuge, wie vergleichsweise schnell und sachlich sich Union und SPD auf die Bildung einer Koalition einigten, wie er selbst sie sieben Jahre zuvor gerne gemacht hätte (sein Wunschkandidat damals als Vizekanzler: Volker Rühe). Auf ihrer ersten Klausurtagung im Januar 2006 verbreitete die neue Koalition ein Bild konstruktiver Harmonie. Die Sozialdemokraten, die den Vergleich zu den früheren Umgangsformen hatten, waren voll des Lobs über den Führungsstil der Chefin. Vor allem die Sozialdemokratinnen. Das sprach sich rum. In den jeweils eigenen Reihen machte das, je länger diese passable Kooperationsstimmung anhielt, keinen so guten Eindruck. Man wünschte sich mehr Konflikt und Kontrast, der Kompromisskurs der Führungsleute beunruhigte die Linke in der SPD und die Rechte in der Union.

Im Volk, wo der demokratische Streit noch nie sonderlich populär war, kam die Harmonie indes gut an. Davon profitiert hat allerdings vor allem die Kanzlerin. Ihre Sympathiewerte stiegen seit ihrem Amtsantritt ohne große Schwankungen fortwährend an. Die SPD hingegen, die nach allgemeiner Einschätzung in dieser Koalition den stärkeren Mannschaftsteil stellte, hatte von der guten Zusammenarbeit in der öffentlichen Wahrnehmung keinen Vorteil. Zwar verfügte auch der von ihr gestellte Außenminister, Frank-Walter Steinmeier, alsbald über ansehnliche Popularitätswerte. Die Partei selbst aber begann als Juniorpartner der CDU/CSU in den Umfragen eine kontinuierliche Talfahrt, die für die Zukunft der ältesten deutschen Volkspartei nichts Gutes verhieß. Währenddessen gelang es der populistischen »Linkspartei«, 2007 entstanden aus der Vereinigung der ostdeutschen exkommunistischen PDS und der neu gegründeten westdeutschen Protestpartei WASG (»Wahlalternative Arbeit und soziale Gerechtigkeit«), sich allmählich auch in den Ländern der alten Bundesrepublik links von SPD und Grünen zu etablieren. In Ostdeutschland attestierten ihr Wahlforscher inzwischen ohnehin bereits »Volkspartei«-Charakter.

Die Sozialdemokratie garantierte in der Großen Koalition, gemäß dem Wählerauftrag von 2005, der allgemein als Absage an die neoliberalen Wahlkampfparolen von Union und FDP interpretiert wurde, ein beträchtliches Maß an

1998–2009 Turbulenzen und Epochenbruch

Bundeskanzlerin Angela Merkel empfängt in Berlin den Dalai Lama – zu einem »privaten Termin« im Kanzleramt. Das knapp einstündige Treffen wird schon im Vorfeld kontrovers diskutiert. Vor allem China kritisiert die Kanzlerin und lässt in der Folge geplante Termine mit deutscher Beteiligung platzen

3. JULI 2007

Die Lokführer der Deutschen Bahn legen erstmals für vier Stunden die Arbeit nieder – der Auftakt für einen der größten Tarifkonflikte der Geschichte: In den folgenden Monaten kommt es immer wieder zu massiven Streiks und erheblichen Störungen im Bahnverkehr. Erst Ende Januar 2008 können sich Bahn und Lokführer einigen

23. SEPTEMBER 2007

MAI 2008

Es wird bekannt, dass die Telekom im großen Stil eigene Mitarbeiter und Großkunden ausspioniert hat. So wurden unter anderem Verbindungsdaten von Managern und Journalisten abgeglichen, um »Verräter« in den eigenen Reihen zu enttarnen. Das Foto zeigt Telekom-Chef René Obermann (rechts) und den von ihm beauftragten Datenschutzexperten Gerhard Schäfer

Kontinuität der seinerzeitigen Sozialpolitik von Rot-Grün (inklusive »Hartz IV«). Sie unterstützte auch die tendenziell progressiven familien- und frauenpolitischen Reformprojekte der christdemokratischen Ministerin Ursula von der Leyen. Deren SPD-Vorgängerinnen waren, wie Sozialdemokraten unumwunden zugeben, mit ähnlichen Vorhaben am mangelnden Interesse des SPD-Kanzlers gescheitert. Allerdings wären sie auch im Bundesrat an den ideologischen Widerständen regionaler CDU-Fürsten nicht vorbeigekommen, denen die ganze Richtung nicht passte, die sich unter den veränderten machtpolitischen Verhältnissen nun aber ihrer Kanzlerin beugen mussten.

Die Sozialdemokraten wurden auch Zeugen des beginnenden Aufschwungs, der ein Ergebnis der weltkonjunkturellen Entwicklung, aber auch auf Maßnahmen der rot-grünen »Agenda 2010« zurückzuführen war. Dieser Zusammenhang war so offenkundig, dass Angela Merkel ihn ansprach und die Bedeutung eben dieses Reformprojekts der Schröder-Jahre auf dem Arbeitsmarkt für sich in Anspruch nahm: Ohne die Union hätte die rot-grüne Koalition das Reformprogramm schließlich nie durchsetzen können. Das stimmte insofern, als Rot-Grün keine eigene Mehrheit im Bundesrat gehabt hatte. Für die Einschnitte in das System und in den Umfang der Sozialleistungen brauchte sie die Union, die sich als Helfer durchaus bereitwillig zur Verfügung stellte. Politischen Schaden von der im Volk unpopulären Reform brauchte sie ja nicht zu fürchten. Auf die Rache der Betroffenen – Arbeitslose und Geringverdiener – war die SPD abonniert, die allmählich merkbaren positiven Folgen auf dem Arbeitsmarkt aber kamen der Kanzlerin zugute.

Zur inneren Stabilisierung der Sozialdemokratie trug dies nicht bei. Im Gegenteil. Die Zeit der SPD in der Berliner Großen Koalition war gekennzeichnet von wachsender Instabilität und einer profunden Orientierungskrise innerhalb der Partei. Symptomatisch dafür waren die hektischen Personenwechsel an der Spitze. Zwischen Herbst 2005 und 2008 tauschte die SPD dreimal den Vorsitzenden aus. Auf Franz Müntefering folgte im November 2005 der brandenburgische Ministerpräsident Matthias Platzeck, der dieser schwierigen Doppelrolle vor allem gesundheitlich nicht gewachsen war und deshalb im Frühjahr 2006 zurücktrat. Ihm folgte der rheinland-pfälzische Minister-

2007

Seine Frau im Dunkeln in Ludwigshafen sitzen zu lassen, wie es Helmut Kohl gemacht hat, ist kein Ideal.

Wolfgang Thierse, Bundestagsvizepräsident (SPD), über das Privatleben des Ex-Kanzlers

2008

Wir sagen keine Rezession voraus.

Ben Bernanke, Chef der US-Notenbank, im Januar zur bevorstehenden Wirtschaftskrise

28. SEPTEMBER 2008

Bei der bayerischen Landtagswahl stürzt die CSU auf 43,4 Prozent und verfehlt die absolute Mehrheit erstmals seit mehr als 40 Jahren klar. In der Folge treten sowohl Ministerpräsident Günther Beckstein (Foto, links Generalsekretärin Haderthauer) als auch Parteichef Erwin Huber zurück. Beide Ämter übernimmt Horst Seehofer, neuer Koalitionspartner wird die FDP

SEPTEMBER bis OKTOBER 2008

Spätestens nach der Insolvenz der US-Bank Lehman Brothers wird das ganze Ausmaß der Wirtschaftskrise deutlich. Weltweit sind immer mehr Banken betroffen. Die Regierungen schnüren Rettungspakete. Am 18. Oktober tritt das Gesetz zur Stabilisierung des Finanzmarktes in Kraft – das wohl schnellste und teuerste Gesetz aller Zeiten

11. OKTOBER 2008

Literaturkritiker Marcel Reich-Ranicki (Foto, neben Moderator Gottschalk) sorgt für Aufregung beim Deutschen Fernsehpreis. Der 88-Jährige soll während der Gala für sein Lebenswerk geehrt werden, lehnt den Preis dann aber ab – wortreich und vor laufender Kamera: Die Veranstaltung sei »Mist« und das gesamte Fernsehprogramm »Blödsinn«

2008

Einen anständigen Bayern schüttelt's beim Gedanken an eine Koalition.

Günther Beckstein, ehemaliger Ministerpräsident von Bayern, einige Wochen vor dem Wahldebakel der CSU

präsident Kurt Beck, den die zusätzliche bundespolitische Führungsaufgabe aber gleichfalls überforderte. Er trat im September 2008 zurück, den Vorsitz übernahm zunächst kommissarisch Steinmeier, der im Kabinett inzwischen auch Vizekanzler war. Im Oktober übernahm dann der Ex-Vorsitzende und ehemalige Vizekanzler Franz Müntefering diese schwierige Aufgabe ein zweites Mal – eine höchst ungewöhnliche, in der Parteiengeschichte der Bundesrepublik auch einmalige Personalie. Zugleich nominierte die SPD, früher als vorgesehen, Vizekanzler und Außenminister Steinmeier zum Kanzlerkandidaten für 2009.

Dieser Doppelbeschluss, »Münte« und Steinmeier, war gedacht als Befreiungsschlag. Die Idee schien zu funktionieren. Partei und Parteiführer atmeten auf, jetzt konnte Ruhe einkehren, die Medien reagierten freundlich, Blitzumfragen machten ein wenig Mut. Da brach im Herbst 2008 in Hessen die Ypsilanti-Krise aus, eine geradezu tragische Mischung aus Einfalt, Unfähigkeit und Pech, die alle Hoffnungen auf Erholung und Wiederaufstieg zunichtemachten. Die Wahlen im einst »roten Hessen« zu Beginn des Superwahljahrs 2009 endeten für die SPD in einer Katastrophe. Und während auch die CDU auf niedrigem Niveau stagnierte, verzeichneten die Kleinparteien der rechten und linken Mitte, FDP und Grüne, erstaunliche Zuwächse. Die Parteienforscher redeten fortan nur noch von einer Krise der Volksparteien, während Union und FDP das hessische Ergebnis zum Modell für die Zeit nach der Bundestagswahl erklärten. Das war vielleicht aufgrund des Eilbedarfs etwas unüberlegt: Immerhin ist das Eigentümliche an dem hessischen Scheintriumph der Rechtskoalition, dass dort eine schwache CDU überhaupt nur mithilfe der stark gewordenen FDP regieren kann. Dieser Schwachpunkt ist in der ersten Begeisterung wohl ein wenig aus dem Blick geraten. Oberste Priorität ist plötzlich wieder: Die Große Koalition darf nicht fortgesetzt werden. Dabei hat sie gar keine so schlechte Arbeit geleistet. Und möglicherweise ist sie in der Situation, die inzwischen eingetreten ist, erst recht eine passende Formation für offensive Krisenpolitik.

Richtig gefordert ist die Regierung Merkel in den ersten drei Jahren ihrer Existenz nicht worden. Die Kärrnerarbeit der »Agenda«-Politik, wie gesagt, war bereits getan. Angesagt war jetzt schonende, umsichtige Reform- und zugleich Sanierungspolitik. Das Volk brauchte Ruhe. Ein ausgeglichener Haushalt hatte Prio-

2008 Der designierte Präsidentschaftskandidat Barack Obama nach seiner Rede vor der Siegessäule in Berlin

Papst Benedikt XVI. hebt die Exkommunizierung von vier Bischöfen der extrem konservativen Piusbruderschaft auf. Unter ihnen ist auch der britische Holocaust-Leugner Richard Williamson (Foto). Die Entscheidung löst weltweit Proteste aus; auch Bundeskanzlerin Merkel bittet den Papst öffentlich um »Klarstellung«

4. NOVEMBER 2008 **24. JANUAR 2009** **11. März 2009**

Der Demokrat Barack Obama wird zum 44. Präsidenten der Vereinigten Staaten gewählt. Mit dem 48-Jährigen zieht erstmals in der US-Geschichte ein Schwarzer ins Weiße Haus ein. Schon während seines Wahlkampfes begeistert der charismatische Jurist die Menschen auf der ganzen Welt. Das Foto zeigt Obama mit seinen beiden Töchtern und Ehefrau Michelle

Der Amoklauf des Tim K. schockiert die schwäbische Provinzstadt Winnenden und ganz Deutschland. Der 17-Jährige tötet 15 Menschen mit einer Pistole aus dem Waffenschrank seines Vaters und auf der Flucht schließlich auch sich selbst. Unter den Opfern sind neun Schülerinnen und Schüler der örtlichen Realschule. Das Bild zeigt den Kreideumriss des Amokläufers

2008

Soweit ich es hier überblicke, haben Sie exzellente Arbeitsbedingungen.

Jacques Rogge, Präsident des Internationalen Olympischen Komitees, zu Journalisten, die sich über Internetzensur in China beschweren

rität. Verglichen mit den Sozialstaatskorrekturen der Regierung Schröder, war die Arbeit des Kabinetts Merkel ein Spaziergang. In den ersten drei Jahren. Bis Mitte September 2008. Seither ist alles anders.

Denn das Ende des sechsten Jahrzehnts der Bundesrepublik fällt zusammen mit einem regelrechten Epochenwechsel, den so niemand vorhergesehen hat. Die Krise des weltweiten Banken- und Finanzsystems, die damit zusammenhängende globale Rezession und die anhaltende Ungewissheit darüber, um wie viel schlimmer es noch werden kann, das alles stellt die Regierungen vor Aufgaben, für die es in Friedenszeiten kein Beispiel gibt. Vor uns liegt Terra incognita, unbekanntes Gelände. Diese Dimension der Gefahren und Herausforderungen hat der neue US-amerikanische Präsident, Barack Obama, in seiner Inaugurationsrede am 20. Januar 2009 deutlich beschrieben, als er seine Landsleute zu angemessener Ernsthaftigkeit aufrief. »Es ist Zeit, kindische Dinge sein zu lassen«, sagte er in Anlehnung an ein Paulus-Wort aus der Bibel. Das gilt auch zweifellos für alle Bereiche der Politik, auch für die vergleichsweise kleinen Macht- und Mehrheitsfragen aller Nationen.

So zerfällt auch die Phase der Berliner Großen Koalition in die Zeit vor Beginn der Krise des Kapitalismus und des Weltwirtschaftssystems, spätestens merkbar mit dem ersten Bankenzusammenbruch in den USA (Lehman Brothers) Mitte September 2008, und in die Zeit danach, den »Winter unserer Mühsal« (Obama). Die Regierenden, egal, in welcher Koalition sie ihre Aufgaben erfüllen, und die Bürger, gleichgültig, wie sie 2009 wählen, stehen vor der größten Herausforderung für das vereinigte Land seit dem politischen und ökonomischen Wiederaufbau vor sechzig Jahren. Mehr noch als die Vereinigung ist diese neue »Stunde null« ein historischer Moment der Bewährung. Sie stellt die neue politische Generation in der Bundesrepublik auf die Probe und prüft deren Krisenfestigkeit und Belastbarkeit, auch Werte und Visionen. Das Jubiläumsjahr öffnet nicht nur ein neues Kapitel. Mit dieser Krise beginnt ein neues politisches Buch.

Werner A. Perger, geboren 1942 in Wien, ist freier Journalist und seit 1991 ZEIT-Autor. Er berichtete 25 Jahre aus Bonn, ehe er 1995 in die Hamburger Redaktion wechselte. Seit 2002 lebt er in Berlin.

1998–2005 ROT-GRÜNE KOALITION

1998–2005
Rot-grüne Koalition

DIE ZEIT

KONTROVERSEN

Am 27. September 1998 endet nach 16 Jahren die Ära Kohl: Nur 35,1 Prozent der Zweitstimmen kann die CDU/CSU bei der Bundestagswahl auf sich vereinen; die SPD erreicht 40,9 Prozent. Am 27. Oktober wird Gerhard Schröder zum neuen Bundeskanzler gewählt – in einer rot-grünen Koalition. Erstmals sind die Grünen auf Bundesebene mit in der Regierungsverantwortung. »Ein Kulturbruch, mit links« – unter dieser Überschrift betrachtet Gunter Hofmann 1998 den Regierungswechsel. Bernd Ulrich analysiert sieben Jahre später das Ende von Rot-Grün im Sommer 2005, als Schröder die Vertrauensfrage stellt.

Ein Kulturbruch, mit links

Demokratie wie aus dem Lehrbuch: Der dritte Machtwechsel der Republik vollzieht sich heiter und undramatisch

VON GUNTER HOFMANN

DIE ZEIT, 1. Oktober 1998

Der politische Wechsel hat noch keinen Begriff. Gerhard Schröder und Joschka Fischer, von Ende Oktober an Kanzler und Vizekanzler, greifen bereitwillig nach dem großen Wort von der Berliner Republik, mit dem Helmut Kohl ausdrücklich „nichts anfangen" kann.

Der künftige grüne Außenminister beläßt es bei der Andeutung, der Erfolgsdruck sei „unter den Bedingungen einer Berliner Republik" besonders groß, gelegentlich spricht er auch ahnungsvoll vom Aufbruch ins 21. Jahrhundert. Der künftige Kanzler sieht, kaum viel genauer, die „demokratische Kultur, die sich in 50 Jahren bewährt hat", in der Berliner Republik verbunden „mit dem ungeheuren Maß an Zivilcourage im Osten", das zum Mauerbruch führte.

Aber das ist Theaterdonner. Vermutlich liegt die wahre Dimension dieses Wechsels, der mit so viel Kontinuitätsversprechen abgefedert worden ist, zunächst einmal und vor allem auf einer Ebene, die gar nicht politisch ist. Was da geschieht, ist ein Kulturbruch.

Vielleicht hätte man das in jedem Fall ähnlich empfunden nach einer 16 Jahre währenden Kanzlerschaft. Aber mit Rot-Grün hat es dennoch etwas zu tun. Mit einem solchen Bündnis geht die Ära Kohl, damit gehen aber auch definitiv die Schmidt-Jahre zu Ende. Zur Erinnerung: Aus den großen sozialen Bewegungen (Ökologie, Kernenergie, Frieden, Feminismus) war Ende der siebziger, Anfang der achtziger Jahre die grüne Partei entstanden. Eine Alternative wollte sie sein vor allem zur herrschenden SPD, die aus Sicht der Grünen jede utopische Lust oder auch nur Bereitschaft verloren hatte, sich auf neue Fragen wie die Zukunft der Lebenswelt oder die Grenzen des Wachstums einzulassen. Der SPD brach eine Generation weg. Und das war erst der Anfang. Willy Brandt litt.

Schließlich verlor das „Modell Deutschland" seine hegemoniale

1998–2005 ROT-GRÜNE KOALITION

Kraft. Die Grünen haben das nicht kompensiert, aber sie haben für ein Stück Anschlußfähigkeit zwischen Politik und Gesellschaft gesorgt. Sie zwangen die anderen Parteien erfolgreich zum Mitlernen in Sachen Ökologie. Sie brachten Lust am Diskurs mit, wurden zum geglückten demokratischen Experiment.

Jetzt sitzen sie, klein, aber erwachsen, an der Seite der Sozialdemokraten. Man könnte beinahe von einer Art Wiedervereinigung sprechen, wenn man das sieht. Es findet da, irgendwie, eine Versöhnung in letzter Sekunde statt. Wenn der 27. September anders verlaufen wäre, dann wäre die Zeit für ein solches Bündnis dieser Generation – Schröder, Lafontaine, Fischer – vermutlich verstrichen.

Die kulturelle Dimension macht der glatte, sanfte, moderate Machtwechsel deutlich. Eine „Leichtigkeit des Seins" ausgerechnet in dem seltenen Moment, staunt Antje Vollmer, ein schönes Wort zu der großen Transformation. Sie bezieht das auch auf den noblen Abgang des Kanzlers. Er habe die Republik nicht mit einem schlechten Gewissen belastet. Ein heiterer, blendender Abschied.

Oft genug war die Republik zerrissen, was sich in die Wahljahre fortpflanzte, ob es wie vor 30 Jahren um Ostpolitik oder die Integration der Apo ging oder später um den RAF-Terrorismus, um Kernenergie oder Nachrüstung. Die Art des Wechsels heute verrät etwas. Es findet eine Versöhnung statt – und das heißt keineswegs, die Konfliktdemokratie werde beerdigt. Diese demokratische Qualität des selbstverständlichen Wechsels ist keine schlechte Plattform für die neue Regierung und die neue Opposition.

Ein rotgrünes Bündnis also: In der Arena der Politik, die es selber nicht offen anzupeilen wagte, wird damit etwas nachgeholt, was sich in der Gesellschaft bereits vollzogen hat. Die Bundesrepublik hat sich in den vergangenen Jahren (im Osten ohnehin, aber auch im Westen) im sozialen und beruflichen Alltag dramatischer verändert und energischer von Regeln befreit, als die Politik wahrhaben wollte. Jetzt werden die Akteure mit der Nase darauf gestoßen. Eine Gesellschaft erfindet sich ihre Politik.

1998 Vor der Bundestagswahl reichen sich der SPD-Kanzlerkandidat Gerhard Schröder und Bundeskanzler Helmut Kohl die Hände

1998 Der designierte Kanzler Gerhard Schröder (SPD, rechts) und Joschka Fischer (Bündnis 90/Die Grünen, links) stellen sich nach Sondierungsgesprächen über eine Koalition der Presse

Veränderung in 1000 kleinen Schritten und gut verpackt

Machtwechseltage nach 16 Jahren der Stabilität und der europäischen Umbruchsdramatik: keine Euphorie, nirgends. Jedenfalls nicht in der Welt der politischen Klasse. Wie sich das erklärt? Sie mögen wie Novizen auf der Bühne der Bundespolitik wirken, und aus der Provinz kommen die neuen Helden sowieso alle, genau wie einst Kohl. Aber in Bonn tritt nun eine Generation an, die nicht im Abseits stand, sondern das Handwerk gelernt hat. So lange, bis manche, der Saarbrücker zum Beispiel, schon von einem Einstieg in den Ausstieg aus der Politik träumten.

Dies ist der dritte Machtwechsel, wenn man von der unerhörten Begebenheit des 9. November 1989 einmal absieht. Machtwechsel I fand 1969 statt, aus der Großen Koalition wurde eine sozialliberale Koalition mit dem ersten SPD-Kanzler, Willy Brandt. Zu Machtwechsel II kam es 1982, einem Bündnis von CDU, CSU und FDP. Die Bundesrepublik liebt vielleicht die Veränderungen, aber in 1000 kleinen Schritten und gut verpackt. Die großen Umwälzungen liebt sie bekanntlich nicht.

Selbst Machtwechsel I und II haben davon noch etwas verraten. Ihre Inkubationszeit war sehr lang. Endlose Jahre der Opposition und mehrere Anläufe gingen der Kanzlerschaft Brandts voraus, und selbst dann mußte die SPD sich noch in einer Großen Koalition testen lassen. Brandt holte sich um Mitternacht das Ja Walter Scheels zur Koalition aus SPD und FDP mit ihrer 12-Stimmen-Mehrheit. Er war ein Mann für große Anfänge. Nicht

1998–2005 ROT-GRÜNE KOALITION

weil er als Veränderer von oben kommen wollte, sondern weil er fähig war, viel von dem aufzusaugen, was Politik werden wollte. Die Republik hatte sich damals in ihrem kulturellen Habitus gewaltig verändert, überprüfte erstmals ihre Tauglichkeit als Konfliktdemokratie, Staat und Gesellschaft rückten zusammen, Brandt spürte das.

Nicht zufällig fand dieser große Machtwechsel seine pathetische Formel in dem Versprechen, die Regierung wolle „mehr Demokratie wagen". In den Schubladen lag eine Menge, vor allem lagen dort Egon Bahrs ostpolitische Papiere. Bahr wie auch Brandt wollten diese Politik möglichst umgehend wahr machen, vielleicht aus der Ahnung heraus, wie schwierig und kurz die Kanzlerschaft sein würde, oder auch, weil Brandt so gerne „seiner Melancholie Termine einräumte" (Günter Grass).

Auch der zweite Machtwechsel bedurfte eines großen emotionalen, politischen Anlaufs. Zuerst mußte die CDU als Partei modern werden, dann, 1980, wollte Franz Josef Strauß sein Glück als Kanzlerkandidat versuchen. Am Ende sagte sich die FDP in ihrem Wendepapier inhaltlich los, bevor Hans-Dietrich Genscher sich entschloß, den Kanzler zu stürzen und den Partner zu tauschen. Ein Drama voller Intrigen, echten und vorgetäuschten Seelenqualen. Erst auf dieser Basis konnten dann die Bundestagswahlen 1983 als nachgeholtes Plebiszit den Wechsel von Schmidt zu Kohl ratifizieren.

Seine Pathosformel fand dieser Anfang im Wort von der „geistig-moralischen Wende". Nun sollten nicht mehr Demokratie, sondern weniger Staat und mehr Leistung gewagt werden. Die Gesellschaft wurde von Politik entlastet, jeder, der wollte, fand seine Nische, und die Politik verlernte das öffentliche Argumentieren. Zum undefinierten Konservatismus, eher eine Sache der Mentalitäten und des selbstzufriedenen Justemilieus, nichts da von geistiger Wende, lieferte die intellektuelle Postmoderne noch die Begleitmusik.

Seine eigene Formel hat der jüngste Machtwechsel noch nicht gefunden. Das Wort von der Berliner Republik ist jetzt noch eine Verlegenheitslösung. Vielleicht ist das auch gut so. Und was ließe sich schon vergleichen mit der Kühnheit einer neuen Großarchitektur namens Ostpolitik oder dem übersteigerten Reformoptimismus der Wende von 1969, die 1972, kurz vor dem Ende, von den Wählern noch einmal demonstrativ bekräftigt worden ist?

Rot-Grün hat kein Projekt. Die beiden Parteien kommen in einem Moment zusammen, in dem sie sich fast auseinandergelebt hatten. Die rotgrünen Koalitionen in Hessen und Nordrhein-Westfalen leuchten nicht. Teils, weil die Sozialdemokraten eindimensional modernistisch sind, teils, weil die Grünen den Wald vor lauter Bäumen nicht sehen oder ungeniert der Macht frönen. Endlich dabei!

Nun braucht es auch gar kein Projekt. Einen amtierenden Kanzler loswerden, und noch dazu Kohl, war schon Projekt genug. Das einmalige Abwahlexperiment ist gelungen. Aber die SPD kehrt in einem Moment an die Macht zurück, in dem sie noch nicht wirklich ihre widersprüchlichen Modernitätsvorstellungen durchbuchstabiert hat. Schröder war sicher, nur erfolgreich zu sein, wenn er nicht näher beschreibe, was der Wechsel bedeute.

Nicht zum ersten Mal, gerade in jüngerer Zeit, haben die Wähler ihren vorsichtigen politischen Eliten Mut gemacht und Klarheit geschaffen. Das gilt übrigens für viele der Medien auch. Die rotgrünen Sieger saugen es sich nicht aus den Fingern, wenn sie sagen, in der Regel hätten doch auch die Kommentatoren eine Große Koalition vorgezogen. Die Wähler haben sich davon abgekoppelt. Mehr noch: Ob es einem gefällt oder nicht, sie haben auch dafür gesorgt, daß die PDS zur Normalpartei wird, und zudem, daß die Kleinen überleben.

Wenn es stimmt, daß in den Kohl-Jahren die Politik ausgewandert ist aus den Institutionen, aber sich abgelagert hat in der Gesellschaft, und dafür spricht ja der sanfte Machtwechsel III – was heißt das für einen rotgrünen Neuanfang? Wenn es eine Rückkehr zur klassischen Parteiendemokratie nicht mehr gibt, wo ist der Ort der Politik dann? Es könnte gut sein, daß die Grünen, die als Antipartei begonnen haben, dazu beitragen müssen, die beschädigten Institutionen zu reparieren.

Helmut Kohls Wort übrigens, irgendwann könne er sich auch eine schwarzgrüne Zukunft vorstellen, muß man sich nach der Wahl noch einmal auf der Zunge zergehen lassen. Das heißt ja auch, daß Kohls Partei gegen ein rotgrünes Bündnis nicht aus prinzipiellen Gründen anrennen kann. Kohl hat sozusagen in letzter Sekunde die Grünen voll anerkannt. Die Eltern entdecken, wer ihre Kinder sind.

Aber diese „Kinder" sind anders. Es sieht schon so aus, als gehe die Zeit einer bestimmten Bürgerlichkeit, die Kohl verkörpert, zu Ende. Und auch, wenn die Begriffe für das Neue darin noch nicht gefunden sind, gerade an der Stelle wird man die Dimension des kulturellen Umbruchs wohl suchen müssen. Es geht nicht darum, mit dem Vorsitzenden der Jungen Union, Klaus Escher, der Kohl-CDU nachzurufen, sie sei „spießbürgerlich". Biedermeierlich, das war sie. Aber ob aus dem Neuen auch eine neue Bürgerlichkeit wird, die sich den Widersprüchen der Moderne offensiv stellt, das soziale Auseinanderklaffen nicht ignoriert, die Zukunft der Lebenswelt im Auge behält, Selbstbewußtsein auf internationalem Parkett nicht mit Großmäuligkeit verwechselt, das alles ist ja noch offen.

Rot-Grün ist das Wagnis der Wähler. Der Vorhang ist weg, stattdessen sieht man eine Leerfläche. Der Rahmen muß feststehen, es muß klar sein, für wen wir stehen, sagt Oskar Lafontaine. Innerhalb dieser Grenzen kann man sich viele Suchbewegungen, auch Überraschungen vorstellen.

Es klaffen keine Welten zwischen dem, was Oskar Lafontaine und Christa Müller (*Keine Angst vor der Globalisierung*) oder der Grüne Hubert Kleinert und der Sozialdemokrat Siegmar Mosdorf (*Die Renaissance der Politik*) beschrieben haben. Ob es nun um höhere Energieproduktivität, eine ökologische Dienstleistungsgesellschaft, nachhaltiges Wirtschaften und langlebige Produkte oder irgendeine andere Unternehmenskultur geht – eine Verständigungsebene ist da. Oskar Lafontaine, Joschka Fischer und Walter Riester in einem Kabinett Schröder – sie kann man sich als Kern einer Reformwerkstatt, die Unorthodoxes riskiert, durchaus vorstellen. Aber Rot-Grün wird auch mit einigen Traditionen brechen müssen.

Noch einmal zurück zur Berliner Republik. Wie der Zufall so will, und Schröder wird ihn gewiß hervorheben, verknüpft sich der Neuanfang mit dem Wechsel von Bonn nach Berlin. National aufgetrumpft hat die vereinigte Republik bisher nicht. Die Freude darüber sollte man sich auch nicht von denen verderben lassen, die, vom Machtwechsel beseelt, die alte Debatte über die krämerselige Bundesrepublik noch einmal neu auflegen möchten.

Wenn man das richtig versteht, heißt es: Die Linke könnte zwar jederzeit in „reichsdeutschen Dimensionen" zu denken anfangen, ein „linker Wilhelminismus" liege in der Luft, und das soll nicht sein. Wohl aber sollen wir heraus aus der Puppenstube Bundesrepublik, weg vom ironischen Staat, wie manche sagen. Jetzt wird es ernst, wenn nicht tragisch. Kein Platz mehr für Gesellschaftskritik, es geht um Existentielles und um Entscheidung. „Vor der Zukunft stehen wir im freien Feld", hat der Soziologe Heinz Bude in der *FAZ* geschrieben. Also die Stunde Null in Berlin? Und was sollte das heißen? Verbirgt sich wirklich „Zukunftsangst" vor der Größe Berlins und der großen Republik dahinter, wenn man den Wiederaufbau des Schlosses nicht gerade für die frischeste aller Ideen hält? Wie erklärt es sich, daß man so wenig kulturelle, intellektuelle Signale aus Berlin erhält, die etwas davon verraten, daß man sich couragierter den Brüchen der Moderne stellt? Woher die falschen Maßstäbe?

Der „linke Wilhelminismus" ist nicht die Formel für das Neue

Eine wirkliche kulturelle Hegemonie hatte in den Kohl-Jahren bekanntlich niemand mehr. Aber es herrschte eben ein zu selbstgerechtes, am Status quo orientiertes Klima, und die intellektuelle Welt separierte sich von der politischen – im beiderseitigen Einvernehmen. Rot-Grün wird es schwer haben. Der wirtschaftliche Rahmen verheißt nichts Gutes, Spielraum für eine sozialdemokratische Klientelpolitik alter Art bleibt da nicht.

Diese Regierung, und das macht den Reiz des Wechsels aus, ist die Antwort auf 16 Jahre, in denen sich Stabilität mit Lähmung und zuviel Autismus verband. Der Blick ging nach innen. Schröder, Fischer, Lafontaine: Sie kommen nicht gespickt mit Plänen, das ist wahr. Der Wechsel ist, beinahe, eine Art Blankoscheck.

Das ist auch eine Chance. Sie verdient Neugier, auch Kritiklust. Nicht jeder Kritik muß unterstellt werden, sie komme aus dem unpolitischen Abseits, der „Schwermutshöhle". Für die Berliner Republik hat es keine Vorgaben gegeben, auch der „linke Wilhelminismus" ist nicht die Formel für das Neue. Die rotgrüne Regierung von morgen wird es hoffentlich freuen, wenn diejenigen, die am Wahltag für klare Verhältnisse trotz unklaren Angebots gesorgt haben, auch weiterhin mitsprechen.

1998–2005 ROT-GRÜNE KOALITION

DIE ZEIT, 30. Juni 2005

Gerechtigkeit für Schröder

Der Kanzler hat sich gegen die eigene Macht, für das Wohl des Landes entschieden

VON BERND ULRICH

Neuerdings gilt all das, was geschieht, immer schon als »eingepreist«, als vorher gewusst und emotional abgehakt. So auch bei der Entscheidung, die an diesem Freitag im Bundestag fallen wird. Der Kanzler stellt die Vertrauensfrage und wird unterliegen. Wissen wir schon? Ja, gewiss. Dennoch ist es ein historisches Datum. An den Reden und an den Bildern wird man es erkennen: Hier geht die kurze und heftige rot-grüne Ära zu Ende. Der 1. Juli 2005 wird sich einreihen in die Großereignisse bundesdeutscher Regierungsgeschichte, zusammen mit dem Misstrauensvotum gegen Willy Brandt 1972 und dem für Helmut Kohl 1982.

Zugleich wird dieser 1. Juli aber auch unvergleichlich sein. Denn das hat es noch nie gegeben, dass ein Kanzler sein Mandat den Wählern zurückgibt, weil er meint, nichts mehr für sie tun zu können, und weil er dem Land anderthalb verlorene Jahre nicht zumuten möchte. Diese Größe hatte Helmut Kohl nicht. Er blieb bis zuletzt auf seinem Kanzlerstuhl kleben, obwohl er seit 1994 nichts mehr beizutragen hatte. Seine Zeit war abgelaufen, sein Macht- und Selbstgenuss dauerten an. Damals hat das Land wichtige Jahre verloren, die es bis heute nicht wiedergewonnen hat, eine Zeitverschwendung, die noch die rot-grüne Nachfolgeregierung unter extremen Stress gesetzt hat.

Gerhard Schröder mag egozentrisch sein. Aber so egozentrisch, dass er nur für das Dranbleiben die Interessen des Landes verletzen würde, ist er eben nicht. Seine Entscheidung, über die in den vergangenen Wochen so viel gerätselt wurde, hat eine einfache Logik: Die Regierung muss wechseln, damit die Agenda fortgesetzt werden kann.

Dass der Kanzler sich am Freitag das Misstrauen holt, ist seine vierte patriotische Tat. Die erste war der Eintritt in den Kosovo-Krieg, ohne den sich Deutschland poli-

2005 Bundeskanzler Schröder mit seiner Stimmkarte bei der Abstimmung zur Vertrauensfrage im Bundestag

tisch und moralisch isoliert hätte. Die zweite bestand in seiner Weigerung, an einem nicht begründeten Krieg gegen den Irak teilzunehmen. Die dritte Tat war die – wenn auch spät erfolgte – Entscheidung für einen grundlegenden Reformkurs, für die Agenda 2010.

Man kann diesen patriotischen Taten die beträchtlichen Nebenkosten des Schröderschen Regierens entgegenhalten. Eines aber hat dieser Kanzler nicht verdient: dass der Bundespräsident ihn demütigt und durch die Verweigerung der Parlamentsauflösung zum Rücktritt zwingt – vermeintlich im Namen des Grundgesetzes. Denn das, was da am Freitag geschieht, geht politisch und sachlich völlig in Ordnung. Der Kanzler hat das Vertrauen dreifach verloren. Das Volk hat ihm in einer Kaskade von Wahlniederlagen demonstriert, dass es ihm nicht mehr vertraut. Dem galoppierenden Machtverlust innerhalb der SPD musste er bereits im vorigen Jahr mit dem Verzicht auf den Parteivorsitz Rechnung tragen.

Und die Bundestagsfraktion? Auch hier fehlt ihm seit der Niederlage in Nordrhein-Westfalen eine Mehrheit für die Fortsetzung seiner Agenda-Politik. Er hätte nichts mehr durchbekommen, was dieser Fraktion als Zumutung erschienen wäre. Und eine Reformpolitik, die nicht auch der SPD etwas abverlangt, ist undenkbar. Wer also heute sagt, man hätte schön weiterregieren können, der denkt vielleicht an die SPD, aber bestimmt nicht an die Interessen des Landes.

Dass die SPD-Linken bei allen Abstimmungen der vergangenen Wochen Schröder zur Mehrheit verholfen haben, tut der Legitimation seines Vorgehens keinen Abbruch. Denn sie wichen damit nur der Gefahr aus, hinterher als Sündenbock herhalten zu müssen. Was sie machten, war in Wahrheit Obstruktion im Gewande der Zustimmung. Sie täuschten Loyalität nur vor.

Das alles ist so offenkundig, dass es einem leidlich politisch denkenden Menschen sofort einleuchten muss – erst recht einem Bundespräsidenten. Wenn er dennoch seine Zustimmung zur Auflösung des Bundestages verweigert und so Schröder in den Rücktritt treibt, dann darf er sich nicht wundern, wenn fortan über seine wahren Motive spekuliert werden wird.

Das Gleiche gilt für Karlsruhe. Das Bundesverfassungsgericht hat Kohls Misstrauensvotum von 1982 durchgehen lassen, obwohl dessen Begründung viel schwächer war, als es die von Schröder ist. Kohl hatte das Vertrauen der Bundestagsmehrheit und wollte aus verständlichen, aber zweitrangigen Gründen dennoch Neuwahlen. Schröder hat das Vertrauen nicht mehr, kann das nur nicht beweisen, weil sich seine Fraktion in Teilen taktisch verhält. Wenn sich die Richter in Karlsruhe nicht allein für juristische Formali-

1998–2005 ROT-GRÜNE KOALITION

en, sondern auch für politische Realien interessieren, werden sie dem Verfahren ihren Segen geben.

Gerhard Schröder hat also im Interesse des Gemeinwohls gehandelt. Dabei wird er sich jedoch auch für sich und seine Partei einiges ausgerechnet haben. Hier ging sein Kalkül bisher fehl. Er hat offenbar nicht geglaubt, dass sich noch in der Nacht nach der Wahl in Nordrhein-Westfalen die Eisenspäne der Republik neu ausrichten würden. Doch haben die Bürger Schröders Neuwahlwunsch als Abdankung verstanden. Deshalb blieb auch der erhoffte Effekt aus, dass der Wahlkampf die SPD bei der Agenda-Stange halten würde. Stattdessen driftet die Partei nach links, und Schröder muss so tun, als würde ihn das nicht schmerzen.

Nein, das Ganze erinnert schon an einen Scherbenhaufen. Darum erscheint im Augenblick seine ganze Kanzlerschaft wie ein Fehlschlag. Sogar ihm selbst: Der ZEIT hat er gesagt, Rot-Grün sei die falsche Konstellation für die gesellschaftliche Situation. Das zielte gegen den Koalitionspartner. Ganz falsch ist das Urteil nicht, denn die Grünen haben nicht gemerkt, dass ihre Ökologiepolitik selber reformiert werden muss, und sie haben der Regierung das Leben noch einmal schwerer gemacht. Der Hauptkonflikt dieser Regierung verlief jedoch nicht zwischen Rot und Grün, sondern innerhalb der SPD. Hier vermochte Schröder kaum zu überzeugen, weil er nur da ein großer Zuhörer und einnehmender Diskussionspartner ist, wo er sich nicht ganz und gar sicher ist. Wo er hingegen meint, es ganz genau zu wissen, wie bei der Russland- und Chinapolitik, bei der Bioethik und eben bei der Agenda, da neigt er zum autoritären Stil. Schröder war nicht der tragische Held einer bizarren Konstellation. Er hat seine eigenen, großen Verdienste – und er hat seine Schwächen.

Dass die Wahl am 18. September stattfindet, sollte sicher sein. Wie sie ausgeht, ist offener. Denn dass es für Schwarz-Gelb nicht reicht, scheint immerhin möglich und damit auch eine Große Koalition. Zwei Dinge jedoch sind klar: Die Grünen werden nicht mehr regieren – und Schröder auch nicht. Der Kanzler geht ohne glaubwürdige Machtperspektive in diesen Wahlkampf. Keiner weiß, wie er das durchhalten will. So oder so, es wird ein Opfergang. Was immer er sich für die Zeit zwischen dem 1. Juli und dem 18. September erhofft hat, es wird nicht eintreten. Warum also hat er diesen Weg beschritten?

Am 22. Mai, dem Tag der NRW-Wahl, war es nicht mehr möglich, die Interessen von Schröder, SPD und Bürgern miteinander zu versöhnen. Wem der Kanzler in diesem Konflikt letztlich den Vorzug gegeben hat, erst das rückt seine Kanzlerschaft ins richtige Licht. Schröder ist erst spät in seiner politischen Karriere zum Patrioten geworden. Und am Ende zu einem Patrioten in Panik. Aber das verschlägt nichts, die Zeiten sind halt so.

2005 In der »Elefantenrunde« mit den Chefredakteuren von ZDF und ARD (M.) und den Spitzenpolitikern aller im Parlament vertretenen Parteien gesteht Bundeskanzler Gerhard Schröder am Wahlabend seine Niederlage nicht ein

1998–2003
Kopftuchstreit

DIE ZEIT
KONTROVERSEN

Im Juli 1998 verweigert das Oberschulamt Stuttgart einer Muslimin die Übernahme ins staatliche Lehramt, weil sie ihr Kopftuch während des Unterrichts nicht ablegen will – ein Fall, der eine jahrelange Debatte provoziert. Soll das Tragen des Kopftuches beim Unterrichten erlaubt sein unter Berufung auf die Religionsfreiheit? Oder handelt es sich um ein politisch-religiöses Symbol und ein Symbol der Unterdrückung, das in den bekenntnisfreien deutschen Schulen nichts zu suchen hat? Am 24. September 2005 entscheidet das Bundesverfassungsgericht, dass ein Kopftuchverbot nur dann zulässig sei, wenn es im betreffenden Bundesland ein entsprechendes Gesetz gebe. Ein »ängstliches, kleinmütiges Urteil«, findet *ZEIT*-Autor Martin Klingst.

1998–2003 KOPFTUCHSTREIT

Feige Richter

Karlsruhe hat sich gedrückt – und den Streit um das Kopftuch in der Schule an die Parlamente zurückgereicht

VON MARTIN KLINGST

DIE ZEIT, 25. September 2003

Das Urteil. Am Anfang stand eine Verheißung. Wir wollen „das Grundgesetz in die Zeit stellen", verkündete Winfried Hassemer, der Vizepräsident des Bundesverfassungsgerichts, im Juni. Vor der Karlsruher Richterbank stritt man gerade heftig darüber, ob einer deutschen Muslimin afghanischer Herkunft die Einstellung als Lehrerin in den Staatsdienst verweigert werden darf, weil sie darauf besteht, auch im Unterricht ein Kopftuch zu tragen.

Am Ende steht eine bittere Enttäuschung. Die sechs Männer und zwei Frauen des Zweiten Senats haben in dieser Woche mit fünf gegen drei Stimmen ein ängstliches, kleinmütiges – und unzeitgemäßes Urteil gefällt. Fereshda Ludin hat zwar Recht bekommen, aber nur, weil die baden-württembergischen Gesetze – dort spielt der Streit – für ein vorbeugendes Kopftuchverbot nicht ausreichen. Dieses Versäumnis kann das Landesparlament in Stuttgart aber schnell nachholen. Und dann steht einem strikten Nein zum Kopftuch nichts mehr im Weg.

Die Richter waren zu feige, den Streit zu entscheiden. Schlimmer noch: Sie haben der Muslimin die Klärung ihrer Rechte verweigert. Was nun schwerer wiegt, die Religionsfreiheit von Ludin oder die Neutralitätspflicht der Schule, das Elternrecht und das Recht der Kinder, von Missionierungen verschont zu bleiben – das bleibt im Dunkeln. Soll doch bitte schön das Parlament entscheiden! So wenig Richtermut war nie.

Für die roten Robenträger in Karlsruhe scheint jede Lösung möglich. Mal hü, mal hott, sagen sie: Natürlich dürfe man die religiöse Vielfalt, also auch das Kopftuch, in der Schule aufnehmen, um Toleranz zu fördern. Und im nächsten Satz sagen sie das Gegenteil: Ebenso gern dürfe man das Kopftuch in der Schule verbieten, damit es erst überhaupt nicht zu Konflikten mit Schülern und Eltern komme. Vorgaben? Wegweiser? Nein, die Bundesländer dürfen es künftig halten wie die Dachdecker. Jeder soll nach seiner Façon glücklich werden.

Die Stimmungslage. Von wegen „das Grundgesetz in die Zeit stellen". Das höchste Gericht hinkt der Wirklichkeit hinterher, die Gesellschaft ist längst fortgeschritten.

Natürlich erzürnt das Kopftuch immer noch. Aber die große Mehrheit mag sich nicht mehr darüber erregen. Aus Desinteresse gegenüber der Religion, wie einige meinen? Aus Apathie oder Gleichgültigkeit gegenüber gesellschaftlichen Veränderungen? Die Zahlen sprechen dagegen. Fünf Jahre öffentlicher Streit, fünf Jahre Gerichtsprozesse haben die Meinung gewandelt. Sagten die meisten noch 1998, als der Fall Ludin aufkam, nein zum Kopftuch in der Schule, antworten sie heute mehrheitlich mit Ja. Und zwar knapp 85 Prozent, allerdings nicht repräsentativ, wie eine Umfrage der ARD vom August ergab.

Selbst die großen christlichen Kirchen plädieren für Gelassenheit und ergreifen sogar Partei für die Muslimin Ludin. Helga Trösken, evangelische Pröpstin für Rhein-Main, schrieb bereits 1998: „Hätte eine muslimische Lehrerin mit Kopftuch in der öffentlichen Schule nicht die Möglichkeit, das Signal so positiv zu deuten, dass ein aufgeklärter Dialog möglich wird, wie er gerade den öffentlichen Institutionen in unserem Land gut täte? Im weltanschaulich neutralen Staat würde dann vielleicht auch deutlich, dass neben den großen christlichen Kirchen und der jüdischen Gemeinschaft inzwischen die drittgrößte Religionsgemeinschaft zwar da und sichtbar ist, tatsächlich aber im Namen der Neutralität diskriminiert wird." Solche deutlichen Worte hätte man sich auch aus Karlsruhe gewünscht.

Das Kopftuch. Zwei Schritte vor, einen zurück – die Richter trauen sich nicht, das Stück Stoff zeitgemäß zu deuten. Sonst hätten sie sich am Ende noch entscheiden und die fromme Tracht im Fall von Fereshda Ludin akzeptieren müssen.

Es stimmt alles, was gegen das Kopftuch gesagt wird. In vielen islamischen Ländern ist der Verhüllungszwang auch ein politisches Kampfmittel und ein Symbol der Unterdrückung. Selbst in Deutschland werden Mädchen und junge Frauen von ihren Vätern, von ihren Brüdern, von Geistlichen genötigt, ihr Haar zu bedecken. Setzen sie sich zur Wehr, werden sie schikaniert, eingesperrt, geschlagen. Es gibt schreckliche Schicksale. Das ist die eine, die dunkle Seite des Kopftuchs. Sie verstößt gegen die Menschenwürde.

Es gibt aber ebenso die andere, die helle Seite – und sie ist Ausdruck der Menschenwürde: Eine wachsende Zahl von Muslimen legt die Tracht freiwillig an, weil sie sich wie Christen mit dem Kreuz oder Juden mit der Kippa offen zu ihrer Religion bekennen wollen. Weil die Haarbedeckung Identität stiftet und die Selbstachtung stärkt. Viele muslimische Frauen glauben, sich mit verhülltem Haar in fremder Umgebung freier bewegen zu können. Kopftuchträgerinnen sind hierzulande längst nicht mehr bloß eingeschüchterte, eingepferchte, unterdrückte Kreaturen. Viele von ihnen sind gebildete, aufgeklärte, moderne Frauen. Sie arbeiten als Computerexpertinnen, bei der Post, in Versicherungen oder, wenn sie dürfen, auch als Lehrerinnen.

Ohne Zweifel – das Kopftuch ist auch in Deutschland ein mehrdeutiges Symbol. Aber allein deshalb wiegt die dunkle Seite nicht schwerer. Schon gar nicht im Fall Ludin. An ihrer freiheitlichen Gesinnung hegt niemand Zweifel, nicht einmal im baden-württembergischen Kultusministerium. Die platte Formel „Kopftuch gleich Unterdrückung der Frau gleich Islamismus gleich Bedrohung von Freiheit und Demokratie" greift nicht mehr. Es kommt nicht auf das Tuch an, sondern darauf, was darunter steckt. Maßgeblich sind der Einzelfall und seine Beweggründe – und nicht allein, wie es das Gericht sagt, die Wirkung auf den Betrachter.

Die Schule. Die Karlsruher Richter haben ein veraltetes Bild davon, was Schule und Lehrer heute leisten müssen. Im Kern halten sie daran fest, was das Bundesverwaltungsgericht Mitte der achtziger Jahre festlegte: Gerade in einer bekenntnisfreien staatlichen Schule dürften Lehrer im Unterricht ihre persönliche Weltanschauung nicht demonstrieren. Zum einen, weil die Schüler wegen der Schulpflicht dieser Demonstration nicht entrinnen könnten. Zum anderen, weil die Erziehung der Kinder Elternrecht sei. Die Schule als keimfreier Raum, immun gegen äußere Einflüsse? Da ist sie wieder, die verflixte Schattenseite des frommen Tuchs, die tief sitzende Angst vor dessen suggestiver Kraft. Warum existiert sie nur beim Kopftuch und nicht beim Kreuz an der Halskette, bei der Kippa des Juden, dem

1998–2003 KOPFTUCHSTREIT

Rauschebart eines Muslims? Sind diese äußeren Zeichen über jeden Zweifel erhaben?

Wären wir wie Frankreich ein laizistischer Staat, wären alle religiösen Symbole aus dem staatlichen Raum verbannt, gäbe es den Kopftuch-Streit nicht. Das Neutralitätsgebot der Schule und ihrer Lehrer aber geht nicht so weit – und das ist auch gut so, denn das Gebot ist viel zeitgemäßer als der strenge Laizismus. Neutralität, das hätten die Richter erklären müssen, bedeutet lediglich angemessene Zurückhaltung: Sie verbietet Missionierung, Indoktrination und Bevorzugung eines Glaubensbekenntnisses. Mehr nicht. Überdies lässt sie den vielfältigen Glaubensformen und Meinungen freien Lauf. Sie aus dem Klassenzimmer zu verbannen erzeugt nicht Neutralität, sondern Sterilität. Außerdem: Zum Bildungsprozess gehört nicht nur die abstrakte Debatte über Religionen, sondern ebenso die konkrete Auseinandersetzung mit der gelebten Religiosität der Erziehenden. Je intensiver, je offener, desto besser. Die Kinder sollen den Anderen nicht anstarren, weil er fremd ist, sondern lernen, dass er mitten unter ihnen lebt. Auch die Lehrerin mit dem Kopftuch gehört dazu. Vor möglichen Grenzüberschreitungen beschützen Schulaufsicht und Disziplinarrecht.

Die Herausforderung. Multikulturalität ist das Schicksal aller modernen Länder – und sie ist unumkehrbar. Will sich die liberale Gesellschaft nicht selbst aufgeben, muss sie sich vor falscher Duldsamkeit schützen. Gleichgültigkeit kann gefährlich sein. Nur ist das Kopftuch dafür nicht der richtige Streitpunkt. Der wirkliche Konflikt bricht an anderen Stellen auf: dort, wo man verdrängt, dass Mädchen nicht mit auf Klassenreise gehen dürfen und zwangsweise verheiratet werden. Dass unter türkischen Jugendlichen unverhältnismäßig viele Schulabbrecher und Gewalttäter sind. Dass sich in vielen Städten bedenkliche Parallelgesellschaften entwickeln, die sich abschotten, nach eigenen Gesetzen leben und für Grundwerte wie die Gleichberechtigung von Mann und Frau bloß Verachtung übrig haben.

Die Kopftuchträgerin Fereshda Ludin verkörpert das genaue Gegenteil. Sie ist bereits Teil der aufgeklärten Gesellschaft und will in ihr als Lehrerin mitwirken. Die Chance sollte sie haben – überall und ohne jeden Vorbehalt.

2002 Die muslimische Lehrerin Fereshda Ludin klagt vor dem Bundesverwaltungsgericht in Berlin auf die Einstellung in den staatlichen Schuldienst

1999

Krieg im Kosovo

DIE ZEIT
KONTROVERSEN

»Ich habe nicht nur gelernt: Nie wieder Krieg. Ich habe auch gelernt: Nie wieder Auschwitz.« Mit diesen Worten rechtfertigt Bundesaußenminister Joschka Fischer im April 1999 die Beteiligung der Bundeswehr am völkerrechtlich umstrittenen Kosovo-Krieg (die Nato-Intervention, die im März des Jahres begonnen hatte, war ohne UN-Mandat erfolgt). Erstmals seit 1945 sind während des Kosovo-Einsatzes deutsche Soldaten unmittelbar in Kriegshandlungen verwickelt. Politikredakteur Jan Roß wundert sich in seinem Leitartikel über die vergleichsweise große Ruhe in Deutschland angesichts dieser historischen Zäsur.

1999 KRIEG IM KOSOVO

Die Deutschen und der Krieg

Warum eigentlich herrscht so große Ruhe im Land?

VON JAN ROß

DIE ZEIT, 31. März 1999

Schweigend führt Deutschland Krieg. Keine Begeisterung, natürlich nicht, aber bislang auch erstaunlich wenig Protest. Die Anwaltschaft für Pazifismus und politische Wehrdienstverweigerung ist unter der rot-grünen Koalition auf die PDS übergegangen. Wohl breitet sich in der zweiten Reihe der Regierungsparteien, besonders bei den Grünen, Unbehagen aus, und niemand weiß, wie die Stimmung im Land sich bei längeren Kämpfen oder bei eigenen Verlusten ändern wird. Gleichwohl ist die Selbstverständlichkeit atemberaubend, mit der die Bundesrepublik zu Beginn der Angriffe nicht nur ein halbes Jahrhundert gewaltferner Außenpolitik hinter sich gelassen hat, sondern auch einen gesellschaftlichen Pazifismus, den man tief verwurzelt glaubte.

Die Erinnerung an den Golfkrieg von 1991 zeigt den Wandel in der Seelenverfassung der Deutschen. An den Kämpfen damals war die Bundeswehr nicht beteiligt, der Schauplatz lag weit entfernt von Europa, es gab ein UN-Mandat für die Intervention, und die sowjetrussische Exsupermacht fühlte sich bei weitem nicht so provoziert wie heute. Und doch waren Widerstand und Angst in der Bundesrepublik viel stärker, bis hin zur Hysterie. Die Friedensbewegung war eine Kraft, mit der man rechnen mußte. Und der Gedanke an Krieg verband sich, wenige Monate nach der Wiedervereinigung, reflexhaft mit der jahrzehntelangen Furcht vor der Atomapokalypse.

Ist es eine neue Bedenkenlosigkeit, die Deutschland jetzt so umstandslos bei Luftschlägen mittun läßt? Oder, andersherum, Normalität im guten Sinne? Ist es, wie manche Realpolitiker beklagen, wieder einmal moralische Blauäugigkeit – nach dem Gutmenschentum der Friedfertigkeit nun ein Humanitäts-Interventionismus, der sich leichtfertig über die Regeln des Völkerrechts hinwegsetzt? Doch auch vom Menschenrechtspathos war diesmal wenig zu spüren. Spätestens seit Srebrenica hat die Linke sich darüber klarzuwerden versucht, welches für die Deutschen die richtige historische Lehre aus der Aggression und dem Genozid der Nationalsozialisten sei: „Nie wieder Krieg!" oder „Nie wieder Völkermord in Europa!"

Nun ist die Scheu vor dem Appeasement zwar zur moralischen Grundlage für die Kriegsbeteiligung geworden. Aber eine so große Rolle, wie man es in Deutschland hätte erwarten können, spielt die Berufung auf die Geschichte nicht. Einen „Krieg der Erinnerungen" hat man den Golfkonflikt mit Hinweis auf die trübe nationale Vorgeschichte des friedensbewegten Antiamerikanismus genannt. Auf dem Balkan gilt das höchstens aus Sicht der Serben. Die Deutschen erleben die historische Zäsur des ersten Waffengebrauchs seit 1945 seltsam geschichtslos.

Eine merkwürdige Atmosphäre des Geschehenlassens liegt über dem Land. Das ist nicht erst seit dem Beginn der Bombardements so. Schon als Bundeswehrverbände mit schweren Waffen nach Mazedonien verlegt wurden, mochte man sich über das Desinteresse der Öffentlichkeit wundern. Die Regierung Kohl hätte schwerlich so widerstandslos durchsetzen können, was ihre rot-grüne Nachfolgerin ohne viel Federlesens getan hat.

Es bleibt der Verdacht, daß alles ein bißchen schnell gegangen ist. Die Neugestaltung der geringfügigen Beschäftigungsverhältnisse dürfte lebhafter erörtert worden sein als der Krieg auf dem Balkan. Gerhard Schröder hat zwar gelegentlich den Begriff des nationalen Interesses für die deutsche Politik wiederentdeckt. Aber dabei war bloß an die Nettozahlungen für die Europäische Union gedacht, nicht an so etwas wie Außenpolitik im eigentlichen, klassischen Sinne. Hier hat die Bundesrepublik wenig Erfahrungen, kaum haltgebende Traditionen – außer der einen, daß man sich nicht isolieren, keine Sonderwege einschlagen, die Bündnissolidarität nicht verletzen dürfe. Das mag als Richtschnur für die Praxis ausreichen. Eine Sprache, in der die Politik sich mit der Gesellschaft über Krieg und Frieden, über Recht, Moral und Macht auseinandersetzen könnte, findet man so nicht.

Allenthalben ist zu bemerken, daß etwas sich hier nicht fügt, nicht stimmt. Die Bundestagsdebatte über den Kosovo-Einsatz war in Ernst und Niveau eindrucksvoll. Aber es wirkt unangemessen, wenn der Verteidigungsminister und Befehlshaber einer kämpfenden Truppe mit seinen Argumenten, die im Parlament am richtigen Platz waren, auch in einer Fernseh-Talk-Show erscheint. Hier die Medienroutine und dort die Ansprache des Bundeskanzlers an sein Volk, mit dem Appell, jetzt den Soldaten und ihren Familien zur Seite zu stehen – das paßt nicht zusammen, sowenig wie Brioni-Mantel und Kampfanzug.

Das unheimlichste am Krieg ist seine Eigendynamik, seine Unberechenbarkeit. Das gilt auch, hierzulande wenigstens, für seine Folgen im Innern. Die Warnung vor einem Schock, „wenn die ersten Zinksärge eintreffen", ist oft zu hören gewesen. Aber es mag auch sein, daß es zu einem trotzigen „Jetzt erst recht!" käme. Als kriegführendes Land ist die Bundesrepublik ein unbekanntes Wesen. Und erst recht die Linke als kriegführende Regierung. Die Millionen Friedensdemonstranten der achtziger Jahre sind alle noch da, wenn auch im Augenblick nicht auf der Straße: Hat sich ihre Welt wirklich so verändert wie die von Joschka Fischer? Oder sind sie nur politisch heimatlos geworden, repräsentiert allenfalls von Gregor Gysi, der heute als Außenseitermeinung vertritt, was noch vor kurzer Zeit als linker Common sense durchgegangen wäre? Unter den Fragen, die der Balkankrieg aufwirft, ist auch die nach der Zukunft der deutschen Linken.

1999 Bundeskanzler Schröder und Außenminister Fischer verfolgen die Rede des PDS-Politikers Gregor Gysi zum Kosovo-Konflikt

2000 ENTSCHÄDIGUNG DER ZWANGSARBEITER

2000

Entschädigung der Zwangsarbeiter

DIE ZEIT

KONTROVERSEN

Ende 1999 fällt die längst überfällige Entscheidung über die Entschädigung ehemaliger Zwangsarbeiterinnen und Zwangsarbeiter, die während des Zweiten Weltkrieges aus den von der Wehrmacht besetzten Ländern deportiert und in deutschen Unternehmen unter unmenschlichen Bedingungen zur Arbeit genötigt worden waren. Die Bundesregierung und die deutsche Wirtschaft einigen sich am 17. Dezember 1999 mit der US-Regierung und Vertretern der Zwangsarbeiter darauf, je fünf Milliarden D-Mark bereitzustellen. In seinem Kommentar begrüßt *ZEIT*-Herausgeber Josef Joffe die Regelung. Als die Entschädigung abgeschlossen ist, blickt Klaus-Peter Schmid zurück auf die Geschichte der Zwangsarbeit und ihre Folgen.

Schuld und Schuldigkeit

Endlich: Die Stiftung für die NS-Sklaven

VON JOSEF JOFFE

DIE ZEIT, 20. Juli 2000

Mindestens 5000 und höchstens 15 000 D-Mark werden jene inzwischen vergreisten Männer und Frauen bekommen, die vor einem halben Jahrhundert für die deutsche Kriegsmaschinerie schuften mussten. Eine echte Entschädigung für Zwang und Todesangst, für ein fast verlorenes Leben, ist das nicht – schon gar nicht mit Zins und Zinseszins. Bei diesen eher symbolischen Summen gibt es keinen Grund für die larmoyante Frage: „Wie lange sollen wir denn *noch* zahlen?" Die bessere Frage ist: Warum musste es so lange dauern, bis sich Indifferenz und Hartherzigkeit dem schlechten Gewissen beugten?

Die Anwort ist leider nicht so erhebend, wie man es sich gewünscht hätte; die Moral kam nicht ohne die Macht, ja auch nicht ohne den Markt zu ihrem Recht. Stellen wir uns diese nüchternen Fragen: Hätten seinerzeit die Schweizer Banken Kompensation für das „Nazigold" herausgerückt, wenn sie nicht den Stachel des amerikanischen Marktes gespürt hätten, auf dem etwa die Crédit Suisse die First Boston gekauft hat? Hätten bei uns Daimler und Deutsche Bank die Führung bei der Zwangsarbeiterentschädigung übernommen, wenn ihnen Detroit und Dow-Jones egal gewesen wären? Ein Hoch auf die Globalisierung! Ohne die „Verweltlichung" unserer Groß- und auch Kleinkonzerne, die im heimischen Markt nicht mehr überleben können, hätten die Chefs mit bedauernder Gestik auf ihre Aktionäre verwiesen: „Sorry, da machen die nicht mit." Wenn aber vor der Fusion mit Bankers Trust die Stadt New York steht, ist ein guter Ruf tatsächlich Gold wert.

Ein Hoch aber auch auf den deutschen Chefunterhändler Otto Graf Lambsdorff. Der stand inmitten eines Teufelskreises: Die deutschen Firmen wollten vorweg Rechtssicherheit (keine Sammelklagen mehr), dann erst zahlen. Präsident Clinton wollte aber künftigen Prozessen den Riegel des „natio-

2000 ENTSCHÄDIGUNG DER ZWANGSARBEITER

nalen Interesses" erst vorschieben, nachdem die Deutschen das richtige Angebot gemacht hatten. Das beiderseitige Taktieren zu „synchronisieren" und mit einer rundum akzeptablen Summe von zehn Milliarden Mark zu beenden war eine diplomatische Meisterleistung, an der freilich auch Clinton und Schröder ihren Anteil haben.

Ende gut, Schande gut? Noch nicht ganz. Denn die deutsche Wirtschaft, die mit fünf Milliarden an dem Fonds beteiligt ist, hat erst 3,2 Milliarden eingesammelt. Gleichgültigkeit und Eigensucht sind also noch immer stärker als die Scham – und auch das nationale Interesse der Deutschen, der Weltmeister im Exportieren und Fusionieren. Muss man der Scham noch ein wenig nachhelfen? Wenn alle guten Appelle im Namen des Moralischen oder Marktgerechten nicht fruchten, böte sich der umgekehrte Weg jener Unternehmen an, die kürzlich in doppelseitigen Anzeigen dezent ihre Zahlungswilligkeit dokumentiert haben. In das Bewusstsein der Öffentlichkeit gehört also die Liste jener, die sich zieren, statt zu zahlen. Der schnöde Markt, er wird auch hier die Moral beflügeln. Es wäre gut, zu annoncieren, um welche läppischen Summen es noch geht. Bei 200 000 Säumigen entfallen auf jede Firma nicht einmal 10 000 Mark. Noch nie war die feine Art so billig wie in diesem Fall.

Was aber hätten wir – die Bürger – davon, wenn 55 Jahre danach die Schuld und die Schulden zum Diskontpreis getilgt würden? Wir könnten uns das gar nicht so unschöne Gefühl leisten, auch etwas für *uns* getan zu haben – und nicht nur mit den fünf Milliarden an Steuergeldern, welche die Regierung in den Fonds einzahlt. Wir hätten, wiewohl unter äußerem Druck, ein Stück mehr Erkenntnisarbeit vollbracht. Die Unternehmen haben (nicht ganz freiwillig) ihre eigene Vergangenheit erforscht, nun will es nach den Protestanten auch die katholische Kirche tun. Das ist gut so, denn die 10-Milliarden-Stiftung heißt „Erinnerung, Verantwortung und Zukunft". Große, aber nützliche Worte. Wer sich erinnert, erkennt auch die Verantwortung, und beides lässt die Zukunft in jedem Fall besser meistern als das Vergessen und Verdrängen.

2000 Der deutsche Verhandlungsführer Otto Graf Lambsdorff, Außenminister Joschka Fischer und US-Unterhändler Stuart Eizenstat reichen sich nach der Unterzeichnung des Entschädigungsabkommens mit den USA die Hände

Ein wenig Versöhnung

Die Entschädigung der Zwangsarbeiter ist nach langem Ringen zu einem würdigen Abschluss gekommen

VON KLAUS-PETER SCHMID

DIE ZEIT, 22. März 2007

Zum Beispiel Xavier Hays. Der 80-jährige Franzose erinnert sich nicht gern. Aber dann erzählt er doch mit gebrochener Stimme, wie er als junger Mann mit einer Gruppe von zwölf Kameraden Widerstand gegen die deutschen Besatzer leistete. Er brach in Waffendepots ein, verübte Sabotageakte gegen die Wehrmacht. Im September 1943, er ist gerade 17, wird er von der Gestapo geschnappt. Ein Leidensweg durch deutsche Gefängnisse und Lager beginnt, der Alltag besteht aus Folter, Hunger, Krankheit. Und aus Zwangsarbeit: Beseitigung von Trümmern, Entschärfen von Minen, Bauarbeiten. Immer unter primitivsten Bedingungen, oft lebensgefährlich. Im März 1945, als Hays von den Amerikanern befreit wird, ist seine Jugend zerstört. Und seine Gesundheit für den Rest des Lebens ruiniert.

Hays ist eines von 1,66 Millionen Opfern der Nazidiktatur, denen in den vergangenen fünf Jahren für das erlittene Leid wenigstens eine symbolische Summe zugesprochen wurde. Schicksale wie seins hat die Stiftung »Erinnerung, Verantwortung und Zukunft« zu Tausenden und Abertausenden dokumentiert. Jedes anders – und doch in einem Punkt gleich: Nie hat Deutschland eine Schuld gegenüber den Zwangsarbeitern anerkannt, stets hat es eine Entschädigung verweigert. Jetzt erhielt Hays 7669 Euro.

»Wenn Sie glauben, ich würde die Bundeskasse noch einmal aufmachen, dann ist die Antwort nein.« Das war die Reaktion von Bundeskanzler Helmut Kohl, als er im August 1998 nach einer Entschädigung für NS-Zwangsarbeiter gefragt wurde. Deutschland habe genug gezahlt, hieß das, die Bundesregierung habe kein Interesse daran, dass eine neuerliche Debatte um die Entschädigung von Naziopfern hochkommt. Bis dahin waren lediglich pauschale Zahlungen für die KZ-Toten an den Staat Israel und verschiedene osteuropäische Länder geflossen, die überlebenden

2000 ENTSCHÄDIGUNG DER ZWANGSARBEITER

Zwangsarbeiter waren leer ausgegangen. Was 1998 nicht ausgesprochen wurde: Warum eine peinliche Auseinandersetzung, wenn sich das Problem auf biologische Weise von selbst löst?

Ein paar Monate später machte die rot-grüne Regierung die Entschädigungsfrage zu ihrem Anliegen. Es galt, so Gerhard Schröder in seinen Erinnerungen, »den Millionen von Zwangs- und Sklavenarbeitern Nazi-Deutschlands wenigstens mit einer materiellen Geste zu zeigen, dass ihr Leiden nicht länger verdrängt oder vergessen war«. Nach zähem Ringen kamen fünf Milliarden Euro zusammen, je zur Hälfte beigesteuert von der deutschen Wirtschaft – die während des Krieges entschieden von der Zwangsarbeit profitiert hatte – und vom Bund. Inzwischen sind die letzten Raten überwiesen. Die einmalige Aktion ist unter schwierigen Bedingungen ein beachtlicher Erfolg geworden und hat so manchen mit Deutschland versöhnt. Der Vertreter der Jewish Claims Conference in Deutschland, Georg Heuberger, wertet sie als einen »wichtigen zivilisatorischen Fortschritt – auch wenn es nur Millimeter sind«.

Gleich nach der Bundestagswahl vereinbarte die rot-grüne Koalition 1998, »unter Beteiligung der deutschen Industrie eine Bundesstiftung ›Entschädigung für NS-Zwangsarbeit‹ auf den Weg zu bringen«. Damals kam bereits beträchtlicher Druck aus den USA. Amerikanische Anwälte hatten 60 Sammelklagen gegen deutsche Unternehmen eingebracht, um sie zur Zahlung von Entschädigung zu zwingen. In den Chefetagen wurde das als hohes Risiko empfunden: fürs Ansehen und fürs Geschäft.

Während 16 Unternehmen eine Stiftungsinitiative gründeten, verhandelte Otto Graf Lambsdorff im Auftrag der Bundesregierung in Washington. Das Ziel: ein deutsch-amerikanisches Regierungsabkommen, mit dem die Sammelklagen als schädlich für amerikanische Interessen abgewiesen werden könnten. Nur wenn alle diese Klagen abgeschmettert würden, war die deutsche Wirtschaft bereit zu zahlen. Ihre Devise: Ohne Rechtssicherheit kein Geld. Gleichzeitig mussten die finanziellen Forderungen der Opfervertreter aus den osteuropäischen Ländern und Israel auf realistische Vorstellungen gestutzt werden. Laute Proteste waren die Folge.

Im Juli 2000 schließlich wurde das deutsch-amerikanische Regierungsabkommen unterzeichnet. Das Gesetz über die Errichtung einer Stiftung mit einem Volumen von fünf Milliarden Euro trat am 12. August 2000 in Kraft. Es legte die Höhe der Entschädigung für Zwangsarbeit fest, dazu konkrete Summen für die einzelnen Länder, in denen die Opfer ihren Wohnsitz hatten. Außerdem sollte der Fonds »Erinnerung und Zukunft« finanziert werden, der die Auseinandersetzung der nachfolgenden Generationen mit der NS-Zeit fördert.

Bis die Opfer eine erste Rate erhielten, wurde es Juni 2001. Fast zehn Prozent der Betroffenen starben während der peniblen Prüfung ihres Antrags und der geforderten Beweisstücke. »Es gab Phasen, da hat es mich bedrückt, dass man ständig über Geld redete und nicht über Schicksale«, sagt der SPD-Abgeordnete Dieter Wiefelspütz, der die Arbeit der Stiftung als Mitglied ihres Kuratoriums von Anfang an begleitete. Doch das Lob überwiegt. Der Stiftungsvorsitzende Michael Jansen, ein Diplomat mit Industrieerfahrung, reicht Komplimente an die Partnerorganisationen in den hauptsächlich betroffenen Ländern weiter: »Es war ein Glück, dass wir sie hatten. Stellen Sie sich vor, wir hätten in Berlin entscheiden müssen über 2,3 Millionen Anträge aus der ganzen Welt, und das in vielen Sprachen.«

Stattdessen setzte man lediglich den Rahmen und verlagerte die einzelnen Entscheidungen in die Heimat der Empfänger. Eine Öffnungsklausel erlaubte sogar nationale Gestaltungsmöglichkeiten. So entschied sich Tschechien dafür, auch Witwen und Waisen von ermordeten NS-Verfolgten zu bedenken sowie Personen, die sich unter menschenunwürdigen Bedingungen vor der NS-Verfolgung hatten verstecken müssen. In Polen wurden in großem Umfang landwirtschaftliche Zwangsarbeiter bedacht – eine Gruppe von Opfern, für die zunächst nur sehr wenig Geld vorgesehen war.

In Tschechien zum Beispiel hatte sich schon 1990 ein Verband ehemaliger Zwangsarbeiter konstituiert und seine Mitglieder nach persönlichen Daten befragt. Die konnten jetzt weitgehend übernommen werden. Dann entstand als Folge eines deutsch-tschechischen Abkommens von 1997 der Deutsch-Tschechische Zukunftsfonds (DTZF), der an etwa 8000 Personen, vor allem KZ-Insassen, eine individuelle Entschädigung zahlte. Viele von ihnen

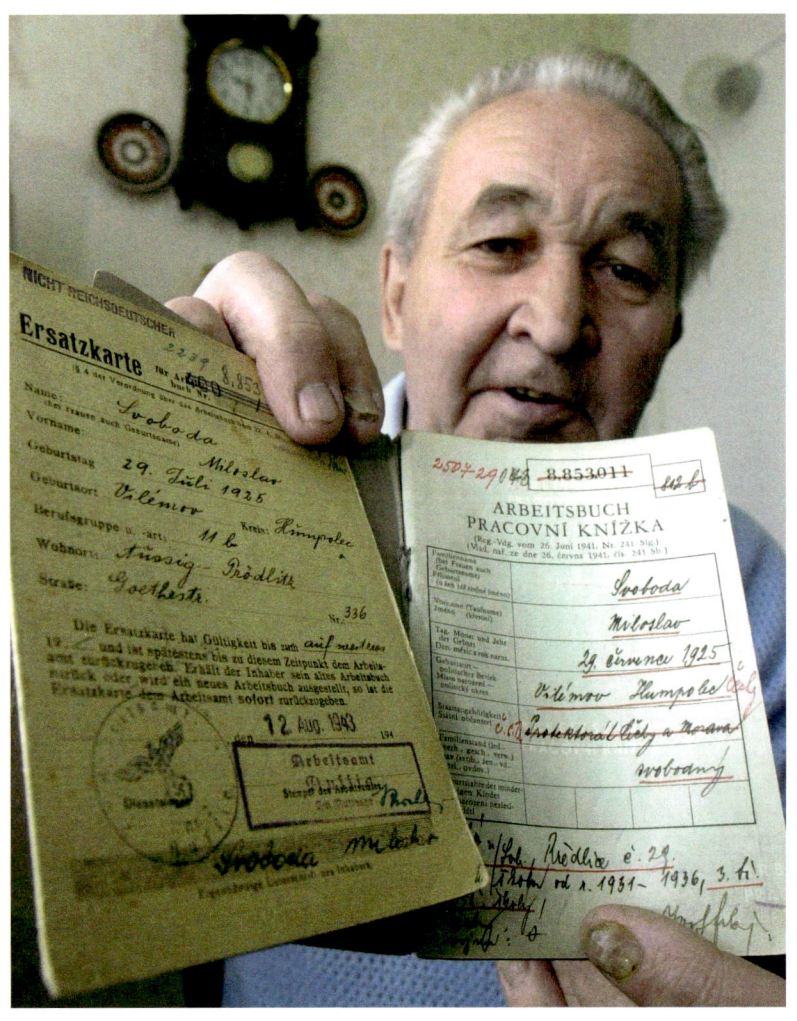

2001 Der Tscheche Miroslav Svoboda zeigt Dokumente, die seine Zwangsarbeitseinsätze in der NS-Zeit belegen

hatten Zwangsarbeit geleistet, und auch von diesen NS-Opfern lagen dokumentierte Anträge vor. Alle bekamen noch einmal einen Informationsbrief, die Sozialämter verteilten Antragsformulare, die Medien berichteten ausführlich. Thomas Jelinek, der junge Geschäftsführer des DTZF: »Für uns war die Ausgangslage eher unkompliziert. Zudem ist unser Land klein, da kam niemand an dem Problem vorbei. Und wo es nötig wurde, verlief die Zusammenarbeit mit den deutschen Archiven hervorragend.«

Bis heute hat die tschechische Partnerorganisation in einem angestaubten Zwanziger-Jahre-Gebäude in der Prager Altstadt in 3000 Ordnern 119000 Anträge aufgereiht. Unterschiedlich die Belege für geleistete Zwangsarbeit, darunter: ein Dienstbuch der Organisation Todt, ein von den Reichswerken Hermann Göring ausgestellter Ausweis für Ausländer, eine Lager-Kontrollkarte, ein Arbeitsbuch des Protektorats Böhmen und Mähren, ein vom Arbeitsamt ausgegebener Verpflichtungsbescheid oder Rückkehrschein, Fotos, Postkarten, Zeichnungen. Zwei, drei Dokumente pro Antrag, manchmal auch ein halbes Dutzend.

In Genf hatte die International Organization for Migration (IOM) den ungleich schwierigeren Auftrag, alle nichtjüdischen Zwangsarbeiter zu entschädigen, die nicht in einem Land mit einer Opferorganisation leben. Mit vier Mitarbeitern startete die IOM ihre Suche. Weltweit erschienen Anzeigen in Zeitungen und Zeitschriften. Die Deutsche Welle sendete Spots, in den USA, Australien, Kanada, Südamerika wurden Pressekonferenzen organisiert. Auf dem Höhepunkt der Aktivitäten kümmerten sich 400 Mitarbeiter in 27 Sprachen darum, dass die Opfer zu ihrem Recht kommen. Sie mussten 330000 Anträge aus über 80 Ländern bearbeiten, weit mehr als ursprünglich erwartet. Rund ein Drittel wurde positiv beschieden, darunter die von 13000 Sinti und Roma.

Hermann »Mano« Höllenreiner ist einer von ihnen. Neun Jahre war er alt, als er mit seiner Familie nach Auschwitz verschleppt wurde. Auf seinem Arm ist heute noch die Nummer Z-3526 zu lesen, Z stand für Zigeuner. Der Junge geriet in die Hände des berüchtigten KZ-Arztes Josef Mengele. Er wurde gezielt mit Typhus infiziert und überlebte knapp. »Mengele war der leibhaftige Teufel«, sagt Höllenreiner, »er hat uns alle als Versuchskaninchen benutzt.«

Auf Auschwitz folgten Ravensbrück und Sachsenhausen, in allen drei Konzentrationslagern wurden auch Kinder zu schwerer Arbeit gezwungen. In den Wirren nach der

2000 ENTSCHÄDIGUNG DER ZWANGSARBEITER

Befreiung durch die Rote Armee verlor Mano das Gedächtnis, eine französische Jüdin nahm sich seiner an. Erst Ende 1946 konnte seine Herkunft dank der KZ-Nummer auf dem linken Arm ermittelt werden. Vor drei Jahren kehrte Höllenreiner erstmals nach Sachsenhausen zurück. Das habe ihn Überwindung gekostet. »Der Besuch des Lagers und das Entschädigungsprogramm haben mir geholfen, dieses traurige Kapitel meines Lebens endgültig hinter mir zu lassen«, sagt er.

Von dem Beschluss, die Opfer zumindest symbolisch zu entschädigen, bis zu dem Moment, an dem Höllenreiner, Hays und ihre Leidensgefährten tatsächlich eine Summe überwiesen bekamen, war es ein weiter Weg. Vor allem fehlten im Sommer 2000 immer noch die versprochenen fünf Milliarden Euro in der Stiftungskasse. Finanzminister Hans Eichel ließ zwar nie einen Zweifel daran, dass der Bund uneingeschränkt zu seiner Zusage stand. Doch die Wirtschaft verweigerte sich. Wolfgang Gibowski, damals Sprecher der Initiative und heute Staatssekretär des Landes Niedersachsen, sagt: »Fast jedes Unternehmen argumentierte: In der heutigen Form haben wir damals gar nicht existiert.«

Ein Argument, das die Stiftungsinitiative nicht akzeptierte. Sie schickte 240 000 Briefe an Unternehmen jeglicher Größe. Im Frankfurter Hauptquartier der Deutschen Bank saßen die Vertreter der Gründungsmitglieder zusammen und teilten die Ansprechpartner unter sich auf. Gibowski: »Manchmal ging es nicht ohne Armverdrehen.« Im Oktober 2000 waren erst 1,6 Milliarden Euro eingesammelt worden. Die *Süddeutsche Zeitung* titelte: *Wirtschaft bringt Milliarden für Zwangsarbeiter nicht auf.* Ein Jahr später mussten die Gründungsmitglieder immer noch gut 250 Millionen Euro nachschießen, um die zweieinhalb Milliarden vollzumachen.

Manfred Gentz, damals Finanzchef von DaimlerChrysler, ging regelrecht hausieren und fand Verbündete wie Rolf-Ernst Breuer von der Deutschen Bank und Bernd Fahrholz von der Dresdner Bank; dazu kamen die Chemiebosse Jürgen Strube (BASF) und Manfred Schneider (Bayer), Allianz-Chef Henning Schulte-Noelle und Gerhard Cromme von ThyssenKrupp. Der DIHT als Dachverband der Industrie- und Handelskammern engagierte sich früh, während der Bundesverband der Deutschen Industrie sich wegen seiner mittelständischen Mitglieder lange sperrte. »Ein frustrierendes Geschäft«, sagt Gentz, »aber am Ende waren wir stolz, es geschafft zu haben.«

Und wer garantierte, dass das Geld immer in die richtigen Hände gelangte? Überraschende Antwort: die Partner. Stiftungschef Michael Jansen: »Natürlich hatten wir anfangs Bauchschmerzen, aber das ist erstaunlich gut gelaufen. Nirgends stellten wir nennenswerte Verstöße fest.« In der Ukraine verbürgte sich der Chef der Zentralbank für die Bonität der zur Auszahlung herangezogenen Banken. Jansen mag es selbst kaum glauben: »Er hat sich persönlich darum gekümmert.« In Russland engagierte sich die Sberbank, die größte Sparkasse der Welt, damit alles seine Ordnung hatte. Sogar die Behörden im Land des weißrussischen Herrschers Lukaschenko sahen systematisch nach dem Rechten.

Zusätzlich zu Kontrollen bei den Partnern verschickte die Stiftung 7000 Briefe an Opfer in 88 Ländern, um sicher zu sein, dass die Schecks bei den richtigen Empfängern angekommen waren. Schließlich prüften Abgesandte der Wirtschaftsprüfungsgesellschaft KPMG die Bücher der Partnerorganisationen und die Geldflüsse. Sie fanden kaum etwas zu beanstanden.

Freilich schrieben diverse Empfänger Briefe mit Beschwerden: viel zu wenig Geld, und das viel zu spät. Dem stehen die Berichte der Mitarbeiter über persönliche Treffen gegenüber – sie erlebten Erleichterung, gar Dankbarkeit. Und IOM-Direktor Norbert Wühler berichtet von Schecks, die zurückgeschickt wurden mit der Erklärung: Danke, mir geht es gut genug, geben Sie das Geld Bedürftigen. Erben schrieben: Wir lösen den Scheck nicht ein, möchten ihn aber behalten als Zeichen dafür, dass das Schicksal unserer Eltern gewürdigt wurde. Vielen Opfern ging es nicht ums Geld, sondern um die Anerkennung einer Schuld.

Ein überraschender Effekt kam hinzu: Die Entschädigungsdebatte half zahlreichen Opfern, endlich jemandem ihre Geschichte zu erzählen. Offensichtlich wussten oft noch nicht einmal die Kinder, welches Schicksal ihre Eltern erlitten hatten. Viele Zwangsarbeiter aus der ehemaligen Sowjetunion hatten ihr Martyrium verschwiegen (und die entsprechenden Papiere verbrannt), weil sie oftmals als Handlanger der Nazis verschrien waren und in Gulags verschleppt wurden. Jetzt sind sie als NS-Opfer anerkannt. Ähnliches berichtet im Prager Außenministerium der Diplomat Tomas Kafka, der jahrelang mit der Stiftung verbunden war: Die Zwangsarbeiter in Tschechien galten, anders als etwa Untergrundkämpfer, nicht als »richtige NS-Opfer«. Erst die ernsthafte Auseinandersetzung um eine Entschädigung habe ihnen die Anerkennung ihrer Landsleute gesichert.

Zwar hat sich auch unter den Opfern herumgesprochen, dass die Motivation der Spender nicht ganz selbstlos war. Aber, so Lambsdorff: »Die Welt besteht nicht nur aus Moral und Edelmut, das wissen wir alle. Die deutsche Wirtschaft hätte für diese Anstrengung nicht gewonnen werden können, wenn sie nicht auch ein ökonomisches Interesse daran gehabt hätte.« Und auf die Frage, ob die jeweiligen Beträge angemessen waren, antwortet Michael Jansen: »Nein, es konnte nur eine Geste sein. Eine Geste des guten Willens – und der Hilflosigkeit.«

Bei der Stiftung in der Berliner Markgrafenstraße hat nun das Aufräumen begonnen, im Juni wird die erste Bilanz präsentiert. Zunächst wird ein Stab von rund 20 Mitarbeitern bleiben. Bei den Leistungen an die Zwangsarbeiter sind (vornehmlich aus Zinsen) 3,7 Millionen Euro übrig geblieben; sie werden für medizinisch-soziale Projekte zugunsten von NS-Opfern verwendet – verantwortet von den Partnerorganisationen.

Und da ist weiterhin der Zukunftsfonds, die »Klammer zwischen Vergangenheit und Zukunft«, wie es Georg Heuberger von der Jewish Claims Conference ausdrückt. Das Vermögen dieses Fonds beträgt 423 Millionen Euro, aus den Erträgen werden internationale Projekte finanziert, etwa für die Begegnung zwischen Jugendlichen und Zeitzeugen oder für Demokratieerziehung. Hinzu kommen Stipendien und die Arbeit an Gedenkstätten. Ulrich Bopp, drei Jahre lang für den Fonds verantwortlich, hält ihn für eine »nach Entstehung und Zielsetzung einzigartige Förderstiftung«. Allerdings wird auch die Kritik laut, dass ein endgültiges Profil noch nicht gefunden sei.

Der ehemalige Sklavenarbeiter Xavier Hays aus Toulon bedankte sich am 25. Mai 2005 für die zweite Rate der Entschädigung: »Ich formuliere den Wunsch, dass meine Kinder nicht das erleiden müssen, was ich ertragen habe. Verzeihen ja, vergessen niemals.« Die beiden Schecks von der Stiftung reichte er an karitative Organisationen weiter. Den Journalisten aus Deutschland bittet er: »Sagen Sie den jungen Deutschen, dass sie keine Schuld an dem trifft, was uns widerfahren ist. Und dass sie hier jederzeit willkommen sind.«

2007 Bundeskanzlerin Merkel und Bundespräsident Köhler mit dem Abschlussbericht des Entschädigungsprogramms »Erinnerung, Verantwortung und Zukunft«

2000–2001 RIESTER-RENTE

2000–2001

Riester-Rente

DIE ZEIT

KONTROVERSEN

2001 wird in Deutschland die sogenannte »Riester-Rente«, eine staatlich geförderte Privatrente, eingeführt. Der damalige Bundesarbeitsminister Walter Riester (SPD) hatte das Altersvorsorgemodell in die Debatte um die Rentenreform 2000/2001 eingebracht. Wird es ausreichen, um den Herausforderungen des demografischen Wandels zu begegnen, in dessen Folge es immer mehr Rentner und immer weniger Arbeitstätige geben wird? Dieser Frage geht *ZEIT*-Herausgeber Helmut Schmidt in einer ausführlichen Analyse nach. Der Titel seines Beitrags ist dabei Programm: »Alle müssen länger arbeiten«.

Alle müssen länger arbeiten

Die Rentenreform genügt für die kommenden Jahre, aber nicht auf Dauer

VON HELMUT SCHMIDT

DIE ZEIT, 4. Januar 2001

Ob im Fernsehen oder in der Zeitung, für den Bürger bleibt die gegenwärtige Rentendebatte ziemlich undurchsichtig. Allerdings hat man sich schon seit langen Jahren an den nebulösen Zustand gewöhnt, zu dem so manche Politiker, Gewerkschaften und Arbeitgeber mit kurzsichtigen Parolen beitragen. Es geht aber bei der Alterssicherung um das Kernstück des Wohlfahrtsstaates. Man darf den weit ausgefächerten Wohlfahrtsstaat, den sich fast alle westeuropäischen Nationen von Sizilien bis zum Nordkap in ziemlich ähnlicher Weise geschaffen haben, als die bisher letzte große kulturelle Errungenschaft der Europäer bewerten. Sie ist ein unverzichtbarer Bestandteil der den Staaten der Europäischen Union gemeinsamen politischen Kultur.

Die Aufrechterhaltung dieser Glanzleistung ist in den meisten der Mitgliedsstaaten der EU gefährdet. Fast überall ist der Wohlfahrtsstaat im Laufe der vergangenen Jahrzehnte erkrankt: weil erstens alle europäischen Gesellschaften überaltern – relativ immer weniger Erwerbstätige sollen den Lebensabend von relativ immer mehr Alten finanzieren; weil man zweitens überall in der EU die Lebensarbeitszeit herabgesetzt hat; drittens wegen der verbreiteten Massenarbeitslosigkeit und weil Arbeitslose weder Beiträge noch Steuern zahlen.

Die Therapie muss auf allen drei Feldern ansetzen. Weil aber in Deutschland die heutige Debatte sich konzentriert auf Generations-, Demografie- oder Ausgleichsfaktoren, auf die Frage nach den zukünftigen Rentenniveaus, auf Rentenformeln, auf Ergänzung durch eine zusätzliche kapitalgedeckte Rente, so können wir mit dergleichen Instrumenten und mit ihrer Reformierung zwar Zeit gewinnen – zumal dann, wenn Koalition und Opposition die Reformierung gemeinsam bewerkstelligen –, nicht aber können wir damit eine grundlegende Gesundung bewirken.

2000–2001 RIESTER-RENTE

Wenn aber allein die Reform der Rentengesetzgebung die Gesundung bewirken soll, so wird sich die heute fällige Gestaltung des Generationenvertrages zwischen Jung und Alt kaum länger als über ein Jahrzehnt hinaus aufrechterhalten lassen. In diesem Falle würde es danach zu einer schrittweisen relativen Absenkung des Rentenniveaus kommen. Damit dieser Fall nicht eintritt, ist es dringend wünschenswert, dass Bundestag und Regierung sich zu Beginn der nächsten Legislaturperiode – jenseits aller Rentenbastelei – den Grundursachen der Erkrankung und deren Therapie zuwenden. Zur Gesundung wird es nötig sein, der Öffentlichkeit Klarheit über die Grundursachen zu verschaffen und Verständnis für die dringende Notwendigkeit ihrer Beseitigung zu wecken.

Die erste Grundursache ist die fortschreitende Überalterung unserer Gesellschaft. Auf 100 Menschen im Erwerbsalter zwischen 20 und 60 Jahren entfielen 1960 ganze 32 Menschen im Alter über 60 Jahren; heute sind es bereits 43 alte Menschen über 60 Jahre, im Jahre 2020 werden es statistisch voraussichtlich 56 Alte sein, im Jahre 2030 sogar 75 Alte! Das bedeutet: Wenn alles so bleibt, dann nähern wir uns schon bald einer Situation, in der jedermann, der im Erwerbsalter steht, allein die halbe Versorgung für einen Alten erwirtschaften muss – nicht nur die Rente, auch alle anderen Leistungen! Und wenige Jahrzehnte danach muss einer allein sogar die volle Rente für einen Alten finanzieren.

Schon auf der Kätnerstelle oder auf dem Bauernhof hatte seit Jahrhunderten ein Generationenvertrag Gültigkeit: Der junge Bauer versorgte seine aufs Altenteil gesetzten Eltern mit Unterkunft und Nahrung. Ob heutzutage die Alterssicherung durch Steuern, durch Beiträge oder aus Kapitalerträgnissen finanziert wird, immer und in jedem Falle hängen Renten, Sozialleistungen, Zinsen oder Dividenden davon ab, dass die Arbeitenden und Verdienenden einen Teil ihrer erwirtschafteten Leistung abgeben an die Nichtarbeitenden: an die

2001 Aufgrund der fortschreitenden Überalterung der Gesellschaft erweist sich der Generationenvertrag zur Rentenfinanzierung als Auslaufmodell

Noch-nicht-Arbeitenden, vor allem Kinder, Azubis und Studierende, und an die Nicht-mehr-Arbeitenden, vor allem Rentner und Kranke – und Arbeitslose. Es gibt keinen Trick, der dieses Prinzip außer Kraft setzen könnte!

Die meisten unserer heutigen Rentner und Rentnerinnen halten den Bezug ihrer eigenen Rente oder ihrer Witwenrente deshalb für selbstverständlich, weil sie doch über ihr ganzes Arbeitsleben Versicherungsbeiträge eingezahlt haben; ihre Rente erscheint ihnen als die fällige Gegenleistung. Das ist moralisch auch zutreffend. Ökonomisch ist es aber nicht die ganze Wahrheit. Denn ihre früheren Beiträge und die Beiträge ihrer Arbeitgeber sind regelmäßig für die Rentenzahlung an die damaligen Rentner verbraucht worden; und ihre heutige Rente (oder Pension) wird durch die heutige Beitrags- und Steuerleistung aller heute Verdienenden finanziert.

Dieses Land braucht eine Politik für mehr Kinder
Heutzutage läuft die Rente aber über viel längere Zeiträume als früher. 1960 betrug die durchschnittliche Dauer des Rentenbezuges für Männer knapp zehn Jahre, für Frauen etwas über zehn Jahre; bis zum Jahre 2000 ist sie für Männer auf beinahe 14 Jahre, für Frauen auf über 18 Jahre gestiegen. Die Versicherungsbeiträge mussten deshalb steigen. Was aber, wenn man die relativ abnehmende Zahl der Verdienenden nicht mit immer weiter steigenden Beiträgen und Steuern überlasten will, sondern vielmehr die oberen Grenzen einhält, die sich politisch in einer auf allgemeinen Wahlen beruhenden Demokratie und in einer auf Wettbewerb beruhenden Wirtschaftsverfassung zwangsläufig ergeben? Dann resultiert daraus die Notwendigkeit, die Zahl der Verdienenden zu steigern – soweit man nicht wegen sinkender Zahl der Verdienenden die Renten absenken will.

Es sind für die Steigerung der Zahl der Verdienenden mehrere Wege denkbar. Man könnte zum einen die Schleusen für junge Zuwanderer von außerhalb der EU noch viel weiter öffnen. Dagegen spricht unsere Abneigung und unsere offenkundige Unfähigkeit zur Assimilation – wir haben uns schon heute überfordert. Alle politische Vernunft spricht gegen diesen Weg.

Zum anderen kann man mit vielerlei Mitteln die Kinderfreudigkeit in Deutschland wieder auf jenes Niveau heben, dessen wir uns vor dem Pillenknick seit den sechziger Jahren erfreut haben. Dazu gehört dann aber – über eine drastische Anhebung von steuerlichen Kinderfreibeträgen und von Kindergeld hinaus – eine generelle Wende unserer Politik: Das heißt Stärkung der Familie, besonders der kinderreichen Familie, und Entlastung der berufstätigen Mütter. Es wäre keineswegs notwendig, auf diese Weise die Einwohnerzahl Deutschlands zu steigern. Wohl aber wäre die Beendigung des gegenwärtigen Schrumpfungsprozesses heilsam, sie würde die weitere Verschlechterung des Zahlenverhältnisses zwischen Verdienenden und Nichtarbeitenden zu beenden helfen.

Eine Politik für mehr Kinder kann sich allerdings nur in Jahrzehnten auswirken. Zum Beispiel können Kinder, die im Jahre 2001 geboren werden, frühestens im Jahre 2018 zur Finanzierung des Wohlfahrtsstaates beitragen. Die Wiederherstellung eines gesunden Altersaufbaus unserer Gesellschaft wird Jahrzehnte brauchen. Gleichwohl liegt hier – angesichts unserer stetig schrumpfenden und stetig überalternden Gesellschaft – eine der wichtigsten langfristigen Aufgaben! Dabei geht es nicht bloß um die Finanzierbarkeit zukünftiger Renten, sondern ganz grundsätzlich besteht absehbar die Gefahr des Verlustes an Vitalität und Kreativität der Nation – ein Verlust, der noch schwerer wiegen könnte als die Beeinträchtigung des Wohlfahrtsstaates. Hier wird Umdenken und Umlenken zu einer nationalen Aufgabe!

Aber selbst dann, wenn uns im Laufe mehrerer Jahrzehnte die Umgestaltung unseres an Basisschwäche leidenden Bevölkerungsaufbaus gelingen sollte, kann eine positive Auswirkung auf das Zahlenverhältnis zwischen Verdienenden und Nichtarbeitenden erst nach mehreren Jahrzehnten wirksam werden. Daher wird in der Zwischenzeit eine Ausdehnung der Lebensarbeitszeit unabweisbar.

Das durchschnittliche Lebensalter, das ein neugeborener Deutscher bei seinem Tode erreicht, hat sich seit der Zeit von Bismarcks Invalidenversicherung gewaltig erhöht. Damals hatte die durchschnittliche Lebenserwartung für Frauen bei 40 Jahren gelegen, für Männer noch darunter. 1960 hat die Lebenserwartung für Frauen bei 72, für Männer bei knapp 67 Jahren gelegen. Heute dagegen beträgt die Lebenserwartung für Frauen über 80, für Männer über 74 Jahre. We-

2000–2001 RIESTER-RENTE

sentlich bessere Arbeitsbedingungen, moderne Hygiene und Medizin, Krankenversicherung und Alterssicherung haben zu dieser günstigen Entwicklung beigetragen. Vermutlich wird die Lebenserwartung weiterhin steigen.

Anders als in früheren Jahrzehnten gehen die Menschen heute aber viel früher in Rente. Das 65. Lebensjahr, noch vor wenigen Jahrzehnten in unserer Gesellschaft als Normaljahr für den Beginn des Renten- und Pensionsalters angesehen, ist zur Ausnahme geworden. Die gegenwärtig relativ früh einsetzende Rentenzahlung ist einerseits für viele Menschen eine große Freude; andererseits liegt hier eine der mehreren Ursachen für die Überbeanspruchung der Finanzen der Rentenversicherung. Die Gesetzgebung der achtziger und neunziger Jahre hat der „Früh-Verrentung" gewaltig Vorschub geleistet. Man wollte dadurch verhindern, dass die von den Unternehmungen entlassenen Arbeitnehmer als zusätzliche Arbeitslose in Erscheinung treten; zugleich hat man durch diese „soziale Abfederung" manchen rücksichtslosen Unternehmensmanagern die moralische Last der Verantwortung für umfangreiche Entlassungen abgenommen. In nicht allzu ferner Zukunft wird das tatsächliche Rentenalter schrittweise wieder heraufgesetzt werden müssen.

Massenarbeitslosigkeit gefährdet das Rentenniveau der Zukunft

Der direkte Zusammenhang zwischen dem Niveau der Renten und der Höhe der Arbeitslosigkeit muss verstanden werden. Spätestens seit den vom Opec-Kartell im Laufe der siebziger Jahre gewollt herbeigeführten Ölschocks hat sich fast überall in den Mitgliedsstaaten der EU eine zu Buche schlagende, strukturell verfestigte Massenarbeitslosigkeit ergeben; dazu kommt die strukturelle Arbeitslosigkeit, welche in den ehemals kommunistisch regierten Teilen Europas durch den Übergang von der Zwangswirtschaft zur Marktwirtschaft unvermeidlich ausgelöst worden ist. Die Massenarbeitslosigkeit beansprucht erheblich die öffentlichen Finanzen und beeinträchtigt dadurch die Finanzierung aller öffentlichen Sozialleistungen, auch der Renten.

Solange Massenarbeitslosigkeit besteht, würde die Heraufsetzung des Rentenalters ökonomisch sinnlos bleiben. Hinzu kommen vielerlei gesellschaftspolitische, psychologi-

2001 Bundesarbeitsminister Walter Riester (SPD) verteidigt im Berliner Reichstag seine Pläne zur Rentenreform auf Basis einer privaten Zusatzrente

sche, moralische und pädagogische Gründe, die insgesamt die Überwindung der Massenarbeitslosigkeit zur aktuell drängendsten innenpolitischen Aufgabe machen. Es gibt dafür jedoch keine Patentlösung – ebenso wenig wie für das Rentenproblem; man braucht vielerlei Reformen zugleich. Im Gegensatz zu ihrer Vorgängerin ist der heutigen Bundesregierung erstmalig eine schrittweise Dämpfung der Arbeitslosigkeit gelungen. Wenn es jedoch prinzipiell bei erheblicher Arbeitslosigkeit bleiben sollte, so bliebe jedwede heute festgelegte Rentenformel in ihrer Wirksamkeit auf einen Zeitraum beschränkt, der weit unterhalb des Horizonts von 30 oder gar 50 Jahren liegt.

Die Massenarbeitslosigkeit in den meisten der EU-Staaten ist durch Überregulierungen auf vielen Feldern selbst verschuldet; sie ist bisher noch keineswegs eine Folge der Globalisierung. Holland und Dänemark haben gezeigt, dass eine wesentliche Dämpfung mit nationalen Reformen und Instrumenten möglich ist. Dort ist aber gründliches Umdenken vorausgegangen – und außerdem hat man innenpolitischen Mut gebraucht! Lösungen, die niemand wehtun, weil sie niemandes kurzfristige Eigeninteressen berühren, solche Lösungen gibt es bestenfalls als Utopie – in der Wirklichkeit gibt es sie nirgendwo und nirgendwann. Über gegenwärtige Lösungen hinaus muss man außerdem für einen zukünftig sich verschärfenden globalen Wettbewerb und für weltweite Störungen gerüstet sein, das haben wir zum Beispiel von den Ölpreisschocks oder von der ost- und südostasiatischen Kredit- und Währungskrise zu lernen.

Eine Volkswirtschaft, die mit einer hohen selbst gemachten Sockelarbeitslosigkeit in eine weltweite Störung oder auch nur in eine Rezession geriete, geht größere Risiken ein – auch für die Finanzierung ihrer Sozialleistungen und Renten! – als eine Gesellschaft mit hoher Beschäftigungsrate.

Niemand kann heute auf weite Sicht das Rentenniveau auf 61 oder 64 oder 67 Prozent erfolgreich festschreiben. Vielmehr hängen à la longue die Finanzierbarkeit der Renten und damit die zukünftigen Rentenniveaus von einer Mehrzahl sozialer und ökonomischer Faktoren und deren Entwicklung ab. Unter diesen ragen – neben der Überwindung der strukturellen Arbeitslosigkeit – die zukünftige Produktivität aller Erwerbstätigen hervor sowie die zukünftige Ausweitung der Zahl der Erwerbstätigen durch Straffung und Verkürzung der akademischen Ausbildungszeiten und durch Anhebung des regelmäßigen Rentenalters.

Selbst eine sehr hohe Produktivität der Erwerbstätigen pro Arbeitsstunde wird allein nicht ausreichen, wenn die Zahl der geleisteten Arbeitsstunden im Laufe eines Jahres oder im Laufe des ganzen Arbeitslebens allzu gering bleibt. Auch in diesem Punkte kann Umdenken notwendig werden.

Die private und kapitalgedeckte Rente mag manchem als Allheilmittel erscheinen. Das ist sie mit Sicherheit nicht, wohl aber erscheint ein erster Versuch in dieser Richtung durchaus vernünftig. Natürlich müssen auch hier die Arbeitenden die Zinsen und Dividenden erwirtschaften, aus denen die Zusatzrente für die Nicht-mehr-Arbeitenden fließen soll – darin muss man kein entscheidendes Problem sehen. Wohl aber muss man – ganz abgesehen von den beabsichtigten staatlichen Zuschüssen – die nur schwierig vorherzusehenden Risiken der heutzutage tatsächlich globalisierten Kapitalmärkte in den Blick fassen. Dazu gehört die Frage nach der Solidität der Investmentfonds und ihrer Beaufsichtigung. Die jüngsten Aktien-Euphorien in Japan, den USA und auch bei uns sollten uns nicht zu üppigen Prognosen verleiten. Eine quantitative Begrenzung des Versuchs und – im Erfolgsfall – ein schrittweiser Aufbau scheinen geboten.

Die gegenwärtige Rentendebatte wird hoffentlich im Laufe des Jahres 2001 zur Gesetzgebung führen. Dabei müssen die Bundesregierung und alle Fraktionen im Parlament wissen, dass Rentenvorhersagen immer vom tatsächlichen Eintreffen ökonomischer Prognosen abhängen. Die Prognosen der Volkswirte sind allerdings zumeist nicht zuverlässiger als diejenigen der Wetterfrösche – ich selbst habe vor einem Vierteljahrhundert bittere Erfahrungen damit gemacht. Aber auch wenn, wie man erwarten darf, bis einschließlich des Jahres 2002 alles läuft wie geplant, so wird danach die im Herbst 2002 neu zu bildende Bundesregierung vor der Aufgabe stehen, mehrere grundlegende Weichenstellungen zustande zu bringen. Die heutige Regierung hat – nicht zuletzt durch ihre Steuerreform – den jahrelangen gesellschaftspolitischen Stillstand inzwischen überwunden, ein großer Berg an Arbeit liegt aber noch vor uns. Er reicht weit über die Rentenformeln hinaus.

2000–2004 ZUWANDERUNGSGESETZ

2000–2004 Zuwanderungsgesetz

DIE ZEIT

KONTROVERSEN

Mit seiner Forderung, dass sich in Deutschland lebende Ausländer einer »gewachsenen freiheitlichen deutschen Leitkultur« anpassen müssten, löst der Fraktionsvorsitzende der CDU/CSU Friedrich Merz eine erregte Debatte über Zuwanderung und Integration aus. Den Begriff »Leitkultur« hatte bereits einige Wochen zuvor Theo Sommer in einem *ZEIT*-Artikel verwendet. In seiner Entgegnung auf Merz kritisiert er dessen populistische Instrumentalisierung des Einwanderungsthemas und fordert »Einwanderung ja, Ghettos nein«. Vier Jahre später diskutiert der Bevölkerungswissenschaftler Rainer Münz in einem Beitrag für die *ZEIT* das im August 2004 verkündete Zuwanderungsgesetz.

Einwanderung ja, Ghettos nein

Warum Friedrich Merz sich zu Unrecht auf mich beruft

VON THEO SOMMER

DIE ZEIT, 16. November 2000

Friedrich Merz hat Recht: Im Juli 1998 habe ich in einem Artikel über Ausländer in Deutschland den Begriff Leitkultur verwendet. Es ging mir um die bis dahin sträflich vernachlässigte Integration der fast zehn Prozent unserer Bevölkerung, die mit fremdem Pass unter uns leben. Wer Integration nicht wolle, war meine Überzeugung, bewirke ungute Absonderung. Ich setzte hinzu: „Integration bedeutet zwangsläufig ein gutes Stück Assimilation an die deutsche Leitkultur und deren Kernwerte."

Ich weiß nicht mehr, woher ich den Begriff damals hatte. Vielleicht ja von Bassam Tibi, der ihn 1998 in seinem Buch *Europa ohne Identität* formulierte und mit dem ich zu jener Zeit gelegentlich bei öffentlichen Diskussionen auf einem Podium saß.

Anders als der CDU-Fraktionsvorsitzende, als er den Begriff von der Leine ließ, hatte ich freilich sehr präzise Vorstellungen davon, wie „Leitkultur" zu definieren sei. Ich lehnte mich dabei an den Kommunitaristen Amitai Etzioni an, der dem amerikanischen „Schmelztiegel"-Konzept das Idealbild vom gesellschaftlichen „Mosaik" entgegensetzte: „eine Komposition aus Steinchen verschiedener Farbe und Form, zusammengehalten durch einen Zementuntergrund und einen Rahmen. Den Zement müssen die Grundwerte bilden, die für alle verbindlich sind: das Bekenntnis zur demokratischen Grundordnung und zum Verfassungsstaat; praktizierte Toleranz; eine gemeinsame Sprache, die das Funktionieren und die Kohäsion der Gesellschaft fördert." Den Rahmen aber müsse eine einheitliche Rechts- und Verfassungskultur geben: „Die islamische Scharia neben dem Bürgerlichen Gesetzbuch – das geht nicht. Je bunter der ethnische Flickenteppich unserer Gesellschaft wird, desto fester muss er durch das gegengenähte Gewebe einer gemeinsamen Werteordnung zusammengehalten werden."

2000–2004 ZUWANDERUNGSGESETZ

Meine Überzeugung zur Einwanderungs- und Integrationsfrage war in langen Jahren allmählich gewachsen. Sie bildete sich zumal in der Reaktion auf zwei Erscheinungen. Auf der einen Seite war dies die Deichgrafen-Metaphorik jener Konservativen, die um „den deutschen Charakter Deutschlands" (FAZ) bangten: Flüchtlings-Springflut, Asylanten-Schwemme, Ausländer-Strom, Einwanderer-Welle; die Vokabeln „Durchrassung" und „Umvolkung" brachten mich in Rage. Auf der anderen Seite aber hatte ich nicht das Geringste übrig für die unbedarfte Forderung der Grünen nach „offenen Grenzen" und ihre welt- und wirklichkeitsfremden Multikulti-Illusionen.

„Wir sind ein Einwanderungsland, und wir sollten uns dazu bekennen", schrieb ich 1986. „Schaffen wir also ein Einbürgerungsverfahren. Führen wir das *jus soli* ein, das Heimatsgeburtsrecht." Fünf Jahre später, 1991, verlieh eine Reihe feiger Anschläge auf Ausländerunterkünfte dem Thema – buchstäblich – brennende Aktualität. Mein Appell damals: „Das weitherzige Deutschland muss sich gegen das engstirnige mobilisieren." Und ich gab zu erwägen: „Das deutsche Boot ist nicht voll. [...] In zwanzig Jahren [werden wir] Zuzügler zum Lenzen und Pützen brauchen – Leute, die das Wasser aus dem Boot schöpfen." Ich schlug eine Quotenregelung für Einwanderer nach kanadischem oder US-amerikanischem Modell vor. In Einwanderern sah ich weniger die Belastung als vielmehr die Bereicherung.

Natürlich ist Deutschland nicht im gleichen Sinne ein Einwanderungsland wie die Vereinigten Staaten, Kanada oder Australien. Die hier zuziehen, können nicht einfach eine neue Nation schaffen, nachdem sie die Ureinwohner ausgerottet oder in Reservate verbannt haben. Die Deutschen sind da, und sie werden dableiben. Es gibt eine aufnehmende Gesellschaft, der sich die Zuwanderer wohl oder übel anpassen müssen. Diese aufnehmende Gesellschaft ist die Mehrheitsgesellschaft. Sie soll auch die Mehrheitsgesellschaft bleiben.

Gegenüber dem Begriff multikulturell habe ich immer starke Vorbehalte gehabt. Es haftet ihm zu viel Fragwürdiges an. „Sollen die einen ruhig Schuhplattler tanzen, die anderen Sirtaki", schrieb ich 1998. „Aber ein Deutschland, das aus lauter Ghettos besteht, ein paar für Türken, ein paar für Griechen, ein Dutzend für die Deutschen – das kann nicht das Ziel sein." Aus diesem Grund wählte ich lieber den Ausdruck „multiethnisch". Gewöhnen wir uns an Bindestrich-Deutsche, war meine Meinung: an Turko-Deutsche und Graeco-Deutsche und Italo-Deutsche.

Im Übrigen bleibe ich dabei: Integration bedeutet zwangsläufig ein gutes Stück Assimilierung. Da teile ich nicht Bassam Tibis nachdrückliche Abneigung gegen „alle Formen der Assimilation" noch seine Ansicht, dass nur Integration – im Gegensatz zu Assimilierung – es einem Menschen möglich mache, „eine multiple, das heißt kulturell vielfältige Identität zu haben". Auch Assimilierte haben ein Recht auf unterschiedliche Wesensgrundierungen, Essensvorlieben, religiöse Präferenzen.

Die Diskussion der vergangenen Wochen lehrt, dass der Ausdruck Leitkultur zu Missverständnissen Anlass gibt. Leitkultur? Ähnliche Begriffe gibt es überall: *culture dominante, defining culture, cultura dominante, culture de référence, American way of life*. Kaum einer nimmt anderswo Anstoß daran. Bei uns ist der Begriff mittlerweile zur großkalibrigen Waffe im parteipolitischen Kampf geworden. Warum also nicht „Mehrheitskultur"? Oder „Rahmenkultur"?

Doch das Getöse der Parteien täuscht ja. Mittlerweile schält sich allem Anschein zum Trotz ein dreifacher Konsens heraus.

Erstens: Es geht in Wahrheit nicht um Kultur im eigentlichen Sinne. Wer dürfte einem anatolischen Neubürger Goethe-Kenntnisse abverlangen, die selbst Deutsche nicht mehr besitzen? Gemeint ist einzig und allein die politische Kultur unseres demokratischen Gemeinwesens, wie sie sich in den ersten zehn Artikeln des Grundgesetzes ausdrückt. Es kommt nicht auf Fahne, Nationalhymne, Heimat an, sondern auf Freiheit, Toleranz, Offenheit, Gleichberechtigung der Geschlechter, Trennung von Staat und Kirche – das Erbe der Aufklärung.

Zweitens: Kultur ist Gewordenes, aber zugleich ist sie immer im Werden. Sie ist kein Eigenprodukt, sondern entsteht im Austausch mit den Nachbarn. Die Einwanderer der Zukunft werden ein Stück Deutschland werden, aber im gleichen Takt wird Deutschland, wird deutsche Kultur ein Stück von ihnen annehmen.

Drittens: Sosehr jede staatliche Gemeinschaft in Europa auf einen Grundkanon der Zugehörigkeit angewiesen ist und jedes Volk „einen gewissen Begriff von sich selbst" (Ralf Dahrendorf) braucht, ein Bewusstsein von Identität, so richtig ist es andererseits, dass in unserem Teil der Welt das nationale Erbe der Völker aus einem gemeinsamen Fundus stammt. Dies hat schon Ortega y Gasset erkannt: „Vier Fünftel unserer inneren Habe sind europäisches Gemeingut." Wenn schon Leitkultur, dann muss sie europäisch verstanden werden.

Wer genauer hinter den Geräuschvorhang des Parteienlärms hört, der stößt auf einen überraschenden Befund: Was das Einwanderungsthema anbelangt, so geht mit einem Mal ein Ruck durch Deutschland. Riefen Linke und Grüne vor zehn Jahren noch nach offenen Grenzen und der multikulturellen Gesellschaft, so hat sich neuerdings eine realistischere Betrachtungsweise durchgesetzt. Offene Grenzen will keiner mehr, und grüne Realos werfen nun auch das Multikulti-Konzept über Bord. Spiegelverkehrt vollzog sich die Umbesinnung auf der Rechten. Hieß es vor einem Jahrzehnt noch: „Das Boot ist voll!", so ertönt jetzt der angstvolle Schrei: „Das Boot wird leer!" Aus einer ideologischen Auseinandersetzung ist unversehens eine wirtschaftspolitische Debatte geworden. Nur die CSU bemannt noch die alten Schießscharten. Doch auch sie akzeptiert mittlerweile, was alle eingesehen haben: dass wir wegen unserer ungünstigen Altersstruktur, zur Rettung unserer Sozialsysteme, aus ökonomischer Notwendigkeit Immigranten brauchen.

Regierung und Opposition sollten jetzt den Weltanschauungskrieg beenden und sich den wirklich wichtigen Fragen zuwenden. Wie viel Einwanderung brauchen wir? Wie viel können wir bei unserer demografisch schrumpfenden Integrationskraft vertragen? Dürfen, sollen Asylbewerber auf die Einwandererzahl angerechnet werden? Hat die von der CDU angestrebte Aufhebung des Asyl-Artikels 16a in unserem Grundgesetz einen Sinn, wo uns die Genfer Flüchtlingskonvention, aber auch zu erwartende künftige EU-Regelungen doch nicht aus unserer humanitären Verpflichtung entlassen? Überhaupt: Gäbe es Alternativen zur verstärkten Einwanderung?

Eine UN-Studie hat den Deutschen jüngst vorgerechnet: Wenn sie das heutige Verhältnis von arbeitenden zu nicht mehr arbeitenden Menschen (4:1) aufrechterhalten wollen, müssten sie bis zum Jahre 2050 jährlich 3,6 Millionen Einwanderer ins Land lassen. Bis zur Mitte des Jahrhunderts wären dann 80 Prozent der deutschen Bevölkerung Einwanderer oder deren Nachkommen. Wenn dies vermieden werden soll, müsste das Renteneintrittsalter auf 75 Jahre erhöht werden.

Mehr als dreieinhalb Millionen Einwanderer jährlich – das ist eine Ausgeburt bürokratischen Irrsinns. Politisch wäre es eine Katastrophe. Aber auch die Anhebung des Rentenalters auf 75 Jahre wäre schwerlich durchzusetzen. Die zentrale Aufgabe der deutschen Politik in den nächsten Jahren wird es daher sein, zwischen den beiden UN-Extremen einen gangbaren Mittelweg zu finden.

Rita Süssmuth wird mit ihrer Kommission schwerste Pionierarbeit leisten müssen. Die deutsche Politik ist existenziell gefordert. Es geht um nichts Geringeres als die Umkrempelung dessen, was Friedrich Merz wohl die deutsche Leitkultur nennen würde.

1999 Eine Familie betritt das Grenzdurchgangslager Friedland, für viele Spätaussiedler die erste Station in ihrer neuen Heimat

2000–2004 ZUWANDERUNGSGESETZ

DIE ZEIT, 24. Juni 2004

Wir bleiben lieber unter uns

Das neue Zuwanderungsgesetz verbessert die Integration von Ausländern und das Asylrecht. Die Zukunft gestaltet es nicht

VON RAINER MÜNZ

Stoiber, Beckstein, Müller, Schily und allen anderen, die das Zuwanderungsgesetz – oder besser gesagt, das Zuwanderungsbegrenzungsgesetz – ausgehandelt haben, zum Trotz: Deutschland braucht Zuwanderer. Dringend. Den Grund dafür kennen wir längst. In den kommenden Jahrzehnten wird die Zahl der Deutschen im Erwerbsalter deutlich schrumpfen, eine unerfreuliche Spätfolge der niedrigen Geburtenrate. Die Zahl der Alten wird hingegen noch mindestens 40 Jahre lang kräftig wachsen. Verantwortlich dafür sind zwei eigentlich höchst erfreuliche Entwicklungen. Zum einen steigt die Lebenserwartung, zum anderen kommen nun Jahrgänge ins Rentenalter, die kein Weltkrieg dezimiert hat.

Die demografische Entwicklung beeinträchtigt mit hoher Wahrscheinlichkeit unseren Wohlstand. Und sie gefährdet unsere Wettbewerbsfähigkeit. Denn in Zukunft rücken immer weniger junge Menschen mit frisch erworbenem Wissen im Arbeitsmarkt nach. Gleichzeitig muss diese schrumpfende Zahl von Jüngeren für immer mehr Alte aufkommen. Die Folge: Der Spielraum für Lohnerhöhungen wird kleiner, das Rentenniveau lässt sich nicht halten, der Standort Deutschland wird unattraktiv, der Versuch, die Haushaltslöcher ohne neue Steuern und Abgaben zu stopfen, wird immer schwerer.

Zweierlei könnte Abhilfe schaffen: eine längere Lebensarbeitszeit und mehr qualifizierte Einwanderer. Doch die Zuwanderung ist unpopulär und ein höheres Rentenalter ebenso. Dabei gibt es zu beidem keine vernünftige Alternative. Selbst jene, die sich von mehr Geld für Familien höhere Geburtenzahlen erhoffen, müssen zugeben: Im nächsten Jahr geborene Kinder stehen dem Arbeitsmarkt nicht vor 2025 zur Verfügung; besser Qualifizierte nicht vor 2030. Viel zu spät.

Aus dieser Einsicht heraus sollte Deutschland deshalb das modernste Einwanderungsrecht Europas be-

ZEIT-Kontroversen

2004 Bundesinnenminister Schily (SPD, l.) und der bayerische Ministerpräsident Stoiber (CSU) verkünden den Kompromiss zum Zuwanderungsgesetz

kommen. Um dafür eine große gesellschaftliche Mehrheit zu finden, berief die rot-grüne Bundesregierung Mitte 2000 eine Kommission unter Vorsitz der CDU-Politikerin Rita Süssmuth. Arbeitgeber, Gewerkschaften, Kirchen, Kommunen, Wissenschaftler und die politischen Parteien wurden beteiligt.

Vor genau drei Jahren schlug die Süssmuth-Kommission Folgendes vor: die aktive Auswahl qualifizierter Zuwanderer nach dem Vorbild klassischer Einwanderungsländer; die aktive Förderung der Integration durch Sprach- und Orientierungskurse für Zuwanderer; die Änderung des Asylrechts. Vor allem die Auswahl hoch qualifizierter Zuwanderer nach einem Punktesystem – unabhängig davon, ob sie bereits ein Arbeitsplatzangebot hatten – sollte Deutschland einen klaren Vorteil im internationalen Wettbewerb um ökonomisch attraktive Migranten verschaffen. Kanada und Australien machen damit seit Jahrzehnten gute Erfahrungen und dienten der Kommission als Vorbild.

Dieser ambitionierte Versuch eines zukunftsweisenden Einwanderungsrechts ist gescheitert. Die CDU lehnte das Vorhaben ab, obwohl ihre eigenen Experten unter Vorsitz des saarländischen Ministerpräsidenten Müller einst ganz ähnliche Vorschläge gemacht hatten. Die CSU war sowieso immer dagegen, und Rot-Grün fehlte eine eigene Mehrheit im Bundesrat.

Herausgekommen ist jetzt ein Kompromiss, der den Namen Zuwanderungsgesetz nicht verdient. Das Punktesystem, eigentlich das Kernstück, wurde schon im Vermittlungsverfahren geopfert. Stattdessen wird der 1973 erlassene Anwerbestopp für ausländische Arbeitnehmer aufrechterhalten. Ambitionierte jüngere Menschen aus anderen Ländern werden sich auch weiterhin nicht in Deutschland niederlassen können – es sei denn, sie sind selbstständige Unternehmer, kommen mit mindestens einer Million Euro im Koffer und schaffen zehn Arbeitsplätze. Die bahnbrechende Idee, die besten und kreativsten Köpfe nach Deutschland zu locken – sie wurde begraben.

Immerhin sieht das Gesetz drei neue Ausnahmen vom Anwerbestopp vor: eben für jene Unternehmer. Dann für ausländische Studenten, die nach Abschluss ihres Studiums ein Jahr Zeit bekommen, um sich hier einen Arbeitsplatz zu suchen. Und schließlich für Top-Wissenschaftler und Top-Manager; für sie wird ein unbefristetes Niederlassungsrecht geschaffen. Deutsche, andere EU-Bürger sowie Bürger von EU-Beitrittsländern haben bei der Bewerberauswahl jedoch weiterhin Vorrang.

Eine Verbesserung erfährt auch das Asylrecht. Flüchtlinge, die von nichtstaatlichen Gruppen oder wegen ihrer sexuellen Orientierung verfolgt werden oder denen eine Genitalverstümmelung droht, hatten bisher keinen Anspruch auf Asyl. Das ändert sich nun. Die umstrittenen Kettenduldungen werden abgeschafft. Asylbewerber, die zum Beispiel wegen Krieg und Terror nicht in ihr Heimatland abgeschoben werden dürfen, können nun schon innerhalb des ersten Jahres eine befristete Aufenthaltserlaubnis erhalten. Im zweiten Jahr soll dies die Regel sein.

2000–2004 ZUWANDERUNGSGESETZ

Flüchtlinge, die nach der Genfer Konvention anerkannt werden, bekamen bislang nur ein so genanntes „kleines Asyl". Nun werden sie Flüchtlingen gleichgestellt, die nach Artikel 16a Asyl erhalten. Sie dürfen also arbeiten. Härtefall-Kommissionen können zudem selbst dann ein befristetes Aufenthaltsrecht erteilen, wenn ein Antragsteller im Prinzip zur Ausreise verpflichtet ist und abgeschoben werden könnte.

Neu im Gesetz sind Bestimmungen zur inneren Sicherheit. Die Ausweisung von Terrorverdächtigen, aber auch von „Hass-Predigern" wird vereinfacht. Ist die Ausweisung nicht möglich, können die Behörden den Bewegungsraum für Terrorverdächtige einschränken und ihnen den Kontakt zu bestimmten Personen untersagen. Die vom Bundesinnenminister ins Spiel gebrachte und von der Union vehement geforderte Sicherungshaft für Verdächtige, die nicht abgeschoben werden können, findet sich hingegen nicht im neuen Gesetz. Eine solche Haft verstieße nach fast einhelliger Meinung von Verfassungsjuristen gegen das Grundgesetz.

Eine ganz wesentliche Forderung der Kommission erfüllt das neue Gesetz: die Integration von Zuwanderern zu fördern. Einwanderer haben von jetzt an Anspruch auf Sprach- und Integrationskurse. Bislang gab es diese nur für Aussiedler. Die geschätzten Kosten von jährlich 235 Millionen Euro trägt der Bund. Darauf einigten sich Innenminister Schily, der saarländische Ministerpräsident Müller und Bayerns Innenminister Beckstein erst in letzter Minute. Verpflichtend sind Sprach- und Integrationskurse nur für Einwanderer, die keine EU-Staatsbürgerschaft besitzen. Nehmen sie am Kurs nicht teil, können ihnen soziale Leistungen gekürzt werden. Im Extremfall wird die Aufenthaltserlaubnis nicht verlängert.

Ohne Zweifel, das neue Gesetz bringt Besserungen. Aber es vergibt die große Chance, das Tor für hoch qualifizierte Einwanderer zu öffnen. Eine zweite Chance wird es so bald nicht geben, und eine EU-weite Regelung ist nicht in Sicht. Die Zukunft gestaltet dieses Gesetz nicht.

Rainer Münz ist Bevölkerungswissenschaftler und Senior Fellow in der Migration Research Group am Hamburgischen WeltWirtschaftsInstitut (HWWI). Er war Mitglied der Süssmuth-Kommission.

2002 Der jordanische Ingenieur Waleed Salem, hier mit seiner Frau, erhält als erster Computerspezialist in Sachsen-Anhalt eine Greencard mit befristeter Aufenthalts- und Arbeitserlaubnis

2001
Pisa-Studie

DIE ZEIT KONTROVERSEN

Am 4. Dezember 2001 werden die Ergebnisse der ersten internationalen Schulstudie Pisa *(Programme for International Student Assessment)* der Organisation für wirtschaftliche Zusammenarbeit und Entwicklung (OECD) veröffentlicht. Die deutschen Schüler belegen in der Gesamtwertung lediglich Platz 25. Das Kürzel Pisa avanciert in der Folge zu einem Schlagwort für die zutage getretenen Versäumnisse in der deutschen Bildungspolitik. »Deutschlands Schulen haben ihr Zeugnis bekommen: Sitzen geblieben« – mit diesen Worten eröffnet *ZEIT*-Redakteur Martin Spiewak den Aufmacher-Artikel auf der Titelseite vom 6. Dezember. Die Schuld an der Bildungsmisere tragen seiner Meinung nach alle Beteiligten: Eltern, Pädagogen und Politiker.

2001 PISA-STUDIE

Die Schule brännt!

Deutschlands Schüler, Deutschlands Lehrer: Sie sind die Verlierer im internationalen Vergleich. Schuld daran sind alle – Eltern, Pädagogen und Politiker

VON MARTIN SPIEWAK

DIE ZEIT, 6. Dezember 2001

Deutschlands Schulen haben ihr Zeugnis bekommen: Sitzen geblieben. In allen abgeprüften Fächern bescheinigt das *Programme for International Student Assessment* (Pisa) unseren Schülern im Schnitt ungenügende Leistungen. Damit wird Pisa zu einer Chiffre des Scheiterns für die deutschen Lernbetriebe. Einem Schüler gleich, der immer wieder aufs Zeugnis schaut, weil er nicht glauben kann, was für schlechte Noten ihm die Lehrer gegeben haben, blicken Pädagogen, Eltern und Bildungspolitiker auf die Ergebnisse, welche die größte weltweite Vergleichsstudie für unsere Schulen vorgestellt hat:

– Deutsche Schüler verstehen Texte schlechter als ihre Altersgenossen in fast allen anderen vergleichbaren Nationen. Auch in Naturwissenschaften und Mathematik liegt ihr Können klar unter dem internationalen Durchschnitt.

– Kein anderes Industrieland zählt prozentual so viele Bildungsverlierer wie Deutschland. Das mathematische Können von fast einem Viertel der 15-Jährigen liegt auf Grundschulniveau.

– Nur auf einem Feld führen wir: Nirgends sind die Unterschiede zwischen guten und schlechten Schülern so groß wie hierzulande.

Diese Befunde allein sind bereits erschütternd. Ein sozialpolitischer Skandal aber ist die Kopfnote, welche die internationalen Forscher uns in der Kategorie „Chancengleichheit" ausstellen. Unser Schulsystem produziert nicht nur schwache Leistungen, es ist auch ungerechter als jedes andere: Nirgendwo haben es Schüler aus unteren sozialen Schichten so schwer, ihre geistigen Fähigkeiten zu entfalten, wie in der Bundesrepublik.

Die große Zahl der Verlierer ist vor allem deshalb so schockierend, weil die Pisa-Forscher kein Abfragewissen prüften. Vielmehr testeten sie die Fähigkeit von Schülern, Probleme zu lösen, aus ihrem Wissen Schlüsse zu ziehen, es im Alltag anzuwenden – zu denken also.

In Deutschland wächst offenkundig eine Generation heran, der es in großen Teilen an grundlegenden Voraussetzungen dafür fehlen wird, sich im Beruf wie im Leben zurechtzufinden.

Das Armutszeugnis ist für die betroffenen Schüler verhängnisvoll, für die Wirtschaft entmutigend – bedrohlich ist der Zustand der Schulen für die gesamte Gesellschaft. Denn für manche Erstklässler ist die spätere Langzeitarbeitslosigkeit in der postindustriellen Gesellschaft bereits beschlossene Sache. Der Zusammenhang von mangelnder Bildung, fehlenden Chancen auf dem Arbeitsmarkt und Kriminalität ist bei Jugendlichen mehrfach bewiesen – insbesondere bei heranwachsenden Ausländern. Gerade ihren Bildungsabsturz in Deutschland dokumentiert Pisa eindrücklich. In Deutschland ist Herkunft ein Schicksal geblieben.

Wer trägt die Schuld an dem Lernnotstand? Pisa erteilt dem gesamten deutschen Schulestablishment einen Verweis: Bildungspolitikern, die glauben, man müsse Schüler möglichst streng und frühzeitig nach Leistung trennen; Pädagogen, die jede Kontrolle ihrer eigenen Arbeit für eine Zumutung halten und auch Ministerialbürokraten, die mit unzähligen Vorschriften den Schulen jeden eigenen Spielraum nehmen.

Zudem stellen die Ergebnisse der Studie die Bildungsökonomie infrage. In Deutschland fließt viel Geld dorthin, wo die sozial Privilegierten unterrichtet werden: in die gymnasiale Oberstufe. Doch wer mehr Schüler zu einem Abschluss, mehr Jugendliche zu Abitur und Studium führen will, muss das Geld verstärkt dort investieren, wo Bildungskarrieren entschieden werden: in Kindergärten und Grundschulen. Es ist unverständlich, dass ein Universitätsstudium in Deutschland gratis zu haben ist, Eltern für den Kindergartenplatz dagegen bezahlen müssen. Und vermutlich ist dem Bildungsstandort – wie dem sozialen Frieden – mehr damit gedient, Deutschkurse für türkische Schulanfänger oder Förderunterricht für Hauptschüler einzurichten, als Hochbegabtenschulen zu installieren oder private Eliteuniversitäten zu subventionieren.

Es kommt auf den Unterricht an
Chancengleich und Exzellenz müssen im Bildungswesen keine Gegensätze sein. Vielmehr zeigen die Pisa-Resultate, dass Elite ein breites Fundament braucht. Gerade die Spitzenreiter der Studie wie Finnland und Japan, die im Bildungswesen soziale Unterschiede vorbildlich ausgleichen, glänzen mit den besten Ergebnissen.

Warum schneiden skandinavische, asiatische und angelsächsische Länder so viel besser ab als wir? Die Antwort ist einfach: Ihre Lehrer geben besseren Unterricht. Statt den Schülern vorzukauen, was sie bis zur nächsten Klassenarbeit wissen müssen, las-

2001 Zwei Erstklässlerinnen der Paderborner Josef-Schule arbeiten im Unterricht bereits mit Computern

2001 PISA-STUDIE

sen sie die Kinder und Jugendlichen selbst nach Lösungen suchen und von Mitschülern lernen. Statt Fakten versuchen sie die Schüler das Denken zu lehren. Offenkundig gelingt ihnen das besser als ihren Kollegen in Deutschland. Zudem ist der Unterricht in anderen Ländern anspruchsvoller als in unseren Klassenzimmern, wo das Lehrer-fragt-wir-antworten-Pingpong viele Schüler unterfordert. Bildung ist das Vermögen, Probleme selbst zu lösen und nicht vorgegebene Lösungen zu wiederholen. So verstanden, sind kanadische oder koreanische Schüler im Schnitt gebildeter als ihre deutschen Altersgenossen.

Moderne didaktische Konzepte, die nicht belehren, sondern anregen, selbst zu lernen, findet man auch an hiesigen Schulen. Die Mehrheit deutscher Lehrer unterrichtet jedoch in traditioneller Manier. Die meisten Eltern sind damit zufrieden – so hatten sie ja selbst schon gelernt.

Im Alltag können deutsche Lehrer Routineunterricht hinter der geschlossenen Klassentür verstecken. Hier liegt das größte Hindernis jeder Unterrichtsreform. Denn den Lehrerkollegien fehlt es an professioneller Kooperation. Warum besuchen sich so wenige Pädagogen gegenseitig im Unterricht, um voneinander die besten Ideen abzuschauen? Warum schreiben so wenige Schulen parallel in einer Klassenstufe die gleiche Klassenarbeit und fragen sich, wie die Leistungsunterschiede zustande kommen? Wieso öffnen sie sich so selten dem Blick von außen? Es gibt Schulen, die tun all dies in vorbildlicher Weise. Doch bleiben sie Inseln im Meer der Mittelmäßigkeit.

2001 Bundespräsident Johannes Rau besucht den Physikunterricht einer 13. Klasse der aufgrund ihrer pädagogischen Reformkonzepte mehrfach ausgezeichneten Rostocker Jugenddorf-Christophorusschule

Denn bisher brauchen deutsche Lehrer keine Rechenschaft darüber abzulegen, was sie mit den Kindern und den Geldern anstellen, die ihnen anvertraut sind. Eltern wollen wissen, ob der Unterricht ihrer Kinder gut ist. Kaum ein Direktor kann darauf eine überzeugende Antwort geben. Mit den deutschen Lehrern verhält es sich wie mit einem Läufer, den man lange trainiert und gut ernährt, ihm genaue Vorschriften mit auf den Weg gibt, wie er laufen soll – und dann nicht fragt, ob er jemals ins Ziel gelangt.

Diese Methode, Input-Steuerung genannt, hat versagt. Schulen brauchen stattdessen mehr Freiheit. Sie sollten ihr Budget eigenständig verwalten, ihre Lehrer selbst einstellen – und diese durchaus nach Leistung unterschiedlich bezahlen. Gleichzeitig jedoch müssen sie ihre Ergebnisse zum Vergleich mit anderen offen legen und sich fragen lassen, was sie unternehmen, wenn ihre Schüler schlechter lernen als anderswo.

Sollten sie sich weigern, werden andere ihr Urteil über die Qualität der einzelnen Schulen fällen. Schon jetzt ist abzusehen, dass das Abitur bald nicht mehr die einzige Zugangsberechtigung zum Studium sein wird. Spätestens wenn die Universitäten Zulassungsprüfungen für ihre Studenten einführen, kann sich kein Gymnasium mehr dem öffentlichen Wettbewerb entziehen, wer die besten Schulabgänger hervorbringt.

Schulen können besser werden. Andere Länder haben es bewiesen. Das ist die gute Nachricht von Pisa. Finnland und Korea sind unsere neuen Vorbilder.

2001–2002
Antiterror-Gesetzgebung

DIE ZEIT
KONTROVERSEN

Unter dem Eindruck der Terroranschläge vom 11. September 2001 verschärft der Bundestag mit dem sogenannten Sicherheitspaket I zahlreiche bestehende Bundesgesetze, um die Terrorismusgefahr in Deutschland einzudämmen; unter anderem wird das Religionsprivileg im Vereinsrecht abgeschafft. Im Dezember 2001 verbietet Innenminister Otto Schily (SPD) auf dieser Grundlage die Vereinigung Kalifatsstaat; weitere Sicherheitspakete und Antiterrorgesetze folgen. In der *ZEIT* befasst sich der frühere Chefredakteur Robert Leicht in einer zweiteiligen Analyse mit den sich wandelnden Vorstellungen von »innerer Sicherheit«.

2001–2002 ANTITERROR-GESETZGEBUNG

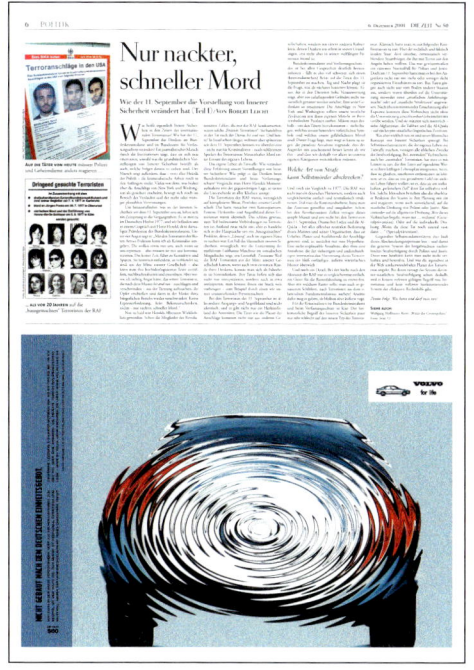

Nur nackter, schneller Mord

Wie der 11. September die Vorstellung von Innerer Sicherheit verändert hat (Teil 1)

VON ROBERT LEICHT

DIE ZEIT, 6. Dezember 2001

Was heißt eigentlich Innere Sicherheit in den Zeiten des internationalen Terrorismus? Wie hat der 11. September das Denken im Bundeskriminalamt und im Bundesamt für Verfassungsschutz verändert? Ein journalistischer Marsch durch die verantwortlichen Institutionen zeigt, dass sie sich neu orientieren, sowohl was die grundsätzlichen Vorstellungen von Innerer Sicherheit betrifft als auch, welche Folgen daraus zu ziehen sind. Der Marsch zeigt außerdem, dass – trotz aller Hektik der Politik – die kriminalistische Arbeit noch in den Anfängen steckt. Vieles von dem, was bisher über die Anschläge von New York und Washington als gesichert erscheint, bewegt sich noch im Bereich des Verdachts und der mehr oder weniger plausiblen Vermutungen.

Um herauszufinden, was an der Inneren Sicherheit seit dem 11. September neu ist, lohnt ein Sprung in die Vergangenheit: Es ist mitten im Deutschen Herbst 1977, und wir befinden uns im Gespräch mit Horst Herold, dem damaligen Präsidenten des Bundeskriminalamtes. Unter vier Augen sagt er: „Mit den Terroristen der Roten Armee Fraktion kann ich als Kriminalist umgehen. Die wollen etwas von uns, auch wenn sie uns erpressen – also müssen sie mit uns kommunizieren. Das kostet Zeit, führt zu Kontakten und Spuren. Sie kommen außerdem, so verblendet sie sind, aus der Mitte unserer Gesellschaft – also kann man ihre hochideologisierten Texte entziffern, nachbuchstabieren und einordnen. Aber wovor ich richtig Angst hätte, das wären Terroristen, die nach dem Muster *hit and run* – zuschlagen und verschwinden – aus der Tarnung auftauchen, ihr Opfer erschießen und dann in der Maske ihres bürgerlichen Berufes wieder verschwinden. Keine Erpresserforderung, kein Bekennerschreiben, nichts – nur nackter, schneller Mord."

Nur allzu bald war Herolds Albtraum Wirklichkeit geworden.

2001 Bundesinnenminister Otto Schily (SPD) spricht vor der Innenminister-Konferenz zum Antiterrorkampf mit Journalisten

Schon die Mitglieder der Revolutionären Zellen, die mit der RAF in Konkurrenz standen, waren solche „Freizeit-Terroristen": Sie handelten in der Tat nach der Devise *hit and run.* Und heute? In Israel schon länger, weltweit aber spätestens seit dem 11. September, kennen wir überdies eine – nicht nur für Kriminalisten – noch schlimmere Spielart des Terrorismus: Massenhafter Mord unter Einsatz des eigenen Lebens.

Das eigene Leben als Tatwaffe: Wie verändert diese Erfahrung unsere Vorstellungen von Innerer Sicherheit? Wie prägt es das Denken beim Bundeskriminalamt und beim Verfassungsschutz? Vergleicht man Horst Herolds Momentaufnahme mit der gegenwärtigen Lage, so treten die Unterschiede in aller Klarheit zutage.

Die Terroristen der RAF waren, wenngleich auf komplizierte Weise, Produkte unserer Gesellschaft. Das hatte zunächst zwei Konsequenzen. Erstens: Herkunfts- und Angriffsland dieses Terrorismus waren identisch. Das schloss gewisse, zum Teil bedeutsame Verbindungen zu Terroristen im Ausland zwar nicht aus, aber es handelte sich in der Hauptsache um ein „hausgemachtes" Problem, dessen „Lösung" auch im eigenen Haus zu suchen war. Ein Fall der klassischen *inneren* Sicherheit, wenngleich, wie die Erstürmung der entführten Lufthansa-Maschine im somalischen Mogadischu zeigt, ein Grenzfall. Zweitens: Weil die RAF-Terroristen aus der Mitte unserer Gesellschaft kamen, wenn auch vom extremen Rande ihres Denkens, konnte man sich als Fahnder in sie hineindenken. Ihre Taten ließen sich also nicht nur interpretieren, sondern auch in etwa antizipieren, man konnte ihnen ein Stück weit vorbeugen – zum Beispiel durch einen wie immer unzureichenden Personenschutz.

Bei den Terroristen des 11. September ist alles anders: Ausgangs- und Angriffsland sind nicht identisch, und es gibt nicht nur ein Herkunftsland der Attentäter. Die Täter wie die Planer der Anschläge kommen nicht nur aus anderen Gesellschaften, sondern aus einem anderen Kulturkreis, dessen Denken uns schon in seinen Grundzügen, erst recht aber in seinen vielfältigen Extremen fremd ist.

Bundeskriminalamt und Verfassungsschutz – das ist bei allen Gesprächen deutlich herauszuhören – fällt es also viel schwerer, sich einen (kriminalistischen) Reim

2001–2002 ANTITERROR-GESETZGEBUNG

auf die Taten des 11. September zu machen. Tag und Nacht plagt sie die Frage, was als nächstes kommen könnte. Einer, der in den Diensten hohe Verantwortung trägt, aber aus naheliegenden Gründen nicht namentlich genannt werden möchte, fasst seine Gedanken so zusammen: Die Anschläge in New York und Washington sollten unsere westliche Zivilisation mit ihren eigenen Mitteln an ihren symbolischen Punkten treffen. Müsste man deshalb – um den Tätern beizukommen – nicht fragen, welches unsere besonders verletzlichen Symbole und welches unsere gefährlichsten Mittel sind? Dieser Frage liegt, man wagt es kaum zu sagen, die paradoxe Annahme zugrunde, dass der Angreifer uns anscheinend besser kennt als wir ihn – und dass wir deshalb vor allem in unseren eigenen Kategorien weiterdenken müssten.

Welche Art von Strafe kann Selbstmörder abschrecken?

Und noch ein Vergleich zu 1977: Die RAF war nicht nur ein deutsches Phänomen, sondern auch vergleichsweise einfach und zentralistisch strukturiert. Traf man die Kommandoebene, hatte man das Zentrum getroffen und umgekehrt. Schon bei den Revolutionären Zellen versagte dieses simple Muster und erst recht bei den Terroristen des 11. September. Osama bin Laden und die Al-Qaida – bei aller offenbar zentralen Bedeutung dieses Mannes und seiner Organisation, dass sie Urheber, Planer und Ausführende der Anschläge gewesen sind, ist zunächst nur eine Hypothese. Eine nicht unplausible Annahme, aber eben eine Annahme, die der vielseitigen und undurchsichtigen internationalen Vernetzung dieses Terrorismus ein bloß vorläufiges, äußerst vereinfachtes Muster überwirft.

Und noch ein Detail: Bei der Suche nach den Akteuren der RAF war es vergleichsweise einfach, ein Gitter für die Rasterfahndung zu entwerfen. Aber mit welchem Raster sollte man nach so genannten Schläfern, nach Terroristen aus dem islamischen Fundamentalismus suchen? Ansätze dafür mag es geben, sie bleiben aber äußerst vage.

Für die Kriminalisten im Bundeskriminalamt und beim Verfassungsschutz ist klar: Der herkömmliche Begriff der Inneren Sicherheit passt nur sehr schlecht auf den neuen Typ des Terrorismus. Klassisch hatte man es mit folgender Konfrontation zu tun: Hier der rechtlich und faktisch intakte Staat, dort einzelne, extremistisch verblendete Staatsbürger, die ihn mit Terror aus den Angeln heben wollten. Das war gewissermaßen ein extremer Normalfall für Polizei und Justiz. Doch am 11. September hatte man es bei den Angreifern nicht nur mit mehr oder weniger dicht organisierten Einzeltätern zu tun. Ihre Taten gingen auch nicht nur vom Boden anderer Staaten aus, sondern waren überdies auf die Unterstützung entweder einer „staatlichen Anlehnungsmacht" oder auf „staatliche Strukturen" angewiesen. Nach übereinstimmender Einschätzung aller Experten konnten diese Verbrechen nicht ohne die Unterstützung eines fremden Geheimdienstes verübt werden. Und sie stützten sich zusätzlich – siehe Afghanistan, die Taliban und die Al-Qaida – auf ein krypto-staatliches logistisches Zentrum.

Was aber wirklich neu ist und unser klassisches Konzept von Innerer Sicherheit sprengt: Bei Selbstmordattentätern, die ihr eigenes Leben zur Tatwaffe machen, versagen alle üblichen Zwecke der Strafverfolgung. Bei „normalen" Verbrechern, auch bei „normalen" Terroristen, hat man es mit Leuten zu tun, die ihre Taten auf irgendeine Weise in ihren künftigen Lebensplan integrieren. Sei es, dass sie glauben, unerkannt entkommen zu können; sei es, dass sie mit geraubtem Geld ein anderes Leben führen wollen; sei es, dass sie am wahnhaften „politischen Ziel" ihrer Tat teilhaben wollen. Solche Menschen beziehen also die absehbare Reaktion des Staates in ihre Planung mit ein und reagieren, wenn auch ausweichend, auf die staatliche Drohung mit Polizei oder Justiz: Also entweder auf die allgemeine Drohung „Wer dieses Verbrechen begeht, muss mit ... rechnen" (Generalprävention). Oder auf die individuelle Drohung „Wenn du diese Tat noch einmal tust, dann ..." (Spezialprävention).

Gegenüber Selbstmordattentätern läuft dieses Abschreckungsrepertoire jedoch leer – und damit das gesamte System der hergebrachten nacheilenden Strafverfolgung durch Polizei und Justiz. Denn tote Straftäter kann man nicht mehr verhaften und bestrafen. Und was die irgendwo in der Welt umherwandelnden Planer des Terrorismus angeht: Bei ihnen versagt das System der inner-staatlichen Strafverfolgung schon deshalb, weil es keinen weltweit gültigen Begriff von Terrorismus und kein weltweit funktionierendes System der effektiven Rechtshilfe gibt.

ZEIT-Kontroversen

Wenn einer Tag für Tag ein Kernkraftwerk fotografiert

Wie lassen sich Terroranschläge rechtzeitig verhindern?

Und wo stößt die Polizei an rechtsstaatliche Grenzen? (Teil 2)

VON ROBERT LEICHT

DIE ZEIT, 13. Dezember 2001

Seit dem 11. September lautet eine wichtige Frage: Wie lässt sich das Verhältnis zwischen Sicherheit und Freiheit so austarieren, dass wir mehr Sicherheit nicht mit weniger Freiheit bezahlen müssen? Wie? Das kann man an zwei Beispielen der geplanten Gesetzgebung gut demonstrieren: Paradox genug, ein durchaus denkbarer Schritt wurde abgelehnt, die eigenständige Ermittlungskompetenz des Bundeskriminalamts. Eine völlig inakzeptable Regelung hingegen wird glatt durchgewinkt, nämlich die Aufnahme von verschlüsselten Fingerabdrücken in die Ausweise aller deutschen Staatsbürger.

Das erste Beispiel: Wenn unser System der nacheilenden Strafverfolgung gegenüber Selbstmordattentätern nicht weiterhilft, weil sie sich vor der Tat nicht durch die Strafandrohung abschrecken lassen und nachher nicht mehr bestraft werden können, dann muss mehr Gewicht auf die rechtzeitige Verhinderung von künftigen Anschlägen, auf die Gefahrenabwehr gelegt werden. Allerdings ohne dabei die rechtsstaatlichen Schranken einzureißen.

Die sehen bisher so aus: Das klassische Konzept von „Sicherheit durch (drohende) Strafverfolgung" knüpft an bei der Figur des „Anfangsverdachts". Der Staatsanwalt und sein Hilfsorgan, die Polizei, können nur tätig werden, wenn sie eine bestimmte Person (und sei sie zunächst unbekannt) vor Augen haben, die sich einer konkreten Straftat – oder eines Versuchs – verdächtig gemacht hat. Die rechtsstaatliche Devise heißt: Erst die Tat, dann der Verdacht, dann die Ermittlung. In dieser Trias liegt die Sperre gegen Allerweltsermittlungen gegen alle und jeden.

Allerdings darf die Polizei auch an Ort und Stelle gegen Personen vorgehen, welche die öffentliche Ordnung gegenwärtig stören. Aber auch hier ist, ohne dass es schon auf die Strafbarkeit der „Störung" ankäme, ein Tätigwerden des „Stö-

2001–2002 ANTITERROR-GESETZGEBUNG

rers" erforderlich. Doch hilft diese Möglichkeit der Polizei, einen Terroranschlag frühzeitig genug zu verhindern? Ein Beispiel: Gesetzt den Fall, jemand fotografiert mit großer Ausdauer und Gründlichkeit (und seinem Teleobjektiv) Tag für Tag ein Kernkraftwerk – was soll daran strafbar sein oder eine Störung der öffentlichen Ordnung? Selbst dann, wenn man wissen könnte, dass der Mann einer fundamentalistischen islamistischen Sekte angehört?

Auf welch riskantes Gelände man dabei geraten kann, lehrte – vor gut einem Vierteljahrhundert – der Fall Traube: Der Atomwissenschaftler Klaus Traube war im Zuge der RAF-Fahndung in das Visier der Ermittler geraten. RAF und Atom – eine Horrorvision! Nur lag gegen den Mann gar nichts vor. Auch weitere „normale" Ermittlungen förderten nichts zutage. Aber weil man meinte, da müsse etwas sein, griff man eben zu „anderen" Ermittlungsmethoden – und startete einen „Lauschangriff" auf Traubes Ferienwohnung. Diese massive Grundrechtsverletzung brachte aber auch keine Erkenntnisse, weil es einfach nichts zu erkennen gab. Der Fall zeigt also in aller Drastik, in welche Gefahr die Freiheit gerät, wenn man die rechtsstaatlich gebotene Reihenfolge umkehrt und nach dem Muster handelt: Erst die Ermittlung, dann vielleicht der Verdacht und wenn nicht – dann erst recht verschärfte Ermittlung.

Es gibt aber, wie der 11. September zeigt, Verbrechen, deren Organisation in einem Stadium beginnt, das weit vor der Schwelle des rechtlich definierten Anfangsverdachtes liegt. Verbrechen, die zu einer Katastrophe führen, die auch die Täter auslöschen und mit ihnen die nacheilende Strafverfolgung. Will man es nicht darauf ankommen lassen, dass die Vorbereitung bis zum sichtbaren Anfangsverdacht und bis zur Ausführung fortschreitet, so steht man vor einer einfachen Alternative: Entweder drückt man die Augen zu und lockert die Kriterien für den Anfangsverdacht (eine rechtsstaatlich nicht akzeptable Verfahrensweise!). Oder man weist der Polizei eine enge, auf bestimmte Verbrechen begrenzte Kompetenz zur Ermittlung im Vorfeld zu.

Den zweiten Weg haben vor zehn Jahren die Innen- und Justizminister auf dem Feld der Organisierten Kriminalität gewählt. In einer gemeinsam verfassten Richtlinie haben sie der Polizei der Länder die Befugnis zur „Initiativermittlung" zugewiesen. Vereinfacht: Die Polizei darf mit Instrumenten, also zum Beispiel mit Abhörgeräten, die eigentlich einen Anfangsverdacht voraussetzen, eigenständig ermitteln, um einen solchen zu begründen. Sobald sich aber ein Anfangsverdacht ergibt, übernimmt die Staatsanwaltschaft die Herrschaft über das Verfahren. Das Ganze ist gewissermaßen die Quadratur des Kreises.

Otto Schily hatte in seinem ersten Sicherheitspaket den Versuch unternommen, für das Bundeskriminalamt eine solche „Initiativermittlung" auf dem Gebiet des Terrorismus zu begründen. Der Versuch scheiterte erst einmal. Rechtsstaatliche Bedenken? Eher Eifersucht der Länderpolizeien auf das Bundeskriminalamt!

Was die Bedenkenträger aber übersehen: Die bisherige Rechtslage kann zu sehr merkwürdigen Folgen führen. In einem Beispielfall im Kampf gegen den Terrorismus stellt sich das so dar: Das BKA hatte sich an den Generalbundesanwalt mit dem Antrag gewandt, ein Ermittlungsverfahren gegen eine bestimmte Person einzuleiten. Der Generalbundesanwalt fand das vorgelegte Material zu dünn: Kein Anfangsverdacht – bitte mehr Butter bei die Fische. Das BKA wandte sich daraufhin an die Generalstaatsanwaltschaft eines Landes, mit der Bitte, die Polizei in Marsch zu setzen. Dort hieß es aber: Der Fall übersteige die örtliche Reichweite; er müsse zentral, also im BKA, bearbeitet werden. Folglich geschah nach dem Muster des Buchbinders Wanningers – frei nach Karl Valentin – erst einmal gar nichts. (Nach dem deutschen Herbst hatte das BKA eine Ermittlungszuständigkeit für Terrorismus zugewiesen bekommen; später wurde die Kompetenz wieder gestrichen.)

Jetzt „löst" man die Sache erst einmal so, dass die Kompetenzen der Geheimdienste massiv ausgeweitet werden und dass man es im Übrigen auf den Informationsaustausch zwischen den Behörden ankommen lässt. Doch das ist kriminalistisch weniger effektiv und rechtsstaatlich kaum weniger bedenklich.

Das zweite Beispiel aus Otto Schilys Sicherheitspaket: die digital verschlüsselte Aufnahme von Fingerabdrücken und anderen biometrischen Daten in die Personalausweise. Auf den ersten Blick scheint gegen das Ziel nichts einzuwenden zu sein: Die absolute Übereinstimmung zwischen einem Ausweis und seinem Träger – perfekt!

Doch auf den zweiten Blick zeigt sich das Gegenteil.

Die Erfahrung lehrt, dass eine beachtliche Zahl von bestimmten Ausländern entweder leicht zu fälschende, falsche oder wechselnde Personaldokumente vorlegt. Dieses Spiel kann man verhindern, wenn die Fingerabdrücke dem Einreisedokument beigefügt werden. Das klappt aber nur, wenn man diese auch zentral zugänglich speichert; sonst gibt es nämlich keinen Abgleich mit früheren oder späteren Dokumenten und Alias-Identitäten. Aber müssen deshalb alle deutschen Personaldokumente Fingerabdrücke enthalten? Vor allem: Müssen diese in einer Zentraldatei gespeichert werden?

Geschieht dies, so führt man klammheimlich das allumfassende Personenkennzeichen (PKZ) ein, das es technisch möglich macht, alle über einen Bürger vorliegenden Daten (aus der Polizei, aus dem Sozialsystem, dem Gesundheitswesen und so weiter) mit einem Schlüssel an einem Punkt zu konzentrieren. Natürlich will das gegenwärtig niemand. Aber wenn erst einmal die technischen Voraussetzungen geschaffen sind, wird der Hunger geweckt.

Warum wird dieser hoch gefährliche Schritt dennoch getan? Die einen sagen: Hat man erst einmal die Fingerabdrücke aller Deutschen zentral gespeichert, lassen sich auch kleine Fische leichter fangen. Die Aufklärung eines Einbruchs ist dann nur noch eine Sache eines Computerklicks – sofern der Dieb seine Handschuhe vergessen haben sollte. Die zweite Antwort führt unmittelbar nach Absurdistan: Die vielen Geräte zum Abgleich der Fingerabdrücke auf dem Ausweis mit denen des Trägers sind teuer, sie kosten Milliarden. Besteht die Pflicht zum Fingerabdruck nur für Ausländer, müssen die Investitionen aus dem Staatshaushalt aufgebracht werden. Zwingt man überdies alle deutschen Staatsbürger in das System, kann man die Anschaffungskosten für die Lesegeräte über die höheren Gebühren für die neuen Personalausweise refinanzieren. Kurz und knapp: Diese Totalerfassung der Fingerabdrücke ist aus prinzipiellen wie aus praktischen Gründen insgesamt abzulehnen. Hier gilt nun wirklich: Wehret den Anfängen – also der Einführung eines PKZ.

2001 Die Regierung einigt sich auf ein Sicherheitspaket, das u. a. die Aufnahme biometrischer Merkmale in Ausweise vorsieht

2002 EURO IM PORTEMONNAIE

2002
Euro im Portemonnaie

DIE ZEIT

KONTROVERSEN

Am 1. Januar 1999 wird der Euro eingeführt – zunächst allerdings nur für den bargeldlosen Zahlungsverkehr. Drei Jahre später, zum Jahresbeginn 2002, geben die Banken in zwölf EU-Ländern die neuen Euro-Scheine und -Münzen aus. In Deutschland wird die neue Währung jedoch nicht nur willkommen geheißen. »Der Euro vergrößert den Wohlstand und das weltpolitische Gewicht« Europas, schreibt hingegen Bundeskanzler a. D. Helmut Schmidt in der *ZEIT* und erinnert an die Geschichte des europäischen Einigungsprozesses, den er selbst mitgestaltet und gefördert hat.

Einer für alle

Der Euro vergrößert den Wohlstand und das weltpolitische Gewicht: Die Idee der Einheitswährung – und was aus ihr wurde

VON HELMUT SCHMIDT

DIE ZEIT, 15. November 2001

Etwa um Ostern nächstes Jahr werden die meisten der deutschen Ängste wegen der Umstellung von D-Mark auf Euro verflogen sein. Mehrfach hat man bis dahin Lohn, Gehalt oder Rente in Euro überwiesen bekommen. Die Miete wird längst in Euro abgebucht, viele Male hat man bereits im Supermarkt oder in der Kneipe bar mit Euro bezahlt. Wir werden Mühe haben, uns an die gruseligen Prognosen der Anti-Euro-Populisten zu erinnern, an das Geschwätz von der bevorstehenden Inflation, an die Herabsetzung des Euro als „Esperanto-Währung", an all die Angstmacher – von *Bild*-Zeitung und *Spiegel* über ehemalige Bundesbankchefs bis zu Peter Gauweiler und den vier Professoren, die (immer mal wieder!) das Bundesverfassungsgericht bemühen wollten, um den Euro für eine Verletzung des Grundgesetzes erklären zu lassen.

Viele Deutsche haben sich wieder einmal ohne einen ausreichenden Grund Angst machen lassen. Tatsächlich wird sich in unserem Alltag nichts spürbar verändern.

Und doch ist die Währungsunion von zwölf Mitgliedsstaaten der Europäischen Union ein gewaltiger strategischer Schritt. Es wird Jahre dauern, bis wir die Bedeutung dieses geschichtlich einmaligen Aktes vollkommen verstehen. Die Währungsunion bringt allen Beteiligten erhebliche ökonomische Vorteile. Sie vollendet den bisher nur so genannten Gemeinsamen Markt, indem sie – wie für jeden Markt eigentlich selbstverständlich – nur noch eine einzige Währung innerhalb des Marktes gelten lässt. Zugleich wird die europäische Integration auf eine höhere Stufe gehoben. Die Europäische Union befähigt sich zur Selbstbehauptung auf den globalisierten Finanzmärkten.

Auch wenn die USA für die absehbare Zukunft militärisch und technologisch ein großes Übergewicht gegenüber den anderen Staaten der Welt haben werden, so wird doch die EU ein etwa gleich großes

1998–2009 Turbulenzen und Epochenbruch 453

2002 EURO IM PORTEMONNAIE

1999 Deutschland im Euro-Fieber: Mit großformatigen Euro-Münzen und Banknoten informieren Mitarbeiter einer Bank in Düsseldorf über die neue europäische Währung

2001 EZB-Präsident Wim Duisenberg stellt in Frankfurt a. M. die Euro-Banknoten und ihre Sicherheitsmerkmale vor

ökonomisches Gewicht haben. Die politische Führung der EU wird dieses Gewicht weltpolitisch einsetzen können – wenn die EU sich zu einer gemeinsamen Außenpolitik befähigen sollte. Die 15 Staats- und Regierungschefs der EU-Staaten haben in den vergangenen Jahren zwar viel über eine „gemeinsame Außen- und Sicherheitspolitik" geredet, aber die gegenwärtige globale Terrorismuskrise lässt jedermann erkennen: Tatsächlich gibt es dafür nur sehr bescheidene Ansätze. Doch selbst diese Ansätze wären noch vor einigen Jahrzehnten undenkbar gewesen. Wer die Zukunft des Euro realistisch beurteilen will, der muss sich die bisherige Geschichte der Europäischen Union vergegenwärtigen, um die wahrscheinliche weitere Entwicklung extrapolieren zu können.

Der Gedanke einer gemeinsamen Währung wurde in den fünfziger Jahren erstmalig von Jean Monnet vorgetragen. Die Montanunion zwischen Frankreich, Italien, Deutschland und den drei Beneluxstaaten gab es seit 1952; Monnet war der erste Präsident von deren „Hoher Behörde" gewesen und hatte danach sein internationales Aktionskomitee für die Vereinigten Staaten Europas gegründet. Als Mitglied dieses Komitees habe ich von Monnet das große Ziel der Zusammenführung der europäischen Nationen und Nationalstaaten gelernt. Für mich lag dieses Ziel im strategischen Interesse Deutschlands. Ich stimmte in diesem Ziel mit Adenauer, nicht aber mit Schumacher und nicht mit Erhard überein. Von Monnet habe ich gelernt, dass man diesem Ziel kaum durch die Verkündung großer Visionen und durch rhetorische Glanzleistungen näher kommt, sondern dass man vielmehr einen Schritt nach dem anderen tun muss. Und dass jeder Schritt praktisch begründet und als vorteilhaft erkennbar sein muss. Und dass man Geduld braucht.

Ohne Frankreich geht nichts

In Giscard d'Estaings Buch *Le Pouvoir et la Vie* ist zu lesen, dass Jean Monnet im März 1977 zu ihm sagte: „Sie haben das Wesentliche begriffen. Sie haben begriffen, dass Frankreich in Zukunft zu klein sein wird, um seine Probleme allein lösen zu können." Ich glaube, dass Monnet mit dieser Bemerkung zu Giscard Recht hatte. Noch mehr hätte seine Bemerkung auf Deutschland zugetroffen. Schon damals war das Land zu klein, und ebenso ist heute das vereinigte Deutschland zu klein, „um seine Probleme allein lösen zu können".

Noch zu Lebzeiten des Generals de Gaulle hatte ich verstanden, dass die Einigung der europäischen Staaten nur möglich ist, wenn und soweit Frankreich diese Einigung will und sie zu seiner eigenen Sache macht. Ich glaube auch heute, nach dem Ende des Kalten Krieges, dass für die ersten Jahrzehnte des 21. Jahrhunderts der Schlüssel immer noch bei Frankreich liegt.

Als Churchill 1946 in Zürich über die Notwendigkeit der „Vereinigten Staaten von Europa" sprach und als vier Jahre später Robert Schuman seinen Plan für die Montanunion veröffentlichte, standen zwei strategische Motive im Vordergrund: zum einen die gemeinsame Abwehr einer bedrohlichen Sowjet-

2002 EURO IM PORTEMONNAIE

union und des von Moskau aus vordringenden Kommunismus, zum anderen die Einbindung Deutschlands. Die sowjetische Bedrohung spielt dank Gorbatschow, Jelzin und Putin keine Rolle mehr. Dagegen ist das Motiv der Einbindung Deutschlands nach wie vor ein erstklassiges strategisches Prinzip, erst recht, seit Deutschland nach der Vereinigung um ein Drittel mehr Menschen hat als Frankreich, Italien oder England.

Dem folgte schon in den fünfziger Jahren durch die Römischen Verträge das andere strategische Prinzip: ökonomische und soziale Vorteile durch die Schaffung eines Gemeinsamen Marktes. Mit Beginn des Jahres 2002 werden wir die Idee endlich weitestgehend verwirklichen.

Heute wird es hohe Zeit, dass die gewählten politischen Führer der europäischen Staaten eine dritte Einsicht teilen: Das strategische Prinzip der gemeinsamen Selbstbehauptung sollte gleichen Rang erhalten wie die beiden vorgenannten strategischen Prinzipien.

Natürlich wird der europäische Integrationsprozess auch in Zukunft schwerwiegende Krisen zu überwinden haben. Alle bisherigen Krisen sind überwunden worden, weil die Staats- und Regierungschefs sich letztlich im Interesse ihrer eigenen Nation an den entscheidenden strategischen Prinzipien orientiert haben. Aus dieser Erfahrung leite ich die zuversichtliche Erwartung ab, dass die strategischen Prinzipien auch in Zukunft obsiegen werden über die zweit- und drittrangigen Detailfragen, die der jeweiligen Krise zugrunde liegen.

Die gegenwärtige Stillstandskrise kann durch die übereilte Erweiterung durchaus noch verlängert werden. Es war ein leichtfertiger Entschluss, gleichzeitig eine Beitrittseinladung an zwölf Staaten zu richten und tatsächlich ernsthafte Detailverhandlungen mit ihnen zu führen. Bisher hatten wir jeweils nur drei Staaten im Laufe eines Jahrzehnts aufgenommen.

Gleichzeitig gelten noch alle Regeln und Verfahren, die im Verein von sechs Mitgliedsstaaten gut funktioniert haben, die aber heute bei 15 Mitgliedsstaaten nur noch sehr schlecht funktionieren und die im Kreise von 27 Staaten mit Sicherheit die Europäische Union funktionsuntüchtig machen würden. Es sei denn, inzwischen würden die Verfahren und Institutionen neu formiert: weitgehende Ersetzung des einstimmigen Beschlusses durch Mehrheitsbeschluss – also die weitgehende Beseitigung des Vetorechts für jedes einzelne Mitgliedsland; Verringerung der Zahl der Kommissionsmitglieder von heute 20, demnächst bis zu 27!; Abschaffung der Gesetzgebungsmacht einer Vielzahl von Ministerräten; kein Gesetz ohne Billigung durch das Europäische Parlament. Wenn aber die Regierungschefs sich auch weiterhin diesen institutionellen Reformen verweigern sollten, dann wird es zwangsläufig zu einem Europa der unterschiedlichen Geschwindigkeiten oder der konzentrischen Kreise kommen.

Die Tatsache, dass England, Schweden und Dänemark ihre nationale Währung beibehalten wollen, und dazu der vorhersehbare Umstand, dass einstweilen auch keiner der zwölf auf Beitritt zur EU wartenden Staaten am Euro teilhaben wird, kann Euroland zu einem inneren Kreis der EU werden lassen; zu einem Kerneuropa, dessen Wirtschaft sehr viel enger verknüpft und verdichtet ist als der – größere – Rest der EU-Mitgliedsstaaten. Auch ein noch kleinerer innerer Kern der EU ist denkbar; zum Beispiel die sechs Gründungsstaaten der Montanunion, die ja immerhin die ersten zwanzig Jahre der europäischen Integration allein getragen haben.

Jedenfalls ist vorhersehbar: In zwei oder drei Jahrzehnten wird es neben US-Dollar, Euro und chinesischem Renminbi keine weitere Weltwährung und damit keine große Reservewährung geben. Nicht nur Yen, auch Sterling oder Schweizer Franken werden de facto auf regionale Bedeutung beschränkt sein. Die Londoner Bankenwelt wird sich deshalb eines Tages zwischen Dollar und Euro entscheiden müssen; denn auf sich allein gestellt – das hat schon vor zehn Jahren der Spekulant George Soros mit seiner erfolgreichen Spekulation gegen das Pfund Sterling bewiesen – lässt sich die englische Währung gegen einen massiven Angriff kaum erfolgreich verteidigen.

Die Briten haben von Anfang an vor jedem Schritt des europäischen Zusammenwachsens gezögert. Als Churchill 1946 in seiner Züricher Rede den Franzosen empfahl, gemeinsam mit dem soeben besiegten (West-)Deutschland die Vereinigten Staaten von Europa zu begründen, war ihm die Nichtbeteiligung des Vereinigten Königreiches ganz selbstverständlich. Die Neigung der englischen politischen Klasse, ihr Land *apart* zu halten, hat ihre Ursache sowohl in prestige- und machtpolitischen Motiven als auch in der Besorgnis, die nationale Identität zu beschädigen. Dagegen waren die vorgetragenen ökonomischen Argumente tatsächlich von minderem Gewicht – so wie heute.

Allerdings hat die Sorge um die Bewahrung der nationalen Identität auch in fast allen anderen europäischen Nationen immer wieder Probleme bereitet. In den meisten Fällen geht die nationale Identität der europäischen Völker auf ein ganzes Jahrtausend zurück, in einigen Fällen noch weiter. Fast alle wollen wir unsere nationalen Sprachen, unsere nationalen Kulturen aufrechterhalten. Gleichwohl wollen wir uns miteinander verbinden. Für dieses Kunststück gibt es in der Weltgeschichte keinerlei Vorbild oder Beispiel. Deshalb bleibt der Weg mühselig. Deshalb war auch die Herstellung der gemeinsamen Währung ein sehr langwieriger Prozess. Er hat – seit dem von den Finanzministern der sechs Mitgliedsstaaten der damaligen Europäischen Wirtschaftsgemeinschaft in Auftrag gegebenen und 1970 erstatteten Bericht Pierre Werners – bisher drei Jahrzehnte benötigt. Am Anfang stand jedoch ein Akt der USA.

Es war eine Folge des Vietnamkrieges und seiner Finanzierung durch die USA, dass die Nixon-Regierung nicht nur die Gold-Einlösungspflicht des Dollar aufhob, sondern darüber hinaus 1972/73 auch das Prinzip der festen Paritäten zwischen den Währungen aufgab. Die Finanzminister Frankreichs und Deutschlands, Giscard d'Estaing und ich, widersetzten sich zwar der ersatzlosen Beseitigung des seit 1945 gut funktionierenden Wechselkursregimes (Bretton Woods), wir konnten uns aber naturgemäß gegenüber dem ökonomischen Gewicht der USA nicht durchsetzen. Die von den Opec-Staaten ab 1973 mutwillig ausgelöste Ölpreisexplosion und – in deren Folge – die anhaltende weltweite Rezession hatten wilde Turbulenzen der Wechselkurse zur Folge. 1978/79 konnten wir, nunmehr französischer Staatspräsident und deutscher Bundeskanzler, unseren EG-Kollegen die Schaffung eines Europäischen Währungssystems (EWS) akzeptabel machen. Es war quasi ein kleines Bretton-Woods-System: feste, aber einvernehmlich anpassbare Wechselkurse, dazu gegenseitiger Währungsbeistand. Im Zentrum stand nicht der Dollar, sondern die European Currency Unit (Ecu), die bisher lediglich als Rechnungseinheit für den Haushalt der Gemeinschaft fungiert hatte. Giscard und ich hatten die unausgesprochene Zielvorstellung, später aus dem Ecu die gemeinsame Währung zu entwickeln. Das EWS hat dann ein Dutzend Jahre recht ordentlich funktioniert, obwohl die Dollar-Talfahrt der siebziger Jahre zeitweilig in den achtziger Jahren durch einen Dollar-Höhenflug abgelöst wurde. Sogar England ist späterhin dem EWS beigetreten.

Inzwischen war an die Stelle des Tandems Giscard/Schmidt das neue Tandem Mitterrand/Kohl getreten. Es hat politisch gut funktioniert, jedoch haben die beiden neuen Chefs sich weniger für Währungsfragen engagiert. Aus diesem Grund gründeten Giscard und ich 1986 ein privates „Komitee für die europäische Währungsunion"; daneben entstand eine unterstützende Assoziation, an ihr waren in größerer Zahl herausragende Banker und Industrielle beteiligt – ich erinnere mich dankbar an Hans Merkle, Giovanni Agnelli und Cornelis van der Klugt. Jacques Delors, inzwischen Präsident der Kommission der EG, legte schließlich 1989 in einem Bericht den Grundstein für den Maastrichter Vertrag und damit für den Euro als einzige Währung im Gemeinsamen Markt. Bis dahin aber hatte es noch vielerlei widersprüchliche Vorschläge gegeben, auch vielerlei Querschüsse. Manches nationale Geltungsbedürfnis, bisweilen als Sachargument getarnt, spielte auch noch nach Maastricht (Dezember 1991) eine Rolle.

Das deutsche Konzept von der Unabhängigkeit der Europäischen Zentralbank hat sich im Ergebnis erstaunlich weitgehend durchgesetzt. Deswegen ist für die zukünftige Binnenkaufkraft des Euro nicht mehr Besorgnis angebracht als früher für die Binnenkaufkraft der D-Mark. Tatsächlich steuert die Europäische Zentralbank schon seit dem Beginn des Jahres 1999 die Geldmenge, und seither ist die Inflationsrate eher kleiner, als sie bis 1999 unter der Steuerung der Bundesbank gewesen ist. Allerdings, wie es schon seit Adenauers Zeiten bisweilen Meinungsunterschiede zwischen Bundesregierung und Bundesbank gegeben hat, so wird es auch künftig bisweilen Divergenzen zwischen der EZB und den politischen Instanzen der Europäischen Union geben. Diese Divergenzen richten vermutlich künftig nicht mehr Schaden an als in früheren Zeiten. Dabei wird sich die EZB ihre Autorität im Laufe von meh-

2002 EURO IM PORTEMONNAIE

reren Jahren erwerben müssen – die Regierungen der beteiligten Staaten werden das ertragen können.

Der Euro ist mit Beginn des Jahres 2002 die alleinige Währung für 300 Millionen Menschen, Euroland umfasst mehr Bürger als die USA. Im Laufe weniger Jahre wird der Euro zu einem wesentlichen Faktor im Fortschritt der europäischen Integration werden. Er wird ziemlich schnell die nationalen Volkswirtschaften in eine gemeinsame große Volkswirtschaft zusammenfließen lassen, mit all den Vorteilen des großen Maßstabes. Mehr als die Hälfte aller Exporte und Importe werden sich sehr schnell in simplen Binnenhandel verwandeln. Es wird keine großen Transferkosten und keine Notwendigkeiten geben, sich gegen Wechselkursschwankungen abzusichern. Preise, Löhne und Steuern werden von Finnland bis in die Ägäis für jedermann durchsichtig werden. Die einfache Vergleichbarkeit wird den Wettbewerb intensivieren.

Bei alldem ist der Wechselkurs des Euro gegenüber dem Dollar für uns sehr viel unwichtiger, als nervöse, junge, selbst ernannte „Analysten" das Börsenpublikum glauben machen wollen. Ich habe den Dollar schon viel höher erlebt als heute, ich habe ihn auch schon viel niedriger erlebt. Gelassenheit ist geboten!

In der näheren Zukunft wird vermutlich die amerikanische Präponderanz auf den globalen Kapital- und Geldmärkten anhalten. Aber auch die amerikanischen Bäume werden nicht in den Himmel wachsen. Amerika hat offene Fragen zu beantworten. Wie lange können die USA ihr gewaltiges Leistungsbilanzdefizit aufrechterhalten? Wie lange kann Amerika sich seine wachsende Auslandsschuld leisten? Haben nicht auch die USA es nötig, den hohen Grad von Spekulationismus seiner privaten Finanzinstitutionen zu zähmen und zu disziplinieren?

Mit Blick auf den letzten Aspekt möchte ich anmahnen, dass Euroland alsbald seine eigene auswärtige Finanzpolitik gegenüber dem Rest der Welt entwickelt. Das gilt ebenso für die weltweite Finanzarchitektur, für den IWF, für die Weltbank, für bessere Bank- und Fondsaufsicht in den globalisierten Finanzmärkten, für die Abschaffung von aufsichts- und steuerfreien Inseln in der Karibik und anderswo.

Am Schluss möchte ich bekennen: Ich habe mir niemals Optimismus erlaubt – ich habe mir allerdings auch niemals Pessimismus erlaubt. Es ist mein Realismus, der den bisherigen Erfolg der europäischen Integration für nahezu unglaublich hält – wenn man ihn nämlich misst an der Situation des Jahres 1945 oder des Jahres 1933 oder des Jahres 1914 oder des Jahres 1870/71 oder der Jahre 1813/14 oder am Zustand Europas zur Zeit des Westfälischen Friedens. Niemals vorher, in keinem anderen Kontinent haben sich Völker und Staaten freiwillig und nicht unter dem Diktat eines Eroberers zusammengeschlossen und Teile ihrer Souveränität aus eigenem Entschluss aufgegeben. Ein gewaltiger Erfolg – erzielt im Laufe eines halben Jahrhunderts. Es darf getrost noch einmal ein halbes Jahrhundert dauern, bis wir von Vollendung der Europäischen Union werden reden können.

2001 Bundesfinanzminister Hans Eichel (SPD) betrachtet vor dem Start der neuen Währung eine Euro-Münze

2002
Stammzellgesetz

DIE ZEIT
KONTROVERSEN

Soll es deutschen Forschern erlaubt sein, mit embryonalen Stammzellen zu arbeiten? Diese wissenschaftsethische Frage beschäftigt Politik und Öffentlichkeit mehrere Jahre lang. Auf dem Höhepunkt der Auseinandersetzung im Sommer 2001 bündelt die *ZEIT* die Argumente in einem großen Übersichtsbeitrag. Im Januar 2002 gibt der Bundestag dann grünes Licht: Die Stammzellforschung ist fortan – unter Auflagen – gestattet. Als das Stammzellgesetz fünf Jahre später auf den Prüfstand kommt, fordert *ZEIT*-Redakteur Andreas Sentker »Jetzt erst recht« eine klare Entscheidung zugunsten der Wissenschaft.

2002 STAMMZELLGESETZ

Kleine Zellen, große Sprengkraft

Der Import embryonaler Stammzellen entzweit die Nation. Während Medien und Politiker die Aufregung schüren, sind sich Forscher keiner Schuld bewusst. Denn die Rechtslage ist eindeutig **VON ULRICH BAHNSEN, ULRICH SCHNABEL, HANS SCHUH, MARTIN SPIEWAK**

DIE ZEIT, 5. Juli 2001

Schmerzhaft musste Eberhard Schwinger in dieser Woche erfahren, wie kurz die Zerfallszeit eherner moralischer Überzeugungen ist. Noch vor wenigen Tagen hatte der Lübecker Humangenetiker jede Forschung seiner Kollegen an menschlichen embryonalen Stammzellen vehement bestritten. Nicht einmal „Überlegungen", das brisante Material zu importieren, seien angestellt worden, betonte der Leiter des Instituts für Humangenetik und Prorektor der Universität Lübeck. Falls in Zukunft doch ein Forscher die umstrittenen Zellen beziehen wolle, würde man selbstverständlich „diese Frage der Ethikkommission der Universität vorlegen".

Am Montag wurde Schwinger eines Besseren belehrt: Nicht nur, dass ein Privatdozent des Lübecker Universitätsklinikums bereits im vergangenen Sommer embryonale Stammzellen bei einem amerikanischen Lieferanten geordert hatte. Die heikle Fracht war sogar schon eingetroffen – ohne dass die Ethikkommission der Hochschule davon überhaupt etwas geahnt hatte.

Wie eine Bombe platzte diese Nachricht in eine wissenschaftspolitische Debatte, wie sie das Land noch nicht erlebt hat. Die tiefgefrorenen Stammzellkulturen aus Übersee zwingen Wissenschaftler aus ihren Labors ins grelle Licht der Öffentlichkeit, stellen die Berliner Koalition auf eine schwere Belastungsprobe und entzweien die Republik. Just als die *Tagesschau* die fast vergessenen Zellen im Kühlschrank der Lübecker Klinik präsentierte, als wären sie waffenfähiges Plutonium, versuchten SPD und Grüne in Berlin mühsam, eine gemeinsame Linie in Sachen Stammzellen zu finden.

Kaum je hat ein wissenschaftliches Thema einen derartigen Stellenwert eingenommen. Täglich schüren neue Enthüllungen, Spekulationen und Verdächtigungen die Debatte. Was vor einem Jahr nur ein paar hundert Forscher weltweit in ihren Fachveröffentlichungen diskutierten, stellt nun deutsche Philosophen, Kardinäle und Minister vor die neue Gretchenfrage: Wie hältst du's mit den Stammzellen? Selbst Hinterbänkler im Bundestag sehen sich genötigt, Nachhilfeunterricht in Biologie zu nehmen.

Im Verlauf einer Debatte, in der sich Ethik, Ökonomie, Wissenschaft und Parteipolitik fast undurchschaubar vermengen, „verlieren manche Politiker, Journalisten, Pfarrer und selbst einige Wissenschaftler den Überblick", diagnostiziert Detlev Ganten, der Direktor des Max-Delbrück-Zentrums in Berlin-Buch.

Das erlebte nicht nur die Universität Lübeck, an der unvermutet Stammzellen auftauchten, sondern auch die benachbarte Hochschule in Kiel. Diese wurde vergangene Woche Opfer eines journalistischen Fehlalarms.

PR-Gerangel um Stammzellen

Das Drama begann mit einem Dia, das Robert Klupac auf der Industriemesse BIO 2001 im San Diego Convention Center präsentierte. Darauf war nicht nur der Name von Klupacs Bio-Tech-Firma ES-Cell International zu sehen, sondern auch der von Professor Stefan Rose-John, Direktor der Abteilung für Biochemie an der Universität Kiel. Klupac, der eine von weltweit drei embryonalen Stammzelllinien anbietet, suggerierte, eine Kooperation mit dem Kieler Forscher sei verabredet. Eine erste Lieferung befinde sich praktisch schon auf dem Weg nach Deutschland.

Dabei hat der Kieler Immunologe eigentlich mit der Forschung an humanen embryonalen Stammzellen (ES-Zellen) nichts zu tun. Er untersucht zwar Stammzellen, allerdings nicht von Embryonen, sondern aus dem Knochenmark von Erwachsenen. Über die Vermehrung dieser so genannten Blutstammzellen hat er einige für die Zunft spannende Erkenntnisse gewonnen, die für die in Singapur und Australien ansässige ES-Cell International (ESI) von großem Interesse sind. Denn in der Forscherszene kursieren Gerüchte, dass die Zelllinien der Australier instabil sind – verhängnisvoll für eine Firma, die Medizinern in aller Welt nahezu unsterbliche Zellkulturen verkaufen möchte. Ein von Rose-Johns Team entdecktes gentechnisches Signalmolekül könnte die Kulturen aus den Embryozellen möglicherweise stabilisieren.

ES-Cell International, ein erst im Jahr 2000 gegründetes Bio-Tech-Unternehmen mit 22 Angestellten, muss im Stammzellgeschäft um einen Platz an der Sonne strampeln. Neben ESI haben auch der amerikanische Anbieter WiCell, eng mit der Bio-Tech-Firma Geron verbandelt, und der Israeli Joseph Itskovitz die begehrten Zellen im Angebot. Während Itskovitz nur seiner akademischen Institution verpflichtet ist, konkurrieren WiCell und ESI um künftige Marktanteile, Patente, Kollaborationen und strategische Partnerschaften. Die Australier müssen besonders aggressiv zu Werke gehen, denn bislang haben die Amerikaner die Nase vorn.

Jeder Forschungspartner wertet mit seinem Know-how das Unternehmen auf. Deshalb hatte ESI-Boss Robert Klupac in San Diego den Namen des Kieler Forschers kurzerhand mit auf die Liste seiner vielversprechenden Kooperationen gesetzt – ohne dass Rose-John von seinem Glück wusste. Ein von der *FAZ* nach San Diego entsandter Korrespondent sah Rose-Johns Namen auf der Liste der Stammzellforscher – und schrieb.

Noch am Tag der Veröffentlichung, nach einer hastig einberufenen Pressekonferenz in Kiel, schrumpfte die Sensationsmeldung ziemlich schnell erst auf Normalmaß und dann zu einer Banalität: Einen Vertrag mit ESI gebe es nicht, erklärte der Kieler Unirektor, ein Projekt existiere auch nicht, allenfalls erste Überlegungen.

ESI hat sich nach einer geharnischten Beschwerde bei Rose-John entschuldigt und den Sachverhalt in einer Presseerklärung richtig gestellt. Zugleich gab das Unternehmen einseitig ein „prinzipielles Übereinkommen" bekannt, die Zellen wirklich nach Deutschland zu liefern, sobald eine Bestellung aus Kiel vorliege. „Denen geht es um PR", kommentiert Rose-John die bizarre Verlautbarungspolitik des Unternehmens.

Auf den Stammzellkulturen aus Australien, den USA und Israel ruhen gewaltige Hoffnungen. Sie sollen zu Herzmuskelzellen für Infarktpatienten, Neuronen für Demente, Drüsenzellen für Diabetiker heranwachsen – ein ebenso unerschöpfliches wie universelles Ersatzteillager für bislang häufig unheilbar erkrankte Organe. Doch das sind bislang nur Forschervisionen. Ob die Zellen wirklich die in sie gesetzten Erwartungen erfüllen, kann heute noch niemand sagen. Bis die ersten Therapien anwendungsreif sind, wird es vermutlich 15 bis 20 Jahre dauern, schätzen Experten. Wer-

1998–2009 Turbulenzen und Epochenbruch

2002 STAMMZELLGESETZ

den den Forschern allerdings heute die Zellen verwehrt, können sie ihre Verheißungen niemals beweisen – darin liegt das Dilemma der Wissenschaftler.

Derweil wird der internationale PR-Krieg auf dem Stammzellmarkt in Deutschland munter für die zusehends peinigende Debatte um die Embryonenforschung und den Import von ES-Zellen ausgeschlachtet. Und die Wissenschaftler geraten zwischen die Fronten. Der Bonner Neurobiologe Oliver Brüstle muss schon um seine Sicherheit fürchten – er und seine Familie wurden auf Weisung von NRW-Regierungschef Wolfgang Clement unter Polizeischutz gestellt. Und der Kieler Rose-John fragt sich schon nach einem Tag im Kreuzfeuer aus Medienberichterstattung und Kritik aus den Reihen der Politik: „Was kann man sich selbst, seiner Familie und seinen Mitarbeitern eigentlich zumuten?"

Brüstle sieht inzwischen die Gefahr, dass sich die Experten „aus der Debatte verabschieden", weil sie übel angegangen werden. „Wenn jemand auch nur über Stammzellen nachdenkt, ist das schon ein Aufmacher für die Zeitungen."

Die dicksten Schlagzeilen liefert nun die Lübecker Universität. Dort hatte der Herzspezialist Wolfgang-Michael Franz im vergangenen Jahr tatsächlich bei der US-amerikanischen Firma WiCell eine Charge Stammzellen bestellt. In achtjähriger Arbeit war es ihm gelungen, aus embryonalen Stammzellen der Maus rhythmisch zuckende Zellen zu isolieren, die den Herzmuskelzellen ähneln. Nun wollte er ähnliche Versuche mit menschlichen Zellen durchführen – in der Hoff-

2001 Der Neuropathologe Otmar Wiestler und der Neurobiologe Oliver Brüstle kämpfen für die Freigabe der embryonalen Stammzellforschung in Deutschland

nung, „Patienten mit Herzmuskelschwäche in Zukunft helfen zu können", sagt Franz heute, „auch wenn wir von diesem Ziel noch weit entfernt sind".

Klinikdirektor Hugo Katus, der die Transfervereinbarung zwischen Franz und WiCell damals abzeichnete, konnte nichts Verwerfliches an dem Antrag finden. Schließlich sei der Stammzellimport juristisch völlig legal. Und die Ethikkommission müsse schließlich nur bei konkreten klinischen Untersuchungen an „Menschen oder menschlichem Material" zu Rate gezogen werden, nicht jedoch beim bloßen Einkauf von Zellmaterial. Damit hat Katus im Prinzip Recht. Dass die Bestellung in den USA allerdings im Zuge der Debatte politisch immer brisanter wurde, hat der Medizinprofessor mittlerweile auch gemerkt. „Im Februar dieses Jahres hätte ich das nicht mehr so entschieden", gesteht

Katus und attestiert sich zerknirscht „Instinktlosigkeit".

Damals hatte Wolfgang Franz die Lübecker Klinik aber gerade verlassen und befand sich auf dem Weg ans Münchner Klinikum Großhadern, wo er heute arbeitet. Als die bestellte Ware schließlich im Mai in Lübeck eintraf, wurde sie auf Eis gelegt – und fast vergessen. Dass nun Politiker und Journalisten nahezu einmütig über die Lübecker Mediziner herfallen, „als hätten wir einen Menschen geschlachtet", versteht Hugo Katus nicht. Kein Wort sei darüber zu lesen, dass die Züchtung von Herzmuskelzellen ein positives Ziel sei.

Mit voller Wucht bekommen Wissenschaftler die Widerstände und Ängste der Bürger, Publizisten und Politiker zu spüren. So hatten sich die Forscher das „Jahr der Lebenswissenschaften" nicht vorgestellt. Die Forschungsministerin

Bulmahn und die großen Wissenschaftsorganisationen wollten für die neue Biologie werben und beschworen die „Wissenschaft im Dialog". Doch an die Stelle des vertrauensbildenden Gesprächs ist der ideologische Streit getreten.

„Die Heftigkeit der Debatte hat mich überrascht", bekennt der Präsident der DFG Ernst-Ludwig Winnacker. Dass deutsche Bischöfe „von Kannibalismus reden oder deutsche Intellektuelle wie Hans Magnus Enzensberger ein Gewaltszenario an die Wand malen", hätte er nicht erwartet. Besonders ärgert den DFG-Präsidenten allerdings, dass man auch der Deutschen Forschungsgemeinschaft Parteilichkeit vorgeworfen hat, als sie sich im Mai erstmals für den Import embryonaler Stammzellen aussprach. „Wir haben uns da sehr viel Mühe gegeben, alle ethisch-moralischen Grenzen auszuloten und immer zu fragen: Was darf man und was nicht?", sagt Winnacker. „Nun zu suggerieren, dass wir uns von den Forschern haben instrumentalisieren lassen, hat mich sehr getroffen."

Der Streit ist verfahren. Zur eigentlich spannenden Frage – *wie* lässt sich in unserer Gesellschaft ein Konsens über diese fundamentalen Fragen erreichen und *wer* entscheidet darüber? – war bislang nicht allzu viel zu hören. Auch die mit Spannung erwartete Rede von Jürgen Habermas brachte in diesem Punkt die Debatte kaum voran. Die Politik spielt währenddessen auf Zeit und vertagt ein aufs andere Mal eine Entscheidung.

Längst geht es dabei nicht mehr nur um die Frage des Imports von Stammzellen allein. Das an und für sich harmlose Material ist vielmehr zum Symbol des deutschen Ringens um einen Konsens in der Biopolitik insgesamt geworden. Auf die Einfuhr von Stammzellen aus dem Ausland, so fürchten Kritiker wie die Stellvertretende Fraktionsvorsitzende der Union, Maria Böhmer, folge vermutlich bald der Antrag, auch Stammzellen in Deutschland herstellen zu dürfen; die anfängliche Zellgewinnung aus nur wenigen überzähligen Embryonen führe über kurz oder lang zur gezielten Massenproduktion von Embryonen, zum therapeutischen Klonen und in letzter Konsequenz zur völligen Verfügbarkeit des werdenden menschlichen Lebens.

Diese Befürchtungen werden von vielen geteilt. Doch die Frage des Stammzellimports eignet sich schlecht als Symbol eines biopolitischen Grundsatzstreites. Darauf weisen juristische Fachleute, vom Ethikratsmitglied Jochen Taupitz bis zur ehemaligen grünen Abteilungsleiterin im Gesundheitsministerium Ulrike Riedel, immer wieder hin. Denn aus verfassungsrechtlichen Gründen kann die Poli-

2001 In der Leipziger Biotechnologiefirma Vita 34 schließt eine Mitarbeiterin einen Stahltank, in dem Nabelschnurblut neugeborener Kinder zur individuellen Vorsorge bei minus 180 Grad aufbewahrt wird

2002 STAMMZELLGESETZ

tik den Forschern den gegenwärtig schon zulässigen Stammzellimport nicht verweigern.

Das juristisch-politische Gehakel steht beispielhaft für ein deutsches Kuriosum: Einerseits wird hierzulande die weltweit tiefschürfendste Debatte um die Biomedizin geführt anderseits tut sich die Politik im Umgang mit der Wissenschaft so schwer wie nirgendwo sonst. „In der Qualität der Diskussion ist Deutschland den Briten oder uns Amerikanern weit voraus", analysiert die amerikanische Wissenschaftspolitologin Sheila Jasanoff von der Harvard University nicht ohne Neid. „Solche Beiträge aus dem intellektuellen akademischen Milieu können Sie bei uns lange suchen. Aber Deutschlands politische Institutionen erweisen sich in der Debatte als sehr schwach."

Diese institutionelle Schwäche zeigt sich nach Jasanoffs Ansicht auch darin, dass Deutschland als letzte der großen Wissenschaftsnationen erst jetzt einen nationalen Ethikrat einberufen hat. In Frankreich gibt es seit 17 Jahren eine solche Institution, die sich mittlerweile eine solide Reputation erworben hat. In England spielt eine ähnliche Rolle die ehrwürdige Royal Society, der amerikanische Präsident lässt sich seit Jahren beraten durch das Office of Science and Technology Policy, das direkt im Weißen Haus angesiedelt ist. Auch der National Research Council hat in den USA ein gewichtiges Wort mitzureden.

Im Gegensatz zu diesen alteingesessenen Institutionen erscheint der deutsche Nationale Ethikrat momentan noch im Embryonalstadium. Nahezu unisono warnen dessen Mitglieder daher immer wieder davor, das neue Gremium zu überschätzen. „Der Ethikrat ist ganz neu, wir haben noch keine Geschäftsordnung, wir haben uns noch nicht einmal zur Arbeitssitzung getroffen", dämpft Ernst-Ludwig Winnacker allzu große Erwartungen. An diesem Freitag wird er seine Ratskollegen erst einmal über die DFG-Position zur Stammzellforschung informieren. Eine Stellungnahme des Ethikrats dazu ist wohl frühestens im Herbst zu erwarten. Angesichts der deutschen Mühen blickt Winnacker einigermaßen neidisch ins Ausland. „Vielleicht braucht Deutschland auch so eine unabhängige Institution wie die angelsächsischen Wissenschaftsberater."

Die DFG drückt aufs Tempo

Die Hoffnung ist verständlich, sitzt doch der Genforscher Winnacker wie kein anderer Wissenschaftler zwischen Baum und Borke: Einerseits soll er als Präsident der DFG die Interessen von Wissenschaftlern vertreten, die bereits mit Abwanderung ins Ausland drohen und auf eine schnelle Entscheidung drängen; andererseits kennt er als Ethikratsmitglied die Schwierigkeit der moralischen Abwägung und muss der Beratung Zeit geben. „Drei weitere Monate sind nicht zu viel, da ist noch nichts verloren", zollt er der Konsensfindung Tribut.

Und dann drückt er aufs Tempo: „Doch in diesem Jahr muss eine Entscheidung fallen." Schließlich lägen alle Argumente spätestens seit der Stellungnahme der DFG im Mai auf dem Tisch und seien „viele Male hin und hergewälzt" worden. Die Forscher könnten nun nicht mehr beliebig lange warten. „Irgendwann muss die Politik entscheiden." Falls die Abgeordneten damit nicht zu Rande kämen, werde die Deutsche Forschungsgemeinschaft zur Selbsthilfe greifen, kündigte Winnacker jetzt auf der Hauptversammlung der DFG an: „Spätestens am 7. Dezember werden wir im Rahmen der Rechtslage entscheiden."

Dann wird der erste Deutsche vermutlich schon längst seine Arbeit aufgenommen haben – allerdings jenseits des Bodensees in der Schweiz. Dort arbeitet der gebürtige Münchner Karl-Heinz Krause an der Medizinischen Fakultät der Universität Genf an neuen Therapien für altersschwache Herzen. Dazu hat er nun, nach erfolgversprechenden Mäuseversuchen, auch einen Antrag auf Forschung mit humanen embryonalen Stammzellen gestellt. Die zuständigen Ethikräte in der Schweiz haben bereits zugestimmt, einem Import steht nichts mehr im Wege.

Auch in der Schweizer Öffentlichkeit habe er sein Projekt bereits vorgestellt, erzählt Krause. Anders als seine leidgeprüften Kollegen Oliver Brüstle und Otmar Wiestler kann der Genfer Stammzellforscher vom Dialog mit dem Publikum allerdings nur Gutes berichten. „Am Ende meiner Vorträge sind meistens alle ganz begeistert." Dass Stammzellen zur Heilung von Volkskrankheiten wie Herzinfarkt, Alzheimer oder Diabetes beitragen – wer wäre davon nicht angetan? Doch Krause ist realistisch genug, der Forschungseuphorie nicht selbst zu verfallen. „Wenn man jetzt mit ES-Zellen anfängt zu experimentieren, wird man frühestens in fünf Jahren absehen können, wie viel das wirklich bringt."

Jetzt erst recht

Das deutsche Stammzellgesetz muss geändert werden

VON ANDREAS SENTKER

DIE ZEIT, 14. Juni 2007

Einen Monat ist es her, da debattierten Juristen, Theologen und Mediziner auf Einladung des Deutschen Bundestags über das deutsche Stammzellgesetz. Fünf Jahre nach seinem Inkrafttreten wurde es vor allem von den Wissenschaftlern kritisiert: als Forschungsverhinderungsgesetz.

Nach der strengen deutschen Regelung dürfen sie nur an menschlichen embryonalen Stammzelllinien forschen, die schon vor dem 1. Januar 2002 existierten. Sogar die Mitarbeit deutscher Forscher an internationalen Projekten wird mit Strafe bedroht, wenn dort jüngere Zellen zum Einsatz kommen.

Nach der Meldung der vergangenen Woche, therapeutischer Zellersatz könne ganz einfach und moralisch unbedenklich aus der Haut gewonnen werden, frohlocken nun die Gegner einer Liberalisierung des deutschen Embryonenschutzes: Die Forschung an embryonalen Zellen sei somit überflüssig. Nur mit Hilfe von vier Genen hatten Forscher aus der Hautzelle einer Maus sogenannte pluripotente Stammzellen gezüchtet, die zu Ersatzgewebe jeder Art heranwachsen können – zu Nervenzellen für Parkinson-Kranke, Inselzellen für Diabetiker, Blutgefäßen für Infarktopfer.

Doch wer jetzt die angebliche Weisheit der deutschen Gesetzgebung bejubelt, hat nichts verstanden. Die neuen Versuche liefern gerade nicht das Argument für den Weiterbestand unserer Sonderregelung. Im Gegenteil: Der Durchbruch war das Ergebnis intensiver Forschung an embryonalen Stammzellen. Erst ihre genaue Typisierung hat die entscheidenden Gene erkennbar und damit den Tod von Embryonen für die Forschung überflüssig gemacht. Auch die Reprogrammierung von Körperzellen mit Hilfe von Eizellen (Methode Dolly) kann entfallen. Damit könnten diese umstrittenen Verfahren auch beim Menschen obsolet werden – falls die wundersame Verjüngung von humanen Körperzellen gelingt.

2002 STAMMZELLGESETZ

Bis dahin ist viel Forschung vonnöten. Dass sie Krankheiten heilen können, haben die Zellen auch im Tierversuch bisher nicht gezeigt. *Mice tell lies* – Mäuse erzählen Lügen –, warnen Wissenschaftler überdies vor zu viel Euphorie, wenn ein Tierexperiment gelingt. Und tatsächlich hat sich bereits gezeigt, dass zwei der vier Mäusegene bei der menschlichen Zellprogrammierung keine Rolle spielen. Zwei der Gene sind zudem als Tumorgene bekannt, ihr Einsatz in der möglichen Stammzelltherapie von Menschen ist also riskant. Und zu allem Übel haben die Forscher zur Zellmanipulation sogenannte Retroviren eingesetzt. Auch hier lauern unwägbare Risiken.

Der Durchbruch im Tierversuch macht weitere Forschung notwendig – und zwar an aktuellen humanen Zelllinien. Ebendiese Forschung ist in Deutschland verboten. Die Arbeiten in Japan und den USA zeigen die Bedeutung internationaler Kooperation – von der unsere Wissenschaftler bei Strafe weitgehend ausgeschlossen sind.

Ein neuer Weg zu Therapien für bisher unheilbar Kranke wird erkennbar. Doch deutsche Forscher verlieren im Wettlauf um den medizinischen Fortschritt – von Gesetzes wegen.

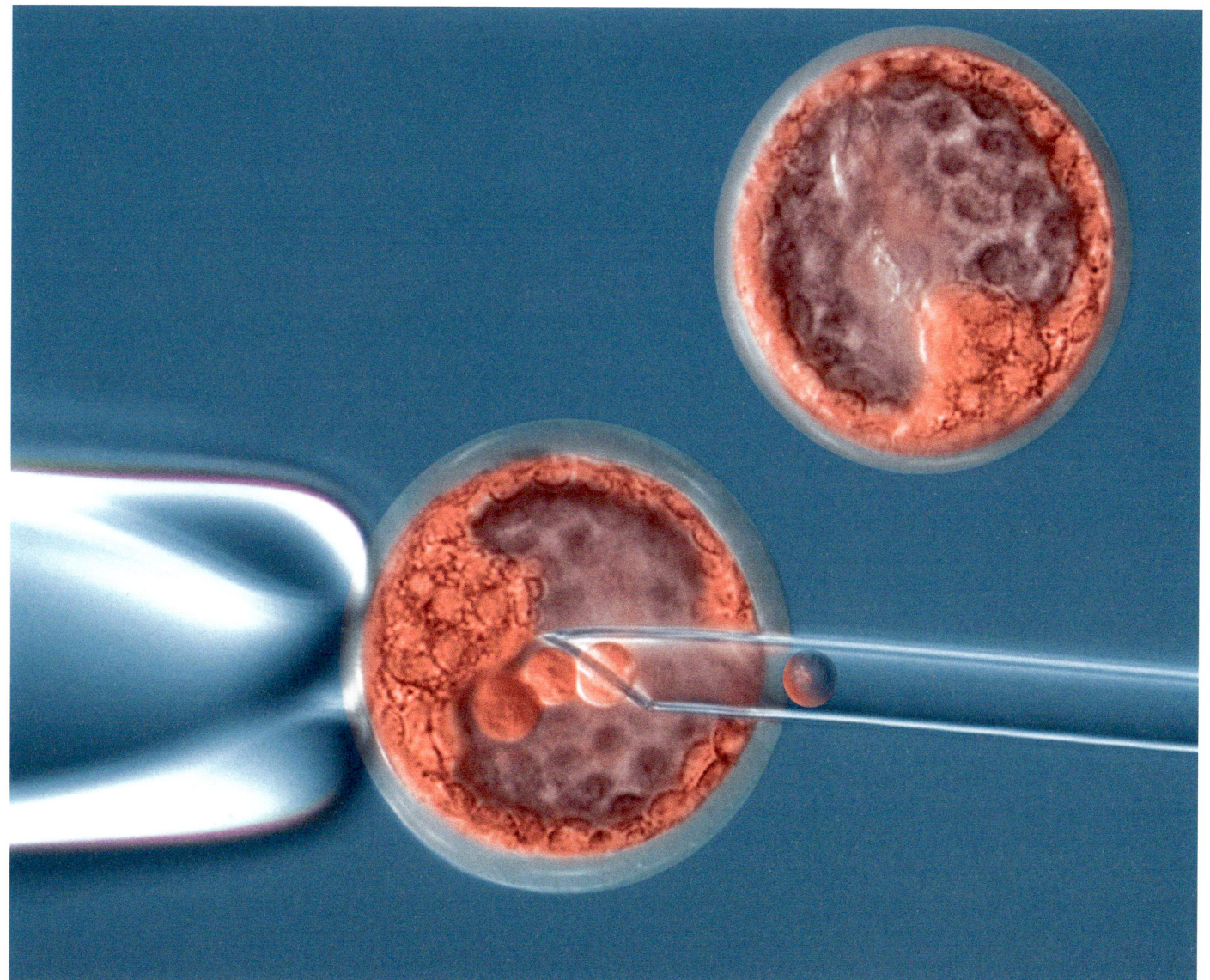

2007 Mit einer Pipette werden embryonale Stammzellen aus der inneren Zellmasse einer Blastozyste entnommen

2003
»Nein« zum Irak-Krieg

KONTROVERSEN

Am 20. März 2003 beginnt der zweite Irak-Krieg. Bundeskanzler Gerhard Schröder bestärkt sein schon im Herbst zuvor ausgesprochenes Nein zu einer deutschen Beteiligung. Wochenlang protestieren in Deutschland Zehntausende Bürger gegen eine Intervention im Irak. »Mit Amerika gegen den Terrorismus, aber nicht gegen den Irak«, schrieb Chefredakteur Michael Naumann bereits zwei Jahre zuvor, im November 2001, in der ZEIT. Damals, als der Afghanistan-Krieg gerade begonnen hatte, war erstmals von Plänen der US-Regierung die Rede, u. U. auch im Irak einzugreifen. Unter dem Titel »Berlin im Krieg« lotet Politik-Redakteur Matthias Geis im April 2003 die außenpolitischen Handlungsspielräume der deutschen Regierung aus.

2003 »NEIN« ZUM IRAK-KRIEG

Ein Krieg wider Willen

Mit Amerika gegen den Terrorismus, aber nicht gegen den Irak: Die deutsche Bündnistreue hat ihre Grenzen

VON MICHAEL NAUMANN

DIE ZEIT, 8. November 2001

Deutschland kommt um den Krieg gegen den Terrorismus (und Afghanistan) nicht herum. Die Bundesregierung wird Seestreitkräfte, Fuchs-Panzereinheiten, vielleicht auch Elitesoldaten, Lufttransport- und Sanitätstruppen für mindestens ein Jahr „bereitstellen". Ob 3900 oder 4000 Mann – wir sind demnächst wieder im Krieg, und diesen wollte niemand. Außer den Terroristen. Wie viele der Gegner, das heißt getarnte Mitglieder des Al-Qaida-Netzwerks, bereits in Deutschland sind, weiß niemand.

Andere europäische Hilfeleistungen – von der Zusammenarbeit der Geheimdienste bei der Suche nach den Terroristen bis zur Vorbereitung einer posttalibanischen Regierung – können am Ende des Konflikts bilanziert werden. Doch das Ende liegt in weiter Ferne.

Der Bundeskanzler ist keineswegs zu beneiden. Das Militärische, man merkt es ihm an, ist Schröder fremd. Ein Salutierer wie Bush ist er nicht. Und doch muss er die Republik, auch die Soldaten und ihre Familien, davon überzeugen, dass seine Regierung das Richtige tut. Was aber das Richtige sei, bestimmt derzeit auf militärischem Gebiet das Weiße Haus. Über ein ernstes Mitspracherecht verfügen die europäischen Nato-Staaten (Ausnahme Großbritannien) bisher nicht.

Die Erfahrungen aus dem Krieg um das Kosovo, als Amerika wesentliche Entscheidungen, zum Beispiel die Auswahl von Bombenzielen, monopolisierte, lassen vermuten, dass die Europäer auch dieses Mal nur am Katzentisch der US-Strategen sitzen werden – aber nicht vor der Tür. „America calls the shots", wo es im Kriegsalltag langgeht, werden wir auch in Zukunft nicht bestimmen können. Immerhin können die Europäer die Grenzen ihres Engagements aufzeigen, wenn sie mitmachen.

Das ist Schröders Argumentation angesichts einer zum Teil skeptischen Regierungskoalition (und ihrer Wähler): Wer nicht mitziehen

2001 In Bagdad demonstrieren im Oktober eine halbe Million Menschen gegen die US-Militärschläge in Afghanistan

will in den Krieg, zerstört die Antiterrorallianz und gefährdet das Atlantische Bündnis. Den Pazifisten im Lande, denen das vielleicht egal ist, wird er erklären können, dass eine *unilaterale,* von Alliierten ungebremste amerikanische Eskalation die Stabilität der muslimischen Randstaaten des ehemaligen sowjetischen Imperiums beschädigen dürfte. Russland müsste das Bündnis verlassen, Putins Position wäre gefährdet. Die friedliche neue europäische Staatenordnung geriete ins Wanken. Alsbald befänden wir uns in jener spannungsgeladenen Welt wieder, die vor einem Jahrzehnt mitsamt der Mauer verschwunden zu sein schien. Über die Konjunktur müssten wir uns dann keine Sorgen mehr machen.

Anders als im Kosovo, als ein diktatorischer Gegner, Milošević und seine marodierenden Soldaten, konventionelle Bombenziele darbot – von (gut getarnten) Panzern bis zur modernen Infrastruktur Serbiens –, droht im fernen Afghanistan ein längerer Konflikt. Die völkerrechtliche Legitimation des Kriegs steht kraft des UN-Mandats außer Frage. Gleichzeitig wachsen aber nicht nur in Europa die Zweifel an seiner strategischen Weisheit. Die Isolierung der Taliban in Berghöhlen und Ruinen hat propagandistische Wirkung allenfalls im Westen, nicht aber im islamischen Raum. Denn die politisch-religiöse Kriegsanschauung des Fundamentalismus folgt mythologischen Erzählmustern und nicht der martialischen Logik des *body count.* Wer stirbt, zieht als Sieger ins Paradies. Den Tod Osama bin Ladens würden seine Gefolgsleute zum heroischen Opfergang und heiligen

2003 »NEIN« ZUM IRAK-KRIEG

Triumph verklären. In seinen Niederlagen blüht jeder Terrorismus neu auf, wie die Geschichte von Arafats PLO täglich neu belegt.

Derzeit führt Amerika noch einen symbolischen Krieg. Weder setzt George W. Bush alle ihm zur Verfügung stehenden konventionellen militärischen Mittel ein, noch signalisiert er den Gegnern Gesprächsbereitschaft. Kein Wunder – wie verhandelt man mit bewaffneten Abgesandten aus dem Mittelalter und selbstmordwilligen Wahnsinnigen? Symbolisch ist der Krieg außerdem, weil er der Beruhigung der traumatisierten amerikanischen Öffentlichkeit dient – die jedoch andererseits ein Teppichbombardement mit ungezählten zivilen Opfern aus moralischen Gründen nicht lange hinnehmen würde.

Dass sich die Frustration des bisher besonnen agierenden Präsidenten nicht in einem militärischen Wutanfall (wie seinerzeit in Richard Nixons maßloser Zerstörung eines Teils von Kambodscha) lösen möge, dies sicherzustellen ist nicht nur die Aufgabe seiner Berater, sondern auch seiner Nato-Partner. Uneingeschränkte Solidarität bewährt sich nicht in politischem Gehorsam. Auch hier ist Schröder kein Salutierer.

Informationen aus Washington, dass der Irak mitsamt seinem biologischen Waffenarsenal als nächstes Ziel anvisiert sei, haben den Regierenden vorige Woche in Berlin, Paris und London den Atem verschlagen. Es drohte in diesem Falle ein Flächenbrand. Schon jetzt steht das Putschisten-Regime in Islamabad auf der Kippe. Ohnmächtig sieht es zu, wie pakistanische Paschtunen in Reih und Glied über die Bergpässe marschieren, um mit den Taliban zu kämpfen. Der königlich-saudischen Korruptionsoligarchie könnte das Ende drohen, das bin Laden ihm wünscht – etwa durch eine fundamentalistische Palast-Emeute. Israel, vor zehn Jahren Ziel irakischer Raketenangriffe, sähe sich gezwungen zu mobilisieren. Eine Kriegsausweitung in den Irak wäre das „Abenteuer", dem Gerhard Schröder sich verweigern müsste.

Doch stünde Deutschland jetzt nicht zu seinen Bündnisverpflichtungen, würde jeder spätere Berliner Protest gegen eine Eskalation ungehört verhallen und der Krieg ginge weiter – als es irgendeiner gewollt hat. Außer bin Laden.

2001 Als Teil der ISAF sichert in Afghanistan eine Bundeswehreinheit Straßen in Kabul

Berlin im Krieg

Schröder gibt den Staatsmann, Fischer verfällt in düstere Diskurse, Merkel klammert sich an die USA. Die deutsche Außenpolitik steht vor einer Zäsur

VON MATTHIAS GEIS

DIE ZEIT, 3. April 2003

Ein rot-grüner Bundeskanzler, den manche für den Friedensnobelpreis nominieren möchten, hat es nicht leicht. Vor allem sind es wohlmeinende Unterstellungen, die ihn zurzeit besonders mitnehmen, neulich etwa im Kanzleramt, wenige Tage nach Ausbruch des Krieges. Da fragt ein Journalist den Hausherrn, ob jetzt, im Einklang mit der Stimmung im Volk, nicht eine gute Gelegenheit sei, „die pazifistische Linie in einer Art Doktrin für die Zukunft zu zementieren". Das sind die Momente, in denen Gerhard Schröder sich nach den Zeiten zurücksehnt, als er noch die „Enttabuisierung" des Militärischen verkündete.

Damals, nach den Terroranschlägen des 11. September 2001, war er von denen kritisiert worden, die ihn heute feiern – und umgekehrt. Nein, antwortet der Kanzler heute, „keine Doktrin". Ungeachtet der Haltung zum Irak-Krieg, sei man auch weiterhin „aus Überzeugung militärisch engagiert": auf dem Balkan, bei Enduring Freedom, in der internationalen Schutztruppe in Afghanistan – irgendwann vielleicht sogar im Nachkriegs-Irak. Aber dazu muss Gerhard Schröder heute noch schweigen.

Wie oft in den letzten Monaten haben Kanzler und Außenminister gebetsmühlenartig wiederholt, dass die Bundesrepublik längst zum zweitgrößten Truppensteller bei internationalen Einsätzen geworden ist. Die Gereiztheit, mit der sie das inzwischen vorbringen, ist offenkundig. Auch verständlich. Denn jedes Mal geht es dabei um die Abwehr des Verdachts, erst jetzt, mit dem hartnäckigen Widerstand gegen den Krieg, mit den ruinierten deutsch-amerikanischen Beziehungen und den regierungsfreundlichen Massendemonstrationen, habe die rot-grüne Außenpolitik ganz zu sich gefunden. Und tatsächlich erinnert sie heute ein wenig an die Schreckensszenarien, die vor 1998 in Umlauf gesetzt worden waren, um Rot-Grün von der Macht fernzuhalten. Verblasst ist hingegen

2003 »NEIN« ZUM IRAK-KRIEG

der Eindruck des frisch gebackenen grünen Außenministers, der einmal ganz darin aufging, diplomatisch und formvollendet Kontinuität zu verkörpern. Adenauer, Brandt, Genscher, Kohl – das waren die Ikonen seines Anfangs. Gemessen daran, drängt sich heute die Frage auf: Leben wir – außenpolitisch betrachtet – nicht doch schon in einer „anderen Republik"?

Nein zu sagen ist noch keine Sabotage

Der Antikriegskurs und seine Folgen dominieren den Beginn der zweiten rot-grünen Legislaturperiode. Der ganz gegensätzliche Beginn 1998 ist dagegen fast vollkommen aus dem Bewusstsein geraten. Dabei markierte der Kosovo-Krieg, die erste humanitär begründete Militärintervention mit deutscher Beteiligung, einen Traditionsbruch – nicht nur für SPD und Grüne, sondern für die Nachkriegsrepublik insgesamt. Doch erst die gegensätzlichen Entscheidungen zusammengenommen – die Bereitschaft zur militärischen Beteiligung damals und deren Ablehnung heute – machen die Souveränität aus, die gerade auch von konservativer Seite so lange vermisst worden war.

„Unwiederbringlich vorbei" – so hat der Bundeskanzler nach dem 11. September die Etappe deutscher Nachkriegspolitik verabschiedet, in der jede Form militärischer Intervention aus prinzipiellen Gründen ausgeschlossen war. Dem hat er nun eine überraschende Präzisierung hinzugefügt: Es gibt keinen Automatismus militärischer Beteiligung, ja nicht einmal einen der Zustimmung zu militärischen Aktionen – auch dann nicht, wenn die westliche Vormacht dies dringend einfordert. So begann die deutsch-amerikanische Eiszeit.

„Emanzipation" lautet der Begriff, der heute kursiert, um dem Absturz der transatlantischen Beziehungen etwas halbwegs Positives abzugewinnen. Die „uneingeschränkte Solidarität" mit den USA hatte Gerhard Schröder nach den Anschlägen des 11. September ausgerufen. Und weder durch dieses zu groß geratene Versprechen noch gar durch fünf Jahrzehnte deutschen Wohlverhaltens waren die Amerikaner auf das harsche Nein vorbereitet, das der Kanzler dem irakischen Abenteuer entgegenhielt. Erst recht waren sie überrascht, dass Schröder dabei blieb. Dass sich an den zerrütteten Verhältnissen nichts Grundlegendes verändern wird, solange George Bush und Gerhard Schröder regieren, gehört heute zu den offenkundigen und deshalb besonders heftig dementierten Tatsachen im transatlantischen Geschäft.

Manche meinen, die Form der deutschen Ablehnung, nicht die Sache selbst habe den Kältesturz verursacht. Die Art und Weise mag dazu beigetragen haben. Aber der eigentliche Bruch lag eben doch darin, dass der jahrzehntelang engste und verlässlichste Partner sich einer entscheidenden Weichenstellung der amerikanischen Politik offen verweigerte. In Washington hat man das gefährliche Symbol instinktiv verstanden und entsprechend hart reagiert. Demgegenüber wussten die Deutschen lange nicht, wie ihnen geschah. Ihr Nein kam zwar aus begründeten Vorbehalten, eine Strategie gegen die amerikanischen Pläne gab es jedoch nicht. Man wollte nein sagen dürfen – nicht amerikanische Politik sabotieren. Deshalb auch die Zusage der Überflugrechte. Doch dass im bloßen Nein schon die Sabotage lag, begriffen die Deutschen erst, als statt der befürchteten Selbstisolation die internationale Unterstützung eintrat. Im Zweifel an der Seite der stärksten Macht – so hat Wolfgang Schäuble vor kurzem die Frage nach seiner Haltung zum Irak-Krieg beantwortet. Für die gegenteilige Haltung hat sich die rot-grüne Bundesregierung einen transatlantischen Scherbenhaufen eingehandelt. Darüber hinaus ein zwiespältiges Erfolgserlebnis und neue, teils merkwürdige Partner: Paris! Moskau? Peking?

Das also ist der Preis der Emanzipation. Nicht zufällig führt der Begriff zur Assoziation antiautoritärer Auflehnung. Und etwas davon steckt in der Radikalität des Bruches, auch in der neuen Lust am Nein. Eine über fünfzig Jahre gewachsene Bindung, die oft nach Unterordnung aussah und die bis in das Wahljahr 2002 vom grünen Außenminister regelrecht zelebriert worden war, ließ sich wohl nicht sanfter lockern.

Immer hatte man sich die Möglichkeit zur Einflussnahme durch treue Partnerschaft suggeriert. Gerade Fischer suchte die demonstrative Nähe zu seinen US-amerikanischen Amtskollegen, zuerst zu Madeleine Albright, dann zu Colin Powell. Nun ist er in seinem Urteil über Amerika, den Krieg und die Zukunft der Beziehungen noch härter als der Kanzler. Dass der Irak nur der Auftakt zu einer Serie von „Abrüstungskriegen" sein könnte, ist eine Perspektive, die heute niemand unter den führen-

2002 US-Präsident George W. Bush tritt nach der Bewilligung der Irak-Kriegsvollmacht durch den Kongress vor die Presse

den deutschen Politikern offen thematisiert – außer Fischer.

Ihn nun überfallen, nach dem katastrophalen Kriegsverlauf der ersten Tage, apokalyptische Anwandlungen, für die er ohnehin anfällig ist. Seine Angst vor einer Destabilisierung der ganzen Region sieht er bestätigt. Distanz zu diesem Urteil, gar der Blick auf transatlantische Perspektiven, fällt ihm heute besonders schwer. Anfang der Woche im Parteirat der Grünen wird er gleich zweimal darauf angesprochen: Fehlanzeige. Sein Kriegs-Pessimismus und seine Amerika-Entfremdung gehen Hand in Hand. Es war eine lange und mühsame Annäherung, die den einstigen Vietnam-Demonstranten bis zu seinen emphatischen Besuchen ins Pentagon und ins Weiße Haus führte. Das ist Vergangenheit. Das Weltbild eines überzeugten Europäers und Atlantikers ist zu Bruch gegangen.

Aber es gibt noch Atlantiker in Deutschland. Sehr exponiert – „an der Seite Amerikas" – steht jetzt Angela Merkel. Die Ostdeutsche ist bereit, um dem Achtundsechziger Fischer in der Gunst Washingtons nachzufolgen. Spät hat sie sich in die Kriegs-Debatte eingemischt – lange nach Wolfgang Schäuble oder Roland Koch –, dann aber mit aller Entschiedenheit und mit klarem Kalkül: die Außenpolitik als Feld, auf dem sie nun – gegen die Mehrheitsstimmung in Partei und Bevölkerung – die oft vermisste Entschlossenheit und Konsequenz demonstrieren kann. Damals, Ende Januar, als die vollständige diplomatische Isolation des Bundeskanzlers noch als der wahrscheinlichste Ausgang seines Anti-Kriegskurses galt, hat Angela Merkel ihre proamerikanische Linie auch als direkte Antwort auf Schröder entworfen. Auf ihrer jüngsten USA-Reise brachte ihr das eine Reihe hochrangiger Gesprächspartner ein.

Im Geiste „uneingeschränkter Solidarität" – auch wenn sie den Schröderschen Terminus immer lauthals ablehnte – hat sie ihren Besuch absolviert. Das letzte Ultimatum von Präsident Bush hat sie „mit allen Konsequenzen" unterstützt. Bis zum Einschlag der ersten Raketen in Bagdad verteidigte sie den amerikanischen Kriegskurs als „Drohkulisse zur friedlichen Entwaffnung Saddam Husseins". Zumindest hat sie es so behauptet. Seither hält sie den Krieg für „unvermeidlich". Nur die offene Zustimmung oder Rechtfertigung hat sie in einem letzten Anflug von Scheu vermieden.

Doch solche verbale Vorsicht hilft ihr nicht mehr. Sie ist inzwischen eingemauert in ihrer Verteidigung der amerikanischen Politik. Sie muss einen Krieg mittragen, auf dessen Verlauf sie nicht den geringsten Einfluss hat. Dafür wird sie derzeit vor allem von konservativen Kommentatoren umarmt. Bekennende Bush-Freunde sind eine Seltenheit geworden.

Stehe sie das durch, sei ihr „die Kanzlerkandidatur" sicher, so hat kürzlich ein Vertrauter unumwunden die machtpolitische Seite ihres Proamerikanismus beschrieben. Und selbst wenn der Vorsitzenden angesichts der breiten Ablehnungsfront in Gesellschaft und Partei Zweifel kommen sollten: Ein Abrücken von der amerikanischen Politik würde ihr als opportunistische Wende ausgelegt, ein Vorwurf, den sie kaum verkraften könnte. Ob sie noch überzeugt den Krieg verteidigt oder schon ein wenig verzweifelt die Verknüpfung ihrer Karriere mit dem amerikanischen Kriegsglück bedauert – Entscheidungsspielraum hat sie nicht mehr.

Die spurtreue Variante des Proamerikanismus

Inzwischen werden die kritischen Stimmen aus der Union lauter. Der saarländische Ministerpräsident Peter Müller hält den Krieg für völkerrechtswidrig. Merkels Stellvertreter Friedrich Merz diagnostiziert nach seiner USA-Reise amerikanische „Bunkermentalität". Und den Überzeugungen des ehemaligen Kanzlerkandidaten widmet dpa den schönen Satz: „In Peking ging CSU-Chef Edmund Stoiber nochmals deutlich auf Distanz zur USA im Irak-Krieg."

Stoibers Distanzierung aus der Ferne ist symptomatisch. Längst hat sich unter der Decke eines unerschütterlichen Atlantizismus auch in der Union die Skepsis breit gemacht. Merkel ignoriert das nicht. Aber anders als etwa bei Schäuble fehlt in ihren außenpolitischen Einlassungen völlig die problematische Dimension der transatlantischen Beziehungen. Sie hat ihre Lektion bundesrepublikanischer Außenpolitik gelernt. Nur wirkt sie dabei, als wolle sie nun die ganze Republik noch einmal von deren eigenen Lehren und Traditionen überzeugen. Das ist eine etwas merkwürdige Mission. Der Vorsitzenden fehlt dabei die Sicherheit, um unkonventionelle Ausfallschritte zu wagen. Wolfgang Schäuble etwa reflektiert längst offen über die Risiken der Supermacht, die Verführung aus militärtechnologischer Überlegenheit, die Gefahren des Unilateralismus oder die Bedrohung der amerikanischen Suprematie – bevor er dann solche Ausflüge mit einem scheinbar zweifelsfreien Bekenntnis zu den USA abschließt. Bei Angela Merkel findet sich dagegen die spurtreue Variante des Proamerikanismus. Ihrem Bekenntnis zur Wiege der Freiheit haftet etwas Unfreies an.

Aus außenpolitischen Gehversuchen wie diesen in den Bahnen der bundesdeutschen Tradition resultiert keine Orientierung. Die europäische Einheit, die transatlantischen Beziehungen sind doch gerade zum Problem geworden. Kaum jemand traut sich heute noch, die alten Kategorien wie eine Monstranz vor sich herzutragen, als liege darin die Lösung des außenpolitischen Dilemmas. Nur wer behauptet, die Bundesregierung sei schuld, wenn sich Europa und Amerika entfremden und diese Entfremdung in Europa selbst wie ein Sprengsatz wirkt, darf getrost auf Wiederherstellung plädieren.

Merkel indessen fordert, während sie mit den Traditionsbausteinen hantiert, mit großem Gestus „die zweiten Gründerjahre dieser Republik bezüglich einer neuen Außenpolitik". Doch wer immer nach dem außenpolitisch Neuen der selbst ernannten Neu-Europäerin sucht, bekommt am Ende nur alte Gewissheiten präsentiert. Erfahrene Parteifreunde Merkels fühlen sich schon an die Zeiten erinnert, als eine starr gewordene Partei sich im Kampf gegen die Ostpolitik verbarrikadierte.

2003 »NEIN« ZUM IRAK-KRIEG

Von den außenpolitisch Verantwortlichen in Berlin glaubt kaum einer an eine unversehrte Neuauflage der transatlantischen Vorkriegsverhältnisse. Im Kanzleramt und im Außenministerium, so wird berichtet, arbeiten bereits „die Stäbe" an den Zukunftsentwürfen. Es sind wohl eher die sprichwörtlichen „Stangen", mit denen derzeit noch im Nebel künftiger deutscher Außenpolitik gestochert wird. Ein „formierter Arbeitsprozess" sei im Gange, so heißt es aus dem Auswärtigen Amt.

Sehr weit ist man noch nicht gekommen. Alles scheint heute vom Kriegsverlauf abhängig. Schröder wie Fischer wünschen den Amerikanern den schnellen Erfolg in jenem Krieg, den sie von Anfang an abgelehnt haben. Und dennoch weiß heute niemand, mit welchem Amerika es die Europäer künftig zu tun bekommen könnten. Würde der US-Erfolg erst die Freiheit schaffen, sich auf kooperative Traditionen zu besinnen und den Kurs einer militärisch gestützten, globalen Ordnungspolitik im Alleingang zu überdenken? Oder wäre der Erfolg die pure Bestätigung?

Kleine Stabilisierungen, große Beklommenheit

Einige provisorische Haltegriffe immerhin hat der Kanzler angebracht. Von Beginn des Krieges an hat er die Debatte um dessen völkerrechtliche Legitimation tabuisiert. Schon die Gefahr einer negativen Antwort sollte im Rest-Pragmatismus der deutsch-amerikanischen Beziehungen versenkt werden. Nicht nur das Nein zum Krieg will Schröder durchhalten, auch die Zusicherung der Überflugrechte, die Nutzung der deutschen Stützpunkte und die Bündnisverpflichtungen sollen gelten. Schröder hat den Krieg verurteilt, nun geht es um Schadensbegrenzung. Hierhin gehört die Zusicherung, sich einem Wiederaufbau des Iraks nicht zu verweigern. Hierher gehören auch europäische Ausgleichsmaßnahmen: Das Weimarer Dreieck findet statt, obwohl Frankreich die Polen am liebsten ignorieren würde. Auch Tony Blair wird trotz seiner Kriegsbeteiligung von den Deutschen nicht etwa gemieden, sondern eingebunden, soweit derzeit möglich. Kleine Stabilisierungen sind das. Es ist ja genug ins Rutschen geraten.

„Es geht nicht um weniger Amerika, sondern um mehr Europa", lautet eine der Formeln. Sie wirkt aktuell und zugleich schon etwas abgegriffen. Im Grunde ahnte Fischer seit dem Kosovo-Krieg, also seit dem Beginn seiner Amtszeit, dass die transatlantischen Beziehungen prekär geworden waren. Damals hat er, der Antiautoritäre, zum ersten Mal amerikanische Dominanz als Demütigung erfahren. Und die Schwäche der Europäer als Herausforderung. Doch die „strategische Debatte", deren Versäumnis er in seiner Bundestagsrede zum Kriegsausbruch beklagte, hat auch der Außenminister nicht geführt. Über die neuen Bedingungen globaler Sicherheit, über gemeinsame und auseinander driftende transatlantische Interessen, die Zukunft der Nato oder den Umgang mit den nahöstlichen Diktaturen, zu dieser Debatte trug auch das grün geführte Außenministerium mit dem Geschichtspolitiker Fischer an der Spitze kaum bei.

Und nun sind alle konsterniert. Amerika entschwindet, Europa zerklüftet, das einst mächtige Bündnis droht zum Museum seiner selbst zu werden. Das spüren Regierung und Opposition in gleichem Maße. Nur die Schuldzuweisungen fallen entgegengesetzt aus. Zieht man die wechselseitige Polemik ab, so bleibt parteiübergreifende Beklommenheit. Sie ist übrig vom außenpolitischen Konsens der Republik. Schröder überspielt sie mit staatsmännischem Rollenspiel, Fischer verfällt in düstere Diskurse, Angela Merkel erneuert ein letztes Mal die Fassade. Die Verunsicherung bleibt. Sie ist es, die die Kämpfe im Irak näher rücken lässt.

2003 Ein US-Konvoi der 3. Infanteriedivision ist auf dem Weg in Richtung Bagdad

2004 HARTZ IV

2004

Hartz IV

KONTROVERSEN

Am 1. Januar 2005 tritt der vierte Teil der sogenannten Hartz-Reformen in Kraft: Arbeitslosen- und Sozialhilfe werden zum Arbeitslosengeld II zusammengelegt. Vor allem im Osten Deutschlands demonstrieren Hunderttausende gegen den Ab- und Umbau der sozialstaatlichen Leistungen. Sechs Monate nach dem Start der Hartz-IV-Regelung zieht die ZEIT eine erste Bilanz und stellt der rot-grünen Bundesregierung schlechte Noten aus: Statt große Reformen ins Werk gesetzt zu haben, habe sie – zumindest vorerst – ein noch größeres Chaos angerichtet.

Die große Reform? Ein großer Irrtum!

Hartz IV sollte Arbeitslosen helfen und Geld sparen. Sechs Monate nach dem Start herrscht noch das Chaos

VON ELISABETH NIEJAHR UND KOLJA RUDZIO

DIE ZEIT, 30. Juni 2005

Berlin, im Sommer 2002: Im französischen Dom am schönen Gendarmenmarkt stellt der Volkswagen-Vorstand und Kanzlerfreund Peter Hartz seine Reformideen für den Arbeitsmarkt vor. Gewerkschaften und Arbeitgeber sind mit im Boot, aus der SPD ist so kurz vor der Wahl kaum Widerstand spürbar, selbst der Opposition fällt wenig zu nörgeln ein. Als Hartz seine Präsentation beendet hat, ist der Wahlsieg für Gerhard Schröder ein Stück näher gerückt.

Berlin, im Sommer 2005, wohl wieder kurz vor der Wahl: Noch ein weiteres Mal treten Regierungsberater auf, im Ombudsrat. Der frühere sächsische Ministerpräsident Kurt Biedenkopf, die ehemalige Familienministerin Christine Bergmann und der Ex-Chemiegewerkschafter Hermann Rappe. Es geht um die Mängel der Hartz-Reform – und davon gibt es viele. Längst sind die Gewerkschaften empört, die Arbeitgeber enttäuscht. Auch aus der SPD kommen zahlreiche Vorschläge zur Reform der Reform: Ältere Arbeitslose sollen länger Unterstützung bekommen, Arbeitslose in Ost und West gleichgestellt werden, die Kriterien für zumutbare Arbeit gelten plötzlich als zu hart. Aus Hartz soll Hartz light werden.

Kein anderes Projekt hat das Ansehen der rot-grünen Regierung geprägt wie die Hartz-Reform, kein anderes hat so sehr zu ihrem Niedergang beigetragen. Die neue Linkspartei gäbe es vermutlich nicht ohne Hartz IV. Wenn der Bundeskanzler an diesem Freitag dem Parlament die Vertrauensfrage stellt und damit seinen Abgang vorbereitet, dann nicht zuletzt wegen Pannen und Problemen der weitreichendsten Sozialreform der rot-grünen Ära. Erst protestierten Zehntausende dagegen, dass bei den Arbeitslosen zu viel gespart wird. Jetzt empört die Öffentlichkeit, dass durch Hartz IV zu wenig gespart wird: 2005 und 2006 wird die Reform voraussichtlich acht bis zehn Milliarden Euro mehr kosten als erwartet.

2004 HARTZ IV

Fordert sie nun zu viel oder zu wenig? Sind nur korrigierbare Einzelheiten misslungen, oder stimmt der grundsätzliche Ansatz nicht? Oder braucht die Umstellung einfach mehr Zeit?

Die Regierung wollte viel mit Hartz IV: eine riesige Behörde umbauen, neue Dienstleistungen und Instrumente einführen, die Zusammenarbeit zwischen Arbeitsämtern und Kommunen verändern, Leistungen kürzen. All das brachte sie unter höchstem Zeitdruck auf den Weg, zeitweise ohne funktionierende Software, aber dafür mit Wochenend- und Nachtarbeit in den Ämtern. Ein halbes Jahr nach Inkrafttreten gleicht die Arbeitsverwaltung einem halbfertigen Haus, durch das der Wind pfeift. Hartz IV ist zwar Gesetz, wirkt aber doch anders, als es sich Befürworter und Kritiker ausmalten.

Irrtum Nummer eins: Das Fördern. Die Bundesregierung wirbt: »2,6 Millionen Menschen aus der Sozialhilfe geholt«. Die einstigen Sozialhilfeempfänger erhalten Arbeitslosengeld II und würden außerdem »in Jobcentern gefördert und gefordert«, sagt Wirtschaftsminister Clement. Arbeitslose Jugendliche würden besser betreut als je zuvor: Ein Vermittler kümmere sich um 75 Fälle statt um 800.

Die Wirklichkeit sieht anders aus. Eigentlich müssten in der ganzen Republik inzwischen neue Anlaufstellen eingerichtet sein, in denen Dauerarbeitslose Hilfen aus einer Hand bekommen – von der Suchttherapie bis zur Stellenvermittlung. Sozialämter und die örtlichen Arbeitsagenturen sollten dafür Arbeitsgemeinschaften (Arge) gründen. Speziell geschulte Fallmanager sollten sich der Langzeitfälle annehmen. Außerdem betreuen 69 so genannte Optionskommunen im Rahmen einer Sonderregelung ihre Arbeitslosengeld-II-Empfänger allein. So weit die Theorie.

Tatsächlich hat ein Arbeitsloser momentan Glück, wenn er zufällig in einer Region mit Intensivbetreuung lebt. In 18 Städten und Landkreisen existiert bisher bloß eine *Vereinbarung* darüber, dass bald ein *Vertrag* für die Gründung einer Arge geschlossen wird. In 19 weiteren Kommunen ist nicht einmal das in Sicht: Dort verwalten Sozialamt und Arbeitsbehörde die Hilfempfänger weiter unabhänig voneinander – als habe es Hartz IV nie gegeben.

Im Rhein-Neckar-Kreis etwa marschieren zweimal pro Woche Mitarbeiter des Sozialamts in die Geschäftsstellen der Arbeitsagentur. Dort machen sie Fotokopien der neu eingegangenen Anträge auf Arbeitslosengeld II; elektronisch lassen sich die Daten nicht weitergeben. Später entscheiden die Sozialarbeiter darüber, wie viel Geld ein Bedürftiger für seine Wohnung erhält oder ob er einen Therapieplatz für Alkoholkranke bekommt. Die Vermittler in der Arbeitsagentur wiederum legen fest, wie viel Geld es für den Lebensunterhalt gibt oder ob ein Ein-Euro-Job sinnvoll ist. Von Hilfe aus einer Hand keine Spur. Der Landkreis will gar keine Arge einrichten. »Wenn ich von den vielen Problemen damit höre, wüsste ich nicht, warum«, sagt Sozialdezernent Heinz Bönisch. In Ulm bastelte man im Frühjahr wenigstens noch an der neuen Behörde. »Aber dann haben wir die Notbremse gezogen«, sagt Sabine Mayer-Dölle. Es sei absehbar gewesen, so die Sozialbürgermeisterin, dass sich die bessere Betreuung nicht verwirklichen ließe. »Die Bundesagentur will die meisten Mitarbeiter zu Tarifen bezahlen, zu denen wir hier Sekretärinnen einstellen – so bekommen wir nicht genug qualifizierte Fallmanager.«

Selbst da, wo die neuen Hartz-Behörden längst tätig sein sollten, sind Arbeitsvermittler mit Organigrammen und Umzugskartons beschäftigt. In Hamburg, der größten Arge Deutschlands, werden erst im September alle Berater ihre neuen Räume bezogen haben – voraussichtlich. Davon abgesehen müssen sich die neuen Anlaufstellen um weit mehr Hilfempfänger kümmern als geplant. In Hamburg sind es fast 50 000 mehr als die erwarteten 130 000 Menschen. Die überlasteten Arbeitsvermittler sind deshalb kaum erreichbar. »Wir beschäftigen 27 Ein-Euro-Jobber«, berichtet Knut Fleckenstein vom Arbeiter-Samariter-Bund in Hamburg, »von denen kennen nur zwei ihren Fallmanager, und keiner hat deren Telefonnummer.« Zwar sollen bis August 300 neue Mitarbeiter die Arge verstärken, aber sie anzulernen wird Monate dauern. Früher mussten Arbeitsvermittler eine dreijährige Ausbildung an der Fachhochschule absolvieren, dafür bleibt jetzt keine Zeit mehr.

Kein Wunder, dass Vermittlungserfolge selbst bei den Jugendlichen ausbleiben, die doch bevorzugt behandelt werden. Der angestrebte Betreuungsschlüssel von 1 zu 75 wird längst nicht überall erreicht – in Dresden kommen auf einen Vermittler rund 130 Menschen unter 25 Jahren. Und Jubelmeldungen der Bundesregierung, wonach durch Hartz IV bereits 100 000 Jugendliche weniger arbeitslos seien, sind reiner Schwindel. Allein wegen des wärmeren Wetters finden jedes Frühjahr bis zu 80 000 junge Arbeitslose in Kneipen, Hotels oder auf dem Bau eine Beschäftigung. Zudem sind mehr als 30 000 Jugendliche nur deshalb aus der Statistik verschwunden, weil sie in einen Ein-Euro-Job gesteckt wurden. Ein Jobwunder sieht anders aus.

Irrtum Nummer zwei: Das Fordern. Mit der Reform sollte der Druck auf Arbeitslose erhöht werden, auch unattraktive Stellen anzutreten. Seit Inkrafttreten von Hartz IV gilt praktisch jede Arbeit als zumutbar, es sei denn, der Lohn liegt mehr als 30 Prozent unter den ortsüblichen Sätzen. Gegen diese scharfen Vorschriften liefen die Gewerkschafter Sturm. Das werde die Löhne auf breiter Front ins Rutschen bringen, warnte DGB-Chef Michael Sommer.

In der Praxis wird der Druck bisher kaum ausgeübt. »Die Vermittler sind noch viel zu sehr mit sich selbst beschäftigt«, sagt Harald Rein vom Frankfurter Arbeitslosenzentrum. Im vergangenen Jahr habe die Arbeitsagentur noch viele Sperrzeiten verhängt, also das Arbeitslosengeld für einige Wochen gestrichen. »Jetzt hat das nachgelassen.« Verkehrte Welt: Dank Hartz IV leben Arbeitsunwillige in Frankfurt unbehelligter als bisher.

Eingliederungsverträge, in denen mögliche Sanktionen vereinbart werden, gebe es bisher kaum, berichtet Rein. Und Ein-Euro-Jobs seien nach wie vor freiwillig. Frankfurts Arge-Chef Robert Standhaft ergänzt: »Bisher können wir mit unserer Software auch keine Kürzungen vornehmen, es sei denn, wir verbuchen sie als Einkommen, das dann zu einer Leistungskürzung führt – aber das ergibt einen widersinnigen Bescheid.«

Insgesamt scheinen die Arbeitslosen nicht intensiver nach Stellen zu suchen als früher. Zwar berichteten Zeitarbeitsfirmen im vergangenen Jahr von einem steigenden Interesse der Arbeitslosen. Aber daraus wurde kein Massenphänomen. »Wir können keinen deutlichen Anstieg der Bewerberzahlen feststellen«, heißt es in der Deutschland-Zentrale von Manpower. Umgekehrt bieten auch Unternehmen nicht massenhaft Jobs zu Niedrigtarifen an. »Der Druck auf die Löhne wirkt langfristig«, glaubt Johannes Jacob, Arbeitsmarktexperte beim DGB. »Es kann ein paar Jahre dauern, dann werden wir die Folgen sehen.« Die Auswirkungen sind noch nicht sichtbar, da wird im Wahlkampf schon darum gerungen, die Zumutbarkeitskriterien wieder zu entschärfen. Künftig sollten nur tariflich entlohnte Jobs zumutbar sein, verlangt der SPD-Arbeitsmarktexperte Klaus Brandner.

Irrtum Nummer drei: Viele Arbeitslose wollen nicht. Die größte Überraschung der Hartz-Reform bescherten die Ein-Euro-Jobs. Ursprünglich waren sie nicht nur als Einstiegshilfe in einen geregelten Arbeitsalltag gedacht, sondern auch als Daumenschraube – als verpflichtendes Angebot für all jene, bei denen Schwarzarbeit oder mangelndes Engagement vermutet wurde. Stattdessen »werden uns die Ein-Euro-Jobs aus den Händen gerissen«, berichtet Thomas Bösenberg, Chef der Arge in Hamburg.

Der Ansturm wird dadurch verstärkt, dass die »Arbeitsgelegenheiten« oft lukrativer sind als eine reguläre Beschäftigung. Denn in Ein-Euro-Jobs dürfen Arbeitslose den kompletten Zuverdienst behalten, während ihnen bei einer normalen Stelle die Unterstützung gekürzt wird – eine geradezu irrwitzige Bevorzugung des staatlich organisierten Ersatzarbeitsmarktes. Viele Arbeitslose, berichten Vermittler, sind aber einfach dankbar für eine sinnvolle Beschäftigung.

Irrtum Nummer vier: Der Staat spart Geld. Durch Hartz IV sollten weniger Menschen Unterstützung erhalten. Das Gegenteil ist eingetreten. Regierungsexperten hatten erwartet, dass 20 bis 30 Prozent der Bezieher von Arbeitslosenhilfe durch die Reform ihren Anspruch auf Unterstützung verlieren – etwa weil der Partner gut verdient oder sie zu vermögend sind. Diese Prognose erwies sich als der vermutlich schwerste Fehler der Hartz-Reform. Mit 2,5 Millionen »Bedarfsgemeinschaften« – gemeint sind bedürftige Paare oder Familien – hatte die Regierung gerechnet. Die tatsächliche Zahl liegt mittlerweile bei 3,5 Millionen. Vor allem in Ostdeutschland wollten sich viele Arbeitslose nicht vom Lebensgefährten aushalten lassen. Folglich zogen sie um, gründeten damit eine eigene Bedarfsgemeinschaft und bekamen weiter Geld. Viele Jugendliche zogen aus dem gleichen Grund bei ihren Eltern aus.

»Außerdem ist es offenbar weniger ehrenrührig, Arbeitslosengeld

2004 HARTZ IV

2004 Bundeswirtschaftsminister Wolfgang Clement (SPD, 2. v. l.) trifft am 8. November den Ombudsrat für Arbeitsmarktreformen, dem Hermann Rappe (SPD), Christine Bergmann (SPD) und Kurt Biedenkopf (CDU, r.) angehören

II zu beantragen, als zum Sozialamt zu gehen – und mancher, der vorher auf seinen Anspruch verzichtete, holt sich nun doch Geld vom Staat«, stellt Christian Ude, Präsident des Deutschen Städtetages, fest. Auch die öffentliche Debatte über drastische Kürzungen im Sommer 2004 dürfte die Kosten gesteigert haben: Viele Zweifelsfälle wurden von den Sachbearbeitern großzügig beschieden. »Sehr fürsorglich« habe sich die Arbeitsverwaltung verhalten, findet Matthias Knuth, Hartz-Experte beim Institut für Arbeit und Technik (IAT) in Gelsenkirchen. »Man ist den Leuten bei der Antragstellung richtig hinterhergelaufen.«

Das IAT verweist auf einen weiteren Grund für die hohe Zahl neuer Bedürftiger: Durch die Reform wurden viele zu Empfängern, die gar nicht arbeiten wollen, aber nach dem Gesetz erwerbsfähig sind – beispielsweise die Ehefrau eines Langzeitarbeitslosen, die Hausfrau war. Knuth schätzt, dass nun 200 000 Menschen in der Statistik als arbeitssuchend gelten, die gar keinen Job wollen.

Irrtum Nummer fünf: Regionen verelenden. Auf dem Höhepunkt der Hartz-IV-Proteste schien klar: Ein plötzlicher Verlust an Kaufkraft bei Millionen Arbeitslosen würde ganze Landstriche verändern. Allein in der Stadt Berlin rechnete die Sozialsenatorin mit einem Nachfrageausfall von rund 300 Millionen Euro, bundesweit prognostizierte die HypoVereinsbank einen Kaufkraftverlust von drei Milliarden Euro. Obwohl wenigstens ein Teil der ehemaligen Bezieher von Arbeitslosenhilfe heute deutlich weniger Geld haben muss – genaue Zahlen darüber hat niemand –, erscheint der Gesamtsaldo jetzt nicht mehr negativ. Der Hauptgrund sind die unvorhergesehen hohen Ausgaben für unerwartet viele Hilfsempfänger. Unter dem Strich rechnen die Experten der HypoVereinsbank jetzt nicht mehr mit einem messbaren Effekt auf die Kaufkraft.

Und die Folgen für ostdeutsche Problemgebiete? Bisher nicht nachweisbar. Zwar berichtet Thomas Rudolph, einer der Leipziger Koordinatoren der Montagsdemos, in der Stadt gebe es einen Schwarzfahrerboom und einen Ansturm auf die Lebensmittelausgabe der Leipziger Tafel. Beim Leipziger Verkehrsverbund nennt man solche Berichte aber »schlicht erfunden«, und Mitarbeiter der Tafel bestätigen zwar einen regen Zulauf, »einen Kausalzusammenhang zu Hartz IV« sehen sie aber nicht. Harald Thomé von der Arbeitsloseninitiative Tacheles in Wuppertal glaubt allerdings, dass die Not vieler Betroffener erst allmählich sichtbar wird. »Vorläufig erscheint das noch undramatisch, denn die Bessergestellten zehren erst ihre Reserven auf.«

Vorläufig, bisher, noch: Diese Worte fallen, wenn vom vierten Teil der Hartz-Reform die Rede ist. Bis Ende des Jahres, so die Schätzung von Kurt Biedenkopf, dem Chef des Ombudsrates der Regierung, wird es dauern, bis die Arbeitsverwaltung flächendeckend das tut, was ihre Aufgabe ist: Arbeitslose betreuen und vermitteln.

Die Regierung hat die Reform überstürzt, sich kräftig verrechnet und ihr Vorhaben miserabel kommuniziert. Und viele Menschen mehr verunsichert als nötig. Aber »der Ansatz der Reform ist gut, die Umsetzung ist noch viel zu bürokratisch«, sagt Biedenkopf. Der Rat mahnte in dieser Woche vor allem zwei Veränderungen an: Erstens sollen die Unterschiede zwischen Ost und West beim Arbeitslosengeld II aufgehoben, zweitens die Arbeitsgemeinschaften besser organisiert werden. »Der Vermittlungsausschuss hat bei der Einigung zu Hartz IV leider mehr Unheil als Vernünftiges hervorgebracht«, sagt Biedenkopf. Völlig unbrauchbar sei die Führungsstruktur der Argen, in denen Vertreter von Kommunen und Arbeitsagenturen gleichberechtigt sind und jeweils nur für das von ihnen entsandte Personal Verantwortung tragen.

Auch Clement will das ändern: Künftig können die Kommunen in den Argen das Ruder übernehmen. Die Union will die Kommunen im Falle eines Wahlsiegs noch weiter stärken: Sie will durchgängig die Verantwortung den Sozialamtsleitern und Bürgermeistern übertragen. Die Bedeutung der Bundesagentur ginge zurück.

Die Zuständigkeiten würden wieder verändert, und über neue Regeln für zumutbare Arbeit, Zuverdienste und das Arbeitslosengeld wird ebenfalls gestritten. Hartz IV ist noch gar nicht richtig in Gang gekommen, da rollt bereits die nächste Reformwelle heran. »Für die betroffenen Menschen und die Arbeitsverwaltung wäre es verkehrt, immer wieder herumzuexperimentieren«, warnt Jutta Allmendinger, Chefin des Instituts für Arbeitsmarkt- und Berufsforschung, das zur Bundesagentur für Arbeit gehört. »Jetzt müssen die Neuerungen erst einmal wirken.«

Vielleicht brauchen die Betreuer der Arbeitslosen nach den großen Hoffnungen des Sommers 2002 und den großen Enttäuschungen des Jahres 2005 gerade das, was Politikern und Wählern meistens fehlt: Geduld.

2005 Starker Andrang herrscht im Mai vor dem Informations- und Anmeldezentrum der Arbeitsgemeinschaft (Arge) Leipzig. Der Agenturbezirk weist mit 21,3 Prozent die höchste Arbeitslosenrate in Sachsen auf

2005 VW-AFFÄRE

2005
VW-Affäre

KONTROVERSEN

Ein Traditionshaus geht moralisch pleite: Jahrelang hat der VW-Konzern seinen Betriebsrat mit Reisen, Sonderzahlungen und anderen Vergünstigungen bestochen. Die Details der Affäre – unter anderem Betriebsveranstaltungen und »Lustreisen« mit Prostituierten – kommen im Sommer 2005 nach und nach ans Licht. Die Ermittlungen dauern mehrere Jahre; bereits im Spätsommer tritt VW-Vorstand Peter Hartz zurück. Josef Joffe deutet die Affäre in der ZEIT als Ergebnis und Ausdruck einer seit Jahren fehllaufenden, auch für die deutsche Politik symptomatischen Entwicklung. 2008 befasst sich ZEIT-Reporter Stefan Willeke mit der Figur des Betriebsratschefs Klaus Volkert, der von Anfang an im Mittelpunkt des Korruptionsskandals stand.

DIE ZEIT, 7. Juli 2005

Wolfsburger Wärmestube

Was verbindet VW und die Republik? Ein System, das dem Wandel trotzt

VON JOSEF JOFFE

Schmiergeld, Unterschleif, Prostitution – ein scheinbar herrlicher Sommerskandal hat sich bei VW aufgetan. Im ersten Akt haben zwei Manager und der Betriebsratschef die Bühne geräumt. Der zweite Akt: Schuldzuweisungen und Verschwörungstheorien. Dunkle »Kräfte«, so meint der neue Betriebsratschef, wollten »die Arbeitnehmervertretung schwächen«. Der dritte Akt: Es werden andere gehen müssen, womöglich auch der Held aus einem größeren Drama – der VW-Vorstand Peter Hartz, dessen Name bis in alle Ewigkeit mit dem Umbau des deutschen Sozialstaates verbunden sein wird.

Schluss, Vorhang und miese Kritiken? Hören wir uns erst den Chor an, der im klassischen Theater das Sinnfällige deklamiert: Der Niedergang des Hauses VW geht einher mit dem Ende einer politischen Ära, die Krise des Konzerns zeigt auch den Widerwillen eines ganzen Landes, sich dem Wandel zu stellen. Wie VW hatte sich auch Deutschland in einem hübsch umzäunten Garten eingerichtet. Wer musste sich um Kosten kümmern, wenn man mit »Premium«-Modellen Premium-Preise verlangen konnte? Der Profit wuchs, die Verteilungsmasse auch – im Konzern wie im Land. Vorbei. Die »Billigheimer« bauen heute genauso gute, gar bessere Autos, und in Asien wie Osteuropa fordern die Arbeiter dafür nur einen Bruchteil des Lohnes. Folglich fehlt im Drama VW/Deutschland noch der kathartische Kraftakt, der nicht nur das Personal, sondern auch die Bühne umkrempeln müsste: ein System, das einst die Stärken des deutschen Sozialkapitalismus verkörperte, nun aber dessen Gebrechen dramatisiert.

VW, das Schmuckstück des westdeutschen Wirtschaftswunders, ist zum Lehrbeispiel verkommen. Schuld tragen nicht die Betriebsräte und Bosse – das sind bloß die mittelgroßen Fische. Der Hauptschuldige ist ein System, das zweierlei verhindert hat: Durchblick und

2005 VW-AFFÄRE

Aufsicht auf der einen, die rasche Anpassung an den Weltmarkt auf der anderen Seite. VW siecht seit Jahren, 2004 schrieb das Stammhaus gar rote Zahlen. Der Chor fügt hinzu: Auch Deutschland hat seine Wachstumskraft verloren – seit zwanzig Jahren.

Aufsicht: Kapital, Staat und Betriebsrat haben sich nicht gegenseitig kontrolliert, sondern arrangiert. Der Sündenfall ist das »VW-Gesetz«, das die Firma weitgehend den Kräften des Marktes entzogen hat. Bis 1961 war der Käfer-Konzern Staatseigentum. Noch heute hält das Land Niedersachsen 20 Prozent der Aktien, und das Gesetz bestimmt: Kein Aktionär darf mehr als ein Fünftel der Stimmrechte raffen. Die Folge: Land und Arbeitnehmer können nicht majorisiert werden. Übernahme und Aktionärsrevolte sind unmöglich, egal, wie mager der Börsenwert inzwischen sein mag.

In einem solchen Schutzraum wächst naturgemäß die Macht des Betriebsrates. Man kabbelt sich, aber man kennt sich. Es herrscht, so erklärt der Ökonom Herbert Giersch, der Korporatismus: »die Solidarität derer, die sich gegenseitig kennen, und dies auf Märkten, die gegen anonyme Außenseiter und Aufsteiger geschützt sind«. Auf Deutsch: Krähen hacken einander nicht die Augen aus.

Anpassung: Wo man sich einig ist, einigt man sich am schnellsten auf den Status quo. Oder gegen die »Außenseiter«, wie zum Beispiel die EU-Kommission, die das VW-Gesetz als Sünde wider den freien Kapitalverkehr (und den Wettbewerb) verdammt. Oder man dealt: Du kriegst das, ich das. Sanierung? Der Stellenabbau träfe den Betriebsrat ins Mark. Also Outsourcing nach Osteuropa, wo Niedriglöhne die Konzernbilanz zu schönen helfen. Der Ex-Vorstandschef kauft für Milliarden Luxusmarken wie Bentley? Der Betriebsrat nörgelt, aber nickt ab; schließlich will er sich den Kuhhandel von morgen nicht verderben. Und die Aktionäre haben so wenig zu sagen wie draußen im Land die Arbeitslosen, die unter dem Tariflohn arbeiten würden.

Der Chor mahnt: VW ist nur das schärfste Abbild der Krise, weil hier auch noch der Staat mitmischt, dem »Konkurrenz« ein Fremdwort ist. Logischerweise landen bei VW auch Abgeordnete auf der *payroll*.

2005 Der Volkswagenkonzern, Symbol des deutschen Wirtschaftswunders, gerät durch die Korruptionsaffäre in die Schlagzeilen

Die Linie zieht sich in der Tat rückwärts von Mannesmann bis zur Neuen Heimat. Die fette Kommission für den Mannesmann-Verkauf an Vodafone hatten der Großbanker und der IG-Metall-Chef abgesegnet. Unerschüttert bleibt auch das Kartell von Aufsichtsrats-, Vorstands- und Betriebsratschef bei Daimler, egal, wie laut die Aktionäre murren.

Dass in einem solchen System Unterschleif blüht, hat wenig mit Personen und alles mit der »VEB VW«, dem prächtigsten Fossil der »Deutschland AG« zu tun. Das zeigt eine lange Latte von »Unregelmäßigkeiten« mit einem gemeinsamen Nenner: persönliche Bereicherung auf Kosten des Konzerns. Wo der Trog voll und unbeaufsichtigt ist, lässt's sich gut saufen.

Schade nur, dass wahlkampfgemäß die Protagonisten schon in Stellung gegangen sind, um vom Kern des Problems abzulenken. So etwa IG-Metall-Chef Jürgen Peters (auch Mitglied im VW-Aufsichtsrat), der nicht nach Aufklärung ruft, sondern die CDU verdächtigt, die Affäre zu nutzen, um den VW-Personalvorstand Peter Hartz »öffentlich zu beschädigen«. Man hegt dabei die Hoffnung, dass VW nicht nur den Sommer-Sumpf trockenlegt, sondern sich auch Regeln verpasst, die neue Sickergruben verhindern. So weise aber hat sich die Deutschland AG nicht gezeigt. Vorstandsbezüge offen legen? Das schüre doch nur den Sozialneid. Also bekamen sie ein Gesetz, das ihnen mehr abzwingt, als sie freiwillig hätten leisten müssen. Ähnlich in den USA: Nach den großen Finanzskandalen (Enron et alii) wurde die Wirtschaft mit dem »Sarbanes-Oxley-Gesetz« geschlagen, das Aktiengesellschaften praktisch zu Mündeln des Staates macht, und dies mit einem Verwaltungsaufwand von Abermillionen Dollar.

Solchen »amerikanischen Verhältnissen« wollen deutsche Unternehmer nicht einmal im Albtraum begegnen. Deshalb sollten sie sich sputen, allen voran VW. Auf staatlicher Seite sollte Christian Wulff den Anfang machen: Weg mit dem 20-Prozent-Anteil des Landes und dem VW-Gesetz, das den Konzern vor dem Markt schützt.

Aufsicht und Anpassung – das gilt auch für die Mitbestimmung, die seit ihrer Geburt 1951 sehr gut funktioniert hat, doch vorweg als Konflikthemmer (weshalb die Vorstände das System auch so schätzen). Bloß sind Aufsichtsräte für die *Aufsicht* da, egal, ob sie Kapital oder Arbeit vertreten; um sie zu ermuntern, ihre Pflichten zu ehren, könnten wir sehr wohl Teile der amerikanischen Corporate Governance übernehmen, etwa die Transparenzregeln und die persönliche Haftung von Vorständen und Aufsichtsräten. Wer mehr haftet, kungelt weniger.

Doch wenn VW Abbild ist, was wird aus einem Land, wo »die Solidarität derer, die sich gegenseitig kennen«, so lange die Zäune geflickt hat? Die Republik wird lernen müssen, mit mehr Konflikten fertig zu werden, als sie sich bisher zuzutrauen wagte – vor allem mit jenen, die dem lange aufgestauten Wandel entspringen. Denn trügerisch ist die Ruhe, welche die neuen linksrechten Populisten verheißen. VW wollte auch Ruhe, hat sogar mit »5000 mal 5000« kreative Lohnmodelle präsentiert, nun aber den Sturm geerntet. Beide, Republik wie Konzern, können es schaffen – so wie jene Bosse und Bürger, die 1945ff. nicht nur die brutalsten Umbrüche, sondern auch den GAU der Geschichte gemeistert haben.

2005 VW-Vorstandsvorsitzender Pischetsrieder (r.) und Aufsichtsratsmitglied Liesen informieren auf einer Pressekonferenz am 11.11. über den finanziellen Schaden, den die Affäre für den Konzern bedeutet

2005 VW-AFFÄRE

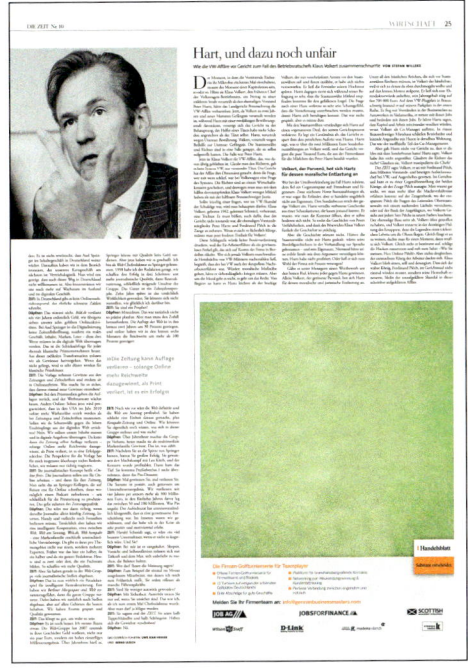

Hart, und dazu noch unfair

Wie die VW-Affäre vor Gericht zum Fall des Betriebsratschefs Klaus Volkert zusammenschnurrte

VON STEFAN WILLEKE

DIE ZEIT, 28. Februar 2008

Der Moment, in dem die Vorsitzende Richterin ihr Mikrofon ein letztes Mal einschaltete, musste der Moment einer Kapitulation sein, so oder so. Hätte sie Klaus Volkert, den früheren Chef des Volkswagen-Betriebsrates, am Freitag zu einer milderen Strafe verurteilt als den ehemaligen Vorstand Peter Hartz, hätte das Landgericht Braunschweig die VW-Affäre verharmlost. Jetzt, da Volkert zu zwei Jahren und neun Monaten Gefängnis verurteilt worden ist, während Hartz mit einer zweijährigen Bewährungsstrafe davonkam, versteigt sich das Gericht zu der Behauptung, der Helfer eines Täters habe mehr Schaden angerichtet als der Täter selbst. Hartz, verurteilt wegen Untreue: Bewährung. Volkert, verurteilt wegen Beihilfe zur Untreue: Gefängnis. Die Staatsanwälte und die Richter sind in eine Falle getappt, die sie selbst aufgestellt hatten. Die Falle war Peter Hartz.

Jetzt ist Klaus Volkert die VW-Affäre, das, was davon übrig geblieben ist. Glaubt man den Richtern, gab es kein System VW, nur vereinzelte Täter. Das Gericht hat der Affäre ihre Dimension geraubt, denn die Frage, wer mit wem schlief, war bei VW eine Frage des Systems. Die Richter sind an einem Wirtschaftskonzern gescheitert, und deswegen muss man mit dem hilflos davonstapfenden Klaus Volkert weniger Mitleid haben als mit der hilflosen Braunschweiger Justiz.

Sollte künftig einer die Frage stellen, wer im VW-Skandal der Schuldige war, wird man behaupten dürfen: Klaus Volkert, geboren 1942, gelernter Schmied, verheiratet, eine Tochter. Er muss büßen, auch dafür, dass das Gericht nicht imstande war, die ehemaligen Vorstandsmitglieder Peter Hartz und Ferdinand Piëch in die Zange zu nehmen. Wenn es nicht so lächerlich klänge, müsste man jetzt fordern: Freiheit für Volkert!

Diese Schlagzeile würde keine Boulevardzeitung drucken, weil der

ZEIT-Kontroversen

2008 Der frühere VW-Betriebsratschef Klaus Volkert am 22. Februar in Braunschweig nach seiner Verurteilung wegen Anstiftung und Beihilfe zur Untreue und wegen Verstoßes gegen das Betriebsverfassungsgesetz

Ex-Arbeiterführer als ein gewissenloses Ferkel gilt, das sich auf Kosten der Firma in Bordellen räkelte. Wer sich jemals Volkerts ausschweifende Hotelnächte von VW-Männern nacherzählen ließ, begreift, dass der bei VW auch der skrupellose Nachtarbeiterführer war. Würden moralische Maßstäbe gelten, hätte er »lebenslänglich« kriegen müssen. Aber um die Moral geht es nicht, es geht um das Recht. Von Beginn an hatte es Hartz leichter als der bockige Volkert, der mit verschränkten Armen vor den Staatsanwälten saß und ihnen erzählte, er habe sich nichts vorzuwerfen. Er ließ die Ermittler seinen Hochmut spüren. Hartz dagegen zierte sich während seiner Befragung so sehr, dass die Staatsanwälte Mitleid empfinden konnten für den gefallenen Engel. Die Frage nach einer Hure verletzte so sehr sein Schamgefühl, dass die Vernehmung unterbrochen werden musste, damit Hartz sich beruhigen konnte. Das war nicht gespielt, aber es nützte ihm.

Mit den Staatsanwälten verständigte sich Hartz auf einen Deal, der seinen Gerichtsprozess verkürzte. Er legt ein Geständnis ab, das Gericht erspart ihm den peinlichen Auftritt von Huren. Hartz sagt, was er über die zwei Millionen Euro Sonderbonuszahlungen an Volkert weiß, und das Gericht vergisst die paar Tausend Euro, die aus der Firmenkasse für die Mädchen des Peter Hartz bezahlt wurden.

Volkert, der Parvenü, bot sich Hartz für dessen moralische Entlastung an

Wer bei der Urteilsverkündung im Fall Hartz zuhörte, dem fiel ein Ge-

2005 VW-AFFÄRE

gensatzpaar auf: Fremdnutz und Eigennutz. Zwar zeichnete Hartz Bonuszahlungen ab, er war sogar ihr Erfinder, aber er handelte angeblich nicht aus Eigennutz. Den Sonderbonus strich der gierige Volkert ein. Hartz verteilte verbotene Geschenke aus einer Schatzkammer, die kaum jemand kannte. Er wusste, wie man die Kammer öffnet, aber er selbst bediente sich nicht. So endet die Geschichte von Peters Verführbarkeit, und dank des Bösewichts Klaus Volkert funkelt die Geschichte so prächtig.

Aber diese Geschichte stimmt nicht. Hätten die Staatsanwälte nicht mit Hartz gedealt, wären seine Bordellgeschichten in der Verhandlung zur Sprache gekommen und sein Eigennutz. Niemand hätte seine milde Strafe mit dem Argument verteidigen können, Hartz habe nicht profitiert. Oder ließ er sich zum Wohl der Firma mit Frauen versorgen?

Gäbe es unter Managern einen Wettbewerb um den besten Ruf, könnte jeder gegen Hartz gewinnen. Allein Volkert, der gerissene Parvenü, bot sich Hartz für dessen moralische und juristische Entlastung an. Unter all den hässlichen Reichen, die sich vor Staatsanwälten fürchten müssen, ist Volkert der hässlichste, weil er sich zu denen da oben durchmogeln wollte und auf den letzten Metern stolperte. Er ließ sich eine Ehrendoktorwürde anheften, sein Jahresgehalt stieg auf fast 700 000 Euro. Auf dem VW-Flugplatz in Braunschweig bestand er auf seinem Parkplatz in der ersten Reihe. Er flog mit Vorständen in der Businessclass zu Autowerken in Südamerika, er rettete mit ihnen Jobs und bedrohte mit

2007 Peter Hartz betritt am 17. Januar von Demonstranten umlagert das Braunschweiger Landgericht, vor dem er sich in der VW-Schmiergeldaffäre verantworten muss

ihnen Jobs. Er hörte Hartz sagen, dass Kapital und Arbeit miteinander versöhnt würden, wenn Volkert als Co-Manager auftrete. In einem Braunschweiger Mietshaus schliefen Betriebsräte und leitende Angestellte mit Huren in derselben Wohnung. Das war der inoffizielle Teil des Co-Managements.

Aber gab Hartz nicht vor Gericht zu, dass er die Idee mit dem Sonderbonus hatte? Hartz sagte, Volkert habe ihn nicht angestiftet. Glauben die Richter das nicht? Glauben sie, Volkert manipulierte die Chefs?

Der ZEIT sagte Volkert, er sei mit Ferdinand Piëch, dem früheren Vorstands- und heutigen Aufsichtsratschef bei VW, »auf Augenhöhe« gewesen. Im Gerichtssaal kam es zu einer Gegenüberstellung der beiden Könige, als der Zeuge Piëch aussagte. Man wusste gar nicht, wo man mehr über die Machtverhältnisse erfahren konnte: auf der Zeugenbank, wo der entspannte Piëch die Fragen des Leitenden Oberstaatsanwalts mit einem zuckenden Lächeln vernichtete, oder auf der Bank der Angeklagten, wo Volkerts Gesicht mit jedem Satz Piëchs in neuen Farben leuchtete. Der ehemalige Boss stritt ab, Volkert öfter getroffen zu haben, und Volkert erstarrte in der demütigen Haltung des Ertappten, dem die Legenden eines trickreichen Lebens um die Ohren flogen. Gleich fängt er an zu weinen, dachte man für einen Moment, dann straffte sich Volkert. Gleich steht er bestimmt auf, schlägt die Hacken zusammen und ruft zum Salut: »Wie Sie meinen, Herr Doktor Piëch!« Aber nichts dergleichen, der entmachtete König der Arbeiter duckte sich. Klaus Volkert blieb sitzen, still und derangiert. Dass sich der wahre König, Ferdinand Piëch, im Gerichtssaal nicht einmal winden musste, sondern seine Herrschaft erneuerte, bleibt der unaufgeklärte Skandal in dieser scheinbar aufgeklärten Affäre.

2006
Debatte um die Unterschicht

KONTROVERSEN

2006 veröffentlicht die Friedrich-Ebert-Stiftung eine Studie, derzufolge 6,5 Millionen der Wahlberechtigten in Deutschland zum sogenannten »abgehängten Prekariat« gehören. Von einer »neuen Unterschicht« spricht der damalige SPD-Vorsitzende Kurt Beck – ein Reizwort, das der anschließenden Debatte den Namen gibt. Die Medien zeichnen in oft reißerischen Berichten ein düsteres Bild jener »Abgehängten«, schildern Verwahrlosung und Gewalttätigkeit in spektakulären Einzelfällen. In der *ZEIT* äußert sich dazu unter anderem der Historiker Hans-Ulrich Wehler, in dessen Studien soziale Ungleichheit stets eine zentrale Rolle spielte. Deutschland, so seine These, sei schon immer eine »verschämte Klassengesellschaft« gewesen.

2006 DEBATTE UM DIE UNTERSCHICHT

Die verschämte Klassengesellschaft

Unterschicht – darüber spricht man in Deutschland nur ungern. Doch durch Verschweigen werden soziale Unterschiede nicht kleiner

VON HANS-ULRICH WEHLER

DIE ZEIT, 23. November 2006

In den vergangenen Wochen hat die Öffentlichkeit in der Bundesrepublik ein recht bizarres Schauspiel erlebt: Die von ihren internen Konflikten gebeutelte Große Koalition war sich in einem verblüffenden Punkt plötzlich einig, nämlich dass es hierzulande keine Unterschicht gebe. Der SPD-Parteivorsitzende Kurt Beck hatte diesen Begriff gebraucht und damit eine heftige Debatte ausgelöst. Sie lief im Kern darauf hinaus, die – eigentlich unbestreitbare – Existenz schlichtweg und wortreich zu leugnen. Nur eine Studie der Friedrich-Ebert-Stiftung zu politischen Einstellungen und Wertemustern erlaubt unter dem Kunstbegriff des »Prekariats« einen Blick, der die Schichtungspyramide wenigstens streift.

Eine Vogel-Strauß-Taktik, die einem den Atem verschlägt: Denn nirgendwo auf der Welt hat es bisher, in welchem Kulturkreis auch immer, Gesellschaften ohne ausgeprägte Sozialhierarchie gegeben, zu der auch stets Oberklassen, Eliten und Unterschichten gehören. Warum nur darf in Deutschland nicht darüber geredet werden? Hofft man, dass Beschweigen unser Land davor bewahrt, ein System der sozialen Ungleichheit, eine in oben und unten gegliederte Stratifikationsordnung auszubilden? Die zeitgeschichtlich interessierte Soziologie hat sich in drei vorzüglichen Handbüchern von Rainer Geißler, Bernhard Schäfers und Stefan Hradil (die alle in hoher Auflage, dazu als Taschenbücher erschienen sind) durchaus darum bemüht, ein möglichst exaktes Bild der westdeutschen sowie später der gesamtdeutschen Sozialstruktur zu präsentieren. Doch alle wissenschaftlichen Anstrengungen waren allem Anschein nach für die Katz – was die Aberhunderte von Volksvertretern im Bundestag angeht. Außer den Abgeordneten des Steinzeitmarxismus der Linkspartei hat keiner sachkundige Kritik an dieser entschlossenen Leugnung der Wirklichkeit angemeldet.

Ob wirklich Leute an die nivellierenden Wirkungen der »Sozialpartnerschaft« glauben? Hat die auffällige Konfliktarmut in den Beziehungen zwischen Arbeitgebern und Gewerkschaften die Sinne derart eingelullt, dass die Empirie der gesellschaftlichen Verhältnisse nicht mehr wahrgenommen wird? Ist den Deutschen das Reden in Klassenbegriffen besonders zuwider? Aber wie soll eine realitätsangemessene Gesellschaftspolitik betrieben werden, wenn die strukturellen Unterschiede in der deutschen Gesellschaft ignoriert, verdrängt, rundheraus bestritten werden?

Die Bundesrepublik kennt kein militantes Klassenbewusstsein

Zu den Ergebnissen einer erfolgreich durchgesetzten Marktwirtschaft gehört nun einmal auch die Ausbildung einer Marktgesellschaft, in welcher die Organisationsprinzipien des Marktes weithin die sozialen Beziehungen regieren – das mag man beklagen, aber durch Verschweigen ändert man es nicht. Auf Arbeitsmärkten wird zum Beispiel die Leistungskapazität der Individuen zu Marktpreisen abgerufen (oder eben nicht honoriert). Dadurch entstehen große Sozialverbände mit einer gemeinsamen Mentalität: Max Weber hat sie treffend »marktbedingte Klassen« genannt. Das aggressiv aufgeladene Klassenbewusstsein von Proletariat und Bourgeoisie ist nur ein extremer, vergänglicher Sonderfall dieser Mentalität gewesen. Die marktwirtschaftlich durchstrukturierte Bundesrepublik hat selbstverständlich, wenn auch in milderer Form, ebenfalls Marktklassen hervorgebracht, und wen der Markt ausspie, den hat sie mit Transferleistungen in die sozialstaatlichen Versorgungsklassen befördert. Allerdings hat die Bundesrepublik als Folge der Nivellierungstendenzen im »Dritten Reich« sowie in der Kriegs- und Nachkriegszeit kein militantes Klassenbewusstsein gefördert. Aufgrund der Wohlstandsexplosion während des »Wirtschaftswunders« (von 1950 bis 1973) mit seiner Vervierfachung des Einkommens, wegen der Expansion der materiell abgepolsterten mittleren Klassenlagen (in welche die Angestellten- und Facharbeiterschaft längst aufgestiegen ist) und wegen des »Fahrstuhl-Effekts« (Werner Sombart), der den Lebensstandard der westdeutschen Wachstumsgesellschaft ganz allgemein angehoben hat, tritt soziale Ungleichheit bei uns nicht mehr so verletzend, so provokativ ins allgemeine Bewusstsein wie etwa im 19. Jahrhundert.

Dennoch gibt es hinter der Fassade des Aufstiegs schroffe und unübersehbare Disparitäten. Die klassischen Kriterien der Ungleichverteilung von Macht- und Herrschaftschancen, von Einkommen, Vermögen und sozialem Prestige sind längst durch Merkmale wie Alter, Geschlecht und Herkunft aus ethnischen Verbänden, von Wohnlage und Gesundheitszustand ergänzt worden. Hier einige Beispiele: Eine neubürgerliche Oberklasse, die allerdings durch zahlreiche Kontinuitätslinien mit älteren Familiendynastien verbunden ist, repräsentiert einen bemerkenswerten Anteil der Vermögens- und Einkommenswerte. Die obersten zwölf Prozent aller bundesdeutschen Haushalte besaßen zum Beispiel 1986 60 Prozent aller statistisch erfassten Vermögenswerte; einem Viertel aller Haushalte gehörten 80 Prozent des Privatvermögens. Die unteren 30 Prozent erreichten dagegen nur sage und schreibe 1,5 Prozent. 1990 besaß das reichste Fünftel der Haushalte 63 Prozent des Nettogeldvermögens, die unteren 40 Prozent kamen dagegen auf nur mehr 4,5 Prozent.

Die Verteilung des Geldvermögens ist während der ersten vier Jahrzehnte der Bundesrepublik auffallend stabil geblieben. Bereits in den sechziger Jahren hatte der Ökonom Wilhelm Krelle in einer sorgfältigen Analyse ermittelt, dass die winzige Minderheit von 1,7 Prozent aller Haushalte über 74 Prozent des Produktivvermögens und 35 Prozent des Gesamtvermögens verfügte. Dreißig Jahre später ergab seine Kontrolluntersuchung einen nahezu identischen Befund.

Ebenso ist die Grundstruktur der Einkommensverteilung über die Jahrzehnte hinweg (während sich der statistische Durchschnitt der Bezüge vervierfachte) erstaunlich konstant geblieben. 1950 erhielt das oberste Fünftel 45,2 Prozent. 1990 waren es 43,5 Prozent; das unterste Fünftel hatte zuerst 5,4, nach vierzig Jahren egalitärer Transferpolitik 7,4 Prozent. Die Lage der drei mittleren Fünftel blieb mit 49,6 Prozent stabil. Die Aufteilung des Einkommens auf die Haushalte bestätigt demnach in einem verblüffenden Maße die Kontinuität dieser Distributionsordnung. Auch die neueste Einkommensanalyse, die für 1995 40 Millionen Steuerpflichtige erfasst hat, bestätigt die eklatante und dauerhafte Ungleichverteilung: Danach bezogen die reichsten zehn Prozent 30,5 Prozent des Net-

2006 DEBATTE UM DIE UNTERSCHICHT

togeldeinkommens – das Achtundzwanzigfache der unteren zehn Prozent. Im Übrigen hat sich, wie seit Ronald Reagan in den USA und seit Margaret Thatcher in England, auch in der Bundesrepublik der Trend weiter verfestigt, dass an der Spitze der Sozialhierarchie Vermögen und Einkommen so drastisch zunehmen, dass bereits im gehobenen Bürgertum die sich vergrößernde Kluft, die es von dieser Plutokratie trennt, scharf empfunden wird. Die Reichen werden auch in Deutschland immer reicher. Der Einkommens- und Vermögensabstand zwischen der Spitzenposition und den Arbeitern hat sich kontinuierlich vergrößert. Soeben hat das Deutsche Institut für Wirtschaftsforschung diesen Befund erneut bestätigt: In den letzten zehn Jahren hat das unterste Zehntel der Bundesbürger 5 Prozent seines Anteils am Gesamtvermögen verloren, das oberste Zehntel dagegen mehr als 1 Prozent hinzugewonnen. In Ostdeutschland beträgt der Verlust sogar 14 Prozent, der Gewinn 5 Prozent.

Angesichts solcher Daten fragt man sich, wie sich das Ungleichheitsgefälle, und mithin auch die Existenz von Unterklassen, überhaupt leugnen lässt. Die Armut, die maximal neun Prozent der Erwerbstätigen (keineswegs also das oft beschworene »abgehängte« Drittel) erfasst, lenkt den Blick ja nur auf eine ganz spezifische Dimension der Ungleichheit – aber materielle Armut ist eben bei weitem nicht ihr einziger Aspekt. Der Ausschluss von Herrschaftspositionen, von Vermögen und sozialer Ehre, die Diskriminierung auf dem Feld der Gesundheitsfürsorge, des Wohnens, der Freizeitgestaltung oder des Bil-

2006 Im Kölner Stadtteil Meschenich ist die Zahl der von Arbeitslosigkeit und Armut betroffenen Einwohner besonders hoch und bestätigt die räumliche Konzentration von Armut

2006 In Berlin-Neukölln warten Obdachlose auf Busse, die sie zur jährlich stattfindenden Weihnachtsfeier des Sängers Frank Zander bringen sollen

dungszugangs für Kinder – sie betreffen ja noch ungleich mehr Unterklassenangehörige.

Betrachtet man nicht nur Reichtum und Einkommen, sondern soziale Herkunft, Sprachkompetenz, Schul- und Universitätsausbildung, also – mit Pierre Bourdieu gesprochen – soziales und kulturelles Kapital der Familien, dann fördert die Elitenforschung weitere aufschlussreiche Daten über Ungleichheit zutage. Die administrative Elite zum Beispiel stammte bis zum Ende der achtziger Jahre zu 44 Prozent aus den Familien höherer Beamter. Die offenere politische Elite, in die das Schleusenwerk der Parteien und Verbände auch Außenseiter hineinträgt, rekrutierte sich ebenfalls zur Hälfte aus Familien von höheren Beamten und Angestellten, mithin aus den oberen Mittelklassen. An Homogenität wurde sie von der Justizelite weit übertroffen, die durch eine massive Dominanz des Beamtentums, vor allem durch eine hohe Selbstrekrutierung aus Juristenfamilien bestimmt ist. Am weitesten fortgeschritten ist, entgegen dem Mythos von der »offenen Leistungsgesellschaft«, die elitäre Schließung in der Wirtschaftselite. Bis 1995 stammten ihre Angehörigen zu 80 Prozent aus dem Großbürgertum sowie dem gehobenen Bürgertum, namentlich aus Unternehmerfamilien.

Auch eine zielbewusste Sozialpolitik kommt nur millimeterweise voran

Es entspricht übrigens diesen Rekrutierungskanälen, dass auch die Heiratsmärkte überwiegend homogen sind, denn die soziale Schließung führt dazu, dass 60 bis 80 Prozent der Ehen im selben sozialen Milieu geschlossen werden. Die Klassenhierarchie reguliert noch immer weithin die Eheschließungen. Auch die Liebe führt an erster Stelle unter Klassengleichen zu einer formellen Bindung.

Die Einkommens- und Vermögensverteilung, der Zugang zu mächtigen, gut dotierten Positionen im Staatsapparat und in der Wirtschaftsverwaltung beruhen auf dem Ergebnis langlebiger Prozesse. All diese Phänomene besitzen eine erstaunliche Kontinuität und sind auch im Sinn der verbesserten Chancengerechtigkeit nur äußerst schwer zu korrigieren. Eine zielbewusste Sozialstaatspolitik vermag auf diesem Feld beim besten Willen nur millimeterweise vorzudringen. Offene Diskussionen, auch über Reichtum, sind notwendig: Völlig verfehlt ist in diesem Zusammenhang der immer wieder auftauchende Vorwurf des Sozialneids, wenn nüchterne Daten zur sozialen Ungleichheit angeführt werden. Ebenso kurzatmig ist freilich die Anklage aus der SPD-Linken, dass die Wurzel allen Übels in Schröders Agenda 2010 liege: Die hat die »Unterschicht«, über die endlich gesprochen werden muss, nun wirklich nicht geschaffen.

Besaß die Linke bisher eine honorige Tradition der Sozialkritik, ignoriert sie mittlerweile vollständig die historische Tiefendimension der Probleme, welche in der Sozialstruktur der Bundesrepublik gespeichert sind.

Der Historiker Hans-Ulrich Wehler ist Emeritus der Universität Bielefeld. Im August 2008 erschien der fünfte Band seiner »Deutschen Gesellschaftsgeschichte« in der Zeit von 1949 bis 1990.

2007 GRÜNDUNG »DIE LINKE«

2007
Gründung »Die Linke«

KONTROVERSEN

Gewerkschafter und ehemalige SPD-Mitglieder gründen im Juli 2004 die Wahlalternative Arbeit und soziale Gerechtigkeit (WASG). Am 10. Juli 2005 vereinbart die neue Partei mit der PDS ein Linksbündnis zur Bundestagswahl; die Spitzenkandidaten sind Oskar Lafontaine und Gregor Gysi. »Braucht Deutschland eine Links-Partei?«, fragt die ZEIT 2005 auf ihrem Titel und gibt eine klare Antwort: »Nein und immer wieder Nein«. 2007 schließlich fusionieren Linkspartei/PDS und WASG und nennen sich Die Linke. Eine »nostalgische Truppe«, urteilt ZEIT-Redakteur Thomas E. Schmidt in seinem Leitartikel vom 21. Juni 2007. Gelassen misst er die seines Erachtens geringen Gestaltungsmöglichkeiten der neuen Oppositionspartei aus.

Nein und immer wieder nein

Braucht Deutschland eine Links-Partei?

VON MARTIN KLINGST

DIE ZEIT, 14. Juli 2005

An diesem Wochenende fällt die Entscheidung, dann werden wohl auch die Mitglieder der PDS den Handschlag zwischen Gregor Gysi und Oskar Lafontaine besiegeln. Die vereinte Linke hat gute Aussichten, in den nächsten Bundestag einzuziehen und Grüne wie FDP zu überflügeln. Schon lädt dies zu allerlei Sandkastenspielen ein: Entsteht eine rot-rosa-grüne Mehrheit, die Angela Merkel die schwarz-gelbe Kanzlerschaft vermasselt? Sind SPD und Union etwa zur Zwangsehe verdammt? Die wirklich wichtige Frage aber geht dabei unter: Braucht das Land dieses Bündnis aus PDS und WASG?

Vorweg, auch Berlin ist nicht Weimar. Eine neue kräftige Partei links von der Sozialdemokratie wird zwar die Fundamente der Volkspartei SPD erschüttern, aber nicht die Republik. In Skandinavien regiert man recht erfolgreich mit Absplitterungen auf der Linken wie der Rechten.

Aus lichten Höhen betrachtet, mag die vereinte Linke sogar ein Gewinn sein. Eine Partei, die den deutschen Wohlfahrtsstaat allen Anfechtungen zum Trotz ausbauen will, verschafft den Wählern eine weitere Alternative und sorgt damit für größere Unterscheidbarkeit und Auswahl. Vielleicht stimmt es auch, dass eine SPD, eingeklemmt zwischen linken und rechten Parteien, wieder in die Mitte marschieren und sich dort Koalitionspartner auf allen Seiten suchen könnte.

So weit die abstrakte Theorie. Die Wirklichkeit aber schaut bitter aus, da verliert die vereinte Linke jeden Glanz. Der Zusammenschluss von PDS und WASG ist nicht mehr als ein Bündnis der Gestrigen mit den Vorgestrigen. Alle Vergleiche mit linken Neugründungen hinken, von der USPD Ende der zwanziger Jahre bis zu den Grünen Anfang der Achtziger.

Damals organisierten sich ungeduldige junge Menschen, die um ihre Zukunft bangten und deswe-

2007 GRÜNDUNG »DIE LINKE«

gen etwas verändern wollten. Heute versammeln sich mehrheitlich in die Jahre gekommene Besitzstandswahrer und Realitätsverweigerer, die zurück – nicht nach vorn marschieren wollen. Man wünschte sich die Linke wirklich intelligenter und herausfordernder, aber ihre Botschaft lässt sich leider in die sehr platte Formel pressen: Weniger Arbeitszeit und höhere Löhne – die Reichen zahlen!

Angesichts günstiger Wahlprognosen finden nun 16 Jahre nach dem Fall der Mauer auch Linke Ost und Linke West zueinander. Es ist keine Liebesheirat, sondern eine reine Zweckehe. Doch so unterschiedlich ihre Vergangenheiten und Überzeugungen auch sind, sie vereinen sich in einer gemeinsamen rückwärtsgewandten Utopie: Beide wollen die Umstände retten, unter denen sie, jeder für sich, einst glücklich zu sein glaubten. Im Osten fühlte man sich vom Staatssozialismus, im Westen vom Sozialstaat bestens umsorgt.

Weder PDS noch WASG haben offenbar begriffen, dass sich seit 1989 die Produktionsbedingungen radikal verändert haben und dass die Sicherheitszäune außerhalb wie auch innerhalb Deutschlands endgültig eingerissen sind. Es lassen sich in der globalisierten Welt keine Mauern mehr aufbauen, schon gar nicht mit dem Versprechen, dahinter werde das Leben wieder besser und behaglicher.

Die PDS müsste es eigentlich besser wissen, denn sie regiert gemeinsam mit der SPD zwei bettelarme Bundesländer und trägt dort Verantwortung für harte Sparprogramme und einschneidende Privatisierungsmaßnahmen. Doch: Psst, sagt bitte niemand, dass wir in Berlin und Mecklenburg-Vorpommern mit von der Partie sind! Mit Rücksicht auf einen verlockenden Platz im Bundestag verschweigt man besser die bitteren Erfahrungen mit der Wirklichkeit. Wahrheiten könnten die Wähler nur verschrecken.

Also zieht sich die vereinte Linke lieber zurück auf die komfortable Antihaltung und beugt sich den zwei Neinsagern vom Dienst, die noch jedes Mal gekniffen haben, wenn die Politik ihnen wirklich etwas abverlangte: Gregor Gysi und vor allem Oskar Lafontaine sind von Berufs wegen anti – gegen den Kapitalismus, die Globalisierung, die Integration Europas, gegen »Fremdarbeiter«, gegen offene Märkte, Amerika und die Agenda 2010. Sie waren auch gegen eine Beteiligung Deutschlands am Kosovo-Krieg. Das allein beweist schon die Isoliertheit der neuen Partner.

Dieses Linksbündnis steht mit dem Rücken zur Zukunft.

2007 Auf den Parteitagen von PDS und WASG in Dortmund berieten PDS-Chef Lothar Bisky (l.) und die Vorsitzenden der Linksfraktion, Gregor Gysi und Oskar Lafontaine (r.), über die geplante Parteienfusion

DIE ZEIT, 21. Juni 2007

Die linken Verteidiger

Ratlos starren SPD und Grüne auf Lafontaines nostalgische Truppe. Wovor fürchten sie sich eigentlich?

VON THOMAS E. SCHMIDT

Die erste gesamtdeutsche Linkspartei in der Geschichte der Bundesrepublik brachte sich in einer Woge aus Selbsterregung und Medieninteresse selbst zur Welt. Darüber hinaus waren auch Spuren von Angstschweiß aus den Reihen der SPD darin nachzuweisen. Dass die Brandung von den Rändern des politischen Spektrums her einsetzt, ist keine Überraschung, denn seit die Globalisierung fühlbar und politisch mobilisierbar geworden ist, existiert ein erhebliches Protestwählerpotenzial in Deutschland. Auch sitzen jetzt schon fünf Parteien im deutschen Bundestag.

Es kann also sein, dass das Koalieren schwieriger wird, die Halbwertszeit von Regierungen kürzer, wie fast überall in Europa. Es kann auch sein, dass sich radikaler Protest bei der neuen Linken bündelt, festsetzt und rechts-links zu schillern beginnt wie Oskar Lafontaines Wort von den »Fremdarbeitern«. Das muss aber nicht so sein.

Das Phänomen der neuen Linken bewegt die etablierte Politik unverhältnismäßig heftig. Es weckt in der SPD tiefe Zweifel an der eigenen Reformpolitik, sodass es die Große Koalition lähmt. Nervös und ratlos reagieren die Grünen, cool ist noch die Union, während die FDP Zuflucht zu eher simplen Parolen nimmt. Sicher, alles Psychologie, aber im Augenblick wirkt sie. Seltsam auch, dass angesichts der Linken der Parlamentarismus bereits als geschwächt erscheint. Dieser Eindruck hat jedoch mehr mit der Lage der etablierten Parteien zu tun. Denn die Linke hat auf absehbare Zeit weder die Kraft noch den Willen, im demokratischen System Politik mitzugestalten.

Wieso nicht, die Wähler scheinen doch auf sie gewartet zu haben? Weil die Linke am meisten davon hat, wenn die anderen Gewicht in sie hineinprojizieren. Ihre viel beschworene Glaubwürdigkeit erhält sie nur, indem sie opponierend den anderen ihre faulen Kompromisse

2007 GRÜNDUNG »DIE LINKE«

vorrechnet. Lafontaine nannte das einmal »pädagogische« Politik.

In den Westlandesverbänden der Linken überwintert der Antiparlamentarismus. Koalitionszwänge, selbstständige Fraktionen oder gar eine Realo-PDS, die, wie in Berlin, eine Politik der Entstaatlichung mitträgt, solche Dinge sind dort des Teufels. Lafontaine hat kein Interesse daran, seine Partei einem Reifungsprozess zu unterziehen. Er ist nicht der Joschka Fischer der Linken, er wird immer ihre Jutta Ditfurth bleiben.

Obgleich mitgliederstärker und politisch erfahrener, verblasst die PDS im Zeitraffer. Falls das Linksprojekt überhaupt Bestand haben soll, liegt seine Zukunft im Westen von dort kommen neue Mitglieder, dort werden Wahlerfolge bei den Landtagswahlen 2008 erwartet. Wenn sie errungen sind, wofür einiges spricht, steigt der Koalitionsdruck. Schon locken SPD-Politiker in den Ländern. Das wird Streit über das Selbstverständnis der Partei auslösen – dieser Streit ist lange noch nicht ausgetragen.

Was die Linke eint, ist Opferbewusstsein in Ost und West, eine soziale Sicherheitsnostalgie samt geschönter DDR und allumfassendem BRD-Wohlfahrtsstaat, der so nie existiert hat. Eine Politik für die »Mehrheit« will Lafontaine machen. Wo soll die demoskopisch gemessen worden sein? Und sind das dann schon Wähler? In Wahrheit erreicht die Linke bislang keine Nichtwählerschichten, nur Unzufriedene. Die gehen immerhin noch zur Wahl und können von den etablierten Parteien auch zurückgewonnen werden.

Besonders hohl klingen Versuche, der neuen Linken so etwas wie historische Substanz zu verleihen. Dass die deutsche Arbeiterbewegung sich mit der SPD irrte? Na ja. Mit der Erinnerung an Liebknecht und die USPD eine radikale Friedenspolitik begründen? Da wird die Bundesrepublik aber aus vielen Bündnissen austreten müssen.

Was als Existenzgrund bleibt, ist die Gegnerschaft zu Schröders Agendapolitik. Also etwas sehr Zeitgebundenes. Diese Verstrickung ins Sozialdemokratische beunruhigt die Linke. Sie kann ihre Themen soziale Gerechtigkeit und Frieden nicht monopolisieren wie früher mal die Grünen das Ökologische.

Deswegen ist die Linke auch keineswegs unbesiegbar. Man kann sie mit einer Politik bekämpfen, die Globalisierung so gestaltet, dass sie den Menschen Perspektiven eröffnet und sie nicht ins Opfersyndrom treibt. Die Grünen begaben sich einst auf den Weg des politischen Erwachsenwerdens, heute muten sie ihren Wählern die Folgen zu. Die Linke wird das nicht tun, und das könnte ihre Halbwertszeit begrenzen. Wahlen gewinnt man dauerhaft, indem man Bürger anspricht, nicht an Verlierer appelliert.

2007 In Berlin feiern die Mitglieder auf dem Gründungsparteitag der Partei »Die Linke« den Zusammenschluss von WASG und PDS

2008
Finanzkrise

DIE ZEIT
KONTROVERSEN

Immobilienkrise, Finanzkrise, Wirtschaftskrise: Der Einbruch auf den internationalen Märkten im Herbst 2008 schlägt auch auf Deutschland durch, und nach Jahren der Deregulierung wird der Ruf nach dem lenkenden Staat wieder laut. Aber wie soll der Staat in der Krise agieren? Sollen etwa marode Banken verstaatlicht werden? Zu dieser Frage stellt die *ZEIT* auf der Titelseite ihrer Ausgabe vom 29. Januar 2009 zwei Kommentare nebeneinander – pro und contra.

2008 FINANZKRISE

Die Banken endlich verstaatlichen?

Ja, sagt Mark Schieritz, angesichts von bis zu 1000 Milliarden Euro an Risiken muss die Regierung eingreifen. Sonst droht die Staatspleite

VON MARK SCHIERITZ

DIE ZEIT, 29. Januar 2009

Ohne den Staat geht nichts mehr. Bilanzschrott im »Wert« von bis zu etwa 1000 Milliarden Euro liegt noch in den Tresoren der deutschen Banken, schätzt das Bundesfinanzministerium. Es ist ein buntes Sammelsurium aus Krediten, die wegen der Wirtschaftskrise nicht mehr bedient werden können, amerikanischen Immobiliendarlehen und Anleihen wankender Staaten. Man nehme, was nicht unrealistisch ist, einmal an, diese Papiere müssten ungefähr zur Hälfte abgeschrieben werden. Dann wäre das gesamte Kapital des deutschen Bankensektors – alles in allem knapp 400 Milliarden Euro – aufgezehrt. Ohne den Staat könnte ein Großteil der Banken schlicht nicht überleben, geschweige denn die Wirtschaft angemessen mit Geld versorgen.

Im Jahr eins nach dem Ende von Lehman Brothers ist klar, dass sich die Welt eine weitere Bankenpleite nicht leisten kann. Die Regierung muss also etwas tun. Aber was? Sie hat im Grunde nur zwei Möglichkeiten: Die erste Variante ist, den Banken die toxischen Werte abzunehmen – zu einem Preis, der über dem Marktwert liegt, denn sonst werden die Löcher in den Bilanzen nicht geschlossen. Ob das nun über öffentliche Bürgschaften geschieht oder ob die faulen Kredite in eine »Bad Bank« ausgelagert werden, eine Art staatliche Giftmülldeponie – die ökonomische Logik ist immer dieselbe: Die Banken wälzen ihre Risiken auf den Staat ab. So wäre das auch, wenn die Banken ihre Schrottpapiere bei der Regierung gegen solide Staatspapiere eintauschen könnten. Denn die deckt am Ende ebenfalls der Steuerzahler.

Die zweite Variante: Der Staat füllt die Kapitalpuffer der schwachen Banken wieder auf. Im Gegenzug erhält die Regierung Aktien – die Bank ist verstaatlicht. Wenn sich die Banken aus falschem Stolz weigern, werden sie per Gesetz zum Mitmachen gezwungen. In Großbritannien und den USA wird über diesen Weg derzeit nüchtern und ernsthaft diskutiert, nur hierzulande nimmt die Debatte hysterische Züge an. Vielleicht liegt es daran, dass Verstaatlichung nach Karl Marx und Oskar Lafontaine klingt. Doch es geht hier nicht um eine Systemdebatte, sondern um die technische Lösung eines volkswirtschaftlichen Bilanzproblems.

So gesehen, spricht eine ganze Reihe von Gründen für die – vorübergehende – Verstaatlichung. Die Kosten sind kein Argument. Wenn der Staat die Banken retten will, muss er so oder so bezahlen. Wenn er den Instituten die wertlosen Papiere abnimmt, sie aber nicht verstaatlicht, kann niemand überwachen, was diese mit dem Geld anstellen. Von der Subvention würden schlimmstenfalls die Aktionäre und Manager profitieren, die schon im Boom abgesahnt haben.

Die Verstaatlichung ist ordnungspolitisch konsequenter, weil der Staat die Kontrolle behält. Es gilt: Wer faule Kredite nicht allein schultern kann, der muss auch seine gesamte Bank an die Regierung abgeben. Dann und nur dann ist es auch in Ordnung, den Bilanzschrott in eine Bad Bank auszulagern. Das Geld bleibt in der Familie, nichts fließt ab, weil alles dem Staat gehört.

Ist das der Weg in die Staatswirtschaft? Nein. Die schlechte Bank wird abgewickelt, was noch an Wert da ist, wird verkauft. Die gute Bank wird nach der Generalüberholung wieder privatisiert. Einige Finanzhäuser werden diese Rosskur nicht überleben. Das ist gut so. Es gibt hier viel zu viele Banken, die keiner braucht. Die Hypo Real Estate zum Beispiel. Nur die Verstaatlichung bietet die Chance, im überdimensionierten deutschen Kreditwesen aufzuräumen. Auf normalem Weg kann eine Bank wegen der enormen volkswirtschaftlichen Kollateralschäden bei einer Pleite derzeit nicht aus dem Markt ausscheiden.

Gewiss, Beamte sind nicht die besseren Banker. Das müssen sie aber auch gar nicht sein. Sie sollen nicht im Detail über die Vergabe der Kredite entscheiden und den Kapitalfluss in der Wirtschaft steuern. Sie sollen die Banken nur wieder in die Lage versetzen, genau das zu tun – und dabei die Ver-

2008 Auf einem europäischen Sondergipfel zur Finanzkrise in Paris erörtern der luxemburgische Ministerpräsident Jean-Claude Juncker, Bundeskanzlerin Angela Merkel, Frankreichs Präsident Nicolas Sarkozy und Großbritanniens Premier Gordon Brown Rettungsmaßnahmen zur Bankenkrise

2008 FINANZKRISE

luste für den Steuerzahler begrenzen. So hat es einst auch Schweden gemacht, das große Vorbild aller Bankensanierer.

Die Skandinavier haben demonstriert, dass der Generalvorwurf gegenüber jeglicher Form des staatlichen Eingriffs nicht haltbar ist: dass es die Politiker immer verpatzen, weil sie sich nicht vom Allgemeinwohl, sondern von Eigeninteressen leiten lassen. Im konkreten Fall: dass der Staat nicht mehr loslässt, was er sich einmal gesichert hat. Die schwedischen Banken wurden zügig privatisiert – mit Gewinn übrigens. In jedem Fall haben die Aktionäre das Nachsehen, aber so soll es auch sein. Die Verstaatlichung verschont die Zocker nicht, sie bestraft sie. Und: Die Aktie einer Bank, die wegen unterlassener staatlicher Hilfeleistung pleite ist, wäre auch nichts mehr wert.

Aber übernimmt sich der Staat nicht, wenn er schon wieder Milliarden für die Banken ausgibt? Keine Frage: Die Operation ist teuer. Aber das Geld verschwindet nicht einfach in einem Loch. Die erste Rettungsrunde hat eine Kernschmelze des Finanzsystems verhindert und damit großen Schaden von der Bevölkerung abgewendet. Die zweite Runde ist nötig, um die Kreditversorgung der Wirtschaft zu sichern. Wenn das gelingt, spült der Aufschwung wieder Geld in die Kassen des Bundes. Die Zahlungsfähigkeit eines Landes hängt in erster Linie von der Stärke seiner Wirtschaft ab – und nicht davon, ob das Etatdefizit vorübergehend steigt. Die Gefahr einer Staatspleite wäre viel größer, wenn den Banken nicht geholfen würde und das Land in die große Depression rutschte.

2008 Bundeskanzlerin Angela Merkel (CDU) und Finanzminister Peer Steinbrück (SPD) informieren auf einer Pressekonferenz über ein Rettungspaket für die Hypo Real Estate und weitere deutsche Banken

Die Banken endlich verstaatlichen?

Bloß nicht, sagt Josef Joffe: Der Kauf maroder Kreditinstitute wäre die Absolution für Finanzakrobaten und eine Todsünde gegen die Marktwirtschaft

VON JOSEF JOFFE

DIE ZEIT, 29. Januar 2009

Schlimm genug ist schon »Vater« Staat, der nur unser Bestes will. Schlimmer aber ist die Allmacht, die wir selber herbeisehnen – wie in dieser fürchterlichen Krise, in der »Staat, Staat und noch mehr Staat« die einzige Rettung zu verheißen scheint. Die Verstaatlichung der Banken sei der letzte Schuss im Lauf. Doch ist Panik ein schlechter Ratgeber. Wer aus der Panik heraus handelt, denkt nicht mehr über Folgen nach; wer wähnt, keine Wahl mehr zu haben, wird blind für alle anderen Auswege.

»Verstaatlicht die Banken« ist ein Schrei der Verzweiflung, der den kühlen Kopf überwältigt. Wir sollen uns um die Marktwirtschaft sorgen, wenn wir schon über dem Abgrund baumeln? Die Antwort muss lauten: Jetzt erst recht. Denn mit der Marktwirtschaft (die in Deutschland »Kapitalismus« heißt und nie eine gute Presse hatte) verhält es sich wie mit der Freiheit insgesamt: Beide sind ständig in Gefahr, auf dem Altar der Sicherheit geopfert zu werden.

Und dem der Staatsgläubigkeit: Nach dem Desaster der Landesbanken kann im Ernst niemand für Staatsbanken plädieren. Erstens waren deren Pleitiers genauso »gierig« auf flotte Renditen wie ihre kapitalistischen Brüder. Siehe auch die französische Staatsbank Crédit Lyonnais, deren Vetternwirtschaft und Großmannssucht den Steuerzahler 15 Milliarden Euro kosteten, bevor sie 2000 privatisiert wurde. Zweitens kommt bei Staatsbanken ein Sonderrisiko hinzu: Weil der Politik untertan, dienen sie auch der Politik. Diese Wählergruppe oder jenen Parteigranden zu befriedigen mag wichtiger sein, als die Rendite zu mehren.

Selbst in den USA, im Lande des »Raubtierkapitalismus«, gerieten die quasistaatlichen Hypothekenbanken Fannie Mae und Freddie Mac in den Sog der Politik, die ihnen auftrug, möglichst viel Wohneigentum durch möglichst viele Hypotheken zu schaffen, oh-

2008 FINANZKRISE

ne dabei die Bonität der Kunden allzu scharf zu beäugen. Die beiden gehören zu den Schuldigen dieser Finanzkrise. Der Staat ist also weder gegen Dummheit noch gegen Eigensucht gefeit, auch wenn Hegel und Epigonen den Deutschen eingeredet haben, der Staat sei die höchste Form der Sittlichkeit und Vernunft.

Also nichts tun? Sicher nicht. Aber es gilt die Konsequenzen zu bedenken. Wenn der Bund die größten Banken verstaatlicht, gefährdet er schon mal all jene Banken, die verantwortungsvoll gewirtschaftet haben und nun auf einem Markt überleben müssen, wo die »Bundes-Hypo« und »Staats-Commerz« die günstigeren Konditionen anbieten, weil voll abgesichert.

Zweites Problem: der Staat als Oberster Verleiher. Von diesem Geschäft versteht er nichts, und außerdem öffnet er der Begünstigung Tür und Tor; da wiegt das politische schwerer als das kommerzielle Geschäft. Die Ökonomen warnen hier vor einer gigantischen Fehlallokation von Kapital. Drittens die Kosten: Diese lassen sich am Beispiel der US-Banken beziffern. Die Top Ten haben ein Eigenkapital von 800 Milliarden Dollar; Verstaatlichung und Rekapitalisierung würden 2000 Milliarden kosten – zweieinhalbmal so viel, wie Obamas Konjunkturprogramm kostet.

Schließlich die Exit-Strategie: Es heißt, Verstaatlichung sei bloß ein Notnagel, der rasch der Reprivatisierung anheimfallen werde. Wie hoch das Privatisierungstempo ist, zeigen VW-Gesetz, Post und Bahn.

Was bleibt? Eine Vorstufe der Verstaatlichung ist die »Bad Bank« unter öffentlicher Ägide, die den Problembanken ihre faulen Kredite und Nichts-mehr-wert-Papiere abnimmt, damit sie mit »entgifteten« Bilanzen wieder ins Kreditgeschäft einsteigen. Das wäre »Stamokap«: Der Staat rettet die Privaten vor den Folgen ihres Wahnwitzes. Und das mit Summen von geschätzt 200 bis 1000 Milliarden Euro. Und wie viel soll der Staat für den »Giftmüll« bezahlen? Zurzeit ist der Wert gleich null, weil niemand ihn haben will.

Schlimmer als Verstaatlichung, argumentieren die Verfechter, sei der Bankrott einer Großbank und ihre gigantischen Folgen. Ander-

2008 Ratlos wirken die Wall-Street-Manager nach dem Zusammenbruch der US-amerikanischen Investmentbank Lehman Brothers, der eine weltweite Hypotheken- und Bankenkrise einleitete

2008 Der US-amerikanische Wirtschaftsnobelpreisträger Paul Krugman fordert von den Verantwortlichen schnelle staatliche und global abgestimmte Konjunkturprogramme gegen die drohende Rezession

seits: Das Grundproblem ist die »Zombie-Bank« – so der US-Nobelökonom Paul Krugman. Der Staat dürfe in seiner Güte keine tote Bank künstlich beatmen. Der Ausweg aus dem Dilemma: Wer es nicht allein schafft, soll, ja muss Hilfe kriegen, aber bitte auf Gegenseitigkeit. Da der Staat nicht selber zum Pleitier werden darf, bezahlt er nicht mit Barem, sondern mit unverzinsten Bundesobligationen, die erst in zehn oder zwanzig Jahren eingelöst werden können, wenn sich die Giftpapiere wieder erholt haben. So der kluge Vorschlag des Münsteraner Ökonomen Ulrich van Suntum.

Vorteil: Der Giftmüll ist weg; auf der Aktiva-Seite kann die Bank mit hochsoliden Staatspapieren Bonität beweisen. Hübsch dabei wäre die ausgleichende Gerechtigkeit. Bei null Zinsen sinkt freilich die Eigenkapitalrendite – eine pädagogisch wertvolle Strafe, die die Bank lehren wird, wieder solide zu wirtschaften. »Damit«, schreibt Suntum, »würden anstelle der Steuerzahler genau diejenigen zu Kasse gebeten, die in einer Marktwirtschaft die Verantwortung für Verluste zu tragen haben, nämlich die Eigentümer der Banken.« Freilich nicht in einem einzelnen mörderischen Schlag, sondern über zehn, zwanzig Jahre verteilt – ein Fegefeuer, nicht die Hölle.

Dagegen wäre die Verstaatlichung, also der Kauf maroder Banken durch den Bund, nicht nur eine Todsünde gegen die Marktwirtschaft, sondern auch eine Absolution für jene Finanzakrobaten, die sich für jeden Euro Eigenkapital 30 Euro Fremdgeld geholt haben. Und eine Belohnung für jene Gierhälse, die ihnen die 30 Euro geliehen haben.

Register

Fett hervorgehobene Seitenzahlen verweisen auf zentrale Begriffe in Kontroversen-Artikeln.

1, 2, 3...

11. September
– als Symbol neuer terroristischer Bedrohung 388
– Frage des Verhältnisses zwischen Sicherheit und Freiheit 448
– Umdenken beim Begriff der inneren Sicherheit **445–447**
11. September-Terroristen, Vergleich mit RAF-Terroristen 446
13. August 1961, Bau der Berliner Mauer **100–102**
17. Juni 1953 13, 24
– deutscher Nationaltag 61
– Ursachen und Folgen des Volksaufstands **60–63**
3. Oktober 1990, Tag der deutschen Einheit 277, **330–341**
35-Stunden-Woche **298**
– kontra **303–307**
– pro **299–302**
45-Stunden-Woche, baden-württembergische Industrie 56
68er
– Bedeutung 129
– Hintergründe 127–128
68er-Generation, als Basis für rot-grüne Koalition 391
68er-Revolte 129, **152–160**

A

ABBA, Rolle für Popkultur 143
Abgase, Ursachen für Waldsterben 291
Abrüstung
– generelle 84
– von Atomwaffen 270
– Voraussetzungen 80
Abrüstungskriege 471
Abrüstungsverhandlungen, Einfluss auf die deutsche Frage 322
Absatzverluste, durch Kostensteigerung bei Arbeitszeitverkürzung 306
Abtreibung
– als Beispiel geschlechtsspezifischer Legislative 192, 194
Abtreibungsparagraf **190–196**
– Forderung nach Streichung 191
– Neuregelung 137
– Vernebelungsaktionen in der öffentlichen Diskussion 195
– siehe auch Schwangerschaftsabbruch

Abtreibungsprozesse, Anzahl der möglichen nach Selbstanzeigen 192
Abtreibungsverbot, Massenflucht in die Illegalität 192
Abwanderung, von Wissenschaftlern ins Ausland 463
Adenauer, Konrad
– Äußerungen während Spiegel-Affäre 108
– Bundeskanzler 42
– Demokratieverständnis 79
– deutsche Wiedervereinigung 71
– deutsch-französisches Verhältnis 1949 42
– historische Leistung 97
– im Urlaub 1957 14
– institutionelles Denken 93
– Institutionsgeringschätzung 95
– Kandidatur zum Bundespräsidenten 29
– »Kanzler der Alliierten« 41
– Kanzlerkrise 29, **92–98**
– konservative Revolution 23
– Kritik von Schumacher 21
– Machtposition bei Nachfolgeentscheidung 94
– Parlamentsdebatte zur atomaren Aufrüstung 82
– politischer Instinkt 33
– Präsident des Parlamentarischen Rates 37
– Präsidentschaftskandidatur 93
– Rolle vor Bau der Berliner Mauer 101
– Rücktritt als Bundeskanzler 33
– Rückzug von Kandidatur zum Amt des Bundespräsidenten **92–98**
– Spione im Kanzleramt 216
– Taktik bei Nachfolgefindung 94
– taktisches Verhalten in Zeit vor Spiegel-Affäre 107
– Westkurs 25, **41–48**
– Wunschbild des »Oberkanzlers« 94
– ZEIT-Interview zur Westintegration **41–45**
administrative Elite 492
Adorno, Theodor W., Tod 129
»Affäre Spiegel« 105
– siehe auch Spiegel-Affäre
Afghanistan
– Einmarsch sowjetischer Truppen 144
– Krieg gegen Taliban **467–469**
– Legitimität des Kriegs 468
Afghanistan-Einsatz, Bundeswehr 378
Agenda 2010
– Bekanntgabe 393
– schrödersches Vermächtnis 386
– teilweises Scheitern 389
Agendapolitik, Zielrichtung der Links-Partei 497
Agenten, Guillaume-Affäre **214–221**
Agrarbetriebe, Mechanisierung 59
Agrarprogramm, neues **57–59**

Agrarwirtschaft siehe Landwirtschaft
Ahlers, Conrad, Spiegel-Affäre 107–108
Aids, erstes Auftreten in Deutschland 263
Aktionäre, Stimmlosigkeit bei Großkonzernen 484
AKW (Atomkraftwerk) siehe Kernkraftwerke
Alliierte
– Rolle bei Herausbildung des Dreiparteiensystems 23
– Versäumnisse in der Deutschlandpolitik vor Bau der Berliner Mauer 99, 101
alliiertes Lizenzsystem 23
alliierte Verwaltung 25
Alltagsleben, Kommerzialisierung 275
Al-Qaida-Mitglieder, in Deutschland 467
Al-Qaida-Terror 388, 392, 447
Alte, steigende Zahl 429
Alterssicherung, Kernstück des Wohlfahrtsstaates 428
amerikanische Truppen, westdeutsche Sicherheit 52
Amoklauf
– Erfurt 390
– Winnenden 402
Angriffskrieg, europäische Reaktion auf einen eventuellen 51
Anlaufstellen, fehlende nach Hartz IV 477
Anpassungskrise, der Bundesrepublik 287
Anschluss, der DDR an die BRD 333
»Anschluss«, Österreichs an Deutschland 1938 333
Anstalt zur treuhänderischen Verwaltung des Volkseigentums siehe Treuhand
Anti-AKW-Bewegung 309–314
– geplante Wiederaufbereitungsanlage Gorleben 310
antiamerikanische Kundgebungen, wegen Nato-Doppelbeschluss 247
Anti-Atomkraft-Demonstrationen, Brokdorf 142
Antibabypille, Markteinführung 30
antikommunistischer Aufstand, Ost-Berlin 1953 63
Antikriegskurs, rot-grüne Koalition 471
Antisemitismus
– als Bestandteil der Gesellschaft des »Dritten Reichs« 369
– der Vernichtung 372
Antiterrorallianz 468
Antiterror-Gesetzgebung 137, 388, **444–450**
Anwerbestopp, für ausländische Arbeitnehmer 438
Apo siehe außerparlamentarische Opposition
Apokalypse, Computermodell 204
arabische Welt, Destabilisierung durch Irak-Krieg 472
Ära Kohl 262–282
– als rot-grüne Ära 279
– Bürgerlichkeit 408

– christlich-liberale Koalition 273
– deutsch-amerikanisches Verhältnis 269
– Ende 262, 282, 403–404
– europäische Integration 269–270
– gesellschaftliche Entwicklung 270
– Medienrevolution 275
– Paradoxie dieser Epoche 275
– Rentnerinnen und Rentner 273
– »Sozialabbau-Diskurs« 273
Arbeit
– als Eigenwert 55
– als Lebensmittelpunkt 54
– Versklavung des Menschen 55
Arbeiter-Aufstand
– DDR 1953 **60–63**
– siehe auch Volksaufstand
Arbeit für alle, Forderung nach Arbeitszeitverkürzung 300
Arbeitsbedingungen, Demonstrationen für humane 55
Arbeitslose, Anstieg der Zahl 394
Arbeitslosenzahl, 1966 145
Arbeitslosigkeit
– Abbau durch Arbeitszeitverkürzung 300–301
– als Folge der Ölkrise 212
– Zusammenhang mit Rentenniveau 431–432
Arbeitsmarkt, Reformideen 476
Arbeitsministerium, Sozialpolitik der Großen Koalition 1966–69 150
Arbeitsplätze, bei Arbeitszeitverkürzung 304
Arbeitstempo, Erhöhung trotz Arbeitszeitverkürzung 301
Arbeitsvermittler, unerwartete zusätzliche Arbeitsbelastung 477
Arbeitsverwaltung, mangelnde Organisation 477
Arbeitszeit, individuelle Gestaltung 307
Arbeitszeitverkürzung **54–56**
– Kosten der 305
– Maidemonstration 1954 55
– Vergleich mit anderen Staaten 307
– als Rettung vor Massenarbeitslosigkeit 300–301
– Polarisierung 303
Armut, in Deutschland 491
Artikel 23
– Beitritt des Saargebiets zur BRD 332
– deutsche Wiedervereinigung durch Beitritt der DDR zur BRD **331–336**
Ästhetik, der Propaganda 239
Asylbewerber, Hass gegen 278
Asylkompromiss 279
Asylrecht, Verbesserung 438
Atmosphäre, Selbstreinigungskraft 291
atomare Aufrüstung **78–84**
atomares Wettrüsten, Proteste der Friedensbewegung 143
Atomkraft, Demonstration in Wackersdorf 269

Atomkraftwerk *siehe* Kernkraftwerke
Atomraketen, Antwort auf russische 244
Atomversuche, Abkommen zur Einstellung von 32
Atomverzicht 83
Atomwaffen
– Abrüstung 270
– politische Einstellung in Europa 242
Attentate, politische Verantwortung 199
Aufbau Ost 27
– *siehe auch* Solidarpakt
»Aufbruch 89 – Neues Forum« 272
aufgeklärter Patriotismus
– Einigungsprozess **359–362**
– Widersprüchlichkeit des Begriffs 362
Aufrüstung
– atomare **78–84**
– finanzielle und industrielle Möglichkeiten 51
– Für und Wider 1949–1955 **49–52**
– gesamtdeutscher Aspekt 51
– Nato-Doppelbeschluss **241–247**
Aufsichtsräte, Diskussion der Haftung von 484
Aufwiegeljournalismus, Rolle der Springer-Presse bei der Studentenbewegung 158
Augstein, Rudolf
– Spiegel-Affäre 31, 104–105
– Vorwurf des Landesverrats 108
Auschwitz
– Ortsbesichtigung durch Mitglieder des Frankfurter Schwurgerichts 113
– Überlebende des KZ 115
– Zahlen 112
Auschwitz-Prozess 34
– Frankfurter *siehe* Frankfurter Auschwitz-Prozess
Auschwitz-Requiem, »Die Ermittlung« 113
Auschwitz-Täter, Frankfurter Prozess 114–115
Ausgrenzungs- und Ausmerzungsmentalität, in deutscher Gesellschaft 369
Ausländerhass, rechtsradikale Gewalt **347–350**
ausländische Arbeiter, Stopp der Anwerbung 136
ausländische Mitbürger, Beitrag zum Leben der Gemeinschaft 349
Auslandseinsätze
– Bundesverfassungsgerichtsurteil 364–366
– der Bundeswehr **363–366**
Auslandseinsätze der Bundeswehr, Desinteresse der Öffentlichkeit **417–418**
Auslandseinsatz im Kosovo, Bundeswehr 384
– *siehe auch* Kosovo-Krieg
ausschließliche Gesetzgebungsgewalt 39

Außenpolitik
– als Demonstrationsobjekt Merkels 472
– Bilanz der Großen Koalition 1966-69 150
– deutsche Wiedervereinigung 72
– neue Maßstäbe durch Große Koalition 1966-69 151
– und Sicherheitspolitik 366
– Vertrauensverlust während Kanzlerkrise 96
Außenwelt, Verhältnis zur 67
äußerer Notstand, Notstandsgesetze zum Einsatz der Streitkräfte 164
außerparlamentarische Opposition (Apo)
– Formierung 125
– Studentenbewegung 160
– Westdeutschlands Frauen 191
– *siehe auch* Studentenbewegung
Aussöhnung, deutsch-polnische 184–185
Auswärtiges Amt, Stellungnahme zum Bau der Berliner Mauer 102
Auto, kultische Bedeutung 274
Autoproduktion, nach 1949 25
Autorität
– Veränderung des Bildes während Kanzlerkrise 95, 97

B

Baader, Andreas
– Befreiung aus Haft 130
– Brandanschläge in Frankfurt 128
– Prozess in Stuttgart 136
Baden-Württemberg, Wahlsieg der Grünen 251
baden-württembergische Industrie
– 45-Stundenwoche 56
– Fünftagewoche 56
Bad Kleinen, Schusswechsel mit RAF-Terroristen 280
Bahnsen, Ulrich, »Kleine Zellen, große Sprengkraft« **459–463**
Bahr, Egon, Aushandlung des Moskauer Vertrags 178
Banken
– Gefährdung verantwortungsvoll wirtschaftender 503
– Verstaatlichung (pro) **499–501**
– Verstaatlichung (kontra) **502–504**
Bankenkrise 402, **502–504**
Bankensanierung, in Schweden 501
Barschel, Uwe, Tod 269
Barzel, Rainer, konstruktives Misstrauensvotum gegen Brandt 134
Baumnachwuchs, fehlender 292
Baumsterben *siehe* Waldsterben
bayerische Landtagswahl 400
Beamte, Reintegration von nationalsozialistischen 28
Beatles, Karrierestart 31
Beck, Kurt, als vorübergehender SPD-Vorsitzender 400

Beck, Ulrich, »Risikogesellschaft« 279
Becker, Boris, Gewinn des Tennisturniers in Wimbledon 267
Becker, Kurt, »Beschluß in Brüssel« **242–243**
Beckstein, Günther, Rücktritt als Ministerpräsident Bayerns 400
Bedarfsgemeinschaften, steigende Zahl 478
Befangenheit, Erscheinungsbild von deutschen Reisenden 68
Begrüßungsplatz, Lager Friedland 76
Beihilfen, staatliche für Kriegsgefangene 76
Beitrittserklärung, Recht der DDR auf einseitigen Erwerb der Bundeszugehörigkeit 333
belles manières, Vermittlung durch Staat 66
Benedikt XVI., Amtsantritt 395
Benehmen, Deutsche im Ausland **65–68**
Benno Ohnesorg *siehe* Ohnesorg, Benno
Beratende Versammlung, Europa-Rat 44
Berlin
– als Sinnbild für gesamtes Deutschland 100
– Love-Parade 260
– Regierungsumzug **342–346**
– Sicherung und Zustandsverbesserung im Rahmen des Moskauer Vertrags 178
– Viermächte-Abkommen 132
Berlin Alexanderplatz, Demonstration für radikale Reformen des DDR-Staats am 4. November 1989 322
Berliner Mauer
– Bau *siehe* Mauerbau
– Fall *siehe* Mauerfall
– Symbol für deutsche Teilung 100, 102
– Versäumnisse in der Deutschlandpolitik der Alliierten vor Bau 99, 101
– *siehe auch* Adenauer; Chruschtschow; de Gaulle; Kennedy
»Berliner Republik«
– Beginn 393
– Übergang zur **404–408**
Berlin-Gespräche, Entspannungspolitik der vier Mächte 182
»Besatzungsdemokratie« 36
Beschäftigungskrise, Arbeitszeitverkürzung 303
Besitzstandswahrer, Links-Partei 495
Betreuungsschlüssel, der Arbeitsvermittler 477
Bevölkerung, Recht auf Aufklärung 148
Bieber, Horst, »Das böse Ende eines schönen Traums« **309–314**
Biedenkopf, Kurt, Chef des Ombudsrates der Regierung 480
Biermann, Wolf, Ausbürgerung 138
Bilanzschrott, in den Banktresoren 499

Bildungsexpansion, und bundesdeutsche Sozialstruktur 136
Bildungsökonomie, und Lernnotstand 442
Bildungspolitiker, Schuld an Lernnotstand 442
Bild-Zeitung, Wallraffs Anprangerungen 139
Binder, Sepp, »Die Chronik des Entsetzens« **200–202**
Bindestrich-Deutsche 435
Biopolitik, gemeinsame 462
Bismarck, Otto von, Vergleich seines Rücktritts mit dem von Brandt 218
Bitburg, Besuch Ronald Reagans 267
Blutstammzellen 460
Bode, Arnold, Begründer der documenta 26
Böll, Heinrich
– Literaturnobelpreis 134
– Sternmarsch auf Bonn 163
Bonner Grundgesetz, als rationale Konstruktion 318
Bonner Politik, politische Moral in Zeit vor Spiegel-Affäre **107–110**
»Bonner Republik« 31
– Ende 393
Brandenburger Tor, Absperrungsmaßnahmen 13. August 1961 102
Brandt, Willy
– als Außenminister 34
– Bevölkerungszustimmung zu Außenpolitik 151
– Bildung einer sozialliberalen Koalition 175
– Entspannungspolitik 131
– erster sozialdemokratischer Bundeskanzler 130, **172–175**
– »friedliche Koexistenz zwischen den beiden deutschen Staaten« 179
– Guillaume-Affäre **215–217**
– historische Bedeutung 131
– historische Leistung 219
– in Warschau 184
– Kanzler des großen Neuanfangs 406–407
– Kniefall 118, 131, **183–189**
– konstruktives Misstrauensvotum gegen ihn 133–134
– Moskauer Vertrag **176–182**
– Respektierung und Akzeptanz der politischen Wirklichkeit 181
– Rücktritt als Bundeskanzler 136–137, 218
– Rücktrittsgründe 220
– Sturz **218–221**
– Treffen mit Stoph 130
– Umgang mit außerparlamentarischer Oppositionskritik 166
Brauchitsch, Eberhard von, Flick-Affäre 295
Braunbuch, DDR-Dokumentation 32
Brokdorf
– Anti-Atomkraft-Demonstration 142
– Kernkraftwerk 309
Bruchzone, politische 287

Brundage, Avery, Reaktion auf Attentat während Münchner Olympiade 202
Brüstle, Oliver, Personenschutz wegen Stammzellforschung 461
Brüter, Reaktortyp 311
Buback, Siegfried
– Ermordung durch Terroristen 138, 226
Buhl, Dieter
– »Der lange Marsch von Leipzig« 325–329
– »Wer hat Angst vorm Superstaat?« 352–354
Bulganin, Nikolai A., deutsche Wiedervereinigung 71
Bundesagentur, Bedeutung in Arbeitsgemeinschaften 480
Bundesanwaltschaft, Spiegel-Affäre 104
bundesdeutsche Sozialstruktur, Veränderung durch Bildungsexpansion 136
Bundesentschädigungsgesetz, Kostenschätzungen 189
Bundesgerichtshof, Spiegel-Affäre 105
Bundesgesetze, Länderbeteiligung 39
Bundeskanzler
– erster sozialdemokratischer 172–175
– Nachfolgeüberlegungen der CDU-Fraktion 1959 93
– Stand des Amtes während Kanzlerkrise 96
– siehe auch Kanzler
Bundeslegislative 39
Bundesobligationen, langfristige zur Bankenrettung 504
Bundespräsident
– Abwertung des Amtes durch Kanzlerkirse 96
– Wahl 39
Bundesrat, Zustimmungsrecht in der Gesetzgebung 39
Bundesregierung, Gesetzgebungsnotstand 39–40
Bundestag
– Feststellung eines Spannungsfalls zur Anwendung der Notstandsgesetze 163
– Rolle bei der Gesetzgebung 39
Bundestagswahl
– 1969 173
– Chancen der Grünen 252
Bundesverfassungsgericht
– Urteil zum Auslandseinsatz der Bundeswehr 364–366
– Urteil zum Maastrichter Vertrag 352
– Urteil zum Tragen eines Kopftuchs 413–415
Bundeswehr
– Afghanistan-Einsatz 378
– Auslandseinsätze 363–366
– Auslandseinsatz im Kosovo 384 siehe auch Kosovo-Krieg
– Desinteresse der Öffentlichkeit an Auslandseinsätzen 417–418
– freiwillige Soldaten 1956 52

– Gründung 26
– Verwicklung in Kriegshandlungen 416
bundesweite Streiks, ausgelöst durch Spiegel-Affäre 106
Bündnis 90/Die Grünen, Koalition mit SPD 382
Bündnis Allianz für Deutschland 276
»Bündnis für Arbeit« 386
Bündnisphilosophie, deutsche 242
Bündnistreue, Grenzen der deutschen 467–469
Bürgerinitiativen, Die Grünen 250
Bürgerkrieg, mögliche Folgen der Wiederbewaffnung im Fall eines 52
bürgerliches Recht, der Bundesrepublik 28
bürgerliche Wohlanständigkeit 29
Bürgerlichkeit, Kennzeichen der Ära Kohl 408

C

Carstens, Karl, Wahl zum Bundespräsidenten 141
CDU-Fraktion
– Impulse während Kanzlerkrise 93–95
– Taktieren während Kanzlerkrise 94
– Untertanengeist während Kanzlerkrise 96–97
Chancen(un)gleichheit, im deutschen Schulsystem 441
China, Blutbad auf dem Platz des Himmlischen Friedens 271
Christenheit, Geschlechtsregister Jesu 316
christlich-liberale Koalition, Ära Kohl 273
Chruschtschow, Nikita
– deutsche Wiedervereinigung 71
– Drohung mit Separatfrieden 101
Churchill, Winston, Tagung des Europarats 20
Clinton, Bill, Verhandlungen zur Zwangsarbeiterentschädigung 421
Club of Rome
– Grenzen des Wachstums 203–209
 Grenzen des Wachstums 134
– neue Prognosen 207–209
– Ressourcenknappheit 310
Cocooning 276
Cohn-Bendit, Daniel, Studentenrevolte in Frankreich 129
Computer, erste für privaten Einsatz 265
Computermodelle, grundsätzliche Mängel 209
Concorde, Beispiel für Verschwendung 206
Crédit Lyonnais, Misswirtschaft einer Staatsbank 502
CSU, Wahlschlappe 400

D

Dalai Lama, Besuch bei Merkel 399
»Das Leben der Anderen«, Oscar-Verleihung 398
Daume, Willi, Reaktion auf Attentat während Münchner Olympiade 202
DDR
– 40. Jahrestag 272
– Anteil an Wiedergutmachungsforderungen 188
– Beitritt zur BRD 331–336
– Einführung der D-Mark 276
– friedliche Revolution 320
– Mitglied der Vereinten Nationen 135
– Öffnung nach außen und innen 321
– Rolle als Gegenpart zur Bundesrepublik 31
– Vereinigung mit Bundesrepublik 277
DDR-Bürger
– Flucht nach Westen 272–273
– Flucht über Ungarn 271
DDR-Bürgerinitiativen, Reformziele 322
DDR-Propaganda 31
DDR-Shows 392
DDR-Volksaufstand, Ursachen und Folgen 60–63
de Gaulle, Charles, Rolle vor Bau der Berliner Mauer 101
Delors, Jacques, Grundstein für Maastrichter Vertrag 456
Demission siehe Rücktritt
demografische Entwicklung
– Beeinträchtigung des Wohlstands 437
– und Rente 429
Demokratie
– Definition 39
– Gefährdung durch Große Koalition 148
– soll »gewagt« werden 407
– Staatsraison 98
– und atomare Aufrüstung 79
– Voraussetzungen ihres Funktionierens 149
Demokratiebewusstsein, deutsche Öffentlichkeit 110
Demokratieverständnis, Filbinger 233
demokratische Staatsidentität, in Zeiten gesellschaftlicher Krisen 318
Demontagen, als Kriegsreparationen nach dem Zweiten Weltkrieg 189
Destabilisierung, arabische Welt (durch Irak-Krieg) 472
deutsch-amerikanisches Verhältnis, Ära Kohl 269
deutsch-amerikanisches Zerwürfnis, wegen des Irak-Kriegs 471
deutsch-deutsche Beziehungen, Normalität 217
deutsch-deutsche Entfremdung 31

deutsch-deutsche Grenze, Öffnung 320–329
deutsch-deutscher Kooperationsverbund, Zweistaatlichkeit statt Wiedervereinigung 323
deutsch-deutsches Verhältnis, Guillaume-Affäre 215
Deutsche, Benehmen im Ausland 65–68
deutsche Einheit
– eingebettet in eine europäische Ordnung 322
– Entwicklung dahin 133
– Tag der 277
– siehe auch Einheit; Wiedervereinigung
deutsche Forschung, Rückschritte wegen Stammzellgesetz 465
deutsche Gesamtschuld, Anteil der DDR 188
deutsche Geschichtsstunde, Fernsehserie »Holocaust« 237–240
deutsche Mannschaft, Olympische Spiele 126
deutsche Öffentlichkeit, Demokratiebewusstsein 110
deutsche Politik, innen- und außenpolitische Kontinuität 340
deutscher Bundesstaat 38
deutsche Revolution
– 17. Juni 1953 62
– Montagsdemonstrationen in Leipzig 325–329
Deutscher Fernsehpreis, Marcel Reich-Ranicki 400
deutscher Heimatfilm, Prototyp 21
Deutscher Herbst 222–229
– Folgen 226
– siehe auch Rote Armee Fraktion
deutscher Nationaltag, 17. Juni 1953 61
deutscher Wald
– Sterben 291–293
– siehe auch Wald
deutsches nationales Projekt, Goldhagens These 372
deutsche Soldaten, erster Auslandseinsatz 363
– siehe auch Auslandseinsätze
deutsche Souveränität, Zwei-plus-Vier-Vertrag 338
deutsche Staaten, friedliche Koexistenz 179
deutsche Teilung
– symbolisiert durch Berliner Mauer 100, 102
deutsche Verfassung, Verbundenheit mit der Zivilisation der westlichen Demokratien 336
deutsch-französische Aussöhnung, friedliche Kundgebung 1950 45
deutsch-französische Kohleproduktion 48
deutsch-französischer Freundschaftsvertrag 32
deutsch-französischer Kulturaustausch 44
deutsch-französische Stahlproduktion 48
deutsch-französisches Verhältnis
– Einschätzung Adenauers 42–45
– »Erbfeindschaft« 42

– Verbesserung in der Ära Schmidt–Giscard d'Estaing 139
– Westintegration **41–45**
deutsch-französische Verständigung
– Hindernisse 1949 43
– Ruhrstatut 1949 43
– Saarproblem 1949 43
– Sicherheitsfrage 1949 43
Deutschland
– Beendigung des Kriegszustand mit Sowjetunion 27
– internationale Verflochtenheit 365
– Rolle als Mittelmacht 365
– weltpolitische Rolle 386
Deutschland AG, Vetternwirtschaft bei Konzernen 484
Deutschland-Politik
– Briefwechsel zwischen Kiesinger und Stoph 151
– sozialliberale Koalition 174
– Ziele der Großen Koalition 1966 147
deutsch-polnische Vergangenheit 186
deutsch-polnische Verhandlungen, Interessenskonflikte lösen 339
deutsch-russische Verhandlungen, Wiedervereinigung **70–73**
Deutsch-Sowjetische Friedensgesellschaft 73
Deutsch-Tschechischer Zukunftsfonds (DTZF) 423
DGB
– 3. Bundeskongress 55
– Arbeitszeitverkürzung 1954 55
– *siehe auch* Gewerkschaften
DGB-Forderungen, ökonomische Realitäten 56
didaktische Konzepte, moderne 443
»Die Blechtrommel« (Roman) 29
»Die Ermittlung«, Auschwitz-Requiem 113
Die Grünen
– als Wahlhelfer für andere Parteien 252
– Chancen bei der Bundestagswahl 252
– Einzug in Bundestag 263
– Formierung als Bundespartei 142
– Koalition mit SPD 382
– neuer Machtfaktor in Bonn 288
– *siehe auch* Grüne
Die Linke
– Bildung der Partei 394
– Gründung **493–497**
– *siehe auch* Links-Partei
»Die Sünderin« (Film) 21
diplomatische Beziehungen, zur Sowjetunion **70–73**
Dirigismus
– internationaler durch die EWG 89
– Rückfall in 304
– Verzicht in EWG **86–91**
Diskothek La Belle, Anschlag 268
Diskriminierung, der schwarzen GI-Kinder 29

D-Mark, neue 26
documenta, erste 26
Dollar, Wechselkurs gegenüber Euro 457
Dönhoff, Marion Gräfin
– »Bilanz der Großen Koalition« **149–151**
– »Das Moskauer Ja-Wort« **70–73**
– »Das vergessene Wunder« 57
– »Der zweite Sündenfall« **79–80**
– »Die Flammenzeichen rauchen« **61–63**
– »Eine deutsche Geschichtsstunde« 238
– »Europa kommt durch den Lieferanten-Eingang« **46–47**
– »Kein Zurück in die Sackgasse« **177–179**
– »Mit dem Volke spielt man nicht« **96–98**
– »Mit fragwürdiger Methode« **371–373**
– »Quittung für den langen Schlaf« **100–102**
– »Wenn alles in Frage gestellt wird…« **227–229**
– »Wer denkt noch an den Staat?« **107–110**
Donnersmarck, Florian Henckel von, Oscar-Preisträger 398
Doping-Skandal, Tour de France 396
Doppelbeschluss, der Nato *siehe* Nato-Doppelbeschluss
Doppelmitgliedschaft, die Grünen 249
Doppel-Null-Lösung 270
Dreiparteiensystem, Herausbildung 23
»Drittes Reich«, Antisemitismus als Bestandteil der Gesellschaft 369
Drive-in, erstes 22
Druckwasser-Reaktor, Obrigheim 311
Dubček, Alexander, »Prager Frühling« 128
Dunkelziffer, der Schwangerschaftsunterbrechung 196
Dunkelziffer des Abtreibungsverbots 192
Dutschke, Rudi
– Attentat auf ihn 127, 157
– bei Demonstration 128
Dutschkisten, Gefahr des Hochschaukelns rechter Extreme 159

E

Ecu *siehe* European Currency Unit
Ehe
– als Institut wider die sexuelle Natur des Mannes 170
– Bedeutung der sexuellen Treue 170
– Bedeutung der sozialen Treue 171
Ehebruch
– Frage nach wahrer Treue **168–171**

– strafrechtlich geahndetes Vergehen 168
Ehe-Kodex, liberaler 171
Ehescheidungen, Untreue des Mannes 168
Eichmann, Adolf, Prozess gegen ihn 30
Eigennutz, VW-Affäre 487
Einbindung Deutschlands, in Prozess der europäischen Einigung 455
Einbürgerung, Ermessensspielraum von Behörden 350
Ein-Euro-Job, in Hartz IV 478
Einheit
– Folgen einer Wiederbewaffnung der BRD 52
– in Freiheit **337–341**
– politisches Ziel 62
– Solidarpakt **356–358**
– *siehe auch* deutsche Einheit; Einigung…; Wiedervereinigung
Einheitsstaat, zentralistischer 38
Einheitswährung, für Europa **452–457**
Einigungspotential, in der Links-Partei 497
Einigungsprozess Deutschland
– aufgeklärter Patriotismus **359–362**
– Bedeutung der Solidarität 357
– Bedeutung des Wirklichkeitssinns 357
– Bedeutung des Wohlstands 358
– Bewusstsein für soziale Ungerechtigkeit 360
Einkommensabstand, zwischen sozialen Schichten in Deutschland 491
Einkommensverteilung, zeitliche Konstanz 490
Einschüchterung, der westeuropäischen Staaten durch die Sowjetunion 80
Elbe, Flutkatastrophe 390
»Elefantenhochzeit«, Große Koalition 124
Elektrizitätserzeuger
– Bau und Betrieb von Kernkraftwerken 309–314
– enge Verbindung zum Staat 313
– Monopolstellung 314
Elias, Norbert, deutsche Geschichte als allgemeine Gefährdung der Menschheit 319
Elite, politische Begriffsdiskussion 296
Eliten
– Administration 492
– Justiz 492
– Wirtschaft 492
Emanzipation
– im transatlantischen Bündnis 471
– Schwierigkeiten 274
embryonale Stammzellen
– Forschung 464
– Gesetz **459–463**
– Gesetz zu 389
Embryonen, befürchtete Massenproduktion 462

Embryonenforschung, Debatte 461
Endlager
– radioaktive Abfälle 313
– staatliche Verantwortung 314
Energie
– als Motor des industriellen Fortschritts 310
– Szenarien der unbegrenzten Verfügbarkeit dank Kernkraftwerken 311
– wachsender Stromverbrauch 311
Energiebedarf
– Atomstrom zur Deckung des wachsenden Stromverbrauchs 311
– Energie sparen im Atomstromzeitalter 311
– Grundlast 314
– Strom-Reservekapazität 314
Energiepolitik, nach Reaktorbrand in Tschernobyl 309–314
Energieverbrauch, erhöhter 292
Ensslin, Gudrun 128, 130, 133, 141, 222
Enteignung, Regelung durch Notstandsgesetze 164
Entfremdung, Jugend 159
Entnazifizierung, späte 231
Entschädigung
– der Zwangsarbeiterinnen und Zwangsarbeiter **419–426**
– kollektive, gezahlte Wiedergutmachung 189
– *siehe auch* Zwangsarbeiterentschädigung
»Entschleunigung« 279
»Entsorgungs-Nachweis«, Betriebserlaubnis für Kernkraftwerke 313
Entspannungspolitik
– Berlin-Gespräche der vier Mächte 182
– Brandt, Willy 131
– Möglichkeit neuer Entwicklungen 182
– Moskauer Vertrag 131, **176–182**
– Ost-Berliner und sowjetische Ablehnung 151
– Ostverträge 131
– Prager Vertrag 131
– SALT-Kontakte 182
– und Nato-Doppelbeschluss 243
– Verminderung äußerer Risiken 182
– Warschauer Vertrag 131
Entwicklungshilfe, sinkende, infolge der Rohölpreise 213
Entwicklungsländer, Kluft zu Industrieländern 213
Enzensberger, Hans Magnus, Gründung des Kursbuchs 33
Eppler, Erhard, Diskussion des Nato-Nachrüstungsbeschlusses in der SPD 246
Eppler, Erhardt, Rücktritt als SPD-Fraktionsvorsitzender 251
»Erbfeindschaft«, deutsch-französisches Verhältnis 42

Erbschaft, politische der Schuld 240
Erfolg und Terror, Hitlers Kombination 372
Erfurt, Amoklauf 390
Erhard, Ludwig
– als Buchautor 27
– als Bundeskanzler 34
– Ausschaltung als Kanzlernachfolger 93
– Kandidatur zum Bundespräsidenten 93
– Nachfolger Adenauers als Bundeskanzler 32
– Rezession nach 1966 150
– Rolle während Kanzlerkrise 98
– Rücktritt als Bundeskanzler 34
– soziale Marktwirtschaft 26
Erler, Fritz, Ablehnung einer Großen Koalition vor der Bundestagswahl 1966 147
Ersatzteillager, menschliches 460
erste bundesdeutsche Regierung 40
Erwerbstätige
– in der Landwirtschaft 1953 57
– Produktivität 432
ES-Cell International, Stammzellforschung 460
Eschenburg, Theodor, »Warum es zur Kanzler-Krise kam« 93–95
Eskalation, unilaterale, politische Argumentation gegenüber Pazifisten 468
ES-Zellen *siehe* embryonale Stammzellen
Ethikkommission, Stammzellforschung 459
Ethikrat, nationaler 463
EU-Erweiterung 393
– Lösung der damit verbundenen Probleme 455
Euro
– als Weltwährung 455
– Einführung 389, **451–457**
– Wechselkurs gegenüber Dollar 457
Europa *siehe auch* Europäische Wirtschaftsgemeinschaft
– Mitspracherecht in der Nato 467
– Schumann-Plan **46**
– Terroranschläge 392
– wirtschaftliches Zusammenwachsen 85
»europäische Armee«, Diskussion der Rolle deutscher Streitkräfte 50
europäische Einigung
– Einbindung Deutschlands 455
– Erfolg 2
– Prinzipien 455
– Rolle Deutschlands 454–455
– Schlüsselfunktion von Frankreich 454
– und Wahrung der nationalen Identität 456
Europäische Gemeinschaft (EG), Gründung 126
europäische Integration, Ära Kohl 269–270
europäischer Binnenmarkt, Errichtung 269

europäisches Rüstungsprogramm, Stahlbedarf 47
Europäisches Währungssystem (EWS)
– Akzeptanz 456
– Inkrafttreten 141
Europäische Union (EU)
– Maastrichter Vertrag **351–354**
– Vertrag über die 279
– Vorteile des gemeinsamen Marktes 353
– zunehmende Kühle der Deutschen 352
– *siehe auch* Maastrichter Vertrag
Europäische Wirtschaftsgemeinschaft (EWG)
– Gründung **85–91**
– *siehe auch* Römische Verträge
Europäische Wirtschafts- und Währungsunion, Unterzeichnung des Maastrichter Vertrags 353
Europäische Zahlungs-Union 90
Europäische Zentralbank (EZB), Rolle in EU 456
Europa-Rat
– Beratende Versammlung 44
– Saarfrage 44
European Currency Unit (Ecu) 141, 456
eurostrategische Waffen, Nato-Doppelbeschluss 245
EWG *siehe* Europäische Wirtschaftsgemeinschaft
Exekutive 39
Exit-Strategie, Bankenverstaatlichung 503
Expo, Hannover 386
exponentielles Wachstum, im prognostizierten Weltmodell 205

F

Familie
– soziales und kulturelles Kapital 492
– Stärkung 430
Fassbinder, Rainer Werner, neuer deutscher Film 142
FDP
– Freiburger Thesen 131
– Überleben 285
– Wille zur sozialliberalen Koalition 173
– Zerreißprobe 287
Fehlallokation, von Kapital durch Staatsbanken 503
Ferienreisen, in ehemals besetzte Länder 68
Fernsehen, Vorbereitung der Gewaltbereitschaft 229
Fernsehsendung, erste 24
feste Paritäten zwischen den Währungen, Prinzip 456
Fichtenbestände, kranke 292
Filbinger, Hans Karl
– Demokratieverständnis 233
– Einstellung zur Terrorismusabwehr 233
– Marinerichter 231

– Rücktritt als Ministerpräsident 140
– Urteil zur Filbinger-Affäre 234
Filbinger-Affäre **230–236**
Filmkritiker, bei Holocaust 238
Filmverlag der Autoren, Gründung 131
Finanzausgleich, zwischen Bund und Ländern 126
Finanzkrise 380, **498–504**
– weltweite 400, 402
Finanzmarkt, Gesetz zur Stabilisierung 400
Fingerabdrücke, in Personaldokumenten 450
Fischer, Joschka
– als Außenminister 391, 395
– als Vizekanzler 382
– Rechtfertigung des Bundeswehreinsatzes im Kosovo-Krieg 416
– Rede zum Auslandseinsatz der Bundeswehr 384
– Vizekanzler und Außenminister 404
Flächenbrand, in Arabien durch Krieg in Afghanistan 469
Flick-Affäre **294–297**
– Rücktritt Lambsdorffs 266
– Urteilsbegründung 295
Flick-Prozess **295–297**
– Urteil 295
Fluchtbewegung, Auswirkungen für Leipzig 327
Flurbereinigung, Zehnjahresplan Heinrich Lübke 58
Flutkatastrophe, Elbe 390
Föderalismus, kooperativer 126
föderalistischer Staatenbund, Staatsgewalt 38
Folter, Ruf danach in Terrorismusdebatte 225
Fonds, zur Zwangsarbeiterentschädigung 421
Forschungsverhinderungsgesetz 464
Fortschritt, kontra Konformität 160
Fränkel, Wolfgang, Rücktritt als Generalbundesanwalt 32
Frankfurter Auschwitz-Prozess **111–115**
– Gerechtigkeit gegenüber den Tätern von Auschwitz 114–115
– juristische Argumente der Verteidiger 114
– Länge 114
– Sachlichkeit 114
– Schuldnachweis als Ziel des Prozesses 114
– Sprachlosigkeit in Anbetracht der Greuel 115
Frankreich
– Generalstreik 129
– Schlüsselfunktion bei europäischer Einigung 454
Frankreichpolitik
– Bundesrepublik 43
– deutsch-französische Aussöhnung 45
– *siehe auch* deutsch-französisches Verhältnis; deutsch-französische Verständigung

Frauen, als neue außerparlamentarische Opposition 191
Frauenbewegung, Abtreibungsverbot 190
Frau und Mann, Rollenverteilung 28
Freiburger Thesen, der FDP 131
Freie Universität Berlin
– Krise 1967 154
– Maßnahmen zur Entpolitisierung 154
– politisches Engagement der Studentenschaft 154
Freihandel, regionaler 89
Freihandelszone
– EWG-Gründung 86, 88, 91
Freiheit
– Verhältnis zur Sicherheit 448
– Wille zur 337
Freiheitsentziehung, im Verteidigungsfall 164
Freitag, Walter, erster DGB-Vorsitzender 56
Freizeit, Kommerzialisierung 275
Fremdenfeindlichkeit
– mit Solidarität und Hilfsmaßnahmen entgegengetreten 348–349
– rechtsradikale Gewalt 348
Fremdnutz, VW-Affäre 487
Friderichs, Hans, Flick-Affäre 295
Friede in Europa, durch Vertrauen und Kooperation zwischen Frankreich und Deutschland 340
Friedensbewegung
– Proteste gegen Nato-Doppelbeschluss und atomares Wettrüsten 143
– zum Nato-Doppelbeschluss 247
Friedensdemonstranten, Veränderung ihrer Welt 418
Friedensdemonstration, Bonner 247
friedenserhaltende oder friedensschaffende Unternehmen, deutsche Beteiligung 365
Friedensgebete, in der Leipziger Nikolaikirche 325
Friedensgeneration
– Reformbestrebungen 154, 157
Friedensvertrag
– sowjetische Hauptforderung 63
– Vorschlag von Stalin 23
Friedlaender, Ernst
– »Deutschland und Frankreich« **41**
– »... neues Leben blüht aus den Ruinen« **35–40**
Friedland, Heimkehr der letzten Kriegsgefangenen 74
friedliche Kernkraftnutzung, Risiken und Chancen 308–314
friedliche Revolution, in der DDR 320
Friedrich-Ebert-Stiftung, Klassengesellschaft 489
Frührentner, Rückgang bei Arbeitszeitverkürzung 302
Früh-Verrentung 431
Führungsschwäche, Willy Brandts in der Guillaume-Affäre 219

Fünftagewoche, baden-württembergische Industrie 56
Fürstenfeldbruck, Gefecht mit Attentätern der Münchner Olympiade 202
Fußball-Nationalmannschaft
- Weltmeister 1954 24–25
- Weltmeister 1990 277
Fußballsieg, Benehmen deutscher Reisender 67
Fußball-WM 2006 396

G

G-8-Gipfel
- in Heiligendamm 376, 398
»Gastarbeiter«
- erste 27
- siehe auch ausländische Arbeiter
GAU, größter anzunehmender Unfall in einem Atomkraftwerk 268, **308–314**
Gefahren, gesellschaftliche 240
Gefahrenabwehr, vor dem Hintergrund des Terrorismus 334
Gegenseitigkeit, in der Bankenrettung 504
Geis, Matthias, »Berlin im Krieg« **470–474**
Geiselbefreiung
- Mogadischu 142
- von Mogadischu 224
Geiselnahme, Olympische Spiele in München **197–202**
Geißler, Heiner
- als CDU-Reformer 270
- stellvertretender Fraktionsvorsitzender der CDU/CSU 344
- Vorschlag der Trennung von Regierungs- und Parlamentssitz 344
Geldvermögen, zeitlich gleichbleibende Verteilung 490
gemeinsamer Markt
- Gründung der EWG **86–91**
- Prinzip der europäischen Einigungsprozesses 455
gemeinsame Selbstbehauptung, Prinzip der europäischen Einigung 455
gemeinsame Währung
- Idee von Jean Monnet 454
- Schaffung als langwieriger Prozess 456
Gemeinschaft Unabhängiger Staaten (GUS), Gründung 278
Gemüt, emotionaler Zugang zu Sachthemen 239
Generalstreik, in Frankreich 129
Generationenvertrag, Neugestaltung 429
Genscher, Hans-Dietrich
- als Außenminister 275–276
- als Bundesinnenminister 200–201
- Gespräche zur Wiedervereinigung mit Michail Gorbatschow 275
- Maastrichter Vertrag 353
- Rolle bei Ende der sozial-liberalen Koalition 114, 285, 289
Gerechtigkeit, gegenüber den Tätern von Auschwitz 114–115
Gerichte
- Positionen in Meinungstreitigkeiten 236
- zwischen Meinungsfreiheit und Ehrenschutz 235
Gerstenmaier, Eugen
- Parlamentsdebatte zur atomaren Aufrüstung 82
- Rolle während Kanzlerkrise 97–98
- Verkündung der Annahme der Notstandsgesetze 166
gesamtdeutsche Kommissionen, Bonner Vorschlag 151
gesamtdeutsche Ministerpräsidentenkonferenz, 5. Juni 1947 in München 332
gesamtdeutsche Parlamentswahl, erste freie 277
gesamtdeutsche Verfassung
- Gefahr der Relativierung von Freiheitswerten 335
- Nachteile einer neuen deutschen Verfassung zur Wiedervereinigung 334
»Gesamtdeutschland«, als Begriff mit politisch und psychologisch fassbarem Inhalt 13
Geschichte, Verstrickung des Menschen mit der Vergangenheit 319
geschichtliche Logik, Adenauers Position in Geschichte 97
Geschichtsboom, Ende der siebziger Jahre 141
Geschichtsstunde, deutsche **237–240**
geschlechtsspezifische Legislative 192, 194
Gesellschaft
- der Fünfziger 28
- Überalterung 429
gesellschaftliche Entwicklung, Ära Kohl 270
gesellschaftliche Gefahren, Sensibilität gegenüber 240
gesellschaftlicher Pazifismus, Ende 417
Gesellschaftsmythen, Norbert Elias' ideologiekritische Betrachtung des Nationalsozialismus 319
Gesetzgebung
- Befugnisse der Bundesländer 39
- Länderbeitrag 39
Gesetzgebungsnotstand
- extreme Kräfte als Zünglein an der Waage 40
- uneinige oppositionelle Mehrheit 39
Gesetz zur Stabilisierung des Finanzmarktes 400
Gewalt, als Mittel der politischen Auseinandersetzung 158
Gewaltanwendung, politische, Überzeugungen im Ausland 68
Gewaltverzichtsabkommen, Moskauer Vertrag 181
Gewandhaus Leipzig, Sonntagsgespräche 328
Gewerkschaften
- Arbeitszeitverkürzung 301, 304
- siehe auch DGB
»gewöhnliche« Täter, Holocaust 369
GI-Kinder, Diskriminierung 29
Glienicker Brücke, Mauerfall 258
globalisierte Kapitalmärkte, Risiken für kapitalgedeckte Renten 432
Globalisierung 382
Globke, Hans (Kanzleramtschef) 20
- Urteil des Obersten Gerichts der DDR 31
»Gnade der späten Geburt«, Zitat Helmut Kohls 266
Godesberger Programm, SPD 29
Goldhagen, Daniel Jonah
- Diskussion um Seriosität seiner Methode **371–373**
- »Hitlers willige Vollstrecker« 277, 282, **367–373**
- These des Holocaust als »deutsches nationales Projekt« 372
Golfkrieg, erster 278
Gorbatschow, Michail
- 40. Jahrestag der DDR 272
- DDR-Besuch 1989 328
- Doppel-Null-Lösung 270
- Ernennung zum Generalsekretär der KPdSU 266
- verschiedene Wege zum Sozialismus 322
- Zustimmung zur Wiedervereinigung 275
Gorleben
- politische Auseinandersetzung um geplante Wiederaufbereitungsanlage 310
- Zwischenlager für radioaktive Abfälle 313
Göttinger Appell (Manifest), gegen atomare Aufrüstung 82
Grams, Wolfgang, Tod in Bad Kleinen 280
Grass, Günter
- »Kopfgeburten« 279
- Kritik an Blechtrommel 29
- Literaturnobelpreis 385
Grenzen des Wachstums, Club of Rome **203–209**
Grenzöffnung in Europa 65
Gresmann, Hans, »Spiegel-Affäre, Staats-Affäre« **104–106**
Gromyko, Andrej, Moskauer Vertrag 178
Großbritannien
- Protest wegen Wiederbewaffnung Deutschlands 51
- Sonderrolle in Europa 455–456
Große Anfrage, der SPD, atomare Aufrüstung 82
große Depression, drohende bei unterlassener Bankenrettung 501
Große Koalition
- als parlamentarisches Experiment 147
- als Wegbereiter für die sozial-liberale Koalition 149
- Bilanz 1969 **149–151**
- Demonstration der sozialdemokratischen Regierungsfähigkeit 150
- Ende 129
- Erfolge 125
- erste **145–151**
- Gefährdung der parlamentarisch-demokratischen Ordnung 148
- Leistung und Stil aus sozialdemokratischer Sicht 147
- liberale Reformen 150
- Mangel an Kontrolle 148
- Motor für längst überfällige Reformen 151
- nach Sturz von Ludwig Erhard 124
- neue Maßstäbe in der Außenpolitik 151
- Reformpläne 166
- sozialdemokratische Bedenken 146–147
- sozialdemokratische Fügung in die politische Realität 146
- Überlebensfähigkeit der Demokratie 148
- unter Merkel 382, 396
- Verabschiedung der Notstandsgesetze 126–127
- Veränderung der Bewusstseinslage der Bevölkerung 151
- Veränderungen politischer Strukturen durch Große Koalition 151
- Ziele in der Deutschland-Politik 147
- Ziele in der Osteuropa-Politik 147
»größter anzunehmender Unfall« (GAU), Tschernobyl 268, **308–314**
Grotewohl, Otto
- Ministerpräsident der DDR 21, 63
- Politik des »neuen Kurses« 63
Grundgesetz
- angelegt auf Freiheit und Einheit 332
- Garantie des Staatscharakters 39
- unterschriebenes 38
- Vergleich mit Weimarer Verfassung 334
- Verkündung und Unterzeichnung **35–40**
- Volkswille und höchster Souverän 39
Grundlagenvertrag
- Aufnahme beider deutscher Staaten in Vereinte Nationen 133
- zwischen Bundesrepublik Deutschland und DDR 134
Grundrechte, Festigung der Bestandskraft durch Karlsruher Rechtsprechung 335
Grüne
- Anerkennung durch Kohl 407
- Formierung als Bundespartei **248–253**
- Regierungsverantwortung auf Bundesebene 403

– vermutete Auswirkungen der Parteigründung 250
– *siehe auch* Die Grünen
Grüne Gefahr **251–253**
Grüne Woche, Berlin 59
GSG-9-Beamte
– Befreiung der Geiseln in Mogadischu 141
– Erstürmung der Landshut 139
Guillaume, Günter
– Einsichten bei Willy Brandt 220
– Einsicht in Geheimakten 217
Guillaume-Affäre 136–137, **214–221**
Gysi, Gregor
– Bündnis aus WASG und PDS 394
– Links-Partei 494

H

Haaf, Günter, »Noch zwanzig Jahre deutscher Wald?« **291–293**
Habermas, Jürgen
– deutscher Gegenwartsphilosoph 318
– Historikerstreit 315–319
– politische Kultur des Westens 336
– Projekt der Modernisierung 279
– Verleihung des Friedenspreises des Deutschen Buchhandels 318
Hahn, Otto, atomare Aufrüstung 79
Hair, Hippie-Musical 129
Halbwertszeit, der Links-Partei 497
Hamburger Pressehaus, Spiegel-Affäre 105
Handlungsmotivation, aufgrund von Zukunftsprognosen 209
Hannover, Weltausstellung Expo 386
Harald Schmidt Show, erste Ausstrahlung 281
Hartz, Peter
– Vergleich zum Volkert-Prozess 485
– Verurteilung wegen Untreue 397
Hartz-Behörden, fehlende 477
Hartz IV 393, **475–480**
– erhöhte Kosten 479
– Irrtümer 477–478
– Problemgebiete 480
– unterschiedliche Organisation in verschiedenen Regionen 477
Hartz-Reform
– Mängel 476
– Umsetzung von Hartz IV 480
Hauptstadtfrage **342–346**
– politischer und sozialpsychologischer Hintergrund 343
Hausbesetzungen, gewaltsame Räumungen 142
Haute Autorité, Schuman-Plan 47
Heidemann, Gerd, Hitler-Tagebücher 263

Heiligendamm
– G-8-Gipfel 376, 398
Heimcomputer, erste 265
Heinemann, Gustav
– deutscher Bundespräsident 334
– Rede zum Verfassungstag 334
– Wahl zum Bundespräsidenten 129–130
Heiratsmärkte, sozial geschlossene 492
»Heldenstadt«, Leipzig 327
Helsinki-Prozess, Erweiterung der Europäischen Gemeinschaft 341
Hermann, Kai, »Wie sich das angebahnt hat« **153–156**
Herold, Horst, Präsident des Bundeskriminalamts 445
Herrhausen, Alfred, Ermordung durch RAF-Terroristen 274
Herzog, Roman, Bundespräsident 282
Hessen, Ypsilanti-Krise 400
Heuss, Heimkehr von Kriegsgefangenen 77
»Hippie-Fest« 170
Historikerstreit 268, **315–319**
– geschichtliche Aufarbeitung des Nationalsozialismus 315–319
– neuer 368–370
– und Einigungsprozess 361
historische Sinnstiftung, christlicher Stammbaum 316
hit and run, Muster eines neuen Terrorismus 445
»Hitlers willige Vollstrecker« (Goldhagen) 277, 282
Hitler-Tagebücher, angebliche 263
Hochtemperatur-Kugelhaufenreaktor 311
Hofmann, Gunter
– »Eine Notgemeinschaft der Protestler« **249–250**
– »Ein Kulturbruch, mit links« **404–408**
– »Patriotismus – nein danke!« **359–362**
Hofmeyer, Hans (Vorsitzender des Schwurgerichts), Frankfurter Auschwitz-Prozess 112
Hohe Kommissare 25
Holland, Vergleich hinsichtlich Schwangerschaftsabbruch 196
Holocaust
– als »deutsches nationales Projekt« 372
– Fernsehserie 140, **237–240**
– »gewöhnliche« Täter 369
– Suche nach Gründen 368
– Wiedergutmachung 317
Holocaust-Mahnmal, in Berlin 384
Honecker, Erich
– 40. Jahrestag der DDR 272
– Nachfolger Ulbrichts 132
– Sturz 273
Hönigsberger, Herbert, zur Verantwortung der rot-grünen Koalition 390
Hopf, Volkmar (Staatssekretär), Beurlaubung wegen Spiegel-Affäre 108

Hoyerswerda, Hass gegen Asylbewerber 278, 348
Huber, Erwin, Rücktritt als CSU-Vorsitzender 400
humane Arbeitsbedingungen, Maidemonstrationen 55
Humangenetik, Stammzellforschung 459
Hypo Real Estate, Finanzkrise 500
Hypothekenbanken, quasistaatliche in den USA 502

I

Identifikationsmöglichkeiten, bei der Vergangenheitsbewältigung 239
Illegalität, Massenflucht in die Illegalität aufgrund des Abtreibungsverbots 192
Immobilienkrise **498–504**
Immunschwächekrankheit Aids, erstes Auftreten in Deutschland 263
Index *siehe* Preisindex
Indonesien, Seebeben 394
Ingeborg-Bachmann-Preis, erstmalige Verleihung 138
Inge Meysel, Klage gegen stern 140
Innenminister, Stellungnahme zu Spiegel-Affäre 108
innere Einigung, Politik Helmut Kohls 356–358
innerer Notstand, Notstandsgesetze zum Einsatz der Streitkräfte 164
innere Sicherheit **444–450**
– in Zeiten des internationalen Terrorismus 445–447
Input-Steuerung, im Schulsystem 443
Institutionsgeringschätzung, durch Adenauer 95
Integration
– Assimilation an deutsche Leitkultur 434
– Debatte über 387
– Förderung 439
– nichtdeutscher Einwohner 349
– von Zuwanderern 350
Interessenskonflikte, lösen mit Takt und Einfühlungsvermögen 339
internationaler Terrorismus
– Geburt 269
– und innere Sicherheit 445–447
Internet-Boom, des Neuen Marktes 386
IOC, Münchner Olympiade 202
Irak-Feldzug, Nein der rot-grünen Koalition 385
Irak-Krieg
– Abhängigkeit der deutschen Außenpolitik 473
– deutsche Reaktionen 474
– »Nein« dazu **466–474**
– politische Haltung Berlins 470–471
Isetta (Pkw) 25

J

Jacobi, Claus (Spiegel-Redakteur), Spiegel-Affäre 110
Jenninger, Philipp, Rücktritt als Bundestagspräsident 270
Joffe, Josef
– »Die Banken endlich verstaatlichen?« **502–504**
– »Schuld und Schuldigkeit« **420–421**
– »Wolfsburger Wärmestube« **482**
Jugendentfremdung, 1968 159
Jugoslawien, Wiedergutmachungsforderung 187
Jungblut, Michael
– »35-Stunden-Woche – contra« **303–307**
– »Die Ölkrise hat erst begonnen« **211–213**
– »Ist Wachstum des Teufels?« **204–209**
juristische Macht, Missbrauch 236
Justiz, Gesetzgebungsbilanz der Großen Koalition 150
Justizelite
Justizminister, politische Moral in Zeit vor Spiegel-Affäre 107

K

Kabinettsumbildung, nach Brandts Rücktritt 221
Kalkar, Kernkraftwerk 312
»Kampf dem Atomtod« (Aktion) 28
Kandidatenbeurteilung, unterschiedliche Einschätzung durch Adenauer und Fraktion 94
Kanzler
– Sturz Willy Brandts **218–221**
– tatktisches Verhalten in Zeit vor Spiegel-Affäre 107
– *siehe auch* Bundeskanzler
Kanzleramt, Platzierung von Spionen 216
»Kanzlerdemokratie« 33
»Kanzler der Alliierten« 20, 41
Kanzlerkrise
– Adenauers 29, **92–98**
Kanzlersturz, durch Koalitionspartner 285
Kapital
– Fehlallokation durch Staatsbanken 503
– soziales und kulturelles 492
kapitalgedeckte Rente 432
Kapitalismus
– Krise 382, 402
Kapitalmärkte, globalisierte 432
Karlsruher Rechtsprechung, Festigung der Bestandkraft der Grundrechte 335
Kaufkraftverluste, Auswirkungen durch Hartz IV 479
Kennedy, John F.
– Berlin-Besuch 32

– Richtlinien zum Verhalten gegenüber Chruschtschow 101
Kennedy, Robert, Attentat auf ihn 129
Kernenergie
– Anti-AKW-Bewegung 309
– Ausstiegsdebatte nach Reaktorbrand in Tschernobyl 309–314
– erster GAU 268
– GAU in Tschernobyl 308
Kernkraft
– Forschungseinrichtungen 311
– staatliche Förderung 311
Kernkraftgegner, gewalttätige Demonstrationen 312
Kernkraftnutzung, friedliche 308–314
Kernkraftwerke
– Betriebssicherheit 311
– Brokdorf 142, 309
– deutsche Energiepolitik nach Reaktorbrand in Tschernobyl 309–314
– End- und Zwischenlager 313
– GAU in Tschernobyl **308–314**
– Kalkar 312
– mögliche Folgen radioaktiver Strahlung 310
– Reaktortypen 311
– staatliche Verantwortung für Endlager 314
– Szenarien der unbegrenzten Verfügbarkeit von Energie 311
– Tschernobyl 309
– Wiederaufbereitungsanlagen für verbrauchte Brennelemente 313
Kernphysiker, Manifest gegen atomare Aufrüstung 81
Kernreaktoren, Störfälle 398
Kiesinger, Kurt Georg
– Briefwechsel mit Stoph 151
– Nachfolger Erhards als Bundeskanzler 34
– Wahl zum Bundeskanzler 124–125
– Zitat zum Koalitionswechsel 286
Kinderfreudigkeit, in Deutschland 430
Kipphoff, Petra, »Der Paragraph als Vogelscheuche« **194–196**
Kirch, Leo, Insolvenz seines Medienunternehmens 389
Kirchen
– Einfluss auf Gesetze 195
– Haltung zur Abtreibung 193
Klassen, marktbedingte 490
Klassenbewusstsein, fehlendes militantes 490
Klassengesellschaft, neue deutsche **489–492**
»kleines Asyl« 439
Kleinstbetriebe, landwirtschaftliche 58
Klingst, Martin
– »Feige Richter« **413–415**
– »Nein und immer wieder nein« **494**
Klischee, Bild deutscher Reisender in Frankreich 67
Klonen, therapeutisches 462

Knef, Hildegard (Filmschauspielerin) 21
Kniefall
– Warschau 118, 131, **183–189**
Kohl, Helmut
– Ablehnung einer Debatte über Zwangsarbeiterentschädigung 422
– als Vertreter der 45er-Generation 265
– Anerkennung der Grünen 407
– Ära als Kanzler **262–282**
– Beginn der Kanzlerschaft 288
– Besuch des Soldatenfriedhofs in Bitburg 267
– Ende der Kanzlerschaft 262
– Gespräche zur Wiedervereinigung mit Michail Gorbatschow 275
– im Urlaub 267
– Politik der inneren Einigung 356–358
– politischer Werdegang 266
– und François Mitterrand 257
– Wahl zum Bundeskanzler 144, 263
Kohleindustrie, Schuman-Plan 46
Kohleproduktion, deutsch-französische 48
Köhler, Horst, Wahl zum Bundespräsidenten 393
Kolle, Oswalt, Aufklärer der Nation 135
Kollektivschuld, der Deutschen 372
Kommerzialisierung, von Freizeit und Alltagsleben 275
Kommune 1, Gründung 125
Kommunikationsrevolution, während Ära Kohl 275
Kommunismus
– parteipolitische Auseinandersetzung mit 181
– Zerfall 280
Konferenz über Sicherheit und Zusammenarbeit in Europa (KSZE) 137
Konflikte, wirtschaftliche, aus aufgestautem Wandel 484
Konformität, kontra Fortschritt 160
Konjunkturprogramm, Karl Schiller 150
»konkurrierende« Gesetzgebungsgewalt 39
konservative Parteien, Wahlchancen nach Gründung der Grünen 253
Konservative Revolution 23
konstruktives Misstrauensvotum
– gegen Helmut Schmidt 144, 263, **283–289**
– gegen Willy Brandt 133
Kontrolle, des Parlamentes zur Anwendung der Notstandsgesetze 164
Kooperation, als wichtiges pädagogisches Konzept 443
»kooperativer Föderalismus« 126
»Kopfgeburten«, Günter Grass 279
Kopftuch, Symbolhaftigkeit 414
Kopftuchstreit **412–415**
– Herausforderung an liberale Gesellschaft 415
– Stimmungslage 414
Kopftuchverbot 392

Korea-Boom 26
Korea-Krieg, Ausbruch 20
Körperzellen, Reprogrammierung mit Stammzellen 464
Korporatismus, bei VW 483
Korruption, bei VW **481–487**
Kosovo-Krieg **416–418**
Kostenparität, Landwirtschaft 58
KPD-Verbot 27
Krause, Karl-Heinz, Stammzellforschung 463
Krenz, Egon
– Generalsekretär der SED 273
– Wandel der SED-Politik 322
Krieg
– deutsche Außenpolitik **470–474**
– in Afghanistan **467–469**
– im Kosovo 416–418
– politische Haltung Berlins 470
– symbolischer 470
Kriegsfolgeleistungen, Abtransporte aus der DDR 189
Kriegsgefangene
– Heimkehr der letzten **69**, **74–77**
Kriegsgeneration
– Ära biederer Rationalität 157
– Unverständnis zum Reformbestreben der Studenten 154
Kriegsgerichtsurteile, von Filbinger 231
Kriegszustand, Beendigung zwischen Sowjetunion und Deutschland 27
Krisenmanagement
– durch die Regierung Brandt 219
– Entführung der Landshut 224
Krisenstab, Münchner Olympiade 200
Kritik, Grenzen der 234
Krüger, Wolfgang, »Die Arbeitszeit muß kürzer werden« **54–56**
Krugman, Paul, Forderung nach Konjunkturprogramm 504
KSZE siehe Konferenz über Sicherheit und Zusammenarbeit in Europa
Kuba-Krise
– Beginn 31
– Präsenz in Medien 104
»Küchenkabinett«, unter Brandt 216
Kultur, Begriffsbestimmung 435
Kulturaustausch, deutsch-französischer 44
Kulturbeutel, Ethymologie 76
Kunzelmann, Dieter, Kommune 1 125
Kursbuch, Gründung 33
Kurzschlusshandlungen, atomare Aufrüstung 81
Kuwait, Besetzung durch Saddam Husseins Truppen 278

L

La-Belle-Prozess 268
Lafontaine, Oskar
– als Kanzlerkandidat der SPD 277

– als Solidarpakt-Beauftragter der Bundesländer 358
– Bündnis aus WASG und PDS 394
– Diskussion des Nato-Nachrüstungsbeschlusses in der SPD 246
– Links-Partei 494
– Ziele mit Links-Partei **496–497**
Lager Friedland, Heimkehr der letzten Kriegsgefangenen 74
Laizismus, in Frankreich 415
Lambsdorff, Otto Graf
– als Chefunterhändler in der Frage der Zwangsarbeiterentschädigung 420
– Flick-Affäre 295
– Rolle bei Ende der sozial-liberalen Koalition 144, 285
– Rücktritt als Wirtschaftsminister 266
– Verhandlungen zur Zwangsarbeiterentschädigung 423
Ländergewalt, im deutschen Staatenbund 38
Landesverrat
– Adenauers Vorwurf gegenüber Spiegel 108
– Spiegel-Affäre 104
Landmaschinenkauf, Steuerbegünstigung 59
Landshut (Flugzeug)
– Entführung 140
– Mogadischu 139, **223–226**
Landsmann, Erkennen von deutschen Reisenden 68
Landtagswahl, in Bayern 400
Landwirtschaft
– Bedarfsdeckung 57
– Erwerbstätige 57
– Grundproduktion 57
– Preisparität 58
– Preisschere 58
– revolutionärer Wandel durch Aufschwung 53
– steuerlich begünstigte Maschinenkäufe 59
– und Wirtschaftswunder **57–59**
– Verkaufserlös 1952/53 57
landwirtschaftliche Betriebe, Steuerbegünstigung 58
landwirtschaftliche Erzeugnisse
– Preisindex 1953 58
– Preis-Lohn-Schraube 58
– Wert 57
landwirtschaftliche Kleinstbetriebe, Rentabilität 58
landwirtschaftliche Nebenerwerbsstellen 58
landwirtschaftliche Produkte siehe landwirtschaftliche Erzeugnisse
landwirtschaftliche Produktionsgenossenschaften (LPGs), Einführung 23
Langhans, Rainer, Kommune 1 125
Lebensarbeitszeit, Verlängerung 437
Lebenserwartung, steigende 430
– siehe auch Riester-Rente
Lebensqualität, bei Arbeitszeitverkürzung 307
Lebensstandard, gezeigt von deutschen Reisenden 68

Register

Lebensverhältnisse, Angleichung in Ost und West 273
Legislative 39
- geschlechtsspezifische 192, 194
Lehman Brothers, Finanzkrise 498
Lehrerkollegien, fehlende Kooperation 443
Leicht, Robert
- »Einheit durch Beitritt« 331–336
- »Nur das Hinsehen macht uns frei« 316–319
- »Nur nackter, schneller Mord« 445–447
- »Ohne Patriotismus geht es nicht« 356–358
- »Schleifspuren eines Skandals« 295–297
- »Wenn einer Tag für Tag ein Kernkraftwerk fotografiert« 448–450
- »Wohin mit der Hauptstadt?« 342–346
Leichtwasser-Reaktor, Betriebssicherheit 311
Leipzig
- Fluchtbewegung 1989 327
- Lebensstandard zu DDR-Zeiten 327
Leipziger Montagsdemonstrationen 325–329
- Anliegen und Verlauf 326
- Rolle der SED und anderer Parteien 329
- Ziele der neuen Opposition 329
Leitkultur, Bedeutung für Integration 434–436
Lemmer, Ernst (Bundesminister für Gesamtdeutsche Fragen), Nichtreaktion auf Bau der Berliner Mauer 102
Lepsius, M. R., zur politischen Kultur der Bundesrepublik 361
Lernnotstand 442
Liberalisierungsschaukel, EWG 90
Lichterketten, Demonstration gegen Ausländerhass 347–348
Liebe, Bedeutung der sexuellen und sozialen Treue 171
»linker Wilhelminismus« 408
linke Verteidiger, Gründung der Links-Partei 496–497
Links-Partei
- Befürchtungen von SPD und Grünen 496–497
- Gründung 494–495
- Rückzug auf bequeme Antihaltung 495
- theoretische politische Auswirkungen 494
- Überlebenschancen 497
- Wahlerfolge 398
- siehe auch Die Linke
Lizenzparteien 24
Lizenzsystem, alliiertes 23
Lohnausgleich
- bei 35-Stunden-Woche 302–303
- bei 40-Stunden-Woche 56
Lohnkosten, bei 35-Stunden-Woche 306

Lokführer, Tarifkonflikt 399
London, Terroranschlag 392
Londoner Protokolle 72
Love-Parade, Berlin 260
Lübke, Heinrich
- Bundespräsident 29
- Ernährungsminister 58
- Rücktritt als Bundespräsident 128
- Wahl zum Bundespräsidenten 98
- Zehnjahresplan 58
Ludin, Fereshda, Kopftuchstreit 415
Luhmann, Niklas, Theorie sozialer Systeme 279
Lüth-Urteil, Meinungsfreiheit 235

M

Maastrichter Vertrag 278
- Grundstein dafür 456
- Subsidiaritätsprinzip 354
- über die Europäische Union 351–354
- Unterzeichnung 353
Machtverhältnisse bei VW, Reflexion im Gerichtssaal 487
Machtwechsel
- dritter 404–408
- erster 175, 406–407
- in Bonn 286–289
- zweiter 406–407
Madrid, Terroranschlag 392
Magnettheorie, Rollen von DDR und BRD 31
Maidemonstration 1954 55
Malenkow, kommunistische Revolution in Deutschland 52
Mangel, grundsätzliche in Computermodellen 209
Manifest der Achtzehn, atomare Aufrüstung 81
männliche Natur, polygame Neigungen 169
männliche Untreue, Scheidungsgrund 168
Mann und Frau, Rollenverteilung 28
marktbedingte Klassen 490
Marktgesellschaft, deutsche 490
Marktwirtschaft
- Gründung der EWG 86–91
- in der Finanzkrise 502
Marshallplan 26
Massenarbeitslosigkeit, Problem für Rente 431–432
»Maßhalten«, Forderung Ludwig Erhards 34
Masur, Kurt, Sonntagsgespräche im Leipziger Gewandhaus 328
Matadore, deutsche Kriegsgefangene 77
Mauerbau 99–102
- Beginn 30
Mauerfall 274, 320–329
- Bedeutung für Regierung Kohl 265

- Glienicker Brücke 258
- Verhinderung eines Blutbads 328
McCloy, John, amerikanischer Hoher Kommissar 24
Meadows, Dennis L., Club of Rome 134, 203
Mechanisierung, Agrarbetriebe 59
Medienrevolution
- des späten 20. Jahrhunderts 265
- während Ära Kohl 275
Mehrheitsgesellschaft, und Einwanderung 435
Meinhof, Ulrike 130, 133, 141, 222
Meinungsfreiheit, Filbinger-Urteil 234–236
Meïr, Golda, Reaktion auf Attentat während Münchner Olympiade 202
Menschenrechte, Grundgesetzgarantie 39
Menschheit, allgemeine Gefährdung durch emotionsgeladene Gesellschaftsmythen 319
Merkel, Angela
- Empfang des Dalai Lama 399
- Führungsstil 398
- G8-Gipfel in Heiligendamm 376
- Proamerikanismus 472
- Rolle als Bundeskanzlerin 397
- Wahl zur Bundeskanzlerin 396
Merz, Friedrich
- Debatte über Zuwanderung und Integration 387
- Entgegnung auf ihn durch Theo Sommer 434
Michaels, Heinz, »35-Stunden-Woche – pro« 299–302
militärische Beteiligungen, Gefahr des Automatismus 471
militärpolitische Diskussionen, Mangel an 109
Minirock, Aufkommen des 33
Missbrauch, juristischer Macht 236
Misstrauensvotum siehe konstruktives Misstrauensvotum
Mitbürger-Status, nichtdeutsche Einwohner 349
Mittelmacht, Rolle Deutschlands 365
Mittelstreckenraketen, Abbau 270
Mitterrand, François, und Helmut Kohl 257
Modell Deutschland 136
Modrow, Hans, Wahl zum Vorsitzenden des Ministerrats 274
Mogadischu
- Entführung der Landshut 139, 223–226
- Geiselbefreiung 141
Molitor, Jan, »Die letzten Soldaten des Großen Krieges« 74–77
Möllemann, Jürgen, politisches Aus und Tod 391
Mölln, Brandanschlag 274, 278, 348
monetäre Disziplin, EWG 91
monetäres Gleichgewicht, EWG 90
Monnet, Jean, Idee der gemeinsamen Währung 454

Monogamie, gesellschaftliches Ideal 169
Monopolpolitik, der Ölländer 211
Montagsdemonstrationen 272–273
- Gorbatschow-Besuch in der DDR 328
- in Leipzig 325–329
Montanunion 48
Moral
- Ansprüche an Politiker 232
- siehe politische Moral
moralische Maßstäbe, in der VW-Affäre 485
Moralvorstellungen, Einfluss der Kirche auf Gesetze 195
Moratorium, Nato-Doppelbeschluss 247
Moskauer Vertrag
- Bezug zur Politik anderer westlicher Länder 180
- CDU-parteipolitische Demagogie 179
- Einleitung der Entspannungspolitik 131, 176–182
- Haltung der CDU/CSU 178–180
- Haltung westeuropäischer Länder und der USA 178–180
- historische Dimension 180
- Offenhaltung der gesamtdeutschen Frage 179
- simultane Verhandlungen mit Moskau, Warschau und der DDR 179
- unantastbare Grundsätze 178
- Unterzeichnung 181
- Voraussetzung für deutsche Souveränität 338
Muff, sexuelle Revolution 167–171
Müller-Marein, Josef, »Im Atomdunst« 81–84
»multiethnisch« 435
»multikulturell« 435
Münchner Olympiade
- Chronik des Attentats 200–202
- Geiselnahme 197–202
- Krisenstab 200
- Terroranschlag 133, 137
- Ultimatum der Attentäter 201
- siehe auch Olympische Spiele
Müntefering, Franz
- als SPD-Parteivorsitzender 389
- als SPD-Vorsitzender 400
Münz, Rainer, »Wir bleiben lieber unter uns« 437–439
Mutlangen, Proteste gegen Stationierung von Pershing-II-Raketen 269

N

Nachbarschaftshilfe, Solidarität für ausländische Mitbürger 349
nacheilende Strafverfolgung, Versagen bei Terrorismus 449
Nachfolger, Rufschädigung während Kanzlerkrise 96

Nachrüstungsbeschluss
- von Atomwaffen 242
- *siehe auch* Nato-Doppelbeschluss
Nadelhölzer, Schadstoffe in 292
Nahostkrieg, und Ölpreiserhöhung 212
Nahrung, Vorräte und Verteilung 208
Nahrungsmittelexporte, der Dritten Welt 213
nationale Identität
- gebrochenes Verhältnis zur deutschen Geschichte 319
- Wahrung in europäischem Einigungsprozess 456
nationaler Ethikrat 463
Nationalhymne, Empfang der letzten Kriegsgefangenen 75
Nationalsozialismus
- bewältigen als deutsche Vergangenheit 317–319
- Historikerstreit **315–319**
- Voraussetzungen und Folgen erfassen 317
- Wiedergutmachung an Überlebenden des Holocaust 317
nationalsozialistische Beamte, Reintegration 28
nationalsozialistische Vergangenheit, im öffentlichen Bewusstsein 276
Nationalstaat, schwieriges deutsches Selbstverständnis 343
nationalstaatliche Ängste, Maastrichter Vertrag 351
nationalstaatliche Identität, Schutz im EG-Haus 353
Nato
- Haltung zum Bau der Berliner Mauer 102
- Mitgliedschaft der Bundesrepublik 26
Nato-Doppelbeschluss 141, **241–247**
- Debatte in SPD **244–247**
- Entwicklung dahin 144
- Opposition im Bündnis 243
- Proteste der Friedensbewegung 143
Naumann, Michael, »Ein Krieg wider Willen« **467–469**
Nazi-Verbrechen
- Gefahr der Wiederholung 319
- nachwirkende Haftung 319
- Relativierungstendenzen 318
Nebenerwerb, landwirtschaftlicher 58
Neonazis, Brandanschläge in Hoyerswerda, Rostock, Mölln und Solingen **347–350**
Neuanfang, politischer 288
neue deutsche Welle, in Malerei, Musik und Film 142
Neue Heimat, Skandal 143
neue Rechtschreibung, Umstellung 384
Neuer Markt, Internet-Boom 386
neue soziale Frage 271
Neutralitätsgebot, der Schulen 415
Neuwahlen, am Ender Ära Schröder 393

New Economy
- Platzen der Blase 386
- *siehe auch* Neuer Markt
New York, Anschlag vom 11. September 2001 388
nichtdeutsche Einwohner, Integrationsmaßnahmen 349
Niejahr, Elisabeth, »Die große Reform? Ein großer Irrtum!« **476–480**
Nietzsche, Friedrich, Verstrickung des Menschen mit der gesellschaftlichen Vergangenheit 319
Nikolaikirche, Friedensgebete in Leipzig 325
Nixon, Richard
- Entspannungspolitik 182
- US-amerikanischer Präsident 182
Nolte, Ernst
- Historikerstreit 315–319
- Nazi-Verbrechen als »folgerichtige« Reaktion 318–319
Nolte, Paul, »Die doppelte Wende« **262–282**
Normalisierungsabkommen, deutsch-polnisches 186
Normalität, im Schatten des Holocaust 266
Normarbeitszeiten, zeitliche Unterschiede 299
Notstand, äußerer und innerer 164
Notstandsdebatte, ZEIT-Artikel von Rolf Zundel 165
Notstandsgesetze
- Anwendung im Falle geheimer Nato-Beschlüsse 163
- Diskussionen **161–166**
- Kontrolle des Parlaments 164
- mögliche Gefährdung der rechtsstaatlichen Sicherheit 162
- Sternmarsch auf Bonn 162
- Verabschiedung durch Große Koalition 126–127, 165
NPD-Wahlerfolge, und Notstandsgesetze 126–127
NS-Opfer, Anerkennung als 425–426
NS-Regime, Schuldfrage von Akteuren 232
NS-Richter, Wiederverwendung 28
NS-Sklaven, Stiftung für 420
NS-Verfolgte, Rentenzahlungen an 187
NS-Zwangsarbeiterinnen und Zwangsarbeiter, Entschädigung 385
Null-Option, beiderseitige 246

Obama, Barack
- als Präsidentschaftskandidat in Berlin 401
- Wahl zum 44. Präsidenten der Vereinigten Staaten 402
»Oberkanzler«, Wunschbild Adenauers 94
Oberklasse, neubürgerliche 490

Oberländer, Theodor, Rücktritt als Bundesvertriebenenminister 31
Obermaier, Uschi, Kommune 1 125
Obrigheim, Kernkraftwerk 311
öffentliche Meinung, Einflüsse der Großen Koalition 150
öffentliches Bewusstsein, nationalsozialistische Vergangenheit 276
Öffentlichkeit
- Desinteresse an Auslandseinsätzen der Bundeswehr 418
- juristischer Schutz von Personen im Blickpunkt der 235
Ohnesorg, Benno
- Erschießung durch Polizeibeamten 127, 153
- Schweigemarsch in München 155
- *siehe auch* Studentenbewegung
ökologieorientierte Politik, durch die Grünen 249
Ökologische Katastrophe, Club of Rome 203
ökonomische Faktoren, in Zukunftsmodellen 206
ökonomische Realitäten, Berücksichtigung bei DGB-Forderungen 56
Ökosysteme, Wald 293
Ölkrise
- erste 135, 137, 139, **210–211**
- zweite 140
Ölländer, Monopolpolitik 211
Ollenbauer, Erich, Parlamentsdebatte zur atomare Aufrüstung 82
Ölpreis, wirtschaftliche Anpassung an 212
Ölpreiskrise *siehe* Ölkrise
Olympische Spiele
- in Grenoble 126
- in Mexiko 126
- *siehe auch* Münchner Olympiade
Opposition
- außerparlamentarische 191
- parlamentarische 149
Ost-Berlin 121
Ost-Deutschland, Rolle für Entwicklung West-Deutschlands 29
Oster-Rebellion, Studentenbewegung **157–160**
Osteuropa-Politik
- Suche nach neuen Wegen der Verständigung 148
- Ziele der Großen Koalition 147
Ostpolitik
- Briefwechsel von Kiesinger mit Stoph 151
- Guillaume-Affäre 215
- neue 130
- sozialliberale Koalition 174
- Streit der Bonner Parteien 180
ostpolitische Interessen, beim Nato-Doppelbeschluss 245
Ostverträge 132
- Entspannungspolitik 131
- Inkrafttreten 133
Ost-West-Konflikt, Ende 278
Ost-West-Verhältnis, Moskauer Vertrag 182

P

Pädagogen, Schuld an Lernnotstand 442
Panik, Handlungsgrundlage in der Finanzkrise 502
Papst, Wahl von Joseph Ratzinger 395
Paragraf 218 **190–196**
- Neufassung **194–196**
Pariser Außenministerkonferenz 1961 101
Pariser Verträge 25
Parität, Landwirtschaft und Industrie 58
parlamentarisch-demokratische Ordnung, Gefährdung durch Große Koalition 148
parlamentarische Demokratie
- Aufbau parteipolitischer Machthierarchien in Verwaltungen 148
- Einfluss des Politikstils auf Überlebensfähigkeit 148
- Gefährdung durch Große Koalition 148
- Verinnerlichung der Grundregeln 92
parlamentarische Opposition, Glaubhaftigkeit 149
parlamentarischer Bundesstaat, Begründung durch das Bonner Grundgesetz 38
Parlamentarischer Rat, Beitrag zum deutschen Grundgesetz 37
parlamentarischer Staat, Kennzeichen 39
Parlamentsauflösung, in Bonn 288
Parlamentswahl, erste freie gesamtdeutsche 277
Parteienfinanzierungsgesetz 297
Parteigründung, die Grünen 250
parteipolitische Machthierarchien, Aufbau nach Bundestagswahl in Verwaltungen 148
Parteispendenaffäre *siehe* Flick-Affäre
Patriotismus, deutsche Einheit **356–362**
Pazifismus, Ende des gesellschaftlichen 417
PDS, Zusammenschluss mit WASG zur Links-Partei 493
Peking, Blutbad auf dem Platz des Himmlischen Friedens 271
Perger, Werner A., »Turbulenzen und Epochenbruch« **382–402**
permissive society, Terrorismusdiskussion 229
Pershing-II-Raketen, Proteste gegen Stationierung in Mutlangen 269
Personaldokumente, mit Fingerabdrücken 450
Personenkennzeichen (PKZ), heimliche Einführung 450
Petersberger Abkommen 20
Pflegeversicherung, Einführung 273
Philosophie, Zeitdiagnosen 279
Pisa-Studie 388, **440–443**

Piusbruderschaft, Aufhebung der Exkommunizierung 402
Planwirtschaft, EWG 90
Platz des Himmlischen Friedens (Peking), Niederschlagung studentischer Proteste 271
pluripotente Stammzellen 464
Plutokratie, deutsche 491
Plutonium
- als Kernbrennstoff 311
- Brennelement-Entsorgung 313
Politik
- ökologieorientierte 249
- und Taktik **284–285**
- Vorurteil als schmutziges Geschäft 97
Politik der inneren Einigung, Helmut Kohl 356–358
Politiker, Ansprüche an 296
politische Auseinandersetzung, mit Gewalt 158
politische Einheit, verfassungsrechtliche Möglichkeiten **330–341**
politische Klasse, und Steuerfragen 297
politische Kultur, Gedanken von M. R. Lepsius 361
politische Moral
- Verfall **107–110**
- *siehe auch* Moral
politische Parteien
- Mitwirkung an politischer Willensbildung 166
- Vertrauensschwund 165
politische Reformen, grundsätzliche Notwendigkeiten 147
politischer Neuanfang, nach dem Machtwechsel in Bonn 288
politischer Stil
- Einfluss auf Überlebensfähigkeit der parlamentarischen Demokratie 148
- Schaden durch Parteispendenaffäre 297
politische Show, Unterschied zur politischen Arbeit 289
politisches System, radikale Ablehnung 165
politische Waffe, Öl 211
politische Willensbildung, Mitwirkung der politischen Parteien 166
Polizei
- Ermittlungskompetenzen 449
- rechtsstaatliche Grenzen **448–450**
Polygamie, männliche Natur 169
Ponto, Jürgen
- Ermordung durch Terroristen 138, 140, **227–229**
Popkultur 143
- Auswirkung auf Werbung 135
»Prager Frühling«, Niederschlagung 128
Prager Vertrag, Entspannungspolitik 131
Praunheim, Rosa von, »Nicht der Homosexuelle ist pervers, sondern die Gesellschaft, in der er lebt.« 135
Preiserhöhungen, politisch motivierte (Öl) 211

Preisindex, landwirtschaftliche Erzeugnisse 1953 58
Preis-Lohn-Schraube, landwirtschaftliche Produkte 58
Preisparität, Landwirtschaft 58
Preisschere, Landwirtschaft 58
Prekariat, Diskussion zur neuen Unterschicht 489
Pressefreiheit
- juristischer Schutz 236
- notwendiger und angemessener Schutz 159
- Sorge um während Spiegel-Affäre 110
PR-Gerangel, Stammzellforschung 460
Prinzip, der festen Paritäten zwischen den Währungen 456
Prinzipien, des europäischen Einigungsprozesses 455
Privatfernsehen, Start 265
Privatisierungstempo, nach Verstaatlichung 503
Proamerikanismus, kritische Stimmen in der Union 473
Produktivität
- der Erwerbstätigen 432
- Einführung der Vierzigstundenwoche 56
- steigende 300
Prognosen
- möglicher Weg zur Handlungsmotivation 209
- Wandel der Modelle der Weltentwicklung 204
- *siehe* Wachstumsprognosen
Projekt der Modernisierung, Jürgen Habermas 279
Propaganda, Ästhetik 239
protektionistische Interessen, EWG 88
Protest
- Folgen von fehlendem 240
- ökologischer 250
Protestbewegung, bundesweite gegen die atomare Aufrüstung 84
Protestler, Grüne **249–250**
Protestwählerpotenzial, Links-Partei 496
Public Viewing, bei Fußball-WM 396

Q

Quant, Mary, Modedesignerin 33

R

»Radauuniversität«, Stigmatisierung der Studentenschaft durch Springer-Zeitungen 154
Radikalenerlass 132
- durch Filbinger 233
radikale Rechte, Beschränkungen in den Gründerjahren der Bundesrepublik 24
radioaktive Abfälle

- Endlager 313
- Entsorgung 312
- Wiederaufbereitungsanlagen 313
- Zwischenlager Gorleben 313
Radioaktivität, Freisetzung durch GAU in Tschernobyl 308
RAF *siehe* Rote Armee Fraktion
RAF-Terroristen 447
- Bad Kleinen 280
- Vergleich mit Terroristen des 11. September 446
Raketenverhandlungen, amerikanisch-russische 244
Ramstein, Katastrophe von 270
Rationalisierung
- kontra Arbeitszeitverkürzung 300
- Reaktionen gegen 305
Ratzinger, Joseph, Wahl zum neuen Papst 395
Rau, Johannes
- Eröffnung einer Kultur-Präsentation Nordrhein-Westfalens in Leipzig 327
- Wahl zum Bundespräsidenten 383
Reagan, Ronald
- Besuch des Soldatenfriedhofs in Bitburg 267
- Doppel-Null-Lösung 270
- Standpunkt bei der Nachrüstung 245
Reaktorbrand, Tschernobyl **308–314**
Realeinkommen, bei Arbeitszeitverkürzung 302
Realitätsverweigerer, Links-Partei 495
Rechtschreibung, neue 384
Rechtsextremismus, Brandanschläge 278, **347–350**
Rechtsprechung, liberale 236
rechtsradikale Gewalt, in den Jahren 1991 bis 1993 **347–350**
Rechtsstaat, Glaubwürdigkeit 297
rechtsstaatliche Grenzen, Polizei **448–450**
rechtsstaatliches Bewusstsein, Spiegel-Affäre 106
rechtsstaatliche Sicherheit, Diskussion der möglichen Gefährdung durch die Notstandsgesetze 162
re-education 25
Reformen
- Bilanz der Großen Koalition 1966-69 150
- Forderungen der Studenten 154
- grundsätzliche politische Notwendigkeiten 147
- Hartz IV **476–480**
Reformsozialismus
- Ziel der Bürgerinitiativen 322, 329
Regen, saurer *siehe* saurer Regen
Regierung, erste bundesdeutsche 40
Regierungsaufgaben, nach dem Koalitionswechsel 288
Regierungsgeschehen, Erfordernis der Transparenz 148
Regierungskrise

- sozial-liberale Koalition **284–285**, 286
Regierungssitz
- Debatte zur Entscheidung zwischen Bonn und Berlin **342–346**
- Erwägung der Entscheidung durch Volksabstimmung 346
- Rolle nach innen und außen 344
- Trennung von Hauptstadt 345
- Trennung von Parlamentssitz 344
Regierungswechsel
- in Bonn 403
- Vergleich 262
Reich-Ranicki, Marcel, Eklat beim Deutschen Fernsehpreis 400
Rente
- für NS-Verfolgte 187
- kapitalgedeckte 432
- Risiken durch globalisierte Kapitalmärkte 432
Rentenbezugsdauer 430
Rentenerhöhungen, ausbleibende 306
Rentenreform **428–432**
- Riester 385
Renten- und Pensionsalter, früherer Beginn 431
Rentenverpflichtungen, steigende aufgrund der Wiedergutmachung 188
Rentnerinnen und Rentner, Ära Kohl 273
Reparationen des Zweiten Weltkriegs, und Wiedergutmachungszahlungen 189
Reservewährungen 455
Retroviren, Stammzellforschung 465
Rezession 1966
- bundesdeutsche 145
- Ursachen 150
Rhein-Neckar-Kreis, mangelnde Organisation bzgl. Hartz IV 477
Richter, in der NS-Zeit 232
Riester, Walter
- Bundesarbeitsminister 431
- Rentenreform 385
Riester-Rente **427–432**
Risikogesellschaft, Ulrich Beck 279
Rohstoffbedarf, gemäß globalen Wachstumsprognosen 208
Rollen von Mann und Frau, bürgerliches Recht 28
römisches Sextett 91
Römische Verträge
- EWG 28, 85
Röpke, Wilhelm, »Gemeinsamer Markt: ja – aber ohne Dirigismus« **86–91**
rororo aktuell (Buchreihe) 32
Roß, Jan, »Die Deutschen und der Krieg« **417–418**
Rote Armee Fraktion (RAF)
- Brandanschläge in Frankfurt 128
- Entführung Hanns Martin Schleyers 122
- Höhepunkt des Terrors 140
- Selbstmord einiger Mitglieder 139

– Selbstmord von Mitgliedern in Stammheim 226
– Verhaftung führender Mitglieder 133
– *siehe auch* Deutscher Herbst
rot-grüne Ära, parallel zur Ära Kohl 279
rot-grüne Koalition **403–411**
– als 68er-Koalition 390, 394
– als Wagnis der Wähler 408
– Antikriegskurs 471
– Beginn 383
– Einschätzung als Fehlschlag 411
– Ende **409**
– Leistungen 382–384
– Nein zum Irak-Feldzug 385
– Projektlosigkeit 407
rot-grüne Regierung, Entschädigungsfrage als Anliegen 423
rot-grüner Wahlsieg 393
rot-grünes Experiment, Ära Schröder 382
Rothfels, Hans, kritische Stellungnahme zur deutschen Geschichte 319
»Ruck«-Rede von Bundespräsident Herzog 282
Rücktritt
– Adenauer, Konrad (als Bundeskanzler) 33
– Beckstein, Günther (als Ministerpräsident Bayerns) 400
– Bismarck, Otto von (als Reichskanzler) 218
– Brandt, Willy (als Bundeskanzler) *siehe auch* Brandt, Willy, 136–137
– Eppler, Erhardt (als SPD-Fraktionsvorsitzender) 251
– Erhard, Ludwig (als Bundeskanzler) 34
– Filbinger, Hans Karl (als Ministerpräsident) 140
– Fränkel, Wolfgang (als Generalbundesanwalt) 32
– Huber, Erwin (als CSU-Vorsitzender) 400
– Jenninger, Philipp (als Bundestagspräsident) 270
– Lambsdorff, Otto Graf (als Wirtschaftsminister) 266
– Lübke, Heinrich (als Bundespräsident) 128
– Oberländer, Theodor (als Bundesvertriebenenminister) 31
– SED-Politbüro 273
– Ulbricht, Walter 132
Rudolph, Hermann, »Taktik statt Politik« **284–285**
Rudzio, Kolja, »Die große Reform? Ein großer Irrtum!« **476–480**
Rühe, Volker, als Bundesverteidigungsminister 366
Ruhrkontrollbehörde, deutsche Beteiligung 43
Ruhrstatut, deutsch-französische Verständigung 43
Runder Tisch, Dialog mit ausländischen Mitbürgern 349
russische Armee
– Einsatzbereitschaft 51

– europäische Reaktion auf einen eventuellen Angriffskrieg 51
Rust, Mathias, Landung auf Rotem Platz 269
Rüstungsentscheidungen, Verhandlungspositionen 243
Rüstungsprogramm, europäisches 47

S

Saarfrage
– deutsche Mitgliedschaft im Europa-Rat 44
– deutsch-französische Verständigung 43
Saargebiet, Beitritt zur BRD 332
Saddam Hussein, Besetzung Kuwaits 278
SALT-Kontakte, Verhandlungen zu Waffenbegrenzungsabkommen 182
»Sarbanes-Oxley-Gesetz« 484
saurer Regen 265
– Zusammenhang mit Waldsterben 292
Schabowski, Günter
– Reisefreiheit für DDR-Bürger 274
– SED-Bezirkschef Ost-Berlin 320
Schadensbegrenzung, politische im Irak-Krieg 474
Schadstoffe, in Nadelhölzern 292
Schah-Besuch
– Demonstration in Berlin 155
– Tod Benno Ohnesorgs 125
Scharping, Rudolf, Scheitern als Herausforderer Kohls 280
Scheel, Walter
– Bildung einer sozialliberalen Koalition 175
– FDP-Vorsitzender 175
– Flick-Affäre 296
– Moskauer Vertrag 178
– Wahl zum Bundespräsidenten 136
– Wahl zum FDP-Vorsitzenden 131
Schengener Abkommen, Inkrafttreten 281
Schieritz, Mark, »Die Banken endlich verstaatlichen?« **499–501**
Schiller, Karl
– Finanzminister 126
– Konjunkturprogramm 150
Schily, Otto
– als Anwalt Gudrun Ensslins 228
– Sicherheitspakete zur Bekämpfung des Terrorismus 449
Schleyer, Hanns Martin
– Entführung und Ermordung 122, 139–140, **223–226**
Schmid, Carlo, Parlamentsdebatte zur atomaren Aufrüstung 82
Schmid, Klaus-Peter, »Ein wenig Versöhnung« **422–426**
Schmidt, Harald, Fernsehikone 281
Schmidt, Helmut

– Ablehnung einer Großen Koalition vor der Bundestagswahl 1966 147
– »Alle müssen länger arbeiten« **428–432**
– Bündnisphilosophie 242
– »Deutschlands große Chance« **337–341**
– Eindruck deutscher Arroganz und Überheblichkeit bei Wiedervereinigung 340
– »Einer für alle« **452–457**
– Ende der Kanzlerschaft 286–287
– Krisenmanagement bei Entführung der Landshut 224
– Misstrauensvotum gegen ihn 144, 263, **283–285**
– Nachfolger Brandts 136–137
– Schwierigkeiten bei der Machtübernahme von Brandt 221
Schmidt, Thomas E., »Die linken Verteidiger« **496–497**
Schmidt-Gipfel 140
Schmidt-Jahre, Ende 404
Schmid-Urteil, Meinungsfreiheit 236
Schmiergeldaffäre, VW 482
Schmücker, Kurt, Bundeswirtschaftsminister 126
Schmückle, Gerd (Pressesprecher des Verteidigungsministers), Spiegel-Affäre 110
Schnabel, Ulrich, »Kleine Zellen, große Sprengkraft« **459–463**
Schneller Brüter, Kalkar 312
Schröder, Gerhard
– Antritt als Kanzler 262
– auf Expo 387
– Besuch der Holocaust-Gedenkstätte Jad Vashem in Jerusalem 317
– Bundeskanzler 404–408
– Entzug des Vertrauens durch Bundestag 395
– Frage der politischen Richtung 383
– Führungsstil 411
– Machtverlust innerhalb der SPD 410
– niedersächsischer SPD-Oppositionsführer 317
– Opfergang 411
– patriotische Taten **409–410**
– TV-Duell gegen Stoiber 390
– Verhandlungen zur Zwangsarbeiterentschädigung 421
– Wahl zum Bundeskanzler 383, 403
Schröder, Gerhard (Innenminister), Stellungnahme zu Spiegel-Affäre 108
Schueler, Hans
– »Frauen gegen einen Paragraphen« **191–193**
– »Im Zweifel für die Meinungsfreiheit« **234**
– »Spitzel an der Spitze« **215–217**
Schuh, Hans, »Kleine Zellen, große Sprengkraft« **459–463**
Schuld, der Deutschen 368–370, 372

– Anteil der DDR 188
– politische Erbschaft 240
– Wiedergutmachung und ihre Kosten **187–189**
Schuldfrage, von Akteuren im NS-Regime 232
Schuldnachweis, Ziel des Auschwitz-Prozesses 114
Schule
– Bild davon heute 414
– Neutralitätsgebot 415
Schüler, im internationalen Vergleich 441–443
Schulmeister Staat, Benehmen deutscher Reisender 66
Schulstudie Pisa 388, **440–443**
Schulsystem
– Chancen(un)gleichheit 441
– Input-Steuerung 443
Schulten, Rudolf, Entwickler des Hochtemperatur-Kugelhaufenreaktors 311
Schumacher, Kurt
– Kritik an Adenauer 21
– Wahlkampf November 1949 20
Schuman-Plan
– Ausgleichskassen 48
– Europa **46**
– Gebietsschutz 48
– »gemeinsame Versammlung« als Kontrollorgan 47
– Haute Autorité 47
– Kohle- und Stahlindustrie 46
– Ministerausschuss 47
Schutz, juristischer 235
Schwangerschaftsabbruch **190–196**
– Diskussion des zeitlichen Rahmens 193
– Dunkelziffer 196
– erlaubte Fälle 192
– Gründe für 195
– Neufassung des Paragrafen **194–196**
– Polemiken 196
– Vergleich mit Holland 196
– »Werbefilm« im Fernsehen 195
– *siehe auch* Abtreibungsparagraf
Schwarzer, Alice, Klage gegen stern 140
Schwarzer September
– Olympische Spiele in München 198, 201
schwarz-rote Koalition
– Bilanz 1969 147, 149–151
»Schwarzwaldmädel«, Prototyp des deutschen Heimatfilms 21
Schweden, Bankensanierung 501
Schwefelabgabengesetz, Waldsterben 293
Schwefeldioxyd, Waldsterben 292
Schwerindustrie, Ruhrkontrollbehörde 43
Schwinger, Eberhard, Stammzellforschung 459
SDS
– Propagierung der »provozierenden Irrationalität« 158
– Rolle bei den gewaltsamen Auseinandersetzungen 158

Register 517

SED
- Kurswechsel nach dem 17. Juni 1953 62–63
- Maueröffnung 321
- Zerfall der Macht 275

SED-Politbüro, Rücktritt 273
Seebeben, vor Indonesien 394
Seebohm, Hans-Christoph (Bundesverkehrsminister), Einschätzung des Amts des Bundeskanzlers 97
Seehofer, Horst, Antritt als Ministerpräsident Bayerns und CSU-Vorsitzender 400
Selbstgerechtigkeit, von Politikern 233
Selbstmordattentäter
- Kennzeichen des neuen Terrorismus 446
- Olympische Spiele in München 199
- Versagen der Zwecke der Strafverfolgung 447

Selbstverwirklichung, als Selbstanspruch 273
Sentker, Andreas, »Jetzt erst recht« 464–465
Separatfrieden, Chruschtschows Drohung 101
Sex, religiöse Beschränkungen 170
sexuelle Revolution 135
- gegen Muff und Verklemmtheit 167–171

sexuelle Treue
- Bedeutung für den Bestand der Ehe 171
- gesellschaftliches Ideal 168
- religiöses Gebot 169

Seydlitz, Walther von, deutsche Kriegsgefangene 76
Sicherheit, Verhältnis zur Freiheit 448
Sicherheit, innere *siehe* innere Sicherheit
Sicherheitsfrage, deutsch-französische Verständigung 43
Sicherheitspolitik, und Außenpolitik 366
Sicherheitssystem, europäisches 72
Siebenschön, Leona, »Ehebruch – kein Beinbruch« 168–171
Sieburg, Friedrich, »Natürlich schon wieder einmal die Deutschen!« 65–68
Siedlungsmuster, Wandel während Ära Kohl 271
Siemens-Konzern, Korruptionsskandal 397
Sloterdijk, Peter, Analyse der Lebenswelt 279
Soldaten, Spätheimkehrer 74–77
Solidarität, Bedeutung für Einigungsprozess 357
Solidaritätszuschlag 355
- Erhebung 280

Solidarpakt 355–362
Solingen, Brandanschlag durch Rechtsradikale 350
Sommer, Theo
- »Das Wagnis des Ausgleichs« 180–181
- »Des Kanzlers jäher Sturz« 218–221
- »Die Bürde der Vergangenheit« 231
- »Die Vernunft blieb auf der Strecke« 157–160
- »Die Zukunft hat wieder Zukunft« 207–209
- »Einwanderung ja, Ghettos nein« 434–436
- »Fremde zu Bürgern machen« 348–350
- »Frisch gewagt – erst halb gewonnen« 223–226
- »Kein Aufbruch – kein Abbruch« 286–289
- »Koalition auf Bewährung« 145–148
- »Nicht jede Macht muß alles müssen« 364–366
- »O Freiheit! kehrst Du zurück?« 321–324
- »Willy Brandt wird Kanzler« 172–175

»Sommermärchen«, Fußball-WM 2006 396
Sonderbonuszahlungen, VW-Affäre 487
Sonderparteitag, der SPD zum Nato-Nachrüstungsbeschluss 247
Sonntagsfahrverbot 135
Sonntagsfrage, nach Gründung der Grünen 253
Sonntagsgespräche, im Gewandhaus Leipzig 328
Souveränität, staatliche 36
Sowjetunion
- Beendigung des Kriegszustands mit Deutschland 27
- Ende 278
- Herstellung diplomatischer Beziehungen 70–73

»Sozialabbau-Diskurs«, Ära Kohl 273
soziale Brennpunkte, Trabantenstädte 271
soziale Frage, neue 271
soziale Konflikte, verschärfte als Folge der Ölkrise 213
soziale Marktwirtschaft, Erhard, Ludwig 26
soziale Systeme, Theorie von Luhmann 279
soziale Treue, Bedeutung für Bestand der Ehe 171
soziale Ungerechtigkeit
- Abtreibung als Maßstab 193
- Bewusstsein dafür bei Einigung 360

Sozialhierarchie, deutsche 489
Sozialismus
- mit menschlichem Gesicht als Reformziel der Bürgerinitiativen 322
- verschiedene Wege zum 322

sozial-liberale Koalition
- Ende 144, 284–285
- Formierung 131
- Führungswechsel in der BRD 1969 173
- Mehrheitsverhältnis 1969 175
- sachliche Übereinstimmungen zwischen SPD und FDP 174
- Start 129
- Vorteile gegenüber Großer Koalition 175

Sozialpolitik, Bilanz der Großen Koalition 1966-69 150
sozialräumliche Differenzierung 271
Sozialstaatspolitik, Chancengerechtigkeit 492
Sozialstruktur, bundesdeutsche 136
Sozialsysteme, Rettung durch größere Einwandererzahl 436
Sozialversicherungen, umlagefinanzierte 273
Spannungsfall, Anwendung der Notstandsgesetze 163
Spätheimkehrer 74–77
SPD
- Beliebtheit nach Brandts Rücktritt 221
- Debatte um Nato-Doppelbeschluss 244–247
- Demonstration der Regierungsfähigkeit durch Große Koalition 150
- erstmals stärkste Partei im Bundestag 134
- Gewinn der Bundestagswahlen 383
- Godesberger Programm 29
- innere Instabilität 399
- Koalition mit Bündnis 90/Die Grünen 382, 403–411
- Krise nach Koalitionswechsel 287
- Rollentausch von Opposition zu Regierungsverantwortung über die Große Koalition 149
- Wahlerfolge Anfang der 1960er-Jahre 33
- Wahlsieg 282
- Wahlverlust in Nordrhein-Westfalen 411

SPD/FDP-Bündnis, Machtwechsel 1969 173
Spectator (englische Wochenzeitung), Vorwurf des Geheimnisverrats an Strauß 109
Spendenpraktiken, skandalöse 296
Spiegel-Affäre 31–32, 103–110
- Äußerungen von Adenauer 108
- Conrad Ahlers 107–108
- Demokratiebewusstsein der deutschen Öffentlichkeit 110
- Mangel an militärpolitische Diskussionen 109
- militärpolitische Dimension 110
- Rolle von Franz Josef Strauß 107–109
- Rudolf Augstein 31, 104–105, 108
- Sorge um Pressefreiheit 110
- Spiegel-Redaktion 105–106
- staatsbürgerliche Erregung 110
- taktisches Verhalten Adenauers in Zeit davor 107
- und rechtsstaatliches Bewusstsein 106
- und Verfall der politischen Moral 107–110

Spiegel-Redaktion, Spiegel-Affäre 105–106
Spiewak, Martin
- »Die Schule brännt!« 441–443
- »Kleine Zellen, große Sprengkraft« 459–463

Spione, Guillaume-Affäre 216
Spitzel, Guillaume-Affäre 215–217
Springer, Axel
- Vision der »disziplinierten Demokratie« 158
- Zielscheibe von Demonstrationen 158

Springer-Presse
- Aufwiegeljournalismus 158
- FU Berlin als »Radauuniversität« 154
- Mitschuld an gesellschaftlichen Fehlentwicklungen 158

SRP, Nachfolgeorganisation der NSDAP 24
SS-20-Raketen, Antwort auf 244
Staat
- föderativer 38
- gemeinsamer europäischer 87
- im Bewusstsein der Politiker 107–110
- Rolle bei Terrorismusentstehung 229

staatliches Handeln, Grenzen 224
staatliche Souveränität, unter militärischer Besetzung 36
Staatsanwaltschaft, Ermittlung nach Abtreibungen 191
Staatsbanken, Gier der Vorstände 502
staatsbürgerliche Erregung, ausgelöst durch Spiegel-Affäre 110
Staatscharakter, grundgesetzliche Garantie 39
Staatsgesinnung, Benehmen deutscher im Ausland 66
Staatsgewalt, Teilung in einem föderativen Staatenbund 38
Staatspleite, drohende 499
Staatsräson, der Demokratie 98
- Weg zwischen Integration und Nation 365

Staatswirtschaft, Gefahr durch Finanzkrise 500
Stabilitätsgesetz 126
Stacheldraht *siehe* Berliner Mauer
Stahlbedarf, europäisches Rüstungsprogramm 1950 47
Stahlindustrie, Schuman-Plan 46
Stahlproduktion, deutsch-französische 48
Stalin, Vorschlag eines Friedensvertrags 23
Stammbaum, Geschlechtsregister Jesu 316
Stammberger, Wolfgang (Justizminister), politische Moral in Zeit vor Spiegel-Affäre 107
Stammheim
- Selbstmord von RAF-Mitgliedern 141, 226
- Strafvollzugsanstalt 136

Stammzellen, pluripotente 464
Stammzellforschung
- Alter der Zellen 464
- ideologischer Streit 462
- öffentliche Debatte 461

– politische Ängste 462
– Qualität der Diskussion 463
– Schlagzeilen 461
– wirtschaftliche Bedeutung 460
Stammzellgesetz 389, **458–465**
– Änderung **464–465**
Standortverschiebung, EWG 89
Startbahn West, Demonstrationen dagegen 143
Stehle, Hansjakob, »Schlußpunkt unter die Vergangenheit« **184–186**
Steinmeier, Frank-Walter
– als Außenminister 399
– als Kanzlerkandidat der SPD 400
Stelenwald, Denkmal für die ermordeten Juden Europas 384
stern, Klage von Schwarzer und Meysel 140
Sternmarsch auf Bonn, anlässlich der Verabschiedung der Notstandsgesetze 162
Steuerbegünstigung
– Landmaschinenkauf 59
– landwirtschaftlicher Betrieb 58
Stiftung »Erinnerung, Verantwortung und Zukunft« **422–423**
– Einsammeln der Mittel 425
– Wirtschaft Engagement bei 425
Stoiber, Edmund, TV-Duell gegen Schröder 390
Stoph, Willi
– Briefwechsel mit Kiesinger 151
– Treffen mit Brandt 130, 132
Strafverfolgung
– nacheilende 449
– Trias Tat–Verdacht–Ermittlung 448
– Versagen bei Selbstmordattentätern 447
Straßenschlachten, nach Attentat auf Rudi Dutschke 157
Straßmann, Fritz, Göttinger Manifest 83
strategische Prinzipien, des europäischen Einigungsprozesses 455
Strauß, Franz Josef
– als Kanzlerkandidat 140
– Druck durch Spiegel-Affäre 109
– Haltung zum Moskauer Vertrag 177
– Kanzlerkandidatur 253
– politische Moral in Zeit vor Spiegel-Affäre 107–108
– Rolle bei Ende der sozial-liberalen Koalition 289
– Rolle bei Spiegel-Affäre 108
– Spiegel-Affäre 31, **103–110**
– Vorwurf des Geheimnisverrats durch Spectator 109
Streiks, ausgelöst durch Spiegel-Affäre 106
Stromerzeugung
– Grundlast 314
– Leistung von Kernkraftwerken 311–312
– Überkapazität 314
– Verlustwärme 314

Stromverbrauch, wachsender Energiebedarf 311
Strothmann, Dietrich
– »Auch die Gerechtigkeit braucht ihre Zeit« **112–115**
– »Geld gegen Schuld« **187–189**
– »Tödliche Spiele« **198–199**
Stücklen, Richard, Haltung zum Moskauer Vertrag 177
Studentenbewegung
– 1967-68 **152–160**
– außerparlamentarische Opposition 160
– Konflikt mit der Gesellschaft 156
– Oster-Rebellion **157–160**
– Rolle der Berliner Boulevardzeitungen 156
– Weg aus der Isolierung 156
Studentenrevolte
– Auslöser 127
– in Frankreich 129
Studentenschaft, Solidarisierung mit »Randalierern« 154
Studnitz, Hans-Georg von, Haltung zum Moskauer Vertrag 177
Subsidiaritätsprinzip, des Maastrichter Vertrags 354
Suntum, Ulrich van, Bankenrettung 504
Supermächte, Dialog 245
Süssmuth-Kommission, Scheitern der Vorschläge 438

T

TA siehe Technische Anleitung
Tag der deutschen Einheit 277
Tagebücher Adolf Hitlers, angebliche 263
Tagesschau, erste 24
Taktik, in der Politik **284–285**
»Tanzkino«, erstes 16
Tarifkonflikt, Lokführer 399
Tat–Verdacht–Ermittlung, Trias der Strafverfolgung 448
Technische Anleitung (TA) Luft 292
technische Zivilisation, als Ursache des Waldsterbens 292
Telekom, Ausspionierungsskandal 399
Terroranschläge
– in Europa 392
– Möglichkeiten der Verhinderung 448–450
– Olympische Spiele in München **198–199**
– politische Verantwortung 199
Terrorbilanz 229
Terrorismus
– Anschlag vom 11. September 2001 388
– internationaler 269, **445–447**
– Krieg gegen den 467
– mythische Rechtfertigung 469
– und Selbstmordattentäter 446
– weltweit agierende Planer 447
– siehe auch Rote Armee Fraktion
Terrorismusabwehr, Filbingers Einstellung zur 233

Terrorismusbefürworter, faschistische Argumente 229
Terrorismusbekämpfung
– Deutscher Herbst **223–226**
– gemeinsame Linie der Demokraten 226
Terrorismusdebatte 222
– moralische Grenzüberschreitungen 228
– Rolle der Freiheit 229
– Ruf nach Folter 225
Terroristen
– als Opfer des Staates 228
– des 11. September 446–447
– Forderungen in Mogadischu 224
Terrorstaat, Diener des 233
Terror und Erfolg, Hitlers Kombination 372
Teufel, Fritz, Kommune 1 125
Theorie sozialer Systeme, Niklas Luhmann 279
Tierexperimente, Grenzen der Übertragung auf Menschen 465
Todesstrafe, Abschaffung 40
Toleranz, Terrorismusdiskusion 229
totalitärer Staat, Resignation und Auflehnung 61
Tour de France, Doping-Skandal 396
Touristen, Benehmen im Ausland 65
Trabantenstädte, soziale Brennpunkte 271
transatlantisches Bündnis, Emanzipation 471
Transparenz, des Regierungsgeschehens 148
Treue
– Frage nach wahrer **168–171**
– sexuelle 171
– soziale 171
Treue zur Verfassung 40
Treuhand 276
Tschechien, Zwangsarbeiterentschädigung 423–424
Tschernobyl
– deutsche Energiepolitik nach Reaktorbrand in der Ukraine 309–314
– Katastrophe 268
– Reaktorbrand **308–314**
Tsunami-Katastrophe 394
Tüngel, Richard, »Deutsche Aufrüstung – ja oder nein?« **50–52**
TV-Duell, Schröder gegen Stoiber 390
Typenbeschränkung, Zehnjahresplan Heinrich Lübke 58

U

Überalterung, der Gesellschaft 429
Überlebenschancen, Links-Partei 497
Überschall-Verkehrsflugzeuge, Einstellung der Entwicklung aufgrund von Zukunftsprognosen 206
Ulbricht, Walter, Rücktritt 132

Ullrich, Volker, »Hitlers willige Mordgesellen« **368–370**
Ulmer, Roland, Vorsteher des Börsenvereins 318
Ulrich, Bernd, »Gerechtigkeit für Schröder« **409–411**
UMTS-Lizenzen, Versteigerung 386
Umwelt, als politisches Thema 142
Umweltkatastrophe, Waldsterben **291–293**
UN, Mitgliedschaft 135
Ungarn, Öffnung der Westgrenze 271–272
Universitäten, westdeutsche 153
Unterschicht, Debatte um **488–492**
Unterschleif, bei Konzernen 484
Unterschriftenaktionen, gegen atomare Aufrüstung 84
Unverletzlichkeit der bestehenden Grenzen, Moskauer Vertrag 181
Uran
– angereichertes 312
– erbrüten des Kernbrennstoffs Plutonium 311
USA, Rolle auf globalen Kapital- und Geldmärkten 457

V

Verantwortung
– politische, für Terroranschläge 199
– weltpolitische 366
Verbrechen, durch Mangel an Protest 240
Verdrängungseffekt, durch die EWG 89
Verdun, Soldatenfriedhof 257
Vereinte Nationen, Mitgliedschaft 135
Verfassung
– Bonner Grundgesetz als rationale Konstruktion 318
– Stellenwert und Interesse beim deutschen Volk 38
– Treue zur 40
– Verkündung 1949 **35–40**
– »Vernunftrepublikaner« der Weimarer Zeit 318
Verfassungspatriotismus 266
Verfassungsschutz, Guillaume-Affäre 215
Verfassungstreue 40
Verflochtenheit Deutschlands, internationale 365
Vergangenheit, Besinnung auf 276–277
Vergangenheitsbewältigung
– deutsche 238
– deutsch-polnische **184–186**
– Filbinger **231–233**
Vergangenheitsdebatten, Historiker-Streit 268
vergangenheitspolitische Auseinandersetzungen 28
Vergessen, Auseinandersetzung mit der Vergangenheit 239
Verhinderung, von künftigen Anschlägen 448

Verklemmtheit, sexuelle Revolution 167–171
Verlustwärme, Stromerzeugung 314
»Vernichtungs-Antisemitismus« 372
Vernichtungskrieg. Verbrechen der Wehrmacht 1941 bis 1944, Ausstellung 281
»Vernunftrepublik«, Weimarer Zeit und nach 1945 318
Versorgungsklassen, sozialstaatliche 490
Verstaatlichung
 – Kontrolle über Pleitebanken 500
 – von Banken **499–504**
Verteidigungsfall
 – Anwendung der Notstandsgesetze 163
 – Freiheitsentziehung 164
Verteidigungsminister, politische Moral in Zeit vor Spiegel-Affäre 107–108
Vertrag von Warschau 184
Vertrauensfrage, Einfluss der Hartz-IV-Debatte 476
Vertrauensschwund, in politische Parteien 165
Vetorecht, Beseitigung 455
Vetternwirtschaft, bei VW 483
Viermächte-Status von Berlin, Bruch durch Chruschtschow 101
Vierzigstundenwoche
 – Abhängigkeit von Produktivität 56
 – DGB-Forderung 55
Visa-Affäre 395
Vizekanzler
 – Bestimmung seiner Rolle während Kanzlerkrise 94, 96
Volk, Recht auf Aufklärung 148
Volkert, Klaus, Urteil im VW-Prozess 485
Volksabstimmung, als mögliches Entscheidungsinstrument für zukünftigen deutschen Regierungssitz 346
Volksaufstand vom 17. Juni 1953 24
Volkskammerwahl, erste freie 276
Volkszählung, Misstrauen in Staat 280
Volkszählungsboykott 297
voller Lohnausgleich
 – 35-Stunden-Woche 302–303, 306
 – 40-Stunden-Woche 56
vollziehende Gewalt 39
von der Leyen, Ursula, Familienministerin 399
von Weizsäcker, Carl Friedrich, Manifest gegen die atomare Aufrüstung 78
Vorruhestandsregelung, bei Arbeitszeitverkürzung 302
Vorurteile, gegenüber Politik als schmutzigem Geschäft 97
VW, als Abbild der Republik **481–487**
VW-Affäre **481–487**
 – juristische Falle 485
 – moralische Maßstäbe 486

VW-Gesetz, Arrangement statt Kontrolle bei VW 483
VW-Vorstände, mangelhafter Ruf 487

Wachstum
 – Grenzen **204–209**
 – Lenkung des 206
 – organisches (Prognosen) 209
Wachstumsprognosen
 – Club of Rome **204–209**
 – Vorgehen bei der Erstellung 206
 – Wandel 207
 – siehe Prognosen; Wachstumsprognosen
Wackersdorf, Demonstration gegen Atomkraft 269
Wahlalternative Arbeit und soziale Gerechtigkeit (WASG)
 – Gründung 394
 – Zusammenschluss mit PDS zur Links-Partei 493
Wahlkampf, in der Zeit direkt nach dem Bau der Berliner Mauer 102
Wahlmuster, bei Landtagswahl in Baden-Württemberg 252
Wahlversprechen, moralisches Defizit wegen Nichteinhalten der SPD bei Bundestagswahl 1966 147
Währung
 – freie Konvertibilität 87
 – gemeinsame 456
 – gesamteuropäische 85
 – Prinzip der festen Paritäten 456
Währungs-, Wirtschafts- und Sozialunion, von BRD und DDR 276
Währungsverschmelzung, europäische 87
Wald
 – Verjüngung 292
 – Versäumnisse in siebziger Jahren 293
 – Zustand 265
 – Zustandsbericht 292
Waldsterben **290–293**
Wallraff, Günter, Praktiken der Bild-Zeitung 139
Walser, Martin, Rede zur Verleihung des Friedenspreises des deutschen Buchhandels 383
Warschauer Aufstand, Wiedergutmachungsfrage 187
Warschauer Ghetto
 – Kniefall von Brandt 118, **184–186**
Warschauer Pakt
 – Auflösung 278
 – Gründung 26
Warschauer Vertrag 131, 184, 186
Wechselkurse
 – feste 456
 – Frage der Stabilität 91
 – siehe auch Währung
Wehler, Hans-Ulrich, »Die verschämte Klassengesellschaft« **489–492**

Wehner, Herbert
 – Ablehnung einer Großen Koalition 147
 – Architekt der Großen Koalition 124
»Wehret den Anfängen!«, Bettelheims Aufruf 240
Weimarer Verfassung, Vergleich mit dem Grundgesetz der BRD 334
Weiß, Peter, Auschwitz-Requiem »Die Ermittlung« 113
Weizsäcker, Richard von, Wahl zum Bundespräsidenten 266
Weltausstellung Expo, Hannover 386
Weltbevölkerung
 – Modellrechnungen 208
 – prognostizierte und ihre Folgen 205
Weltfestspiele, der Jugend und Studenten in Ost-Berlin 121
Weltkrieg, 2., Spätheimkehrer **74–77**
Weltkrieg, 3., als mögliche Folge der Wiederbewaffnung 52
Weltmächte, Dialog bei Nato-Nachrüstung 245
Weltmodell, Grenzen des Wachstums 204
Weltpolitik, Rolle Deutschlands 386
weltpolitische Verantwortung 366
Weltwährungen 455
Weltwährungssystem, drohendes Ungleichgewicht 213
Weltwirtschaftsgipfel, in Bonn 140
Weltwirtschaftssystem, Krise 402
Wende
 – des Herbstes 1982 263
 – »geistig-moralische« 407
 – nach Ende der Ära Kohl 262
»Wende«, wirtschaftliche Herausforderungen 271
Wenders, Wim, Filmverlag der Autoren 131
Werbung, Veränderung durch Popkultur 135
»Wer zu spät kommt, den bestraft das Leben« 272
westdeutsche Bevölkerung, Sozialisierung 135
westdeutsche Sicherheit, Rolle der amerikanischen Truppen 52
westdeutsche Universitäten, Krise 153
Westdeutschland, Entwicklung verglichen mit Ost-Deutschland 29
Westdeutschlands Frauen, als neue außerparlamentarische Opposition 191
Westintegration, deutsch-französisches Verhältnis **41–45**
Westkurs Adenauers 25
Westorientierung, gesamteuropäischer Aspekt **46–47**
Widerstand, im »Dritten Reich« 372
Widerstandsrecht, des Bürgers gegen Rechtsbrecher 164
Wiederaufbau, Leistung 26

Wiederaufbereitungsanlagen
 – politische Auseinandersetzung um geplanten Standort Gorleben 310
 – verbrauchte Brennelemente aus Kernkraftweken 313
Wiederbewaffnung
 – 3. Weltkrieg als mögliche Folge 52
 – Debatte um 20
 – Für und Wider **49–52**
 – mögliche Folgen im Fall eines deutschen Bürgerkriegs 52
 – Protest in Großbritannien 51
Wiedergutmachung, Streit **187–189**
Wiedergutmachungsabkommen 23
Wiedervereinigung
 – Ablehnung durch die neue Opposition in der DDR 329
 – als historische Leistung 280
 – als Spekulation 274
 – am 03.10.1990 **330–341**
 – Ängste und wirtschaftliche Unsicherheit der DDR-Bürger 338
 – Anpassungsprobleme mildern 336
 – deutsch-russische Verhandlungen **70–73**
 – durch Beitritt der DDR nach Artikel 23 **331–336**
 – eigenes Verständnis der zukünftigen Rolle Deutschlands 340
 – Herunterstufung vom politischen Nahziel zur fernen Zukunftsoption 180
 – Interessenskonflikte lösen 339
 – oder Zweistaatlichkeit nach dem Mauerfall 323
 – Solidarität mit europäischen Nachbarn 341
 – Zukunft der west- und osteuropäischen Verteidigungsbündnisse 323
 – Zustimmung durch europäische Partner 275
 – siehe auch deutsche Einheit; Einheit
Wilhelminismus, linker 408
Willeke, Stefan, »Hart, und dazu noch unfair« **485–487**
Wilp, Charles, Werbebranche 135
Wimbledon, Gewinn des Tennisturniers durch Boris Becker 267
Winnacker, Ernst-Ludwig, Stammzellforschung 462
Winnenden, Amoklauf 402
Wirklichkeitssinn, Bedeutung für Einigungsprozess 357
»Wir sind das Volk«, Motto der Friedensgebete in der Leipziger Nikolaikirche 325
Wirtschaft
 – als anfällige Prozesskette 304
 – Aufstieg nach 54
 – Engagement bei Stiftung »Erinnerung, Verantwortung und Zukunft« 425
 – Konjunkturprogramm 1967 150
Wirtschaftselite 492
Wirtschaftskrise **498–504**

Y

Ypsilanti-Krise 400
Yuppies, neue Lebenseinstellung 267

Z

Zahlungsbilanzstörungen, europäische Staaten mit ständigen 87
Zahlungsfähigkeit, staatliche 501
Zehnjahresplan, Heinrich Lübke 58
Zeitarbeitsfirmen, nicht vorhandener Ansturm wegen Hartz IV 478
Zeitdiagnosen, Philosophie 279
Zeiteinteilung, im Arbeitsleben 307
Zeitgeist-Magazine, erste 267
Zentralgewalt, staatliche 38
Zerwürfnis, deutsch-amerikanisches wegen des Irak-Kriegs 471

– weltweite 400
Wirtschaftspolitik, Bilanz der Großen Koalition 1966–69 150
Wirtschaftswachstum, bei Arbeitszeitverkürzung 302
Wirtschaftswunder 25–26, **53–59**
– Arbeit als Lebensmittelpunkt 54
– Erscheinungsbild im Ausland 68
– Ursachen **53–59**
Wissenschaftler
– Abwanderung ins Ausland 463
– politische Verantwortung 79
WM-Sieg, Bern **64**
Wochenarbeitszeit, Verkürzung 299
Wohlstand, Bedeutung während Einigungsprozess 358
Wohlstandslücke, Schließung 207
Wohnungsbau, nach dem Krieg 25
Wohnverhältnisse, Wandel während Ära Kohl 271
Wolfrum, Edgar, »Aufruhr und Zuversicht« 124–144
World Trade Center, Anschlag vom 11. September 2001 388

Zivilisation, technische siehe technische Zivilisation
Zivilverschleppte, Heimkehr 72
Zölibat 169
Zolltarif, gemeinsamer in Europa 87
Zombie-Bank, Rettung falscher Banken 504
Zukunft, gestalten im Schatten der Geschichte 319
Zukunftsmodelle, Einfluss ökonomischer Faktoren 206
Zukunftsprognosen siehe Prognosen; Wachstumsprognosen
Zumutbarkeit von Arbeitsstellen, Kriterien der 478
Zundel, Rolf
– »Das Denkbare denken« **165–166**
– »Gratwanderung für den Kanzler« **244–247**
– »Grüne Gefahr für Bonn?« **251–253**
– »Mit heißer Nadel genäht« **161–166**
Zuwanderer, soziale und politische Integration 350

Zuwanderung, Debatte über 387
Zuwanderungsgesetz **433–439**
– Kompromiss 438
Zwangsarbeiter, nichtjüdische 424
Zwangsarbeiterentschädigung 385, **419–426**
– Dankbarkeit der Opfer 425
– Druck des Marktes 420–421
– internationale Anerkennung 423
– nationale Gestaltungsmöglichkeiten 423
»Zweidrittelgesellschaft« 273
– und deutsche Einigung 359
Zweikammersystem, Bundesrepublik 39
Zwei-plus-Vier-Gespräche, 22. Juni 1990 in Ost-Berlin 333
Zwei-plus-Vier-Vertrag
– Erlangung der vollen deutschen Souveränität 338, 341
Zweistaatlichkeit, Erwägung eines deutsch-deutschen Kooperationsverbunds nach dem Mauerfall 323
Zwischenlager Gorleben, radioaktive Abfälle 313

ABBILDUNGSNACHWEIS:

AISA Media S.L., photoaisa.com, Barcelona: 24 r., 38, 102, 128 o.l., 129 l., 181, 185, 225; **akg-images, Berlin:** 9 l., 19 r., 19 l., 20 l., 22, 23 M./Hartmann, 27 u., 30 o.r./AP, 115, 129 r., 133 o.l., 258/259; **Associated Press GmbH, Frankfurt:** 486/Bimmer; **Corbis GmbH, Düsseldorf:** 80, 199; **Corbis-Bettmann, New York:** 21 l./UPI, 26 l./UPI, 27 l./UPI, 28 l./UPI, 29 l./UPI, 29 r./UPI, 30 o.l./UPI 30 u./UPI, 32 l., 32 l./UPI, 33 o.l./UPI, 40 l./UPI, 63/UPI, 88/UPI, 95/UPI, 127 r./UPI, 130 l./UPI, 132 l./UPI, 133 u./UPI, 186/UPI, 188/UPI, 220, 267 o.r./UPI, 268 o.r./Reuters, 269 o.r./Reuters, 271 r./Reuters, 276 r./Reuters, 277 l./Reuters, 278 o.r., 278 o.l./Reuters; **dpa Picture-Alliance GmbH, Frankfurt:** 6 /7, 8 l./akg, 9 r./Rumpenhorst, 12/13/akg, 14/15 , 16/17/akg, 20 r., 21 M./akg, 21 r./Lessing, 24 l/akg, 25 r./akg, 26 r., 27 r., 31 r., 33 o.r./Koll, 33 u./Göttert, 34/Pflaum, 37, 45, 48/Andres, 51/akg, 52/akg, 55/Glöttert, 59/Schuetz, 67/Göbel, 71/akg, 73/akg, 75/akg, 77/akg, 83/Göbel, 84/Kroll, 90/Frye, 98/Rohwedder, 105/Heidtmann, 106/Goettert, 109, 110, 113, 120/121/Gueffroy, 122/123, 125 l., 125 r./Henschel, 126 l., 126 r., 127 l./Hässler, 128 o.r./Witschel, 128 u./Rapp, 130 r., 131 l./UPI, 131 r./Binder, 132 r./Hennig, 133 o.r./Sanden, 134 l., 134 r./Hoffmann, 135 o.l./akg, 135 r./Scheidemann, 136 r., 137 l./Lehtikuva Oy, 137 r./Heidtmann, 138 o.l., 138 o.r., 138 u./akg, 139 o.l., 139 o.M./UPI, 139 o.r./Heidtmann, 140 r./Staedele, 141 l./Rehm, 141 r., 142 l., 142 r./Athenstädt, 143 o./Eilmes, 143 u./Athenstädt, 144 l./Athenstädt, 144 r./Sanden, 147, 151/Weihs, 155, 156/Barfknecht, 159/Reiss, 160/Hoffmann, 163, 166/Steiner, 170/Barfknecht, 175, 178/Tass, 193/DB, 196/KNA, 201, 205/DB, 209/Ossinger, 212/Scheidemann, 216/DB, 217/Steiner, 226/Scheidemann, 228, 232/Staedele, 235, 240, 243/Wieseler, 246/Athenstädt, 250/Sanden, 253/Zschetzschigck, 256/257/Eilmes, 260/261/Pschewoschny, 263 l./Ossinger, 263 r./Pohlert, 264/Krause, 265 l./Kleefeldt, 265 r./Maydell, 266 l./Ossinger, 266 r./Tass, 267 u./Wieseler, 268 o.l./Hoffmann, 268 u./Lehtikuva Oy, 269 o.l./Haas, 270 l., 270 M., 270 r., 271 l./Votava, 272 o./Votava, 272 u./Sven Simon, 273 l./Kumm, 273 r./Gueffroy, 274 l./Kaufhold, 274 r./Leuschner, 275 l./ADN, 275 r./Kumm, 276 l./Athenstädt, 277 r., 278 u./ZB, 279 l./epa, 279 r./Rehder, 280 l./Kalaene, 280 M./Gerten, 280 r./Ohde, 281 o./Braum, 281 u./Mange, 282 M./Altwein, 282 r./Thissen, 285/Steiner, 289/Sanden, 293/Schmitt, 296/Reeh, 300/Schmidt, 305, 306/Holschneider, 310, 312/Wattenberg, 317/Nackstrand, 318/Wattenberg, 322/ZB, 328, 333, 335/Kumm, 341/Holschneider, 345/Engelhardt, 346/Altwein, 349/Wärner, 353/epa, 354/Weissbrod, 357/Lehmann, 358/Hiekel, 360/Thieme, 362/Büttner, 365/Athenstädt, 366, 369/Bachmann, 370/Imagno, 373, 376/377/Berg, 378/379/Endig, 380/381/Rumpenhorst, 383 l./Gerten, 383 M./Dedert, 383 r./Settnik, 384 o.l./Büttner, 384 o.r./Link, 384 u./Kalaene, 385 l./Multhaup, 385 r./Ekstromer, 386 l./Jensen, 386 r./Dedert, 387 o.l./Grimm, 387 o.M./Schutt, 387 o.r./Schroewig, 387 u./Stache, 388 o.r./Büttner, 388 u./Roessler, 389 o.l./Roessler, 389 o.M./epa, 389 o.r./Sven Simon, 390 o.l./Schutt, 390 o.r./Hirschberger, 391 l./Brakemeier, 392 u./Endig, 393 l./Settnik, 393 o.r./Lander, 394 o.l./Settnik, 394 o.M./Büttner, 394 o.r./Rain, 395 o.l./Brakemeier, 395 o.r./Hanschke, 395 u./Brambatti, 396 o./Egerton, 396 u./Grubitsch, 397 l./Leonhardt, 397 r./Steffen, 398 l./Abaca, 398 r./Jann, 399 l./Büttner, 399 M./Bergmann, 399 r./Burgi, 400 l./Kneffel, 400 r./Berg, 401/Jensen, 402 l./Winter, 402 M./Falk, 402 r./Wittek, 405, 406/Köhler, 410/Hanschke, 411/Detmers, 415/Maelsa, 418/Jung, 421/Settnik, 424/Zavoral, 426/Kumm, 429/Rumpenhorst, 431/Jung, 436/Mittenzwei, 438/Altwein, 439/Förster, 442/Tschauner, 443/Wüstneck, 446/Förster, 450/Breloer, 453/Ostrop, 454/DB, 457/Stratmann, 461/Thissen, 462/Kluge, 465/Geisler, 468/epa, 469/Roessler, 472/Frazza, 474/Gacad, 479/Altwein, 480/Grubitzsch, 483/Jensen, 484/Jensen, 487/Hollemann, 491/Berg, 492/Eisele, 495/Weihrauch, 497/Eisele, 500/Bergmann, 501/Jensen, 503/Jussi Nukari, 504/epa; **fotolia.com:** 392 o.l./Nachtfalke; **IG Metall Frankfurt:** 299, 303; **Klaus Kallabis:** 5; **shutterstock.com:** 25 l./Ulrike Hammerich, 135 M./Dusan Po; **Sipa Press, Paris:** 8 l., 118/119, 267 o.l./Foulon, 350/Boulat; **TopFoto, Kent:** 388 o.l., 392 o.r./Larry Mangino/TIW; **wissenmedia GmbH, Gütersloh:** 28 r., 31 l., 129, 136 l., 282 l.

Abbildungen auf dem Einband:
AISA Media S.L., photoaisa.com, Barcelona (Arbeiter-Aufstand in Ost-Berlin); akg-images, Berlin (Maueröffnung); dpa Picture-Alliance GmbH, Frankfurt (Konrad Adenauer, Rudi Dutschke, Angela Merkel); Klaus Kallabis (Theo Sommer)